U0137636

国家社科基金后期资助项目研究成果(项目批准号13FJK011)

晚清以来人物年谱长编系列

晏阳初年谱长编 上卷

杜学元 郭明蓉 彭雪明 ◎ 编著

上海交通大学出版社

SHANGHAI JIAO TONG UNIVERSITY PRESS

内容提要

晏阳初是我国著名教育家和社会学家,一生致力于落后地区平民教育与乡村改造事业,被尊为"世界平民教育之父",曾被联合国聘为终身特别顾问。自 20 世纪 20 年代开始致力于乡村平民教育,与陶行知先生并称"南陶北晏"。1949 年后,晏阳初离开大陆赴美。之后,他致力于向世界推广乡村教育理念。但是在国内,由于种种原因,人们过去对他的贡献几乎一无所知。直到 20 世纪 80 年代之后,人们才开始逐渐认识他和他的平民教育理论。本书以详尽的史料,按年谱长编体例,编写完成首部晏阳初年谱长编,对中国现代教育史等研究具有重要参考价值。

本书是国家社科基金后期资助项目(项目批准号 13FJK011)。

图书在版编目(CIP)数据

晏阳初年谱长编 / 杜学元,郭明蓉,彭雪明编著.
—上海:上海交通大学出版社,2017
ISBN 978 - 7 - 313 - 15718 - 8

Ⅰ.①晏… Ⅱ.①杜…②郭…③彭… Ⅲ.①晏阳初
(1890 - 1990)—年谱 Ⅳ.①K825.46

中国版本图书馆 CIP 数据核字(2016)第 196524 号

晏阳初年谱长编

编 著:	杜学元 郭明蓉 彭雪明				
出版发行:	上海交通大学出版社		地 址:	上海市番禺路 951 号	
邮政编码:	200030		电 话:	021 - 64071208	
出 版 人:	郑益慧				
印 制:	苏州市越洋印刷有限公司		经 销:	全国新华书店	
开 本:	787 mm×960 mm 1/16		印 张:	58.5	
字 数:	1 040 千字				
版 次:	2017 年 7 月第 1 版		印 次:	2017 年 7 月第 1 次印刷	
书 号:	ISBN 978 - 7 - 313 - 15718 - 8/ K				
定 价:	350.00 元				

晏阳初获美国荣誉博士（1944年，美国缅因州立大学）

晏阳初像（摄于1981年，国际学院）

中华平民教育促进会同仁及家属在定县（后排右起：李景汉、韩玉珊、瞿菊农、郑聿裳、晏阳初、陈筑山、王贺宸、张世文、汤茂如、冯梯霞、姚寻源，1930年）

晏阳初（左一）、陈筑山（中）、汤茂如（右一）在定县（1932年）

晏阳初膺选"现代世界最具革命性贡献十大伟人"之称号时,与同获此称号的爱因斯坦博士(左一)、夏浦瑞博士合影(1943年)

晏阳初夫妇与中国乡村建设学院部分师生合影(约1946年)

晏阳初（右五）和赛珍珠（右六）、查理·塔夫脱（左五）、德威特·华莱士（右三）在国际平民教育运动促进委员会会议上（1951年）

晏阳初考察危地马拉乡村（1966年）

晏阳初考察哥伦比亚农村（1966年）

晏阳初在菲律宾甲美地省和农民交谈（1978年）

晏阳初与夫人许雅丽在菲律宾国际乡村改造学院

国家社科基金后期资助项目
出版说明

后期资助项目是国家社科基金设立的一类重要项目,旨在鼓励广大社科研究者潜心治学,支持基础研究多出优秀成果。它是经过严格评审,从接近完成的科研成果中遴选立项的。为扩大后期资助项目的影响,更好地推动学术发展,促进成果转化,全国哲学社会科学规划办公室按照"统一设计、统一标识、统一版式、形成系列"的总体要求,组织出版国家社科基金后期资助项目成果。

全国哲学社会科学规划办公室

世界平民的大救星——晏阳初

晏阳初(1890～1990),四川省巴州区人。出生世代书香门第家庭,在老师和父母的教育下,从小就受到儒家文化的熏陶。早年在巴中、保宁、成都求学,1913年赴香港以第一名成绩考入圣保罗书院(今香港大学前身),1916年离中国香港赴美考入耶鲁大学深造。1918年6月毕业第二天,以基督教青年会教育秘书身份去法国战场,为20万华工服务,当翻译,举办华工识字班,创立平民教育事业。1919年夏回美国普林斯顿大学攻读历史学硕士,后获得美国路西维尔大学法学博士。

晏阳初一生献身平民教育,足迹遍及国内外。1920年8月回国后,不愿意到当时的国民政府做官,专心从事平民教育事业。他在原国务院总理熊希龄等支持下,调查19省平民教育状况。1923年在北京组织成立"中华平民教育促进会",任总干事。20世纪30年代中期,全国大部分省市都成立了中华平民教育促进分会。他倡导"博士下乡",先后在华北、华中、华东、华南、华西掀起了轰轰烈烈的扫除文盲的识字运动和普及卫生知识活动,成为20世纪中国教育史上的壮举。抗战爆发后,他辗转河北、广西、湖南、重庆、四川等地,进行平民教育和乡村建设实验。1940年在重庆创办"中国乡村建设学院"和"华西试验区"。50年代以后,他协助菲律宾、泰国、危地马拉、哥伦比亚、加纳等国建立乡村改造促进会,在亚洲、非洲、拉丁美洲多个国家进行乡村建设实验,为40多个国家培训了2 000多名乡村改造人才。

作为20世纪中国教育家中最具国际影响的世界性伟人晏阳初先生,在长达70年之久的岁月中,他深入乡村,认识平民问题,研究平民问题,协助人民解决问题,坚持平民教育与乡村建设实践,形成了自成体系的平民教育与乡村建设理论。

1987年,美国总统里根为晏阳初颁发"终止饥饿终身成就奖",称"六十年来为铲除第三世界饥饿和穷困根源,你始终不渝地推广和开拓着一个持续而综合的计划"。1988年晏阳初98岁寿辰之际,里根总统在给他的贺辞中说:"在我任职期间,最大的报偿之一莫过于得知有像您这样全心全意为他人服务的贤达之士。"菲律宾总统、泰国国王都把自己国家的最高荣誉奖章颁发给他,以表彰他对各自国家所作的杰出贡献。

国际社会称赞他"是具有坚定信念与丰富想象力的英勇学者,是劳苦平民心智与精神的解放者",是"世界平民教育之父""真正的哲学家与人道主义者"。美国著名作家、诺贝尔奖获得者赛珍珠为晏阳初著书《告语人民》，称颂他"在世界黑暗之处点燃了一盏明灯"。

1985 年 8 月，在阔别祖国 45 年之后，晏阳初应邀回国访问考察，受到了邓颖超、万里、周谷城等党和国家领导人的亲切接见，他们对其一生从事中国与世界的平民教育与乡村改造事业给予了高度评价。

肩负使命弘扬晏阳初精神。世界上绝大多数人是平民，平民的素质关系到一个国家整体国民素质。晏阳初的平民教育，就是要使人人都能公平地受到教育，使社会和谐发展。平民教育和乡村建设的理论，内容丰富深刻，主张通过文艺教育、生计教育、卫生教育、公民教育四大教育，培养具有知识力、生产力、健康力、团结力的"四力"人才，根治中国农民的愚、贫、弱、私。晏阳初提出的"治穷先治愚""科教兴农""以人为本"的思想对现在还是有很深远的意义。

晏阳初的思想理论超越了中国古代"民本"思想的局限，也超越了基督教的以怜悯为基础的"救世主"情感，注意吸取了西方和孙中山先生关于"民有、民治、民享"的现代民主精神。

晏阳初的思想和实践经验，虽产生于 80 多年前，但在今天，仍然适用，就是未来，也应秉承。定县实验产生于农村，现在已被广大第三世界引为乡村改造的经验。因此，晏阳初以毕生心血所创造的平民教育思想是超越了时间和空间的、经受了历史考验的真正的科学思想，是留给人类的宝贵遗产。

吸收晏阳初平民教育、乡村建设理论的营养，对于促进教育均衡发展、实现教育公平、教育现代化、教育国际化、人人受教育、终身受教育，以及城乡统筹协调发展、推进新农村建设、全面建成小康社会、促进社会和谐，具有重要意义。

应当指出的是：由于晏阳初本着超越政治的乡村改造理念，加之与中国共产党接触不多，1950 年后长期在国外，在对中国共产党的态度方面存在一些误解，尤其是在 1949 年之后，其涉及中国共产党的言论带有明显的政治偏见，与他倡导的"仁爱"理念矛盾，这是特定历史条件所形成的。这也使我们看到了一个更为真实的晏阳初。除此认识误区之外，他确实给我们留下了十分丰富的财富。

在晏阳初诞辰 120 周年之后，为进一步推动晏阳初教育思想的研究，对他整个人生做一梳理，让更多的人了解他的成长历程、贡献及给我们留下的宝贵财富，于是我们萌发了编著《晏阳初年谱长编》的念头。

限于水平和所占有资料的不全，书中定有不妥甚至错误之处，恳望国内外专家、学者及广大读者批评指正。

杜学元

2011 年盛夏初稿，2012 年初冬二稿

2013 年初春三稿，2014 年隆冬定稿

凡　例

一、本书所列谱文是谱主从 1890 年 10 月 30 日（清光绪十六年九月十七日）出生至 1990 年 1 月 17 日逝世为止的正谱。谱主逝世后有关他的著作的出版和纪念活动，作为附录排在正谱后面。

二、本书所引文字，凡公开发表的一律注明出处。凡引自宋恩荣主编的《晏阳初全集》（第一卷湖南教育出版社 1989 年第 1 版；第二卷、第三卷湖南教育出版社 1992 年第 1 版）注明"旧版《全集》"某卷；宋恩荣总主编及执行主编的新版《全集》卷 1，宋恩荣总主编及执行主编的新版《全集》卷 2，宋恩荣总主编、孙邦华执行主编的新版《全集》卷 3 和宋恩荣总主编、孙修福执行主编的新版《全集》卷 4（天津教育出版社 2013 年版），注为"新版《全集》"某卷；宋恩荣编《晏阳初文集》（教育科学出版社 1989 年版），注为"宋编《文集》"，詹一之编《晏阳初文集》（四川教育出版社 1990 年版），注为"詹编《文集》"；李志会编著：《晏阳初在定县的足迹》（河北人民出版社 2008 年版），注为"《定县足迹》"；马秋帆、熊明安主编：《晏阳初教育论著选》（人民教育出版社 1993 年版）注为"《论著选》"；吴相湘著：《晏阳初传——为全球乡村改造奋斗六十年》（岳麓书社 2001 年版），注为"吴著《晏传》"；晏鸿国编著：《晏阳初传略》（天地出版社 2005 年版），注为"晏著《传略》"；晏鸿国著：《做世界新民》（五洲传播出版社 2010 年版），注为"晏著《新民》"；晏阳初、[美]赛珍珠著，宋恩荣编：《告语人民》（广西师范大学出版社 2003 年版），注为"宋编《人民》"，如此等等（详见参考文献目录）。引文用夹注，放于引文之后或引文段后。

三、凡目前已确系谱主著作一律入谱，有争议而未确定者暂不列入，待以后修订时再考补。事迹或著作按时间排列，写作日期不明者以发表日期为准。著述一般注明署名、原发表处及收入何集等。

四、本书所列纪年以阳历为主，略附阴历。所标的季节以阳历 2 至 4 月（阴历元至三月）为春，5 至 7 月（阴历四至六月）为夏、8 至 10 月（阴历七至九月）为秋、11 至次年 1 月（阴历十至十二月）为冬。阴历以汉字标注，阳历以阿拉伯数字标注。整月排在某月某日之后，整年排在某年某月某日之后。

五、文章凡署名晏阳初的一律不注。

六、文献记录有争议者,如考释清楚者直接标明;如一时难以考释清楚者,以"另说"标明。

七、原文误字,校正后放于〔 〕内置于误字之后;如文有脱字,以（ ）标示放于其中;如原文字缺省或难以辨认,以□标示。

八、为了说明谱主生活、工作、著作和翻译的时代背景,在谱文前,略记有关国内外政治、经济、文化大事。

九、谱主的著述,凡能反映或说明其政治见解、思想状况、教育主张、创作观念、文艺卫生主张等的,多作扼要介绍。

十、谱文中一些需说明的,用注释标出,放于页面下。

十一、新版《全集》与旧版《全集》文字变动较大,如新版和旧版《全集》对同一内容均有收录时,引文以新版《全集》为主,以旧版《全集》为辅,特在文中加以说明。新版与旧版对一些人名的翻译有较大不同,本《年谱》未能全部统一,仍以新版《全集》为主。为了方便,在此附对照表如下,在正文中就不一一注明了。

新旧译名对照表

旧版《全集》	新版《全集》
薄克曼(Fletcher S. Brockman)	巴乐满
刘芳	刘放
王伯元	王伯援
R. E.詹内斯	R. E.杰内斯
D.温得伯格	D.范德堡
A. T.史密斯	A. T.史密
芳馨	王芳馨
C. F.王先生	王正黻
C. S.阿戴尔	C. S.阿代尔
P.贝维斯	P.比维斯
G.克拉克	柯乐文
S. K.霍恩贝克	亨培克
A.巴拉德	E. A.巴拉德
A. C.巴尔奇	A. C.鲍尔奇

旧 版《全 集》	新 版《全 集》
C. 普兰特夫	C. 普兰蒂夫
J. B. 格兰特	兰安生
麦吉利夫雷夫人	季理斐夫人
J. E. 韦特夫人	J. E. 怀特夫人
L. E. 麦克拉林	L. E. 麦克拉克林
E. 西登斯特利克	E. 赛登斯特里克
J. 阿诺德	安立德
M. C. 巴尔福	M. C. 鲍尔弗
玛利纳·贝格斯夫人	M. M. 贝格斯夫人
G. E. 哈伯德	G. E. 郝播德
D. Y. 林	凌道扬
罗克斯比	罗士培
孙子姜	孙子薑
R. T. 莫耶	穆懿尔
甘恩	S. M. 甘恩
J. M. 康拉德太太	J. M. 康拉德夫人
A. G. 米尔板	A. G. 米尔班克
G. 谢泼德	牧波恩
S. M. 弗赖伊	S. M. 弗赖
R. S. 格林	顾临 H. 拉格—H. 鲁格
C. H. 洛夫	C. H. 骆
C. L. 奥尔斯伯格	C. L. 阿尔斯伯格
克劳得·法克纳(Dr. Claude E. Forkner)	C. E. 法克纳
D. W. 爱德华兹	艾德敷
E. D. 布伦纳	E. Des. 布鲁纳
S. 黄豪	黄宗霭
W. P. 佛郎克	毕范宇

旧 版《全集》	新 版《全集》
西登斯特里克	赛登斯特里克
J. A. 金斯伯利	J. A. 金斯伯里
安其	安吉尔
布鲁区	巴鲁克
吉耶尔	基耶尔
戴德生	泰勒
哈伯德	胡本德
史瓦浦	斯沃普
塔虎特	塔夫脱
韦尔伯	威尔伯

十二、书中所选照片,均选自于宋恩荣总主编的《晏阳初全集》(第 1～4 卷,天津教育出版社 2013 年版)及吴相湘著的《晏阳初传——为全球乡村改造奋斗六十年》(岳麓书社 2001 年版),特此说明。

引　子

晏阳初出生于 1890 年,这是中国最后一个封建王朝——清帝国的末期。在他诞生前的几十年间,中国社会已发生了深刻的变化,中国人民为反抗帝国主义侵略进行了不屈不挠的斗争,并积极寻找救国救民的道路。

1807 年　英国伦敦教会传教士罗伯特·马礼逊(Robert Morrison,1782～1834)到达广州。他是基督新教来华传教的开山祖,也是最早中文《圣经》的翻译人。他不但对新教的传播作了巨大的贡献,对西学的入华也有很大的影响,及于后世。他编纂的《华英字典》,方便了中英文化的沟通。

1836 年　为纪念马礼逊,在广州正式成立了"马礼逊教育会"。此会的宗旨是在中国开办和资助学校,这些学校除教中国少年读中文外,还要教授他们撰写英文,并通过这个媒介,把西方世界的各种知识送到他们手里。这些学校要读《圣经》和有关基督教的书籍。

1839 年 6 月　林则徐始于虎门销毁收缴的鸦片。

1840 年　英国侵华的第一次鸦片战争爆发。两年后,英帝国主义胁迫闭关自守的清政府签订第一个不平等条约——《南京条约》。从此,中国逐渐沦为半殖民地半封建的国家。

1841 年 5 月　三元里人民鸣锣聚众迎击英军,诱敌入牛栏冈痛歼之,敌人伤亡重大,逃回四方炮台。

1851 年 1 月　洪秀全领导农民革命军在广西桂平金田村起义,建号太平天国。1853 年定都南京,并改称"天京"。

1854 年　英国的中国布道会,派遣传教士戴德生(又名戴雅各,James Hudmon Jaylor,1832～1905)到上海、宁波一带行医传教。因该会无财力从事较具规模的传道工作,戴氏于 1857 年脱离中国布道会,而自行传教于浙江各地。1865 年,他创设了内地会(China Land Mission)。

1856 年 10 月　英国水师提督西蒙率军舰突入广东省河,随后攻破广州外城,第二次鸦片战争爆发。

1859 年 太平天国刊行《资政新篇》。

1860 年 10 月 英法联军侵占北京,清政府被迫签订《中英北京条约》和《中法北京条约》,清王朝的闭关政策完全失败。

同月 英法联军闯进圆明园,疯狂地进行抢劫,放火烧掉圆明园。

1861 年 1 月 清政府在北京特设"总理各国事务衙门"(简称"总理衙门"),掌管外交事务。曾国藩、李鸿章等开始实行洋务新政。

1861 年 11 月 慈禧太后发动祺祥政变,也称辛酉政变,自此朝廷大权落入慈禧太后一人之手,直到光绪三十四年(1908)去世,她掌握清朝最高权力达四十余年。

同月 爱新觉罗·载淳登基,以次年为同治元年。

1861 年 12 月 曾国藩在安徽安庆创办安庆内军械所,这是洋务派开办的第一个军事企业,也是中国最早的官办制造近代武器装备的军事工厂,标志着中国近代史上洋务运动的开始。

1862 年 6 月 京师同文馆开办,教习外文,编译书籍。

1862 年 7 月 马克思在德文《新闻报》发表《中国记事》,热烈赞颂太平天国革命。

1863～1864 年 清政府为培养洋务人才,先后在上海、广州设立"广方言馆"。同治二年,清廷批准江苏巡抚李鸿章奏,仿北京同文馆例,在上海设立外国语言文字学馆,称"广方言馆",也称"上海同文馆",招收十四岁以下文童入馆,学习外国语文和自然科学知识。先设英文、法文两班,后增设日文、俄文班,三年毕业。经费由江海关支拨。同治八年并入江南制造局。光绪三十一年(1905)改为兵工厂中学堂。同治三年,广州将军瑞麟、两广总督毛鸿宾仿照上海例,亦奏清廷在广州设立"广方言馆",又称"广州同文馆",招收十四岁至二十岁的满、汉学生及二十岁以上科举出身的学员。先设英文班,后增设法、德文班。三年毕业。派充各衙门翻译,经费由粤海关支拨。

1864 年 太平天国"天京"陷落,历时 13 年的革命失败。

1866 年 2 月 清政府接受总税务司赫德的建议,派前知县斌椿及同文馆学生凤仪、德明、彦慧等人出国考察,了解外国情况,培养洋务人才。先后至法国、英国、瑞士、俄国、普鲁士等国,当年九月十八日返回北京。是为同文馆学生出国考察之始。

1866 年 闽浙总督左宗棠在福州创办福州船政学堂,也称"求是堂艺局"。它是中国最早的造船及驾驶技术学校。

1868 年 1 月　日本明治维新开始。

1868 年 7 月　以清政府"办理各国中外交涉事务大臣"头衔率使团出访各国的美国前任驻华公使蒲安臣,在美国华盛顿与美国国务卿西华德擅自签订《中美续增条约》(即《中美天津条约续增条款》,也称《浦安臣条约》)。

1871 年 7 月　俄军占据伊犁。列强纷纷割夺中国边疆,掀起瓜分中国的第一次狂潮。

1872 年 3 月　曾国藩去世。

1872 年 4 月　英商创办中文日报《申报》于上海。《申报》是旧中国影响较大、历史最长的报纸。

1872 年 8 月　清政府批准上年曾国藩、李鸿章所派容闳、陈兰彬率领第一批广方言馆毕业生梁敦彦、詹天佑等三十人赴美留学。

1873 年 2 月　慈禧太后宣布"归政",同治帝亲政。

1873 年　张之洞出任四川学政,撰书指示士人读书途径和方法。

1874 年　王韬任香港《循环日报》主笔,宣传变法自强。在此前后,薛福成、马建忠、郑观应等进步的知识分子也纷纷倡导改良主义的变法。

1875 年 1 月　同治帝病逝于养心殿,时年十九。年仅四岁的载湉继位,醇亲王奕譞子,年号"光绪",是为光绪帝。慈禧太后再度垂帘听政。

1875 年 5 月　左宗棠奉命收复新疆。

1875 年 9 月　郭嵩焘任出使英国钦差大臣,为清政府正式派遣常驻各国公使之始。

1875 年　张之洞在成都创立尊经书院,手订章程,亲自主持,讲求实学;并设刻书局多印经史,便利清寒学子。

1878 年　三湘著名学者王闿运应聘任尊经书院院长。他入川之初即申言"蜀即吾家",决心将张之洞的规模更加发扬光大。谆谆告诫生徒:应涤除富贵利禄心,专治经史,讲义理,通经致用。更认识社会不良是教育问题。主持书院实行师生共同生活,彼此敬爱。以德操感学子,以实学教士,且以议论贬当世。

1880 年 10 月　北洋通商大臣李鸿章奏准筹设津沪电报线,并在天津成立官办的津沪电报总局,委派盛宣怀为总办。1881 年,中国电报总局成立。

1880 年 11 月　美国驻华公使安吉立(J. B. Angell)与清总理衙门大臣宝鋆在北京签订了《中美续修条约》,共四款,另有"续约附款"。规定:对华工赴美,美国"可以或为整理,或定人数、年数之限"。光绪七年(1881)六月二十四日,又在北京互换该约的批准书。自光绪八年(1882)起,美国制订出一系列排华法案。到光绪三十年(1904)更提出排华法案无限期延长,激起中国人民强烈反对,掀起一场反美爱国运动。

1883 年 12 月 中法战争爆发。

1885 年 3 月 冯子材等大败法军于镇南关外,收复文渊州。

1885 年 6 月 何子渊创办的美式六年制雨南洞小学开学,是中国现代教育的滥觞。

1885 年 日本启蒙思想家福泽谕吉(1835~1901)在《时事新报》上发表《脱亚论》,倡导日本要"脱亚入欧"的思想。

1885 年 清朝政府在台湾正式建省,刘铭传为首任台湾巡抚。

1887 年 12 月 《中葡北京条约》签订,清政府承认葡萄牙永驻并管理澳门。

1888 年 10 月 康有为鉴于中法战争以后民族危机严重,遂于十月初八日上书光绪皇帝,请求维新变法。这是康有为把自己酝酿已久的变法思想变为正式建议的开端。上书历陈帝国主义侵略给中国造成的危机之状,强调变法图强的必要性和紧迫性,吁请皇帝迅速"变成法,通下情,慎左右",以挽救国家的危亡。

1888 年 清政府制定《北洋海军章程》,编成北洋舰队,共有各种舰船二十二艘,官兵四千余人。十一月十五日,李鸿章派丁汝昌为北洋海军提督,林泰曾为左翼总兵,刘步蟾为右翼总兵。至此,北洋海军正式建立。

1889 年 3 月 慈禧太后宣布"归政",光绪帝亲政。

1889 年 兰州府学吏局建立,至宣统元年(1909)演变为法政学堂(今兰州大学前身)。

目　　录

下卷

1890 年（清光绪十六年　庚寅）　出生

　　3月　清政府驻藏大臣升泰与英国印度总督兰斯顿在印度的加尔各达签订《中英会议藏印条约》。该条约共八款，主要内容是规定哲孟雄（今锡金）归英国保护，中国与哲孟雄的边界以咱利山一带山顶为界。

　　5月　第二届传教士大会（The General Conference of Missionaries）在上海举行。

　　10月　曾国荃创办江南水师学堂。

　　是年　湖广总督张之洞为了抵制洋铁入口，开工兴建汉阳铁厂，至1893年全部竣工。清政府修关内外铁路（今京沈铁路），以金达为总工程师。

　　是年　山东大学齐鲁医院（原山东医科大学附属医院）始建。

　　是年　亚伯拉罕·林肯出生于美国肯塔基州。

　　是年　英国剑桥大学教授马歇尔出版《经济学原理》。

　　10月30日（九月十七日）① 　酉时出生于中国四川省巴中县一书香门第家庭。四川古称巴蜀，四周崇山环绕，腹心陷为盆地。平畴沃野，土壤膏腴，气候温和，雨

---

　　① 　关于晏阳初出生日期，有三说：一说是1893年10月26日（清光绪十九年九月十七日），晏阳初博士1979年5月24日口述（CF: *History of Class of Nineteen Eighteen Yale College*, p.363），吴著《晏传》，第1页即采此说。另一说是生于光绪十六年九月十七日，即1890年10月30日，曾绍敏所撰《平民教育的起点》（《社会科学研究》1994年第4期，第134页注③）、李伟著《报人风骨》（广西师范大学出版社2008年7月版）等采此说，原出《晏氏族谱》载："兴复，生于光绪十六年庚寅九月十七时。"第三说认为是光绪十六年九月十七日（1890年10月26日），晏著《传略》第4页及晏著《新民》第9页。但查郭世辈、张正祥《万年历1840～2100》（吉林摄影出版社2002年11月版）第113页，光绪十六年九月十七日为公元1890年10月30日而非10月26日。晏阳初在《九十自述》中也赞同出生于1890年，并述及"究竟哪一年，在巴中出生了我，是个疑问。我一向以为，生于西历1893年10月26日。可是，近年家乡亲人来信，说我九十有三了，也就是生于1890年。"（旧版《全集》卷2，第493页），如是公历1890年10月26日，则农历应为光绪十六年九月十三日；按四川农村在20世纪90年代前对生日记忆几乎采农历，一般对某天记忆尤深，应是农历的九月十七日（10月30日）。另晏著《传略》附载有一篇晏昇东考证和求证此问题的文章，谈到："在他家中保存一族谱，是他父亲晏海如于1934年9月13日在定县写下的，写明晏阳初的生日是光绪十六年庚寅（1890）九月十七日酉时。……笔者带着这个疑问，向吴相湘求教，吴老的亲笔回信才使这个谜底解开。吴老在信中说，晏阳初曾亲口对他说过：'因为身处西人之中，身材矮小，因此，便少报了3岁。后来因一切均成定局，也就未作纠正了。'……现在既然吴老有此说，晏阳初的生年是1890年无疑了。"（天地出版社2005年版，第341～342页）故本年谱编著者以为采第二说更合宜。

水充沛,形胜天然。加以二千三百余年前,即秦昭王时,蜀太守李冰①在灌县附近开辟"都江堰",为成都平原灌溉的枢纽。自此,蜀人旱则借以为溉,雨则不遏其流,水旱从人,不知饥馑;沃野千里,号称天府。在中国农业经济时代,可说一切足以自足而有余。晏氏家族也一样,过着安定的小康生活,弦歌不断,历代不辍。(吴著《晏传》,第 1 页)晏家是书香门第,远祖晏顺宝、高祖晏事叩、曾祖晏成才、祖父晏礼忠、父晏乐全(字美堂),均私塾教师。(旧版《全集》卷 2,第 493 页)父美堂先生博学多才,不仅精通四书五经,还精通中医,在设塾教学的同时,还看病处方以济乡邻。(晏著《新民》,第 9 页)1886 年,中国内地会(China Inland Mission)②在巴中建立福音堂,不久又开办了两所学校,晏阳初的父亲因儒雅博学被福音堂聘为中文教师,因此,晏氏从小就受到了基督教思想的熏陶。(旧版《全集》卷 2,第 499 页)母吴太夫人,四川南江县元潭乡人,育四男二女,两兄兴荣字桐轩、兴源字海如,姊名兴华,余不甚知晓。晏阳初排行老四,巴中话称"老幺"。家境虽贫寒,但无虑衣食。(宋编《文集》,第 334 页;川编《晏阳初》,第 275 页)

11 月 2 日　按晏氏族谱"名正言顺,事成礼乐兴;声鸿室大,世代文章盛。"(旧版《全集》卷 2,第 493 页)正好排到兴字辈,其父晏美堂为其取名为"兴复",其乳名随他哥哥叫"云霖"。(晏著《传略》,第 5 页)

同日　吴太夫人深知儿童教育需要德威相济的道理,对儿女们慈爱中有威严,儿女们日常生活起居有一定的规律,必须遵行,对最幼小的阳初也不溺爱。(旧版《全集》卷 2,第 493 页;吴著《晏传》,第 2 页)

同日　因母吴太夫人分娩年过四十,产后奶水不足,接受邻家一位妇人将米饭嚼烂喂食,靠此哺食方法,终于存活下来。(旧版《全集》卷 2,第 493~494 页;晏著《传略》,第 5 页)

---

①　李冰:战国时期水利家。今山西运城人。秦昭襄王末年(约前 256~前 251)为蜀郡守,在今四川省都江堰市(原灌县)岷江出山口处主持兴建了中国早期的灌溉工程都江堰,因而使成都平原富庶起来。还在今宜宾、乐山境开凿滩险,疏通航道,又修建汶井江(今崇州西河)、白木江(今邛崃南河)、洛水(今石亭江)、绵水(今绵远河)等灌溉和航运工程以及索桥,开盐井等。

②　中国内地会:基督教的差会。于 1865 年,由戴德生创办。1862 年戴德生在英国的布莱顿成立宁波差会,招募到第一位志愿者宓道生,并派往中国宁波。1865 年 6 月 25 日,戴德生将宁波差会改名为中国内地会,并确立了中国内地会的原则:要召一群宣教士,可以全家迁到中国,而且一定要愿意迁到中国的内陆地区(后称为:内地)。该会的宣教中心在上海,慢慢把宣教工作传入到中国的内陆地区。20 世纪 50 年代撤出中国内地以后,中国内地会改名为海外基督使团(The Overseas Missionary Fellowship)。现在海外基督使团有大约一千名宣教士,分别来自东亚十个国家和地区(包括日本、韩国、菲律宾、印尼、新加坡、马来西亚、泰国、巴基斯坦及中国的台湾和香港地区等),向 17 亿非基督徒继续传扬福音。

1891 年(清光绪十七年　辛卯)　一岁

　　春　扬州教案发生。江苏扬州会党为反抗教会势力,发布揭帖,约期拆毁教堂。地方官出示禁止。但告示甫出,即被人撕碎,另贴红条云:"官府受贿,保护洋人。"四月间,五六千人包围教堂,冲坏后门,打毁围墙。后地方官派兵强行将群众驱散。

　　11月　热河朝阳一带金丹道首领杨锐春、李国珍为了反抗天主教的欺压,率领道众起义,攻占朝阳城。起义军发展到数万人,摧毁教堂武装,杀死教士、教民数百人。后为清政府镇压,杨、李等2万多民众被杀,起义失败。

　　是年　芜湖教案、丹阳教案、武穴教案、宜昌教案陆续发生。

　　是年　进入乳儿期,在四川巴中家中零星接受朴素的启蒙教育,如视觉刺激、听觉刺激、动感刺激等,并接触周围的人,获得一些心智、生理、人际交往及感情等的发展,练习说话和步行等。

1892年(清光绪十八年　壬辰)　二岁

7月　孙中山在香港西医书院毕业,正式成为一名医生。

8月　爱迪生获得双向电报的专利权。

11月　郭沫若出生。

是年　进入婴儿期。在家接受最初步的家庭教育,以身体养护为主。在家人等的帮助下继续练习说话和步行等。心智、生理、人际交往及感情等继续获得发展。

1893 年(清光绪十九年　癸巳)　三岁

2月　《共产党宣言》意大利文版出版。

12月　清政府参将何长荣和英国政务司保尔在大吉岭签订《中英会议藏印条款》，又称《藏印续约》。其主要内容有：开放亚东为商埠，允许英国自由贸易，英国派员在此驻扎；自亚东开放之日起，藏印贸易在 5 年之内互不收税，并限制藏民在哲孟雄的传统游牧权利等条款。

是年　正月初一，英国商人丹福士在上海创办《新闻报》，延蔡尔康为主笔。

是年　郑观应《盛世危言》出版，为早期维新派思想家的代表作。

是年　陈炽撰成《庸书》，该书对维新变法运动具有直接影响。

是年　仍处婴儿期。在家人等的教育下说话能力增强，能独立步行，活动范围扩大，使心智、生理、人际交往及感情等继续获得发展，开始接受识字教育。

1894年(清光绪二十年 甲午) 四岁

6月 经过巴黎国际体育会议协商,历史名城雅典赢得了首届现代奥运会主办权。

8月 清政府被迫对日宣战,中日甲午战争全面爆发。由于清廷卖国投降及中国经济技术落后,最终导致战争失败。甲午战争之后,中国加速了半殖民地化的进程。

11月 孙中山在美国檀香山创建了中国第一个资产阶级革命团体——兴中会,以"振兴中华,挽救危局"为宗旨。

是年 进入幼儿期。在家人等的教育下听说、奔跑等能力增强,能明长幼有序,常与伙伴做游戏,活动范围继续扩大,使心智、生理、人际交往及感情等继续获得发展。

1895 年(清光绪二十一年　乙未)　五岁

　　1月下旬至2月初　威海战役中北洋海军全军覆没,标志着洋务运动的彻底失败。

　　2月　严复在天津《直报》发表《论世变之亟》,指出变法救亡的紧迫性。3～6月,严复在天津《直报》连续发表《原强》《辟韩》《救亡决论》三篇文章,提出"鼓民力""开民智"和"兴民德"的口号。

　　同月　清政府任命李鸿章为"头等全权大臣"赴日议和。4月17日,李鸿章和伊藤博文签署中日《马关条约》,将台湾、澎湖列岛割让给日本。

　　4月　西方妇女在上海创设天足会,并很快发展成为一个全国性团体,对清末不缠足运动影响甚大。

　　5月　康有为联合在北京会试的举人一千三百多人于松筠庵召开会议,联名上书光绪皇帝,史称"公车上书"。6日,康有为再次上书光绪皇帝,提出了变法的步骤和"公车上书"内容的补充说明,指出自强、雪耻之策是:富国、养民、教士、练兵。

　　8月　康有为在北京成立强学会,并在北京创办全国第一份维新报刊《万国公报》,成为维新派的舆论机关。

　　10月　天津中西学堂经清政府批准创设。该学堂分为头等、二等两部分,头等学堂的课程设置参照外国大学,成为中国近代新式大学的萌蘖。

　　11月　强学会成立强学书局,翻译西方书报。

　　是年　母亲为其做好土布长衫,缝布书包,让其随父亲到塾馆读书。入学凌晨,母亲感到乳名"云霖"不适合作学名,其父看到旭日初升,东方天际一片火红,猛然醒悟,遂起名"阳初",寓意"太阳初升,前途光明",希望他长大能获取功名,为晏家撑起门面。(旧版《全集》卷2,第495页;晏著《传略》,第5页)

　　是年　随父亲到塾馆。入塾馆时,向孔子牌位和私塾先生行礼。(旧版《全集》卷2,第494页)当时塾馆已有学童十余名,最大的有十四五岁,一般十来岁或七八岁,他是年龄最小的。最初他对年龄差距大、读不同课文的学童们发出的混声十分好奇,

不知他们读的什么,直到一个月后,自己才加入混读的行列。(晏著《传略》,第5、6页)

是年 在父亲晏美堂的亲自教导下发蒙识字、习字。晏美堂性情平和,关心时事,常阅读严复、梁启超等维新人物书籍,接触新思想及新知识,深受"讲求实学"风气的影响,对社会的发展趋势有较为清醒的认识。他曾说过:"吾国青年再不能因循守旧、抱残守缺,应该学习一些西洋知识以弥补传统之不足,这样才能富国强民,使中华民族不落后于世界其他民族。"(晏著《传略》,第7页)从不发怒,循循善诱,笑容可掬,温暖挚爱的态度感化学生,从不疾言厉色加以苛责,子女和学生对他都敬而不畏。对小阳初的教育也秉承这一重要原则。晏阳初在《九十自述》中回忆其父:"在我的脑海中,他是个典型的读书人,谈吐斯文,待人和气。最难忘的是他的笑容,温善可亲,好似春天的阳光。'春风风人'一语,用在他身上,非常恰当。"(旧版《全集》卷2,第494页)在其眼中,父亲是一位不折不扣的慈父。无论是在塾馆还是在家中未见父亲发过怒。不管是学生还是子女,父亲总是循循善诱、笑容可掬。晏阳初秉承父亲慈祥的性格,(晏著《新民》,第14页)也受到父亲开明思想的熏陶。

是年 在私塾,初读《三字经》,发现三字一句,每句音韵协和,很容易学习;琅琅成诵,声调铿锵,更增加读书兴趣。(吴著《晏传》,第4页)因其从母亲那里秉承了一副好嗓子,朗读起课文洪亮清晰。加之记忆力颇强,一般的课文读一两遍便能背诵。除读《三字经》外,也读《百家姓》等书。(旧版《全集》卷2,第494页)其父也教如何练习写字。"写字要讲精、气、神。书者必须集中精力,调节呼吸,全神贯注,集浑身之力于右肘,再通过肘注于笔端,这样写出来的字才遒劲坚韧。"(晏著《传略》,第6页)其父教导他用右手大指、食指、中指三个指头紧握毛笔杆中端,手掌要空可容一鸡蛋,右肘端悬平,左手压紧纸张,按字帖一笔一划顺序写,慢慢练习,腕力集中于软的毛笔尖,所写字也遒劲坚韧。因此,他八十岁前后用毛笔、徽墨、宣纸写三方时大字仍遒劲有力,甚至用钢笔写英文字也比较粗重,即是幼年练习腕力纯熟所成习惯使然。(吴著《晏传》,第5页)

是年 母亲吴太夫人主持一切家务,德威相济,注重良好行为举止的培养,要其"站有站相、坐有坐相,走有走相,吃有吃相"。(旧版《全集》卷2,第495～496页;晏著《新民》,第15页)逐渐养成有规律的生活习惯。"天不亮起床,草草洗脸、吃饭,就跑到学堂,一直读到中午。回家吃中饭,再回到学校,读到晚饭时间。饭后,在黯淡的柴油灯下,温习一天的功课。"(旧版《全集》卷2,第494页)即使出现意外也处事不慌乱,如曾途中遇雨,毫不惊慌失措,仍然顶着雨,照旧斯斯文文地走回家。(旧版《全集》卷2,第496页)

1896 年(清光绪二十二年 丙申) 六岁

6月 中国首次向日本派出留学生,这是继19世纪70年代向美国、欧洲派遣留学生后,清政府第一次向东方国家派出官费留学生。

8月 戊戌维新运动期间影响最大的报纸《时务报》在上海创办。

同月 上海首映"西洋影戏",这是中国第一次放映电影,也是外国电影商人在华活动之始。

同月 时任大清帝国直隶总督兼北洋大臣的李鸿章乘"圣路易斯"号邮轮抵达纽约,开始对美国进行访问。

同月 盛宣怀创办南洋公学,为交通大学前身。

同月 严复在天津译著了《天演论》。

10月 美国永安保人险公司在《申报》上刊载告白,详细介绍公司资产及华人投保办法,至此,中国人身保险意识萌芽。

同月 汪康年在《时务报》第9册上发表《中国参用民权之利益》,由此,民权观念开始越出私家著述的范围,进入报刊等公众媒体宣传阶段。

是年 诗界革命萌动;留美女子康爱德、石美玉毕业归国,成为中国最早的回国女留学生,此后女子留学教育逐渐发达。

是年 四川总督鹿传霖奉旨于成都创设中西学堂,分课华文、西学、算学,这是四川最早的新学堂之一。

是年 继续私塾求学。每天向孔子牌位和私塾先生行礼后即开始学习,读《千字文》《千家诗》等书。(旧版《全集》卷2,第494页)因记忆力强和声音洪亮,其父便让他在班上领读。(晏著《传略》,第6页)

是年 某日自学塾放学回家途中,见龙母宫①内正在唱戏,伫立欣赏"入将出

---

① 龙母宫:位于四川省巴中市城区草坝街街口,古人为拜祭龙母,因此修建龙母宫。建于清代中晚期,有200余年历史。坐北向南,呈三合院布局,占地面积550平方米,建筑为砖木硬山小青瓦结构。1933~1935年,红四方面军新剧团男女约四十余人,在此演唱红军编写的革命歌曲,向群众宣传共产党、红军和苏维埃政府的政策。同一时期,红四方面军十二师部、三十四团团部驻守于此,副师长兼三十四团团长许世友在 (转下页)

相"的情景,忽被人自后推撞,反身见一同学正得意嘻笑,一时愤怒,随手扪到该同学脸面,因小阳初学过铁砂掌,本无意猛打同学,但该同学被打得大哭,右脸上五指印痕显明。深知闯祸,急步回家躲在卧室蒙头睡觉,不料受伤小孩回家哭诉并随母亲前来理论。被母吴太夫人唤起向对方道歉,继后接受笞责。此事对其人格影响甚大,继后养成的生活谨守规律、做事严肃笃实、对人守礼而不失原则的品性即从此发展而成。(吴著《晏传》,第4页;宋编《人民》,第217页)他在《九十自述》中回忆这事记忆仍十分深刻,还悟出这样的教益:"母亲呀!您打得对。您知道吗?这件事常常告诫我:忍耐!忍耐!忍耐!知我深者多认为,我的自制力甚强。知我浅者,说我是天生的好脾气。是乎?非乎?我自己知道,若不是忍耐,我没法活到今天。若不是忍耐,我早不愿为我的运动去募款求人,看人脸色。若不是忍耐,我早不愿住在穷乡僻壤,让虫子咬、蚊子叮。也有想发脾气的时候,但只要想到您的鞭子,我就会心中默念:'小不忍则乱大谋。'所谓大谋,就是父亲耳提面命的古圣哲理,就是那照亮我人生旅程的火种。"(宋编《人民》,第217~218页)

(接上页)此住宿办公。1965 年,被公布为县级文物保护单位。1984 年,巴中县人民政府再次将龙母宫列为县级文物保护单位。

1897年(清光绪二十三年 丁酉) 七岁

1月 浙江大学前身求是书院成立。

同月 谭嗣同完成重要哲学著作《仁学》。

同月 浙江利济医院学堂在院长陈虬的主持下以木刻版正式创刊《利济学堂报》,成为中国最早的校刊。

2月 夏瑞芳、鲍咸昌、高凤池等在上海创办商务印书馆。

8月 宣传洋务思想的《实学报》创刊。

10月 严复、夏曾佑、王修植、杭辛斋等在天津创办《国闻报》,次月增出旬刊《国闻汇编》,从第二期起,陆续登载严复译述的英国赫胥黎《天演论》。

同月 德国强占胶州湾,激起全国人民的爱国义愤。康有为赶赴北京,于同年十二月(1898)再次上书光绪皇帝,陈述变法维新、救亡图存已刻不容缓。

11月 上海道蔡钧为配合慈禧"万寿庆典",在上海洋务局举行交谊舞会,这是中国官方举行的第一场大型舞会,"以中国人员而设舞会娱宾,此为嚆矢"。

是年 上海育材中西书塾举行大规模的体操表演、天津大学堂举办项目齐全的全校运动会。

是年 尊经书院正式增设了天文、舆地、商务等新学课程。

是年末 眼见父亲手写迎春门联"胸无块垒心常泰,腹有诗书气自雄",非常羡慕。(1979年5月24日晏阳初口述。参见吴著《晏传》,第5页)

是年 继续在私塾读书。每天向孔子牌位和私塾先生行礼后即开始学习。开始阅读《孟子》,续读《论语》等书。(旧版《全集》卷2,第494页)读儒家古籍,使"民为邦本,本固邦宁"①"民为贵,君为轻"②"天视我自民视,天听我自民听"③等句子镌刻心中。(晏著《传略》,第6页;川编《晏阳初》,第275页;晏著《新民》,第11页)

---

① 语出《尚书·五子之歌》。意为:人民是国家的根本,根本牢固,国家就安宁。
② 语出《孟子·尽心下》,原文为:"民为贵,社稷次之,君为轻。"
③ 语出《尚书·泰誓中》。意为:皇帝是天之子,但是天考察皇帝却要询问民众,民众的满意就是天的满意。

1898 年(清光绪二十四年　戊戌)　八岁

2 月　南学会在长沙开设,发行《湘学报》和《湘报》,以启迪民智、开通风气。

春　江左汉记书局在汉口创办阅报总会,随后汉口至上海的长江流域数城市出现了名为阅报总会或阅报公会的组织。

4 月　严复翻译的英国哲学家赫胥黎的《进化论与伦理学》的节译中文本《天演论》正式出版。

同月　清政府正式规定北戴河为避暑胜地。

同月　由熊希龄、谭嗣同发起的宣传新生活方式的延年会正式成立。

同月　光绪帝召见康有为,康力陈八股之弊。隔日,康有为、宋伯鲁又上疏请改八股为策论。5 月 5 日,光绪帝发布"上谕":自下科始,乡会试及生童岁科各试,一律废八股,改试策论。8 月 24 日,清廷宣布恢复旧制,仍以四书文、试帖等项分别考试。

6 月　中国人自办的最早女子学堂——中国女学堂在上海成立。

同月　光绪帝下"明定国是"诏,宣布变法,"百日维新"开始。谕令废除八股取士制度,办京师大学堂。

7 月　康有为奏上《请开农学堂地质局以兴农殖民而富国本折》,光绪帝发布上谕,命京师设立农工商总局,各省设立分局,各省府州县皆设农务学堂。

同月　裘廷梁在《苏报》上发表《论白话为维新之本》,举起"崇白话而废文言"的旗帜,标志白话文运动的起步。

夏　在新加坡华人提倡剪辫的影响下,康有为大胆提出断发、易服、改元主张。

8 月　关内外铁路会办胡燏棻与英国中英公司在北京签订了《关内外铁路借款合同》。

9 月　慈禧太后再出"训政",发动宫廷政变,囚禁光绪帝,捕杀谭嗣同等,变法失败。

是年　康有为最重要的著作之一《孔子改制考》由上海大同译书局首次刊行。该书 34 万字,是维新派变法改制的理论张本、大同思想的宣言书。

是年　"百日维新"期间,受政府较为开明的政策法规的影响,国人对外语学习的兴趣达到高潮。

夏　民教冲突毁坏教堂事件层出不穷,四川省居全国"教案"首位。其中余栋臣[①]领导的反教运动连续十余年(1886～1898),参加的群众一万余人,在成都、重庆广大地区活动,此事波及到保宁府。四川总督命令全省传教士撤离,新到保宁的"中国内地会"教堂的姚明哲[②]牧师(Rev. William H. Aldis,1871～1947)也匆匆随众东下。但姚牧师信心坚强,不惧危险,半年后,又回到四川。(晏著《传略》,第16页)姚牧师以基督执著传教的精神深深影响了晏阳初。

是年　继续在私塾读书。每天向孔子牌位和私塾先生行礼后即开始学习。开始阅读《大学》,续读《孟子》等书。(旧版《全集》卷2,第494页)

---

① 余栋臣(1851～1912):清反洋教起义领袖,大足县(今重庆市双桥区通桥镇)人。出身贫寒,自幼习武,曾两次参与打龙水镇法国教堂,并为两次反洋教斗争首领。光绪十六年(1890),第三次捣毁法国教堂,还发布檄文,声讨洋教,并攻占龙水镇。其后,清军前往围剿,余部因力量悬殊,起义失败。光绪二十四年,被捕获救后招募兵士,制造武器,再次发动起义,义军很快发展到6 000余人,仍被选为首领。义军发布檄文,提出"扶清灭洋""除教安民"等口号。8月上旬,下令出兵。义军北攻铜(梁)安(岳),南击永(川)江(津),东略重庆,西指内江。所到之处,教堂一律捣毁,得到群众普遍拥护。一时间,威名远扬,成为反洋教英雄。同年12月,在清军镇压下,起义失败,请降,被长期监禁于成都。宣统三年(1911)辛亥革命爆发,1912年获释回大足。不久,被川军第一师师长周俊捕杀于永川南门。

② 姚明哲(William H. Aldis):中国内地会传教士,英国人,原是一位测量员,后来放弃本职,从事神职,于1898年到达四川阆中,并开办了西学堂——天道学堂,教授英语、算学、地理、《圣经》等课程。不久离川东下,后又返回四川。

1899 年(清光绪二十五年　己亥) 九岁

2～5月　广学会的月刊《万国公报》连载英国传教士李提摩太节译、中国人蔡尔康撰文的《大同学》的前半部分,此文是英国哲学家基德《社会进化》的节译,在文中首次介绍马克思、恩格斯及其学说。

4月　上海广济公司发行江南义赈票在张园开彩,是中国首家经中央政府批准成立的彩票公司。

7月　康有为创立保皇会。

8月　上海嘉永轩主人从欧洲购入一台 X 光机并在沪当众演示,此为 X 光机的最早传入。

是年　林纾翻译的法国小仲马的文学名著《巴黎茶花女遗事》(今译《茶花女》)由福州索隐书屋刊行,一时风行大江南北。

是年　国人对外国戏班(包括马戏、魔术、木偶戏等)及本国迷信兴趣日浓。

是年　继续在私塾读书。续读《大学》,始读《中庸》等书。(旧版《全集》卷 2,第 494 页)

1900 年(清光绪二十五年　庚子)　十岁

1月　兴中会机关报《中国日报》(又名《中国报》)创刊。在《中国日报》创刊两个月后,该报又办了一个旬刊《中国旬刊》)。

4月　两江总督鹿传霖奏请于金陵设立工艺大学堂。

同月　沉睡900年的敦煌莫高窟被打开。

6月　由英国海军中将西摩尔(E. H. Seymour)统领的英、美、奥、意、俄、法、德、日八国联军由天津向北京进攻。16日,慈禧向列强各国宣战。17日,八国联军攻陷大沽炮台。

夏　章太炎著《訄书》初刻本出版刊行。

8月　八国联军攻入北京。慈禧太后挟光绪帝逃往太原,后转西安。八国联军在北京公开抢劫三日。

9月　由杜亚泉编辑出版的《亚泉杂志》半月刊在上海创刊,介绍近代理化博物等自然科学知识。

同月　有革命倾向的留日学生编辑的《开智录》半月刊在日本横滨创刊,随《清议报》一同发行。

10月　以江苏籍留日学生为主编辑的《译书汇编》月刊在日本东京创刊,每期140余页。宗旨为"务播文明思想于国民",主要译载欧、美、日等国资产阶级政治、经济、法律、社会新思潮等方面的著作。戢翼翬、杨廷栋、杨荫杭、雷奋等是主要编辑者。

同月　各侵略国开始与清政府代表议和。

11月　清廷允张之洞奏,于武昌北门外10里开商埠。

同月　康有为辗转上奏清廷《公请光绪复辟还与京师折》。

冬　国人对帝国主义理论开始进行探讨。

是年　中国救济善会成立,是中国红十字会的先声。

是年　继续在私塾读书。续读《中庸》,始读《书经》等书。(旧版《全集》卷2,第494页)

1901年(清光绪二十六年 辛丑) 十一岁

1月 清政府下诏宣布实行新政,主张变法的大臣纷纷上书要求广建学堂。慈禧太后下诏变法,要"取外国之长""去中国之短"。

3月 清政府下令设立督办政务处,以为推行新政的办事机关。

同月 因沙俄在义和团运动期间出兵中国东北,《暂且章程》签定后拒不撤兵,且欲与清政府订约,激怒中国人民,爆发"拒俄运动",汪康年、汪德渊、蒋智由在上海张园举行500余人的抗议集会,少女薛锦琴登上演讲台演讲,痛斥清廷腐败,鼓动国人联合抗争,震动海内外。

7月 光绪下诏:自明年始,乡会试均不准用八股文程式。8月29日,清政府下令停止武科科举考试。

同月 清政府全权谈判大臣奕劻、李鸿章,与英、美、俄、德、日、法、意、奥、西、荷、比十一国公使在北京签订《辛丑条约》。《辛丑条约》共十二款,另有十九个附件。

8月 两江总督刘坤一、湖广总督张之洞会奏变法,议及兴办学堂,先行设局编译教科书。20日,清廷命刘坤一、张之洞按会奏所陈,择要举办。当月,编译教科书的机构成立,该局设在江宁,初名江鄂书局,后改江楚书局。刘世珩为总办,缪荃孙为总纂,陈作霖、姚佩珩、陈汝恭、柳诒徵为分纂。书局成立后即开始编译书籍。罗振玉、刘大猷、王国维在上海翻译日本书籍。另由陈季同、陈庆年先后主译西书。

同月 上谕各州县"多设蒙养学堂",但非幼儿教育机构,仍属小学性质。

夏 清廷命各州县将书院改设学堂,并选派留学生出洋。

9月 清廷命各省建立武备学堂。

10月 清帝批准袁世凯上奏,筹设继京师大学堂之后第二所国立性质大学——山东大学堂(山东大学前身),成为我国近现代教育发祥地。其同时也是我国第一所按章程开办的大学。11月13日,山东巡抚袁世凯奉旨创办山东大学堂,"为各省学堂之先"。

12月 诺贝尔奖首次颁发。

12 月　清政府任命张百熙为京师大学堂管学大臣，并命他裁定学堂章程具奏。

是年　各省有识之士纷纷创设藏书楼，供公众阅览，是中国近代最早的一批公共图书馆。

是年　继续在私塾读书。续读《书经》，始读《诗经》。（旧版《全集》卷 2，第 494 页）习书法有成。街坊邻居们请写春联，提笔挥毫写就"胸无块垒心常泰，腹有诗书气自雄。"（川编《晏阳初》，第 275 页）邻居们赠送一些糖果包子酬谢，甚引以自豪。（1979年 5 月 24 日晏阳初口述。参见吴著《晏传》，第 5 页）

1902 年(清光绪二十八年　壬寅)　十二岁

1月　慈禧太后和光绪帝回到北京。

2月　清廷准许汉满通婚。

同月　梁启超在日本横滨创办《新民丛报》,主张君主立宪,1907 年停刊。

3月　蔡元培、蒋智由、章太炎、黄宗仰、林白水等在上海发起组织中国教育会,借办教育之名,鼓吹革命。

5月　张之洞创立湖北师范学堂。

6月　《大公报》在天津创刊,独树一帜破迷信。26 日,首次刊登征婚广告,婚姻自由之风逐渐兴起。

7月　张百熙进呈《京师大学堂章程》《考选入学章程》《高等学堂、中学堂、小学堂章程》《蒙学章程》,是中国近代学堂教育体系整体设计的最初方案。

8月　清政府颁布各级《学堂章程》,即所谓"钦定学堂章程"。

同月　南京两江优级师范学堂成立,校址在南京北极阁下,它是国内最早开设图画手工科的学校。主要培养中学以上师资,规模较大,学生最多时达六七百人。

9月　蒙古族喀喇沁王公贡桑诺尔布创办崇正学堂,是为蒙古族有史以来的第一所新式学校。

11月　清政府宣布自下一年会试开始,凡一年授职翰林院修撰、编修者,二三年改翰林院庶吉士,用部属中书者,皆须入京师大学堂分门肄业。"必须领有毕业文凭,始咨送翰林院散馆",以备录用。知县签分到省,也必须入各省课吏馆学习。

同月　上海南洋公学 200 余名学生为抗议学校当局的蛮横专断,集体退学,是为中国近代第一次大规模的学潮。

同月　梁启超在日本横滨创办《新小说》期刊,并在其创刊号上发表《论小说与群治之关系》,首次提出"小说界革命"。

冬　中国教育会正式成立于上海,蔡元培被推为会长。该会下设教育、出版、实业三部,其宗旨为"编订教科书,改良教育,以为恢复国权之基础"。

冬　留日学生秦毓鎏、张继、叶澜、董鸿伟、汪荣宝、周宏业、冯自由、陈独秀等在东京筹建反清革命团体——青年会,是留日学生中第一个具有革命倾向的小团体。

是年 康有为著成《大同书》。

是年 直隶总督袁世凯在天津创办巡警总局,是为中国以警察制取代保甲制之始。

是年 全国 16 个省新设立 18 所大学堂,加上京师大学堂、山东大学堂,全国有中央及省级大学堂 20 所。

是年 梁启超在《新民说》中首次提出民族主义的概念。

是年 继续在私塾读书。续读《诗经》。因其父被聘为 1895 年在巴中西门外建立的第一座基督教福音堂①中文教师,非常敬业,对其教育期望逐渐增高。其父曾作诗:"炮响天明起着衣,洋堂教授犹嫌迟,吾儿何日得知事,睡到邻家饭熟时。"(《告语人民》,第 220 页)便常随父出入于福音堂,传教士夸其聪明伶俐,颇受众人喜欢,跟洋牧师甚熟,从中受到熏陶。(晏著《新民》,第 17 页;《思想研究》,第 279 页)

---

① 福音堂:基督教于清光绪十二年(1886)从阆中传入巴中,传教人为英国人杜明德(中文名),初设福音堂于老南门街(今宕梁区供销社),继迁外西街(今巴州镇第四小学),并在阴灵山修建避暑院,夏季多在此开展宗教活动。光绪三十二年(1906),福音堂开办男校名"华英学校",设在今巴中中学内,由牧师魏性初任校长,有学生 40 余人。课程设圣经、国语、算术、唱歌、游戏等。

1903 年(清光绪二十九年　癸卯)　十三岁

1 月　爱群社在《大公报》刊登的《征文广告》,讨论"剪辫易服说"。

同月　湖北留日学生李书城等在东京创办《湖北学生界》杂志。

2 月　《浙江潮》创刊。

同月　法国传教士出资创办的震旦学院(震旦大学前身)开学,发起人为马相伯。

春　江苏先后成立了常州体育会、无锡体育会、吴江同里教育支部体育会、上海青年会体操班等组织,体育运动开始从学校走向社会。

3 月　中国第一所高等职业院校"北洋工艺学堂"在天津开学,首任总办周学熙。

同月　上海科学仪器馆主办的《科学世界》创刊。

4 月　中国留日女学生胡彬夏等在日本发起成立第一个爱国妇女团体"共爱会"。

同月　上海各界人士在张园召开拒俄大会,通电反对沙俄新约。留日学生组成拒俄义勇队。

同月　中国最早的工科大学天津北洋大学开学。

5 月　留日学生组建激进的军国民教育会。

同月　李宝嘉主编的《绣像小说》创刊,由商务印书馆发行。

同月　《苏报》发表邹容《革命军》"自序"。上海大同书局出版其所著《革命军》。

同月　因《钦定学堂章程》很不完善,清政府命张之洞同张百熙、荣庆重新厘定学堂章程。

同月　章炳麟发表《驳康有为论革命书》。

6 月　上海《苏报》发表《虚无党》,赞扬欧洲无政府党人"杀君主、杀贵族、杀官吏,掷身家性命,以寒在上者之胆"的壮举,掀起了宣传无政府主义的第一次浪潮。29 日,清政府以《苏报》鼓吹革命为由,逮捕章炳麟。不久《苏报》被封,史称"苏报案"。

8 月末 孙中山在日本秘密组建军事学校。

8 月 《国民日日报》问世,号称"《苏报》第二"。

秋 陈天华用通俗白话写成的《猛回头》《警世钟》发表,影响很大。

9 月 清廷设立商部,工矿业和铁路都归这一部管理,以载振为尚书,伍廷芳、陈璧为左右侍郎。

12 月 林白水在上海创刊《中国白话报》旬刊。

同月 清廷成立练兵处,以奕劻总理练兵事务,袁世凯为会办大臣。

是年 清末四大谴责小说中的三部,即李伯元的《官场现形记》、吴沃尧的《二十年目睹之怪现象》、刘鹗的《老残游记》分别发表在当年的《世界繁华报》《新小说》《绣像小说》上,标志着谴责小说形成重要流派。

是年 上海商务印馆设置编译书局。

是年 保宁府(府址在今四川省阆中市)福音堂的牧师威廉·H.奥尔迪斯(Willian H. Aldis,中文名"姚明哲")访问巴中并介绍在保宁府创办有专招 14 至 18 岁的少年入学的基督教学堂——天道学堂①,教授西学。其父对西学向往,母亲也加支持,决定送到保宁天道学堂学习。(晏著《传略》,第 9 页)随即在父母允许和安排下,离家赴保宁(今阆中)府城"中国内地会"(China Inland Mission)创立的西学堂——天道学堂②求学。由大哥春霖护送,跋山涉水,历 15 日始达。(川编《晏阳初》,第 275 页)途中了解背盐工辛苦状,首次接触"苦力"印象。(吴著《晏传》,第 7 页)

是年 初到西学堂上学,对环境、同学、老师陌生,内生恐惧,异常想家,最终坚持,从此学会了忍耐。(晏著《传略》,第 14 页)

是年 学习英语、算学、化学、历史、地理等课程。各科课本内容文字图画并列,校长姚明哲牧师讲解详明,从此知宇宙奇妙、世界广远。每日有体操、唱歌及课外各种游戏,对其中英国板球戏与唱歌最感趣味。天赋歌喉也被启发,开始学习抑

---

① 四川省阆中市地方志编纂委员会编的《阆中县志》(四川人民出版社 1993 年版)第 762 页载:该校于光绪三十一年(1905)由中华圣公会在阆中创办,校址在阆中城关,选拔干练、笃信基督教的青年免费入学,两年毕业任教会助士、牧师,前后共培训了约 250 人,该校于 1925 年停办。同书第 932 页载为光绪二十七年(1901)后创办。后晏阳初回忆认为是 1902 年左右(旧版《全集》卷 2,第 499 页)。据阆中市基督教三自爱国会 2003 年 8 月 23 日撰写的《阆中基督教历史》一文载:天道学堂(该文称天道学校,也称圣经研究院)建于 1901 年。我们赞同 1901 年说。

② 川编《晏阳初》,第 275 页误为"华英学堂"。天道学堂与华英学堂不是同一学堂。据阆中市基督教三自爱国会 2003 年 8 月 23 日撰写的《阆中基督教历史》一文载:天道学堂(该文称天道学校,也称圣经研究院)建于 1901 年,华英学堂(该文称华英学校)建于 1902 年。四川省阆中市地方志编纂委员会编的《阆中县志》(四川人民出版社 1993 年版)第 932 页对华英学堂(该页称华英高等小学)和天道学堂(该页称天道学校)也分开论述,可见天道学堂与华英学堂不是同一学堂。

扬顿挫的乐曲,或高唱入云或余音袅袅,宛转自如,日有进步。从此,养成学唱《圣诗》和喜运动习惯。"姚牧师从不对学生反复啰嗦讲说《圣经》,只以'身教':用慈爱和蔼的态度和学生共同生活,细心照顾他们的一切,一年时间里,晏阳初如坐春风,深受姚牧师伟大精神的感召,发现耶稣解读博爱世人的若干道理,由此决定紧随姚牧师的教诲。信仰虔诚,至老弥笃。"(吴著《晏传》,第8页)此期教育经历印象深刻,为日后树立积极人生观之崭新起点。

1904 年(清光绪三十年 甲辰) 十四岁

1 月 由张之洞等制定、清廷颁布的《奏定学堂章程》(亦称"癸卯学制")开始实行。

同月 《女子世界》创刊。

同月 清廷第一部直接与创办公司有关的法律《公司律》奏准颁行。

2 月 秘密团体华兴会成立,会长黄兴。

3 月 武昌幼稚园正式开学,这是中国人创办的第一所幼儿园。

同月 上海万国红十字会创立,这是中国第一个以红十字会命名的人道主义组织。

同月 《东方杂志》创刊于上海,它是近代中国发行时间最长的大型期刊。

同月 清廷批准设立户部银行,是第一个官办银行。

同月 陈独秀在安徽安庆创刊《安徽俗话报》,半月刊。

5 月 山西大学堂成立。

6 月 《时报》在上海创刊。该报是康有为、梁启超在国内的喉舌。

7 月 科学补习所在武昌成立。

同月 我国历史上最后一次科举考试。

同月 江苏学务处委员沈戴仪在川沙龚镇首创私塾改良会,上海、天津、北京相继设立同类团体,掀起清末改革私塾教育之风。

8 月 《京话时报》创刊于北京。

同月 中国共产党第二代领导集体核心邓小平出生。

10 月 革命党人柳亚子、陈去病在上海创办了中国第一份戏剧刊物《二十世纪大舞台》。

11 月 陶成章、龚宝铨、蔡元培在上海成立光复会。蔡元培被推选为会长。

是年 继续在天道学堂求学,学习英语、算学、化学、历史、地理、体操、唱歌及游戏等课程。寒暑假来回步行四百里①往返于学堂与家之间。(吴著《晏传》,第 8 页)

---

① 吴相湘认为为 800 里,实仅 400 里(200 公里)。参见晏著《新民》,第 19 页。

常与背盐工结伴而行,背盐工的山歌"长不过的路,短不过的年,松不过的冒儿头,紧不过的钱"①使他增强了对劳动人民的理解与同情。(晏著《新民》,第 23 页)

是年末 回家写迎春门联将"胸无块垒心常泰,腹有诗书气自雄"改为"胸无块垒心常泰,腹有圣经气自雄"。(2014 年 12 月 8 日晚晏鸿国告知)

是年 在姚牧师"以身教感人"精神的感召下"自发地领受洗礼"。以身相许,决心将整个生命奉献给基督圣神的博爱事业。(《思想研究》,第 281 页)

---

① 长不过的路,短不过的年,松不过的冒儿头,紧不过的钱:为四川巴中民歌歌词。意思是(背盐工走的)路是漫漫而走不到尽头的,过年休息的时间很短暂(年节后即务工务农),碗盛的饭很蓬松(实际量不多),穷人最缺的是钱。喻含老百姓的日子过得很艰辛。

1905 年(清光绪三十一年　乙巳)　十四岁

2 月　上海《时报》开辟《风俗谈》专栏,表示要对中国旧俗进行改革,首先对中国年俗进行抨击。

同月　《国粹学刊》在上海创刊,邓实主编,以"发明国学,保存国学"为宗旨。

3 月　美国国会通过"特别法案",准许中国学生就读西点军校。

4 月　邹容死于狱中,年仅 20 岁。

同月　在立宪思想影响下,北京出现了第一个社会公众的报刊阅览室——西城阅报社。

5 月　京师大学堂师范馆学生赴烟台海滨采集动植物标本,开中国学堂实地教学、外出考察之先河。

6 月　清政府首次对 14 名毕业归国留学生进行考试,并授予进士、举人身份,分发各衙门任用。

7 月　清政府派载泽、戴鸿慈、徐世昌、端方等大臣分赴东西洋各国考察政治,欲在中国试行君主立宪制。

同月　中国人首次尝试拍摄影片。

8 月　中国留日学生在东京正式成立同盟会,提出"驱除鞑虏,恢复中华,创立民国,平均地权"的革命纲领。推举孙中山为总理,黄兴为协理。

同月　震旦学院部分爱国师生因学潮脱离该校,马相伯等遂以这些人为主、在上海江湾新创复旦公学(复旦大学前身)。

9 月　光绪帝下诏"立停科举,以广学校",废除了延续 1 300 余年的科举制度。

同月　由徐锡麟、陶成章等光复会成员创办的绍兴大通学堂开学。

11 月　中国同盟会机关报《民报》在日本东京出版,在发刊词中,孙中山首次提出"民族""民权""民生"三大主义。

12 月　清廷选派宗室出洋,学习武备。

同月　著有《警世钟》和《猛回头》的留日学生陈天华跳海自杀以抗议日本,唤醒同胞。

是年　由张謇创办的南通博物馆,在江苏通州落成。

是年　清廷设立学部，统领全国学务，同时废教谕、训导。通令全国设立半日学堂、平民补习学校和改良私塾，专收贫寒子弟，不拘年龄，不收学费。

是年　美国当局不肯取消 1894 年与清政府签订的《华工条约》（该条约有效期十年），激起国内人民和海外华侨的极大愤怒，掀起反美爱国运动。

是年　中国驻法二等参赞官刘式训翻译的法国司达康女士撰的《婚姻谈》在中国出版，标志着西式婚礼在中国开始流行。

是年　继续在天道学堂求学，课程同前一年。全新的学习内容激发其求知欲，尽情地汲取各种新知识。英语的演讲和英文写作为日后工作奠定基础。体育课使身体得到了解放，带队操练、喊口令培养了自信。自此终生爱好体育。学习音乐知晓了音节韵律、节拍板眼，加上天生嗓子润亮，唱起歌来，或高亢激昂，或婉转低吟，很是悦耳动听。参加教堂礼拜，渐渐学会唱圣诗，并一直被圣诗那种庄严的旋律、清丽的诗句吸引，直至晚年还以唱几首圣诗或听圣诗唱片来解除疲劳、舒畅胸怀。

是年　功课之余，常与同学在保宁府登高游江，遍访名胜古迹。经常在游山玩水时畅谈自己的理想抱负。感恩于姚牧师的谆谆教导，下决心将来要像姚牧师一样做一个传教士。同学评论其抱负："你的志向倒是高尚，但做事总得由远及近。眼下微妙的国家内忧外患，百姓如处水火之中，救国救民才是当务之急。而要救国救民，首先要整饬军队。现在的军队，对外不能御敌，对内只知扰民害民，与盗匪无异。我从平时操练中看出，你颇有将帅之风，简直就是杨遇春第二。"（晏著《传略》，第 16 页）杨遇春[①]乃四川崇州人，清时名将，足智多谋、英勇善战，在平定内乱外患中多次立下战功，官封昭勇侯。在同学的提醒下，更加崇拜杨遇春，自此便把学名改为"晏遇春"，一直到 1920 年从美国回国，决心从事平民教育时才改回原名。

---

①　杨遇春（1761～1837）：字时斋，生于四川崇庆（今属四川崇州）。乾隆四十四年（1779）考中武举，历乾隆、嘉庆、道光三朝，每遇军务，无不从伍驱驰。一生经历大小战斗数百次，皆冲锋陷阵，而未尝受毫发之伤，世称"福将"；其部每战必张黑旗，时称杨家军。为反对外来侵略、维护多民族国家的统一和领土完整，作出过巨大贡献。乾隆五十七年，随福康安出征反击廓尔喀入侵我国后藏，擢任四川城守右营千备，后升任固原提督。道光六年，奉旨平定张格尔等南疆四城叛乱，并于次年 5 月，全部收复南疆四城。朝廷论功行赏，命绘其像于紫光阁。1830 年，再次带兵平定了喀什噶尔等处的叛乱，维护了国家的统一。在陕甘总督任上 10 年，请免梨负，裁减冗员，裁减军队，组织屯垦，改良马政，加强防务，合并机构以节浮费，为开发西北边疆做了不少事情。1835 年，以年老辞官返里。被道光皇帝晋封一等昭勇侯，在籍支食全俸。1837 年，病逝于成都南门外"望禾亭"别墅，终年 77 岁。后移葬崇庆州（今崇州市）道明娘娘岗祖茔。逝世后，道光皇帝又晋赠太子太傅衔，照兵部尚书例赐恤，入祀贤良祠，谥号"忠武"，故后世又称杨遇春为"杨忠武侯"。

是年　寒暑假，往返于保宁与巴中之间。往返途中，都是与"背二哥"①们同行，感受着劳苦大众的切身疾苦，加深对劳苦大众的了解和同情以及用耶稣精神去解救这些苦难同胞的决心；步行也使身体增高、强健，学习使知识、眼界、胸怀大大扩充，自信心也加强。（吴著《晏传》，第 8 页）

---

①　背二哥：地属川东盆地北缘的巴中市，在解放前，这一地区的公路建设非常落后。当地的人民以"背"为主要运输方式。背运使用的工具有背篼、夹背、背架、打拄等。人们称这种以背篼运输靠出卖劳力、帮人背运货物挣钱的群体为"背老二"或"背二哥"。

1906 年(清光绪三十二年　丙午)　十六岁

1 月　李伯元著《官场现形记》在上海出版。

2 月　慈禧太后面谕学部,实兴女学。

同月　湖北革命党人秘密组织力量成立日知会。

3 月　清学部奉谕公布:以忠君、尊孔、尚公、尚武、尚实为教育宗旨,并订有八章《各级学堂管理通则》,要求学生言行以孔孟为师表、以忠孝为根本。

4 月　《民报》与《新民丛报》展开大论战,全面揭示革命与保皇派的原则分歧。

5 月　由顾琅和周树人合著的中国第一部地质矿产专著《中国矿产志》出版。

同月　中国妇人会在北京成立,是具有红十字会性质的妇女团体。

7 月　由李平书等人发起,在张园成立上海医务总会,"研究中西医术"。

同月　《大清印刷物专律》颁布,共 6 章 41 条,为中国首次颁布的出版法。11月,清廷下旨制订《报律》。

9 月　清政府颁布"预备仿行宪政"谕旨。

同月　清政府发布严禁人民吸食鸦片的上谕,限 10 年之内,全国禁绝鸦片。

10 月　袁世凯编刊《立宪纲要》。清廷命各省兴建图书馆、博物院、动物园、公园。

11 月　清廷发布新官制,大权集于满人。

12 月　孙中山、黄兴等在日本制定同盟会《革命方略》,备起义时用。

是年　清廷设巡察部。改兵部为陆军部。在保定设立陆军军官学堂。

是年　美教会在上海创办沪江大学。协和医学校在北京建立。

是年　中央颁布《各省学务详细官制及办事权限章程》和《各厅州县劝学所章程》,裁撤各省提督学政及临时性学务处,设提学史司总辖全省学务。下设学务公所,另设省视学 6 人。于厅州县设劝学所,置视学一人,兼学务总董。

是年　中央学部奏定《教育会章程》,以"辅导教育行政,图教育之普及"为宗旨,饬各厅州县俱设教育会。四川积极响应,是年年底成立"四川教育总会"。

是年　继续在天道学堂求学,课程同前一年。

1907 年(清光绪三十三年　丁未)　十七岁

1 月　《中国女报》在上海创刊。秋瑾、陈伯平任编辑兼发行人。

2 月　康有为改保皇会为国民宪政会。

3 月　《女子小学堂章程》和《女子师范学堂章程》公布,女子教育由此取得合法权。

6 月　中国最早的以宣传无政府主义为宗旨的《天义报》在东京创刊。同月,另一宣传无政府主义的专门期刊《新世纪》在巴黎创刊,标志着留日、留法学生中两个无政府主义派别的形成,并通过这两个期刊,将日本和欧洲的无政府主义思潮传入中国。

6 月　美国照会中国驻美公使馆,拟将庚子赔款中 1 078 万美元还给中国,用于发展文教事业。

7 月　"光复会"主要成员徐锡麟在安庆刺杀安徽巡抚恩铭被捕,惨遭极刑。秋瑾响应徐锡麟,谋在绍兴起义,事泄被捕,初六日(7 月 15 日)就义于绍兴轩亭口。

7 月　《日俄协定》和《日俄密约》在彼得堡签订,两国互相勾结,重新划分范围,第一次提出所谓"南满""北满"的称呼。

8 月　张继、刘师培发起成立"社会主义讲习会",实为无政府主义组织。

9 月　留日学生总会电军机处外务部:日、俄、法协约成立,将有瓜分之祸,日本强争间岛,实其先导,请万勿让步。

10 月　梁启超在日本东京召开政闻社成立大会,并宣称"今日之中国,只可行君主立宪"。宪政讲习会会长熊范舆和沈钧儒等上书朝廷,请速开国会。

12 月　清末立宪运动兴起。

夏　从天道学堂毕业。在校期间与师长姚牧师相处甚好,毕业后由姚牧师推荐到成都华美高等学校①继续求学。姚牧师于是年返英为妻治病,师生话别,恋

---

① 华美高等学校:也称华美中学。该校由"美以美"会(Methodis Church)在成都创办,创办者(**转下页**)

恋难舍。后以师威廉(William)之名命其长子振北,以示其不忘恩师之情;姚牧师亦以云霖之名命其子为如云。(川编《晏阳初》,第 276 页)临行话别,姚牧师说:"有缘千里来相会,相信我们一定会再见的。"自此,直到 1947 年,才相见。

(接上页)是美国人、文学博士、神学博士毕启(Joseph Beech,1867～1954),创办于 1903 年,校址在成都文庙附近,为中学性质。毕启,出生于美国,1898 年就来中国传教。1903 年来到四川,先后创建了重庆求精中学、成都华美中学。1904 年秋,他任华美中学校长。1905 年参与筹建华西协合大学,先后 15 次横渡太平洋回国及在中国境内多方游说筹集办学经费,经手的中外各界捐款达 400 多万美元。是学校主要建筑的操办者。1907 年,选定成都南门外即后来的华西坝作为学校永久之地。1913 年当选为首任校长,1931 年改任校务长。主持校政 30 多年,兼授外国史。对华西协合大学做出了巨大的贡献。1946 年以 73 岁的高龄,告老回乡之时,中国政府比照美国杜威博士、哥伦比亚大学校长勃兰克博士的先例,授予他外籍特殊勋绩人士荣誉奖:红蓝镶绶四等采玉勋章。撰有《发展四川省工业及改良经济状况的商榷》。

1908 年(清光绪三十四年　戊申)　十八岁

1 月　清廷颁布《大清报律》。

2 月　《新朔望》半月刊创刊。宗旨为"改良社会,增进学识,代表舆论"。

同月　清廷授醇亲王载沣为军机大臣。

8 月　清廷从学部奏,次年开办分科大学,计经学、法政、文学、医、格致、农、工、商 8 科,开办费 200 万两。

同月　清廷颁布《宪法大纲》,明定召开国会年限,规定皇权神圣不可侵犯,皇统永远世袭。

10 月　日本政府应清驻日公使之请,封禁《民报》和《四川》杂志。

11 月　光绪帝去世。慈禧太后去世。

12 月　溥仪登基,改元宣统。其父载沣以摄政王监国。

夏　辞别父母,背负行囊,独自一人步行 1 200 里路到成都。成都市浓厚的历史文化沉淀,尤其是同治十二年张之洞任四川学政以来提倡讲求实学之新风使之如沐春风,眼界大开。(晏著《传略》,第 18 页)至成都,进入设在成都的美国"美以美"会(Methodis Church)设立的中学——华美高等学校求学。该校是当时成都教授西学的最高学府,教师全部是美国男性传教士,100 多名学生也全是男生。在此学习期间,知识、眼界、胸怀大大扩充,自信心也增强了,对耶稣基督的战斗精神有了认识。(姜编《纪略》,第 1 页)

是年　业余习棒球,担任投手。与传教士球队比赛失败(因为是学生队和教师队比赛,最后结果当然是学生队败北),心中难过,便向教士球队两位美国棒球健将请教玩球技巧,由此学习投掷曲线球的手法,使输球之心稍宽。(川编《晏阳初》,第 276 页;C. K. Kiang. Dr Y. C. James Yen, pp. 30~31)

1909 年(清宣统元年　己酉)　十九岁

2 月　《教育杂志》创刊于上海。

同月　清廷命各省正式成立咨议局,筹办各州县地方自治,设立自治研究所。

3 月　我国第一所近代矿业高等学府焦作路矿学堂诞生,为中国矿业大学前身。

同月　清政府诏谕"预备立宪,维新图治"之宗旨。

5 月　于右任在上海创办《民呼日报》。

9 月　中日签订《间岛协约》,日本在华利益扩大,美国表示不满。

同月　清廷以泄漏机密、有碍交涉为罪名,封禁《北京国报》《中央大同日报》两馆。

同月　清廷从外务部奏,建游美肄业馆于清华园,1911 年更名为清华学堂,是为清华大学前身。

10 月　中国迈出民主第一步:各省咨议局开首界常会。

11 月　鼓吹革命的文学团体"南社"成立于苏州。发起人为中国同盟会会员柳亚子、陈去病、高旭、景耀月等。

是年　继续在成都华美高等学校(中学)求学。

是年　暑假留成都,给别人补习英语,收得些许报酬作为零用。(晏著《传略》,第18 页)

是年　寒假回巴中老家,习练武术,参加与邻里壮丁组织的自卫队防匪盗。(吴著《晏传》,第 10 页)

1910 年（清宣统二年　庚戌）　二十岁

1 月　《民报》第二十五期、第二十六期假巴黎编印之名，相继在东京出刊。

同月　各省咨议局代表呈递请愿书，要求速开国会，清廷不许。24 日，请愿代表在北京组织速开国会各省同志会。

2 月　四川革命党人发动嘉定起义，死难二百余人。

同月　按东京计划，作为暗杀团掩护机关的守真照相馆在北京开张。

同月　立宪派喉舌《国风报》在上海创刊，主持人梁启超。

3 月　霍元甲的学生陈公哲、姚蟾伯、王维藩等在精武体操学校的基础上组成精武体育会。

3 月底 4 月初　暗杀团在北京的计划受挫，谋炸清摄政王载沣不成。

春　学部奏请禁止留学生与外国人结婚。

4 月　清廷为"缓和人心，羁縻党人，作释怨之举，从轻治罪"，由刑部判处黄复生、汪精卫永远监禁，判处罗世勋监禁 10 年。

5 月　清廷公布《大清现行刑律》。

6 月　官商合办的南洋劝业会在南京展出陈列品 24 部，420 类。

同月　中国第一个全面变革旧风俗习惯的社会团体万国改良会在天津成立。

7 月　日俄两国签订了第二次《日俄协定》，联手侵夺"满洲"利益。

同月　清政府公布人口调查数字，全国人口为 4.2 亿。

8 月　商务印书馆在上海创办《小说月报》，王蕴章主编。

10 月　清政府资政院正式成立，举行开院礼，摄政王载沣宣布训辞。

同月　于右任在上海公共租界创办一份大型报纸《民立报》。

11 月　孙中山、黄兴、胡汉民、赵声等在槟榔屿（庇能）秘密会议，决计在广州进行反清大举。

12 月　清廷首次试办国家预算，为中国历史上第一次编制国家预算。

同月　历时 6 年几易其稿的《著作全律》经清帝批准颁布，中国第一部版权律从此诞生。

冬　在资政院第一届常会上，议员罗杰、周震麟等分别提出剪辫易服的议案，经议决通过,并迅速蔚成席卷全国的群众运动。

是年　学部颁布《简易识字课本》《国民必读课本》及浅议算术(珠算或笔算);学塾不收学费,书籍和应用学习用品由学塾提供,经费由劝学所支派。

是年　离开成都华美高等学校,就其原因在给姚牧师的信中谈道:"该校学生良莠不齐,不像天道学堂的学生大都是贫穷家庭或书香门第子弟,纯朴规矩。而这里有不少是富家子弟,他们不专心读书,终日以饮酒、赌博为乐,学校对此也不严加管束。我不想在这样的环境中待下去了。"(晏著《传略》,第18~19页)离开华美中学后,即受聘成都一中学担任英语教师。(姜编《纪略》,第1页;川编《晏阳初》,第276页)

是年　寒暑假返老家巴中,继续习练武术。(吴著《晏传》,第10页)

1911 年(清宣统三年　辛亥)　二十一岁

4 月　黄兴等在广州起义,牺牲 86 人,收得 72 烈士遗骸,葬于黄花岗。

10 月　武昌首义成功。

12 月　各省代表开选举总统的会议,选出孙中山为中华民国临时大总统。

是年　江亢虎创中国社会党本部于沪。

夏秋之际　经姚牧师介绍结识英国青年传教士史梯瓦特(James Stewart)①,全力协助其在成都设立辅仁学社,任该社副主任,担任翻译工作,成为其工作中的得力助手。辅仁学社"取以友辅仁,以仁辅友"之意,以文化和娱乐活动辅导青年。(旧版《全集》卷 2,第 506～507 页)

9 月　四川人民反对清政府"铁道国有政策",成都、重庆各地群众组织集会游行,兴起保路运动。清廷采取高压手段,激起民愤,辛亥革命全面爆发,成都各学堂宣布放假,让学生回家。于是回到巴中县,不久,即应巴中县立中学②之邀任英语教师,任教一学期。(川编《晏阳初》,第 276 页及晏鸿国口述)

是年　继续习练武术,适乡间游匪乘机攻袭县城,参加与邻里壮丁组织的自卫队,携带刀枪,乘夜防剿,游匪溃散。(吴著《晏传》,第 10 页)

---

① 史梯瓦特(James Stewart):中文名"史文轩",英国传教士,属于英行教会(Church Missionary Society)。其父罗伯特·W. 史梯瓦特(Robert W. Stewart)牧师,早在 1876 年到福建福州传教,并创设神学院。1895 年 8 月 1 日,其父母在福建古田被一群盗匪惨杀,伤痛之余,更坚定了继承父志的心愿。他从澳洲雪梨大学毕业后,于 1905 年到香港学习中文及中国习俗。1907 年,奉派到四川传教。1911 年的夏秋之间结识晏阳初,两人亲如兄弟,晏阳初成为他布道或讲学时翻译成四川话的助手。

② 即今四川省巴中学前身。该校前身是清同治七年(1868)创建的云屏书院,1907 年改名为"巴州中学堂",1924 年改名为巴中县立初级中学。1944 年 2 月更名为巴中县立中学。1947 年更名为"四川省立巴中中学"。1950 年 8 月更名为"公立川北巴中中学"。1953 年 5 月复名"四川省立巴中中学"。1982 年 4 月被定为四川省重点中学,定名"四川省巴中中学"。

1912 年(民国元年　壬子)　二十二岁

　　1月　孙中山在南京就任临时大总统,宣告中华民国成立,定都南京。改用阳历。

　　1月　蔡元培为首任教育总长。教育部公布《普通教育暂行办法》,学堂改称学校,废止读经。

　　2月　宣统帝溥仪退位,清皇朝结束。

　　2月　颁行地方教育行政官制,裁县劝学所,于县公署设第三科,专管教育。

　　3月　袁世凯在北京宣誓就任临时总统职。

　　4月　教育总长蔡元培视事,并派员接收前清学部事务。

　　7月　召开临时教育会议,议决学校系统、各级学校法令等。

　　8月　孙中山、宋教仁等以中国同盟会为基础,合并一些其他党派,组成国民党。

　　9月　教育部公布教育宗旨:注重道德教育,以实利教育、军国民教育辅之,更以美感教育完成其道德。教育部公布学校系统,称"壬子学制"。

　　12月　教育部颁布读音统一会章程。

　　春　独自由巴中返回到成都,继续在辅仁学社工作。为史梯瓦特(James Stewart)牧师取中文名"史文轩",因组织能力较强且爱好活动,于是负责组织辅仁学社的文娱节目,深受广大青年的欢迎。(宋编《人民》,第229页)

　　夏　回巴中老家待一段时间。返回成都继续在辅仁学社工作。史文轩建议到香港圣史梯芬孙书院(St. Stephens College)①深造,望其成为一名传教士,在中国

---

　　① 圣史梯芬孙书院(St. Stephens College):1901年,八位华籍商人及社会贤达何启爵士、曹善允博士、周少岐先生、黎季裴先生、霍约瑟会督(Bishop Joseph Hoare)及班为兰会吏长(Archdeacon Williams Banister),致函港督卜力,要求办一所英文书院供华人子弟就读,培育香港的华人子弟成材。1903年,在何启爵士、曹善允博士、霍约瑟会督和班为兰会吏长等贤达努力争取下,学校正式创立。当时为一所基督教男校,办学初仅有6位寄宿生和一位走读生。当时的办学理念是为华人子弟提供类似当时著名英国公学的优质教育。创校不久,不少海外学生慕名入读,尤以东南亚的华侨子弟人数最多。1928年,因地方不敷应用,该校由薄扶林迁至赤柱现址。1968年,该校开始招收女生,成为男女合校学校。1970年,该校成为港府津贴中学。2008年,该校参加政府的"直接资助计划",正式成为一所直接资助中学。

弘扬主道,并愿请香港的哥哥妹妹和同事帮助照顾和资助。(吴著《晏传》,第 10 页;宋编《人民》,第 229 页)

秋　经禀明母亲吴太夫人同意并得史超域牧师①来信同意安排一切,即忙于筹措赴香港圣史梯芬孙书院(St. Stephens College)深造旅费及学费。母亲吴太夫人往大处着想的豪气和克己为人的慈爱一直鞭策其勤奋致业、心无二用。(吴著《晏传》,第 10 页)

冬　随史文轩(史梯瓦特)不顾路途之艰辛从成都步行至重庆,乘木船经宜昌、汉口至上海,换乘海轮南下香港,历 40 余日抵达香港。

冬　在香港圣史梯芬孙书院(St. Stephens College)补习,校长巴奈特(Barnet)先生测验其程度,英文属第五级,数、理、化只在第一二级。被告知可能需要三年时间才能完成所需课程,遂下决心努力攻克数、理、化等科目。(1979 年 6 月 16 日晏阳初口述;吴著《晏传》,第 11、13 页)

是年　"三 C"火种已在心中深深扎下根。"我常说,'三 C'影响了我一生,就是,孔子(Confucius)、基督(Christ)和苦力(Coolies)。比较具体的说,是来自远古的儒家的民本思想,来自近世的姚牧师和史文轩兄的榜样和来自四海的民间疾苦和智能。在我离川东下之前,三者已在我心中埋下火种,等待时机,结合而产生长远的热能和光亮。"(旧版《全集》卷 2,第 508 页)

---

①　史超域(Rev. R. W. Stewart):史梯瓦特(史文轩)大哥,牧师,当时任教香港圣保罗书院(St. Paul's College)。

1913年(民国二年　癸丑)　二十三岁

1月　教育部公布《大学规程》《视学规程》。教育部划分全国为八个学区,每区派视学2人。

2月　读音统一会开会,选举吴敬恒为议长。订定各省教育司职权,分设四科。

3月　袁世凯派人暗刺宋教仁于上海火车站。22日宋伤重身死。

6月　袁世凯发布尊孔祀孔令。11月26日,袁世凯再次下尊孔令,并接见"衍圣公"孔令贻,授予一等嘉禾章。

7月　李烈钧首先在江西湖口举兵讨伐袁世凯,"二次革命"爆发。9月12日,"二次革命"失败。

8月　教育部公布实业学校令、实业学校规程。教育部颁布《经理欧洲留学生事务暂行规程》。

9月　教育部公布《经理留美学生暂行办法》。

12月　教育部公布《留欧官费学生规约》。

1月20日　用"晏遇春(Yu-chuen Yan)"名字在香港圣史梯芬孙书院注册入学,补习数、理、化各科,该校声誉卓著,遵英国教学制度和方法,学生多有志入牛津、剑桥或是香港大学。(吴著《晏传》,第13页;宋编《人民》,第233页)

暑期　聘家庭教师辅导学业,以期参加圣保罗书院秋季入学考试。辅导费每小时1元,节衣缩食筹足12元以作辅导费,暑假期间集中学习算学、物理、化学,终使许多难题获解答。(吴著《晏传》,第13页)

9月　"圣保罗书院"(即今香港大学前身)入学考试揭榜,以第一名考入政治系。按校方规定,如是英国籍学生可获得奖学金1 600元。当校方召问是否愿成为英国公民时,摇头说:"这对中国人来说,代价太高了!"说罢即退出校长办公室而去。学生团体对此次奖学金事件表示抗议,校长因寄函北京,请求总统设立同样奖学金给中国籍优良学生。历时两年,往返函商才告成功。(吴著《晏传》,第13～14页)

秋 在圣保罗书院结识了著名基督教布道家莫特(John R. Mott)[①]与艾迪(Sherwood Eddy)[②]以及中华基督教青年会全国协会总干事巴乐满(Fletcher S. Brockman),向他们请教美国求学和未来工作事宜,深受他们的喜爱。此后,频通书信,以求指教。(吴著《晏传》,第14页;宋编《文集》,第335页)

---

① 莫特:即约翰・罗利・莫特(John Raleigh Mott,1865~1955),他是一个长期服务青年基督教协会(YMCA)和世界基督教学生联合会(WSCF)的领导者。致力于建立和加强国际基督教新学生组织来促进和平,于1946年获得了诺贝尔和平奖。从1895年到1920年,担任世界基督教学生联合会(WSCF)的主席。1948年参与世界教会理事会(The World Council of Churches)的成立工作,当选为终身荣誉主席。所著《这一代的世界福音》(*The Evangelization of the World in this Generation*)成为传教士在20世纪初的口号。

② 艾迪:新版《全集》翻译为"爱迪"或"埃迪"。全名为George Sherwood Eddy(乔治・舍伍德・艾迪,1871~1963),他是从美国和欧洲领先的大学到世界偏远角落去传教的一万六千名大学生志愿者之一。在印度他掌握了泰米尔语并在穷人和无家可归者中传教,在南印度的帕拉姆科塔(Palamcottah)通过旅行方式在学生和民众中传道达15年。接下来的15年他在中国、日本和菲律宾、土耳其、巴勒斯坦、伊拉克、埃及以及俄国等做学生的传教工作。作为基督教青年会全国秘书在日本、韩国、中国、印度、中东、俄罗斯等学生中有很高的威望。他与山姆・富兰克林牧师于1936年创立了三角洲和天意合作农场。1963年11月4日在伊利诺斯州杰克逊维尔去世。

1914 年(民国三年 甲寅) 二十四岁

1 月 中华书局编辑的《中华小说界》于上海创刊发行。《礼拜六》周刊在上海出版,王钝根主编。

1 月 教育部公布《经理留学日本学生事务暂行规程》。

2 月 教育部公布《半日学校规程》。

3 月 袁世凯颁布《褒扬条例》对"孝行""妇女节操可以风世者"加以褒奖,以宣扬和维护封建纲常名教。

5 月 章士钊主编的《甲寅》杂志创刊于日本东京,在上海发行。

5 月 改各省民政长为巡按使,教育司裁撤,改设科。

6 月 教育部通咨各省巡按使,设置道县视学,道至少 2 人,县至少 1 人。

7 月 第一次世界大战爆发。

7 月 大总统令修正公布教育部官制,教育部直辖于大总统,管理教育、学艺、历象事务。总长随国务总理同进退,下设次长 1 人,为事务官。

9 月 日本对德国宣战后,派兵到中国山东半岛登陆。

10 月 教育部公布《专门学校令》。

11 月 日军侵占青岛。

12 月 教育部拟定《整理教育方案草案》,大力提倡尊孔读经。

是年 在香港圣保罗书院继续求学。

1915 年(民国四年　乙卯)　二十五岁

1 月　大总统下发《教育纲要》交教育部办理。《教育纲要》规定:"各学校均应崇奉古圣贤以为师法,宜尊孔以端其基,尚孟以致其用。"

2 月　大总统颁定教育宗旨:爱国、尚武、法孔孟、重自治、戒贪争、戒躁进。

4 月　全国教育会联合会第一次会议,陈请国民会议及宪法起草会,拟将义务教育列入宪法。教育部呈准义务教育施行程序,为中央对于义务教育有系统规划之始。

4 月　中国科学社成立。

5 月　日本急于要袁世凯承认"二十一条",于 5 月 7 日提出最后通牒,并限 48 小时内答复。是为"五七国耻"。

6 月　教育部咨行各省推行义务教育施行程序。蔡元培等组织勤工俭学会于法国巴黎。

7 月　教育部公布《地方学事通则》。

8 月　杨度、李燮和、胡瑛、孙毓筠、刘师培、严复组织筹安会,鼓吹帝制。

9 月　陈独秀在上海创刊《青年杂志》,第二卷第一期起(1916 年 1 月 1 日),改名《新青年》。

10 月　教育部颁布《通俗图书馆规程》。

11 月　教育部咨行各省改小学教员讲习所为师范讲习所。教育部公布《预备学校令》。教育部公布《劝学所规程》,劝学所辅佐县知事办理县教育行政事宜。教育部公布《学务委员会规程》。

12 月　袁世凯当皇帝,改国号为"中华帝国",下令改次年为"洪宪元年"。蔡锷、唐继尧等宣布云南独立,组织护国军,讨伐袁世凯。

是年　在香港圣保罗书院继续求学。

1916年(民国五年 丙辰) 二十六岁

3月 袁世凯被迫取消帝制,仍自称大总统。

4月 教育部通咨各省筹议扩充师范。

6月 袁世凯去世。次日,黎元洪代理北京政府大总统。

9月 民国四年所颁行各项教育法规着即废止或修改。

10月 全国教育会联合会第二次会议,呈请速设各省区教育厅。教育部公布《选派留学外国学生规程》。

12月 黎元洪任命蔡元培为北京大学校长,次年1月4日就职。蔡任职后,"循自由思想原则,取兼容并包主义",聘请倡导新文化运动的人物前往执教,使北大成为传播新文化的一个阵地。

是年 国语研究会在北京成立,并与新文学运动结合起来。

1月2日 史文轩牧师在法国战场为英军祷告时被炮弹炸死。(吴著《晏传》,第14页)

1月 从史超域牧师处得知恩师史文轩在法国战场死去,因受其恩惠深重,悲痛至极,遂以史文轩的第一个英语字James作自己的英文名字,即James Yen,永远纪念这位良师益友。且香港殖民气味十分浓厚,难以忍受,遂决定赴美国奥柏林学院(Oberlin College)①深造。(吴著《晏传》,第14页)

---

① 奥柏林学院(Oberlin College):建于1833年,位于美国俄亥俄州的同名小镇上,在美国文理学院中个性十足。是一所顶级文理学院和一个享誉世界的音乐学院同在一个校园的大学;是最早招收黑人的高等院校之一,建校不久即决定招生不考虑性别、种族因素,并于1850年培养出美国第一位黑人女大学生,20世纪以前,总共有128名黑人毕业于该校,几乎占美国黑人学士总数的三分之一。1853年,该校聘请了美国第一位大学女教师。该校毕业生后来获得博士学位的人数,在美国私立四年制文理学院中居于首位,这个记录一直保持至今。1983年奥柏林学院150年校庆时,《纽约时报》发表的一篇文章中说:"在过去的150年间,哈佛为古典课程而焦虑,耶鲁为上帝而不安,奥柏林则为美国和世界操劳。"在一流的学术教育宽松开放的文化氛围熏陶下,奥柏林学院人才辈出,校友中有3人获诺贝尔奖,在中国最著名的校友是宋子文和孔祥熙。1880年,该校的一批毕业生到中国山西教区谋划建立一所现代化的教育机构——山西奥柏林学堂。1900年,山西教区有16名行政人员、两所教堂、一所分不同年级的新式学校和一所小学堂。后因义和团运动而终结。1903年著名作家海明威的二儿子克莱伦斯·爱德蒙兹·海明威(Clarence Edmonds Heimingway,1871~1926)及其夫人重新接受该项工作,学院还派出科滨(P. L. Corbin)夫妇为特别代表。由此办起**(转下页)**

夏 从香港乘海轮启程赴美，在横渡太平洋途中遇一位耶鲁大学毕业校友，受其鼓励，改变留学初衷，决定前往新港（New Haven, Conn.）入耶鲁大学。该校距华盛顿、纽约、波士顿等地不远，学术氛围浓郁，名师众多，各项设施完善，是求学的好去处。（吴著《晏传》，第14～15页）

9 月 以"晏遇春"之名正式在耶鲁大学注册，在三年级肄业，攻政治经济学，每周上课 20 小时，另加瑞特教授（Professor Wright）①指导"个人福音主义"1 小时。在校期间得到曾任美国第二十七任总统的塔虎特②教授的指导和影响。亦受到塔虎特教授的儿子查理（Charles P. Taft）③和富豪洛克菲勒威廉·艾弗里·洛克菲勒（William Avery Rockefeller）④的孙子艾弗里·洛克菲勒（Avery

---

（接上页）铭贤学校（Oberlin Shansi Memorial Academy），设在太古县，1907 年秋季开学，由孔祥熙主持校务。该校后发展为"铭贤农工专科学校""铭贤学院"。1951 年在此基础上成立山西农学院，1979 年更名为山西农业大学。当年晏阳初拟选择美国奥柏林学院与该校的远东教育"援助"计划的影响有一定关系。

① 瑞特教授（Professor Wright）：全名亨利·伯特·瑞特（Henry Burt Wright），耶鲁大学神学教授。1908 年著有《有目的的人生：悼念雅礼会第一个传教士约翰·劳伦斯·瑟斯顿》（*A Life with a Purpose: A Memorial of John Lawrence Thurston, First Missionary of the Yale Mission*）和《上帝的意愿及一个人的毕生事业》（*The Will of God and a Man's Lifework*）；1910 年著有《一个逝去的罗马悲剧之重获》（*The Recovery of a Lost Roman Tragedy*）等。

② 塔虎特：即 William Howard Taft(1857～1930)，出生于豪门家庭，耶鲁大学毕业，历任联邦政府司法部副总检察长、驻菲律宾总督、陆军部长等职。1908 年当选为总统。执政后，在人民的压力下，声称要继续开展"反托拉斯战"。但他主要代表洛克菲勒财团的利益，借此打击摩根财团；并且不久就采取了对垄断企业大开方便之门的"自由放任"政策。塔夫特政府于 1909 年通过《佩恩-奥尔德里奇法案》，规定了美国建国以来的最高关税率，引起人民的强烈反对。在对外政策方面，塔夫特提出"金圆外交"，向外输出剩余资本，进行经济渗透，干涉别国内政。他对法律有浓厚兴趣，1912 年竞选连任失败后，任法学教授、律师协会主席、最高法院首席法官等职，1930 年因病逝世。

③ 查理：应译为"查尔斯"（Charles P. Taft, 1897～1983）：是威廉·霍华德·塔虎特（William Howard Taft）之子。出生在俄亥俄州的辛辛那提，在耶鲁大学求学。第一次世界大战在美国军队服兵役，继后成功地开始自己的法律实践，成为一个有影响力的、活跃的共和党人。在辛辛那提，他支持改革运动，反对政治机器。二战期间，他在负责战时经济事务的国务院办公室工作，1945 年作为美国代表团顾问参加三藩会议导致联合国的创建。同年，开始在市议会工作长达 22 年。1952 年获得民主党州长提名。从 1955 年到 1957 年，当选为美国俄亥俄州辛辛那提市市长，在他任市长期间，清除贫民窟，为贫困公民提供公共援助，并改善劳资关系。美国《财富》杂志把辛辛那提评选为管理最佳的大城市。作为市长，获得"辛辛那提先生"的昵称。在任满一届后，参加第二轮竞选，但未能成功，便再从事自己的法律实践工作，继续参与公民活动，特别是鼓励共和党终止任何支持种族歧视的行为。1983 年在辛辛那提去世。

④ 吴著《晏传》第 17 页称"富豪洛克菲勒的儿子威廉（William Avery Rockefeller）等都是晏的同级学侣"，此处有误，威廉·艾弗里·洛克菲勒（William Avery Rockefeller）出生于 1810 年，1906 年去世；即便是小威廉·艾弗里·洛克菲勒（William Avery Rockefeller, Jr.）出生于 1841 年，于 1922 年去世，也不可能与晏阳初同学。与晏阳初同学者当为佩尔西梅·艾弗里·洛克菲勒（Percy Avery Rockefeller）的儿子艾弗里·洛克菲勒（Avery Rockefeller, 1903～1986），即威廉·艾弗里·洛克菲勒的孙子，不是威廉·艾弗里·洛克菲勒本人，也不是他的儿子。艾弗里·洛克菲勒 1903 年出生，中学毕业后入耶鲁大学求学，1923 年 9 月 20 日秘密与一个富有的钢铁制造商克莱顿马克的女儿安娜·格里菲思·马克（Anna Griffith Mark, 1906～1996）结婚。后从事金融业，1928 年，加入具有传奇色彩的亨利·施罗德银行公司并于 1931 成为财务助理。1936 年 7 月 8 日施罗德与洛克菲勒联合成立施罗德-洛克菲勒联合公司，其目的是接管亨利·施罗德银行有限 （转下页）

Rockefeller)等学友影响。初到耶鲁,仅有 80 美元,无力缴纳学杂费,幸校方允其分期交纳。课余与 7 名美籍同学在学校餐厅帮忙收餐券,由此获得免费饮汤和食用牛奶面包,以解决膳食问题。(1979 年 6 月 18 日口述,载吴著《晏传》,第 15～17 页)

10 月 获选参加大学唱诗班,为中国学生首次获选,甚感喜悦。得 100 美元酬金用以补纳学费,物质精神两方面都获得满足。校园内弥漫着耶稣精神,大感愉悦与兴奋。经常自承:孔子的道理给予了做中国人的基本性格,耶稣的积极战斗、不惜牺牲自己的精神,指引着为国为民服务的正确道路。(吴著《晏传》,第 15 页)

11 月 10 日 在美国康涅狄格州纽黑文耶鲁大学 419 号给巴乐满①先生写信。信中首先谈了受到巴乐满信的感受;其次,谈选择耶鲁大学求学的原因是因为可以与巴乐满及英特博士和怀特教授这样一些人经常取得联系,并认为一个人一生中能按上帝的旨意选择工作或生活是一件幸事。最后,汇报在耶鲁大学求学半年的情况:"每周要上二十学时的课,虽然时间相当紧张,但我还是选修一个学时由怀特教授讲授的福音传道课,以便能与他接触。当然,这本身就是一门很有趣的课。同时,我还高兴地加入了学校的唱诗班,在这里的中国学生都认为这是件很幸运的事。在这里的十七位中国学生中,有十五位是基督教徒,他们大都很乐意参加基督教的活动。耶鲁大学的生活本身就非常丰富多彩、令人鼓舞,不知道其他学校是否像耶鲁这样,既有很高的学术水平,同时在生活和精神上又非常民主。在这里基督教的气氛很浓厚——有教堂,笃信基督的教师、学生虔诚地做礼拜,以致整个耶鲁

(接上页)公司以前承销和进行的一般证券业务。该公司有 300 万美元的资金。第一任总裁是亨利·施罗德银行的前副总裁卡尔顿·富勒。原始股票由洛克菲勒、勒勃、杰拉尔德·E. 多诺万、约翰·L. 辛普森、弗雷德里克·B. 亚当斯和 J. 施罗德银行有限公司所持有。他担任施罗德-洛克菲勒联合公司副总裁,接着担任总裁。1961 年,詹姆斯·E. 曼登被任命为总裁,他被任命为董事长。1967 年退休,其公司合并到 J. 亨利·施罗德银行公司。从 1950 年开始,他还是空气还原公司、J. 施罗德银行和信托公司和 J. 施罗德银行有限公司的董事。生平喜欢收藏珠宝和贵重物品。1986 年去世。

① 巴乐满(Fletcher S. Brockman,1867～1944):旧译为"薄克曼""布鲁克曼"等。基督教青年会北美协会传教士。1867 年出生于美国,1890 年毕业于范登比尔特大学,一直任北美协会的学生干事,参加了学生志愿海外传教运动,是北美协会总干事穆德最亲密的朋友、最得力的同工。他积极开展各种工作,在学生或读书人中进行各种演讲,与包括大总统黎元洪在内的各级政府官员建立了联系,甚至还拜谒孔庙,希望更多地了解中国的文化和现状。1898 年被基督教青年会北美协会派到中国,担任香港青年会干事。次年负责全国性工作。1912 年 6 月,经全国协会呈请,民国内务部正式批准青年会全国协会立案。当时有城市青年会 25 处,会员 11 300 人;学校青年会 105 处,会员 3 876 人。全国会议决定在上海建立总部,称"中华基督教青年会全国组合",巴乐满被推选为第二任总干事。1915 年巴乐满被召回美国,协助穆德开展北美协会的工作,任北美基督教青年协会的副总干事。他在华工作 17 年,为中国的青年会事业建立了相当的基础,构建了青年会以城市青年和学校青年为工作对象的目标,确定了以学校青年会和城市青年会为工作基地的工作方针。王正廷和余日章都是经他发现、极力邀请来到青年会,并最终被培养成为青年会第一任华人总干事和任职时间最长的总干事。他撰写的《我发现了东方》(*I Discover the Orient*,1935),非常深刻地描述了他来中国开展传教事业的认识和感受。1944 年,在美国去世。

充满了基督精神,基督教的习俗和风尚随处可见。作为一个年轻人能受教于耶鲁这样一所学校,真是令人感到鼓舞和欣慰。"（新版《全集》卷 4,第 1～2 页）最后表达有机会将去看望巴乐满。

11 月　加入中国留美学生秘密组织"成志会"[①],按时参加各种会议或活动。"沉默寡言,言必有中;举止严肃,饶有学者风度,在同学中有如鹤立鸡群"。（宋编《文集》,第 335 页;胡光麃:《波逐六十年》〈台北刊〉1964 年,第 176 页;History of the Class of Nineteen Eighteen Yale College, p. 363）

冬　在耶鲁参加"学生自愿到外国去传教运动"(Student Volunteer Movement for Foreign Missions)的活动。（宋编《文集》,第 335 页）每周星期天下午集会时与中国基督教青年会全国协会总干事巴乐满的儿子艾伦(Allen Brockman)[②]等讨论,对该运动的重要性增进了了解。该运动是 1886 年 7 月出现的一种国际性运动。十二月下旬,接受该运动耶鲁理事会主席巴克(Joseph Barker)[③]的邀请,去宾州巴克家度圣诞节,小住 10 日,备受款待。（吴著《晏传》,第 16 页）

---

①　成志会:简称 C. C. H. ,是由 19 世纪末 20 世纪初创立的两个留美学生团体——"十字架与宝剑会"(Cross and Sword,简称 C. & S.)和"大卫与约拿单"兄弟会(David and Jonathan,简称 D. & J.)合并而成。它虽然没有具体的组织纲领,但是却始终贯彻互助与爱国的宗旨。即使是学成归国之后,彼此依然能够相互帮助和提携,通过聚会,相互沟通一些国外精良机械设备和制造技术的信息,促进各成员之间的商业往来。

②　Allen Brockman:生平事迹待考。

③　约瑟夫·巴克(Joseph Barker):生平事迹未详,待考。

1917年(民国六年　丁巳)　二十七岁

1月　胡适在《新青年》第二卷第五号发表《文学改良刍议》,提倡文学革命。

2月　陈独秀在《新青年》第二卷第六号发表《文学革命论》,明确提出反对封建文学的"三大主义"的革命口号。

5月　中华职业教育社成立。

6月　教育部公布改订大学学制办法,修业年限订为预科2年,本科4年。

7月　张勋等在北京发动政变,拥宣统帝复辟。

9月　教育部公布《教育厅暂行条例》,教育厅直辖属于教育部,设厅长一人,下设三科。大总统任命各省教育厅长。

10月　全国教育会联合会第三届会议通过《请定国语标准推行注音字母案》,其中提出将39个注音字母"推行各地,于语言之统一,不无裨益"。

11月　俄国发生十月革命。

11月　教育部咨送各省《(修正)劝学所规章》即《劝学所规程施行细则》。

1月2日　致信巴乐满先生。汇报非常高兴接到巴乐满的信,同时汇报已见到巴乐满的儿子艾伦·布罗克曼并在学生志愿队会议上经常见面。交待了当时正与朋友约瑟夫·巴克(Joseph Barker)一起过节。并汇报返校的安排情况。(参见新版《全集》卷4,第3页;旧版《全集》卷3,第3页)

1月8日　由宾州归途中至纽约市,特别前往拜访巴乐满牧师,相见甚欢,深谈数小时。在当时工作与未来计划方面受到巴乐满指导,甚感欣幸。(宋编《文集》,第336页;吴著《晏传》,第16页)

1月14日　致信巴乐满先生。收入宋恩荣主编的、由湖南教育出版社1992年出版的《晏阳初全集》第三册中。首先,表达未及时回信的歉意;其次,十分感激巴乐满对自己现在的工作和将来的计划所表示的真诚关心。最后,汇报与巴乐满的儿子艾伦当天下午一起参加了学生志愿队的会议,会后还做了交谈。(参见新版《全集》卷4,第4～5页)

夏　因勤工助学收入不足,得香港圣保罗书院同学、时在纽约市哥伦比亚大学深造的徐淑希①之助，为徐推销自故乡采来之汕头抽纱桌布、餐巾等，从中抽取佣金，勉强度日。但校园内外多彩多姿的生活令其愉快和充满希望。（吴著《晏传》，第17 页）

冬 当选为耶鲁华人协会会长。与容闳之孙及康有为之侄成为好友。与纽约市华阜首先创立基督教堂的许芹牧师次女、时为哥伦比亚大学师范学院体育系高材生的许雅丽②相识。因自身素爱体育活动，尤喜网球，加之两人同是基督教青年会成员，在若干集会和活动中，常有交往，遂由友好而至恋爱。许雅丽有志于为中国的体育教育服务，于是年毕业后来到上海担任体育教师。（吴著《晏传》，第18 页）

① 徐淑希(1892～?)：广东饶平人。香港大学毕业。后留学美国。1925 年起任燕京大学教授、教务委员会主席、社会科学院院长、法学院院长等职。"九一八事变"发生后，任东北外交研究委员会委员、国联调查团中国代表处专门委员、国联中国代表团专门委员、外交部顾问、国际问题委员会主任委员等职。1944 年任外交部亚西司司长。1946 年任出席联合国第 1 届大会中国代表团顾问。1948 年 4 月，任出席联合国大会过渡委员会副代表。后去台湾。著有《中国领土主权保全论》《满洲问题论文集》等。

② 许雅丽(Alice Huie，1896～1980)：曼哈顿区华人许芹(Huie Kin)牧师的女儿，母系祖先来自荷兰。曾获中国留美同学会东部分会主办的女子游泳比赛冠军。她自哥伦比亚大学体育系毕业，怀抱返回祖国教导妇女锻炼体格转弱为强的志愿，回国后与二三好友在上海共同创办了一所女子体育师范学校。1921 年与晏阳初结婚，数十年如一日地支持晏阳初的平民教育事业。1980 年 8 月 18 日，心脏病突发，医治无效，逝世。享年 85 岁。

1918 年(民国七年　戊午)　二十八岁

1 月　《新青年》第四卷第一号开始改用白话文,编辑部改组扩大,李大钊、鲁迅开始参加《新青年》编辑部的活动。

4 月　教育部订定省视学规程、县视学规程。

5 月　鲁迅在《新青年》第四卷第五号发表《狂人日记》,这是中国现代文学史上第一篇白话小说。

9 月　北京国会选徐世昌为大总统。

10 月　全国教育联合会第四次会议,呈部议案有:推广体育计划、速办全国及各省区运动会等,并呈请国务院及部厉行教育政策。

11 月　第一次世界大战结束。

同月　教育部公布注音字母表,其中声母 24、介母 3、韵母 12,共 39 音。

12 月　周作人在《新青年》第五卷第六号发表《人的文学》。

同月　《每周评论》在北京创刊。陈独秀、李大钊、胡适等主编。新潮社在北京大学成立。主要骨干为傅斯年、罗家伦、毛子水、杨振声等。

6 月初　在耶鲁大学毕业后即去法国参加青年会①组织的为在法国战场充当劳工的近 20 万华工服务。华工服务工作又推行到美军借用的华工队中。所有费用,除北美青年会协会及英国青年会供应外,中国基督教青年会自中国朝野募集的捐款 14 万余美元更发生主要作用。原在中国青年会工作的中外籍干事也陆续西行参加服务。华工服务中心没有设立以前,华工们最苦恼的问题是无法与家人联

---

① 青年会服务中心大多设立类似茶馆的俱乐部,供应一些简单游戏,如放留声机等,有时也鼓励华工们做传统玩艺,如踩高跷。加以协助华工储蓄工资等,引起英军战士的赞美喝彩,汇寄家用、写寄家信,对华工精神尤多安慰。英国基督教青年会全国协会认识到由于语言不通、习惯不同,双方缺乏了解而产生的问题如罢工及恐吓事件日渐增多。必须减少或解决这些困难,才能维持华工的精神与体力,以增加工作效率。因于 1917 年秋向英国军方提出娱乐计划。只以军方不愿外力参与未予批准。但英国青年会仍按原计划进行,是年底,先后设立工作中心 30 所。效果日渐显明。1918 年 3 月,英军总部正式邀请青年会扩大推行。是年底,工作中心增至 80,可为英军雇用的华工 194 队中的半数服务。工作人员中有 38 名中国留学生与若干传教士,是由北美基督教青年会协会所提供。

络,他们不了解战时邮信须经军方检查,欧亚海上交通因德国潜艇活动而多延误;自法东行邮件如在 6 个月内收到回信,可说正常。但这对于身处异域的华工们来说时间太长。若干骚动不安因此产生。青年会担负起服务工作后,获得美军许可:所有华工信件都由美军邮局运往中国;并印行若干种有中法文收信人姓名地址的信封交华工附寄家信中,以便回信时应用,不致发生错误。又刊印报告平安的家信,不会写字的华工只须请干事们代填写收信人姓名地址及上下款称呼即可封发交邮,以节省时力。但刻版文章,毫无人情味,多数华工仍烦请青年会干事代写。（吴著《晏传》,第 21 页）

6 月中旬　到达法国普兰设立的服务中心。当地有 5 000 华工,常为代写代读家信。在此过程中,发现华工并不愚笨,只因贫穷缺乏读书识字的机会。因而萌发教华工识字的念头。为使华工能识字、写信,举办华工识字班,并就当时国内报刊常见文字,选取若干字、语句,再与华工日常习用口语综合比较,编写出千余字的《识字课本》作教材,教华工识字。在所办的识字班中,最初参加者约 40 名,年龄 20 至 40 岁之间,上课时间约 1 小时。如此 4 个月之后,有 35 人完成课业,全能用所学的 1 000 字写信。其余六七百名华工大感意外,许多人都愿参加学习。后被一英军主持福利工作的少校发现,认为 15 万余华工都应同样受到此种教育。因建议英军总部分函欧洲各校中国留学生前来协助。于是 100 多人陆续来法。林语堂即其中之一。华工识字的人数增加,即采用巴中私塾中师兄教师弟之法,让会识会写的华工教不识字者,从而在法国创立平民教育。后来 30 年代定县实验中的“导生制”、陶行知倡导的“小先生制”盖源于此。晏阳初与华工共同起居,深刻认识到华工每日辛勤劳动 10 余小时的痛苦和能够获得知识的潜能,立志为“解除苦力之苦,开发苦力之力”奋斗终生。此外还为华工代购物品。（吴著《晏传》,第 22 页）

11 月　第一次世界大战结束,华工与英法军方的工作合同多未满期,且因交通工具不足,多滞留原地。于是开始推行另一计划,即手刻石印周报,帮助华工识字并使之开阔眼界。手写石印一周报,深受华工喜爱,与识字课本一样起到增加华工们知识的效应。（吴著《晏传》,第 23 页）

是年　在法国战地,与华工相处一年,有两项珍贵的大发现。一是,中国诚朴农民智慧高、能力强,只可惜缺乏读书求知的机会。二是,中国高级知识分子,竟是这样愚昧无知,完全不认识自己多数同胞的“苦”与“力”! 因此,深感惭愧,矢志回美完成学业归国后,终生为苦难同胞服务,教他们识字读书,有扬眉吐气发扬才智的机会。（吴著《晏传》,第 20、28 页）

1919 年(民国八年 己未) 二十九岁

1月 《新潮》月刊创刊。新潮社是 1918 年 10 月开始形成的一个文学团体。新潮,即 Renaissance(意为"文艺复兴"),社员多为北京大学学生,亦有少数教员和校外人士参加。

3月 教育部成立教育调查会。

4月 北京教育部国语统一筹备会开成立大会,举张一麐为会长,袁希涛和吴稚晖为副会长。

同月 国语统一筹备委员会成立。

5月 "五四"运动爆发。

同月 杜威访华。

10月 孙中山在上海改组中华革命党为中国国民党。

同月 全国教育联合会第五次会议,呈请废止教育宗旨,宣布教育本意,推行国语,推广童子军,改进学校体育,促行义务教育,订定失学人员补习教育办法。

1月15日 为了丰富华工的文化生活、提高阅读能力、增长见识,便在法国巴黎创办基督教青年会《驻法华工周报》,为石印版,供能识字的华工阅读。篇首《本报特告》称:"本报是特为开通华工的知识、辅助华工的道德,联络华工的感情办的。"《华工周报》先后刊载亲撰《恭贺新年三喜三思》《中国的主权》《和平议会》《革心》等论说。在《革心》中,第一次将 3C——孔子(Confucius)、耶稣基督(Christ)、苦力(Coolie)的人生努力目标结合在一起。该报还办有华工征文比赛。该报强调"著作不拘短长,本报无不欢迎的。但文字以用官话为合宜,题论以进德智为标准。"(《本报特告》;吴著《晏传》,第 24 页)

1月15日、19日 在《华工周报》第 1、2 期载《恭贺新年 三喜三思》。详谈"三思"即思身、思家、思国。首先,论思身。"欧洲的战事既停,想必在法国的弟兄没有一人不想及时就回中国的。白天谈的是回国,晚间梦的也是回国。有时你心里说:只要英政府让我回国,一个佛朗(法郎)的工价不给也是愿意的。同胞啊,回国归家固是极高兴极快心的事,但是请问你自己思想过打算过没有,回了中国之后干什么事？从什么职业？做什么买卖？方能使你那年轻生命到法国来所赚的佛朗一个能赚一个。俗话说'家有万贯，不如朝进一文'。不怕你的佛朗怎样的多，如果你回国之后，游手好闲，不理正经，今天两个，明天三个，一月半载，不知不觉地就把你那苦心苦力所赚的血汗钱耗费完了。"第二，论思家。"各位驻法的弟兄，你们的性情嗜好虽各不同，却你们思家的心，我想没有不一样的。当此新年佳节，谅想你们思家的心必较常更切。在外国吃的虽是洋饭，穿的虽是洋衣，说的虽是洋话，怎能与那家中的粗茶淡饭、土语乡谈、合家团聚的快乐相比。所说'在家千日好'的话是诚然不差的。各位弟兄，你们既这样的贵家爱家，你们就应当求益家兴家的事，所有的一切亡业败家的嗜好，或是从中国带来的，或是到法国来才学的，都应该勉力全行断绝。旧年吸烟卷的，今年应立志不吸；旧年赌博的，今年应誓绝不赌；从正经做安分守己的人，多积存几个富人的佛朗，多学些有益的技艺，期到归乡，可以发家，可以自立。这样你们一番爱家恋家的心，也可以真有实际了。"最后，论思国。"离本家而后知贵吾家。到外国而后知爱吾国。各位现在外国，爱家的心既较前更笃。谅想你们现在爱国的心，也必较前更大。同胞啊，我们中国国家的外交、内政，有许多我们不忍说，不敢说的。但是你我在外国，有关于中国国体的事，那又不能不说。各位弟兄谅必都知道，你们在法国所处的地位，与在中国所处的地位不大相同。你们住在法国，就算是中国全国全族的代表。外国人以你们作为的好歹，就定我们中国全族的是非。若在本乡本土做了什么不好的事，是你一个姓李的姓王的一人丢脸，但是若你在外国做了坏事，那外国人既不知道你张王李赵的名字，他只晓得说'兴隆瓦'（法人称中国人）这样，'兴隆瓦'那样。所以各位同胞呀，若一个中国人在法国受了军赏荣牌，那我们中国人都算英雄豪杰了；若一个中国人在工厂码头上偷了罐头牛肉，那我们'兴隆瓦'都是强盗匪徒了。由此看来，我们中国国体的荣辱，都全在你们各位作为的好歹。同胞啊同胞，你们在外国作为行事，岂可不慎上加慎吗？"（新版《全集》卷1，第2～4页）

3月12日　《华工周报》第7期上载第一次征文"华工在法与祖国的损益"结果，有数名华工获奖。第一名傅省三的文章说到"华工在法，还算是益处多损处少"：① 来法华工不都是良民，如不来法，必在祖国作乱。② 华工大半是贫民，既来法国，自己衣食以外，家眷也有奉养。③ 华工从前不知身与家及家与国的关系；一到阵前，看见外人为国家牺牲性命，自己不知不觉地就生出一番爱国爱家的心来。④ 从前华工只知道女子缠足为美。现在看西洋女兵女农女医等，与本国女辈比较，真是从前吃亏不少。若返祖国，定要改去旧日的恶习。⑤ 在法国所见的军器、农器、机器不少，增广自己的见识，将来回国，可开导本国人。⑥ 我们工人在国内只信种种的邪说异端,不求真理,不求实学。既来欧洲,将来回国定不能如昔日的顽固。⑦ 从前以为西人高于华人,今日与他们赛脑力赛筋力,方知他们不比我们高。若回祖国再加以教育,敢望将来祖国的进步。从该文中得到极大的启示。
(吴著《晏传》,第24页)

4月1日 驻法华工青年会干事大会在巴黎近郊举行,有在英法美军队服务中心的干事50余人参加。中国出席巴黎和会代表团亦设茶会招待。会期3天,每日有演讲、交际、游戏各项节目,会议讨论的主题是华工善后及平民教育,主张产生一个集体教育运动。参会后在会上所拟定的基本中国字汇和集体教授法被会议所肯定。(吴著《晏传》,第26页)会后,专程去找史文轩墓。在万千墓地中找到后抚着十字架,站在墓前默默沉思。

5月20日 从巴黎赴伦敦拜谒幼时良师姚牧师,并参观著名学府和名胜古迹,考察英国社会生活。小游2周后返法,将《华工周报》工作委托青年会另一干事傅智(若愚)主持。(吴著《晏传》,第27页)

6月9日 在法居满一年期限,作为美军的退役军官,按规定可以向美国政府申请奖学金。于是向美国普林斯顿大学提出申请。普大的校长是刚卸任的美国总统威尔逊,因刚领导完成第一次世界大战,遂在普大当起了校长。威尔逊早有耳闻青年会在法国战场的贡献,于是接受申请。遂与蒋廷黻等同乘海轮赴美继续求学。
(吴著《晏传》,第27页)

9月 入美国普林斯顿大学研究院,改修历史学,以期明确政治经济演变的真正原因。学费和生活费的主要来源是奖学金及课余打工报酬,仍坚持以为教会服务、传播福音为精神寄托。(吴著《晏传》,第27页)

1920年(民国九年　庚申)　三十岁

1月　沈雁冰在《小说月报》第11卷第1号发表《小说新潮栏宣言》。"小说新潮"专栏由沈雁冰主编,兼收新体诗及剧本,"说丛"栏亦文言白话兼载。《小说月报》试行初步改革。

2月　国语统一筹备委员会函送新式标点符号报部,咨行各省区转发各校使用。

3月　教育部通告国民学校文言体教科书作废,改用语体文。

同月　胡适《尝试集》由上海亚东图书馆出版,这是我国第一本白话诗集。

10月　全国教育会联合会第六次会议,呈请从速恢复地方自治以固教育根本,推广蒙养园,促进男女同学,教育经费独立,定北京音为国音并颁《国音字典》等。

同月　《劳动者》杂志第2、4、5、6期上连载列悲翻译的《劳动歌》,全歌词六节,号召"饥寒困苦的奴仆"联合起来,进行"最后的奋斗",这是《国际歌》首次被翻译到中国。

11月　文学研究会由郑振铎等人发起筹备。

12月　郑振铎等在万宝盖胡同耿济之家开会,讨论并通过郑振铎起草的《文学研究会简章》;推定周作人起草《文学研究会宣言》,以周作人、朱希祖、蒋百里、郑振铎、耿济之、瞿世英、郭绍虞、叶绍钧、沈雁冰、许地山、孙伏园、王统照等12人名义发起成立文学研究会。

同月　教育部公布《国音字典》。

初夏　当选为"北美基督教中国学生会"会长。参加这一组织的有基督教徒与尚未领洗的学生,各人均有遵循耶稣基督的积极战斗精神、齐心合力、彻底革新中国的宏愿。(Y. C. James Yen. Letter to Mr. Fletcher Brockman,July 8,1920;吴著《晏传》,第28页)

夏　获普林斯顿大学硕士学位。接兄长来信告知母病,决定提前回国。行前,去纽约向北美基督教青年会协会总干事巴乐满(Brockman)辞行,表示将"有生之年献身为最贫苦的文盲同胞服务",并阐明希望借国内文学革命提倡白话文契机,以修订改编的华工识字课本为教育工具,通过志愿人士的共同努力来消除文盲国民。巴乐满为其抱负所动,嘱其到上海后可与中国基督教青年会全国协会总干事余日章①商讨协作。(吴著《晏传》,第29页;F. Brockman. I Discover the Orient. pp. 152~155)

7月8日 致信巴乐满先生。信中首先汇报两天前去参加了在银弯的学生会议,并已返回。其次,汇报通过这次开会,"一些中国学生已决定皈依基督教……而且几乎每个非基督教的学生在耶鲁都对基督教产生了浓厚的兴趣。"第三,汇报返程日期。最后,汇报与哈威先生就青年联合会的活动所进行的谈话。认为"现在联合会已为加强中国青年和各国青年的联系、促进民族的新生提供了极好的机会"。(新版《全集》卷4,第5页)

7月29日 乘"俄罗斯皇后"号轮船离美东航回国。同行者有中国留学生10人,传教士多人。途中被邀向乘客介绍中国情况,以增进初次赴华美国人对中国这一文明古国的初步了解。(Y. C. James Yen. Letter to Mr. F. Brockman, August 13, 1920,Sept. 9,1920;Brockman,p. 29;宋编《人民》,第269页)

8月13日 归国途中,在加拿大火轮船有限公司 R. M. S. "俄罗斯皇后"号船上致信巴乐满先生。信中首先汇报明天到达上海。其次谈这次回国航行的感受是愉快的。第三,汇报同船大约有10名中国学生"都已是基督徒,每一个学生都怀着一颗报国之心"。最后,汇报工作一事,待见过余先生之后将写信详述。(新版《全集》卷4,第6页;旧版《全集》卷3,第6页)

8月14日 平安抵上海。阔别八年后观察到平民仍受蹂躏、在生死的夹缝中生活,更感推行平民教育刻不容缓,首倡扫盲运动。遂与中华基督教青年会全国协会总干事余日章会晤多次,提出平民教育问题与军队问题为两大难题,建议推行平民教育运动。同意余建议以基督教青年会全国协会作为推动平民教育运动的机构,自华东开始,逐渐推向其他各地。(宋编《人民》,第269页;旧版《全集》卷2,第546页;吴著《晏传》,第29~30页)

---

① 余日章(David Z. T. Yui,1882~1936):基督教界人士。原籍蒲圻,生于武昌(属武汉市)。1895年进武昌文华书院。后入上海圣约翰大学。1905年毕业后,回文华中学任体育教员,创办《文华学界》。1908年秋赴美,靠美国传教士资助在哈佛大学研究院主修教育科,获硕士学位。两年后,就任北美基督教学生大会副总干事。1911年回国,任文华大学附中校长,在汉口首创中国第一届夏令营,并积极参加政治活动。辛亥武昌首义时,创办红十字会,从事救死扶伤工作;又任黎元洪的英文秘书,参与外事活动。民国成立后,应教育部长蔡元培邀请,参加第一次全国教育会议,并任北京《英文日报》助理主编。1913年任中华基督教青年会全国协会演讲部主席。同年5月,出席世界学生青年会第八次会议。会后漫游欧洲各国。1915年参加中华实业团并兼任秘书。1916年起代理该会总干事,1917年正式就任,直至1935年去职。曾参与孙中山《建国大纲》的编写工作。

8 月　余日章对上海中华基督教青年会全国协会的工作加以改革,特在基督教青年会智育部下设立"平民教育科",被推为主持,为全球基督教青年会开启推行识字运动、扫除文盲运动的新篇章。（吴著《晏传》,第 31 页）

同月　与许雅丽在上海重聚,感情日笃。（宋编《文集》,第 336 页）

9 月 9 日　寄信给巴乐满(Brockman)牧师,言明对平民教育今后的志向与决心,"我相信只要我们大家齐心合力共同参加这一运动,不要太久,我们将看到比较完好、富庶、快乐的中国来临。""我深信将自己委身于这一任务是正确的,并且将会有成效可见的。"(Y. C. James Yen：*Letter to Mr. Fletcher Brockman*, Sept. 9, 1920；吴著《晏传》,第 30 页）

是年　与余日章多次会晤。在余日章的支持下以基督教青年会平民教育科为平台,试图藉青年会之力,推动平民教育工作。认为平教工作不应只为会员服务,更应以全国青年农民、工人为服务对象。但为大规模推展计划,须先磨好利器。这个"利器"不是别的,就是教科书。于是开始考察、调查、访问部分省市,以便掌握广大平民生活、教育的资料,为编写《平民千字课》做准备。（晏著《传略》,第 70 页和 76 页）

是年　在北京发起组织"大众教育联合社"。①（李著《定县足迹》,第 15 页）

---

①　詹一之、陶维全在《平教会、乡建学院简略回顾》一文认为是"大众教育联合会"（《乡建院在北培》,第 3 页）。

1921 年(民国十年　辛酉)　三十一岁

1 月　文学研究会在北京中央公园召开成立大会。该会是我国最早的新文学团体。

3 月　上海鸳鸯蝴蝶派出版《红玫瑰》《快活》等刊物,围攻《小说月报》。

7 月　创造社在日本东京成立。主要成员有郭沫若、郁达夫、张资平、成仿吾、田汉等。

8 月　郭沫若的白话新诗集《女神》由泰东图书局出版。

9 月　郁达夫小说集《沉沦》由泰东图书局出版。

10 月　全国教育会联合会第七次会议召开,议决学制系统草案咨行各省征求意见。

12 月　鲁迅的小说《阿 Q 正传》开始在北京《晨报副刊》连载,署名巴人。

同月　新教育共进社、新教育杂志社、实际教育调查社合并改组成中华教育改进社。

春　与中华基督教女青年会全国协会体育师范学校①教球类和游戏理论的许雅丽女士订婚。许雅丽自 1917 年自美归国后,与二三好友共同经营这所女子体育师范学校。

夏　从上海出发,沿江而上。到达武昌、汉口后考察平民教育。在结束武昌、汉口的参观考察之后,即西上返渝至巴中省亲。"从上海到巴中,路途之险,费时之长,胜过出洋。从上海到重庆,无直航轮船,坐一段船,走一段路,又坐一段船,再走一段路。坐坐走走,走走坐坐,要 35 天左右。"从重庆回巴中途中,因雨多路泥泞便脱下皮靴,穿上草鞋,仍如八年前一样,步行到家。母已卧病数年,母子重逢,悲喜交加。向母禀告与许雅丽订婚之事,并呈上许雅丽照片,得母首肯并被催促早日完

---

①　该校简称上海女青年会体育师范学校,该校创办于 1915 年 8 月,校长是美籍的梅爱培(Abby Shaw Mayhew,1872~1957),副校长是陈英梅(1890~1938),负责教务和课程设置。初设上海市昆山路 10 号。任教者大都是欧美一些国家的离职教师和大学毕业生。课程有舞蹈、民间舞蹈、运动技术、解剖学、体育生物学、球类、游戏理论等。早期学生有高梓、张汇兰等。1920 年,选派部分学生留美,学成回校任教。该校于 1924 年停办。

婚。(旧版《全集》卷 2,第 553~554 页)

夏 在巴中调查,发现高小设了两个义务学校,但成绩不佳。分析其原因有三:"(一)即教员无经验。教目不识丁的比教大学生还难得多。办学的人都是学校的青年,他们无经验,无时间,所以失败。(二)即无好课本。办平民学校不能拿几年的国文课本去教的。但是他们拿高小的课本去教。(三)即无组织。彼此所办的不相联络,没有经验上之交换,不明白优劣之点。像这样是很难奏效的。"(晏述《平教》,第 384 页;旧版《全集》卷 1,第 48 页)

夏 在巴中待了六周,过完端午节后即赴上海。与母亲告别时说道:"儿不孝,又要离家远行。"母勉励从事平教运动说:"你是男儿,应当到外面去。你替社会做事,显亲扬名,我高兴得很。"(旧版《全集》卷 2,第 554 页)

秋 返沪后继续在中华基督教青年会全国协会主持智育部新设的平民教育科工作,开启全球基督教青年会新篇章。当时世界各国至少有三分之二以上人民是文盲,美国也有十分之一人是文盲,其中土生白种人不识字的也不在少数。但没有任何政府或社会机构考虑到应该推行识字运动扫除文盲。中华基督教青年会实在是最先开创这新事业,为其他各国青年会所没有的。(吴著《晏传》,第 31 页;《余日章传》,第 12 页)

秋 参加中华基督教青年会全国协会苏州会议,会后即往济南、天津、北京、南京各教育中心参观访问,了解国内教育状况。

9 月 23 日 与上海女青年会体育师范学校教师许雅丽女士结婚,婚礼在上海圣约翰教堂举行,伴娘是灵毓(Caroline Alide)[1],伴郎一位是在之江大学任教的 Andrew Wu[2],另外一位是银行家。婚礼共花费 65 元。礼成后赴上海女青年会体育师范学校茶点会招待来宾。(旧版《全集》卷 2,第 554~555 页)

9 月 23 日~10 月 3 日 在莫干山度假小屋度蜜月。(旧版《全集》卷 2,第 555 页)。

11 月 着手进行平民教育现状调查,了解平民生活,参观学校,考察办法,搜集教材教具等,在各地组织平民教育促进会,为推行平民教育作准备。

是年 随时留意平民在日常生活中惯用的字汇和语言。利用自己在法国选订的千字课,与当时南京高师教授陈鹤琴所研究"语体文应用字汇"中常用字 4 000 多而使用频率最高的 1 000 字对比,发现相同字 800 多。在调查的基础上,编写了《平民千字课》,运用语体文应用字汇,选用常用字 1 000 个左右,分四册出版,每册 24 课;每课含生字 10 个,供平民 4 个月学习。(晏著《传略》,第 70、76 页)

---

① 灵毓:哥伦比亚教育学院硕士,曾著 *Friend of Fishermen* 一书的朱友渔(Andrew Y. Y. Tsu, 1885~1986)博士的夫人。

② Andrew Wu:生平事迹未详,待考。

1922年(民国十一年　壬戌)　三十二岁

1月　吴宓、梅光迪、胡先骕等创办《学衡》月刊,反对新文学运动。

2月　全国教育独立运动会成立。

3月　《创造》季刊在上海创刊,为创造社创办的第一种文艺刊物。

5月　胡适主办的《努力周报》在北京创刊。次年10月停刊。

9月　周瘦鹃、王钝根等鸳鸯蝴蝶派作家将《礼拜六》杂志复刊,发表艳情小说。

10月　全国教育会联合会第八次会议召开,议决学校系统案,组织课程标准起草委员会,并拟请国会将教育一项加入宪法列为专章。

11月　大总统公布《学校系统改革案》,即壬戌学制,又称新学制,采六三三制,但小学得分初、高二级,前四年为初级,得单设,为义务教育。

2月　中华基督教青年会全国协会的青年协会书局刊行先生与傅若愚①、黄沧渔②共同编辑的《平民千字课》。每册定价7分,百册八折,五百册七折。全书共四册,每册二十四课,共96课,每课有10～11个生字,还有注音字母,供平民学校学生四个月学完。这是将法国华工队分别教授中文生字和注音字母的方式合二为一。这部书还有一大进步就是每课之前都用一幅图画来描绘课文的意义,以帮助学生领会课义,激发他们的兴趣。这充分印证了《平民千字课》这部书的讲授大意:"本书每课的材料,是图画在首,课文在中,生字在后。所以教授的时候,应当顺着这个次序,不可紊乱。因为图画是已知的,课文是有已知也有未知的,生字是完全未知的。这样由已知而未知,由未知而记忆,循序渐进,是教育上的一个紧要原则,

---

①　傅若愚(1892～?):浙江人。1915年获沪江大学文学士学位,毕业于美国威廉·杰威尔院学士(一说密苏里大学新闻系)、芝加哥大学社会学硕士。曾任中华基督教留美青年会总干事、法国劳工服务协会干事。曾在法国协助晏阳初编辑《华工周报》,并于晏阳初期满返美后主持《华工周报》。大多数华工回国后,《周报》停刊,回到国内参加青年会的平民教育用书的编辑工作,在短时间内即编写出《平民算法》《平民历史》《平民地理》《平民书信》以及《平民教育小丛书》(十二种)等,参与1930年的调查,和晏阳初一起从事平民教育运动。还在杭州主持平民教育的实验。曾任国民教育会干事。1946年2月被选为沪江大学副董事长。1948年任上海特殊儿童辅导院副院长。另著有《基督教与平教运动》,编有四卷本的《平民千字课》等书。

②　黄沧渔:生平事迹待考。

不可不遵守的。"(吴著《晏传》,第 42 页)另外,《平民千字课》除了认字之外,还注重常识。前两册专注重认字,后两册兼重常识。这本书出版后,许多地方都把它作为教材,晏阳初也根据各地的调查结果随时将书进行修正。

同月 到长沙从事平民扫盲教育实验,提出"除文盲,作新民"的口号。

3 月 15 日 长沙平民扫盲教育实验班在学校、公会、庙宇等 70 多处地方开课。教员系纯尽义务,每月数元用于挑夫租马的津贴。每晚教 2 小时,星期日休息。(旧版《全集》卷 1,第 49 页)

3 月 在长沙召集各界开全城大会动员民众参加扫盲教育活动并组织委员会。组织成立湖南平民教育委员会,邀约地方官吏及文教绅商各界领袖人物推举 70 人组成平民教育委员总会。下设经济、教员、学生、公布、校舍五个委员会,宣传发动平民教育运动。采取的措施有:于大街小巷悬挂宣传图画 1 500 份;由湖南省长公署张贴入学布告 500 份;散发传单 2 600 份;先后举行两次大规模集会,全城群众大会由省长主持;各大、中学校在全城举行宣传平教大游行。并将全城分为 75 个区 52 队劝学所,以 15 岁以上学生组织劝学队,每队 4 人,分队对民众进行劝学活动。最初招收民众 1 000 人,三天后发展到 1 900 余人,其中男性 1 400 人。分成 100 班,教认 1 000 个汉字。招募教员 120 人,其中男教师 80 人,毛泽东就是其中之一①,女教师 40 人。(旧版《全集》卷 1,第 37~39、49 页;吴著《晏传》,第 45~46 页)

春 完成 19 个省的游历。经过调查,认为国内平民与法国境内的华工生活不同,对两者施教的方式不能划一。因华工工作时间一定,国内平民多终日忙碌;华工负担较轻,国内平民多要为家庭日常生活奔走;华工在外受刺激多,读书的要求较强,国内平民对读书之必要还不甚觉悟;华工全是工人,所需教材简单;国内平民失学人数达 3 亿以上,所需教材也较复杂。于是呼吁:"现在中国害了三种病,即瞎、聋、哑。国民大部分不识字,不能读书报,非瞎而何? 不受教育的不知社会情形,所以有耳也等于无耳,非聋而何? 社会弄到〔成〕这样,发言的是何人,大多数是不作声的,非哑而何?"(旧版《全集》卷 1,第 50 页)"现在的一线希望,即古风犹在,人人都承认读书是好。这是中国的救星,我们应该保存。若过 10 年,旧道德推翻,则难救了。吾人若趁此时设法,那聋、瞎、哑的三种病还可愈。"(旧版《全集》卷 1,第 50 页)根据民情国势,专心研究如何利用平民的闲暇,以最经济的时间,教授最适用而不可缺少的知识,使最大多数的平民耗费最少的金钱和精力而收最大的效果,达到"所学即所用,所用即所学"目标。提出推行平民教育的办法:每日利用午后或晚

---

① 《人民日报》(海外版),1986 年 10 月 14 日第 2 版。

间工余,至多以两小时功夫,利用挂图或幻灯等教具,教平民集体学习白话千字文,4个月内学完。对建校、招生、管理等有关问题也都作了周密研究。(晏述《平教》,第387页;吴著《晏传》,第41页)

7月15日 长沙平民扫盲教育实验班92次课结束,教认1 000字之课完成。举行毕业考试。坚持上课的学生共有1 300人,应考的有1 200人[1],考取的有967人,其中男生846名[2]。

7月20日 举行毕业典礼,湖南省长向学生颁发《识字国民证书》。(旧版《全集》卷1,第49页;吴著《晏传》,第46页)

9月 在长沙招收19～42岁2 000名扫盲学生,其中80%是16～20岁的年轻人,职业涉及56种。教认1 000字之课,最后该批学生有1 000名毕业。(旧版《全集》卷1,第49页)此后湖南一些县也陆续设立平民学校和平民读书处,计共1 718所,学生57 662人,湖南的初次成功,增强了办好平民教育的信心和决心。(吴著《晏传》,第47页)

秋 从长沙回到上海,积极筹备在山东烟台、浙江嘉兴继续推行平民教育运动。熊希龄夫人朱其慧[3]经中华教育改进社总干事陶行知推荐来上海会晤,请帮忙筹划平民教育一切进行事宜,欣然同意合作。(吴著《晏传》,第53页)

12月 在《新教育》杂志第5卷5期发表《平民教育新运动》。首先,提出"民为邦本,本固邦宁"。认为"平民程度之高低,关系于国家努力之强弱。……吾国男女人民号称四万万,估计起来,至少就有大多数一个大字不识,像这样有眼不会识字的瞎民,能算做一健全的国民而监督政府呢?怎会不受一班政客官僚野心家的摧残蹂躏呢? '本'既不固,'邦'又何能宁呢?"其次,阐述倡导平民教育新运动的重要性。指出:"吾人不愿中国上流则已,如愿中国上流,那唯一著手的办法,就是把这许多目不识丁的男女同胞,设法上流起来。如要达到这个目的,非各省教育家一面拼命地提倡,一面下死功夫去研究平民教育不可。我们平民教育新运动之产出,

---

① 年龄自6～42岁不等,其中81.1%为10～20岁之间的青少年。
② 旧版《全集》卷1《平民教育》,第49页认为是960人而不是967名,且夹注标明全为男生,但未提及女生通过者,加之该文由黄公觉、夏承枫记录,应有误。参考 Y. C. James Yen. *Changsha Campaign*, p. 2中所载:男生只有846名,其职业分别为55种:内有285名劳工、150名小商店学徒,还有人力车夫33名、银饰匠11名、清道夫11名、警察10名、轿夫7名、铜匠5名、草药商5名、渔夫4名、爆竹工人4名、猪贩3名、蒸馏酒工2名、制眼镜工人2名、乞丐2名,其余船夫、旗手、刺绣匠等各1人。女生通过者121名,占12.5%。男女合计为967名,可见960名非全为男生。可参见吴著《晏传》第46页及第82页注第23。
③ 朱其慧(1887～1931),近代妇女社会活动家。字淑雅,江苏宝山(今属上海市)人,熊希龄夫人。早年协助丈夫创办香山慈幼院及中华教育改进社,1923年参与发起平民教育运动,在北京成立中华平民教育促进会,任董事长,并在各处设立平民教育促进会。1925年发起组织中国妇女协会,任委员长,与国内外妇女协会建立联系。后又与女子高等师范的学生一起,共同兴办女子平民工厂。

亦不过区区此意耳。"第三,介绍了许多海外经验与国内调查。关于海外经验主要
是通过与法国工营中的所谓社会"下流"人生活、往来、友爱,推翻了原有的民众观,
认为:"社会所谓'下流'者,并非禀赋与那些自命'上流'的有什么不同。所不同的,
不过机会耳。那社会所谓'下流'失学的人,如早受同等的机会,他们又怎会不'上
流'呢?"于是一批大学生为给社会底层民众受教育的机会,"于一九一八年欧战剧
烈之时赴法为华工服务,挺身走险,过大西洋在比法各战地同过苦力生活。这些工
人百分之九十,既是一字不识的。我们对于教育上,特别地注意,所以每晚皆有演
讲,并有汉文班,他们虽是整天地做苦工,而每晚仍然到各营读书听讲,夜夜不断,
甚至有不吃饭而赶来上课的。我们看见如此勤学忘食的劳工,真令我们做大学生
的惭愧,更使我们痛恨那恶劣不平的社会,不给他们一个受教育的机会。……所以
就在法国决志,他日归国,定投身于平民教育。并即在法比各工营青年会,立即实
行推广。一面就工人的需要和心理为根据,编辑课本;一面实验方法,随时改良。
就把那七八十所工营,当作我们平民教育实验场。后因工人中好学而有成绩的日
多,乃邀友人傅若愚君(驻法工营同事,前芝加哥社会学硕士)于一九一九年在巴黎
创办驻法《华工周报》,如是服务者二年余。平民教育新运动实胚胎于此时。"关于
国内调查,介绍两年游历十余个省,发现切实成绩较少而失败原因颇多:(1)教员
方面的原因。一是一般热心办义务学校的人,多不注重教员问题,以为随便什么
人,只要识字,就可以教别人识字的,这是义务学校失败的一大原因。二是五四运
动以来,所有的义务或贫儿学校,多半是各校学生自动倡办的,他们一番爱国服务
热忱,实在是大家公认而钦佩的;但不免有许多心有余而力不足的地方:① 作为青
年学生,缺少教学经验,况教育不识字的弟子,比教育大学学生难得多。② 在校自
有功课,因时间的关系,有许多学生三四人同时担任一班的,对于来学的贫家子弟,
实难收效。③ 学生自己功课既多,到他们来教学的时候,多半是精神很疲乏的,教
员既没有好多的精神,怎能引起那些来受过教育的子弟的热心呢? 三是教育子弟,
非一朝一夕所能成功的,事属义务,教职员不负专责,随来随去,教员虽好,往往有
半途终止的。(2)课本方面的原因。"我国于各学校教科书,近年出版尚多,适用
的也有。但于平民通俗教育方面,出版的既少,有的又不切用。因此大多数义务学
校所用的课本,不是中学教科书,便是小学读本。虽有一二所谓通俗教育读本,亦
多属那些抱着'秀才不出门,能知天下事'态度的先生,据着'想当然耳'的原则来著
的,徒在文字上讲究而已,自己对于平民的心理、平民的需要、平民的生活,并未曾
研究过。"(3)组织方面的原因。"既无相当的组织来联络各校,振起教育的精神,
统一办法,又无学会来交换得失的经验,互相研究学理。这样东碰西碰,散漫无统

的独我式的教育,再等百年,我国的教育还是难普及哩!"第四,就平民教育新运动的真象从"工具""合作"和"长沙实验"做了介绍。强调平民教育的工具是课本,"无良好适用的课本,虽有善教的先生,好学的学生,总是事倍功半,难以见效的。所以我们入手的第一步,就是制造一个较适用的课本。"强调平民教育应该大家合作来做,"惟做此种群众教育的事,非一个学校、一个机关、一个阶级的人,单独做得到的。此种教育,是大家的,是全社会的。能出钱的出钱,能出力的出力,无分阶级,无分贫富,群策群力地执着教育普及的旗帜,奔走呼号,坚持到底,先城市而后乡村。"(新版《全集》卷1,第5~10页)最后,末尾附有《(长沙)全城平民教育运动计划》。(参见新版《全集》卷1,第16~19页)

是年 研究平民教育"推行的方法",认为必先创造教育气氛。使社会懂得农工也可读书;使社会上守旧的人准许幼年儿童,尤其妇女识字读书,更必须先有"教育的气氛"。为要造成"教育的气氛",必须将热心平民教育的人集合起来共同进行。先在少数城市作实验推行,取得经验后,群策群力地先向社会各方呼唤,团体集会,然后形成平民教育大运动。学生们和市民举行民众大会,列队游行全城,使进城赶场的乡下人感觉惊奇,人人都知道识字运动的意义和目的。招生队挨户劝告,使家家户户不得不让12~25岁的文盲都愿意求学认字,唤醒民众工作才可说初步达到民间。(吴著《晏传》,第43页;Y. C. James Yen. The Mass Education Movement,1924,p.5;Pearl S. Buck. Tell the People,1959,pp.30~31;晏述《平民》(《新教育》,第385~386页;孙记《第一次平教会》,第483~484页)

是年 长子晏振东①出生于上海。为了表示对姚明哲牧师(Willian H. Aldis)的感激之情,特以姚牧师的第一个名字 William 命名,以示其不忘恩师之情。(吴著《晏传》,第8页)

---

① 晏振东(1922~2006):晏阳初长子,祖籍四川巴中,出生于上海。后到美国留学,学习电机,1950年回国,在北京石油部工作。曾被下放到江西改造,"文革"后平反,为石油部石油情报所干部。后任晏阳初乡村建设学院名誉院长。吴著《晏传》第8页将晏振东出生年误为1923年。

1923年(民国十二年　癸亥)　三十三岁

　　1月　北京大学校长蔡元培因教育总长彭允彝克扣教育经费,无理撤换法专、农专校长,提呈辞职并发表《不合作宣言》。北京大学掀起了"挽蔡驱彭"运动。19日北京学界数千人赴众议院请愿,被军警打伤多人,造成流血惨案,激起全国学界的愤慨,形成了全国性的驱彭运动。

　　同月　胡适创办《国学季刊》,发起整理国故运动。

　　同月　中国国民党发表宣言、政纲;政纲为厉行教育普及,增进全国民族之文化。

　　3月　新月社在北京成立。主要成员有胡适、徐志摩、梁启超、陆小曼、丁文江等。

　　同月　教育部公布特别市教育局规程、县教育局规程、各县废劝学所,改设教育局。

　　6月　鉴于文学批评的不发达与创作的贫乏,文学研究会的北京会员创办《文学旬刊》,由王统照编辑,由《晨报》附送,逢一出版,每月发行三次。出至第八十二号(1925年9月25日)停刊。

　　8月　鲁迅短篇集《呐喊》由北京新潮社出版。

　　同月　平民教育促进会总会成立于北京;推朱其慧为董事长,晏阳初为总干事,宣布"除文盲,做新民"宗旨。

　　10月　曹锟用贿选手段当上北京政府总统。

　　11月　中国共产党在上海创办上海书店,党的机关刊物《向导》《新青年》《前锋》等,均由上海书店印行。

　　同月　孙中山接受中国共产党的建议,改组国民党,发表宣言,确立联俄、联共、扶助农工等。

　　2月　在烟台与青年会同仁合作推行平民教育实验,一切仍如长沙的办法积极招募学生。共召集2 000学生,其中男的有1 600人,女的有400人。年龄在7～67岁,大多数是15～25岁,多数为工人。(旧版《全集》卷1,第49页)筹建烟台平民学校,平民学校设董事部、执行部(经济、布告、地点、教员、学生五个办委),澹

台玉田①任校长。(《芝罘文史资料》第9辑,第384页)

3月5日 晚,烟台平民学校开学,向学生演讲平民教育的意义,使学生都热心向学。(《芝罘文史资料》第9辑,第384页)

3月6日 晚,分发书籍、石板、石笔等给学生,正式上课。每晚上课两小时,男校7点到9点,女校6点到8点。平民教育分四大区:西南河以西为西区,以东为东区;孟兰会以南为南区,以北为北区。每区设视学员1～2名。第一期办男校41个,70个班,学生1 466人;女校13个,30个班,学生2 099人(其中女生633人)。(《芝罘文史资料》第9辑,第384页)

春 去嘉兴与秀州中学②合作,在城南城北各设平民学校1所,学生200余人。(旧版《全集》卷1,第50页)并推广自己在法国曾试验过由少数教师教众多学生的幻灯教学法。第1次月考,30%学生得满分,平均95分。(吴著《晏传》,第49页)朱其慧与陶行知等到嘉兴亲见这一盛况,对幻灯片教学大感兴趣,深信这是普及平民教育的一个好方法。(汤文《平教经过》,第4页)

春 受朱其慧邀请,与陶知行、朱经农、袁观澜③、胡适、傅若愚等在上海沧州旅馆讨论组织平民教育全国总机关、在全国推行平民教育的计划,决定先改编《千字课》,推举朱经农与陶行知负责改编并交商务印书馆印行。推举筹备委员若干,

---

① 澹台玉田(1872～1959):名宝莲,字玉田,以字行,道号盛冲,山东省福山县人。1911年11月,烟台辛亥革命武装起义成功后,受烟台商会会长孙文山委派,与革命党人接洽,协助烟台军政分府点收清廷银行。时任军政分府财政副部长。1914年起,连续被选为烟台商会第四、五、七届会长。1916年,与万坤山、郑千里等人发起成立烟台镇教育会,以主持烟台教育事务并附设平民学校。1923年任烟台平民学校校长,并任71人组成的平民教育董事部董事长。1928年任烟台红十字会会长时,在烟台创办育德小学,免费专收贫寒子弟入学,并先后担任该校校长和烟台养正小学、志孚中学校董。1934年被选为烟台特区商会会长。1938年日军侵占烟台,退出商会。热心社会公益事业,曾任胶东赈灾会会长,倡办过烟台贫民工厂,募集资金巩固发展恤养院。曾被聘为烟台中华基督青年会名誉会长。1959年病逝。

② 秀州中学:校址在嘉兴市秀州路。原为美国基督教教会南长老会1900年创办的学校——秀州书院。1918年改名秀州中学。1927年由华人任校长。1937年抗日战争爆发后,曾迁上海主办华东联中和在江西主办赣州基督教联中。1946年回嘉兴复校。1952年改嘉兴第二中学。1958年改嘉兴工业专科学校。1960～1962年改名嘉兴工学院。1962年恢复普通中学建制。1982年改现名。高中部于2002年8月迁入新址嘉兴穆湖。2006年被评为省一级重点中学。

③ 袁观澜(1866～1930):即袁希涛。字观澜,又名鹤龄。江苏宝山(今属上海市)城厢人。清光绪举人。清末民初教育家。以诸生肄业上海龙门书院。光绪二十七年(1901)和同乡潘鸿鼎一起创办县学堂、蒙学堂。任宝山县学务公所总理三年。1905年上海龙门师范学堂创立,任校长,并筹设复旦公学、太仓州中学,历任以上各校教员、监督,兼江苏学务处议绅。辛亥革命后,与黄炎培一起参与江苏省教育设施事宜。宣统元年(1909)应直隶提学使蔡儒楷聘,任学署总务科长兼图书科长。1912年任教育部普通教育司长,后改任教学部视学。1914年任北京政府教育部次长,1917年以次长代理部务。1919年代理教育总长,不久辞职。第一次世界大战结束,组织"欧美教育参观团",出洋考察。回国后整理出数十万字的著述。1923年被选为江苏省教育会会长、江苏义务教育期成会会长、兼任江苏省学务处议绅,创立了宝山绘丈学堂,并积极参与筹办复旦公学(现复旦大学)于吴淞,担任复旦公学第一任教务长。后又筹商将德人创办的同济医工学堂(现同济大学)收回自办,迁校于吴淞。晚年在人文社编审史料,于1930年8月29日病逝。

准备请各省教育厅及教育会派出代表,于同年 8 月中华教育改进社在北京清华学校举行年会时,组织中华平民教育促进会总会。朱其慧愿意负责解决经费问题。(吴著《晏传》,第 53 页;孙记《第一次平教会》,第 482~483 页;汤文《平教经过》,第 4 页)

5 月 27 日　与朱其慧等具名分函各省,正式发起组织全国平民教育的总机构,计划在一年内全国 22 省和特别区以及海外侨胞足迹所到之处都普遍推行平民教育。(吴著《晏传》,第 53 页;孙记《第一次平教会》,第 482~483 页;汤文《平教经过》,第 4 页)

5 月　参加上海召开的中华平民教育促进会筹备会。

6 月　与朱其慧、王伯秋①、陆志韦、朱君毅②等讨论《平民千字课》教材,对《平民千字课》文字图画给予了很多批评。(吴著《晏传》,第 54 页)

8 月初　新编《平民千字课》第一册出版。

8 月 1 日　烟台平民学校举行毕业考试。(旧版《全集》卷 1,第 49 页)

8 月 21 日　中华教育改进社借北京西郊清华学校举行年会。当晚 7 时,应邀演讲"平民教育",现身说法,报告在法国华工队及国内各地推行实验平民教育实况,并呼吁全国社员:"当立志必于五年内使中国人人能识字。""中国不必亡,亡不亡全在教育界!教育界可以支配中国,支配前途,改造社会,有史可证。事在人为,望诸君勉力,兄弟也勉力。"(旧版《全集》卷 1,第 51 页)听众有朱其慧、陶玄③女士、陶行

----

①　王伯秋(1883~1944),字纯焘,湖南湘乡人,孙中山女婿,民国时期长乐县长。依"父母之命",15 岁时与李澄湘结婚,婚后就读杭州武备学堂,后留学日本早稻田大学,又留学美国哈佛大学,参加孙中山领导的"同盟会",1914 年,孙中山托其照看在美国加州州立大学文学系读书的二女孙婉,不久与孙婉结婚,后离异,生一男一女。1922 年部长范源濂邀请其任教育部次长。不久改任东南大学政治经济科主任、东南大学代校长兼教务长,又兼法政大学教务长。曾同胡适、李大钊等 16 人签名发表《我们的政治主张》,倡导"好人政府"。1926 年在南京创办"幼幼小学",自任名誉校长。1927 年,被聘为杭州市政府参事,涉足政治,推行"好人政府"。曾任立法委员,后为孙科不容而辞职。闭门阅读,喜交高朋。1934 年,任军委会委员南昌行营秘书及科长,不久转任长乐县长,仍然积极推行"好人政府",广行善政。1937 年,抗日战争爆发,积极支持长乐县民众教育馆馆长刘似云组织"明天剧团",宣传抗日救国。在贵阳因左腿膝盖患骨癌,不幸病逝。

②　朱君毅(1892~1963):字斌魁,浙江江山人。哥伦比亚大学哲学博士。回国后历任东南大学教务主任、教育科副主任、教授,江苏省立第一女子师范学校教务长,清华大学教育心理系主任兼教授,北京大学及北平师范大学教授,厦门大学秘书长、教育心理系主任、教授,立法院编译处长,中央政治学校行政学院教务主任、教授,统计局局长等。1949 年后,任杭州之江大学教授、浙江财经学院教授、上海财经学院教授,后在上海社会科学院工作。著有《教育统计学》《教育测验与统计》《统计与测验名词英汉对照表》《中国历史人物之地理的分布》《统计学概要》《国民党统治下的统计工作》等,还留下 1942~1947 年、1950~1963 年的日记手稿 32 册,为中国的统计事业提供了重要的史料。

③　陶玄(1898~1972):字孟晋,世居绍兴陶堰东南湖南野堂,陶氏为越中望族。幼承庭训,知书识礼,从小随父母至山西。1922 年毕业于北京女子高等师范学校。在大学时代,她与李大钊、胡小石先生有师生之谊。在李氏的熏陶下,思想进步,深具反帝反封建的斗争意识。在"五四"运动时期,与邓颖超等一起积极投入斗争行列,被推举为北京女学界联合会会长并兼该会主办的北京平民职业学校校长。女高师毕业后,即任北京第一女子中学校长,不久辞职南下。1927 年任第三中山大学校长蒋梦麟的秘书,旋任立法院委员并兼任江苏省立南京女子中学校长和浙江旅京小学名誉校长。后去广西考察教育。回南京后,与蔡元培、李石曾、张静江等创办上海世界学校。抗日战争开始,去重庆任参政员,并在四川键为县创设清溪职业学校,抗战胜利后回沪,仍主持世界学校。1947 年当选为"国大代表"。

知及各省区代表、中华教育改进社全体社员。(詹编《文集》,第1页注)

8月22日 上午10时,参加中华平民教育促进会借清华学校举行的筹备会议。开会前,领导全体出席人齐唱《一场风景》《代表运气》歌,继按开会秩序,向国旗敬礼后齐唱《尽力中华》歌。被公推为这次会议的副主席。在会上致词说明平民教育的几项要素。一是须知群众心理。认为"懂得了群众心理,然后才设法怎样的激发他们来学。"二是招生,主张采用鼓动曾受教育者,开全城大会,开老板、掌柜大会,组织学生讲演团等达到组织学员的目的。三是设备上的适当,包括教习要好、课本适当、月考后开游艺大会(请名人发给奖品于优等学生,以资鼓励,而昭郑重;发奖品及凭照时,宜邀请学生家族参观;让学生自己游艺,表演艺术)。最后强调:"我们须知此项事业,不仅是中华民国的教育事业,且系全人类四分之一的平民教育事业,我们此后须抱着孟子所说富贵不能淫,贫贱不能移,威武不能屈的精神做去。"(孙记《第一次平教会》,第484~485页;詹编《文集》,第7~9页)

同日 在第一次平民教育会议上做"举办平民教育的几种要素"的讲话。(新版《全集》卷1,第20~22页)

8月23日 继续参与中华平民教育促进会筹备会议,讨论并通过《中华平民教育促进会总会组织大纲》。(吴著《晏传》,第55页)

8月26日 中华平民教育促进会总会在北京成立,宣布"除文盲、作新民"为宗旨。经陶行知推荐,被总会聘请为总干事。(《行知全集》卷5,第23页)主持日常一切工作,并被推选为9位①执行董事之一。(吴著《晏传》,第55页)会上一致通过了了与陶行知和姚金绅②共同起草的《中华平民教育促进总会简章》。根据《简章》,平民教育促进总会设行政组织、研究组织、教育组织三大部分。(一)行政组织。由总干事总揽全会行政,下设总务、城市教育、乡村教育、华侨教育四部。每部设若干股,分任行政职务。总会之下,还设有省、市、县、乡平民教育促进分会,管理一省、一县、一市、一乡的平民教育事宜。(二)研究组织。设平民文化、生计教育、公民教育,直观教育、妇女教育、健康教育等8科。(三)教育组织。根据平民生活习惯、社会情形,采取三种形式的教育组织形式和方法:① 大班级的平民学校,用幻灯、挂图教学;② 平民读书处,以一家一店一机关为单位,以识字者教不识字者;③ 平民问字处,凡挂有问字处的店铺、家庭、机关,任何人都可前去问字。(《教育大辞书》,第105、289页)

---

① 九人即朱其慧、晏阳初、陶行知、张伯苓、张训钦、陈宝泉、蒋梦麟、周贻春、周作民。

② 姚金绅:儒医姚王林之孙,字书诚,初在京师学务局任视察员。后任天津教育界督学。1929年任天津市市立图书馆筹备委员会主任,该图书馆建立后任第一任馆长。后任私立众成高科职业学校校长。

8 月下旬 与朱其慧、陶行知一同致函胡适，希望胡适"将新世纪中国民应有之精神态度、知识技能，条分缕析，赐作南针，并请于一星期内开单示知，最为盼切"。（《行知全集》卷 8，第 739 页）

8 月 聆听朱其慧辞职想法："我本是全国妇女联合会会长兼全国妇女红十字会会长，我现在要把这两项职务辞掉，从此献身平教。"（吴著《晏传》，第 48 页）

同月 在《新教育》第 7 卷第 2 期上发表《举办平民教育的几种要素》。其论述主要要点有：首先，须知群众心理。其次，加强组织。① 鼓励曾受教育者；② 开全城大会；③ 开老板、掌柜大会；组织学生讲演团。最后，设备上的准备。① 经验丰富的教习；② 适宜平民生活的课本；③ 月考后开游艺大会时，请名人给优秀者发奖，发奖及凭照时请学生家族参观，让学生自己游艺、表演艺术。（新版《全集》卷 1，第 20～21 页）

同月 "平教总会"成立后，即订立全国五大区推行计划：分华东、华北、华西、华南、华中五区，以北京、南京、长沙、成都、广州五地为各区的中心。先从北京入手，有了成绩后，再到各区实验。（吴著《晏传》，第 55 页）

9 月 新编《平民千字课》第二、三册出版。

10 月 4 日 与伍仲文①、陶行知一起参加王伯秋在南京山东馆宴请南京教育局长孙阆仙先生②、县署第三科长凌卓之先生③、学务委员陈学仁④先生的活动。（《行知全集》卷 8，第 16 页）

10 月 5 日 下午 2 时，参加南京平民教育促进会干事会，在会上演讲《干事应有的精神》。4 时，参加南京平民教育促进会董事会，聆听王伯秋的会务报告、陶知行的连环教学法报告。公决向省署呈请经常补助费。7 时 30 分，与王伯秋和陶行知在南京女子师范演讲。（《行知全集》卷 8，第 16 页）

10 月 6 日 与王伯秋和陶行知在南京公共演讲厅演讲平民教育。（《行知全集》

---

① 伍仲文（1903～1931）：女。广东南海人。大革命时，她经常上街演戏、演讲、宣传反帝反封建的道理，动员组织妇女参加国民革命，1924 年到广州，进入何香凝领导的妇女职业学校半工半读。1925 年参加省港大罢工女工部的工作。同年加入中国共产党。1926 年赴苏联学习，1928 年回国后在上海中共法南区委工作，负责指导青年运动。1929 年先后在中共吴淞区委、闸北区委工作，领导丝厂、纱厂的女工运动。曾担任共青团闸北区委书记。1931 年 1 月被反动派逮捕，2 月 7 日英勇就义于龙华。

② 孙阆仙：生卒年不详，名睿源，字阆仙，号太狷。江宁人。居花露岗。正祊子。岁贡生，绩学励品，任教育行政事权认真，常徒步至乡间查学。能文，尤擅诗。后避居云南，病殁于滇池上。曾与石凌汉、仇采、王孝烽组织蓼辛社，人称"蓼辛四友"。与王孝烽为益友。传见《南京文献》1948 年第 23 号张通之《秦淮感逝·孙太狷》。

③ 凌卓之：1919 年前后任南京学官贡院负责人。后任江苏省江宁县署第三科科长。

④ 陈学仁：早年在南京东牌楼教私塾，著名图书馆学家施廷镛（1893～1983）即其学生之一。后任江宁县学务委员，曾任江宁第一区区立高等小学校长。其他生平事迹待考。

卷 8,第 16 页)

10 月 7 日　上午 9 时,召开平民教员会议商议改良教学问题。下午 3 时,召开南京全城私塾教员会议。到会者六十余人。这些教员教有一千七百多学生。(《行知全集》卷 8,第 16~17 页)

10 月　在《新教育》第 7 卷第 2、3 期合刊上发表《平民教育》。收入新版《全集》第一卷和旧版《全集》第一卷中。首先,就平民教育做了详细诠释。指出"一国程度就看国民的程度"。"中国人必知中国,然后能救中国"。"诸君要知道'民为邦本'的古训,人民是代表我国家,可是人民居下流的有百分之八十。我国文化发达最早,物产最丰富,人口最多,但是现在三等国也占不到,现在弄成无等了,弄成下流的国去了。我们想把中国弄成上流,非我们具有牺牲的精神、服务的精神去提高下流的程度不可。否则缘木求鱼,必不可得。"其次,介绍自己游历 19 省,调查各省平民教育现状,及当时平民教育失败的原因。认为主要是教员无经验、无好课本和无组织三者。第三,认为补救的措施有两要件:① 要有教育的工具。"平民教育的工具即好课本。工具应按照两原则:(一)即在最短时间得最多知识。因平民在衣食上奔走,无时读书,必须于最短时间得最多知识。(二)所学即所用,所用即所学。"② 推行的方法。"其法即将热心平民教育的人,集合起来进行。因为这事非一人所能办的,要全城热心的人群策群力,实行全城平民教育大运动。""工具有了,方法有了,但不知适用与否,所以先要实验。此运动发动在上海,但上海不能代表中国,所以要找一个能代表中国多数城市的地方实验。"文中介绍了非常有效的平民教学法——幻灯教学。"中国人不识字的,相聚时每好谈话,若用幻灯,则可使他们集中注意。用幻灯教授,有两原则:(一)引起兴味;(二)给学生甚多的影响。在用课本之前,先用图画。课本分三层,即图、课、字。图为已知,课字为未知,故合原理。此种教法有许多益处。第一,即在图画能引起兴味。又幻灯白布上的字甚大,人所得的知识,百分之八十五是自目入,所以影响大。如使学生口念,则目能受影响。幻灯之后,叫学生习字,又受一种影响。有眼、耳、喉、手、口五种影响,则无不能学的人。"最后,主张研究科学的平民教育,在研究的基础上加以推行。"一方根据研究态度,一方推行城乡。不数年之后,必可使全国人民都能识字。"认为当时"中国害了三种病,即瞎、聋、哑。国民大部分不识字,不能读书报,非瞎而何? 不受教育的不知社会情形,所以有耳也等于无耳。非聋而何? 社会弄到这样,发言的是何人,大多数是不作声的,非哑而何? 别人还说我们又老,这样的国家何以能造成国家? 现在的万灵丹就是在读书识字。……这个责任完全在教育界,望诸君回省,多在平民教育做工夫。既称为同胞,则当视平民如兄弟,他们不识字,我们要引以为可耻。有一未受教育者，即教育者的责任。否则不堪设想。""事在人为，抱了拼命进取的精神，则敢说五年以内必能普及。否则不特没有民国，并且没有国民。我希望明年年会，至少有一万平民能识字，各位来报告成绩。中国不必亡，亡不亡全在教育界。教育界可以支配中国，支配前途，改造社会，有史可证。事在人为，望诸君勉力，兄弟也勉力。"（新版《全集》卷1，第23～26页）

同月　在《新教育》第7卷第2、3期合刊上发表《中华平民教育促进会宣言》。收入詹编《文集》与新版《全集》第一卷中。首先，谈及建立普及教育的基础。"花六十块钱，可以使一百人受基本的平民教育。花六百块钱，可以使一千人受基本的平民教育。解决生计，消弭乱机，奠定国本。爱国者所应注意，即爱己者所应注意！"其次，阐述"民为邦本"之意。"一个共和国的基础巩固不巩固，全看国民有知识没有。国民如果受过相当的教育，能够和衷共济，努力为国家负责，国基一定巩固。如果国民全未受过教育，空空挂了一块民国的招牌，是不中用的。"认为"现在国内乱机四伏，工商业不能发达，推其原因，皆缘多数国民未受相当的教育，无职业知识以维持生活。不幸者，即流为盗匪。同属人类，苟非全无知识，谁肯轻易牺牲，倘使人人识字读书，有了做国民的常识，自然不至做那危及生命的事业。大家勤勤恳恳谋生做事，各种乱源也就消弭于无形了。所以我们如想挽救全国不安的景象，除了设法把平民教育推行全国之外，决无第二个好方法。"第三，对平民教育做界定。明确提出想设法使一亿人"在极短的时期内，受一点相当的教育"，这种教育即平民教育。主张"兴办这种平民教育，一切经费必须省之又省，用最少的钱，使他们受最多的教育，照我们现在因陋就简的计划，每个学生身上只须花费六角钱，可以使他们受四个月的教育了。……这四个月的教育，我们把他当作平民教育的第一期。所教的功课，是一千个基础字，依着国语的文法，教育心理的原则，共和国民所需用的知识，编成九十六课。使学生每天学一课，于四个月中间，得着共和国民所必不可少的基本教育。"第四，谈组织"中华平民教育促进会"的目的及实现途径。其目的是准备把平民教育切实推行全国。所用工具有课本和影片两种。而影片是依据课本制作的，共分三套："第一套是彩色画片，是用图画表现课文中所述的事体，叫学生把画中情节口述出来，然后再用第二套影片，就是把课文的本身写在玻璃片上，照出来，引导学生认识方才自己口述的文字。他们看了彩色画片，口里所说的话，现在用眼睛去认识它们。第三套课片，是一个个的文字，每个字从幻灯里照出来，射在墙上，比原底子放大了好几百倍，教学生同时看，同时听，同时念，同时写，精神专注，学习是很容易的。"第五，还介绍了要"编辑教师指南，并用所教一千字作基础，来编各种平民丛书、杂志、报章，使平民能利用既得之工具，继续增进学识与技能。"最后,拟"先在南京、北京试办,然后再逐渐推行各省。很希望国内同志大家出来帮助,使我们的试验能够收效,并且希望大家能够在各地方分头作同样的实验"。

(詹编《文集》,第 10~12 页)

11 月 新编《平民千字课》第四册出版,全书出齐。"一共有四本,每本二十四课。学的人每天读一课,用九十六天就可以读了。读了这部书就可以认识一千二百多字,会看白话信,会写白话信,会记家常账目,会读浅近书报。书价也很便宜,每本定价三分,全部只须一角二分就够了。平常人是买得起的。"(《行知全集》卷 8,第18 页)据《平民千字课》每册扉页刊载"目的"有三:① 培养人生与共和国民必不可少的精神和态度。② 训练处理家常信札、账目和别的应用文件的能力。③ 培养继续读书看报和领略优良教育的基本能力——又特别说明这是"根据一千多个常用字和平民目标编的,为十二岁以上不识字的编,年小儿童不甚合用"。(《千字课》封面内页《目的》《编辑说明》)

12 月 22 日 在南京进行的平民教育实验取得初步成功。南京平民教育会所办学校的首批毕业生 5 000 人在南京公共游乐园举行毕业庆典。平教运动的积极支持者、省主席 Han Tsz-shih① 在大会上讲话并颁发 602 份文凭,参加庆典的群众6 000 多人。此后,南京有三批毕业生,共 3 000 多人。采用"基础汉字"、由毕业生联合会发行的《平民旬报》与《平民教育》行销全国各地,读者包括教师、该运动倡导者们以及一般民众。(旧版《全集》卷 1,第 59 页)

是年 将在法国曾试验过由少数教师教众多学生的幻灯教学法在浙江嘉兴实验,取得成功。他借助幻灯,主要目的在实验"教师少而学生多"的小城市和乡间推行平民教育的方法。小城镇、乡村识字者寡,教师缺乏成为严重的问题,另一问题是经费拮据之状难以想象,只有采用"以少胜多"原则。运用幻灯,一位教员可教200 人以上,彩色图画映在白布上,可刺激学生感官,激发学生兴趣,加深对文字的印象。(晏述《平教》,第 386~387 页)幻灯教学也为全国之先。嘉兴平民学校有 2 所,一在城南,一在城北,学生共 200 余人,通过幻灯教学,《平民千字课》第一册 250 个生字,很快被学生掌握。全班学生不仅及格且都得高分,其中 100 分者 30 名,平均分数为 95 分,全部刷新了以前各地平民学校的记录,充分地显示出学生对于幻灯

---

① Han Tsz-shih:即韩紫石(1851~1942),江苏泰州(今泰县)人,字紫石,名国钧。清末举人。曾任交涉局会办、广东劝业道,署奉天交涉使。1912 年任吉林民政使。次年任江苏民政长。1914 年起历任江苏、安徽、湖南巡按使。后辞职归里。1920 年任运河工程局会办。1922 年任山东省省长,同年 6 月调江苏省省长。1924 年江浙战争后,兼署督办军务善后事宜。次年 5 月呈准辞职,任段祺瑞执政府善后会议会员。后多次主持江苏水利工程。抗日战争期间,拒绝出任伪职。著有《永忆录》,辑有《东三省交涉要览》。

的浓厚兴趣,吸引了学生的注意力,影响了他们合群的行动与精神。(*汤文《平教经过》*,第 4 页)

是年　运用所积累的平民教育经验,先后在华北、华中、华西、华南等地开展义务扫盲运动,前后参加学习者达十万余人。还将教育送到了军营,一时传为美谈。

1924 年(民国十三年　甲子)　三十四岁

1月　中国国民党第一次全国代表大会,发表宣言,有关教育者为:庚子赔款完全划作教育经费。确立男女受教平等,厉行教育普及,全力发展儿童本位教育,整理学制系统,保障教育经费独立。

4月　应讲学社和文学研究会等团体的邀请,印度诗人泰戈尔来华,由徐志摩等陪同先后在上海、南京、济南、北京等地演讲。

9月　皖系浙江军阀卢永祥与直系江苏军阀齐燮元火并,"江浙战争"爆发。历时一个月之久,以卢永祥战败而告终。

同月　成立中华教育文化基金董事会,管理美国退还庚子赔款余额事宜。

10月　全国教育会联合会第10次会议,呈请严定大学设立标准,催促各省区实施义务教育议决取缔外人在国内办理教育事业,中小学特重训育,各省区赞助拒毒运动等,另呈请教育部速颁初等教育及中等教育法令。

同月　傅葆琛出任中华平民教育促进会总会乡村教育部主任;"平教总会"开始提倡乡村平民教育。

同月　直系将领冯玉祥发动北京政变,囚禁贿选的总统曹锟,驱逐废帝溥仪出宫,由黄郭摄政。

11月　"平教总会"于直隶、保定普遍提倡乡村平民教育,此后6个月招生六千余名。

12月　《语丝》周刊在北京创刊。《现代评论》周刊在北京创刊,由王世杰任主编,主要撰稿人有胡适、陈西滢、徐志摩等。

5月24日　与陶行知、北京及全国文学和教育界著名人士熊希龄、胡适、钱玄同、林语堂、赵元任、庄泽宣①、郁达夫、高仁山②、陈鹤琴、王伯秋等人发起成立了平

---

①　庄泽宣(1895~1976):著名教育家。浙江嘉兴人。毕业于清华学校。1917年公费留学美国俄亥俄州立大学,获学士学位;继后入纽约哥伦比亚大学,获教育学硕士及哲学博士学位;1921年到普林斯顿大学和英国牛津大学访学。1922年归国历任清华大学、厦门大学、中山大学、浙江大学、岭南大学、广西大学、社会教育学院心理学系和教育系教授及主任等职。1948年夏应联合国教科文组织之聘,赴巴黎主持战　(转下页)

民文学委员会,得到梁启超的支持。请平民文学委员编辑出版平民文学书刊,并为《平民周刊》撰稿。由平民教育促进总会的职员担任平民文学委员会的具体联络工作。以便"给一般粗识字义的人民以相当之读物,并要为他们开始创造些真正的平民文学。"（童著《陶传》,第 59 页;吴著《晏传》,第 68 页）

初夏　受张学良之托,拟订推行军队识字教育的详细计划,由王正黼[①]递交张学良。了解到军队是推行强迫教育制度的理想所在,若干情况也和民间不尽相同,经过与张学良的几次往返函商,制定了具体的计划方案。组成了由张学良担任主席的七人委员会[②]负责主持方案的实施。军队中每一营 150 名士兵中有读写能力的平均只有 25 人,其余都是文盲,故计划采用在嘉兴实验的"群众教学法",每一营以一官长任教师,能读写的士兵担任"助教"或"指导"。每日上课 2 小时,第一小时由教师用幻灯教学,第二小时将全营文盲 125 人分作 15～20 人一组,由助教个别教学。"指导"在不上课的时间随时解答"兵士学生"的读写问题。（吴著《晏传》,第 51 页）

（接上页）后文教损失调查。1950 年应聘去马来西亚创办韩江中学,推进华侨子弟中文教育。主张教育中国化。认为应该让教育伸展到社会各阶层去,强调大学扩充教育、部分实践教育和巡回教育。编纂民众基本读物、基本字典。1930 年到 1936 年著述出版了《人人读》12 册,成为当时畅销书之一。曾研讨了教育与民族性的关系问题,撰成《民族性与教育》(与陈学荀)。在《战后十年来中国学校教育总检讨》中指出,中国教育第一个课题是"应付民族健康问题",其次是提高教学水准,"提高教师待遇"。1952 年任新加坡联营出版公司总编辑,编印华侨学校教科书,在东南亚各国影响甚大。侨居美国期间致力于沟通中美文化,至今为人称道,曾列入美国工具书《教育领袖》之中。著作共 30 余种,有《职业教育通论》《教育概论》《各国教育比较论》《西洋教育制度的演进及其背景》《如何使新教育中国化》《各国教育新趋势》《乡村建设与乡村教育》《战争受害国的文化与教育》等。

②　高仁山(1894～1928):现代实验教育家、烈士。原名宝寿。江苏江阴人。幼时入江阴立本小学,后随父去天津就读南开中学。1917 年春赴日本留学。与周恩来等创立以科学和教育救国的"新中学会"。回国后历游东北、直隶(今河北)、山东、江苏、浙江等七省,从事教育与实业状况的调查研究。1918 年赴美留学,入葛林纳尔大学专习教育,后获芝加哥大学硕士学位。又与何思源等组织"新中学会美国分会",并介绍同学陈翰笙等入会。留美期间,广泛研究欧美各国教育制度,并到英、德、法等国考察教育。1923 年 1 月回国,在北京师范大学、北京大学任教授、教育系副主任。1925 年于东城灯市口创办私立艺文中学,兼校长,在国内首先试行"道尔顿教育制"。是年与陈翰笙一起,经共产党员李大钊、于树德介绍,加入国共合作后的国民党,参加国民党北京执行部工作。1926 年春被任为北京特别市国民党部委员兼主任,党部设在翠花胡同 8 号,秘密从事国民革命。当时艺文中学有国民党左派和共产党员、共青团组织,政治空气活泼。是年 3 月 18 日,在中共北方区委的领导下,北京各界群众举行"反对八国通牒国民示威大会",会后数千人到段祺瑞执政府请愿,遭到军阀政府的血腥镇压,艺文中学师生是请愿运动的积极参加者。1927 年 9 月 28 日深夜,被北洋军阀张作霖派军警从外交部街 46 号住处逮捕,次年 1 月 18 在北京天桥刑场从容就义。后葬于香山卧佛寺之东沟村。遗著有《英美教育制度》和《新教育评论》等。

①　王正黼(1890～1951):字子文,浙江宁波人。采矿专家。1910 年毕业于北洋大学矿冶系,1912 年获美国哥伦比亚大学硕士学位。1917～1921 年,任辽宁本溪湖煤铁公司总工程师兼制铁部长。1921～1931 年,任东北矿务局总办,创办、扩建和改进了阜新、八道壕等煤矿,兴建了八道壕发电厂。还创建了本溪湖林场、大石桥滑石矿、王湖嘴砖厂与瓷窑,勘查了世界上储量最大的大石桥菱镁矿。1932 年组建冀北金矿公司,开采凌源、平泉等四县金矿。后创办北京门头沟平兴煤矿。1945 年后资助创建燕京大学工学院。哥伦比亚大学 200 周年纪念时,授予他荣誉奖章。

②　由将官 3 名、校官 4 人组成。

7月1日 应张学良邀请至奉天省城(今沈阳)支持有300名军官参加的军官师资训练班,参加东三省奉军识字教育班开学典礼。为推行这一空前的军队识字教育试验,拟供应5万套《平民千字课》,60部大幻灯放映机和5 000张彩色幻灯片。并与张学良等合影留念。

7月上旬 主持东三省奉军识字师资训练班,讲授平民教育要义及《平民千字课》教授法等,历时一周。此后启动由300名"军官教师"开始教授1万名"士兵学生"运动。8月份显现教学良好成绩,沈阳部队编委会又刊行《士兵周刊》供士兵阅读。不幸于9月间第二次直奉战争爆发,识字教育被迫中断。(旧版《全集》卷1,第59~60页;吴著《晏传》,第51页)

7月 中华基督教青年会全国协会的青年协会书局刊行与傅若愚、黄沧渔共同编辑的《平民千字课》第三版。

8月初 回到北京,正式到"平教总会"上任,即电请美国康奈尔大学乡村教育学博士傅葆琛①回国担任平教会总会乡村教育部主任职,傅欣然接受。(吴著《晏传》,第58~61页)

同上 到北京平教会总会任职之初,一切都靠熊希龄夫人朱其慧支持。办事处借用熊希龄家两间小房。零星费用从朱其慧处支领。(晏著《传略》,第84页)

8月中旬 在奉天滞留40余日后与巴乐满同往哈尔滨,中东铁路理事长王景春②热烈欢迎,并安排若干集会,请演讲平民教育要义。(吴著《晏传》,第52页)

---

① 傅葆琛(1893~1984):四川仁寿人,1916年毕业于清华学校,留学美国康乃尔大学、耶鲁大学,获"乡村教育"博士学位。1924年回国,先后在清华大学、北京师范大学、燕京大学、辅仁大学、齐鲁大学等高等院校执教,并和晏阳初合作,在河北定县领导和参加平民教育实践,推行"乡村教育""乡村建设"。1924年10月,出任平教会总会乡村教育部主任;"平教总会"开始提倡乡村平民教育。抗日战争爆发后回成都,执教四川大学。后在华西大学开设"乡村教育""乡村建设"课程,担任乡村建设系主任,文学院院长等职。1934年北平大学农学院农业经济系在北京罗道庄建立"农村建设试验区",和王益滔教授任试验区主任,领导农经系师生协助农民组织信用合作社,举办农村合作人员培训班、农村子女半工半读学习班和农忙幼稚园等。曾搜集有关农耕园艺方面的书报14种以及房契、婚书、历书、借据、请帖等多种乡村应用文件,检得单字3 659个,从中选取1 500字用来编纂《农民千字课》。解放后,执教于西南师范学院、成都体育学院。1955年退休后,仍热心于社会活动,历任成都市西城区五届政协委员,西城区扫盲学校校长。1963年至1965年间,以70高龄义务担任成都军区总医院的英语教员,贡献余热,孜孜不倦,深受社会好评。1984年8月,以92岁高龄因车祸不幸去世。

② 王景春(1882~1956):字兆熙,河北滦县人。北京汇文大学毕业后,先后入美国耶鲁大学、伊斯诺斯州大学学习,获博士学位。1912年任南京临时政府外交部参事。同年至1913年任京奉路、京汉路副局长。其后代表中国政府参加在波斯顿召开的第五届国际商业会议。1914年7月至1916年任交通部铁路会计司长,兼代邮政司长。1916年任交通部顾问。1917年任第五届中日关税会议委员,京汉、京奉路局长。1919年出席巴黎和会任专门委员。1920年任中东路技术管理局中方代表、东省铁路公司理事、交通部路政司长。1922年任中东路会办。1925年出席国际电信邮政会议,回国后任邮政电信会议总代表。1928年至1930年任中东路理事长,曾任中国教育代表团团长出访美国。1931年至抗战期间任派驻伦敦购料委员会委员。1949年后去美国,1956年6月17日病逝于美国。吴著《晏传》,第105页误认为是"王景村"。

8 月　从上海去北京就职"平教总会"干事长,拟就"平教总会"的会徽为一"平"字。并对"平"字在董事会上作解释获得通过。解释道:"最上横条代表头脑。一个人必须具备有训练的思想,有规律的理性。如果没有这样头脑,就不能有何成就。横条下两'点'很像两眼:一眼代表平等,一眼代表公正。两点中间是十字架。要想成功,你必须有十字架——心,这心必须有同情怜悯受苦难的农民。这正是耶稣基督的心。这就是时时提醒为平民教育运动的人们:用你学术上的头脑;用你两眼,为平等和公正而张望;用你的同情怜悯的心去为受苦难的人去奋斗。农民不是缺乏智慧,只是历代传统不给他们读书的机会。因此,平民教育运动就是为全国人民教育机会平等。每个人都受过教育,才可以平天下的不平,才可以达到天下太平的理想目标。"（詹编《文集》,第 13 页;参见吴著《晏传》,第 79 页）

9 月 13 日　致信郑玉成①。信中首先感慨郑玉成的伟论,赞同和衷共济;第二,表示无意参与发起办正阳木厂,"对于营业不但无经验,并且无兴趣,故实难列名为发起人"。（新版《全集》卷 4,第 7 页;旧版《全集》卷 3,第 7 页）

9 月　第二次直奉战争爆发。认识到:裁兵既不可能,推行军队识字教育、积极地改造军阀私人武力大有必要。（《人民》,第 372 页）

同月　北方出版社出版了 *The Mass Education Movement*（《平民教育运动》）英文单行本一书,全面介绍了平民教育运动各方面内容。首先,论述平民教育运动的由来。认为"四万万民众中,有百分之八十的人不会读或写。千百万人对自己国家是专制还是民主一无所知。这样的民众怎么能够形成一种明智的共同意志并真正参与到国家事务的管理中去? 为什么贪官污吏与列强能够为所欲为? 为什么百姓的苦难与社会上贪赃枉法有增无减? 民众早一天获得教育,那对人民,对世界都是一件幸事。平民教育运动正是应这一历史使命而产生的。"（新版《全集》卷 1,第 28 页）其次,论述运动的政策包括两方面:① 采用白话（口语）。认为"白话已经赢得了今日中国的国语地位。白话是民众中运用最广的口语,在民众中产生了大量的白话文学,因此白话也是平民教育的最有效工具。"（新版《全集》卷 1,第 28 页）② 重点在青少年。根据中华教育改进社的最新统计,八千万学龄儿童中,只有七百万就学。此外,还有一亿多青年,他们已超过了入学年龄,但是他们在学龄期没有正常的入学机会。于是认为"平民教育运动的政策即应明确:以教育成千上万少年男女文盲为主,成年男女教育为辅。"（新版《全集》卷 1,第 28～29 页）第三,介绍平民教育

---

①　郑玉成:生平事迹待考。

的方法。主张采用"基础汉字课"以群众教授、单班教授、挂图教授、平民读书处和平民问字处等教学组织形式进行。第四，介绍了城市平民运动的典型——山东烟台的平民教育运动的组织、宣传、招生、设施、毕业典礼等，阐明平民教育运动进一步深入群众之中。第五，对未来发展平民教育的计划作了介绍。要求平教会为毕业生提供继续学习的机会：① 业余补习学校。毕业后，学生应再入业余补习学校学习四个月，学习科目有公民学、地理、历史、常识学、伦理学和卫生。② 奖学金。毕业生中还有相当一部分学生，他们应当步入中学或学院甚至大学进行深造。贫穷者，学校则应颁发部分或整份奖学金，为他们提供条件。③ 职业训练。对毕业生进行职业训练以帮助学生以最小代价在短期内获得有关职业的实际知识。④ 学习材料。提供各种简明有趣的学习材料。⑤ 阅读俱乐部。为有些毕业生想继续升学深造，但由于各种原因，不能进入业余补习学校而设。⑥ 毕业生协会。各分区协会会员每周会面一次，全城会员每月为教育与交流而相聚。通过毕业生协会达到自我改进和团体服务的目的。第六，论述平民教育运动的意义。① 首次有组织的大规模地施教于平民的尝试；为人们获得良好教育提供了可能。② 平民(教育)运动，依靠民众，为了民众。这是民众的运动。这个运动依靠民众，这个运动是为了民众利益而进行的。③ 促进教育的深入发展。平教运动的一个必然结果就是教育工作的普及。④ 致力于开辟新文学。人民文学正在成长之中，这将及时导致不仅是少数知识分子，也包括四万万民众们的复活。⑤ 培养高尚的道德。培养群众的凝聚力，让大家为共同目标而团结奋斗。在平民教育问题面前，要求无私的服务和万众一心的奋斗。通过参与该运动，富人与受过教育的人们认识到社会富裕要依靠民众智慧的提高，与此同时，也给予那些文盲自身以自我发展的机会，使之认识到其在社会与国家生活中自身价值与责任。⑥ 致力于民族的团结一致。同心协力支持平教运动这项公众事业，或许能将中国造就为一个统一国家。从目前结局看，平教运动致力于彻底扫除中国文盲是大有希望的。凭借人民对学习知识的热忱，凭借知识分子与富者的无私服务与合作精神，平教运动喊出这样的口号也并不为过，即"现在的一代把中国建成一个文化之邦！"最后，介绍了平民教育的全民运动与全国协会、军队平民教育和农村平民教育等。(新版《全集》卷1，第29～38页)

同月 请陈筑山撰《中华平民教育运动歌》，歌词云："茫茫海宇寻同志，历经了风尘，结合了同仁；共事业，励精神，并肩作长城。力恶不出己，一心为平民；奋斗与牺牲，务把文盲除尽。男男女女老老少少，一齐见光明。一齐见光明。青天无片云，愈努力，愈起劲；勇往向前程。飞渡了黄河，踏过了昆仑，唤醒旧邦人，大家起作新民！意诚心正,身修家齐国治天下平!"①自己亲自利用《苏武牧羊》曲谱,经改动后谱成歌到处传唱。(陈菊元:《忆父亲陈筑山教授》,见《成都文史》第 190 页;参见吴著《晏传》,第 79 页)

同月　聘美国康奈尔大学乡村教育博士傅葆琛为中华平民教育促进会总会乡村教育科主任并上任。

11 月 8 日　给张毅任②回信。信中首先表明收到来信已了解事情详情;其次表示上次"未获面聆教言,良深歉怅"。再次,汇报"尊创日式新文字,实为普及基本教育之工具"。(新版《全集》卷 4,第 7 页;旧版《全集》卷 3,第 8 页)最后,告知孙伏园已按照张毅任介绍办法编著读物,交平民教育会学校式教育部试验教读,将来当可推行。

11 月　前往保定给当地 20 县为提倡平民教育而开设的师资班授课。(冯杰:《晏阳初为定县乡村建设四次赴美募捐考略》,《史学月刊》2009 年第 7 期)通过宣传鼓动,直隶(今河北省)保定道 20 个县普遍开始提倡乡村平民教育。此后一年多时间,保定道进入平民学校学习的有 5 万余人,三次毕业生有 3 000 多人。

同月　与傅葆琛前往保定为教师训练班讲述《平民千字课》教授法两日。

同月　与傅葆琛前往宛平县联系县知事选"清河集"为实验区。经对许多乡村作实地宣传考察,从而确定了乡村的精神和物资都是今日中国的主干,也是中国未来的基础的信念。认为在乡村推行平民教育比城市有更多的便利。(吴著《晏传》,第 61 页)

冬　开始在华北作第一期的平民教育实际提倡。当时京兆尹薛笃弼③邀请"平教总会"合作,在辖区普遍提倡平民教育,使用《平民千字课》教学,又组织编印《平民常识》一册,分发各县民家,使自治道理深入人心,将京兆特别区变为京兆模

---

①　朱永新著:《沟通与融合　中国近现代教育思想史》,人民教育出版社 2004 年版,第 187 页;朱永新著:《朱永新教育作品·中国近现代教育思想史》,中国人民大学出版社 2012 年版,第 178 页,均认为歌词是晏阳初撰的,误也。此类误传甚多,此不一一列举。

②　张毅任:生平事迹待考。

③　薛笃弼(1892～1973):字子良,山西解县(今运城)人。早年毕业于山西法政学堂。1912 年任山西河津县地方审判厅审判官,后任临汾地方审判厅厅长,陆军第十六混成旅秘书长兼军法处处长,军警联合督察处处长。1919 年后任常德知事,咸阳、长安县长,陕西省财政厅长,河南财政厅长,北京政府司法部次长,蒙疆善后委员会委员,暂行兼代国务院秘书长,暂行兼代京师税务监督,内务部次长,调任京兆尹,甘肃省省长,国民联军总司令部财政厅委员会委员长,任河南省政府委员、财政厅厅长兼中央政治委员会开封政治分会委员,民政部部长,内政部部长,故宫博物院参事,卫生部部长,首都建设委员会委员,黄河水利委员会委员,行政院全国水利委员会主任委员,水利委员会委员长,行政院政务委员兼水利部部长。曾当选为国民党第三届、第四届、第五届中央候补执委,第六届中央执行委员,国府委员,国大代表。中华人民共和国成立后,任上海政协常委、第二、三、四届全国政协委员,上海法学会理事,上海律师协会副主任,民革中央委员。1973 年 7 月病逝于上海,终年 81 岁。

范区。从而实现了自己在京都全面推行平民教育的愿望。(京印:《平民常识·序言》;《思想研究》,第21页)

是年 与朱其慧联名致信陶行知和徐则陵①两先生。信中首先佩服筹设乡村师范及附属小学校一事。其次,表明自己与朱其慧均难如命前去参加筹设会议,只好函请王伯秋君就近代表平教会出席。最后,介绍平教会在华北拟建乡村平教试验区,先以宛平县入手,组织宛平平民教育促进会,并谈开展相应的平教工作的打算。(新版《全集》卷4,第8~9页)

---

① 徐则陵(1896~1972):名养秋,字则陵。江苏金坛人。著名现代教育家、历史学家。1904年科举考试中秀才;1914年获金陵大学文学学士学位;1917年夏赴美,获伊利诺大学研究院史学硕士学位;1918~1920年在芝加哥大学和哥伦比亚大学研究院攻读教育学,获教育学硕士学位。1920年回国后,受聘担任南京高等师范学校教授兼教育科主任,讲授教育史课程。后任东南大学教育系教授兼主任,并主持创办东南大学附中。与陶行知、陈鹤琴、陆志韦等同事。1922年前后,陶行知倡导设立平民读书处,即在自己家中设点试验。晓庄师范之"晓庄"二字乃其所取,支持陈鹤琴创办鼓楼实验幼稚园。1922年为中华教育改进社成员,同年任全国教育会联合会组织的"新学制课程标准起草委员会"高中文化史课程纲要负责人,作为全国性历史课程的参考标准。1928年受聘为金陵大学教授,并担任金大中国文化研究所所长。同时还担任了外交部条约委员会专门委员,从事中国外交史的研究。1937年抗战爆发,他随金大中国文化研究所迁移到达成都,继续担任所长。不久,应聘赴重庆南温泉政治大学外交系任教授。1945年抗战胜利。翌年返回南京,再任中央大学教授兼教育系主任。1947年晋升为中央大学师范学院院长。南京解放后,辞去院长职,专任南京师范学院教育系教授。"文革"中遭受迫害,1972年8月病逝南京。著有《五十年世界进化概论》《中学本国史测验》和《汉代教育史》著作。撰有《教育上之国家主义》《汉代的太学》和《历史教育上之心理问题》等论文。

1925 年(民国十四年 乙丑) 三十五岁

2 月 江苏教育经费委员会呈准指定专款为教育经费。教育经费至此完全独立。

3 月 孙中山在北京逝世,终年五十九岁。

6 月 中共中央出版《热血日报》,瞿秋白任主编。

7 月 国民政府在广州成立。

同月 章士钊在北京重办《甲寅》周刊。

9 月 北洋政府公布《国立编译馆条例》及《出版品国际交换局官制》。

10 月 《晨报副镌》改由徐志摩主编。

同月 全国教育会联合会第 11 次会议,议决今后教育宜注意民族主义,请设全国生物调查所,学校应注意军事训练,各教育机关宜重教育统计,促行贫民教育等。

11 月 全国国语运动大会成立。

12 月 段祺瑞改组国务院,教育总长章士钊辞职,由易培基继任。

1 月 22 日 致信孔祥熙。信中首先详细陈述当时开展平民教育的迫切性。"窃以教育救国,为世公认。而目前教育界所亟亟焉努力者,厥惟义务教育,但以吾国教育状况论,施行平民教育,较之义务教育尤为刻不容缓。何则?义务教育固属教育之根基,提倡普及自应积极推行,惟充其力量,仅能普及一般学龄儿童,循步施教,如植树然。待及学龄儿童蔚成国器,质以负荷国家责任,纵使实现,亦必经数十年。即令国人忍痛坐俟,强邻环逼,耽耽虎视,恐不见容。而况国中男女失学者,不下三万万以上,知识既缺,生计日艰,旷土游民,秩序治安,影响甚大,不图挽救,宁不自亡?平民教育所以应救时之急需,为苴罅之良策也。"其次,阐述平民教育与义务教育的关系。"平民教育,使年长失学者,既有受教育之阶梯,尤足为义务教育之先导。以其效力,能开通学龄儿童之父兄,使其感己身之失学,惧子弟之再蹈。视主张施行强迫教育,其潜移默化之功用,自不啻倍蓰。此平民教育与义务教育虽殊途,而实相成也。"第三,阐述平民教育宗旨。"平民教育,其宗旨冀以最短之时间、最少之经济,使全国十二岁以上,四十岁以下失学之人民,无分男女,皆能领受人生及共和国民必不可少之基本教育。是种教育,乃属于群众之教育,容纳多数失学之平民,灌输普通常识、公共道德,务使全国无不识字之人,国民尽能负主权之责,共和真谛,斯乃克彰。内以提高民智,消弭乱源;外以发扬民气,俾国际地位,得以均衡。谋世界之和平,祛愚民之障碍,此平民教育之主旨也。"第四,略陈平民教育国内开展梗概。其五,汇报平民教育会 1925 年拟定推行的平教计划,从区域约分为全城的、全县的和全省的三项,其实施之步骤分为识字教育、公民教育和生计教育三种。最后,表达希望在义务教育很有根底的山西省开展平民教育,并希望能得到孔祥熙先生的帮助,尽力说服阎锡山以便及早推行。(新版《全集》卷 4,第 10~11 页)

1 月 30 日 致信震东①、承光②,若愚③先生。信中首先对平民教育事业之效果做了评价。其次,谈平民教育会拟定 1925 年度推行平教为全国大规模运动区域约分全县的、全城的和全省的三项。其全县之运动拟从北京之宛平及直隶之获鹿着手;全省之运动,则定于山西;至全城运动,决定于北京都市努力进行。第三,平教目标"务达无一不识字人之目的而后止。"是项运动,关系平教前途,国家运命,至深且巨,自应慎重从事。第四,谈人才之急需,并汇报解决办法。"非有经验人材,无以收良好之效果。目前总会实施推行,人材颇形需要,业已通函各省平教会,请其选派干事来京,一面襄助进行,藉收互助之功,期于众擎易举;一面观摩受益,以为他日分途回各省为同样运动之准备,集国内平教人材,作空前未有之运动。"最后,表达平教会 1925 年度推进计划恳请能得到赞助和指导。(新版《全集》卷 4,第 13~14 页;旧版《全集》卷 3,第 13~14 页)

春 "平教总会"因无固定经费,精简机构,只设总干事、乡村教育部主任及文牍、庶务、书记。担任总干事。乡村教育部主任由傅葆琛担任。(吴著《晏传》,第 63 页)

3 月 1 日 "平教总会"主办的《农民旬刊》出刊。供平民学校读完《平民千字课》四册的人阅读。这是中国历史上第一份专门为农民刊行的报纸,受到农民的欢迎,仅保定道境内就销售 2 000 余份,内地各省也多订阅。(吴著《晏传》,第 62 页;

---

① 震东:王震东,时为《青年月刊》编者。20 世纪 20 年代为《秦钟》《共进》等主要撰稿人之一。1932 年 11 月任《烟台青年》发行人。撰有《早婚应当禁止》。

② 承光:董承光,毕业于之江大学,1914 年任杭州基督教青年会智育部干事。1927~1937 年任杭州基督教青年会总干事,曾任《杭州青年》(旬刊)主编。在大众歌咏、福音宣传、识字运动、公民讲演、团体运动、难民救济等方面深有建树。1936 年任之江大学校董会副董事长。抗日战争期间,任杭州基督教青年协会重庆办事处主任、基督教各大学旅渝校友联谊会副主席。

③ 若愚:傅若愚。

Y. C. James Yen. Letter to Mr. F. S. Brockman, 1925, p. 3; Y. C. James Yen. The Mass Education Movement in China. Peking，1924, pp. 21~22;汤文《平教经过》,第 6 页)

3 月 10 日　致信古寿芝①，详细汇报自留美返国以来从事平民教育的相关情况。该信收入旧版《全集》第 3 卷和新版《全集》第 4 卷中。首先，阐发平教会主张，希望古寿芝在四川阆中传教的同时，关注并致力于平民教育。"窃以教育建国为世公认，至其所以获此成绩，虽由热心平教诸君努力之功，然得各地方教会并青年会同情提倡，躬亲教诲者，厥功实多。盖以平教宗旨、目的，在使无一不识字之人，无贵贱男女老幼之歧视，一律施以相当基本教育，以平等为主义，与基督教义若合符节。吾兄主持坛坫，为教会之领袖，执铎宣道，群流景仰，于保宁各地平教，得教会登高一呼，众山立应。灌输常识，社会无病盲之讥，提高民智，国际跻平衡之列。教内授以圣经，教外施以平教，并行不悖，感化愈易。施以识字教育，于真理尤易了悟，否则即令以圣典相授，彼不识字者，亦觉扞格难通。故弟对于保宁方面，推行平教，引领吾兄出而倡导，想博量之慈怀，救世之宏愿，必当首肯也。"其次，汇报从美国归后所从事之事。"弟自被聘为总会总干事以来，即将眷属移居北京，以便朝夕从事，努力前驱，期彻宗旨。现正积极进行，于乡村平教，尤特别注视。自提倡以来，成绩甚为良好，惟以事在萌芽，自应力求完备，倘荷指示南针，匡我不逮，至为盼祷!"第三，希望详细告知相关事宜。"昨得老同学宋君久成②自重庆邮函，谓今年保宁将奉行 30 年大会，并望姚明如③师莅会，嘱及门弟子，酿赀为旅费;而语过简略，不得其详，乞吾兄以详情见告;保地教会，近日进行，亦希详示。别久思深，故不禁离群索处之感也!"第四，告知所寄物品。"另寄青年协会平教报告书一册，平民教育小丛书，奉呈察览。全国平教报告书，总会正在编辑，一俟印制告成，再当奉寄。"最后，附祝福语。"专此布臆，顺请铎安。并候潭福!"(新版《全集》卷 4，第 14~15 页)

3 月　在北京通县附近之二十县推行乡村教育。

4 月 24 日　致信 G. H. 纽厄尔④先生。该信收入旧版的《全集》第 3 卷和新版

---

①　古寿芝(1876~1970)：为基督教牧师古鹤龄原名，回族。四川阆中人。自幼信奉伊斯兰教，从 7 岁开始读伊斯兰教经文 4 年。1887 年英国传教士盖士利(William Wharton Cassels,1858~1925)住古家。从此改信基督教，并在阆中的教会学校读书 5 年。1893~1897 年在阆中传教;1898 年起，先后担任阆中福音堂记账员、中华圣公会川北教区教务、会吏等工作，并在广西梧州司可福音函授校读书。1906 年以会长(牧师)资格负责各教堂传教。1917~1928 年任中华圣公会四川教区会吏总。1929 年为中华圣公会四川教会副会督，负责川东、川西、川北一带教会工作。1936 年任东川教区副会督。1950 年为川北区、阆中县各界代表会代表，1952 年任阆中县基督教爱国会主任;1956 年任四川省政协委员、四川省文史馆研究员;同年为中华圣公会、西川教区联合办事处主任、四川省基督教三自爱国会第一、二届主席。1957 年任阆中县政协副主席。

②　宋久成：生平事迹待考。

③　姚明如：晏阳初在保宁(今四川阆中)求学时的老师，生平事迹待考。

④　G. H. 纽厄尔(G. H. Newell)：时在燕桥。生平事迹待考。

《全集》第 4 卷中。首先,告知收到来函并对其积极提倡平民教育工作表示高兴。其次,告知另函将寄去一些平民教育材料。第三,赞同 G. H. 纽厄尔提议在《农民》杂志上刊载有关中国妇女缠足的文章。最后,答应如有时间为了平民教育的利益可参观 G. H. 纽厄尔所在地区的情况。(参见新版《全集》卷 4,第 16 页)

4 月　在保定道 20 县推行的平民教育举行第一次学员毕业大会。

同月　与傅若愚共同编辑、由青年会全国协会出版、文明书局印刷所承印、青年协会书局发行的《平民千字课》第 1～4 册重订第四版面世,每册大洋 4 分。

夏　与傅葆琛、董时进①同往包头为冯玉祥倡导之平教训练班讲课,参加训练的有机关职员及学校教师。包头、张家口等地均设平民学校,半年间识字者逾万。

夏　太平洋国民会议②于檀香山召开。为在国际会议中陈述我国当时民众之奋发精神,又可将国内平教运动情形报告于侨胞。受中国太平洋国民会议筹备会之邀与朱其慧作为代表参会。恰逢檀香山中国大学学生会会长黄福民③先生由余日章博士及林国芳④先生介绍,特来公函邀请赴檀讲演平民教育。故抽身于烦冗事务,毅然赴檀。(旧版《全集》卷 1,第 134 页)

6 月　受京兆尹薛笃弼之邀讲授《平民教育要义》,在全京兆地区推广平民教育,规定所有职员及眷属都按时到公署来识字读书。为配合《平民千字课》的讲授,编印了《平民常识》,内容分五篇:① 个人:教育人自主;② 家庭:训人教友;③ 社会:劝人合群;④ 国家:导人爱国;⑤ 世界:增人知识。分发各县,民家接到此书,能

---

① 董时进(1900～1984):重庆垫江人,美国康奈尔大学农业经济学博士。1925 年回国。历任北平大学农学院教授、主任、院长,北京农业大学教授、主任,北京大学、燕京大学、交通大学、北平大学法学院教授,国防设计委员会委员,江西省农业院长等。1945 年 10 月任民盟中央委员。1947 年创建中国农民党,任主席。两年后,由于反对土地改革运动,中国农民党被迫解散。其观点也遭到各界批判。1950 年赴美定居,执教于加利福尼亚大学,又任美国国务院农业顾问,其间著有小说《两户人家》。1984 年在美辞世。著有《农业经济学》《农民与国家》《国防与农业》《农村合作社》《粮食与人口》《农人日记》等。

② 因为受了欧战的教训,知道整个世界的和平不那么容易就能实现,不如先从维持太平洋沿岸各国的和平做起。于是美国国民发起,召集沿太平洋九国代表于檀香山开会,开会两星期,讨论了许多重要问题。出席代表都是各国在野名流。每晚有演讲,一共 12 次。主席由美国胡佛总统时代的内政部长、斯坦福大学校长韦尔伯博士担任。

③ 黄福民:硕士学位获得者。檀香山中国大学学生会(Chinese University Students Club)会长,1922 年 5 月曾力荐李绍昌给檀香山夏威夷大学校长丁博士担任教授一职。1925 年 7 月檀香山平民教育委员会发起者之一。檀香山华侨祖国平民教育运动募捐大会名誉会计。1927 年 7 月参加在檀香山举行的太平洋国交讨论会第二届大会。1929 年参加檀香山中华总商会成立大会。1933 年在檀香山华美银行工作,并与南开张伯苓关系甚好,有书信往来。其他生平事迹待考。

④ 林国芳:檀香山基督教青年会干事,1925 年征聘为"以研究太平洋各民族之状况,促进太平洋各国之邦交为宗旨"的国际组织太平洋国际学会(The Institute of Pacific Relations)(在中国一度被叫作"太平洋国交讨论会")首届代表。其他生平事迹待考。

识字的自己看看,不识字的听人说说,由一人而至一家,由一家而至一乡,由一乡而至一县,由一县而至全区,都能明白自治的道理,再能发挥自治的事业。因内战影响,该计划未能如期实现,"平教总会"在通县京兆进行的平民教育工作被迫停止。米迪刚①恳请去定县实验。(吴著《晏传》,第 62 页;Y. C. James Yen. *The Mass Education Movement in China*,1924,p. 21;Y. C. James Yen. *Letter to Mr*. *F. S. Brockman*,1925,pp. 1～2.)

同月　"平教总会"《农民旬刊》创刊。

7 月 5 日　肖像与简历被《檀香山广告者》(*The Honolulu Advertiser*)刊登在《夏威夷生活猎影》专栏左上角处。

7 月 6 日　晚,在太平洋国民会议上以《中国的新生力量——平民教育》(吴著《晏传》,第 94 页记载为《中国一建设力量——平民教育》)为题讲演,把中国平民教育运动的精神、历史以及在中国努力的经过给大家报告,并且说明这个运动如果成功,不但与太平洋,而且与整个世界和平有绝对关系。演讲完毕,在座来自中国、美国、日本、朝鲜、菲律宾、加拿大等国 110 多位代表如狂一样欢呼,对这个运动表示同情与赞佩。(旧版《全集》卷 2,第 310 页;吴著《晏传》,第 94 页)大会主席美国韦尔伯博士起立总结道:"我们开了两星期的会,讨论了 60 个不同的问题,听了 12 位演讲,但以今天这一次为最有价值。照我看,以中国物力的富足,历史的伟大,假使四亿民众都受了教育,我敢说,那中国是维持世界和平唯一的主力。中国要世界乱,世界不敢不乱;中国要世界平,世界不敢不平。"(旧版《全集》卷 2,第 310～311 页)

7 月 15 日　参加第一次太平洋关系研究会(The Institute of Pacific

---

①　米迪刚:生卒年不详。清末、民国时期定县(今定州)翟城村人。早期同盟会会员,革新派政治家、教育家、实业家。历任河北定县教育会长、财政所长,省议会副议长等职,是乡村教育和移民实边的积极倡导者,民国乡村自治思想的先驱和中华报派的精神领袖。清光绪三十一年(1905)与谷钟秀一起力倡新学。民国初年留学日本,1914 年回国,和父亲一起办了国民高等小学校、女子高等小学校等。看到日本农村的新建设与新改造,很受感动。他感慨地说,要"因民之利而利……凡为全体人民所利赖者,莫不历久而长存"。相反,如果"仅为一部分谋便利者,则无日久弊生",因此解决的办法就是以"农村立国",故"诚以农村虽小,合而言之,则为大多数人民所在地。欲为人民谋利益,舍此实莫由焉故耳"。但是,"夫农村亦至不一也,或地利之攸殊,或风俗之各异……然欲于至不一中求其一……约言之,则不过两途,其一则内地旧农村之整理,其一则边荒新农村之创建而已。"(米迪刚、尹仲材编:《翟城村》,江苏古籍出版社 1992 年版,第 12 页)。在其父米鉴三村治规划的基础上,与县知事孙发绪创办模范县的同时,将翟城办成模范村,其中创办的农业生产合作社为全国首创。孙发绪任山西省长后,又把翟城模范村的经验带到山西,并被阎锡山采纳推广。1923年,米迪刚在村提倡打砖井和铁制水车,对全县颇有影响。山东省王鸣一曾来村参观,把翟城村的经验推广到山东。1924 年,在北京与王鸿一联合创办《中华报》社,任社长,组织村治研究部。1925 年,与《中华报》总编辑尹仲材合编《翟城村志》铅印出版。撰有《绥西屯垦计划书》(1924 年 12 月呈冯玉祥)、《中华民国建国方案》(含《缘起》《说略》《计划书》《治平书》,1925 年呈段祺瑞)、《要旨及正误》《农村家族制度与社会改良》《农村与民治主义及一切政治之关系》《农村自治应兴应革之特别要点与社会进化之将来》《移民实边之必要及新农村组织图说》(均收入米迪刚、尹仲材:《翟城村》,中华报社 1925 年 8 月)、《治平之路》(《村治月刊》1930 年第12 期),所著有《治本救亡大计书》(新新印刷局 1933 年版)。

Relations)闭幕式,中国平民教育运动受到公开赞扬。议长韦尔伯博士致闭幕词说:"程序委员会要我对这一会议的成就作一评估。现在我就分组讨论及各种论文所获致的确切印象,我应该说:第一件最使人感动的事,是中国平民教育运动,以及其在太平洋问题上的重要关系。其次,我想是中国的爱国新精神和她的兴起且壮大的对外国侵犯的态度。"(R. L. Wilbur. *Closing Address of Chairman. Documents and Papers of IPR Honolulu*,1925. No. 71. Hoover Library, Stanford University)《檀香山广告者》报以头条报导:"太平洋会议在发现中国平民教育运动是近年以来太平洋各国间极大的历史事件"。(吴著《晏传》,第95页)

7月31日 离檀岛回国,离开时,"募捐会"名誉会计黄福民亲自将捐款汇票一万五千美元托交带回北京,其余款陆续收集后汇寄。(吴著《晏传》,第99页)

7月 以中国代表团成员身份应邀去檀香山出席太平洋国民会议。当地华侨亦自动捐助巨款协助晏阳初推行平民教育。(吴著《晏传》,第63页)在半月内为中外人士讲演40余次,其中少则五十人,多则三千余人。当地华侨自动成立檀香山华侨祖国平民教育运动募捐大会,组成商人队、教员队、夫人队、小姐队,分队募捐。三天后,募捐成绩美满,共有捐款接近美金二万元。其中捐款的人大多数是低收入的文盲劳工,也有比较富裕却不识字的老板、商人。其中一位杂货店的卓老板捐款一千美元,并说道:"我也是文盲之一,深感痛苦。我愿帮助你这个运动,要让你能够教育我们的同胞读书,使他们都睁开了眼睛。"听后大受感动。(吴著《晏传》,第97~98页)

8月17日 自美归国,特聘冯锐①博士主持研究调查部工作;并指示冯锐制订"平教总会"兴办主持平民生计教育计划,以增加农业生产,普及农业科学知识。

8月19日 赴山西太原出席中华教育学会年会暨平民教育会年会。

8月29日 致信邱苔生②。信中首先表回函太迟致歉。其次,对邱苔生之子留美求学给予厚望。第三,汇报太平洋国民会议成绩:"赴会各代表,均赞成取消治外法权及我国关税独立。而尤对于我国平民教育运动特别注视,以此问题,于民治根本关系最深,并金谓匪特为中国救时之良策,抑且与太平洋前途休戚相关。和平

---

① 冯锐(1897~1936):字梯霞,广东番禺人,美国康奈尔大学农学博士,曾任罗马万国农业研究院研究员、南京东南大学教育科农科教授兼乡村生活研究所主任。1925年暑假北上参观,与晏阳初畅谈后,深受感动,半年后,辞去在南京的职务,加入平教会服务,为定县社会调查之开创者。后在广州被余汉谋杀害。所著有《定县农业调查》。

② 邱苔生:生平事迹未详,待考。

之保障,胥系于中国平教之成败,亦足见平教之重要已为世界所公认矣!"(新版《全集》卷 4,第 17 页)第四,表努力进行平民教育以期普及之决心。最后,拜托邱苕生兄在家乡巴中推广平民教育,并愿寄相关平教书报、教师指南及教案等。

夏秋 与傅葆琛及康奈尔大学农学博士董时进同去包头、张家口为平民教育训练班讲课,参训学员为机关职员及学校教师,学员在明了《千字课》教授法后,即在包头、张家口先举办平民学校,夏日并设露天学校。半年间,两地男女成年人识字的超过一万余人。(吴著《晏传》,第 73 页)

9 月 5 日 致信 W. F. 迪林厄姆①。信中首先汇报行程状况。其次,汇报当时召开的中国教育学年会暨平教会年会是一次介绍太平洋协会会议的大好机会。第三,提出开脑矿的重要性。"山西有着可能是世界上最丰富的煤矿储量。……但是,如果两亿不识字的中华儿女的'脑矿'得不到开发的话,这些丰富的煤矿、铁矿、金矿和银矿资源就不可能开采,也就显示不出对中国的好处。"第四,汇报对培根在中国开展相关活动的安排。最后,感谢 W. F. 迪林厄姆和汉克先生对中国平教运动的帮助。(新版《全集》卷 4,第 18 页;旧版《全集》卷 3,第 19 页)

9 月 与傅若愚共同编辑、由青年会全国协会出版、文明书局印刷所承印、青年协会书局发行的《平民千字课》第 1~4 册第五版面世,每册大洋 4 分。前有《修正弁言》:"《千字课》是平民教育的工具,研究不厌详尽。同人等编辑这四册书,脱稿于民国十一年春季,距今已三年有余了。嗣后根据实地经验,陆续修正者已不止一次,最近又因各地调查的结果,觉得应该改良之处尚多,所以再彻底的修正了一次。经过这次修正,虽不敢说内容已臻完善,但是比较从前觉得稍有进步,那是可以自信的。这书自编辑迄今,黄沧渔、杨冯署两位先生先后帮忙不少:黄先生是最先担任起稿的,杨先生是最近帮助修正的。其间余日章、胡贻毂、范子美、谢扶雅等诸先生,也曾指教过一切,贡献不少。同人等欣幸之余,特地在此申明,略表谢意。海内教育家,如能随时赐教,使这个平民教育工具,更臻完善,那是感激极了。中华民国十四年三月编者识。"该书还附有使用说明五点:"一,上课时,先叫学生看课中的图画,次由教员将图中的大意,用问句提出来,叫学生回答,以便介绍新课的意义,并引起学生的兴趣。二,学生明白图意之后,教员可教授课文,教授的时候,先由教员朗诵,并详解意义,叫学生跟随他读,这样一一诵读,至直课文完结为止。三,课文教毕,教员应指定学生数人,逐一回读一遍,这样回读回讲,一面可以养成学生自动的精神,一面可以指正他们错误的地方。四,讲解课文以后,再由教员将

---

① W. F. 迪林厄姆(W. F. Dillingham):时在夏威夷檀香山。生平事迹待考。

课中的大号单字(即是生字)。逐一读出,并为解释,叫学生随着他读,并自己解释。又教员须教以书法,指明每字的先后笔划,叫学生用手指作写字姿势,以资练习。五,课文与单字读好之后,教员可随意叫学生,或读课,或认字,或释义,或写字,随时间的多少,支配一切。(附注)以上五项,不过略示授课的步趋,还须教员斟酌情形,随便采用为要。"第一册课文目录如下:第一课《手》,第二课《分西瓜》,第三课《写字》,第四课《吃饭》,第五课《牛马走》,第六课《上课》,第七课《三小孩》,第八课《鸡猪狗》,第九课《花村》,第十课《新年》,第十一课《打球》,第十二课《行船走马》,第十三课《三人行》,第十四课《茶馆谈话》,第十五课《农家生活》,第十六课《演讲会》,第十七课《唱歌》,第十八课《用功》,第十九课《卖菜》,第二十课《挑米》,第二十一课《放牛》,第二十二课《打铁》,第二十三课《写家信》,第二十四课《读书歌》。如,第一课《手》,其内容为:"一人二手,二人四手,三人六手,四人八手,五人十手。"生字有:"一 人 手 二 四 三 六 八 五 十。"(第2~3页)。第十八课《用功》,其内容为:"姊妹三人,从学堂里回家,一个看报,一个写信,一个念地理课本,十分用功,家人都欢喜。"生字有:"姊 妹 从 堂 报 信 念 理 本 用 功。"(第40~41页)。第二册课文目录如下:第一课《树下温课》,第二课《劳工大会》,第三课《食物店》,第四课《谋职业》,第五课《织布厂》,第六课《田家乐》,第七课《苦百姓》,第八课《街市》,第九课《工读生》,第十课《星期演讲会》,第十一课《江雪诗》,第十二课《富贵桥》,第十三课《联合运动会》,第十四课《梅园》,第十五课《修路》,第十六课《相骂》,第十七课《便条》,第十八课《照相》,第十九课《山中会友》,第二十课《大风雨》,第二十一课《演戏》,第二十二课《染房》,第二十三课《慈善医生》,第二十四课《卫生理发》。如,第一课《树下温课》,其内容为:"三月时候,日暖风和,树上的叶子,和地上的花草,红红绿绿,异常可爱,有个小学生,坐在树下温课,口中念书的声音,和鸟声相应。"生字有:"候 叶 绿 异 爱 温 口 音 鸟 应。"(第3页)

10月 聘北京法政大学教授——美国哥伦比亚大学教育学硕士汤茂如①主持

---

① 汤茂如:生卒年不详。字孟若,四川大竹人。早年毕业于北京高等师范学堂。四川省立华阳中学首任校长。曾留学美国哥伦比亚大学师范学院教育系专攻教育,获美国哥伦比亚大学教育学硕士学位(但修完了教育行政博士课程,一说获得了博士学位),回国后任北京法政大学教授,参与平民教育运动,负责担任中国平民教育总会秘书长、城市教育部主任、总务部主任。曾担任北京大学、北京师范大学、燕京大学教授、四川教学馆副馆长、福建省教育厅第一科科长。1949年后曾担任北京熊朱义助儿童幸福基金社副董事长。后在北京退休。所著有《定县农民教育:民国24年》(传记文学出版社1971年)、《定县农民教育》(中华平民教育促进会学校式教育部,1932年;传记文学出版社1932年)、《民众教育概论纲目》平民教育实施的实验》(商务印书馆1928年)、《城市平民学校的教材》(商务印书馆1928年)、《城市平民教育大纲》(商务印书馆1928年)、《平教总会的组织及工作》(商务印书馆1928年)、《平民学校组织法》(商务印书馆1928年)、《平民教育运动术》(商务印书馆1928年)、《平民学校教育实施法》(中华平民教育促进总会1927年)、《高等教育》(商务印书馆影印)等。

城市教育部工作。

11 月 4 日　致信周贻春①。信中恳请"既有教育经验,又对平民教育事业具有极大的热情和兴趣,并且有高尚的人格和在全国具有极高威望的商业界人士"周贻春出任平民教育促进会执行委员会的董事会,以便他的"经验和领导才能不仅会给我们增强信心,而且会在这初创而艰难的岁月带领我们年轻人沿着正确的路线去开创平教运动。"(新版《全集》卷 4,第 19~20 页;旧版《全集》卷 3,第 21 页)

11 月 9 日　致信刘芳②。该信收入旧版《全集》第 3 卷和新版《全集》第 4 卷中。信中回复收到钮金清③带来的包头平民教育委员会的邀请信决定与平教会乡村教育部领导傅葆琛一道去包头了解平民教育实验情况,并对傅葆琛的才识大加赞赏。(新版《全集》卷 4,第 21 页)

---

①　周贻春(1883~1958):现代教育家。又名诒春,字寄梅。原籍安徽休宁。出身于徽帮茶商家庭,生于杭州(一说汉口)。1904 年从上海圣约翰学院毕业后,自费留美,就读于耶鲁大学,1909 年获学士学位,以后进威斯康辛大学深造,1910 年获硕士学位。回国后,在圣约翰学院等校讲授英语,曾协助颜惠庆编纂《标准英汉双解大辞典》,并参加清廷对留学生的特别考试,被钦点为翰林,时称"洋翰林"。1912 年任孙中山南京临时政府英文秘书。1913 年任清华学堂校长,任职五年,工作卓有成效。1918 年因与外交部意见冲突,辞去清华职务。1918 年至 1920 年,在北京当议员,但未卷入政局,与在北京的留美社会名流如耶鲁的同学王正廷以及颜惠庆等常相往来。参加 1919 至 1921 年华北农村赈灾工作,担任华洋义赈会会长。其后任中孚银行北京分行经理、全国财政整理委员会秘书长等职。1924~1928 年任中华文化教育基金委员会总干事,创立静生生物调查所和北京图书馆,并利用庚款选送资助一批优秀人才出国深造。1933~1934 年担任燕京大学代理校长。1935~1937 年任实业部次长。1938 年担任贵州省府财政厅长,在贵阳市郊筹建了清华中学。1945 年日本投降后,任农林部长,1947 年任卫生部长。1948 年冬辞职赴香港。1950 年 8 月返回北京。1956 年被特邀为全国政协会议代表。1958 年在上海逝世。

②　刘芳(1876~1965):字馨庭,直隶大兴人。幼读私塾。十二岁入基督教,次年入美以美会成美馆读书,十六岁升入备馆。二十岁入博馆(后更名为汇文大学)。毕业后,被派充漆州成美馆馆长兼本堂主任牧师。1911 年任北京亚斯立堂主任牧师。1914 年被派赴日本作教会工作,同时担任中国留学生青年会会长。1915 年回国任北京教区长。曾为冯玉祥等九十余上层人士施洗。1919、1920、1924 年三次应冯玉祥之邀请,赴常德、信阳、通州为冯部官兵讲道并施洗。并曾为冯与李德全之婚礼证婚。与张作霖、徐世昌、黎元洪等要人有所交往。1924 年赴美参加卫理公会总议会,获荣誉博士学位。1925 年奉派担任北京汇文中学校长。同年受冯玉祥约请,到张家口、包头、归绥(今呼和浩特)主办平民教育,为平教会董事。1927 年到天津,就任汇文中学与中西女中校长、美以美会牧师、华北年议会会员,还兼天津南关教会执事、妇婴医院董事。建国后,受聘为天津市文史研究馆馆员。旧版《全集》第 3 册第 21 页和新版《全集》第 4 册第 21 页误为"刘放(Liu Fang)"。

③　钮金清:应为"刘景清"(1887~1946),广东东莞人。生于香港。少读于西营盘英皇书院,1905 年转入皇仁书院,1907 年毕业,先后担任过翻译员、水警、英文教员。1914 年,投身香港商界,先后在长安公司、公安公司、海晏公司、万祥行、公源行负责洋务交涉。后自创基业,于 1923 年设立海洋船务公司,任总经理。此外,还兼任渣甸保险、香港火险保险两公司港局代理、粤行经理。为中西人士所敬重。他关心社会公益事业,创办戒毒会,为东莞东义堂办学 10 间,收学生 500 余人,还为东华医院、钟声慈善社、孔圣会多次募款。历任东华医院总理、香港戒毒会促进会长、侨港东莞工商总会副主席、钟声慈善社副社长、圣约翰红十字会会董、华商总会值理等职。1941 年香港沦陷后,携家人远走广西柳州,晚年穷困潦倒,靠卖旧衣物过日,1946 年卒于广西。

11 月 25 日　致信王伯援①。信中首先谈及接到来函后知道一切并对无法在经济上资助平教会"有深抱失望之恨,虽不获得直接辅助平教之进行,仍望时赐教言,俾同人受间接启蒙指导之途径"。(新版《全集》卷 4,第 22 页;旧版《全集》卷 3,第 22 页)其次,介绍赴包头西北边防处举行西北平教大运动情况。最后,希望王伯元关注日本提倡平民教育者,并希望在侨民中开展平民教育,以便将国内平民教育推向日本。

是年　聘原美国康乃尔大学农学博士、罗马万国农业研究院研究员、东吴大学农科教授冯锐主持研究调查部。(吴著《晏传》,第 63 页;汤文《平教组织和工作》,第 69～70 页)

是年　回国后积极从事平民教育总会发展工作,经过其努力,总会获得发展:① 总会职员增加。1925 年底,总会职员由 6 人增加到 17 人。除总干事外,主持乡村平民教育的有傅葆琛,主持城市平民教育的有汤茂如,主持乡村平民教育研究调查的有冯锐和平民教育社会生活调查专家、美国人甘博②,主持平民文学和公民教

---

①　王伯援(1893～1977):又名王伯元,浙江慈溪人,本名怀忠,字伯元。清光绪三十一年(1905)在吴县应科举试,曾被取三场,最后一场复试因浙籍人在他县应试为冒籍,不合法,被塾师阻止未能进场。光绪三十三年(1907)到上海习商,为金号学徒。1916 年任涵恒金号经理。1918 年改任天昌祥金号副经理。1921 年自创裕昌永金号,任经理。精于管理,被誉为"金子大王",时与"公债大王"杨寿生齐名。1922 年转向钱庄业,与人合办宁波的镇泰钱庄。次年独资创办元余钱庄和元发钱庄。1929 年与人接办、改组天津的中国垦业银行,任常务董事兼总经理。1931 年设全国性质的伯元奖学金,奖掖后进。1932 年任上海地方协会委员。抗日战争爆发后,先后任协平织造厂监理、中国实业公司董事长、国泰银行董事长、汪伪上海市财务委员会主任委员、汪伪上海保甲指导委员会副主席。1944 年任汪伪垦业银行总经理。曾任宁波同乡会代理会长。抗日战争胜利后,除借亲家、北平市长袁良短期飞渝外,长期居沪,曾任上海保卫团副团长。1948 年赴台湾,1954 年定居美国。一生热爱教育事业,曾以巨资注入上海南洋中学、复旦大学、抗战遗族学校等,并担任校董。

②　甘博(Sidney David Gamble,1890～1968):美国社会学家、社会调查专家。出生于俄亥俄州辛辛那提,他是宝洁公司创始人詹姆斯·甘博(James Gamble)之孙。1908 年他曾与父母一同到中国旅行。1912 年以极优等(magna cum laude)成绩毕业于普林斯顿大学,获文学学士学位。此后赴加州大学伯克利分校学习劳动经济学与工业经济学。1916 年获美国加利福尼亚大学硕士学位。1918 年来华,任北京中华基督教青年会干事,不久改任燕京大学社会学教授。他在中国进行了许多社会调查,并在布吉斯(John Stewart Burgess)协助下出版了《北京社会调查》(Peking:A Social Survey)一书。1924～1927 年再次来到中国,调查了 283 户家庭,并于 1933 年出版《北平的中国家庭是怎样过活的》(How Chinese Families Live in Peiping)一书。此后,他由于对晏阳初的定县实验很感兴趣,于 1931～1932 年间第四次来到中国进行社会调查。回到美国后,任普林斯顿大学教授。撰有《两户中国家庭的家务帐》《定县:一个华北的乡村社区》(Ting Hsien:A North China Rural Community,1954)与《华北乡村:1933 年以前的社会、政治及经济活动》(North China Villages,1963)等书。编有《北京社会调查》和《1900～1924 年北京的物价、工资和生活标准》。而另一本《定县秧歌选》(Chinese Village Plays)则是在他去世后的 1970 年才出版。还曾任基督教青年会全国理事会成员,教会世界服务社(Church World Service)主席、名誉主席,梅西基金会(Josiah Macy,Jr. Foundation)执委会主席,普林斯顿亚洲(Princeton-in-Asia)主席、名誉主席等职。

育的有陈筑山①,主持美术的有郑褧裳②,主持乡村生计教育的有冯锐,主持视导训练科有汤茂如,主持《平教汇刊》的有赖成骧③,担任《农民报》主笔的有李荫春④,担任《新民报》主笔的有周德之⑤,主持平教会图书馆的有夏家驹⑥,此外各部各科干

---

① 陈筑山(1884~1958):贵州贵阳人。日本早稻田大学政治科毕业,后又入美国密歇根大学学习。曾经担任过国会众议院议员、吴淞中国公学学长、代理校长,北京法政专科学校校长。1926 年辞去校长职务,被平民教育促进会总会聘为主持平民文学部及公民教育科,后改任乡村教育部主任、中央大学区立民众教育学院讲师。后任四川省政府秘书长、贵州省政府委员、四川省政府委员、四川省政府建设厅厅长。中华人民共和国成立后,历任西南军政(行政)委员会委员,第一届四川省人大代表,第一届四川省政协常委,成都市政协副主席。著有《哲学之故乡》《公民道德根本义》《人生意义》等。

② 郑褧裳(1883~1959):即郑锦,又名瑞锦,字褧裳、絅裳,广东香山人,著名艺术教育家和画家、旅日侨领鲍滔宗女婿。1896 年,时年 13 岁跟随姐姐东渡日本,开始了他 18 年的留学生涯。到达横滨后,一面就读日本的学校,同时也入读当地的华侨学校"大同学校"学习中文,并开始学习油画。以后,梁启超先生也到日本,并在"大同"任教,遂成为梁启超入室弟子。1901 年,考入京都(西京)美术学院,学习日本画。1907 年,考入日本美术最高学府——日本绘画专门学院。同年,创作了"娉婷"(由台北故宫博物院收藏)一帧。1911 年以优异成绩毕业。以这张作品参选日本级别最高的美术殿堂——文部省美术展,为中国人有史以来第一次入选作品。第二年,又以力作"待旦"(文天祥)入选"大正美术展览会"。此画被当时的考古专家黑川真赖博士大加称赞。接着,"待旦"一画又代表中国,参展于"万国博览会"。与此同时,陈树人、鲍少游、高剑父、高奇峰等人都陆续到了日本留学美术。"岭南画派"在相互交流中出现。1914 年,应教育部之邀到北平。同时兼任北京大学、北京高等师范学校、北平女子师范大学的教师。兼任故宫博物院副院长、文华殿古物陈列所所长。1917 年,教育部指示其负责筹办中国第一所国立的美术学校——北平美术专门学校,于 1918 年 4 月 15 日成立,被任命为第一任校长。在其领导下,培养了像刘开渠、李苦禅、李剑晨、常书鸿、王曼硕、雷圭元等一大批人才。后辞职到河北定县,投入到由晏阳初、朱其慧等人领导的中华平民教育运动中,主持"直观视听教育部"。中国第一本专为农民而编写的识字课本《千字文》中四千多张插图便出自其手。1937 年,被主理中山县政的吴铁城、杨子毅特邀回故里中山县参加中山建设模范县的工作。1940 年,为逃避战火,移居澳门,从事系列画的创作,完成"民族意识""抵抗""故乡""群鹰奋战""日暮途远"等大批抗战题材作品。1943~1944 年,创作了代表作"春回大地"。1945 年创作了"名驹寿柳""农家乐""四骏图""老树逢春""人面桃花双映红""金鱼图"等画作。此后曾到坦洲做过小学校长和乡长,因病回澳门调养。闲时以作画自娱,偶然会卖出一两张画,以补日常开支。1959 年 3 月,因哮喘病发作,在澳门去世。所著有《郑褧裳纪念画集》。

③ 赖成骧:1928 年在第四中山大学区民众教育学校任民众教育课教师。1928 年 6 月中华平民教育促进会出版其所编纂的《城市平民学校之测验》,1945~1946 年任私立荣昌棠香中学校长。其他事迹待考。

④ 李荫春:又名宗颖。1927 年以第一名考入设在北京的同泽新民储才馆,1929 年 5 月毕业,次月被张学良任命为辽宁省瞻榆县县长。后在张学良身边工作多年,西安事变时任张学良的机要秘书。随张学良参加过许多重要的军事会议和机密活动,曾随同张学良参加中共中央联络局局长李克农在洛川的会谈;整理和保存了张学良与周恩来在肤施(延安)会谈的纪要;在西安事变的日子里主管各方往来的机要文电;张学良被扣后,还作为东北军和十七路军代表的随员到奉化溪口去看望过张学良。1940 年 3 月组织东北青年学会,任常务理事。撰有《我对洛川会谈的回忆》《同泽新民储才馆》《西安事变亲历记》等。其他事迹待考。

⑤ 周德之(1901~1947):名德,以字行。安徽绩溪县人。初就读于安徽省立二师。1925 年毕业于上海中国公学商业系,参与新文化运动。1926 年随陶行知在南京安徽中学、育才中学任教。后赴北京平民教育促进会编写平民课本。1929 年底返安庆任安徽省图书馆义务教育委员,省第三、第一民教馆馆长。1936 年受聘任江西省教育厅督学,创办景德镇民众教育馆。常奔走日伪区,进行文化救亡工作。1942 年皖南行署召回整顿徽州中学,后任校长兼安徽大学皖南分院教授。1941 年在屯溪开设皖南书店,掩护同乡程扶胜做革命联络工作,为抗日军政大学护送学生。1945 年后,任中国救济总署安庆专员,兼安庆义民疏遣站站长。曾在绩溪创办竹里中心小学,任名誉校长。著有《民众教育概论》《江西义教师资训练教材》《平民教育》等。

⑥ 夏家驹(1889~?):贵州麻哈人,1918 年毕业于贵州省立模范中学,选送到北京高等师范 (转下页)

事和行政职员,除了普通书记以外,要么是留学海外的,要么是本国专科以上学校毕业者。(舒编《新教育》,第183~184页)② 总会内部组织扩充。本年底,内部组织大大扩充。行政方面,分为总务、乡村、城市、华侨四部。各部之下又分设若干股。研究方面,分为研究调查、平民文学、视导训练、公民教育、生计教育、妇女教育和健康教育,共设七科,每科之下又分股若干系,此外还有其他附设机关。③ 总会刊物增加。到1928年时,总会的普通平教出版物已有30余种(不包括平教文学科出版物),并增加了三种定期出版物,即为乡村平校毕业生和乡村里粗通文字的人编辑的《农民旬报》、为城市平校毕业生和城市里粗通文字的人编辑的《新民旬报》,为全国讨论平民教育及交流平民教育消息的总刊物《平民汇刊》(月刊)。

是年 因与陶行知在办平民教育方面想法不同、性格不合、国事及教育界的混乱等而最终与陶行知分道扬镳。事起一场误会。起因是:"记得有一天熊夫人和陶行知二人来到会所,要审阅全部工作文件。原来他们得到会内打字员的报告(该青年为陶行知外甥),说我(晏阳初——引者)寄外国信件中有Russian字样,其实是那个打字青年之误认,后经熊夫人侄儿将所有英文信件全都译为中文,误会始告冰释。我当时想'士可杀而不可辱',打算马上辞职,后经熊夫人的鼓励与自己的慎重考虑,为了平教工作,决定仍忍气吞声地干下去。"(王著《陶行知》,第82页)

是年 Y. C. James Yen. *The Mass Education Movement in China*. Shanghai: Commercial Press, 1925。(晏阳初著:《中国的平民教育运动》,上海商务印书馆,1925年版)

(接上页)学校英语部求学。1925年在平民教育促进会主持平教会图书馆工作。1926年前后任保定乡村教育部训练干事。1927年3月13日在平民教育促进会记录有傅葆琛所演讲的《平民千字课的教学法》。1928年9月14日在《晨报》副刊上撰有《一周的乡村平民教育工作》等论文。其他事迹未详,待考。

1926年(民国十五年　丙寅)　三十六岁

2月　国民政府公布教育行政委员会组织法。3月1日委员会成立。

6月　全国教育会联合会庚款董事会对于全部庚款处理发出第1次宣言。

7月　广东革命政府发表《北伐宣言》。

8月　章锡琛创办的开明书店正式挂牌。

10月　北伐军攻克武昌。

11月　国语统一筹备会自行公布所订定之国语罗马字拼音法式。

12月　郁达夫辞去中山大学教职,到上海任创造社出版部总务理事。

春　"平教总会"设立普及农业科学院,规定研究原则是:"研究所得之结果,须为中国农人所采用;研究之进程,须与农人实际生活相辅而行。"目的在于:① 制定中国农业实行方法之理论;② 制定中国农业实行之方法。注意事项:① 用生产以为研究材料;② 研究中国旧有之农业方法,应用科学方法去改造;③ 研究和实验不只限于实验室和试验场内,要在农庄和农家作实地的试验;④ 应用表证法以介绍研究和试验的结果给一般农人。认为普及农业研究院当前急需研究的三项任务是:① 本地动植物育种和选种;② 研究改进中国的农具;③ 改进中国农人的衣食住。同时,为了聚集热心平民教育的各界人士,共同致力于此项工作,为"平教总会"筹集资金,发展会员形式,在北京一次就征得会员700余人,收得会费会员就有496人。(吴著《晏传》,第67页)

3月10日　致信D. 范德堡[①]。主要询问两件事:① 想在上海凤凰电影公司制作大量有关各省城镇、乡村平教工作的幻灯片需花多少钱;② 想制作一份关于烟台平民教育影片的复制拷贝最快需花多少时间。(参见新版《全集》卷4,第23页)

3月25日　致信范源廉。信中首先陈述写信缘由——询问平教会请款事迄今未获明确答复。其次,陈述丁文江先生来函谈及中美文化基金会同意拨款协助

---

① 　D. 范德堡(D. R. M. Vanderburgh):通常译为"D. 温得伯格",时在上海凤凰电影公司。

在天津北票①煤矿厂实验千字课教授法并非平教会请款原意。原请款目的有二："一为改进以前之平民文学读物,一为重新编辑一切平民文学读物。"第三,赞同丁文江先生愿在矿厂试办平民学校的想法。最后,陈述平民教育所取得的成绩——"已遍20行省及四特别区",仅北京最近就设有8所"表演平民学校"(示范平民学校)。(新版《全集》卷4,第24~25页;旧版《全集》卷3,第25~26页)

3月31日 致信范源廉。陈述平教会为平民文学请款事,中华教育文化基金董事会拟派人调查,为推进该项工作,建议中华教育文化基金董事会在保定乡村平民学校5月中旬将有千余名学生毕业和包头城市平民学校5月底将有二千余学生毕业之际派人调查为佳。(新版《全集》卷4,第25~26页)

3月 致信檀香山华侨友人林君②,报告"平教总会"工作情况及下年度计划。(宋编《人民》,第372页)

同月 致信黄炎培。信中首先陈述丁文江先生来函谈及中美文化基金会同意拨款协助在天津北票煤矿厂实验千字课教授法并非平教会请款原意。"丁先生提议于北票矿厂创办一二班平民学校,当时以为丁先生个人自愿在矿厂开办平校,一可以教工人读书,一可以助同人等研究平教,双方有益,极表赞同。盖各地工厂、矿厂经理与敝会合作,设立平校者,所在多有。初不知丁先生竟一人全权代表董事会而实行试验也。试验原所欢迎,惟此种办法,以一地一厂一二班平校之成败而定全国平教之成败,按之科学原则,似有未合。"其次,陈述请款之目的:"专为平民文学;一则关于改进已出版之平民读物,二则关于编辑新读物是也。……同人等因认现时平民读物有改进与新编重编之必要,故请求基金会之协助,若已达完善之境,固不需请款矣。盖任何机关、任何事业,均有欠缺之点与改进之处,敝会同人深愿与热心平教人士合力研究,惟方法须合乎科学态度,务求其公允,斯为善矣。"第三,回复黄炎培先生之前代表基金会垂询的三个问题,并用信函方式将正式答复,不日寄呈。最后,希望黄炎培先生能多多赐教,鼎力襄助平教事业。(新版《全集》卷4,第26~27页)

4月14日 致信丁文江。解释平教会请款主要目的并非在天津北票煤矿厂实地实验"千字课教授法"一事。对丁文江先生个人拟在天津北票煤矿厂创办平民学校试验"千字课教授法"一事极表赞同。但不赞同"以一地一厂一二班平校之成

---

① 北票:由于煤矿开发而得名。清光绪年间,有人发现了小扎兰营子、兴隆沟、木多土鄂赖(北票工农村)、大梁岗子(现和尚沟煤矿工井)等处地下含煤,由当时的土默特旗长棍布扎布向热河都统廷杰报奏此事,都统遂于光绪三十三年(1907)发下龙票四张(即窑照),许可开采,因四地皆在朝阳北,故称"北四票",简称北票。1926年时,北票属朝阳县,不属天津所辖。称"天津北票煤矿厂"有误。后文多处亦同。

② 林君:即林国芳。

败,而定全国平教之成败,律以科学原则,似有未合,先生明达,当必谓然也"。强调此项请款之目的"专为平民文学,即改进已出版之平民读物及编辑新读物等是。董事会调查时,请即注意:(一)已出版之平民读物有改进之必要否?(二)已受过平教之平民有编辑新读物之必要否?因平教范围甚广,根据请款之事项调查较具体耳。同人等认现时平民读物有改编与新编之必要,故请求基金会之协助;若已达完善之境,固不需请款矣!"(新版《全集》卷4,第28页;旧版《全集》卷3,第29~30页)

4月　在《新教育评论》第1卷第21期上发表《"平民"的公民教育之我见》。首先谈"公民教育"的含义,即"以养成好国民为目的的教育全体"。其次,对"平民"的含义作了解释,认为"平等是人人所有天赋的权利。可是大多数民众因为知识能力较低,什么事情都不能和少数知识阶级的人享受同等的幸福。增进大多数民众的知能,除去不平的现象,使同为良好公民,这是从事教育的人的天职。我们对一般男女已过学龄期限的(就是在十二岁以上的)不识字的,及已识字而缺乏常识的都称为'平民'。把这些占全国人民大多数的民众称为'平民'的缘故,是表示应靠教育的力量使他们有知识能力做个平等的公民。"第三,论平民教育的目的,提出平民教育是对于12岁以上不识字的及识字而缺乏常识的全国男女所施的教育,其目的有二:"(一)使一般十二岁以上不识字的男女都能够运用日常生活必须的文字。(二)使一般已识字而缺乏常识的男女皆领受共和国民应有的基本教育。这两种目的又可以总起来说:平民教育的目的是把目前全国的'平民'都养成为好国民。"最后,介绍"平民"的公民教育的实施步骤,包括对不识字的"平民"先施以识字教育和对已识字的人施行"平民继续教育"。强调"平民"的公民教育本身尤应注意:"(一)什么是最低限度的公民教育?(二)怎样实施?(三)怎样给'平民'练习与实践的机会?对于第一个问题,似应研究什么是中国'平民'最不可少的公民常识。这类常识有居于理论的,有居于事实的。在教科书里所学的理论之外,应给他们一些事实作为应用的机会。例如所失的重要领土,重要的不平等条约等等。这类事实可编成小册,作为补充读物。第二个问题,就是怎样实施这基本的公民教育。研究这个问题的时候,应注意几件事:(一)受教育的,大都是受经济的压迫;办教育的,亦无充裕的经费,因此教育费用,应减至最低限度。(二)受教育的人既为平民,每汲汲于谋生计,自不能用多少时间来受教育;尽义务的教师,大都是自己有职务的,亦不能有多少时间来做教授的工夫,所以时间亦有减至最低限度之必要。在这种穷而且忙的环境中,施行公民教育,非研究出一种时间与费用最经济的方法不可。所以实施'平民'的公民教育,应研究怎样用:① 最短的时间,② 最少的经费,③ 实施最不可少的公民教育。对第三个问题是怎样研究,怎样提倡各种公民活动,如'平民校友会',家庭改良会,平民法制讨论会,及种种改良中国'节期'的运动,使'平民'有练习实行的机会。……总起来说对于已识字的'平民',我们应根据研究所得,或用课程式的教法或用直观教育(Visual Education)的方法或用平民种种读物以灌输公民生活的基本常识。并提倡适合中国国情的种种公民活动,以养成公民的实力与精神。不过这两种工作,非有彻底的研究与实地的实验是不能收效的。"(新版《全集》卷1,第39~42页;旧版《全集》卷1,第63~67页)

初夏　与傅葆琛、冯锐在北京会见代表纽约市"国际教育会"来中国访问的威斯康辛农学院院长骆素(Dr. H. L. Russell)博士①,经过长时间的交谈后,骆素博士对冯锐等主持研究的中国土产土法农业计划,大感惊喜,认为是来华后"第一次发现闪耀的光亮";对"平教总会"这一民间教育学术机构能不断发展和所取得成绩称赞不已,"实在难能可贵"。(Y. C. James Yen. Letter to Mr. F. S. Brockman. Peking, August 7, 1926, pp. 1~2;吴著《晏传》,第67页)

6月8日　致信 R. E. 杰内斯②。信中首先回复6月1日已收到杰内斯先生来信。其次,汇报已编完初级平民学校用的"千字课"。第三,谈将来工作打算。"以后,我们可以创办补习学校,开设卫生、算术、历史和地理等主要课程。每门课有二十四课时,这是根据一个月二十四个工作日设计的。平民补习学校的组织类似于初级平民学校。社会上那些没有上过初级平民学校但条件相同的识字者也有资格进入平民补习学校。至于补习学校的教材,我极力推荐上海博物馆路中华基督教青年会全国协会平民教育科的版本。补习学校学制为四个月。"最后,告知平教会业务科将寄去3本毕业证书,另函将寄去毕业生用的一份完整的书本和小册子目录。(新版《全集》卷4,第29页)

6月17日　致信 W. H. 施密斯③。首先告诉施密斯先生本月十三日来信已收到。第二,告知自己不准备去汾州,而平教会乡村教育部的负责人傅若愚博士会去,不过二十三日汾州会议他参加不了。"如果会议期间给他写信,他会尽量在返回途中到你家与你和你的同事讨论"。(参见新版《全集》卷4,第29~30页)

6月24日　致信 D. 范德堡④。信中谈及拟去上海拜访范德堡先生以商量为在费城举办的国际博览会制作一部包括在烟台、南京、汉口、江西、北京等地拍摄的平民教育影片之事。并询问范德堡七八月份是否还在上海。(参见新版《全集》卷4,第30页)

---

①　骆素(Dr. H. L. Russell):通译为罗素。生平事迹待考。
②　杰内斯(R. E. Jehness):又译为"R. E. 詹内斯",时在直隶省顺德府美国长老会任职。
③　施密斯(W. H. Smith):时在山西平定县。
④　范德堡(D. Vanderburgh):又译为"R. E. 温得伯格",时在上海新疆路116号。

6 月　中华教育文化基金会正式决定三年内补助"平教总会"每年 1.5 万银元作编印《平民读本》用。对此殊感兴奋。(吴著《晏传》，第 68 页)

7 月 2 日　致信丁淑静①。信中首先对中华基督教女青年会全国协会"事工方针，将移注重城市之眼光，而兼筹乡村之服务"表示钦佩。其次，汇报平民教育促进总会创设乡村教育部专门研究乡村教育、农事改进事业情况和乡村教育计划，以及在直隶保定、京兆等方面试验情况和全国响应情况。第三，询问丁淑静所介绍的彭竹芬女士相关情况，望详细相告，以便平民教育促进总会考量与之合作程度。最后，寄去平民教育促进总会组织系统表一张。(参见新版《全集》卷 4，第 31～32 页)

7 月 13 日　在《晨报》副刊"社会"第 38 号上发表《平民教育三问题的解答》，总结平教运动开展四、五年后主要存在三个待解释的问题。① 平民读千字课后，能否够用？能否应用？首先，谈千字课的由来及功用。认为千字课是应我国特殊环境而生的特殊方法，其功用主要有三，即"使学生认识千余基本汉字"；"输入千余汉字所能代表之基本常识"；"引起学生读书兴趣，继续求学"。"总之千字课之功用，在能引学生读书兴趣，继续求学，读完千字课后，决非毕业，而是始业。若泛言'够用''应用'，是又谈何容易！且无论会读会写，均须多多练习；欲多多练习，又全惟继续教育是赖，而尤以写之利赖继续教育为独多，千字课不过第一步而已。设无继续教育以为辅助，纵使教材完善，教师优良，学生聪敏，亦万无达到'应用''够用'目的之理。"其次，谈千字课的改进工作。第三，谈千字课的辅助工具如课外读物、注音字母和简笔字等。② 谈平民识字后用高级平民学校、正式学校、平民读书团、平民补充读物等满足他们继续求知的需要。③ 谈平民职业是满足平民在生活上因识字而增进的愿望。"平民教育为两亿民众之基本教育，非职业教育。……平民教育虽应尽相当辅助责任，然无必须包办之理。""平民教育只办两亿民众的基本教育之理，……本无余力再办生计。惟因我国平民，大都为贫困，尤以农民为甚，故不能舍平民生计不问。然问虽须问，而特别注重者，仍属于教育方面。"(新版《全集》卷 1，第 45～49 页)

夏　在定县着手社会调查，这是中国历史上首次进行县单位实地调查。为顺利开展调查工作，想出一个释疑解惑、建立感情、沟通意见的初步法门——设平民

---

①　丁淑静（1888～1936）：中国基督教女青年会领导人。山东临清人，隶属公理会。1911 年毕业于华北协和女子大学。1917 年任北京基督教女青年会总干事。曾任中华续行委办会委员、中华国内布道会云南部筹备委员。1923 年参与组建中华基督教女青年会全国协会。1926 年成为担任该协会总干事的第一位中国人。1924 年赴美参加世界基督教女青年会大会和世界妇女会议，随后在欧美和印度考察妇女运动。1930年被选为世界女青年会联盟执行委员、副主席。还担任过中华全国基督教协进会执行委员等职。1935 年赴欧考察。在上海逝世。

学校和人民接近去探查一切,从人民生活里去找问题、找材料而寻求解决问题的方法。这就是所谓探查性质的初步农民教育工作。"平教总会"在翟城村的同仁都参加这一教育活动,分任调查、推行编辑、教学、试导各项工作。清华学校农科学生及教授愿意合作参加研究,成立试验场、表证场,开始进行训练表证农家,作普及农业科学的中心机关。"平教总会"工作从此进入新阶段。

8月7日 致信 F. S. 巴乐满①。信中首先告诉巴乐满先生中华教育文化基金董事会执行委员会于去年六月举行会议,决定在今后三年内每年拨给平民教育促进总会一万五千美元的巨款,为解决数千所平民学校和上万名新读者编写和提供文学作品的紧迫问题提供了条件。其次,谈获得此笔巨款的意义——"它表明我们的事业得到了公认",并且与中国教育促进会和中华职业教育社同样受到重视。第三,汇报纽约国际教育委员会代表、威斯康辛农学院院长 H. L. 拉塞尔博士考察乡村教育试验所给予的良好评价,尤其是对平教会的本国化和非官方性留下了极深的印象,拟尽最大努力去争取国际委员会来给予支持。第三,汇报新年平教会的工作打算。"决定集中力量从事保定地区乡村生活改善实验";训练平民教育干事;准备在北平师范大学和燕京大学内开设平民教育课程。第四,告知檀香山平民教育委员会出色的成绩。已有一百零八名学生拿到了从中国寄去的学位证书,其中有三个日本人、一个盎格鲁-撒克逊人;所有重要的美国报纸和中文报纸都作了报道;《檀香山星报》甚至建议美国高中开设汉语课,为学习和了解中国文化作准备。第五,告知读到《太平洋协会通讯》所载菲律宾代表贝尼特斯的信,讲述中国平教运动对他的鼓舞及立志发动在"五年中扫除菲律宾文盲"的菲律宾平教运动的感慨。并预言"只要忠实地、勇敢地奋斗,我们不仅会解决自己国家面临的紧迫问题,而且可以解决其他国家,尤其是亚洲国家面临的问题。"最后,汇报正忙于准备平民学校教科书和阅读材料等。(新版《全集》卷4,第33～35页)

8月 去信巴乐满谈及受到中华教育文化基金会补助一事,称:"这一补助的真实意义,不是偌大的金钱,而是获得承认和赞赏。"(Y. C. James Yen. *Letter to Mr. F. S. Brockman.* Peking, August 7,1926,p. 1.)此后三年内,共计出版书籍163 种。(吴著《晏传》,第68页)

同月 决定将平民教育的重点转向农村,因为在农村 80% 的人口是不识字的农民。决定选取河北省定县作为华北实验区的中心,以便完成研究实验乡村改造与平民教育联环扣合、整体推进的实验任务。

---

① 巴乐满(F. S. Brockman):又译为"薄克曼",时在美国纽约市。

9 月 14 日　在《晨报》副刊《社会》第 47 号①上发表《平民教育运动术》，在文中，首先，对平民教育运动从范围方面界定，认为是"全城大规模的平民教育运动"。其次，论述了平民教育的三点目的，①"引起全城人士之注意与合作"，②"制造民众读书之空气"，③"达到人人识字与平教普及之最后目的"。第三，论运动前之准备，包括接洽、调查、召开筹备会和干事会。第四，平民教育运动的性质，认为有五种特殊的、必要的性质：即超然的、义务的、地方自给的、人人有份的、以民为主的。第五，介绍全城平民教育运动的组织，认为应先设全城平民教育运动委员会，下设执行委员和各股如庶务、经济、招生、教育和宣传等股。第六，论平教职员的物色与训练。要求平教职员既要识字，又要懂得教学方法。"物色教师之方法，第一先做个人之接洽，说以利害，动以感情，不难得其允诺。其次可开各校教职员会，由教员股干事到会做恳切演说，以激起服务平教之热诚，可得多数教职员签名担任。最后举行各校教职员联席会议，利用竞争心理，善为刺激，更易收罗多数热心之教员。"关于训练方法"用短期的讲习会，演讲平民教师必不可少之几种知识与技能，使其教学能合于平教原理。"第七，论招生队。认为平民招生队员宜请中学以上学生充任。强调"对招生队员应加以相当训练，简言之，方法宜简单、动人，态度宜和平、诚恳。"第八，论平教运动兴起的大致工作：全城布告，以鼓励全城人士注意平民教育；报纸的宣传；举行平民教育会；全城平教大游行；全城平教运动大会。最后，谈及平教运动不能忽视民众的心理和社会的风化。（新版《全集》卷 1，第 51～55 页）

10 月　"平教总会"开始在定县设立办事处。划翟城附近以东亭镇为经济中心的 52 个村为第一乡村社会区，旋因地方人士要求，又增加 10 村，共 62 个村，准备开展定县实验。（《定县足迹》，第 18 页）

秋　聘请北京法政专科学校校长陈筑山主持平民文学部及公民教育科。

11 月 15 日　给《卫报》②编辑回信。首先，告知已收到 8 月 1 日的来信并表感谢。其次，对邀请写关于"简笔汉字"读物（the *Simplified Ideographic Writing*）和使用汉字而不用标音文字（Phonetic Script）的理由方面的论文表示感谢。最后，

---

①　北京师联教育科学研究所编的《(民国)晏阳初(1893 年～1990 年)乡村平民教育思想与教育论著选读》第 4 辑第 20 卷(中国环境科学出版社、学苑音像出版社 2006 年版)第 73 页只注明是 9 月，未注明日，并认为是"第 47 期"不是"第 47 号"。

②　《卫报》是在伦敦和曼彻斯特发行的一家有影响力的日报，通常和《泰晤士报》《每日电讯报》一起合称为英国三大报，以质量取胜。《卫报》的前身《曼彻斯特卫报周刊》于 1821 年问世。1855 年，英国政府免除报纸的印花税后，该报纸转型为日报。100 年后，因为该报纸成为享有国际声誉的国家日报，其名字中的"曼彻斯特"被去掉。《卫报》高水平的写作，高质量、式样精彩的新闻及观点介绍，为它赢得了世界范围内的尊重，并远远超出一般省报。《卫报》以世界性的观点、文学艺术报道及评论、国外通讯而享有盛誉。由于具有信誉和经济安全感，《卫报》常常采取独立自由的立场，曾被誉为"英国不妥协者的良心"。

希望能告知贵报对论文的要求,并想得到信中提到的那本关于"国际调解"(International Conciliation)的书。(新版《全集》卷4,第35～36页)

11月17日 给J. H. 格雷①回信。信中首先感谢J. H. 格雷所写之信。其次,邀请下次再来北京到家做客。第三,表白无论在制订城市或乡村地区工作计划时都会考虑J. H. 格雷等的卫生教育委员会,并希望随时告诉卫生教育委员会的活动和进展情况。最后,告知未能打听到所拜托的谭博士的消息。(新版《全集》卷4,第36页)

11月25日 给A. T. 史密②回信。信中首先陈述很高兴收到本月19日的来信。其次,告知平教会编的《平民千字课》将由商务印书馆出版,现正在由权威学者与秘书一起修改,预计明年春季完成。第三,向A. T. 史密推荐中华基督教青年会全国协会出的《平民千字课》版本,并告知订购地址。最后,告知另函将寄为平民学校毕业生出版的报纸《新公民和农民》的样本。(新版《全集》卷4,第37页)

同日 给D. T. 斯图凯③回信。首先表达收到来信非常高兴。其次,表达很乐意经常给斯图凯寄工作报告,并将寄几本关于平教运动活动的小册子。第三,因平教工作百业待兴,工作的压力不允许在会外兼职,对受邀代表其出席燕京大学管理委员会会议表示遗憾。最后,邀请斯图凯来北京时到家做客。(新版《全集》卷4,第37～38页)

11月31日 撰写《关于平民教育精神的讲话》。该文首先阐明自命"上流"的一部分读书人由于不与所谓"下流"的大部分没有受过教育的平民交往,就很少知道他们的情形,对他们的优点便很难认识。于是主张要深入平民之中,了解他们,进而为其服务。其次,表明自己从事平民教育的极大热情。"自誓回国后,一切高官厚禄,当视之若屣,惟致予毕生之力于平民教育,一息尚存,此志不渝。"第三,阐述中国平民教育的特殊性。他认为,"盖平教问题,乃中国之特殊教育问题,种种办法,均得创新,仿无可仿,模无可模。东洋西洋,自更无抄袭了。"中国"二百兆失学的平民,大都是'穷'而'忙'的,所以办平民教育,欲收相当效果,非根据平民的生活程度,平民的心理需要不可。就各地调查所得,最热心办平民教育者,首推学生。惟学生在求学时代,时间、精力两俱有限,偌大事体,非有根本办法是不行的。所谓根本办法有四个要点。第一,要根本改变从前办平民教育的旧观念:认清此二百兆之民众教育是一种专门教育事业,不是'施衣施粥'式的慈善事业。以前办平民教育者虽不乏人,却少有把他们当作专门的正宗的教育事业去研究,去提倡它。试想二百兆以上的人失学问题,是何等重大,岂可作寻常附属事业看待呢?第二,要

① 格雷(Dr. J. H. Grang):时在上海中华基督教青年会卫生教育委员会。
② 史密(A. T. Smith):又译为"史密斯",时在直隶省。
③ 斯图凯(D. T. Stuckey):时在天津塘沽路伦敦会马大夫纪念医院。

有一定的机关：专司其事,一面罗致专门人才,作精密的科学研究,一面为热烈的、有组织的提倡。第三,要有一定的制度：凡办教育,无论如何,总得要有一定的制度。平民教育应该有平民教育的'学制'。第四,要大规模地去办：我国失学之男女青年和成人,在二百兆以上。不仅是中国的最大教育问题,亦是世界上最大教育问题。"第四,阐述平民教育的急务。认为平民教育"第一步之急应进行者,即为约集同志,组织专门机关,从事提倡与研究。"第五,论实施平民教育的步骤。可分识字教育、公民教育和生计教育三段,而"识字教育是其他教育的根本"。但是,讲识字教育有文难、忙难、穷难三种难关,"倘不摧陷而廓清之,平民教育要想普及,就永无希望,于是我们首先设法解决'文难'",采集日常最通用汉字,编成《千字课》,进行大规模的扫盲教育。"文难是解决了,而且忙难亦随之解决。因为无论如何忙碌之人,每日总可以抽出一小时来读千字课的。至于解决穷难问题,则学费一律免收,惟书费则须自备,盖借此养成自尊心与独立性。倘有十分穷苦者,亦须查其要求甚殷,成绩优良,始可以用奖励之名义赠之。总之,我们用最少的时间,最少的金钱,设施最不可少的教育,实在是最合经济原则的了。"第六,介绍了办理识字教育所取得的成绩,也探讨了平民教育中面临的新情况,如平民读物问题、民众的公民教育问题、各省平民教育视导问题、平教人才的培养问题、筹备经费问题等,号召全社会群策群力加以解决。"千金之裘,非一狐之腋啊！中国之糟到如此地步,民众愚昧到如此地步,我们大家应分其咎。但是一般知识阶级,对于民众,不仅放弃责任,不自感其放弃责任之可耻,反恶民众之无知识。高官厚录〔禄〕,则恐后争先；民众目不识丁之重大问题,则淡漠视之,怎不痛心。诸君大学学生,各有专长,对于上面说的问题,都要负相当的责任。敝会将组织'平民教育研究会',需要各种人才,希望诸君加入研究。"尤其应研究平民教育的书籍及平民文学问题、民众之公民教育、妇女识字问题等。最后,阐述了"中国之平民教育运动,不仅关系本国,而且影响世界"；"提倡民众教育,启发'民智'是今日实际爱国根本工作"。(新版《全集》卷 1,第 58～63 页)

11 月　定县实验开始。该县被作为"平教总会"的华北实验区。初设办事处于定县翟城,进行以乡村为单位的平民教育实验。傅葆琛、冯锐等志愿参加从事生计教育,刘拓①从事手摇水车及犁耙的改良试验,熊佛西编制教育与娱乐并重的戏

---

① 　刘拓：湖北黄陂人,美国爱荷华大学(一说俄亥俄州立大学)化学工程博士、北京师范大学教授,任平教会工艺部主任。西北联合大学理学院院长,因地制宜,开展科学研究,利用当地的构树纤维造纸,并将造纸过程发表在美国《化学工程》上,并将《糖液中加石棉粉过滤之效果》于艰难中发表于美国《化学工程》。还与学生进行陕南生漆研究、桐油代汽油研究、陕南黑米成分研究、汉中地区土壤成分分布图的分布等,甚至还利用当地的芋头造出了一种纯美的芋头酒。

剧,均受农民欢迎。当时,"平教总会"以经费预算之 85% 倾注于定县。为此十分注意科学普及问题,常叹"有贝之财易得,无贝之才难求",一批高级知识分子深入农村,被定县人民称为"博士下乡"。

同月 美国韦尔伯博士伉俪到达北京,经安排会见了梁启超、熊希龄伉俪、颜惠庆、王宠惠、顾维钧、张伯苓、胡适等,并导游北京名胜。韦尔伯博士认为这次北京之旅最使他感到愉快且大感兴趣的是亲自看到了平民教育推行的情况并访问"平教总会",与傅葆琛、冯锐、陈筑山、汤茂茹等一起长谈。当时,京兆平民教育运动仍在进行,"平教总会"正主办教师训练及乡村平民教育工作人员训练;乡村生计教育的若干研究工作也已展开。韦尔伯因此获得直接而深刻的印象,被称赞为是一位对民主程序具有敏锐观察的人。(吴著《晏传》,第 101 页)

12 月 24 日 致信蔡廷干[①]将军。信中首先汇报中华平民教育运动一年的进展,其突出成绩包括:全国培训所的开办;北京表证平校在示范结果上的成功以及在各阶层中引起了极大的兴趣;全国普及农业科学研究所的创办及在定县所做的农业科学普及实验;保定乡村工作成绩巨大,已"成功地让三万多名老年和青年农民进入了乡村平民学校";公民教育部的创立;平民文学的创作并找到了一位中国第一流的学者来领导平教会的平民文学部。其次,谈写这封信的主要目的"是让您知道在政治和社会大动荡的去年,平教运动能取得这样的成绩正是由于您道义上的支持和持久的鼓舞发挥了巨大的作用的结果。"第三,向蔡廷干将军转告威尔伯

---

① 蔡廷干(Admiral Tsai Tingkan,1861～1935):字耀堂,广东香山人。1873 年以幼童赴美国留学。1881 年回国后就职于北洋水师,1892 年任鱼雷左营都司兼右雷艇管带。1910 年任海军部军制司司长,1911年 4 月免职。1912 年任南京临时政府海军部副官,临时政府北迁后任海军部参谋处高等参谋、海军副总司令兼总统高级军事参议,授海军中将衔,兼大总统府副礼官并授予"二等嘉禾勋章"。1913 年以后,又被陆续授予"勋四位",派充盐务稽核总所总办,税务处会办。1917 年 10 月 7 日被授予"二等宝光嘉禾章"。1918 年 5月 20 日被委为"修改税则委员会主任"兼全国税务学校校长,10 月又授予"大绶宝光嘉禾勋章",年底又任命为"总统府副大礼官"而重返总统府工作。1919 年 1 月,出任"敌国侨民遣送事务局会办",4 月 20 日任"中国红十字会副会长"。9 月,北洋政府又授予"一等大绶嘉禾章",10 月授予"一等文虎章"。同年,任"华洋赈济会"运输处长、财政处长。1920 年 1 月又授予"一等大绶宝光嘉禾章"。1921 年以"税务处会办"身份担任出席"华盛顿国际税务会议"中国代表的顾问。1925 年任"北京扶轮会会长"和"中国赴美留学生会会长"。1923年被任为"整理国内外债务委员会"成员,6 月 30 日被任为"筹备特别关税会议"委员会主任。1926 年杜锡珪内阁成立,担任外交总长,杜辞职后,一度代理内阁总理一职。在国际关税会议上,争得与会国际代表一致同意"中国关税应由中国自主"后,便辞去部分政府工作,只留任"税务督办"一职。1927 年 5 月,北京政府发生财政恐慌,遂辞职到大连隐居,从此退出政坛。"九一八"事变后,从大连回北平定居。晚年应清华、燕京两大学邀请以《中国文学》为题材作客座教授专题讲课,并将一批中国古典文学名著用英语译注。其中已经成书的有《老解老》(英语译注老子道德经)及《唐诗易韵》(芝加哥大学出版社于 1932 年出版,书名为《用英文韵脚翻译的中国诗》),两本译本都曾经在"圣路易博览会"展出,获得国际文学界的好评。其他未成书的有英译《阅微草堂笔记》《红楼梦选篇》,在中文方面有《古君子》及《大东诗选》等。后病逝于北平。晏致信时,蔡在北京东城区马踏涧胡同 9 号。

校长对其人格和思想留下的极深印象。第四，称颂蔡廷干将军在汉字、词语研究方面的建树。最后，希望推荐两位同事即陈筑山教授和汤茂如先生去向蔡廷干学习文学研究，并希望提供最佳的拜访时间；同时邀请他能为平教会全体职员做两周一次的演讲。（新版《全集》卷4，第40～41页）

是年　以中华平民教育促进会干事长身份撰写《致中华教育文化基金董事会请款书稿》，首先，点明了写作目的："为农村建设研究院内农事实验所恳请优予补助，以资培养人才，充实内容，完成农事工作，发展农村建设事。"其次，回顾了中国农业教育的历史及存在的主要问题——"科学之效用未尝达到民间，农夫田子亦不识其功用，而资采取"，由此导致"科学之效能既失，而农村之凋敝日甚"的结果，"实与中央提倡科学救国之本旨，大相违背。"第三，提出中华平民教育促进会"力矫前失"之事业打算。"相率深入民间，站在农夫的立场，去研究解决农事的实际问题，期将农业科学打入民间，使其成为农夫的技术习惯，不仅是书本之知识与舶来之学说已也。……而以农业科学打入民间为主旨，本此主旨，遂确立三种实施方法，而为工作之步骤：站在农夫立场，本研究实验态度，去求解决农业实际问题，与一般农业专门学者，其研究之目的，非为研究而研究，仅求书本上之知识，而忽略农村实际问题者不同，此认清立场，而后从事研究方法之一也；将研究实验所得之结果，制定一套制度及方法，以求深入民间，从事推广，改良农业科学之技术，此推广工作方法二也；应用科学之研究与纯粹科学之研究不同，欲求应用科学之成功，非与整个社会其他方面联锁，难期实现，故欲改进农业，势必与整个农村教育、经济各方面有联锁的关系，同时并进，方易为功。若仅求单方面之发展，不但易趋偏枯，且将受他方面之扯牵，而波及其生命。敝会研究工作，不为研究而研究，故其规模与国立大学及中央各农业机关差异，盖为应我国目前极迫之要求，而其价值与立场便自不同，此欲求各方联锁方法三也。""敝会既注重基本人才之培养，同时亦勿患与国内关系之机关合作，既可得农村建设中坚之人才，而又收合作互助事半功倍之效用，此敝会最近工作之目标也。"第四，提出拟增设农村建设研究院及希望补助之理由。为了培养大量农村建设实施有术的人才，"拟增设农村建设研究院，招收大学毕业学生，以一二年为实习期间，使其得受实地之训练，以便分发各农村建设地方，从事于农村之改革与展进，俾建设农村者，无材难之歉，而农村建设前途亦将有日兴之势，此诚不可缓之图也。"农村建设研究院组织，拟分教育研究所、卫生研究所、经济研究所和农事实验所四部，分别训练，以期学有专长。除教育、卫生、经济三研究所外，其农事实验所之主要工作，仍以动植物组为主。"既蒙贵会补助，故今特援先例，仍恳贵会优予补助，以资进行。""敝会既系私人所组织之团体，经费全赖自筹，十年以来，仅特捐募以资维持，毫无基金之可言，各部主要工作，均惟各方补助支持。今敝会既欲培养农村基本人才，而欲完成农事工作，更拟增设农村建设研究院，工作既繁，经费亦增。贵会既补助于往昔，仍希维持于今后，所有农事实验所之经费，尚望贵会本提倡农业科学与赞助敝会之热心，优予补助，俾无基金而努力基本工作之团体如敝会者，得以继续不断为国家社会服务，不胜盼祷之至！"（旧版《全集》卷1，第90～93页）最后，附呈农事实验所年度预算一份。文中还对农事实验所的组织作了详细的说明。

是年　为《中华平民教育促进总会收支报告书》撰写"篇首说明"。收入新版的《全集》第一卷中。内容是："本会于民国十二年八月二十六日成立，阳初亦于是日被举为总干事，至十三年九月，乃在北京就职。迄今二年余，承中外各方面之赞助，愈鼓励本会勇猛前进之精神。惟本会经费，时感拮据。自民国十三年九月起，至十四年八月止，此一年间，本会一切开支，均由董事长熊夫人朱其慧担负，草创经营，备极艰苦。嗣由十四年九月起，入出之款，乃由阳初经手管理。计自十四年九月至十五年十二月，本会所收入之款，国外有檀香山捐款，乃十四年七月十五至三十日在檀香山所捐（捐款人名及数目，详见《檀香山华侨与中国平民教育》）。国内有中华教育文化基金董事会补助费。自十五年七月，补助文学科三年，每年一万五千元，惟第一年除补助文学科一万五千元外，又补助五千元，为农村生活改进费。此外则有个人捐款，因本会从未募捐，所收捐款，纯由捐款者自动的乐助，其数目另详见捐款清单，此不再赘。中外各方面，对于本会如此赞助，谨当志谢。阳初及同仁等，更当愈加努力，以求不负各方面之厚望云。"（新版《全集》卷1，第64页）

1927 年(民国十六年　丁卯)　三十七岁

1 月　国民党中央党部和国民政府从广州迁至武汉。

3 月　上海工人阶级在周恩来等领导下举行第三次武装起义。

同月　陶行知于南京和平门外晓庄设立南京实验乡村师范学校。

4 月　蒋介石发动"四一二"清党反革命政变。蒋介石在南京成立"国民政府"。

5 月　国民党中央执行委员和各部部长联席会议在南京举行,通过"清党原则"六条,并成立"清党委员会"。

6 月　国民党中央政治会议通过蔡元培等提议组织中华民国大学院,为全国最高学术教育行政机关。

7 月　汪精卫在武汉召开"分共会议",宣布与共产党决裂,逮捕屠杀革命群众,查封革命团体。至此,第一次国内革命战争宣告失败。

同月　太平洋学术会议第二次大会仍在檀香山举行。英国首次派人参加,增进了与太平洋各国的理解,也密切了彼此的关系。

同月　教育行政委员会公布中华民国大学院组织法。江苏省遵令裁撤教育厅,试办大学区制;随后浙江、北平亦试办大学区制。

8 月　武汉的国民政府决定迁往南京,实行宁汉合流。

同月　教育行政委员会议决学校施行党化教育办法。教育行政委员会公布《教育会规程》。

10 月　蔡元培宣誓就任大学院院长。

11 月　中央研究院筹备会成立,以蔡元培兼院长。

年初　国内政局混乱,经济拮据,与同仁决定自动减少薪金 30% 作为事业费,以保证平民教育工作的正常进行。并致信给驻美公使施肇基①博士、威尔

---

①　施肇基(1877~1958):字植之,江苏吴江震泽人(一说浙江钱塘人)。职业外交家。1886 年入南京江宁同文馆,1887 年入上海圣约翰书院,1890 年入上海国文学院。1893 年,随出使美、日、秘三国大臣杨儒赴美,任驻美使馆翻译生。1899 年秋出使驻俄使馆随员,并派赴海牙出席"弭兵会议",任中国代表团参赞官。1902 年获康乃尔大学文学硕士。任张之洞洋务文案,兼西北路中学堂监督、湖北省留美学生监督。(转下页)

伯博士①以及巴乐满,探询是否可获得美国本土华侨和纽约世界教育会联盟的经济援助。巴乐满寄信韦尔伯博士,望美能给予支持与合作。(吴著《晏传》,第103~104页)

1月14日 给 A. 莫塔尔特②回信。信中首先回复已收到其当月10日的来函。其次,非常感谢他对平民教育工作真诚的鼓励。第三,表达将继续从事平教工作的决心。"由于国家财政困难和政治上的动乱,我们的工作直到现在才稍有起色。然而,作为一项运动,我们决心为中国平民百姓的教育和道德进步尽自己的努力,哪怕这种作用很小。"最后,回复有关平教工作的出版物除有一本商务印书馆出版的英文小册子《平民教育运动在中国》外,全是中文而没有外文,前者可以联系商务印书馆购买,其他出版物可从上海商务印书馆或平教会弄到。(新版《全集》卷4,第43页)

2月14日、23日 撰写的《平民教育原理》由《世界日报》副刊《平教特刊》第三、四期连载。收入新版《全集》第一卷中。首先,论平民教育的意义。"平民教育,是(给)与一般不识字与识字而缺乏常识的男女,以享受教育的机会。"其次,论平民教育的目的。"(一)使一般已过学龄时期而不识字的男女,皆能应用日常必需的文字。(二)使一般已识字而缺乏常识的男女,皆能受共和国民应有的基本教育。(三)授予谋生的技能,改进平民的生活。"第三,论平民教育的民众的教育、地方的

(接上页)冬,率首批鄂籍公费生赴美。1905年随端方、戴鸿慈赴欧美考察。1906年任邮传部右参议,兼任京汉铁路局总办,获最优等法政科进士。1907年任京奉铁路局会办。1908年任吉林西北路兵备道、滨江关监督、吉林木殖局总办。1910年任吉林交涉使,旋调任外务部右丞。1911年任外务部左丞。旋出使美国兼使古巴、墨西哥、秘鲁大臣,未及赴任。1912年任唐绍仪内阁交通总长,兼代财政总长,后任总统府大礼官。1914~1921年任驻英全权公使。1919年1月任出席巴黎和会中国政府全权代表。1921年至1929年任驻美国全权公使。1921年11月至次年2月,出席华盛顿会议任中国代表团首席代表。1923年张绍曾内阁任外交总长。1924年特任出席日内瓦国际禁烟会议第一、二次会议中国全权代表。1929年调任驻英全权公使。1930年特任出席国际联盟中国全权代表。1931年任外交部部长、国府委员,1932年调任驻美全权公使。1935年特任驻美全权大使。1937年5月辞任返国,隐居上海。抗日战争爆发后,任国际救济会宣传组主任,创办上海防痨协会及附设医院,任董事长。1941年6月赴美,任中国物资供应委员会副主任委员,并受美总统罗斯福之聘,任"美国南非洲国际和平五人委员会"委员。1945年6月联合国在旧金山举行国际组织会议,通过《联合国宪章》,任中国代表团高等顾问。1948~1950年任国际复兴开发银行顾问委员会委员。1954年秋患脑溢血症。1958年1月3日于华盛顿病故。著有《施肇基早年回忆录》(原名《施植之先生早年回忆录》)。

① R. L. 威尔伯:即雷·莱曼·威尔伯(Ray Lyman Wilbur,1875~1949),斯坦福大学第三任校长,美国第31任内政部长。毕业于滨江高中,后入斯坦福大学,获硕士学位,旧金山库柏医药大学医学博士。1903~1909年间,他全力从事医学实践工作。1916年被选任斯坦福大学校长,并在这一位置一直工作到1943年。威尔伯重新制定了研究生教育制度,设置了初级基础课,引进了独立学习机制,在大学的各个学院内部重组了科系。1929年被胡佛总统任命为内政部长。1949年因心脏病去世。去世后斯坦福大学的一座综合楼以他的名字命名。晏阳初致信时,任美国加里福尼亚州斯坦福大学校长。

② A. 莫塔尔特(A. Mortaert):时在天津。

教育、经济的教育、简单的教育、实用的教育、最有弹性的教育、进步的教育和有组织的教育等特点。最后，论平民教育与他种教育的区别与关系。从区别看，它不是贫民教育、不是社会教育、不是成人补习教育、不是阶级教育。它与义务教育的关系看，区别主要有三点，义务教育的入学年龄是六岁以上十二岁以下，平民学校学生的年龄自十四至六十岁都有；义务教育的毕业期限由四年到六年，平民学校不过四个月；义务教育的课程为分科制，平民学校采混合制。两者也有联系，义务教育搞不好就会加重平民教育的负担，平民教育如果与义务教育合作，义务教育就会获得发展。强调现在的平民教育不是昔日的平民教育。现在的平民教育是专门的，过去是附带办理的；过去是无系统的，现在是系统组织严密的；过去规模不大，现在是大规模的。（新版《全集》卷1，第65页）

春　聘请瞿世英①任平民文学部干事，聘刘拓博士主持普及工程技术研究，聘郑锦主持直观视听教育部。到此，"平教总会"各部各科主任及骨干已有40余人，创立了"博士下乡"运动，他们都是学有所长、自愿放弃高官厚禄及名利，认定平民教育乃是救国急务自愿来为农村农民服务的。这些人都是经过严格考试挑选出来的，并经过培训四个月才能聘为正式服务。培训的课程有平民教育运动史、平民教育制度、平民教育运动术、平民学校教学法、平民学校管理法、平民学校教材问题、城市平民教育、乡村平民教育等25种。（吴著《晏传》，第63页）

3月10日　在《世界日报》副刊《平教特刊》第5期上发表《初级平教教学的种类及组织》。收入新版《全集》第一卷中。首先，介绍单班教学，就单班教学的人数、组织、教具做了介绍。其次，介绍挂图教学，就挂图教学的教室、学生、教员、校址、

---

①　瞿世英（1900～1976）：文学翻译家，教育家，教授。字菊农（亦为笔名）。江苏常州人。1914年随其父瞿寿申到北京，入清华学堂中学部。翌年入北京汇文学校。1918年转燕京大学哲学系学习。曾与郑振铎、瞿秋白等人办《新社会》杂志。1919年"五四"运动中任北京学生联合会代表赴上海参加全国学生联合会。1920年底与郑振铎、茅盾、叶圣陶等人共同发起成立文学研究会，提倡为人生的艺术，同年燕京大学毕业后，留校作研究生。第二年获得硕士学位。1923年法国杜里舒教授来华讲学，他任助教和翻译。并编《杜里舒演讲录》十卷，由商务印书馆出版。还翻译印度泰戈尔剧作《春之循环》，此书在解放后曾校订再版。1923～1924年曾在上海自治学院任哲学教授。1924年考取江苏省官费去美国哈佛大学研究院学习。1926年获得哲学与教育学博士学位。同年回国，先后在北京大学、清华大学、北京师范大学任教授。1930年至1933年，在平教会负责编辑《扫除文盲教材》及《民间文艺研究》。1935年至1937年任湖南大学文学院院长。此后一直专门从事乡村建设、乡村教育、平民教育的研究工作。1956年调北京师范大学教育系任教授，担任外国教育史等课程。他翻译、著述甚丰。主要译著有：泰戈尔的《春之循环》（1922年，商务印书馆）、顾西曼的《西洋哲学史》（1922年，商务印书馆）、鲍格度的《社会学概论》（1923年，商务印书馆）、《康德教育学》（1924年，商务印书馆）。所著有《现代哲学》（1928年，文化学社出版）、《教育哲学》（1929年，世界书局）、《西洋哲学之发展》（1930年，神州国光社）、《进化教育》（1934年，世界书局）和《乡村教育文录》。《当代资产阶级教育哲学》（1964年，人民教育出版社）、《政府论》（与人合译；1964年，商务印书馆）、《人民的英国史》（1958年，三联书店）、《墨西哥史》（1965年，商务印书馆）等。

学生人数和分组以及教具做了介绍。第三,介绍幻灯教学,就幻灯教学的环境、校址、设备、学生人数及分组、助教及职责、教具、经费和教师做了介绍。第四,介绍读书处,包括所设地点、人数、组织、走授与循环教学方式以及视导做了介绍。最后,介绍平民问字处。(参见新版《全集》卷1,第71～73页)

3月27日① 《世界日报》副刊《平教特刊》第7、8期发表张哲龙②所记《平民学校教材问题》的报告。首先从历史角度对平民学校教材问题进行了探讨。从六百字课通俗教育读本到六百字韵言读物,再到1922年上海青年协会出版的《千字课》,再到如何改进完善等;其次,谈平教教材收集进行问题。从读者对象范围、平校教材目标、教学方法和具体教材问题(基本汉字的选用、注音字母和简写字体)四个方面加以研究。第三,介绍课本册数的更改变化。"最初为两册,后增三册。经长沙试验之后,定为四册,每册二十四课,每日授课一小时,每小时授毕一课,每月可毕一册,四个月即可卒业。"最后,介绍《千字课》出版发行情况。"首先发行者为中华基督教青年会全国协会,其次本会委托陶知行、朱经农两先生重新改编,由商务印书馆出版,全国采用。于是,中华书局、世界书局、上海书局,接踵而起,各省热心平教者,亦多自行编辑,但名称内容略有不同。"(旧版《全集》卷1,第101～103页;新版《全集》卷1,第74～78页)

4月4日 致信F. S. 巴乐满③先生。信中首先谈写信目的就是请其为平教会帮点忙。其次,将知识青年阶层分为三类:"1. 俄国制度狂热的追随者;2. 在希望通过西方文化的精华与中国文化精华的同化作用来创造新中国的观点上持谨慎态度者;3. 在当今理智混淆、政治混乱之中完全不知所措者。"第三,信中表达想通过平民教育运动的各种活动主要与前面所提及的后两类知识青年保持着密切的联系,并通过平教实践对他们以深远的影响。第四,拜托巴乐满尽可能快地给平教会寄些有关俄国和共产主义的书籍以便影响中国年青人,并寄去书款三十美金支票一张,同时表达向F.S. 巴乐满或埃迪先生借一些介绍俄国和共产主义的最好的图书的意图。最后,汇报平教运动尤其在平民文学、乡村教育和农业改良方面所取得的很大进步。(旧版《全集》卷3,第48页)

---

① 北京师联教育科学研究所编的《(民国)晏阳初(1893年～1990年)乡村平民教育思想与教育论著选读》第4辑第20卷(中国环境科学出版社、学苑音像出版社2006年版)第78页注明月日,旧版《全集》卷1第97页只注明3月21日张哲龙记,不是发表时间,故采3月27日。

② 张哲龙:曾编有《抗日的第八路军》(与赵轶琳合编,上海救亡出版社1937年10月版)。其他生平事迹待考。

③ 巴乐满(F. S. Brockman):又译为"薄克曼",时在美国纽约。

6 月 16 日　致信王芳馨①女士。信中首先高兴地告知王芳馨女士,在她决定参加檀香山会议的第二天就收到了 CF② 的来信。其次,确信王芳馨女士将不仅能为这次会议作出巨大贡献而且将对檀香山华人也将产生巨大鼓舞。第三,坚信"中华平民教育运动被上次檀香山会议的代表看作是树立中国形象的一股巨大的建设性力量,它注定要在未来的世界和平中发挥非常重要的作用。"第四,告知为使这次檀香山会议代表和当地居民,尤其是檀香山广州社区的居民更多地了解过去两年平教运动的进展情况特寄去《平民教育运动在中国》、一九二六年十月二十六日的《太平洋协会新闻简报》等英文出版物以及《1926 年以来平民教育运动主要活动概述》的文件和一本《檀香山报告》等中文出版物。第五,告知将给夏威夷大学从事中国文学工作的、檀香山杰出的华人领袖李教授(S. C. Lee)③去信,请他与芳馨女士联系"以使以前为该运动作过许多工作的广东籍妇女和女学生可以了解一些该项运动的进展情况,并可以鼓励她们今后为该运动作出更大的贡献"。最后,表达对芳馨女士为平教会所提供的服务的感谢,预祝王芳馨女士檀香山之旅愉快,并祝其在会上取得巨大成功。(新版《全集》卷 4,第 45～47 页)

6 月　国民革命军北伐并不断取得胜利,北京及定县的平民教育工作仍顺利进行,受定县驻军何柱国④约请对部队官兵施行平民教育。与平民文学部特为官兵编《士兵千字课》。注重课本培养军人精神及责任心。如《士兵千字课》第 24 课《军人的责任》,首页是一军人持枪守卫城垣,课文内容讲到:"我为国除贼,我为国保民,责任重大我军人。除贼极大胆,保民极小心。在城在乡都谨慎。秋毫不犯,鸡犬不惊,问心无愧对鬼神。"课文之下列生字:"除、贼、极、谨、慎、秋、毫、犯、鸡、犬、惊、愧 鬼、神。"通过这一《士兵千字课》的学习,士兵就认识了五百个字和词句。

---

①　王芳馨(Mrs. Fung-Hin Wang):即芳馨。时在奉天矿业监督署。据当年檀香山会议中国代表仅 12 位,其中女士仅罗有节和王季玉两位,想必"(王)芳馨女士"即晏阳初对"王季玉"的称呼,暂难确定,存疑。

②　CF:即同年 7 月 1 日条的"C. F. 王"(王正黻)。

③　李教授(S. C. Lee):即李绍昌(1891～?),别号景周,广东中山人。1911 年毕业于岭南书院,1913 年毕业于清华学校,1914 年入美国耶鲁大学攻读教育,1917 年获教育学学士学位,1918 年获哥伦比亚大学研究院教育学硕士学位。留学时,热心于基督教青年会事务及其他社会工作,为此与中国近代史上重要的基督教领袖余日章等都很熟稔。1922 年 9 月在王天木教授辞职后继任夏威夷大学东方学系负责中国历史语言文学的教学工作,1922～1943 年任美国檀香山夏威夷大学中国语言和文学讲师、教授。其间,1924 年成为有基督教青年会背景的"太平洋国际学会会议"筹备总会中央执行委员会执行委员。"太平洋国际学会会议"(太平洋国交讨论会第一次会议)在檀香山召开前夕,被邀加入中国代表团。1940 年曾回国。1943 年后任美国密歇根大学中国文化教授、外国研究系主任、外国研究名誉教授,兼任国际研究中心主任。撰有《记耶鲁大学》,著有《半生杂记》(青年协会书局 1941 年版)、《古代和现代中国史大纲》,译有《中国民间佛教》等。

④　何柱国(1897～1985):别号铸戈,国民党陆军上将,东北军重要将领。广西容县杨梅镇成美村人。留学日本士官学校。历任国民党五十七军军长、第一骑兵军军长。抗日战争时期任西安行营副主任、第十五集团军总司令、第十战区副司令长官等职。

（吴著《晏传》，第73页）

同月　撰写的《平民教育概论》在上海刊行的《教育杂志》第十九卷第六号上发表。该文全面介绍了平民教育各方面的意义和内容。包括"平民教育的意义""今昔平民教育的区别""平民教育的急需""平民教育的原则""平民教育实施的方法""平民教育的现状""平民教育总机关的组织""平民教育运动的使命"和"平民教育推行的政策"。首先，指出平民信条是"人的人格本来平等，原无上下高低之分；因为社会制度不良，一部分人得有受教育的机会，一部分人没有受教育的机会，于是个人的学问、德行显出不同，而人格的上下高低亦即由是而判别。吾人在社会组织未经改良之前，惟有努力于教育机会的平等，使人人所蕴蓄的无限能力都有发展的机会。这样，人格不平等的原因就可以消除了。"（新版《全集》卷1，第80页）进而对"平民"和"平民教育"进行了界说。认为平民教育应包括文字教育、生计教育和公民教育。其次，认为今昔平民教育区别有五，即过去许多人误解平民教育为贫民教育，其实平民教育不是施米施粥的教育；以前平民教育多是中等以上学生在求学之余抽暇来办的，现在则有专门的组织和人才来办；以前办理平民教育的人彼此无联络，现在有组织、有系统；以前平民教育只教人识字，现在的平民教育除识字教育外，还有生计教育和公民教育；以前办理者多是社会热心人士的提倡，其教育范围有限，现在在"平教总会"带领下遍传全国。第三，阐述平民教育急需齐家、治国和平天下的理念。第四，论述了平民教育的原则，主要包括全民的原则、以平民需要为标准的原则、适合平民生活状况的原则、根据本国国情和人民心理的原则、地方自动负责的原则和人人有参加的可能的原则。第五，论述了平民教育实施的方法。包括学校式（单班学校、挂图学校和幻灯学校）、社会式（讲演、戏剧、展览、电影、音乐等）和表证式。第六，介绍了平民教育运动的使命——"作新民"。"分析其内容，有下列三项：（一）养成有知识，有生产力，有公共心的整个人。（二）养成社会健全的分子，发展社会的事业。（三）养成建设国家的国民，增高国际的地位。"第七，指出了平民教育推行的政策。"平民教育促进会总会是平教的学术机关；至于推行平民教育，是各地平民教育促进会的责任。要希望平民教育达到普及的目的，非全国各地方一致努力进行不可。根据各处推行平教的经验并希望各地推行平教顺利，我们采取了鼎足而三的平教推行政策。这三足是：一、地方人士；二、平教专家；三、地方政府。"并论述了地方人士、平教专家和地方政府的责任。最后，该文还介绍了国内外平民教育的现状和平民教育总机关的组织。（新版《全集》卷1，第90～91页）该文发表后，次年以单行本形式由商务印书馆出版，参见1928年4月第2条。

7 月 1 日　致信王正黻。信中首先表达很想了解王文甫①管辖地区的平民教育进展详情。第二,谈自己患溃疡及调养情况。最后,拟派对乡村教育素有研究和经验的傅葆琛博士去帮助王长官开展平民教育。(新版《全集》卷 4,第 47～48 页;旧版《全集》卷 3,第 51～52 页)

9 月 14 日　致信司徒雷登校长。信中首先感谢司徒雷登一个星期前提供机会陪同参观;其次,表达对平教会工作关心的感谢;最后,请求能否在本星期或下星期抽出半个小时左右的时间与之交谈。

10 月 3 日　给 C. K. 韦伯斯特②教授回信。信中首先回复已收到 10 月 2 日的来信。其次,告知为澄清中华平民教育促进会正式认可的"千字读物"教科书中没有对英国不友好的言辞,将立即寄去由上海商务印书馆出版的全套书。最后,再次保证"中国平民教育运动是一项来源于大众、依靠大众又服务于大众的运动。它唯一的目标是通过教育提高、经济改善和公民训练三方面的计划来教育中国年青人和成年人中的文盲,并使他们树立正确的民主观念。平教运动的领导者确信,只要本着共同友好、国际合作、非种族仇恨和非对抗的立场,就一定会给中国和世界其他国家带来和平与秩序。"(新版《全集》卷 4,第 49 页)

10 月 24 日　致信"平教总会"董事蔡廷干将军。信中首先汇报陈筑山教授领导的平民文学部的一些主要活动:① 对"基础词汇"的重新估价,"两次研究总共大约包括一百六十万字之巨的材料。作为联合研究的结果,一千三百个字在最后确定的基础词汇中占有一席之地,掌握了这些基础词汇后不仅使一般学生能够阅读普通的白话文学作品,而且能够满足他们日常生活的实际需要。"② 城市和乡村各自的新课本即一套用于城市的名为《市民千字课》,另一套用于农村的名为《农民千字课》的编辑出版。③ 平民习字帖——国语注音习字帖的推出。④ 平民字帖书"将既收入繁体字,也收入简笔字"。⑤ 大约收录了四千个汉字的平民袖珍字典的编辑。其次,汇报定县实验。"该实验旨在通过引进适合中国地方需要的现代农业科学,来改善农民的经济状况(与我们的乡村教育计划同步进行)。"已获得一千二

---

①　王文甫:应为"王文福"(1876～1949),绰号王老凿,辽宁朝阳石明信沟人。民国时期,组织联庄会武装保境安民。"九一八"事变后,组织抗日斗争。日伪多次派人劝降,均被拒绝,当时家乡石明信沟被誉为"中国地"。日本投降后,接受共产党的改编。1945 年 10 月,参加朝阳县第一届人民代表会议,被任命为朝阳县联络科长,其队伍改编为朝阳县公安队,由其长子王俊山任队长。后因该队严重违反纪律,不服区委、区政府领导,被主力部队缴械,将王俊山拘捕,又到石明信沟将王老凿拘捕。1946 年 1 月 17 日,王老凿父子逃回家中。同年 7 月,投靠国民党,其队伍改为"联防壮丁大队"。1947 年 1 月,该部被人民解放军击溃,父子龟缩于锦州城内。辽沈战役后,被抓获。1949 年冬,父子均病死于朝阳狱中。

②　韦伯斯特(C. K. Webster)教授:时在北京。

百亩试验土地,并有村办企业;清华大学也派教务长梅贻琦和农科教授周景福①作为代表来定县,通过调查,清华"在确信定县农业计划的实用性和有效性以后,大学评议会在四个月前召开的执行会议上一致决定重新组织已有十多年历史的农科,以便配合定县实验工作,同时决定从今年八月起的三年内,每年拿出两万美元的人员费和设备费用于合作。""定县实验的一个大目标是通过全实验区范围内的教育改进、农业改良和公民训练计划,来建设一个现代化的中国乡村社区。……从文化意义上来说,中国是一个民族主义的国家,如果这次实验在定县证明是成功的话,那么只要稍作修改,这个实验就可以拿来在其他地方推广。只要我们把中国四亿人口中的百分之八十五以上的人是农民这一事实牢记在心,我们就会意识到乡村建设实验的重要性及其意义。"第三,告知寄去了外国著名报纸《北京导报》②就定县实验的一系列评论的两份复制件;并告知乡村教育部的领导傅葆琛博士已与定县翟城村的农民生活在一起,农业部领导冯锐博士不久也将这么做,博士下乡农民化运动已开始;在文学、农业改良以及乡村教育方面的工作也在前进。第四,告知平教会财政由于内战和恶化的商业形势而在退步,遭受着最大的财政困难,已通过解雇许多职员和削减部门领导 30% 的薪水来努力维持它的自主、私立和非党派性。最后,告知另函将寄去一本 1925 年夏季檀香山平教运动的报告和一本截止 1926 年 12 月的全国"平教总会"的财政报告。(新版《全集》卷 4,第 51～53 页)

11 月 14 日　致信 R. L. 威尔伯③。首先,表达因职责压力和国家麻烦的形势已好几个月未能去信,深感抱歉。其次,汇报中国平民教育运动取得了非常实质性的进展,特别是识字和乡村改进方面。第三,详细介绍中国平民识字,包括基本词汇的修订、城市和农村新课本、拼音字母、平民字帖书和《平民袖珍字典》。第四,介绍中国平教运动的农村工作。主要介绍推广工作和加强工作。前者主要任务是

---

①　周景福:天津人。早年留学美国。1921 年任昌黎汇文中学农科班农科主任。后在清华学校开设作物学、果树园艺学、畜牧学等选课教师。1926 年清华大学设农学系,聘为教授。1927 年 10 月中旬至 12 月下旬在华洋义赈会主办合作讲习会上,给来自 20 个县 37 个社的农民发表演讲《商业果园》,将自己研究成果贡献于社会。1928 年,清华大学农学系与燕京大学、香山慈幼院、华洋义赈会等合作,组建北京农事传习所后,曾任农事传习所主任。1928 年清华大学撤销农学系,改为农场,留任农场主任。同年任清华暑期体校教员。1929 年,离开清华。其后事迹待考。

②　《北京导报》:美侨在华创办的英文报刊,1922 年创刊。由柯乐文(Grover Clark,1891～1938)主持。1929 年国民党中央宣传部购得该报产权,改成同名中文报纸继续出版。1932 年 2 月因刊有"高丽独立宣言",内容涉及日本天皇,日本使馆要求华北地方当局公开道歉并惩办发行人,勒令该报永久停刊。是年夏易名《北平英文时事日报》(The Peking Chronicle)继续发行,对外由英侨威廉·希尔顿·里奇(中文名李治)(William Sheldon Ridge,1875～1946)出面负责。七七事变后为日军接管,易名《北京英文时事日报》。抗日战争胜利后复刊。1948 年曾出天津版。1949 年停刊。

③　R. L. 威尔伯博士(Dr. Ray Lyman Wilbur),时任美国斯坦福大学校长。

"统一"语言教育,以便尽可能减少文盲,主要由傅葆琛领导下的乡村教育部负责,在华北农村尤其是京兆区和保定地区进行了三年多。后者是选取"模范农村区"进行数年的发展实验,选取直隶的定县作为加强实验区,并介绍定县实验的目标、三年计划、提高知识水平、经济水平、道德水准的活动以及公众响应的情况。最后,介绍平教运动当时正面临的紧急问题。(参见新版《全集》卷4,第55~73页)

11月26日 致信黄炎培。信中首先告知半年前在京亲聆教言后十分想念,在清华同学会开会时从张伯苓兄得知近况,至深欣慰。其次,汇报平教会近况。除努力于平民文学及城市乡村平教外,对定县平民教育试验所取得之进步有:获得一千三百亩公地作为农事试验场;已办两百余处乡村平校;清华学校决意改组十余年所立农科而与平教会在定县进行农业合作,燕京大学农科同仁愿从事关于生物及其他方面之研究事业;傅葆琛博士已与定县农民生活在一起,冯锐博士也将照办,为博士到民间去(不是作隐者)树立了榜样。第三,汇报平教会经济每况愈下,日益见绌,希望"予以协助,导以南针"。最后,表达平教会同人在困难之境仍坚持事业的决心:"同人等之努力仍不稍减于前,均有一息尚存,此志不馁之气概,齐愿共济艰难,努力奋斗,以尽国民一分子之责任,此又同人等矢志为平教始终贯彻之宏愿也!"(新版《全集》卷4,第75页;旧版《全集》卷3,第62页)

12月28日 致信何柱国师长。信中首先谈及已奉读21日来电,知贵师移防。其次,感慨时局不断变换从事建设工作太难,但"愈当奋力于修齐治平之功夫……彼此互相勉励"。最后,对来电谈及军中教育仍拟继续进行表示钦佩,并告知《士兵千字课》及其他教具均已筹办妥帖,如军队中欲行试验请告知。(新版《全集》卷4,第76页;旧版《全集》卷3,第62页)

同日 致信 R. M. 范德堡。信中首先询问本月三日写信咨询平教会拷贝烟台平民教育这部电影画面之事至今尚未收到回信之因。其次,告知正努力把全国各省平民教育活动的各种影片剪接合成制作一部反映该运动迄今为止最完整的活动情况的故事片。第三,谈此次写信是请帮忙制作烟台部分的电影剪接,并提出了详细的要求。第四,告知回电报代号、制作该片的时间要求及付费方式。最后,祝新年快乐、顺利。(新版《全集》卷4,第76~77页;旧版《全集》卷3,第63~64页)

是年 所著《平民教育的真义——平民教育的真义与其他教育的关系》以单行本由商务印书馆①在北京出版。该文首先在引言中回顾了平民教育的成绩。"自

---

① 旧版《全集》卷1,第104页只注明"在北京以单行本刊行",未注明出版社;北京师联教育科学研究所编:《(民国)晏阳初(1893年~1990年)乡村平民教育思想与教育论著选读》第4辑第20卷(中国环境科学出版社、学苑音像出版社2006年版),第86页注明"商务印书馆"。

'平民教育运动'开始以来，为时虽仅数年，然影响所及，已遍全国，大而通都大邑，小而穷乡僻壤，都有平民学校的踪迹，先后受平民教育的，已达三百余万人（系根据售出之《千字课》推算）。至于组织平民教育促进分会，专事提倡平民教育的，则已有二十行省及四特别区。'平民教育'一名词，差不多是家喻户晓了。"其次，阐述了我国的平民教育不同于欧美的"成人补习教育"，更不是美国的移民教育；第三，阐述了平民教育"既不能代替'义务教育'，也不与'义务教育'有什么冲突"，而是义务教育的先锋；第四，阐述平民教育工作大概分为两步，第一步是"识字教育"，第二步是"继续教育"，即生计教育和公民教育，以及平民读书团、高级平民学校。平民教育应包括识字教育完成后的继续教育，其目标有三："（一）养成自读、自习、自教的能力。（二）灌输公民常识，培养中华国民应有的精神和态度。（三）实施生计教育，补助、指导、改善平民的生活。在城市中如关于工业、工艺等，在乡村里如关于农业、农艺等是。"第五，阐述平民教育不是社会教育，所谓社会教育，是一种辅助正式学校的教育，如图书馆、博物馆、音乐厅、展览会、动植物园、通俗讲演等，平民教育却是对未曾受过基本教育的人施行，自然不同了；第六，阐述平民教育不同于"贫民教育"，"'平民教育'之受教者，是不分贫富贵贱的，决不限于贫民。"第七，阐述平民教育是"全民教育"或"民众教育"，不是"阶级教育"。最后，得出这样的结论"所谓'平民教育'的'平民'是指一般已过学龄时期而不识字的男女，或一般已识字而缺乏常识的男女。所谓'平民教育'的'教育'共分三步：第一步是'识字教育'，第二步是'公民教育'，第三步是'生计教育'。'平民教育'的最后目的，是在使二百兆失学男女皆具共和国民应有的精神和态度。"该文还在国内首次提出开发"脑矿"这一极富时代意义的新名词："倘若我们借'平民教育'来开发世界最大的'脑矿'，使我国二百兆失学的男女，都受点基本教育，使他们天赋才能，有发展的机会。"（新版《全集》卷1，第92～100页）

是年　所著《平民教育的宗旨目的和最后的使命》以单行本在北京刊行。在文中首先表明平民教育的宗旨是"除文盲、作新民"。"我们内受国家固有文化的陶育，外受世界共通新潮的教训，自觉欲尽修齐治平的责任，舍抱定'除文盲、作新民'的宗旨，从事于平民教育的工作而外，别无根本良谋。""为除羞耻计，为图生存计，为解决国家种种问题计，为维持世界的和平计，为贡献人类的文化计，我四万万同胞当中，今日要以'除文盲、作新民'为最重要的事业。"其次，阐述集合全国力量来支撑。"全国对兹事体，形成鼎足的力量来撑持：一是专门家精密的研究；二是社会上自动的尽力；三是政府的奖励与保护。研究一层，正为同仁主要的职责。……研究门类应乎今日我国民必不可少的要素，分为四大类：（一）文艺教育，以培养知识力；（二）生计教育，以增进生产力；（三）公民教育，以训练团结力；（四）卫生教育,以发育强健力。此四者不可缺一,缺一则非健全的国民,缺四则尽失其国民的意义。国家不建设在国民的基础上,固然是很危险;建设在缺乏知识力、生产力、团结力、强健力的国民的基础上,更是危乎其危。"第三,阐述平民教育的目的。认为平民教育最大的目的有二:"(一) 在一切社会的基础上,培养民众的团结力、公共心,期望受过平民教育的人,无论处任何团体,皆能努力为一个忠实而有效率的分子;(二) 在人类普遍固有的良心上,发达民众的判断力、正义心,期望受过平民教育的人,无论对何种事体,皆能有自决自信、公是公非的主张。这是必要的根本的精神,为人人所共同应该受的教育。对于国家分子的训练,也专在共和国民人人共同应有的根本知识上注重,绝不挟入其他任何主义,这是吾辈正大光明的态度。"最后,谈及平民教育的最后使命,认为,"人类文化的进步,无论属于任何民族的文化,都有同一的进程: 即它的关系,由狭而广,渐渐地扩充到全世界;人的关系,由少而多,渐渐地普及到全人类。二十世纪的新文化的趋势,正向着全世界全人类的大门进展。故各国文化的进步,在国家范围内,必为民众化;在世界范围内,必须全人化。……当今日全世界新旧文化过渡的时期,我中华四万万众多的人民,承五千余年文化丰富的历史,正当努力发挥新光彩,以贡献于全世界。吾辈所以从事于民众教育的事业,就先从根本上垫高我民族的程度,然后本吾辈毕生的经验,全副的心血,合四万万同胞的聪明才力,对于二十世纪的新文化,尽我民族占全人类四分之一的责任。这是平民教育最后的使命,即我同仁共矢不渝的精神。"(新版《全集》卷 1,第 102～105 页)

　　是年　为《中华平民教育促进会总会收支报告书》(1925 年 9 月 1 日至 1926 年12 月 26 日)撰写《平教总会收支报告书篇首说明》,回顾了"平教总会"从 1923 年 8月 26 日成立到 1926 年底的经费收支情况。该文收入旧版《全集》第一卷中。

　　是年　受张学良、杨宇霆①之约面谈,张学良、杨宇霆拟出资 800 万元请其在华北组织一大政党,通过平教,将华北政治、经济、文化都建立起来。为了保持平教运动的独立性,婉词拒绝。此后,"平教总会"机关被查抄,《农民报》被查封,陈筑山等被奉军拘捕。

---

　　①　杨宇霆(1886～1929):北洋奉系军阀之一。原籍滦南县宋道口镇代岭村,原名玉亭,字凌阁(又作邻葛)。祖父杨正荣于清同治年间携眷逃荒关外,在辽宁省法库县蛇山沟村落户。父杨永昌,母亲张氏,以开大车店为生。幼聪慧,16 岁便考中秀才。废科举后,由堂兄资助赴日本士官学校留学。在日本学习期间,常和于珍(后任东北军将军)、邢士廉(后任东北军师长)、熙洽(后任东北军吉林驻军参谋长)一起谈论国事,与孙中山、蒋介石、傅作义有书信来往。从日本陆军士官学校第八期炮兵科毕业回国后即入军界,由排长、连长,很快晋升为军械厂厂长。治军严谨,军纪严明,受到张作霖赏识,调任二十七师参谋长,协助张作霖逐步打开东北的政治、军事局面。后任东北陆军训练总监、奉军第三、第四方面军军团长、东三省兵工厂总办等职。1925 年,任江苏军务督办,将直系军阀孙传芳赶出南京。不久,又任奉军参军长。积极投靠日本帝国主义。1929 年 1 月,被张学良处死。

1928年(民国十七年 戊辰) 三十八岁

1月 创造社与太阳社成员共同提倡"革命文学",掀起"无产阶级文学运动",从而引发了延续一年之久的"革命文学"的论争。

2月 大学院、财政部呈准会同整顿教育经费暂行办法。

4月 特派蔡元培为中央研究院院长。

5月 大学院召集第一次全国教育会议,内分三民主义教育、教育行政、教育经费、普通教育、社会教育、体育与军事教育、职业教育、科学教育、艺术教育、出版物及图书馆、改进私立学校等组,通过议案百余件。

6月 北京改为北平,与天津同为特别市。

10月 国民党改组"国民政府",采用立法、司法、行政、考试、监察"五院制",蒋介石任主席。国民政府决定将中央大学院改为教育部,任命蒋梦麟为部长。

11月 国民政府公布《中央研究院组织法》;研究院直隶国民政府。

12月 张学良发出通电,表示"遵守三民主义,服从国民政府"。东北各省一律悬挂青天白日满地红国旗。国民政府当即任命张为东北边防军司令长官。

同月 国民政府公布《教育部组织法》。

1月11日 致信 R. M. 范德堡。信中首先告知1927年12月31日的来信收到,得知近况非常高兴。其次,向 R. M. 范德堡喜得贵子祝贺。其三,得知烟台那部影片难以选定画面而感到遗憾,并陈述理由,再次拜托帮从烟台那部老影片中选定画面。(新版《全集》卷4,第78页)

1月 在定县开展平民教育工作。(旧版《全集》卷3,第73页)

同月 连续得南京国民政府教育当局函电,请派人南下协办平民教育。于是派汤茂如去苏州,协助江苏大学筹办"江苏省民众教育学院"。这是中国政府正式开办学校以训练服务于平民教育的人才之始。(吴著《晏传》,第74页)

2月5日 致信 R. M. 范德堡。信中首先告知本月23或24日左右将去上海与之面谈为平教会拍片一事。其次,告知已接受国民政府邀请帮忙制订省际平民教育运动整体规划。如果此规划按计划实施,希望范德堡能帮拍一些影片。最后,

拜托选定烟台那部平教运动电影片的画面。(新版《全集》卷 4,第 79 页;旧版《全集》卷 3,第 66 页)

2 月中旬　应南京国民政府教育当局电邀南行协助办理平民教育,在大学院院长蔡元培的支持下,创办江苏省民众教育学院。(吴著《晏传》,第 75 页;Y. C. James Yen. Letter to Mr. F. S. Brockman, March 30, 1928, pp. 1~2)

2 月 29 日　致信 R. L. 威尔伯①校长。信中首先告知已接受南京的国民政府邀请在江苏开展全省的平民教育运动,已抵达上海,正开展筹建一个为平民教育的管理者和监督者提供整整两年课程的"民众教育学院",对学院的生源、招生条件及考试办法等加以汇报。其次,告知将在苏州开展一个城市范围内的平民教育运动,期待它成为江苏所有县城在平民教育上的榜样。第三,告知广州政府已经数次相邀,催促派人到广州的大学去培训广东省的平民教育干事;内蒙古的绥远也一再迫切要求去培训那个地区的工人。第四,为全国各地对于教育民众的重要意义有所认识感到高兴,并将竭尽全力给予各地以帮助。最后,告知将为下次的美国之行积极准备。(参见新版《全集》卷 4,第 79~80 页;旧版《全集》卷 3,第 67~68 页)

2 月　与瞿世英、熊佛西等携带新刊的《士兵千字课》第一册,到何柱国的第 23 师新驻地顺德府(今河北邢台)向 60 名军官组成的教师训练班讲授教学法。一周结业后,学院分班教士兵 1 万余名,教学中配合使用了幻灯,反应热烈,进展迅速。何柱国为示谢意,特备花车将 3 人送回北京。②(吴著《晏传》第 74 页;旧版《全集》卷 3,第 73 页)

同月　举办军队智慧测验于河北邢台,受测验的士兵有五千名,为国内大规模教育测验的创举。(《平教会大事》,第 94 页)

3 月 3 日　江苏大学扩充教育部部长俞庆棠在民众教育学校邀请苏州各界领袖讨论民众教育问题。受邀与汤茂如、陈筑山担任指导。作《平民教育的意义及其经过》的演讲。(《现代教育大事记》,第 150 页)

3 月 10 日　在江苏作关于民众教育的讲演。认为:我国民众弱点是一愚二穷三私;救济之法:一须培养民众知识力,用文字教育,二须培养生产力,用生计教育,三须培养团结力,用公民教育。(《现代教育大事记》,第 150 页)

同日　张学良与奉军参谋长杨宇霆等到定县翟城村参观"平教总会"种种设施及定县实验,并在学生和农民代表欢迎会上致词,赞扬"平教总会"的工作且表示愿

① 威尔伯(R. L. Wilbur):时任美国加里福尼亚州斯坦福大学校长。
② 吴著《晏传》第 74 页认为是"1 月初",误也。查旧版《全集》卷 3,第 73 页明确记载为"2 月"。

115

加协助。被邀请赴奉天。(吴著《晏传》,第 75 页;孙伏园著:《十年来的农民报》;晏著《传略》,第 99 页)

3 月 15 日　收到母校美国耶鲁大学秘书朗曼来电:"如你能于 6 月 20 日前抵纽黑文,耶鲁将授予你荣誉文学硕士学位。密电。秘书朗曼,于耶鲁。"(旧版《全集》卷 3,第 69 页)

3 月 17 日　担任指导的江苏省民众教育学院录取了 120 名考生,正式开学。(吴著《晏传》,第 75 页)

3 月 20 日　致信郭秉文。信中首先汇报返程一路顺利,十六日晚即到了家。其次,告知与 T. Z.① 结伴旅行的快乐。第三,告知到家次日就约见了周贻春,代您问好并转交郭秉文的私人信件。第四,汇报昨晚见到母校拍来的电报——拟授予荣誉文学硕士学位,并同意接受抵美邀请。拟做诸如制成平民教育电影、出版通讯以及为这次旅行筹措启程时所需的经费等必要的准备,并征求郭秉文关于编辑《平教通讯》、制作平民教育电影以及旅费的意见。第五,询问郭秉文赴美时间,希望能同行;并征询关于组建"中国平民教育美国合作委员会"的有关事宜。最后,向郭秉文对平教运动的关心表达感激之情。(新版《全集》卷 4,第 81~82 页;旧版《全集》卷 3,第 69~71 页)

3 月 24 日　致 R. L. 威尔伯博士。信中首先告知威尔伯上星期刚从南方的苏州、上海、南京等地讲学归来,并帮助国民政府组建江苏省立民众教育学院,已招收 120 名学员于 3 月 17 日开了学;几个同事仍在南方协助指导和监督江苏省的平教工作。其次,汇报在南京曾与北京大学前校长、现任国民政府大学院院长蔡元培先生交谈,"他对于平民教育运动表示了很大的兴趣,并且事实上正在支持江苏的平民教育工作。"其他两个在国民政府管辖下的主要省份浙江和广东省已经邀请去帮助组织平民教育工作。第三,告知随信附上从《上海时报》上剪下来的材料,以便了解中国南方开展的平民教育。第四,汇报南方旅行印象——"人民一方面对于时局普遍失望,另一方面对于积极的计划和建设性领导力量的极为迫切的要求与渴望",并详加陈述。第五,汇报与四位同事曾于一月前到顺德府去指导东北军 23 师的平民教育工作,先"挑选出六十名最好的教官作为师里的教员,经过严格的平民教育培训,使他们掌握教学、监督和管理等方法",然后采用"群众法"对士兵施教,收效极大。第六,汇报工作人员严重不足,无法应付全国各地提出的要求,但会全力以赴地工作。第七,汇报收到母校耶鲁大学发来的电报,拟被授予文科硕士学

---

① T. Z.:未详,待考。

位,已表达应授承诺,需加紧做赴美准备工作。并表达赴美后有充裕时间接受工作安排。最后,告知赴美大致行程。"我们(我、夫人和两个孩子)很可能乘'杰弗逊总统号'于五月二十四日离开横滨,大约六月五日抵达西雅图。在东行之前,我很希望有机会与您对计划进行讨论。一旦预订到这一班船,我将写信给您确定起程日期。"（新版《全集》卷 4,第 84～86 页）

3 月 28 日　应邀前往奉天张学良官邸会见张学良、杨宇霆,委婉谢绝张、杨提出将"平教总会"归奉军掌握的意见。（吴著《晏传》,第 76 页）

3 月　赴南京拜访曾在法国华工学校讲过课的国民政府大学院院长蔡元培,蔡对推行平民教育极感兴趣,表示支持江苏的建院计划。① （吴著《晏传》第 74 页;旧版《全集》卷 3,第 73 页）

同月　到南京、无锡、苏州各地演讲宣传,极受欢迎。在南京第四中山大学演讲时,教授学生 150 余人拥挤一室,很多人站立静听达 2 小时毫无倦容。上海中英文报纸都刊载这些大新闻。（晏著《传略》,第 99 页。吴著《晏传》,第 75 页;Y. C. James Yen. Letter to Mr. F. S. Brockman,March 30,1928,pp. 1～2）

同月　所编辑的《平民千字课》修正重订本第十三版发行。

4 月 20 日　致信 R. L. 威尔伯。信中首先表达相信 R. L. 威尔伯已经收到了上月去信和从耶鲁大学发去的加急电报。信中主要谈到去南方帮助国民政府在江苏省开展平民教育工作和曾经在北方为东北军进行的军队教育工作。其次,告知启程赴美日期是 5 月 20 日乘"杰弗逊总统号"船从横滨出发,6 月 4 日到达西雅图。第三,希望在旧金山能够会晤"商讨这一运动在美国,尤其是在太平洋沿岸实施的计划与可能性。"第四,告知近来工作很忙。"下周我们在定县的平民学校的全体同学将要举行一个盛大的联欢会,因而我计划下周三前去赴会,并且在下个月离开中国之前,我要对全部工作作一番细心而综合的研究。"第五,告知冯博士来信下周将为数千名农民学员举行大型的文化竞赛和乡间运动会。最后,告知国民政府的军队"国民革命军"在对抗北方军队的战役中取得了相当大的胜利,一两个月内北方很可能出现大的政治变动。（新版《全集》卷 4,第 86～87 页;旧版《全集》卷 3,第 75～76 页）

4 月　上海书局刊行《中国新教育概况》,其中有《中国之平民教育》专章,文中对开创的平民教育予以良好评价:"中国近年,一味模仿外国;以为外国的东西,是万灵丹,能治百病。无怪我国现在到这样,只学到外国一点皮毛。唯有最近一桩

---

①　吴著《晏传》第 74 页认为是 1 月初,误也。查高叔平主编《蔡元培年谱长编》第 3 卷,人民教育出版社 1999 年版,未记录此事。

事,不是摹仿外国人,而且各国都未注意;远合世界之潮流,近适中国的国情,为我国戛戛独造者,就是这种平民教育。"(舒编《新教育》,第170页)

同月 前一年撰写的、发表在上海刊行的《教育杂志》第十九卷第六号上的《平民教育概论》收入《平民教育丛书》之中,以单行本由商务印书馆出版。该书全面介绍了平民教育各方面的意义和内容。参见1927年6月第2条。

5月10日 日前"平教总会"之《农民报》发表纪念勿忘《二十一条》国耻的文章,该报及《市民报》遭北京奉军宪兵司令部查封,"平教总会"亦被包围,被列入指名逮捕名单。由陈筑山出面交涉,陈及总会所有职员均遭逮捕。从天津返京,毅然去宪兵司令部质询,并表示自愿入监狱以释放同仁,未获允。不得已去电报局致电张学良要求恢复各同仁的自由。(晏著《传略》,第102页)

5月11日 赶往宪兵部看守所接获释的陈筑山等同仁。见陈筑山等正在给看守的宪兵讲《平民千字课》,当陈等走出看守所时,一些宪兵都依依不舍地流出眼泪,更坚定推行平民教育之决心。(晏著《传略》,第102页)

5月15日 第二次全国教育会议在南京举行,大学院院长蔡元培主持,各省市教育厅长及学者、专家70余人出席。提案中有关平民教育的计有11件。会议决议:采纳"平教总会"的计划,"请大学院提交国民政府决议以颁布分期施行民众教育案"。内容分"文艺教育、生计教育、公民教育三端"。步骤分三期,即县试验期、省试验期、全国推行期。请大学院组织民众教育设计委员会,办理以下事项:① 制订民众教育法令;② 督促各省区市县教育行政机关施行;③ 规定民众教育种类及教材内容标准;④ 训练民众教育人才;⑤ 规定推行民众教育方案。(吴著《晏传》,第78页)

同日 应世界教育会联盟之邀启程赴美,以探讨具体事宜。(吴著《晏传》,第78、104页)自天津赴日本横滨乘邮轮"President Jefferson"转往美国耶鲁母校接受荣誉文学硕士学位。欣闻第二次全国教育会议采纳平教提案佳讯,行色更壮。(吴著《晏传》,第78页)

6月5日 到达美国西雅图。

6月16日 给 C. S. 阿代尔①小姐回信。信中首先表达对5月26日来信的感谢并乐意接受邀请于7月3日晚在明尼阿波尼斯举行的全美教育协会(National Education Association)年会上演讲。其次,表达能参加年会并能在会议上讲述平民教育运动如何致力于"除文盲,作新民"的事迹感到荣幸和愉快。最后,表达希望

---

① 阿代尔(Cornelia S. Adair):又译为"阿戴尔"。时在弗吉尼亚州里奇蒙德市公园大道2121号。

通过 C. S. 阿代尔小姐等举行的各种会议的讨论学到许多东西,并在明尼阿波利斯会议上能拜见到美国著名教育家们,也希望见到 C. S. 阿戴尔小姐。(新版《全集》卷 4,第 87～88 页)

6 月 20 日　接受母校耶鲁大学颁赠的荣誉文学硕士学位。费力甫教授 (Professor William Lyon Phelps)①在赞扬辞中这样评价道:"晏君自一九一八年在耶鲁膺学士学位,今已届十周年。极少的毕业生在十年间的成就,可与这位具有进取心、富有才能,而且又不自私的人相提并论。他是中国平民教育计划的主要负责人。他对东方的贡献可能比任何一人都伟大。当他在法国以青年会干事与中国劳工相处时,设想出对中国文盲的教育观念。他在中国雅礼会所在的长沙,开始作平民教育大运动,迅速地扩张成为全国性事业。他自繁多的中国文字中简要选取一千字。在这平民教育制度下,二百万中国人已经学会读和写本国文字。晏君实是世界文化中一有效能的力量。"耶鲁大学校长安其博士(President of the University,Dr. James R. Angell)②也致词评价:"我们承认你对你自己同胞们的忠实且有划时代意义的服务,显示非常的才智和创造力,以及极不自私而又有广泛的热诚。你的母校特赠授你文学硕士学位。"(吴著《晏传》,第 106、107 页)

6 月 22 日　致信 P. 贝维斯③。信中首先感谢 P. 贝维斯为逗留纽黑文期间提供的友好殷勤款待及为朋友弄到学位授予典礼的最好门票。其次,述说学位授予典礼留下了深刻印象。第三,致歉 20 日下午离开前没能道别,希望在不久的将来能够再次相见。最后,述说回母校与老同学团聚很惬意,"极其有幸地见到了塔夫

---

① 费力甫教授:即威廉·里昂·菲尔普斯(William Lyon Phelps,1865～1943),美国作家、批评家、学者。第一个在美国大学讲授现代小说课程,是一个著名的演说家。主持一个电台节目,每日为多家报纸专栏写文章,经常发表演讲,出版了很多畅销书和文章。非常喜欢运动,如那时还是新式运动项目的棒球、高尔夫球和草地网球。在耶鲁大学从教 41 年,于 1933 年退休。

② 安其博士(Dr. James R. Angell):即 James Rowland Angell(1869～1949),又译"J. R. 安吉尔",美国心理学家、教育家。美国机能主义心理学的重要代表,芝加哥学派的主要建立者。他认为,机能心理学是研究有机体与环境之全部关系,为无意识或习惯的行为研究打开了方便之门,同时扩大心理学应用研究的领域。出生于 1869 年佛蒙特州的伯林顿,早年在密执安大学随 J·杜威学习,后转哈佛大学,在威廉·詹姆斯(William James)的指导下获硕士学位。后去德国、法国继续深造。他是在著名心理学家中未获博士学位而获荣誉博士学位最多的人(23 个)。1894 年与杜威同时至芝加哥大学任教授,共同成为美国机能主义心理学的创始人。在该校 25 年的工作期间,先后任助理教授、教授、心理实验室主任、心理系主任、教务长、代理校长。1921～1937 年担任耶鲁大学校长,并创办了著名的人际关系研究所。1904 年出版了阐述机能心理学观点的《心理学》教科书。书中明确提出机能心理学的基本原理,主张意识的基本机能是改善有机体的适应活动。1906 年他被选为美国心理学会的第 15 任主席,并发表了一篇就职讲演。翌年以《机能心理学的领域》为题,刊于《心理学评论》,文中明确提出了机能心理学的三个主要命题:机能心理学与构造主义主张的元素主义内容心理学相反,它是心理操作的心理学;机能心理学是关于意识的基本效用的心理学;机能心理学是研究心物关系的心理学,也即探讨有机体与环境的整个关系的心理学。

③ 贝维斯(P. Bevis):又译为"比维斯"。时在康涅狄克州纽黑文市中国雅礼会。

特、麦克巴尔里奇和戴维森,并同他们进行了交谈。"(新版《全集》卷4,第89页;旧版《全集》卷3,第77页)

6月27日 给 P. 贝维斯回信。信中首先述及已收到本月25日来信。其次,告知近来太忙无法为贵刊撰稿,"时间被会议、演说和接见等占满了。星期五我要去明尼阿波利斯出席全美教育协会年会,下月中旬前不会返回纽约。……很乐意一开完会就给你们写份我在美国驻华雅礼学校的演说摘要。"(新版《全集》卷4,第89页)

同日 给 G. H. 布莱克斯利①博士回信。信中首先感谢6月14日的来函。其次,告知前不久到纽黑文在离校十周年的联欢会上玩得很高兴。第三,告知收到了麦克拉伦博士邀请去贵所演说并参加有关中国问题的讨论大会,演讲题目希望过段时间告知。最后,表达能再次见到 G. H. 布莱克斯利并一同参加圆桌会议很高兴,希望在威廉姆斯顿能推荐拜望一些关心中国平民教育运动的人士。(新版《全集》卷4,第90页;旧版《全集》卷3,第79~80页)

同日 致信 G. 柯乐文②。信中首先告诉已经安全飞抵贵国,且到达后一直忙个不停。其次,对这次耶鲁大学学位授予典礼做评价,认为"这次典礼无疑是我所见过的最感人的事。"第三,告知近期的安排。"我这个星期五要去明尼阿波利斯,在七月一日开始举行的、有美国重要的教育家参加的全美教育协会年会上作演讲。在随后的八月十三日开的一周时间里,我已经被邀请去威廉姆斯顿政治研究所演说,并参加该所组织的有关中国问题的一些讨论会。一个由平教会朋友们组成的委员会仍在为我制订下几个月的日程表,看起来日程够紧张,工作够繁忙。"第四,希望能知道去年5月离开北京以后国内的变化和发展形势。最后,拜托能否将《北京导报》改订为《中国周报》。(新版《全集》卷4,第91页)

7月10日 致信 D. E. 布朗森③。信中首先表达能在明尼阿波利斯相见是件意想不到的乐事,对其热情款待表示感谢。其次,希望在返回中国前能两家在东部或西部聚一聚。第三,告知本月四、五日两天假在芝加哥史注恩家过得很愉快,并向其讲述了平教运动最新的发展情况,得其承诺愿意帮助中国平教会在美国开展平教事业。第四,非常愉快地期待今年秋天返回明尼阿波利斯,并相信奎格利教授会非常乐意一起安排秋天在明尼阿波利斯的活动。第五,告知埃利奥特·维特将安排一二个座谈会让马萨诸塞州斯普林菲尔德地区商界主要人士听取座谈,查理·塔夫脱在辛辛那提也作了安排。相信帕尔默·贝维斯在纽黑文或附近地方也

---

① 布莱克斯利(G. H. Blakesles):时在马萨诸塞州沃彻斯特市克拉克大学。
② 柯乐文(G. Clark):又译为"克拉克"。时为《北京导报》总主笔兼社长。
③ 布朗森(D. E. Brownson):时在明尼阿波利斯市。

会作同样安排。第六,计划本月 20 日将与世界教育协会联合会主席兼缅因州教育专员托马斯博士去缅因州作系列演讲,大约在本月 26 日将返回纽约一直呆到 8 月 12 日左右,此间将去威廉姆斯顿政治研究所演讲。最后,希望收到来信。(见新版《全集》卷 4,第 93～94 页)

同日①　致信 W. G. 希巴德夫人②。首先告知非常愉快地拜访了史注恩夫妇,觉得他们好像都对平教工作有强烈的兴趣并愿为中国的平教事业做力所能及的事,史注恩还给一些朋友如拉蒙特先生和卡恩先生写了好几封介绍平教情况的信。其次,表达相信斯特朗先生会很愉快地与 W. G. 希巴德夫人合作来安排秋季举行的平民教育会议。第三,告知与恩布里先生③、罗森沃德④先生的交谈没取得预想的结果,主要是他们缺乏中国知识背景难以领会中国平教运动的意义。最后,感谢她的好客、慷慨以及对中国平教运动事业真正的关心。(见新版《全集》卷 4,第 92～93 页)

7 月 12 日　致信 P. 贝维斯⑤。信中首先告知几天前刚从明尼阿波利斯全美教育协会年会返回,千余名美国教师参加了该会,并在芝加哥拜访了几位朋友。其次,告知除另函寄出的几本英文出版物外没有任何最新的英文印刷材料。第三,告知让卡特先生寄一封长信以便更多了解平教工作的最新消息。第四,告知明天去华盛顿拜访中国驻美公使施(肇基)博士。第五,告知无时间为其出版物撰写更多的最新情况,拟在一二个月内寄一份包括平教运动总体特征内容的英文通讯作参考。第六,感谢推荐哈里斯·维特莫尔,拟在今年冬天返回中国前去拜访。第七,

---

①　旧版《全集》卷 3 第 52～53 页《致 W. G. 希巴德夫人》注明 1928 年 7 月 10 日,但将其放入 1927 年板块中,新版《全集》卷 4 第 92～93 页已调整。

②　W. G. 希巴德夫人(Mrs. W. G. Hibbard):时在"伊利诺斯州"(旧版《全集》1989 年版),新版《全集》(2014 年版)已改为"伊利诺伊州"。

③　恩布里(John Embree,1908～1950):美国社会人类学家。他一向关心亚洲社会,一开始就倾注全力于日本研究,是第二次世界大战前具有代表性的日本问题专家。他数次赴日,深入实地进行调查。由他参与的对日本熊本县球磨郡须惠村的观察调查,是芝加哥大学社会学专业实施的有关东亚社会类型的大规模实地调查的一部分,其成果《日本的村落社会须惠村》一书被收进芝加哥大学人类学丛书。他的专题论文反映了对日本文化正确理解与对日本农村的深入研究,因而获得高度评价。此外,他对东南亚也进行了研究。他把所谓的功能主义的集团调查方法引进到历史性高度文化的社区研究中,灵活地运用客观的方法,来把握社区的实态。另著有《日本民族:社会调查》等。

④　罗森沃德·朱利叶斯(1862～1932):商人、慈善家。生于伊利诺伊斯普林菲尔德,读过中学。1879～1885 在纽约经营服装业。1885～1906 在芝加哥开设罗森沃德韦尔公司,任董事长。1910 年任西尔斯公司总经理。1916 年威尔逊总统任命为国防委员会顾问委员会委员、供应委员会主席。1918 年任陆军部赴法特别代表团代表。1917 年建立罗森沃德基金会,以改善黑人教育,以 2 320 万美元为南方 15 个州建立 4 500 所黑人学校,容纳学生 567 000 人、教师 12 600 人。1929 年捐资 300 万美元在芝加哥创办科学与工业博物馆,以后又捐款 500 万元给芝加哥大学。1932 年 1 月 6 日去世。

⑤　比维新(P. Bevis):时在康涅狄格州纽黑文市。

告知在明尼阿波利斯期间见到了 D. 布朗森,并给介绍了许多该市的耶鲁校友,安排秋季与美国一些平教运动方面有影响的人物会见,C. 塔夫脱在辛辛那提也做着同样的安排,麦克·巴尔德里奇在奥马哈也是如此。E. 维特在斯普林菲尔德也在尽力。最后,告知明尼阿波利斯会议开得很成功,在大讲演厅面对美国万名教育家和教师发表了演说。(新版《全集》卷 4,第 94~95 页)

7 月　开始在美国纽约、芝加哥、旧金山等地访问、讲演,会晤各界名流,广结知己。并将募捐的"中国委员会"名单(颜惠庆、范源濂、王景春、张伯苓、胡适、钟荣光①、司徒雷登、顾临②、马慕瑞③九人)交太平洋国际学术会议大会主席韦尔伯博士。(吴著《晏传》,第 105 页)

10 月 23 日　纽约市 Plaza Hotel 举行欢宴,韦尔伯依卡特之意,特拍长电致宴会主席请宣读:"自 1925 年夏威夷会议,我即被其讲述中国平民教育运动所感动。后来访问中国时,又亲自与若干参与这一运动的人士会谈。我深知世界上没有一教育运动是和这一样具有如此的潜力,也没有任何他例是这样的以高尚的服务与牺牲精神从事的。他的目的不仅在消除文盲,而且提供开放中国面对现代世界的

---

①　钟荣光 (1866~1942):字惺可。广东香山人。光绪举人。1895 年在广州创办《可报》,结识郑士良等,倾向反清革命。次年加入兴中会,创办《博闻报》《安雅报》,宣传革命。1898 年执教广州格致书院。次年在香港加入基督教,受洗礼。1900 年兴中会员史坚如谋炸广东抚署事发,遭嫌疑,报馆被封,逃至澳门。1907年赴日本参加基督教学生大会后回国,在保定被袁世凯密探拘捕,解往天津。后经广东同乡会及基督教会营救获释。1910 年出国为创办岭南大学募款,并进行革命联络。翌年武昌起义后回国,任广东都督府教育司长。1913 年参加反袁(世凯)"二次革命",失败后逃往檀香山,后到美国。次年任国民党纽约支部长,并入哥伦比亚大学研究教育学。创办《民气报》,反对袁世凯复辟帝制。1916 年袁死后回国在岭南大学执教。1926年任广州国民政府教育行政委员会委员。1928 年岭南大学收归中国人自办,为首任校长,凡 10 年。1929 年任侨务局局长。抗日战争爆发后,1938 年 7 月被聘为第一届国民参政会参政员。后任岭南大学荣誉校长。1942 年在香港病故。

②　顾临(Roger Sherman Greene,1881~1947):美国外交官、社会活动家。出生于马萨诸塞州威斯特泊勒(Westborough),幼年时期在日本度过。后就读于哈佛大学,1901 年获学士学位,次年又获硕士学位。此后 12 年间他在巴西、日本、西伯利亚、中国等地从事领事职务,包括曾担任过美国驻哈尔滨领事、驻汉口总领事。1914 年之后他离开外交界,加入洛克菲勒基金会并开始从事慈善活动。他成为了洛克菲勒基金会下的中国医学考察团(China Medical Commission)的一员,该考察团后来促成了中华医学基金会(China Medical Board)的成立。1921 年起他出任基金会驻华代表,1927 年至 1929 年间曾任洛克菲勒基金会远东部副主任。另外,他还于 1928 年起担任北京协和医学院代理校长。此后因与洛克菲勒基金会不合,于 1935 年辞职返回美国。1938 年至 1941 年间,他出任"不参加日本侵略委员会"(American Committee For Non-Participation In Japanese Aggression)主席。1940~1941 年间又任威廉·艾伦·怀特(William Allen White)成立的援助盟军保卫美国委员会(Committee to Defend America by Aiding the Allies)副主席。在此期间他一直游说美国政府援助中国的抗日战争。珍珠港事件后他因健康原因减少了公开活动,不过仍兼职担任美国国务院文化关系部(Division of Cultural Relations)顾问。1947 年,他因心力衰竭及慢性肾炎在佛罗里达州西棕榈滩逝世。

③　马慕瑞(John MacMurray,1881~1960):又译马克漠、麦克默里,别名约翰·范安特沃普,美国外交官。1907 年进美国国务院。1913 年至 1917 年任驻华公使头等参赞,在此期间编了《列强对华条约汇编(1894~1919)》两卷。1917 至 1919 年转任驻日大使馆参事,后任国务院远东司司长。1914 年任国务卿特别助理,1944 年退休。

途径。这样,中国人读书以及他们阅读能力都将有深刻的意义。"在韦尔伯宣读长电后,被邀讲述中国平民教育的真义,与会者 150 多人均加赞美,预加协助募捐。并在《耶鲁评论》上发表《为中国作新民》,介绍中国平民教育运动的起源、在中国推行的经过、最终目标、步骤等。(吴著《晏传》,第 108~109 页;冯杰:《晏阳初为定县乡村建设四次赴美募捐考略》,《史学月刊》2009 年第 7 期,第 132 页)

10 月 24 日　致 S. K. 亨培克①。信中首先告知本月 15 日给安立德发了如下电文:"包括胡本德、史注恩和亨培克在内的美国合作委员会发起的平民教育筹金运动已于十月二十三日拉开序幕。请确保得到马克谟部长的有力支持。同时也给纽约调查部财务主席卡特发了相同内容的电报。"其次,告知在纽约的美国合作委员会收到了南京国民政府支持平民教育运动工作的电报,另外还收到了施(肇基)博士的有力担保信。第三,对电报中提及人名做了解释。第四,告知向马克谟先生发电报寻求担保的建议由卡特提出,"但电文的措词由我负完全责任。如果由于你供职于国务院,这份拍到中国去的电报使你有任何为难之处的话,我会非常抱歉"。第五,告知昨天晚上美国合作委员会在普拉兹宾馆设宴招待,在 300 名与会者中有一些美国最杰出的人士,并认为宴会非常成功。最后,告知星期天要去芝加哥赴斯特朗夫妇在帕尔默旅馆的宴会,并希望早日见到 S. K. 亨培克。(新版《全集》卷 4,第 96 页)

10 月 29 日　参加芝加哥第一国民银行总裁史曲纹②伉俪(Mr. and Mrs. Silas H. Strawn)所设宴会,广结芝加哥区各界名流。(吴著《晏传》,第 109 页)

12 月 3 日　致信 W. C. 福布斯③。信中首先告知结束波士顿的访问后就去了华盛顿,并告知施(肇基)与柯立芝总统进行了非常轻松有益的会谈,总统对中国的平民教育运动工作表现出了极大的兴趣。其次,特别感谢福布斯全家的殷勤好客,也感谢其提供拜会众多朋友的机会。(新版《全集》卷 4,第 97~98 页;旧版《全集》卷 3,第 86 页)

12 月 17 日　致信 G. P. 戴④。信中首先告知上星期在布鲁克先生的办公室以平教会理事的身份在一份向中华平民教育促进会赠送一套 15 册的美国电影编年史印刷品的协议书上签了字,并代表中国平教会理事和职员对耶鲁大学礼物表示谢意。其次,对该礼物做了评价。"我们不仅珍惜这份礼物本身,更加感激它所

---

① 亨培克(S. K. Hornbeek)博士:又译为"霍恩贝克"。时在华盛顿特区哥莫斯俱乐部。
② 史曲纹:又译为"史注恩"。芝加哥第一国民银行总裁。
③ 福布斯(W. C. Forbes):时在马萨诸塞州波士顿市。
④ 戴(G. P. Day):时在康涅狄格州纽黑文市耶鲁大学电影出版服务公司。

表示出的那种可贵的精神。耶鲁给中华平民教育促进会的这份礼物确实非常及时。……从文化上来说,中国可能是地球上最古老的国家。但从政治和工业发展上来看,她仍是一个年轻的国度,需要向美国这样具有创造性的现代化国家学习许多东西。换句话说,年轻的中国正处在发展阶段。中国目前正处于立国阶段,同时又是一个危急的时代,像美国历史上出现的'革命前夜''独立宣言'这样值得纪念的事件和像华盛顿和汉密尔顿那样的伟人必定会对今天的中国知识分子和领导者有极其深刻的影响。"第三,告知已经把耶鲁大学赠送礼物一事告诉了几位中国朋友,都认为耶鲁赠送的影片既可以传授知识又可以激动观众。第四,告知拟为中国观众在该片加上中文字幕,并征询建议。最后,告知拟2月底或3月初乘船回国,并随时告诉该片在中国的情形。(新版《全集》卷4,第98页)

是年 提出在定县实验四大教育(文艺、生计、卫生、公民)以治中国农村愚、穷、弱、私四病;采用三种方式(学校式、社会式、家庭式)推行。

是年 新编《士兵千字课》。由此《平民千字课》以发展成《农民千字课》《市民千字课》《士兵千字课》三种,通用城乡各地。

是年 应邀到中央军校高级班演讲定县实验。蒋介石亲临听讲并表示赞赏。后至沈阳与张学良磋商沈阳实验区问题。(宋编《人民》,第374页)

是年 提交《关于檀香山平民教育运动情况的报告》。该报告收入新版、旧版《全集》第一卷中。报告首先回顾1925年夏参加檀香山太平洋国民会议的缘起,陈述赴会"一则可于国际会议中陈述我国民众最近之奋发精神;一则可将国内平教运动情形报告于侨胞。而檀香山中国大学学生会之雅意相招,尤碍难辞谢,以是种种缘由,乃毅然成行。"其次,介绍参会国家有中、美、日、加拿大、菲律宾、夏威夷、高丽、纽西兰、澳大利亚等九国。第三,介绍讨论问题。"不下六十余种,皆关于政治、社会、宗教、文化、教育、移民、通商、不平等条约等项者。……当时各国代表对于中国各项问题无不极其重视。迫以中国目前虽觉贫弱,而地大、物博、人众,其于太平洋沿岸国家,及世界各国之将来,均有莫大之影响。"第四,会议主要目的"在各国互通声气,互相了解,共同努力以维持太平洋沿岸国家之'太平'。"第五,交代会期两周。最后,总结会议成果。"会长威尔伯博士致辞,略谓'此次太平洋会议所讨论各种问题,与太平洋沿岸各国及世界前途最有关系者,当首推中国今日之平民教育运动'。中国开化最早,物产饶富,幅员广大,越于全欧。人民众多,甲于世界。所可惜者,厥惟'脑矿'未开,畏智闭塞。倘'脑矿'一开,民智发达,即可雁视于全球。故中国今日之平教运动实行'脑矿'之唯一利器,亦世界空前之大教育运动也。"(新版《全集》卷1,第106页)

1929（民国十八年　己巳）　三十九岁

1 月　《红黑》月刊在上海创刊，丁玲、沈从文编辑。

同月　梁启超在北平协和医院逝世，享年 57 岁。

同月　国民政府教育部成立国语统一筹备委员会。颁布《民众学校办法大纲》。

2 月　创造社及其出版部被国民党政府查封。

同月　国民党政府公布《宣传品审查条例》。

同月　教育部公布《督学规程》。

4 月　国民政府公布教育宗旨及其实施方针。

7 月　改京师图书馆为北平图书馆。

8 月　教育部通过《教科用书编辑计划大纲》，规定今后中小学教科书将收归部办，不任私家书店发卖。

同月　教育部公布《华侨教育设计委员会组织大纲》《私立学校规程》。

9 月　施蛰存主编的《新文艺》月刊在上海创刊。主要撰稿人有冯雪峰、叶圣陶、沈端先、戴望舒、李金发、穆时英等。

同月　教育部令各省市严厉制止外国人及教会所设学校作宗教宣传。

1 月 15 日　被邀访问旧金山。（吴著《晏传》，第 109 页）

1 月 21 日　致信 G. P. 卡斯尔夫人①。信中首先告知已另函给"邮去《亚细亚》杂志二月号一本，上面载有一篇论述平民教育的文章，篇名为《有文化的中国新农民》，以期全面而通俗地介绍我们的定县实验。如果你还想替你的朋友要几份的话，请告知我。"其次，告知如果在美国的工作耽搁过多，就将放弃去丹麦和捷克斯洛伐克研究农业和教育的想法并经檀香山直接回国。并表达尽早返国愿望。归国路线确定后即告知。第三，表达很希望能于当年春天在檀香山拜访 G. P. 卡斯尔夫人。第四，告知"随信寄去我最近收到的几封国内来信的副本，这些信简介了最近几月内平教运动的进展情况"。第五，告知已收到王查理先生（Mr. Charlie

---

① 卡斯尔夫人（Mrs. George P. Castle）：时在夏威夷檀香山。

Wang)转寄来的信。最后,"真诚地希望并祈祷卡斯尔①先生身体早日康复。向你与卡斯尔先生致以最诚挚的问候。"(新版《全集》卷4,第100页)

2月1日 自纽约抵旧金山,在工会设置的欢迎会上讲述"平民教育真义"达一小时,听众始终不倦。主持人说:"我们从来没有听过这样有价值的演讲。"(吴著《晏传》,第110页)

同日 被旧金山广播电视台邀请作20分钟的演讲。(吴著《晏传》,第110页)

2月20日 到达罗安琪出席欢宴。(吴著《晏传》,第110页)

3月4日 致信A. B. 库克夫人②。首先表达"非常高兴与埃贝尔俱乐部会员见面,并能向他们介绍中国平民教育运动的情况。"其次,感谢给予洛杉矶的一些名流做演讲的机会。第三,告知去美国工作和感想情况。"在几个城市演讲后,我们得到了许多友人,特别是此信中所列朋友的慷慨解囊,他们捐款帮助我们推行研究、训练、管理等项工作。这是敝会继续和发展现已广泛开展的基础公民教育的必要条件。我们的工作至今年为止全部由中国人维持。因为敝会的创立和发展以至今日的工作全靠国人的通力合作,所以我们把敝会在中国得到的财政帮助看作是伟大的道义支持。"第四,告知洪水、饥荒以及国内政治纷争使平民教育工作经费来源匮乏,"需设法每年筹集几百万美元的捐款,以进行我们在全国各省的教育工作。为了补助我们的研究费用和训练预算,事关北平中华平民教育促进会总会的实质性工作,所以我们请求美国基金会和个人每年能捐助敝会五十万美元,即维持敝会五年的活动经费,以度过中国财政困难期。"第五,告知"小约翰·D. 洛克菲勒先生③和他的同事们仔细审查了我们的平民教育运动及敝会的请款书,最后洛克菲勒先生捐款五万美元。如果我们能募集到全部五十万元基金,他答应还将再捐助

---

① 卡斯尔(George P. Castle):生平事迹未详,待考。
② 库克夫人(Mrs. A. B. Cook):时任埃贝尔俱乐部主席。
③ 小约翰·D. 洛克菲勒先生(John Davison Rockefeller Jr. , 1874～1960):美国著名慈善家、洛克菲勒家族的重要人物。他是标准石油公司创办人、亿万富翁约翰·洛克菲勒唯一的儿子和继承人,也是著名的洛克菲勒五兄弟的父亲。为与他的更为著名的父亲相区别,通常称为"小"约翰·洛克菲勒。小约翰·洛克菲勒是约翰·洛克菲勒(1839～1937)和妻子劳拉·C. 斯皮尔曼(1839～1915)的第五个、也是最年幼的孩子。他住在美国西54街4号父亲的公寓中,从1889年到1893年就读于布朗宁学校,这所学校位于西55街一幢褐色砂石建筑中,专为他和家族中其他孩子而设立。最初他已经被耶鲁大学录取,但是芝加哥大学校长William Rainey Harper和其他人鼓动他进入浸礼会背景的布朗大学。他在校期间,攻读了将近一打的社会科学课程,其中包括卡尔·马克思的《资本论》。1897年,他毕业时获得文学士学位。小约翰·洛克菲勒大学毕业以后,1897年10月1日,进入他父亲的公司出任总裁。后来又曾经任职于美国钢铁公司,同样出任总裁。1921年从父亲手中继承了美国大通银行的10%股权,成为当时该银行最大股东。1929年美国经济大萧条,小约翰·洛克菲勒出于当时个人名望,宣布于纽约市曼哈顿区兴建洛克菲勒中心。中心于1930年动工,1939年落成。

五万美元。V. 埃弗里特·梅西①先生也答应当我们完成全部基金的募捐任务时，捐助敝会二万五千元。我们在洛杉矶得到了 A. C. 鲍尔奇②先生、H. W. 奥梅尔维尼③先生，哈里·钱德勒④先生、E. P. 克拉克先生等人的慷慨捐助。另外洛杉矶耶鲁俱乐部也考虑派一名耶鲁大学毕业的中国学生为敝会服务五年。"第六，询问"埃贝尔俱乐部能否在五年里每年捐助我们一笔经费以资助或部分资助我们聘用一位受过教育的妇女工作者？以使她能继续和发展我们在中国妇女中的工作。……它将为中国的男士和妇女们准备参与当今的民主生活做出贡献"。第七，告知为洛克菲勒先生准备了一套完整的文件报告，如 A. B. 库克夫人需要，可以寄去一套。最后，表离开洛杉矶前没能亲自道别的遗憾和感谢对加州短暂访问时的照顾。(新版《全集》卷4，第101～102页)

3月5日　致信 E. A. 巴拉德⑤。信中首先告知近来行程及看到3月1日的来信，以中华平民教育促进会的名义感谢慷慨捐助。其次，感谢 A. 巴拉德会见奥斯古德·菲尔德⑥先生时就中国平民教育运动交换想法和意见。第三，告知奥斯古德·菲尔德的儿子弗雷德里克·菲尔德⑦给予的不可估量的帮助。"他原计划

---

①　V. 埃弗里特·梅西：生平事迹待考。

②　A. C. 巴尔奇(Mr. A. C. Balch)：又译鲍尔奇，生平事迹待考。

③　H. W. 奥梅尔维尼(Henry W. O'Melveny，1859～1941)：生于美国伊利诺伊州，10岁到洛杉矶生活，其父为著名律师和法官。1879年毕业于加州大学柏克利分校，自学法律并实践，两年后加入加州律师协会，成为见习律师。1885～1888年与杰克逊·A. 加尔文(Jackson A. Graves)合伙开办一个法律公司，在土地、人口与房地产繁荣方面发挥了关键性作用，促进了洛杉矶的城市繁荣。1886年开始从事洛杉矶石油业的相关法律服务和解决地区之间房地产冲突问题。1891年开始涉足威廉 G. 科尔克霍夫(William G. Kerckhoff)水电开发公司有关水的诉讼、劳动及水问题等的法律服务。1892年代表美国水晶糖公司(The American Crystal Sugar Company)、1897代表家庭电话公司(The Home Telephone Company)的相关业务服务。1913年开始为地方银行服务。第一次世界大战期间倡导爱国，鼓动洛杉矶居民购买自由债券。1917年成为洛杉矶莫里斯·普兰公司(The Los Angeles Morris Plan Company)的董事。1919年成为斯特劳斯公司(The Chicago company S. W. Straus & Company)出资建立的威尔希尔酒店有限公司(The Wilshire Boulevard Hotel Company)的总裁。继后，其领导的法律公司又将业务拓展到橡胶业、棉花业的相关法律服务和为大学、银行、保险公司、石油公司等提供法律咨询和服务，参与美国一些法规的起草工作。其法律公司在美国大萧条时期仍获得了较大发展。1941年以82岁高龄病逝。

④　哈里·钱德勒(Harry Chandler)：生平事迹待考。

⑤　巴拉德(Mr. Ellis Ames Ballard)：新版《全集》卷4"主要人名索引"误为"(Mr. B. A. Ballard)"。1885年他加入了由 Rufus E. Shapley 在费城的法律事务所，组建成 Shapley & Ballard 法律事务所。1904年，Boyd Lee Spahr 加入了他们的法律事务所。晏阳初致信时住在美国费城兰德·蒂特勒大厦1035号。

⑥　奥斯古德·菲尔德(William Osgood Field)：生平事迹未详，待考。

⑦　弗雷德里克·菲尔德(Frederick Vanderbilt Field，1905～2000)是美国左翼政治活动家。1923年毕业于私立霍奇基斯学校(The Private Hotchkiss School)，继后进入哈佛大学求学，积极参加大学活动成为《哈佛校报》的主编和黑斯蒂布丁俱乐部成员。1927在伦敦经济学院工作一年，在那里他接触到了费边社会主义政治理论家、经济学家和作家哈罗德·拉斯基(Harold Laski)的思想。1928年成为民主党的支持者，支持社会党总统候选人诺尔曼·托马斯，成为社会主义党成员。同年被太平洋关系学会(The Institute of Pacific Relations)的爱德华·卡特介绍认识正在美国为中国平教会募捐的晏阳初，继后成为晏阳初的私人 **(转下页)**

去欧洲继续学习,但是为了能够在我访美期间给予敝会所需的合作和帮助,他取消了这一计划。"最后,再次衷心表示感谢。(新版《全集》卷4,第103页)

3月6日 致信R.多拉尔①。信中首先告知最近行程情况,尤其是离开旧金山去洛杉矶之行非常有趣又有益。"原计划在那里只待四天,但由于洛杉矶人民对平教工作的浓厚兴趣,我们不得不停留了一个星期之久。我相信你一定会很高兴,因为我们已筹募到近二万五千美元,并且有希望不久还能收到至少一万美元的捐款。"其次,告知回到纽约就从委员会主席卡特先生那里了解到 V.埃弗里特·梅西先生同意有条件捐助中国平教会二万五千美元。第三,对旧金山之行很满意,感谢所作的周到安排,深信所给予支持能在中国平教运动方面获取丰硕成果的。第四,告知将于四月中旬回国,只有五六个星期的募款时间,对美国合作委员会纽约分会成员杰劳德·斯沃普②先生,路易斯·兰德夫人③,詹姆斯·G.赫包德④将军

(接上页)助理,加入太平洋国际学会,逐渐成为亚洲方面问题的专家,并且是太平洋国际学会一个主要的工作人员和支持者。从1928年开始在太平洋关系学会美洲委员会工作。1931年任助理秘书;1934～1940年任秘书;1940～1947年任评议员。他支持亨利·华勒斯的进步党和许多公开的共产主义组织,20世纪50年代麦卡锡主义鼎盛时期他被指控为共产党员,并被美国政府指控为首要的关注目标。著有《美国参与中国财团》(*American Participation in the China Consortiums*)(芝加哥大学出版社1931年版)、《太平洋地区经济手册》(*Economic Handbook of the Pacific Area*)(双日出版社1934年版)《中国的反抗力》(*China's Capacity for Resistance*)(美国国会太平洋关系学会1937年版)、《中国最大的危机》(*China's Greatest Crisis*)(新世纪出版社1945年)、《前西班牙墨西哥印花使用及意义的思考》(*Thoughts on the Meaning and Use of Pre-Hispanic Mexican Sellos*)(哈佛大学1967年版)和自传《从右到左——我的自传》(*From Right to Left*)(康涅狄格:劳伦斯·希尔出版公司1983年版)。

① 罗伯特·多拉尔(Robort Dollar,1844～1932):美国最大的木材生产商和出口商、航运巨头、实业家和慈善家。出生在苏格兰福尔柯克的贝恩斯福尔德。九岁丧母,后退学在一个车间,继后在木材船舶公司帮工维持家用。后随父移民到加拿大。当他14岁的时候,开始在一个伐木营地当厨师的帮手,后来在一家简壁工厂工作。他学会了法语,并用他的方式为营地做会计。1861年他正式做伐木工,并将原木通过河流运送到工厂。1866年,他担任一个英(国)美(国)木材公司的经理并自己开办一个伐木营地。后来他在加拿大、密歇根半岛和加利福尼亚北部都买有营地和林地。1866年开始写日记,一直持续到1918年。后来他拥有两支汽船商队,一支用来做海岸贸易,另一支用来做海外贸易;他以个人的力量建立起了太平洋海岸和东亚地区最大的一条贸易枢纽;在促进东西方商业和文化交流方面,他的地位和所起到的作用与日俱增,并为美国的商业奇迹做出了不可磨灭的贡献。被称为"太平洋伟大的老人"。他是个共济会会员。其事迹在1923年出版的《创造西方的人》(*Men Who Are Making the West*)一书有详细介绍。加利福尼亚州州长小杰姆斯·罗尔夫(James Rolph, Jr.),在他死的时候说,"罗伯特·多拉尔在他的一生中已经在公海上比这个国家的任何人传播美国国旗还要多。"他的肖像成为1928年3月19美国《时代》杂志的封面。他也留下了关于他致富的大量作品。晏阳初致信时,在加州旧金山多拉尔汽轮公司任职。

② 杰劳德·斯沃普(Gerard Swope,1872～1957):美国电气技术家。1895年毕业于麻省理工学院,1893年入通用电气公司,1922～1939年和1942～1944年两度任公司经理,其间他扩大国际通用电器公司的产品供应,调整公司应适应消费者对家用电器的需求,并提供消费信贷服务。曾获得胡佛奖章。1957年在纽约城去世。2000年被《福布斯杂志》誉为20世纪最有影响的商人。主要著作有《行业的稳定》(*Stabilization of Industry*,1931年)。

③ 路易斯·兰德夫人:生平事迹不详,待考。

④ 詹姆斯·G.赫包德:生平事迹不详,待考。

等人的热情帮助而高兴。最后,再次感谢合作和关照。(新版《全集》卷4,第104页)

3月7日　致信A. C. 鲍尔奇①。首先以个人名义感谢他及其夫人的热情好客及慷慨捐助。其次,感谢介绍E. P. 克拉克先生也为中国平教会慷慨捐助五千美元。第三,告知决定于四月中旬启程回国。最后,非常高兴欢迎来中国访问,希告知到达北平的大约时间,期望在北平见面。(新版《全集》卷4,第105~106页)

3月16日　致信C. 普兰蒂夫②。信中首先感谢昨天就中国平民教育各方面的问题所进行的长时间交谈。其次,告知可以在星期五即本月22日去见福特先生,期望确知福特先生是否方便并希望有机会看看其作品。第三,告知寄去一份2月份《亚细亚》杂志,其中有扼要记述中国平教会在华北定县进行模范实验的文章。最后,再次感谢对中国平教事业的关心。(参见新版《全集》卷4,第106~107页)

3月20日　致信F. T. 戴维森③。首先告知昨天收到J. D. 基利先生3月19日写给卡特先生的信函抄件和一张100元捐助中国平教会的支票并表感谢。其次,通报受美国新任内务部长雷·莱曼·威尔伯博士和中国前任驻华盛顿公使施肇基博士的邀请下于去年春天来到美国向朋友介绍一些当今中国已在进行的平教建设性工作,在几个城市演讲后,许多友人主动捐款。第三,感谢同意参加美国合作委员会与其他美国朋友一道为协会工作。第四,告知因洪水、饥荒以及国内政治纷争使中国平教会的经费来源匮乏,拟设法每年筹集几百万美元的捐款以进行在全国各省的教育工作,请求美国各基金会和个人捐助50万美元,维持五年的活动经费,以便渡过财政困难时期。第五,告之:小约翰·洛克菲勒先生捐款50 000美元,并答应如果拟筹集的50万元能全部捐齐,将再捐50 000美元;V. 埃弗里特·梅西先生也同意当完成全部基金的募款任务时,捐25 000美元,目前已捐到约24万美元,包括洛克菲勒先生的有条件捐款。第六,告知下月中旬将起程回国。第七,告知美国合作委员会还有不到4个星期的时间募捐剩余26万美元的任务。该委员会纽约会员杰拉德·斯沃普先生、路易斯·兰德夫人和詹姆斯·G. 赫包德将军等人已热忱地给予帮助,斯沃普先生通过招待20多位工商界巨子参加的招待会拟捐款10万美元。在洛杉矶访问时,得到了哈里·钱德勒先生5 000美元的捐款,并经过其努力另得到20 000美元的捐款。曼斯菲尔德④主持的洛杉矶耶鲁俱

① 巴尔奇(Mr. A. C. Balch):时住加州洛杉矶西八大街325号。
② 卡斯顿·普兰蒂夫(Mr. Caston Plantiff):时在福特汽车公司。旧版《全集》译为"卡斯顿·普兰特夫"。
③ 特鲁比·戴维森(F. Trubee Davidson):时在华盛顿作战部任职。
④ 曼斯菲尔德:生平事迹待考。

乐部也考虑以后五年每年捐款 1 500 美元帮助中国平教会的平民文学部聘用一位中文编辑。美国合作委员会西海岸其他会员,如罗伯特·多拉尔上校①等也都热忱地帮助开展募捐活动。美国合作委员会的克拉伦斯·凯尔西先生已率先捐出5 000 美元。最后,表达对其支持的希望。建议 F. T. 戴维森的捐款可以在五年里分期付款。(参见新版《全集》卷4,第107~109页)

3月22日 由史瓦甫(Gerard Swope)②陪同抵底特律拜见福特(Henry Ford)先生,被安排在银行俱乐部午宴,福特要求各大公司总裁支持中国平教运动。(吴著《晏传》,第110页)

3月 经友人介绍,会晤了美国密尔班纪念基金会(Milbank Memorial Fund)的执行长 Dr. John Kingsbery,研讨中国能否效法他们成绩卓著的公共卫生实验的经验,并希望得到他们的协助来定县实验。获基金会允捐款五万美元,以供定县实验之用。(吴著《晏传》,第110页)

4月2日 致信 E. 布莱恩夫人③。信中首先告知与弗雷德·V. 菲尔德④先生一起刚在几天前从匹兹堡回来,在那儿很成功。其次,代表中华平民教育促进会董事会和总会全体职员感谢给平教运动的一大笔捐款、良好的合作与帮助精神。第三,表达"拥有四亿人民、四千年文化并有丰富的未开发资源的中国,定能为人类的和平与幸福作出贡献。"第四,告知在芝加哥停留了一个半小时但未能亲自拜访深为抱歉。第五,告知访问加州的三周日程安排很紧张,也很有收益。最后,告知"在史注恩⑤夫妇和希巴德夫人的积极合作下,我们的委员已在芝加哥安排了一系列的会议和晚餐会,时间是从四月八日开始。我想在那儿呆到十二日并急切地期待着能见到你们。"(新版《全集》卷4,第110页)

4月16日 致信 R. 多拉尔船长⑥。信中首先告知上星期日介绍中华平教会的工作及旧金山一别后平教会在美国的筹款进展情况占用了很长时间,在此表示感谢。其次,述及前些时候曾写信告诉获得捐款的具体情况,现必须在回国前的两个星期里筹募到共计 20 万美元,希望能在这关键时刻给予帮助。第三,论平民教育对中国极其重要。"要想使近三亿文盲的中国能够在政治和经济等方面有个稳

---

① 罗伯特·多拉尔上校:原文是"Captain Robort Dollar",应译为"罗伯特·多拉尔船长"(1844~1932)。
② 史瓦甫(Gerard Swope,1872~1957):又译"斯沃普",美国电器商人。
③ 布莱恩夫人(Mrs. Emmons Blaine):时在美国伊利诺斯州芝加哥东伊利大街101号。
④ 弗雷德·V. 菲尔德:即弗雷德里克·菲尔德(Frederick Vanderbilt Field,1905~2000)。
⑤ 史注恩:旧版《全集》译为"赛斯·H. 斯特朗"。
⑥ 罗伯特·多拉尔船长:新版和旧版《全集》均误译为"多拉尔上校"。原文是"Captain Robort Dollar",根据其事迹,译为"罗伯特·多拉尔船长"。

定的局面,即使可能的话,那也是很渺茫的,因为军阀毁灭了这个国家。只要大多数中国人民仍然是'聋、哑、瞎',军阀们就会继续为非作歹。'瞎'指人民不能读书,'聋'指人民不知道国家或地方大事,'哑'指人民不敢指责和反抗压迫和腐败。中国平民教育运动,如您所知道,其目的首先是扫除一切文盲,然后使平民——民族的脊梁适应现代工业和政治所必需的基础教育。"第四,介绍中国平教会。"敝会是由一批受过良好教育、勇于奉献的中国青年所组成的,他们分别在国内或国外接受过训练,这些青年把教育和改善平民生活作为自己终生奋斗的目标。或许这就是他们的宗教信仰吧。其中三人曾经是国立大学校长,为了献身建立新中国的此项基础工作,他们辞去了大学校长职务。现在他们的薪水仅是以前的三分之一。在革命与反革命、洪水与饥荒的逆境中,这批有志青年意识到在全国范围内进行平民教育的重要性,并创立了一个全国性平民教育机构,其分支机构遍布各地。城乡平民学校、工厂、部队共计有男女学生近六百万名,教师三万名,他们都是自愿授课,不计报酬。"第五,中国平教会希望得到 R. 多拉尔船长精神和物质两方面的全力支持,并赞赏其为上海地区的工人和海员们所作的贡献。第六,谈中国平教会当前的工作重点。"上百万的中国人开始从愚昧中觉醒。目前看来,头等大事是人民接受何种思想,是军阀主义、布尔什维克主义,还是共和主义?占世界人口四分之一的中国人民在今后二三十年的所作所为必将对其他四分之三的世界人民产生影响。如果他们受破坏势力的影响,将对世界构成极大威胁。但如果他们有正确思想的引导并施予正确的教育,加之中国的四千年悠久文化和地大物博,他们无疑将对全人类的和平和富强作出巨大贡献。"最后,表达坚信 R. 多拉尔船长的捐款承诺,并希望捐款越早寄来以起带头和示范作用。(新版《全集》卷4,第110~112页)

4月19日　致信 H. S. 普里切特①博士。信中首先告知邮寄去了一套平民千字课本。这套课本在中国广为运用。其次,告知寄去了一份第四期《世纪》杂志和2月份《亚细亚》杂志,前者第717页上有一篇关于平教会工作的报道,后者第126页上有一篇关于平教会在华北定县开展的教育、农业、社会等方面工作的文章。最后,汇报筹款情况并希望卡内基基金会捐款5万元。(新版《全集》卷4,第113页)

4月23日　致信 W. H. 克罗克②先生。信中首先告知"深信您和我们的共同朋友亚历山大③先生和普里切特博士一样,对敝会工作是非常关心的"。其次,介绍中国平教会的宗旨。"主要有两个:一是在中国扫除占人口近百分之七十的文

---

① 亨利·普里切特(Dr. Henry S. Prichett):时住纽约市第五条大街522号。
② 威廉·克罗克(William H. Crocker):时在旧金山市克罗克第一国家银行。
③ 亚历山大:生平事迹未详,待考。

盲,二是等待他们识字后,向他们普及现代公民基础知识。"第三,论中国当时最根本、最迫切的问题是"教育上百万没文化的人民",并汇报当时中国平民教育运动所取得的成绩。认为"平民教育运动是一场真正的文艺复兴。它并非仅由一些文人志士参与,而是广大民众参加的文化复兴运动。"第四,汇报去年春天受邀请向美国朋友介绍中国平民教育事业后得到许多朋友的募捐及具体受捐情况,衷心期望 W. H. 克罗克先生与其他美国朋友一道捐助中国平民教育运动,并告知捐款时间和付款方式。最后,告知将于 5 月 10 日乘"林肯总统"号从旧金山起程归国。(新版《全集》卷 4,第 114~116 页)

4 月 在随行义勇助理哈佛大学毕业生费尔德(Fredeick V. Field)①的陪伴下在美国东西各大城市往来奔走,为中国平民教育捐款演讲拜访非常忙碌,终使各地捐款不踊跃的局面有所改善。各地承诺捐款数额达 33 万余元。(吴著《晏传》,第 111 页)

5 月 1 日 复信 E. W. 休安小姐②。信中首先感谢 4 月 27 日的来信。其次,赞赏 E. W. 休安小姐与菲尔德先生一起度过颇有收益的夜晚,并对菲尔德先生对中国平民教育运动提供的宝贵帮助表感谢,希望他将来有可能对中国的形势进行更精深的研究。第三,告知送给平民运动的示范课本请寄北京石驸马大街 22 号北京平教会办公室。最后,告知将赠送一套亲笔签名的《平民千字课》,并欢迎能来中国访问。(参见新版《全集》卷 4,第 116~117 页)

5 月 7 日 致信 G. P. 卡斯尔夫人③。信中告知将于 5 月 17 日从旧金山乘"亚当斯总统"号轮船回国,24 日抵檀香山。拟停留一天,并已致信王先生(Mr. Charlie Wang)④和李绍昌教授请安排与曾给平教运动以慷慨资助的诸位朋友聚会,尤其想在那天启航前拜会她。(参见新版《全集》卷 4,第 117 页)

5 月 24 日 致信 T. 科克兰先生⑤。信中首先告知很高兴能共进午餐,并商讨

---

① 费尔德(Frederick V. Field):即弗雷德里克·菲尔德(Frederick Vanderbilt Field)。参见本年"3 月 5 日"条注释。
② 休安(Miss E. W. Hughan):生平事迹待考。时在美国纽约吉恩任职。
③ 卡斯尔夫人(Mrs. George P. Castle):时在夏威夷檀香山。
④ 王先生(Mr. Charlie Wang):生平事迹待考。
⑤ 托马斯·科克兰(Thomas Childs Cockran,1902~?):经济史学家。1902 年 4 月 29 日生于纽约州布鲁克林。1930 年获宾夕法尼亚大学博士学位。1943~1950 年任纽约大学副教授,教授。1950~1972 年任宾夕法尼亚大学美国史教授。1950~1952 年任美国全国经济研究局主任。1958~1960 年任美国经济史协会主席。1960~1964 年任美国社会科学研究理事会主席。1972 年为美国历史协会主席。主张史学应该与社会科学联合,对现实的社会问题作出回答。其主要贡献在于把商业史作为美国历史的一个分支来研究。著作:《联邦时期的纽约》(1932)、《企业时代:工业化美国的社会史》(合著,1942)、《美国商业的基本历史》(1959)、《史学研究中的社会科学》(1964)、《美国生活中的企业》(1972)、《工业社会的社会变迁》(1972)、《美国企业二百年》(1977)、《宾夕法尼亚二百年史》(1978)、《变化的边疆:美国早期的工业主义》(1981)。晏阳初致信时,住纽约市华尔街 26 号。

中国平民教育工作,尤其是有关定县实验区公共卫生计划。其次,表达在定县平教会已开展了教育、农业、社会等方面的工作的基础上,现在可以实施公共卫生模范区的计划,希望得到米尔班克基金会的丰富经验和给予的财政援助。第三,告知当天上午广泛拜会了华人社区,花了15分钟的时间会见了一群对中国平民教育工作颇感兴趣的美国人;当晚六时将乘"亚当斯总统"号船回国。最后,希望常来信。(新版《全集》卷4,第118页)

5月 继续在随行义务助理哈佛大学毕业生费尔德的陪伴下在美国各大城市为中国平民教育忙碌募捐。(吴著《晏传》,第111页)

6月10日 自美归国,抵达北平。(吴著《晏传》,第111页)

6月13日 "平教总会"同仁假中央公园水榭举行归国欢迎会。董事长朱其慧等致词后,向"平教总会"做访美汇报。(吴著《晏传》,第111页)

7月 举家从北平迁至定县农村。住在一较宽的四合院,与农人为邻。虚心诚意向农民学习,以农民作师友,以改变千百年来"万般皆下品,惟有读书高"的积弊恶习。(吴著《晏传》,第3页)

8月1日 致信F. V. 菲尔德[①]先生。信中首先表达收到7月3日来信的感谢。其次,告知米尔班克基金会同意合作定县卫生实验感到非常高兴和激动。第三,告知负责公共卫生工作的专家正在物色之中。第四,询问两星期前寄去的一套完整的《财政委员会会议记录》、"1929.7~1930.6预算报告"及有关财政委员会组织权限的说明是否收到,为防邮寄中遗失,再寄去一套。第五,建议将F. V. 菲尔德先生手中的余额现金移交给由贝纳特、顾临、周贻春组成的投资委员会以便把大部分余额邮汇北平实现最谨慎最实惠的目的,同时告知"如果您、贝纳特和其他美国合作委员会成员要求把余额存在纽约,我作为个人没什么异议。"第六,告知由金斯伯里博士非正式邀请,西奥多·凯利夫人[②]正在北平参观平教卫生工作。第七,告知昨天收到F. V. 菲尔德慈母热情的信件告诉海洋航行的美好时光以及F. V. 菲尔德与其父亲去欧洲观光的情形。最后,邀请F. V. 菲尔德能来中国增加传奇经历。(新版《全集》卷4,第119~120页)

同日 致信S. D. 甘博。信中首先告知这次太平洋航行极不顺利,太平洋一点也不太平,遇上了两次台风,最终还是平安地回到了家。其次,告知回到中国后一星期,就下乡去了定县,发现整个工作的进展令人满意,并寄去一份李

[①] F. V. 菲尔德:即弗雷德里克·菲尔德(Frederick Vanderbilt Field)。参见本年"3月5日"条注释。

[②] 西奥多·凯利夫人:生平事迹待考。

景汉①交给的调查部人员名单。第三,告知李景汉领导下作了大量而系统的调查工作,深信今后两年的全部调查任务会圆满完成。但李景汉的身体已彻底垮掉,患了胸膜炎,至少需要 3 个月时间的休养才能康复,并寄去一份诊断书以便了解他的健康状况。第四,抱歉告知因李景汉身体原因不能把大量整理的调查报告译成英文相寄。第五,告知中华教育文化基金董事会近来给中华平教促进会很大帮助。"到今年六月为止的前三年,该基金会每年捐资平民文学部一万五千元,更令人高兴的是该会董事们受到美国团体和个人慷慨捐助的促进和平民文学部过去三年所取得的成就的鼓舞,决定继续捐资给我们从事平民文学工作,共计六万元。"这表明"我们得到了国民政府任命的新董事会的公开承认"。第六,告知近些年来中国平民教育运动的最大成就之一就是有史以来国民政府把平民教育正式列入国家教育体制,教育部所设四个司中就有一个国民教育司,每个省也都设立了国民教育局。第七,告知许多省政府要求派骨干力量支持其建立培训机构以培养地方行政管理干部和平教师资,现邀请应接不暇,只能尽力而为。日前已派几位同事去参加福建省的教育工作会议,帮助制定福建全省平民教育规划。第八,告知在国家和地方政府以极大的热情开展平民教育并为扫除文盲、组织了平民学校、训练了行政人员和师资、准备了阅读材料的情况下,平教会可搞像定县那样仔细而有实质性的平教研究工作。第九,告知定县刚召开了村际学校毕业典礼,400 多名学生被授予"文化公民"证书,其年龄从 10 岁到 55 岁。其中有 250 名老年和青年农民,还有 150 名为妇女。最后,告知与县长和当地的私立和公立机构以及乡里老者商讨,决定把县考棚②供给平教会用作培训学院和定县办事处。(新版《全集》卷 4,第 120~122 页)

---

① 李景汉(1894~1986):北京通县人。社会学家、社会调查学家。1917 年赴美留学,主修社会学及社会调查研究方法。先后在哥伦比亚大学、加利福尼亚大学学习,获加利福尼亚大学硕士学位。1924 年回国,任北平社会调查所干事。1926 年任中华教育文化基金会社会调查部主任兼燕京大学社会学系讲师。1928 年任平教会定县试验区调查部主任。1935~1944 年,历任清华大学社会学系教授、清华大学国情普查研究所调查组主任、西南联合大学社会学系教授。1944~1947 年被派往美国国情普查局考察,并参加人口研究活动,1947~1949 年,在联合国粮农组织统计专家室工作,兼任东南亚数国农业普查顾问。1949~1952 年,任辅仁大学社会学系主任,并在北京大学兼课。1953 年任中央财经学院、中国人民大学和北京经济学院教授。1956 年任中国人民大学调查研究室主任。1979 年被聘为中国社会学研究会顾问;1984 年应聘为中国人民大学社会学研究所顾问。李景汉为中国社会调查研究和社会学教学工作做出了贡献。他进行了大量的社会调查,其中在定县所作的调查是中国知识分子运用西方社会学的方法进行实地调查的典范之一,是中国首次以县为单位的系统的实地调查。《定县社会概况调查》一书为研究 20 世纪 30 年代中国北方的农村社区提供了翔实的资料,在国内外产生了深远的影响。主要著作有《北京人力车夫现状的调查》(1925)、《北京无产阶级的调查》(1926)、《北平郊外之乡村家庭》(1929)、《实地调查方法》(1933)、《定县社会概况调查》(1933)、《北京郊区乡村家庭生活调查札记》(1981)等。

② 考棚:是定县贡院的俗称,位于定县城内东大街草场胡同路东,始建于清乾隆四年(1739),由定州牧王大年创建,汇辖区内文武考生应试。道光十三年(1833)州牧王仲槐劝捐于民重修,道光十五年修成。它是我国北方唯一保存最好的州属贡院,1956 年列为省重点文物保护单位。

8月14日　在美国发动的平民教育捐款增至 44.9 万余美元。(吴著《晏传》,第111 页)

9月10日　致信王正黻先生。信中首先告知请他或芳馨①帮忙到车站去接 8 月 29 日乘"法国女皇"号从温哥华启航、预定于 15 日晨乘火车到达沈阳、毕业于沃塞大学、将任中华平民教育运动的英文秘书的新同仁金淑英②小姐,并给予可能的帮助。其次,告知定县试验情况。"正集中一切力量把它建设成为现代化的县,同时使之成为我国的示范县。到目前为止,约有一百多位工作人员在那里工作"。最后,邀请王正黻先生来北京并到定县作一次特别的参观。(新版《全集》卷 4,第 123 页)

9月11日　致信兰安生③。信中告知定县实验的公共卫生工作邀请姚博士负责,在定县实行公共卫生计划之前,很希望听取一些在卫生领域有经验并关心平教会工作的专家们的意见和建议。拟于本月 12 号 12:30 分邀请一些朋友共进午餐并商讨该问题。邀请他光临。地点在北京协和医院 E 字饭堂。(新版《全集》卷 4,第 124 页)

9月30日　致信王正黻先生。首先告知王正黻在南京参观时寄来的信收到,

---

①　芳馨:即王芳馨。

②　金淑英:是爱伦(Ellin S. Auchincloss)的中文名。也称 E. S. 奥金克洛斯夫人,或译埃丽·奥金克洛丝。美国纽约人。毕业于沃塞大学,1929 年到定县任平教会英文秘书。

③　兰安生(J. B. Grant,1890~1962):旧版《全集》译为"J. B. 格兰特"。其父兰雅谷(James S. Grant)是浸礼会教士,毕业于美国密歇根大学医学专业,1889 年,接受密歇根大学基督教青年会委派到宁波一所教会医院工作直到去世。兰安生出生于浙江宁波,童年玩伴为中国孩子。八岁后,被父母送到烟台的一所教会学校接受教育。其父希望他能学习理科,曾被送入德国人在青岛办的高中学习一年。后来被送到加拿大新斯科舍省读高中。1912 年,高中毕业后进入密歇根大学医学院。1917 年,大学毕业后,到洛克菲勒基金会卫生部工作。先被派往北卡罗来纳州从事钩虫病调查工作,1917 年末被派到湖南做公共卫生调查。1920 年,完成湖南的调查任务回到美国,之后到霍普金斯医学院进修了公共卫生学硕士。1921 年,又回到了中国,洛克菲勒基金会卫生部驻远东代表兼任北京协和医学院病理系的副教授。1922 年,在协和病理系课程中设置了预防医学课程,之后,1923 年 8 月至 9 月为协和已经毕业的学生特别开设了补习班,开班的目的是讲授"公共卫生的教授法""公共卫生教育的学理和实行""预防医学的进步",该班还有协和生理学、细菌学、寄生虫学、解剖学、病理学等,由教员轮流演讲。1924 年,正式创办了协和公共卫生系,担任首任系主任。经其努力,公共卫生系后来共有 4 个研究室,其研究领域分别是生物统计学、流行病学、城市公共卫生和乡村公共卫生,1932 年又附设了 1 个生物统计学实验室。1925 年,争取到北京市政府的支持,与京师警察厅合作,在北京内一区(现属东城区)成立第一卫生事务所,所管辖和服务的人口后来达到 10 万人左右。1928 年认识晏阳初后,推动了定县农村卫生工作的开展。从 1932 年到 1935 年,他与陈志潜等人共同努力,在定县建立起了一套比较完整的卫生系统,形成了由村到区到县的农村医疗卫生网络,基本解决了大多数农民无医无药的困难。在定县消灭了天花、黑热病、霍乱,大大减少了肠胃病传染。儿童的沙眼、头癣和婴儿破伤风均明显减少。农民的卫生知识有了很大提高。改良了水井,饮水卫生得到提高,并普遍进行了预防注射。1939 年,离开中国到印度去继续自己的公共卫生事业。积极支持中国人民的抗日事业,数次前往重庆,指导后方的公共卫生防疫工作。将自己的工作经验总结为"协和模式",并把这个模式推向全世界,成为世界公共卫生史上永恒的经典。1962 年,在美国去世。逝后被国际公共卫生界奉为泰斗。著有《北京公共卫生刍议》(中央防疫处 1925 年版)、《公共卫生学》(卫生部中华卫生教育研究会 1930 年版)。晏阳初写信时,他在北京协和医院工作。

信中所提之事已着手调查并与美国的朋友进行核实。其次,告知两天前收到一位加利福尼亚大学的老朋友的来信,他预计两周后到北平,他将准备有关项目设计的资料,并询问王正黻是否有时间去看他。第三,告知许多参加京都会议的美国朋友途径北平,将尽可能让他们到定县参观,以便了解定县的平教工作。第四,告知把定县的工作安排好后就到沈阳去拜望他,告知要 11 月中旬或下旬去了。第五,告知王正黻如遇到张学良,请代其问好,希望下次能见面讨论东北发展及合作的方式与方法。最后,请代他向王芳馨问好。(参见新版《全集》卷 4,第 124～125 页)

同日 致信 R. L. 威尔伯博士。首先告知回北平后一直想给他写信,告诉他中国平民教育运动的发展近况,但因诸事繁杂而未能。其次,告知当时全国各地对平民教育工作表现出高涨的热情。第三,向他介绍中华教育文化基金董事会及新委员会近期的活动情况。第四,告知南京国民政府正式采纳了"初等平民教育体系",该体系强调"三 R 教学"。教育部设立了包括普通教育司在内的四个司,各省也成立了普通教育厅,国民政府已把初等平民教育正式纳入国家教育体系,民众教育未来前途光明。第五,告知收到大量南方和北方地方政府邀请去培训地方平民教育管理者、监督者和教师的信函或电报,但平教会因人手有限已难以应付。甚至不同意南京政府教育部普通教育司抽调平教会人员去做领导以领导全国的普通教育。第六,告知中央政府和各省政府已组织初等平民教育学校、培训干部和教师等来促进扫盲运动向纵深发展,相信通过五十年的努力扫除青少年文盲大有希望。第七,告知当年预算的百分之八十五以上用于在定县进行有关教育、农业、社会三方面的研究、实验和培训项目。第八,告知定县平民教育成效显著,在一个乡间的毕业典礼上,"有四百多学员,年龄从十岁至五十五岁,被授予'识字公民证书',其中包括大约二百五十名老年与青年农民以及一百五十名妇女。"为此,县长与各公私团体以及村长把一座考棚赠予平教会做办公地点和培训学校。最后,告知"随信附上一份财政委员会上次会议的记录,该会负责将美国合作委员会的基金转给'运动'。随信还附上一份国家基金管理委员会和我上面提到的财政委员会的人员名单,我相信,这将使您对在各委员会供职人员具有较高素质有个了解。"(新版《全集》卷 4,第 127 页)

9 月 福特捐 1 万美元,罗氏基金会捐 10 万美元。(吴著《晏传》,第 111 页)

10 月 4 日 致信 F. V. 菲尔德夫妇。信中首先欢迎他们到中国来,并表达不能亲自前往车站迎接的遗憾。其次,告知由于上海余日章(Dr. David Yu)①博士来

---

① 余日章(Dr. David Yu):旧版《全集》译为"余大卫"。

电告知卡特先生突然大大缩短了他在北平的访问时间,可能提前去定县参观,因而扰乱了原先的打算。第三,相信下次有机会来定县参观、见面,并希望多待些时间以全面了解平教会进行的各项活动和研究项目。第四,告知 F. V. 菲尔德夫妇星期一晚十点自己将返回北平,次日清晨就去饭店看望。最后,告知 F. V. 菲尔德夫妇邀请了财政委员会顾临、贝纳特和斯图瓦特三位美国代表于 10 月 8 日(星期二)下午 6 时在家一起与卡特先生见面,然后晚餐。(参见新版《全集》卷 4,第 128 页)

同日　致信 D. 费尔普斯。信中首先告知刚收悉 9 月 23 日的来信,衷心欢迎来北平访问,并对其获得加州大学博士学位表示热烈祝贺。其次,告知近来将有一大批出席京都太平洋会议的美国代表来北平观光,都希望看看定县实验区。太平洋协会研究部主任、哥伦比亚大学詹姆斯·肖特韦尔①博士已视察过了,并对实验区的工作感兴趣。今晚将陪三位代表前往定县参观。最后,告知下星期初返回北平,并盼望 D. 费尔普斯和夫人的到来。(参见新版《全集》卷 4,第 129 页)

10 月 5 日　致信 F. P. 凯佩尔②博士。信中首先表达听说其在京都会议后不来中国北方参观的遗憾。其次,简略告知平教运动在过去一年多时间里取得的显著成绩。第三,告知寄上中华平民教育促进会董事会以及负责美国合作委员会转来捐款的财政委员会的人员名单,并介绍与中华平教运动合作的几位有较高地位的人。最后,告知肖特韦尔博士和卡特先生来定县参观的一些情况。(参见新版《全集》卷 4,第 130~132 页)

10 月　特聘北平协和医学院优秀毕业生、已获赴美研究奖学金的姚寻源③到定县主持卫生教育部工作。(王福田主编、定州市地方志编纂委员会编纂:《定州市志》,中国城市出版社 1998 年版,第 1055 页)

---

①　詹姆斯·肖特韦尔(James Thomson Shotwell,1874~1965):也译为"詹姆斯·索特韦尔"。教授、历史学家。1874 年 8 月 6 日生于加拿大安大略省的斯特拉斯罗伊一个美国教友会教徒的家庭。1898 年毕业于多伦多大学。1900 年任纽约哥伦比亚大学历史教员,1903 年获得博士学位,升为讲师。1908 年任教授。1917 年任威尔逊总统的顾问,后为美国参加凡尔赛和会的代表。1919 年任《世界大战时期经济和社会史》丛书主编,由欧洲各国的专家分别编写,共 160 卷,到 1929 年出齐。这个时期正分别参加洛迦诺公约(1925)和凯洛格-白里安公约(1928)条款的拟定。1927~1930 年任太平洋关系研究所所长。1931~1933 年任社会科学研究会会长。1935 年当选为国联协会主席。1936 年主编多卷本《加拿大和美国的关系》。1943 年协助罗斯福总统规划组织联合国。1945 年任出席旧金山会议的美国代表团首席顾问。1948~1950 年任卡内基基金会董事长。著作还有《当代的宗教革命》(1913)、《和约中有关劳工的条款》(1919)、《史学史导论》(1922)、《战争是国家政策的工具》(1929)、《自由的传统》(1934)、《在深渊的边缘》(1936)、《巴黎和会见闻录》(1937)、《德国忘记了什么》(1940)、《伟大的抉择》(1944)、《安全和裁军的教训》(1947)等。1965 年 7 月 15 日去世。

②　凯佩尔(Dr. Frederick P. Keppel,1875~1943):美国图书馆史上有较大影响的领导人物及管理家,曾任纽约卡内基基金会主席。时在日本京都参加太平洋会议。

③　姚寻源:别号新远,河北涞源人,曾任卫生署视察、新疆省卫生处处长、甘肃省卫生处处长。

11 月 4 日　致信季理斐夫人①。信中首先告知刚收悉 10 月 25 日来信,得知她的一些美国朋友给予了一些捐款。其次,对她朋友们希望再出一本她文章的专刊拟以千字本为基础以使大多数孩子阅读和欣赏表示反对,"因为您的文章所用汉字不超过五六百,已经符合您朋友的要求"。最后,表达中华平教会对其任何文学作品都会颇感兴趣。(新版《全集》卷 4,第 132～133 页)

同日　致信 W. 迪林厄姆②先生。信中首先告知收到来信非常高兴。其次,抱歉很长时间没能去信并告知缘由。第三,深信他和家人身体健康,工作顺利。第四,表达对他年青的哈佛朋友莫奇③小伙子很感兴趣。第五,告知中华平教会最近的主要工作及已取得的成绩。最后,告知卡特先生和哥伦比亚大学教授、卡内基国际和平基金会的詹姆斯·肖特韦尔专门来定县参观了实验工作,希望 W. 迪林厄姆先生不久也能来莅临指导。(参见新版《全集》卷 4,第 133～135 页)

11 月 25 日　致信 S. D. 甘博。信中首先询问收到前些时候的去信没有,在信中讲述了去年在美国时中华平教会工作的主要方面。其次,告知李景汉的身体仍无很大变化,在近几个月里不可能重新工作,其工作由瞿菊农④博士暂时接替,冯锐博士帮助料理财务,并希望同意寻找一位具有李景汉才能的人主持调查部工作。第三,询问 S. D. 甘博是否有可能来中国半年。告知平教会有 90% 的人员(约 120 人)已搬到定县,准备在那里集中实验十年或更长时间,现已形成了一个社区,如来就不待北平而来定县办公。希望尽快给予答复。第四,告知平教会得到了比过去更多的当地百姓的合作。最后,祝圣诞快乐、新年愉快。(参见新版《全集》卷 4,第 135～136 页)

---

①　季理斐夫人(Mrs. MacGillivray,M. H. Brown,Donand MacGillivray):旧版《全集》译为"麦吉利夫雷夫人",著名编辑,翻译家。原名丽莎·柏卫(Lizzie A. Bovey),出生于英格兰,1898 年受伦敦传教会的委派来华,1900 年 8 月与季理斐结婚。任广学会干事,负责对外联络工作。擅长翻译工作,译本多面向基督教家庭儿童。1903 年译有《喻言丛谈》(*Parables from Nature*),1915 年由广学会再版发行。1906 年翻译了《饥饿有福》《幼女诞礼遗范传》和《惜畜新编》等儿童读物。1909 年在《中西教会报》的《副刊》第 198 至 214 册发表美国通俗小说家苏珊·华纳德畅销小说《幼女遇难得救记》。1915 年任广学会新出刊的《福幼报》主编至 1936 年。1910 年还掌管教会外国救援工作(后改名为"少女之家")的财务,为在港口居住或随船旅行的外国传教士提供暂住处和保护。提倡针对不识字妇女和儿童的拼音文学,曾担任中华续行委办会 1922 年成立的拼音文学委员会主席。其译作还包括《瞎哑聋》(*Life of Helen Keller*)、《孩童故事》(*Stories of Children*)、《伶俐幼童故事记》《圣诞真意》(*The True Meaning of Christmas*)、《还有七天的生活》(*Robert Hardy's Seven Days*),广学会 1918 年再版了她的《牲畜罢工记》。1921 年 8 月曾任《女铎》主笔一职。还出版过《儿童圣经》,担任加拿大女子布道会主席。1931 年其夫去世后仍在广学会工作,直到 1936 年 6 月退休回加拿大,于当年去世。晏阳初致信时,她住上海施高塔路 35 号广学会的出版社编辑部。
②　沃尔特·迪林厄姆(Mr. Walter Dillingham):时住夏威夷檀香山瓦湖岛。
③　莫奇:生平事迹未详,待考。
④　瞿菊农:即瞿世英。

12月9日　致信刘瑞恒①博士。信中首先表达与他及国民政府卫生部各司的领导一起长时间地讨论民众健康问题、以及卫生部与平教运动合作的方法和途径等问题而感到十分荣幸。其次,汇报定县卫生工作才刚刚起步,已做了些基础工作,在定县进行卫生试验工作的时机已经成熟,拟送一份关于定县民众卫生工作五年计划。第三,表达坚信国民政府卫生部一定能对定县的卫生工作提供有益的帮助,包括经济上的资助和所需的医护人员。希望得到对定县卫生工作的建议和忠告。第四,希望国民政府卫生部发一份公函或文件给河北省政府民政厅,指示定县地方政府为平教运动的卫生工作尽可能提供合作和帮助。最后,希望国民政府卫生部能提供一些关于卫生方面有价值的文件资料,并承诺将不断向国民政府卫生部提供有关定县卫生工作方面的一切中英文出版物。(参见新版《全集》卷4,第136～137页)

12月28日　致信 A. V. 吴②。信中首先告知于 23 日结束了紧张的旅行,从上海返回。其次,告知寄去一份证明他为中国儿童福利事业所作的杰出贡献的简要说明。第三,告知为费恩博士③拟写《在华四十年》寄去去年在美发表的有关平教会工作的两篇文章,中华平教会庶务处送去她所要的平民教育文学作品,此信中附寄了一份最近刚寄给美国朋友的报告信。最后,感谢在上海期间得到的热情款待。(参见新版《全集》卷4,第138页;旧版《全集》卷3,第132～133页)

12月30日　致信王正廷博士。信中首先表达能在南京有幸会晤,确实高兴。

---

①　刘瑞恒(1893～1961):字月如,天津市人。光绪三十二年(1906)由天津北洋大学保送美国哈佛大学学习,1915 年获医学博士学位,回国后任上海哈佛医学院外科教授,1918 年改任协和医学院外科教授。1920年再度赴美进修癌外科,回国后任协和医学院院长、外科教授期间,于 1926 年诊断尿血久治不愈的梁启超为右肾肿瘤。重视公共卫生事业,支持创设北京卫生事务所供学生实习;主张临床应与军事医学结合,组织学生赴野战医院实习。1928～1938 年,先后任卫生部次长、部长(1931 年部改署后任署长),确定普遍推行卫生保健事业并列入宪法,订定中央与地方各级卫生机构法规。1926～1928 年任中华医学会会长。1929 年主持卫生部中央卫生委员会审议通过余云岫"废止旧医以扫除医事卫生之障碍案",并积极推行废止中医的活动,挑起与推动了无休止的中医西医论争。1930 年筹建中央医院兼任院长,同时兼任军政部军医署长。1941年太平洋战争爆发后曾赴美募集医药物资,提供中国红十字会救护总队抗日救护伤兵员之用。抗日战争胜利后任职善后救济总署卫生委员会,并以美国医药助华会副会长职务进行医药卫生物资筹措及医学教育工作。1949 年赴台湾。晏阳初致信时任卫生部部长。

②　安德鲁·V. 吴(Mr. Andrew V. Wu):时任全国儿童福利协会秘书长。

③　费恩博士:新版全集译为"芳泰瑞(C. H. Fenn)博士"。芳泰瑞是考特尼·休斯·芬恩(Courtenay Hughes Fenn,1866～1953)的中文名。美国长老会传教士。生于纽约州克莱德(Clyde)。毕业于汉密尔顿学院和奥本神学院。1892 年与爱丽丝·梅结婚。1893 年赴华在北平(今北京)传教。1900 年,他提供了义和团运动和北京被围的第一手证据的摄影图册,现与其打印的日记一起保存在耶鲁大学图书馆。或许芬恩对与其同时代的中国人的看法相当悲观,这个可在亚瑟·费特森·布朗(Arthur Judson Brown)的《旧中国的新势力》(*New Forces in Old China*,1904)一书中几处关于他的论述中找到证据。1901～1902 年任美国长老会外国差会部代理干事。1905～1915 年任北平协和神学院院长。1915～1925 年任北平协和基督教学院教授兼院长。1928～1936 年任中国外国传教委员会干事。编有《经文汇编》和《五千字词典》《芬恩汉英小词典》等。育有两子。长子亨利·夸特尼·芬恩(Henry Courtenay Fenn,1894～1978),著名的美国中国学学者,耶鲁大学中国语言系列课程的设计者。二儿子芳卫廉(William Purviance Fenn)于 1902 年在中国出生。

其次,表达受其为国事而奋斗的崇高品德的鼓舞,誓作后盾。最后,告知寄上两份在美国发表的报道中华平教运动工作推广及加强方面的文章。(参见新版《全集》卷4,第139页)

同日 致信孔祥熙博士。信中首先告知已从上海历尽艰辛于圣诞节前一天平安到家。其次,感谢在南京时受到的热情款待。第三,告知当时平教工作面临许多困难,但决心努力去解决,努力把中国的县建成以我国最优秀的传统文化及最好的西方文化为基础的现代化(非西方化)的县。最后,告知寄去中华平教会工作报告的清单及两篇用英文写的、去年在美国发表的关于平教运动的文章,并保持汇报平教运动工作概况和定县工作的特别情况。(新版《全集》卷4,第139~140页)

冬 南下到上海、南京。受工商部长孔祥熙之托选派6名优秀人员在上海协助推行工人平民教育。教育部长蒋梦麟要求平教会主持训练平民教育的领导人和教师,教育部给予定县实验以财力支持。卫生署长刘瑞恒和国际联合会卫生科学主任拉西曼(Dr. Rajchman)[①]认为定县是一理想的公共卫生实验研究中心,愿意提供训练助产士及护士的一切协助。(吴著《晏阳初传》,第113~114页)

是年 在《市民》第2卷第2期上发表所撰写的《赴美讲演平民教育的经过》报告。报告首先谈当时的心情及对在美国推行平民教育成功的归因——"只可说是熊太太的精神与人格,和各位同志努力工作的成绩而已。"其次,谈接受硕士学位的看法。"所谓学位,并不是给我个人的,是给中华平民教育促进总会的,我当时不过是总会的一个代表。"第三,谈赴美演讲平民教育的详情。"一年之中我不知道总共讲演了几百次,每天都在车上跑来跑去的日子。"并详细介绍了两次对美国全国人民的讲演和旧金山全省人民的讲演。第四,强调做平教工作应更虚心。"今天大家都在这里,我只希望我们比从前还要虚心,因为这件事,是非常重要,我们应当把旧家风旧精神,以身作则继续下去。百年大计,非在这几年努力奠下基础不可。在平教作事,无论作哪项工作,总先要有人格,有高尚的人格,能够躬行实践的人格,才算真同志。"第五,强调发挥妇女参加平民教育运动的重要性。"方才我只说了各位同志的努力,还没有说到各位同志的太太们,我们平教之有今日,各位太太的功劳,亦不可磨灭哟。因为我们的家庭里没有太太,我们男子,又要对内,又要对外,一定是做不好的。夫妇如果不能合作,那是人生最大的痛苦。我们平教的成功,都是各

---

① 拉西曼(Dr. Rajchman):全名"Ludwik J. Rajchman"(1881~1965),波兰犹太人。1925年以国际联盟秘书处卫生局长资格赴日本时,经中国政府非正式邀请来华作广泛调查。1929年被国民党政府聘为卫生部外国顾问委员会委员。1930年再度来华,商讨国际联盟对华技术合作办法。1933年被国际联盟派为技术合作驻华代表,担任联络事宜。翌年4月返日内瓦。写有《拉西曼报告书》,叙述在华工作。

位太太与她们的丈夫合作之力。"最后,谈平民教育离不开经费和人才,而当时人才更急迫。"开饭馆的离不了两件事,一是人才,一是本钱。要叫馆开得好,除有相当本钱以外,总还要几个好厨师,好伙计。何况我们这么大的事业……现在钱也没有多少问题了,在最近五年之内,我敢大胆说,经费绝对不成问题,只要我们努力去做就是了。……五年之内,我们应努力作出具体成绩来,使我们的精神在事业上表现出来。此刻所认为急需的,就是人才。我们希望平教在世界学术上占重要的地位,还须个人有专长的工作,将来我们一定设法使个人都能专精一门成为专门人才。"(新版《全集》卷1,第108~111页)

是年　用英文写成的《中国的新民》由北京的中华平民教育促进会出版(Y. C. James Yen. *New Citizens for China*. Peking: Chinese National Association of the Mass Education Movement, 1929)。后经修订,由美国耶鲁大学再版。首先,在书中指出:新时代要建立民治的政府和推行民主制,要求提高民众的受教育程度。并回顾其办平民教育的动机,说道:"我出身于书香门第,大战之前从未与劳工交往过,但在劳工营里,我了解到一些基本的但又重要的问题,就是祖国那些没有文化的农民非常需要受教育,而且他们也具有接受教育的可能性和基本能力。这些'苦力'和'底层阶级'向人们表明:他们是最认真、最有能力的学生,他们的能力和如饥似渴的求知欲望使人们摒弃了传统观念,这种观念曾剥夺了他们的学习权利。而这一切,都是在任何一所中国或美国的大学里所了解不到的。从那时起,我就决心在回国后,把自己的毕生精力奉献给平民教育事业,为成千上万没有文化的男女老少普及教育,尤其要向那些超过上学年龄和没有机会接受正规教育的人传授文化知识。"(新版《全集》卷1,第133页)其次,介绍了平民教育实验。包括长沙的实验、山东曲阜的实验等,"这场运动继续发展,先是东部,然后是南部,以后便到中原。这些大规模实验的具体成果都是在中国的典型地区获得的,它引起了主要教育家和社会工作者的注意。……自中华平民教育促进会成立以来,各城市已成立了三十多个分会,全国各地区,包括四川,西部边区和北方各省也有许多分会。现在,平教会已有约五百万学生了,其中包括军队里的士兵。虽然学生的年龄从十岁至六十岁不等,但主要是年轻人。青年人的特点是可塑性强,有理想,有抱负,而且热切希望有机会学习,他们在中国社会中是举足轻重的一群。而一旦获得受教育的机会,他们将在今后十年或二十年中起到决定或部分决定国家命运的作用。"(新版《全集》卷1,第136~137页)第三,介绍平民教育运动在艰苦条件下取得不菲成就的原因。"首先是由于平民有接受教育的强烈愿望,他们中大部分人都喜欢平民教育,尽管他们为了生存而顽强地奋斗,但却有成千上万的人自愿来学习。其次是由于当今中国各地的知识界越来越觉醒,国内的腐败和外来的侵略使他们认识到,若要在中国实行共和,就必须给民众以受教育和训练的机会,使之成为公民。正因为这样,在我们各地的民校中,有十万至十二万名男女自愿每天授课两小时而不取任何报酬。中国正在经历着一个真正的文艺复兴时代,它不仅属于知识分子,而且也属于人民大众。这是广大民众新生活的起点,是东方新文明的黎明。"第四,阐述平民教育的设立内容和精神实质,强调以县为单位开展乡村平民教育的特别意义——"平民教育的主要目的不仅是使一个不识字的工匠成为一个'读书人',或把一个纯朴的农民塑造成懂得科学知识的人,而且,还应该使他们成为有聪明才智和有进取心的中华民国公民。为此,我们的口号是'做新民'。"为了达到此目的,"除了在教科书和其他材料中强调做好公民外,我们还集中力量增进公民权利、义务和社会活动"。最后,强调乡村平民教育实验的作用。"如果事实证明乡村平民教育实验是成功的话,它将为改变四千年的帝王统治,建成现代共和国而奠定基础。"（新版《全集》卷 1,第 137～141 页）

是年 所著英文著作《有文化的中国新农民》由北京的中华平民教育促进会出版(Y. C. James Yen. *China's New School-Farmer*. Peking: Chinese National Association of the Mass Education Movement, 1929),除正文外,附有图片 13 张。首先介绍了中国识字运动促使中华平民教育促进会的成立。其次,介绍中国扫盲教育系统方法的形成过程及主要内容(编辑白话版四本读物、发起与组织识字运动、平民学校的教学与管理方法,以及教师和管理人员的培训方法)。第三,介绍中国平民教育已经由民间开展而纳入国家普通教育制度之中,为其发展奠定了制度保证。第四,介绍中国平民教育运动的性质——"是一个'民享、民有和民治'的运动。从性质上讲,它是非党派和非政治性运动,但是对于那些持有与该运动相同的理想,即'除文盲,作新民'的所有政府或私人机构,均采取协助和合作的态度。"在完成扫盲教育后就应该确定新课程开展公民教育。主张新课程应"适用于中国民众的日常生活。新课程要保持过去的文明健康的习俗和优良传统。通过灌输现代科学与知识经验,使那些直至今日有益和实用的传统得到发扬光大。"第五,详述定县实验及其感悟。如"不管村民们多愚昧无知,但他们知道教育的价值。我认为这是我国四千年文明历史的结果。""中国的乡下人一直受到过分地忽视。然而他们也因此比城里人更易教育。事实上,许多世纪以来中国的手工业者、农民和商人共同处在一种不利的条件下。这是那些曾听说中国是尊重学问的人所认识不到的。……'平民教育'一词是我们这个运动的名称,因此,将其直译成'平等人的教育'比按习惯所译成的'大众教育'更有意义。""中国民众是人类生产力的巨大宝藏,值得人们做出不懈的努力去开发和培训他们。""有文化的男女村民之所以自愿出来当成千上万人的老师,我认为比'面子'更重要的原因有两个。他们的目的决不是为了金钱,因为尽管每月给他们五角钱作'茶水津贴',但许多人都拒收。毫无疑问,第一个原因是希望获得历来教师们所获得的尊敬。多个世纪以来,中国人一直将五个字作为家庭祭礼的圣物,第一个字是'天'(天神),第二个是'地'(土地神),第三个是'君'或'帝'(君主或国王),第四个字是'亲'(父母),第五个字是'师'(教师)。老师与天、地、君、亲一起受到尊敬。在中国的许多地方,这种观点仍在盛行。他们愿当老师的另一个原因是他们无私和爱国精神的体现。他们下决心通过传播知识,使中华民国的理想成为现实。这是中国当今的教师与古时的教师的一个区别。"最后,强调定县平民教育实验的工作重点。"它不是探索中国农民耕作的最现代的方法,而是探索现代科学和经验的实际应用。这些科学和经验能使中国农民现在所持有的,也许在今后许多年里仍必须持有的那些工具、习俗和经验变得尽可能地有用,尽可能地发挥出生产潜力。我们不是要用拖拉机代替手扶犁,也不是让村里装上最新的无线电设备。我们决定在可能的地方保留过去的东西,但是通过采用中国民力所能及的现代方法来使这些老的东西得以扩大和改进。"(新版《全集》卷1,第113～126页)

是年 将定县实验区办公处设在修葺之后的原考棚——礼堂,可容二百余人。主持的周会均在礼堂举行。

是年 受其在美讲演感动的富家女大学生爱伦·奥金克洛斯(Ellie S. Auchincloss,中文名金淑英)志愿到中国担任"平教总会"英文秘书。(吴著《晏传》,第113～114页)

是年 在河北定县建立了第一所平民教育示范学校,带领几十位旧学堂教师、仕子乡绅、大学教授、艺术家、洋博士等一批志同道合的志愿者,放弃舒适的城市生活,到乡村僻野开展"唤醒民众,改造农村,振兴中华"的实验,开创了知识分子与民众相结合的先河。他们在农村教识字扫文盲,采取教育、生计、卫生、自治四步方案,推行根治"愚、贫、弱、私"的农村改革之路,短期内取得了显著的成效。在定县,他先后创办了472所"平民学校",实现了每一村都有一所学校的目标。在定县县城,他创办了两所实验学校和6所示范学校,以此作为扩展平民教育运动的推广基地,而这些学校的经费和师资都由渴望读书识字的农民们解决。他的平民教育运动从大众的实际需要出发,不仅仅为农民提供了珍贵的学习机会,也为知识分子走向民间与民众结合找寻到了一条切实可行的道路。(孙诗锦著:《启蒙与重建——晏阳初乡村文化建设事业研究 1926～1937》,商务印书馆2012年版,导论第4页)

1930 年(民国十九年　庚午)　四十岁

2 月　鲁迅、郁达夫等发起成立中国自由运动大同盟。

同月　教育部令颁各省市对于教会学校应行注意要点。

3 月　教育部呈送行政院国民义务教育及成年补习教育初步计划。

同月　中国左翼作家联盟在上海成立。

4 月　教育部召集第 2 次全国教育会议。国民党中央执行委员会议决改注音字母名称为注音符号,由国民政府令颁各级机关学校采用。

6 月　在国民党操纵下,潘公展、范争波、朱应鹏、王平陵、黄震遐等在上海组织前锋社,并创办《前锋周刊》等刊物,发起"民族主义文学"运动,攻击革命文学。

7 月　国民党政府立法院通过所谓《处置共产党条例》,宣布对共产党人"加重治罪,格杀勿论"。

9 月　北平成立另一"国民政府",推阎锡山为主席,与南京对抗。

10 月　国民党政府下令取缔"左联"、通缉鲁迅等"左联"成员。

12 月　国民党政府发布《国民政府行政院饬教育部整饬学风令》。颁布《民国政府出版法》四十四条,扼杀进步文化活动。蒋介石发布《蒋主席告诫学生书》。

1 月 7 日　致信 J. E. 怀特夫人①。信中首先表达离开北平前本打算到大华(Majestic)饭店去拜访而未能实施的歉意。其次,告知在南京与行政院的几位官员就平教工作进行了令人满意的交谈并引起了他们兴趣,尤其是教育、卫生和工商诸部的官员尤为热心,表示完全支持。第三,告知原谈及的两本有关平教工作的英文小册子现已印好,将另函寄上。第四,随信附寄一篇发表在《北京导报》上由金淑英小姐写的介绍第一次卫生运动情况的文章。最后,表达新年祝福。(新版《全集》卷 4,第 141 页)

---

① J. E. 怀特夫人(Mrs. J. E. Whyte):旧版《全集》译为"J. E. 韦特夫人",生平事迹待考。时住在上海大华饭店(Majestic Hotel)。

1月8日　给 G. A. 普林顿①先生回信。信中首先表达收到 12 月 5 日回复的谢意。其次,"期待能在几周后见到您的老朋友颜惠庆阁下,并将高兴地转达您对他的最好祝愿。"第三,告知美国合作委员会里确有许多受人尊敬的杰出人物,他们具有为公众服务的精神。最后,告知中国平教会要建一个中心图书馆想从贵公司和其他出版商处订购西方国家最好最新的书,希望价格能优惠并继续保持合作。(新版《全集》卷 4,第 142 页)

同日　致信吴贻芳②博士。信中首先告知旅行遇上暴雨,一路艰辛,于圣诞节前一天平安抵家。其次,表达不能去为贵校学生做报告的歉意。第三,得知吴贻芳博士对平民教育运动感兴趣而感到很高兴。第四,希望吴贻芳博士下次有机会到北方定县去参观实验情况。最后,表达新年祝福。(新版《全集》卷 4,第 143 页)

1月9日　给 H. R. 威廉森③博士回信。信中首先告知 1 月 2 日来函收到,感谢 H. R. 威廉森寄来的有关他有趣的工作的小册子和文章。其次,告知常听人说起广智院,相信能从该院学到许多有关视觉教育方面的东西。第三,希望不久自己或同事能专门到济南去参观该院。最后,告知将另函给他寄去发表于美国的两篇有关在城乡开展平教工作情况文章的单行本。(新版《全集》卷 4,第 144 页)

同日　给 M. H. 惠勒④先生写信。信中首先表达收到明信片未及回复的歉意。其次,告知"自从我们使用幻灯和幻灯片在南方教千字课以来,我们的工作已有很大进展。我们不仅完善了教学方法,而且也简化了幻灯和其他相关设备,以便使费用能降低到贫苦农民可以负担得起的程度。"第三,告知手边没有印好的资料可以充分介绍影视教育部研制的新幻灯的情况,还可以用纸卷来替代幻灯片以降低成本,配以新研制的反射器。最后,邀请 M. H. 惠勒先生及其同事到定县去参观幻灯的工作情况。(新版《全集》卷 4,第 144～145 页)

---

①　G. A. 普林顿先生(Mr. G. A. Plimpton):即"George A. Plimpton",时在美国纽约第五大道七十号金恩公司(Ginn and Company)。曾历任商务印书馆编译所所长、经理、监理、董事长等职的张元济与他关系甚好,1932 年 10～11 月间有书信往来。

②　吴贻芳(1899～1985):教育家。女。湖北武昌人。1919 年毕业于金陵女子大学。后获美国密执安州立大学巴氏奖学金赴美留学,1927 年获生物学博士学位。1928 年回国任金陵女子大学校长,培养了大批妇女人才,是中国第二位大学女校长。抗日战争期间任国民参政会参政员,主张团结抗战。1945 年曾作为无党派代表随中国代表团赴美国旧金山参加联合国成立大会,是在联合国宪章上签名的第一位女代表。1949 年应邀参加全国政协第一届会议,出席开国大典。新中国成立后,历任南京师范学院副院长、江苏省教育厅厅长、副省长,中国基督教三自爱国运动委员会副主席、名誉主席,全国妇联第四、五届副主席,民主促进会第四届常委及第六、七届副主席,全国政协第四、五、六届常委,全国人大第一、二、三、四、五届代表。1979 年美国密执安大学向其颁发智慧女神奖。晏阳初致信时,任金陵女子文理学院院长。

③　H. R. 威廉森(Dr. H. R. Williamson):1935 年,《清华周刊》第 43 卷第 9 期上发表了章克椠翻译他的《T. S. 厄了式的诗论》。晏阳初致信时在山东济南齐鲁大学任职。其他生平事迹待考。

④　M. H. 惠勒(Mr. Mark H. Wheeler):生平事迹待考。时在保定基督教青年会。

1 月 12 日　美国的哥伦比亚教授、堪称历史学权威、时任卡内基国际和平基金会(Carnegie Endowment for International Peace)主席的肖特韦尔(James T. Shotwell)撰写的《教育中国平民》(*Educating China's Masses*)发表在《纽约先驱论坛报》(*New York Herald Tribune*)上。文中对其领导的中国乡村改造运动有如下评价:"这场农村改革在方法上与一些农业院校进行的,由更富实践头脑、更高效的传教运动领袖的工作非常相似。但是,平民教育运动认为提高中国农业的产量,从长远看,不如让农民受到更好的教育、学会自己负责更重要。这是平民教育运动与中国其他改革运动的区别所在。它试图通过应对日常琐事以保障民主。与把希望寄托在别人身上的想法不同,如果平民教育运动成功的话,定县的农民可以自己独立解决问题。……定县实验虽然独立开展,但是,这里的工作多多少少已被中国其他地区仿效,它的各方面影响正在增强。……然而它拒绝任何肤浅的活动,而被其他实验所吸引,因为平民教育运动的基本理念是,人们自己做并为此负责,以便它在国民生活中有一个永久的基础,而不是依赖于少数教育改革家们的热情。"(新版《全集》卷3,第125页)

1 月 25 日　给兰安生写信。希望就定县卫生工作的如下方面讨论并坦率来信相告。"(一)米尔班克纪念基金会研究部主任曾提议在定县收集基本统计资料和人口数据,现附寄一份拟订的计划。对该计划及其对我们定县工作的重要性您有何看法?(二)找个像赛登斯特里克①那样的人在今年来帮助指导上述研究,您觉得可行吗?(三)对每年都得将我国的卫生计划报送纽约米尔班克基金会审批,您有何看法?您认为这种做法明智或可行吗?如果不,你〔您〕能否给我们建议些什么别的方案呢?(四)对平教运动每年向金陵大学提供五千元,以确保获得中国其他地区可比信息的这项合作计划,您有何看法?"(新版《全集》卷4,第145页)

1 月 26 日　给冯梯霞②回信。信中首先告知收到来电,并对冯梯霞致力于发展棉业以增加农村生产深感钦佩。其次,告知平教棉籽在南方确系优良,但在北方定县两年实验所得成绩远不如所预料,"该项种子,今年所得,不过数十斤",估计是"风土不适所致"。而改良美棉一号很好,"有七千余斤,为本年集中繁殖之用。惟

---

①　赛登斯特里克:即埃德加·赛登斯特里克(Mr. Edgar Sydenstricker, 1881～1936),旧版《全集》译为"埃德加·西登斯特利克"。赛兆祥和凯丽的长子,1881 年 7 月 15 日生于中国杭州,在中国曾和父母一同居住在杭州、清江浦和镇江等地,1894 年被父母送回美国定居,后成为美国著名医学专家,1936 年 3 月 19 日因突发脑溢血病逝于美国,终年 55 岁。著有《弗吉尼亚的校史》(*School History of Virginia*);1923 年与威廉·杰特·劳克(William Jett Lauck)合著有《美国行业的劳工条件》(*Conditions of Labor in American Industries*)。晏阳初致信时在美国纽约华尔街 49 号米尔班克基金会。

②　冯梯霞:即冯锐。

不知在粤生长如何耳?"第三,告知"现存平教棉籽三十余斤,俟于二月内取出后,当即寄上,不误种植也!"最后,告知"将试验之结果,列一简表,附寄一览,即祈查阅是荷!"（新版《全集》卷 4,第 146 页）

1 月 28 日　复信 L. E. 麦克拉克林①。信中首先告知刚好在一两天前收到 1 月 18 日来信,根本没想到 L. E. 麦克拉克林已回到中国并在上海开办为外国居民所急需的西侨基督教青年会。其次,推测与乔治②在一起工作一定非常愉快,并请代问好。第三,表达对信中所谈及的美国朋友很感兴趣。第四,告知现在没有最新英文资料相寄,将另函寄一本出版于 1925 年的旧册子。"这次已寄了去年于美国发表的两篇文章的复印件"。最后,告知百余名同事已搬到研究和实验集中的定县居住。"我一部分时间是在北平,另一部分时间则在定县。你和麦克夫人到北方来时请既到北平来访我家,也到定县看看我们的工作。"（新版《全集》卷 3,第 147 页）

2 月 7 日　给 E. C. 卡特③先生回信。信中首先告知在 1 月 30 日收到了如下内容的电报:"你的十二月三十一日来信现已收到。由凯佩尔确定发电报日期,速交此电给他,保密。否则卡内基赠款就可能减少,洛克菲勒赠款条件可能更不利。赛登斯特里克约在三月二十日经莫斯科回北平。卡特。"其次,抱歉告知凯佩尔先生的教育计划一直被耽搁。第三,告知收到金斯伯里的 11 月 13 日信后就拍了如下电文:"米尔班克条件难以令人满意。平教运动急需技术指导,但也必须保持独立。定县基本建设实验(包括卫生方面)必须与其他计划相配合。又及:沈仍在家,不久即返平。晏。"第四,关于米尔班克基金会在平教运动拨款方面的说明。"首先,要求我们将卫生规划交由纽约米尔班克董事会作最后决定的做法是不切实际的,定县并非仅是个卫生实验的中心。它既是实验研究地区,也是为了说明不仅包括卫生而且也包括教育、经济、社会和民政等县区生活各个方面的'县政建设规划'。因此,除非基金会董事会的成员对我们平教工作的整体情况较为熟悉,否则,指望他们对定县卫生规划作出很合理的评断是既不现实,也不公平的。其次,即使是那些由西方朋友建立并完全由他们资助的学校和宗教机构,也都把政策规划的制定权和控制权交由中方负责,更不用说只不过是接受了西方资助的地道的中国机构了。因此米尔班克基金会的董事会的意图,即从纽约指导定县卫生规划的做法,是与他们两年来慷慨赠款资助的精神相悖的。"第五,在人员、专家来访、卫生委

---

①　麦克拉克林(Mr. L. E. Mclachlin):旧版《全集》译为"麦克拉林",时在上海 Bubbling Well 路 38 号西侨基督教青年会。

②　乔治:生平事迹未详,待考。

③　卡特(Mr. E. C. Carter):时在美国纽约第 52 东大街 129 号。

员会及米尔班克基金会的终结性建议提出了自己的建议。最后,希望得到 E. C. 卡特先生的想法和好的建议。(新版《全集》卷 4,第 148～150 页)

2 月 8 日　给 E. C. 卡特先生回信。信中首先告知已收到 2 月 6 日拍发的内容如下的电报:"我认为如果米尔班克赠款条件得以修改,以确保平教运动完全绝对的独立,您就与赛登斯特里克商量并批准给南京拨款五千元。卡特。"其次,告知当天就回电,电文如下:"欢迎赛登斯特里克做技术顾问。俟赛登斯特里克来访后再商讨卫生规划。拨款给其他组织会有危险。晏。"第三,阐述对赛登斯特里克的建议的看法。最后,告知随信附寄了中国平教会临时卫生咨询委员会的一份人员名册,和一封收自塔夫脱的能起解释作用的信。(新版《全集》卷 4,第 150～152 页)

2 月 21 日　给 G. P. 戴先生[①]回信。信中首先告知 12 月 5 日来信早已收悉,迟复为歉。其次,感谢一年前慷慨地给平教运动赠送了"美国历史故事系列片",同时告知因一些障碍至今仍无法使用并相信这些障碍将在近期内得以消除。第三,告知"由于在我国很难搞到既不用电又很适宜的放映机,因此我们的乡村工作已陷于停顿。但我也很高兴地告诉您,中国无线电公司已答应要为我们在定县的总部装配德尔科电业公司的设备。这将有助于我们解决这个问题。"第四,告知由于长期外出一直无法顾及在城市开展工作。近来可在城市开展。北京师范大学、清华大学都很急于使用这些影片。关于中文字幕很希望能有美国史方面的优秀学生来担任这项工作,以便能使中国观众很好地理解影片中所反映的美国民主精神。第五,强调这些影片将证明是最受欢迎且也是最有效的教育方式。"这些影片将不仅很有助于抵消那些泛滥全国的廉价影片所产生的不健康意识,而且从正面来说还可以使我国人民正确理解美国精神并促进太平洋两岸人民的理解。"最后,告知中国平教运动虽受到政治动荡的影响,但进展仍很令人满意,工作重点在定县,有百余人已搬到那儿去工作。这项新计划正开始展现出令人鼓舞的成果。(新版《全集》卷 4,第 153～154 页)

同日　给 W. F. 弗里尔[②]法官回信。信中首先告知收到在"天洋丸"(S. S.

---

①　乔治·帕姆雷·戴(Mr. George Parmly Day):1908 年美国耶鲁大学出版社的创办者之一,该出版社在 1961 年成为耶鲁大学的官方部门,但财政和运作自主。著有《大学出版社的功能与体制》(*Function and organizatino of University Presses*)和《耶鲁大学出版社的新时代》(*The New Era of Publishing at Yale*)。晏阳初致信时,任耶鲁大学出版社影片部主任。

②　W. F. 弗里尔(W. F. Frear,1863～1948):全名瓦尔特·弗朗西斯·弗里尔(Walter Francis Frear),律师,法官。出生于美国加利福利亚的草谷,1870 年搬到檀香山(火鲁鲁),1881 年毕业于普纳荷学校,1885 年获得耶鲁大学艺术学士学位,1890 年从耶鲁大学法学院毕业。1893 年与玛丽·爱玛·迪林厄姆结婚,并被利留卡拉尼女王任命为巡回法官、临时政府的最高法官,1900 年成为夏威夷领地的首席大法官。1907～1913 年间任夏威夷州第三届州长。他的家族建立了玛丽·爱玛和瓦尔特·弗朗西斯·弗里尔慈善信托公司以资助教育项目。夏威夷太平洋大学和檀香山查明纳德大学受到过资助。1948 年 1 月 22 日在夏威夷檀香山去世。事迹收入《大英百科全书》(1922),湖滨出版社于 1947 年出版有《瓦尔特·弗朗西斯·弗里尔》。

Tenyo Maru)号上的来函并表感谢。其次,表达 W. F. 弗里尔法官来北平未能会面的遗憾。第三,告知大部分时间在定县度过,希望下次能在家款待并让其亲见平民教育运动的工作。第四,告知已另函寄去了去年在美国发表的两篇文章和另一篇由詹姆斯·T. 肖特韦尔教授[①]撰写并已于最近发表在《纽约先驱论坛报》上的文章。最后,告知肖特韦尔教授曾在去年秋到北平访问时到过定县实验区。(参见新版《全集》卷4,第154页)

3月14日　致信 S. D. 甘博[②]先生。信中首先告知上周刚从定县回来,写信当晚离开,并与夫人许雅丽同行。其次,表达听说 S. D. 甘博先生有可能在当年秋天到定县来参加工作的高兴之情。第三,告知定县调查已很成熟,适合甘博先生参加,并告知李景汉自春节后已回来进行调查工作并全面展开,其体重已增加。第四,告知米尔班克纪念基金会的赛登斯特里克先生现在正在来中国的途中,拟待一段时间以帮助制定公共卫生计划,尤其是要帮助制定定县基本统计制度。最后,表达与夫人许雅丽一起致甘博先生与贝蒂[③]以最热情的问候。(参见新版《全集》卷4,第155页)

同日　致 L. E. 麦克拉克林[④]。信中首先告知很喜欢寄去的有关平教工作的单行本而高兴。其次,告知已要求收发室每本都寄上十多份。第三,抱歉告知没有更多英文出版物,争取不久能把最新动态用英文印出来。第四,告知汇报信主要是全面扼要地介绍工作的显著进展情况,每两至三个月一次。并告知现正在印另一期,印好后即寄一份。最后,告知如有什么需要帮助的,望告。(参见新版《全集》卷4,第156页)

3月31日　致信 H. A. 阿特金森[⑤]博士。信中首先告知非常感谢国际宗教世界和平大会邀请去协助这次即将举行的会议。其次,赞同该组织的宗旨并愿意参加第一委员会的工作并希望确切了解需做些什么。最后,告知工作很忙,无法保证能到很远的地方去参加会议。(参见新版《全集》卷4,第157页)

3月　与姚寻源一起邀约国民政府行政院卫生署长刘瑞恒、北平助产学校杨校长[⑥]、北平卫生保健中心李主任[⑦]、协和医学院院长顾临(Roger S. Greene)及格兰特(J. B. Grant)教授等在"平教总会"卫生教育部技术顾问埃德加·西登斯特利

---

①　詹姆斯·T. 肖特韦尔教授(James Thomson Shotwell,1874～1965):教授、历史学家。参见1929年"10月4日"注释条。

②　甘博(Mr. Sidney D. Gamble):时在美国纽约州纽约麦迪逊大街347号基督教青年会。

③　贝蒂:生平事迹不详,待考。

④　麦克拉克林(Mr. L. E. Mcixchlin):旧版《全集》译为"麦克拉林",时在上海市西侨基督教育年会。

⑤　亨利·A. 阿特金森(Dr. Henry A. Atkinson):时在美国纽约第五大街70号。

⑥　杨校长:即杨崇瑞。事迹见1931年1月16日条注。

⑦　李主任:待考。

克(Dr. Edgar Sydenstricker)①的带领下集议如何从定县卫生教育研究实验中探索中国各地农村的卫生保健制度。(吴著《晏传》,第 206 页)

4 月 3 日　致信巴乐满先生。信中首先告知两天前与米尔班克基金会研究部主任埃德加·赛登斯特里克先生刚从定县回来。其次,告知米尔班克基金会正与中国平教会合作在定县开办公共卫生项目,埃德加·赛登斯特里克对平民教育运动确有贡献。第三,告知特意订购的书除了《增进文明的教育》(作者基尔帕特里克)、《富兰克林》和《索洛:美国先哲》三本以外,已于昨天下午收到。第四,感谢对选购并邮寄书所付出的辛劳并询问 50 元书款和邮费差多少。最后,告知拟一两周后就写信通报平教运动的一些活动。(参见新版《全集》卷 4,第 157~158 页)

4 月 7 日　致信兰安生。信中首先感谢很周到地通过赛登斯特里克给寄来了兰安生们就定县卫生规划进行非正式商谈的密件。其次,告知赛登斯特里克在定县停留了五天多,并详细研究了不同部门的工作和在定县开展卫生工作的可能性,并对中国国情有了深入的了解。第三,告知暂不赞同姚寻源马上出国进修一事并阐明理由。一则会丢掉他卫生工作方面的经验;二则还未找到合适的接替人;三是现在出国进修的方向选择不好确定,"鉴于此,姚坚持认为他该再待一年,等第一年的计划开始实施以后再出国。……我们完全同意他再在此工作至少一年,这对他本人和未来的工作都很有利。同时我们认为,尤为重要的是要在夏天之前找到一位很能干的人来协助姚工作,以便姚帮助他熟悉卫生规划的指导思想和活动。否则,在姚离开后和继任者到来前,工作就会中断,这就会使工作受到很大影响。"第四,回复上次来信曾特地提议在姚出国期间由约翰·霍普金斯大学的李方邑②博士来接替姚的工作不赞同,建议由在基础统计和传染病学方面受过良好训练的袁

---

① 埃德加·西登斯特利克:即埃德加·赛登斯特里克(Mr. Edgar Sydenstricker,1881~1936)。

② 李方邑(1901~?):山西太原人。平教会成员。毕业于北平协和医学院,为 1928 级学生。先在协和医学院实习。曾任天津卫生专员的助手。后到美国约翰·霍普金斯大学攻读医学,专门进行乡村卫生研究,并到美国各地广泛研究卫生工作获硕士学位。回国后于 1932 参加中华平教会,在定县担任卫生教育部专门干事,从事卫生计划工作。后到江西作卫生行政推广工作。抗日战争爆发后,担任衡山卫生站领导工作。1939 年任贵州省清镇县卫生院院长。1940 年 4 月任贵州省卫生委员会妇幼卫生组成员。1940 年 12 月任新成立的广西省公共卫生人员训练所教育长,后任所长。1946 年和 1948 年两次担任贵阳医学院公共卫生科主任。1950 年 4 月任贵阳医学院临时院务管理委员会副主任委员兼教务长、教授。1951 年 5 月底调离,同年 9 月被浙江卫生实验院聘为特约研究员。后任浙江大学医学院教授。撰有《劝告市民励行清洁》(《天津特别市卫生局月刊》第 1 卷 1 号,1929 年 3 月)、《定县防治霍乱之经过》(《中华医学会杂志》1932 年第 18 卷第 6 期)《贵筑县苗夷〔彝〕卫生状况调查》《砂滤法隔绝血吸虫尾蚴实验》,译有《海萨博士演讲词》(《医学周刊集》第 2 卷)。旧版《全集》误为"李方勇"或"李方俊",新版《全集》误为"李方勇",应为"李方邑"(参见国民政府社会部系统档案《教育部关于中华平民教育促进会定县实验区的概况的调查表》1935 年)。获博士学位时间待考。

贻瑾①博士接任,并希望今年夏天袁博士就能来定县工作,并征求意见。第五,告知赛登斯特里克会很快去信与其协商请袁博士一事。赛登斯特里克拟于5月份回美国,随即将去拜访。最后,告知目前定县的卫生规划仍很肤浅,一俟规划制订好并打印出来后即寄上。(新版《全集》卷4,第158~160页)

4月14日　给S. D. 甘博回信。信中首先谢谢3月7日来信并寄来农业方面的书。除了约德的《农业经济学入门》以外,其余的书和小册子收到时都很完好。其次,告知上周冯锐从南方来了,他感谢周到考虑和慷慨的礼物。第三,感谢与巴乐满先生一起选书、寄书并花这么少的钱却设法买到这么多的书。第四,告知米尔班克纪念基金会的埃德加·赛登斯特里克先生几周前来访问过,在定县待了五天,并广泛研究了在不同阶段的工作情况,还帮助制定了以后几年的卫生计划。对我们的工作很有帮助。第五,告知中华基督教协进会将要在中国的教堂开展一次扫盲运动,并要求平教会在定县为扫盲运动领导者们开办一个专门的培训机构。全国各地的教堂领导者们对这个决定似有浓厚的热情,并引用一小段负责中华基督教协进会专门培训所的工作的张先生②的来信予以说明。最后,告知尽管美国报纸报道中国这时充满了战争,除了北京和定县之间的火车运行不正常致使工作不方便并浪费了很多时间以外,定县的平教工作照常进行。(新版《全集》卷4,第161~162页)

4月15日　致信R. L. 威尔伯博士。信中首先告知在最近的几个月内主要忙于对定县实验的重新组织工作,同时也结交一些南方与北方的新知,与老朋友和平教运动的支持者叙旧。其次,告知南京之行、平教运动的培训学校、巡回农民学校和外部合作等方面的工作进展情况。最后,告知除北平至定县的火车不准时外,定县的平教工作进展如常。(参见新版《全集》卷4,第162~167页)

4月18日　致信C. J. 托德③少校。信中告知因定县实验县为了与平教运动相配套要建一个医疗卫生中心必须在七月底完工需人员,能否请在绥远附近参加你们运河工作的工程学校的学生派两名来帮帮忙,并希望尽快回信。(参见新版《全集》卷4,第167~168页)

---

①　袁贻瑾(1899~?):湖北咸宁人。北平协和医学院毕业,美国霍普金斯大学卫生学院硕士、博士。1926年任北平协和医学院实习医师,1927~1937年任该校卫生系助教、讲师、副教授等职,期间赴美国留学。回国后任教授兼主任。1942年任卫生部中央卫生实验院流行病预防实验所主任、1945年任防疫设计委员会主任委员。任卫生部南京结核病防治院院长。为中华医学会理事,中国生理学会、公共卫生学会、北平植物学会会员。1948年9月任卫生部政务次长,1949年后去台湾,任"中研院"院士和评议会评议员。

②　张先生:待考。

③　托德(Major C. J. Todd):时在北平华洋义赈会。

4月24日　全国基督教识字运动研究会在定县举行。全国11省91名代表参加会议，其中美国传教士11人，会期两周。与平教同仁分别讲述平教会实验情况。第一周讲述内容注重识字运动推行方法及《千字课》教学法。第二周讲述内容以平民教育为重点。对于社会调查人才的训练及实地调查方法特别注意。在会上讲演，并与"平教总会"同仁每天上午分别讲述3小时。（吴著《晏传》，第159页）

4月　定县无电灯设备，煤油价格高昂。与留美同学、时任天津中国无线电器公司总经理的胡光麃①商谈后，得其应允为"平教总会"安装一照明设备，使其灯费节省一半；并得应允拟捐助两部收音机。（吴著《晏传》，第114页）

5月5日　给E. C. 卡特②回信。信中首先告知4月5日惠信已收阅，热烈祝贺成功地使洛克菲勒先生给中华平教运动的有条件赠款的期限延至今年，并表达为小洛克菲勒先生再次慷慨同意而感激。其次，告知将立即给小洛克菲勒先生去信致谢。第三，告知捐款总额还有可能增加，并请多加指点。"我认为他对我们目前的基金情况和小洛克菲勒先生在延长有条件赠款期限时的慷慨程度很感兴趣。鲍尔奇先生有可能会把捐款增加一倍，或者也有可能请他的朋友们也捐赠一两笔。当然，他们刚从中国回去，现在马上就给他们去信还不太好。不管怎么说，这仅是个建议而已。至于是否要给他们夫妇去信以及采取何种适宜的方式就完全听由你指点了。"第四，提醒布尔基金会似乎也有可能捐款。第五，告知2月13日信中所

---

①　胡光麃（1897～1993）：生于四川广安县官宦世家。小时受到严格的私塾教育。1910年，考入北京清华学堂，旋成为庚子赔款最后一届录取的最小留学生。1914年入美国新英格兰区立中学。第二年，进麻省理工学院研习电机，成绩优异，1919年毕业。1920年4月归国，联络哈佛和麻省理工学院毕业生，在上海开办"允元实业公司"，从事机电设计，进口机器物料，美国施通伟伯工程公司参与投资。1922年7月，离开允元。到河北唐山任"启新机器厂"厂长，旋赴欧洲比利时、德国、英国及日本等国考察实业、接洽相关业务。1923年回国，建立启新工厂，该厂为"启新洋灰公司"的附属事业，从事制造水泥机器和其他工业机器。启新机器厂成为全国最大的水泥制造厂。1924年于天津举行"全国水泥制品展览会"上推销产品。1925年7月，辞启新厂长职，在天津法租界创设"中国无线电公司"。并在北京、沈阳设立分公司，在天津设收发报机制造工厂。1928年在重庆、汉口、桂林、南昌、上海相继设立无线广播电台。由于工作人员之努力，东北、华北各省军政、金融机构，多采用该公司产品作为通讯工具。公司于抗战前，为航空委员会设置大批军用电台。1933年，因华北局势紧张，在上海法租界设立分厂，不久迁往汉口设立新厂。抗战后汉口失守，该厂迁往四川，并入"中国兴业公司"。1931年"九一八事变"后，他抛弃在华已有规模的事业，回到故乡四川创办"华西兴业公司"，拟订西南建设计划，与地方政府配合，扩充了原有的重庆电厂，陆续创办供水厂、水泥厂、钢厂、火药厂、木业厂、矿业、纺织、银行、制药厂等数十种重要生产事业。同时，也促成了近400家东南沿海工厂的内迁，对巩固大西南的后方基地，增加了极大的国力。1934年，他帮助刘湘制造3 500挺机关枪，因而创办了"华联钢铁厂"。后来交给政府办理。1938年，政府拟借用他创办的"华兴机器厂"协助兵工，决定无条件将全厂设备和物料及700多工作人员，移交兵工署。制造军火，支援抗战。抗战胜利后，创办"中国夹板厂"，与交通银行合办"中央制药厂"上海分厂。与关颂声、贝聿铭等人创办"华宁工程公司"。1949年到台湾后，遭人陷害被羁押，为扬子公司破产事长期诉讼。1955年后著述自娱，1964年完成《波逐六十年》，后著有《中国现代历程》《影响中国现代化的一百位洋客》《旅台丛文三百则》及其父胡骏诗文集，结集为《大世纪观变集》。1993年4月5日在加拿大温哥华寓所去世。

②　卡特（Mr. E. C. Carter）：时在美国纽约第52东大街129号。

附寄的资金证明,从 1929 年 6 月 24 日到 1930 年 2 月 13 日的开支项目,贝内特先生还未收到通知,他数周后就要赴纽约,期望能亲自与 E.C.卡特商讨此事。第六,告知办公室为平教运动所花费的两千美元之外在速记和打印方面发生的支出将记在致北平的汇票上。最后,告知弗雷德①和贝蒂目前都在外地。一两天前他们来信说在本月 20 日前后来访北方。希望他们能有机会来定县参观。（新版《全集》卷 4,第 168～169 页）

6 月 30 日　致信 S. D. 甘博。信中首先感谢提供了有关王和成（Wang He Chen,译音）②先生的情况,并告知已与李景汉商谈过此事,认为王是个忠厚而勤奋的工作人员,还受到燕京大学的韩玉珊博士（Dr. Han Y. S.）③和张世文④博士

---

①　弗雷德:即弗雷德里克·菲尔德（Frederick Vanderbilt Field,1905～2000）的简略称呼。

②　王和成（Wang He Chen,译音）:生平事迹未详,待考。

③　韩玉珊（1899～1983）:北京人。1924 年毕业于燕京大学,获文学士学位;1926 年获神学士学位。遂赴美留学,1928 年肄业于哈佛大学研究院,次年获波士顿大学博士学位。历任上海圣约翰大学副教授、洛杉矶加利福尼亚大学教授和名誉教授。同时兼任《太平洋历史评论》编委、艺术理事会会长,以及美国法学史学会会员、美国历史协会会员、亚洲研究协会会员等。著有《中国史学纲要》《今天还保留着的过去》（合著）等。

④　张世文（1905～1996）:社会学家、教授、陈筑山女婿。满族,辽宁丹东人。出生在北京小官僚之家,后随父等到东北生活。入教会小学。13 岁时加入丹麦人办的基督教会。1924 年（一说 1925 年）就读于燕京大学社会学系,1928～1929 年先后获文学士和理学士学位。之前的 1929 年春到定县实习,后提交《上海消费合作运动》毕业论文,毕业后被聘为平教会调查部干事。参加平教会,在河北定县从事社会调查,搜集和整理了有关社会风俗、文化娱乐、卫生教育、农村人口、家庭手工业等方面的大量资料,协助李景汉编写《定县社会调查》《定县秧歌选》《定县农村工业调查》。1935 年因夫人病逝而放弃到美国哥伦比亚大学留学机会。同年被派到平教会秘书处负责接待和英文翻译工作。1936 年到长沙平教驻湘乡办事处秘书室办《平讯》刊物,并负责办事处人事股工作。后在衡山乡村示范实验学校兼任教师,讲授"社会调查方法",指导学生做师古社会概况调查,年底兼任衡山县参议员。1937 年夏,到成都担任四川省政府设计委员会秘书室秘书,组织人员缮校专门委员会交来的调查报告,为刊印《四川省概况》一书做准备。1938 年起,任成都华西协和大学历史社会学系讲师、金陵女子文理学院社会学系讲师、铭贤学院劳动经济学系教师,1944 年华西协和大学乡村建设系副教授,并在城东东门外中和场实验站、琉璃场、牛市口及南门外的石羊场为民众服务。1950 年夏到华西协和大学社会学系工作,1952 年院系调整到四川大学任教,任农业经济系、经济系教授,后任四川大学印度研究室和人口研究所教授、研究员、中国社会学会顾问、对外经济和贸易学会理事。1984 年任四川大学哲学系教授。长期致力于社会学、人口学、人口统计学、社会调查学的教学与研究工作。强调通过中国社区史、社区志的研究,理论联系实际,探索社会学中国化的道路。著有《社会学袖珍辞典》（与李安宅、于恩德等合编,北平成府友联社 1931 年版）、《定县秧歌选》（与李景汉合编,中华平民教育促进会 1934 年版）、《农村实地调查经验谈》（北平友联社 1934 年版）、《定县农村工业调查》（中华平民教育促进会社会调查部 1936 年版,四川民族出版社 1991 年重印）、《衡山师古乡社会概况调查》（中华平民教育促进会、湖南省立衡山师范实验学校 1938 年出版）、《生命统计方法》（正中书局 1943 年版）、《农村社会调查方法》（商务印书馆 1944 年版）、《自杀之研究》（社会研究丛书之一,成都中国文化出版社 1946 年版）、《农村社会学导论》（成都中国文化出版社 1949 年版）、《英汉人口学词汇》（与赵世利等合编,重庆出版社 1983 年版）、《社会调查概要》（与张文贤等合著,重庆出版社 1984 年版）;译著有《社会学原理》（[美]R. M. 迈基文（MacIver）原著,原书名为:"Community, A Sociological Study",上海商务印书馆 1933 年版,台湾商务印书馆于 1985 年重印）、《生命统计学概论》（[美]G. C. 辉伯尔（Whipple）著,原书名为:"Vital Statistics: Introduction to the Science of Demography",上海商务印书馆 1936 年版）、《社会学基本知识》（[美]E. Byron Reuter（路透）原著,成都中国文化出版社 1949 年版）、《社会与生育》（[美]M. 薄兹、[英]P. 施尔曼原著,天津人民出版社 1991 年版）。另有近 20 篇论文。

(Dr. Chang)的欣赏,已决定请他参加平教社会调查部的工作。其次,告知今天发了如下电报:"纽约调查部甘博,以工资一百五十元聘请王。晏。"第三,告知平教会不负担从美国归来的新同事的差旅费用,一年前沈寄农和韩玉珊博士都是自付旅费。第四,告知今晨刚从西山回来。此前在西山举行了一次由平教各部门领导所组成的执委会成员会议,计划在 8 月份的最后一周在卧佛寺举行一次由平教所有负责人参加的会议,总人数约为 40 名。这次会议不仅准备讨论平教的业务活动,还要讨论培养人的品德问题,因此这是一次融业务和精神于一体的会议。最后,请代向贝蒂致以亲切的问候。(新版《全集》卷 4,第 170 页)

7 月 3 日　致信 E. C. 卡特[①]。信中首先告知附寄了中华平教会各部门的规划预算和前次金融委员会会议记录的副本各一份。其次,告知弗雷德能来与会并亲聆他在参观定县后所作的评论使大家都非常高兴,并告知弗雷德和贝蒂访定县、广东、云南、上海、南京等的情况。第三,赞扬弗雷德对中国平教工作研究的深入性。"弗雷德对中国平教工作各个方面的了解相当于专门研究东方世界的西方学生在中国生活十年之所学。弗雷德的不寻常的洞察力、良好的知识背景和新颖公正的观点使他深明平教工作的重要意义,非常了解平教会的各项活动,〔。〕……弗雷德和贝蒂很快就与我们工作人员及其家属有了感情。"最后,告知将另函给邮去一些杰出捐赠人来信的副本,他们在信中表示对所寄的汇报信很欣赏。(新版《全集》卷 4,第 171~172 页)

7 月 21 日　致信阿奇博尔德夫人[②]。信中首先表白想写封私人信件感谢慷慨捐赠一千美元,这笔钱已于最近从美孚煤油公司北平分公司收到。其次,询问上次寄给她的通报定县平教运动近况的那封信是否安全到达。第三,告知希望一两个月以后就能向她介绍来年在定县工作计划的一些重要内容。最后,告知虽然目前中国南北方内战骚扰,可平教工作却没有中断,而且进展顺利。(参见新版《全集》卷 4,第 172~173 页)

7 月　与"平教总会"同仁制订十年计划。分作三期:第一期三年,注意文字教育与县单位的教育系统。第二期三年,注重农业改进与生计教育。第三期四年,注重公民教育与地方自治。卫生教育则贯穿于十年间。在全县分设三个实施中心村同时进行。后因东三省战事,该十年计划改为六年进行,每期各二年。(吴著《晏传》,第 161 页)

秋　与"总会"同仁根据华北试验区三四年来的探索,发现农民有愚、穷、弱、私四种基本缺点,为找到从教育上改造这些缺点的方向,决定集中全会力量迁移到定县来作一彻底的、集中的、整个的县单位实验。"平教总会"设在定县城内宋代建筑

---

① 卡特(Mr. E. C. Carter):时在美国纽约第 52 东大街 129 号。
② 阿奇博尔德夫人(Mrs. Archbold):生平事迹未详,待考。

的贡院处。从此，"总会"与"华北试验区"工作合并一体。在新调整机构后，仍任干事长主持全会工作。与各同仁认识到以定县为县单位的集中实验区，一切实验研究工作，必须顾及农民整个生活，四大教育，联环进行。同时注意实际的要求，确定工作进行的步骤。（吴著《晏传》，第 160～161 页）

8 月　接待中国平民教育美国合作委员会秘书费尔德①参观定县实验并商讨双方合作的有关事宜。（《巴中县志》，第 985 页）

9 月 2 日　给 S. D. 甘博回信。信中首先告知 7 月 29 日打印的来信已收到，非常感谢，并称赞信打印得非常清楚准确。其次，告知关于王和成的问题，因两个组织都很需要他，决定由王和成自己作最后决定，儿日前收到电报说王将在 10 月初参加平教会的工作而非常高兴。第三，告知李景汉仍然身体很不舒服，现正在离定县约 100 里的一座山上休养至 9 月底。第四，询问在不久的将来能否来中国，并请在下封信中顺便告诉确切计划。最后，表达得知拉瑞②订婚的事大家都很高兴，请转达对他的最热烈的祝贺。（参见新版《全集》卷 4，第 173～174 页）

9 月 4 日　综合同仁意见后向费尔德提出 9 条建议，希望"中国平教美国合作委员会"予以帮助：①"平教总会"需要特殊领域的专家，从事如园艺学、家畜管理等；② 青年工作人员应于一二年后赴美国或他处进修，以增加学识经验；③ 有一小组负责收集有关美国教育及农业的新书寄往定县，"平教总会"工作更能合乎世界新发展；④ 定县将建一图书馆，希望美国能有一小组担任顾问，使在有限预算下，选择应备书籍、期刊、图片；⑤ 希望美国教育专家随时前来定县考察，提出批评和建议；⑥"平教总会"将自国外输入农业机械，以试验在中国农村环境适应的可能性；⑦ 拟在定县设立一非营利性的平民印刷厂，以便廉价印制课本供全国需要；⑧"平教总会"拟于定县社会调查完成后，将这一应用现代科学方法调查编制的中国农业地区资料，释译英文印刷供西方世界人士阅读了解；⑨ 为使"中国平民教育美国合作会"有直接而迅速的了解，拟随时编印详细报告，多出成果。（吴著《晏传》，第 114～115 页）

9 月 6 日　给 E. 赛登斯特里克③先生回信。信中首先告知已于不久前收到 7 月 29 日的来信，并表谢意。其次，对详细介绍王先生的情况表示感谢，完全理解对他的安排及旅费的办理。第三，告知现已找到一位非常聪明能干、毕业于燕京大学、各科成绩都很出色、获得密执安大学拉巴奖学金的学生刘小姐（Miss Liu）④来

① 费尔德：即弗雷德里克·菲尔德（Frederick Vanderbilt Field，1905～2000）。
② 拉瑞：生平事迹未详，待考。
③ E. 西登斯特利克：即埃德加·西登斯特利克（Mr. Edgar Sydenstricker，1881～1936）。
④ 刘小姐（Miss Liu）：生平事迹未详，待考。

研究营养问题,她放弃奖学金并决定明年 2 月获得生物化学硕士学位后参加中华平教会的工作。这学期她要到定县实习饮食问题。她在燕京大学的专业教授对定县的工作也深感兴趣。他正尽力帮助她完成生物化学硕士论文,不仅如此,而且,也尽力帮她为定县营养研究做出实际贡献。由于刘小姐是个很有潜力且品德又好的学生,因此都很想在她定县两年实习后给她出国进修的机会。请在有奖学金时能替刘小姐留心点。第四,告知今年的卫生预算总额是 77 740 美元,因黄金成交价越来越低,希望能将今年赠款的余额即 10 000 美元尽快寄来,最好能电汇,以便在有利的比率下交换,否则今年的卫生工作就会面临困境。最后,告知兰安生先生现已回北平,今天上午将一起会面,会见情况将写信告知。(参见新版《全集》卷 4,第 174~175 页)

9 月 8 日 致电陈筑山。电文如下:"定州考棚陈:弟等已与阎总司令①接洽,阻止伤兵住考棚。晏阳初。"(新版《全集》卷 4,第 175 页)

9 月 9 日 致电陈筑山。电文如下:"定州考棚陈:该伤兵属何军管辖,长官为谁?并现状如何?速复。晏阳初。"(新版《全集》卷 4,第 176 页)

9 月 16 日 致 E. C. 卡特。信中首先告知关于卡内基捐赠一事已收到从丹佛寄来的信,非常感激推荐。其次,对在帮筹集 50 万美元资金方面所作出的巨大努力深表感谢。第三,告知沈寄农②博士自从他母亲去世后就几乎一直与他父亲同住在上海。可北京工作又非常需要他,所以就只好在他上次到上海时与他达成谅解,希望他回家探望父亲的间隔时间为两个月左右。当时上海与定县的火车还正常运行。然而上月由于蒋阎大战而交通中断。现在从上海到定县比从纽约到旧金山要多花一倍的时间。不仅如此,而且火车运行也不正常。第四,告知沈寄农博士曾推荐学教育心理学的周先庚③博士到教育研究处来一起工作,现已接受了邀

---

① 阎总司令:即阎锡山。

② 沈寄农:美国斯坦福大学毕业,获教育学硕士学位。1929 年到定县从事平民教育工作,担任教育心理研究委员会委员。1930 年起草在定县从事"成人学习的持久性"项目被美国成人教育协会获准立项。后因母亲去世而南归。曾任中华职业学校教师,对农村改造关注较多。1933 年在中华职教社农学团主讲农作物栽培。抗日战争爆发后在贵州乡政学院供职并担任定番县立初级农业职业学校教导主任。1940 年任《蒙藏月刊》编委。撰有《农村改进声中之武进湖塘桥》(《教育与职业》1933 年第 142 期)、《如何改进农村》(《金大农专》1933 年第 1~2 期)、《油桐栽培法》(《农牧月报》1936 年第 8~9 期)、《论节约粮食与增加生产》(《训练月刊》第 2 卷第 4 期)《雷马屏峨垦殖事业之商讨》(《训练月刊》1941 年第 5 期)、《川边雷马屏峨特产调查》(《中国边疆》第 2 卷第 7~9 期,1943 年 9 月)。其他事迹待考。

③ 周先庚(1903~1996):实验心理学家。安徽全椒人。1916 年考入北京清华学校理工科,1924 年毕业。1925~1930 年留学美国斯坦福大学,得学士、硕士及哲学博士学位。回国后历任清华大学、西南联合大学、北京大学心理系教授。1938~1948 年兼心理系主任。主要的研究工作为汉字心理的实验,成果连续在美国实验心理学杂志上发表。1934 年平教会会聘其担任教育心理委员会主席,与美国 Carnegie Foundation 合作,从事成人学习能力之测验研究。旧版《全集》误为"周学章",新版《全集》加以改正。

请;同时沈博士也写信给斯坦福大学的迈尔斯①博士,要求租用进行教学研究实验的关键仪器——速读训练器并得到许可。周先庚博士很可能将于下月底抵达北京。第五,告知今天将电催沈博士尽快回来。以便与周先庚博士一起进行"成人学习的连续性"这一项目的研究。第六,告知"目前我们确实无法向你通报那项本可以由你和凯佩尔博士共同研究的项目的进展情况。如果由你们俩负责的话是可以再从卡内基公司获得一笔赠款(如为期两年)来帮助完成我们的集资总额的。虽然我们无法在十一月十五日以前再从卡内基公司获得一笔赠款,但我们将会成功地从鲍尔奇先生那里得到二万九千美元赠款,以应我们的该项研究之需。现方案无法令人满意,对此我深为抱歉。"最后,告知数小时后将与夫人、金淑英小姐去定县,主要是去看看要住的房子并为月底搬家作准备。(新版《全集》卷 4,第 177~178 页)

10 月 1 日　致信 R. L. 威尔伯博士。信中首先告知在前几个月的战争期间,就设想把从事平教运动的职员迁到定县,开始实施"十年规划",同时协助其他机构在全国各地推广平民教育。其次,介绍中国基督教扫盲情况。第三,陈述集中政策和它的用意。"在初始阶段,定县实验是只由农村教育和农业两个部门以小规模进行的,初始阶段的实践结果使得我们平教会下决心集中我们在定县的人力,这要求我们必须动员活动中心各部门的所有成员。我们仍在继续研究对文化教育体系的完善,继续与政府和民间机构合作在各省尽可能多地进行推广工作,但是,现在我们把全部注意力都放在了定县。……我们的工作给'回到人民中去'这句老话注入新的生命,并且正在实施中华民国之父孙中山先生的遗言——'唤起民众'。这些人相信,通过我们自己与人民打成一片,通过实际体验了解到他们的要求和满足这些要求的最好的方法,我们正在为重建我们国家在正确的方向上迈出了必要的第一步。我们差不多都是城市人,大多受过高等教育,不少人甚至受过国外环境的熏陶,接受了西方文化的不同于我国传统的理想。我们带着树立现代流行的生活规范这一总的目标'深入'到中国一个农村地区,我们一定要小心避免我们道路上的两个陷阱:第一是对人民摆出屈尊俯就的态度这一致命的错误;第二是正如我们

---

①　迈尔斯:即 Walter R. Miles(1885~1978),美国心理学家,斯坦福大学教授。出生于北达科他州的草原上,1908 年获得厄勒姆学院的学士学位,毕业后执教于爱荷华州奥斯卡卢萨的佩恩学院,后进爱荷华州立大学攻读研究生,嗣后受聘于韦斯利安学院,执教一年,又在波士顿卡内基营养学实验室任职数年。1924 年完成《酒精与人的效力》一书。不久调入斯坦福大学,参与成熟性纵向研究。20 世纪 30 年代在斯坦福大学成立了关于衰老问题的心理学小组,其研究计划被称为"斯坦福晚成计划",研究成果于 1931 年陆续发表。后受聘于耶鲁大学人类关系研究所。1931~1932 年出任美国心理学会主席,后成为美国国家科学院成员。二战期间研究独创性和精确性解决实际问题,发明红色护目镜解决暗适应问题,提高了飞行员的战斗力。退休后应邀到伊斯坦布尔的土耳其大学帮助建立实验心理学系。后又担任康涅狄格州新伦敦的美国海军潜艇基地医学研究实验室科研主任。1962 年获美国心理学基金会金质奖章。

在汉语中所说的'只提高消费水平,不提高生产水平'的危险。在那些没到过中国乡村的西方人当中,很少有人——如果有的话——对这个国家里城市生活与农村生活之间巨大的差异有充分的了解。从北平搬到定县,这不仅是地理上几百里的迁移,而且是跨越几个世纪的年代上的迁移。在做必要的调整方面的困难是可以想象的。我们不能——如果能的话我们也不会——对那些落后农村的人们降低我们的某些标准(我们正是为此而来到定县的);然而,我们要在每一个可能的方面使我们的生活与农村生活相结合,避免在我们自己中间建起一个'小北平',从而扩大我们和农村人之间已经存在的差距。合理地解决这个问题是在定县实施全部重建规划的关键。"第四,介绍了对定县的十年规划。"十年规划划分为如下三个阶段。第一阶段——一九三〇年七月至一九三三年六月,识字教育。第二阶段——一九三三年七月至一九三六年六月,农业和经济重建。第三阶段——一九三六年七月至一九四〇年六月,农村自治与公民培训。"并阐述道:"一个文盲的民族很难进步。""在进行这些农业实验的同时,我们还要作农村手工业和农村工业方面的科学调查。……对像中国这样一个国家进行这样的研究,对于其至为重要的意义的强调是不会过头的。如果我们能够对于工业化进程中的各种因素与力量有一个明确的认识,当工业化的进程强加给我们的时候,我们就不仅能以合理的方式来应付它,而且我们会同时制定出既能够获得机器时代的益处,又能够把一般与这些变化同时产生的弊病减少到最小程度的理智的经济重建规划。……当这个地区的人民有了文化,经济状况得到了改善,这就为农村自治和全面的公民培训铺平了道路。"第五,介绍在定县开展的识字运动。第六,介绍定县卫生工作的进展。第七,介绍菲尔德夫妇访问定县的情况。最后,表达良好问候。(新版《全集》卷4,第178~184页)

10月18日 致信章元善①和陈志潜②。原文如下:"元善我兄:志潜我弟:本

---

① 章元善(1892~1987):江苏吴县人。1911年考取游美学务处第三批赴美国留学,1915年毕业于美国康奈尔大学文理学院。1915年回国后,积极推行农村合作社运动。曾任南京实业部合作司长、经济部商业司长,国际救济委员会中国驻会常委。1949年出席第一届政协,后任政务院参事。

② 陈志潜(1903~2000):出生于四川华阳。初级卫生保健先驱、社区医学创始人、华西医科大学教授。1921~1929年在北京协和医学院学习,1929年毕业,获医学博士学位。1929~1930年任卫生署技正,兼任南京郊区晓庄乡村卫生实验区主任。1930~1931年到美国哈佛大学公共卫生学院进修公共卫生学,同时在麻省理工学院进修健康教育学,后又到德国德累斯顿市健康教育中心进修。1932~1937年任平教会卫生教育部主任,主持河北定县农村建设实验区卫生工作,兼协和医学院公共卫生学讲师、副教授及北平市第一卫生事务所所长。1939~1946年任四川省卫生实验处处长,兼任中央大学及华西协合大学医学院公共卫生学教授。1946年赴美国考察公共卫生教育。1946~1952年任重庆大学医学院院长、重庆中央医院院长。1952~1957年任四川医学院卫生学教授、卫生系代理主任。1972~1985年任四川医学院教授、卫生系尘肺研究室主任。1979~1980年到加拿大、美国考察医学教育及公共卫生教育。1985年后曾继续任四川医学院(后华西医科大学,现并入四川大学)教授职务。1981年,受聘任卫生部医学科学委员会委员。1986年（转下页）

院研究生入院后,其共同必修学程,惟'乡村建设',旨在使其认识乡村建设之理论与实施,以为他日从事乡村建设工作之准备。素念吾兄弟对于乡村建设问题研究湛深,用特奉请来院讲学,其时间另由教务处奉告,即请惠允。赐复为荷! 专颂大安! 晏阳初谨启。"(新版《全集》卷4,第185页)

11月3日　致胡光䎡先生。信中首先告知陈先生[1]从天津回来后即汇报了会谈一事。其次,告知除了德尔科电业公司的设备要等以后才能运来以外,其他所捐赠均已运达,其中包括陈先生正在定县安装的无线电和扬声器。第三,告知寄去已收物品的详细清单,并对本人和贵公司的慷慨捐赠深表谢意。第四,告知陈先生打算经常通报无线电收音机的使用情况和受益人员数量。第五,告知附寄了4月15日汇报信的副本,在该汇报信的最后一页上提到了给平教会的捐赠,并已将该信寄发给了三百余位捐赠者和平教运动的朋友,其中包括美国工商、教育和社会等界的领导人,美国无线电有限公司总裁哈博特[2]将军也列在其中。最后,表达希望尽快将贵公司的全部设备运来。如果使用很成功即可在中国推广。(新版《全集》卷4,第185～186页)

11月4日　致E. 赛登斯特里克先生。信中告知王(P. L.)[3]先生已在上月底抵达北平并在定县与姚寻源博士一起工作,并留下了良好的印象,而且对乡村环境也适应很快。其次,告知王先生在旅费问题上表现了崇高的品质,决定把提供给他的旅费转交给财务主管人员,认为他没有必要用这笔钱。最后,索要10月份出刊的《通讯季刊》期待着能读到由E. 赛登斯特里克先生撰写的一篇关于定县卫生规划的文章。(新版《全集》卷4,第186～187页)

11月5日　致信E. C. 卡特[4]。信中首先告知在搬家到定县去的前一天收到一封电报,电文内容如下:"建议尽可能会见目前正与其兄乔治·斯科特[5]在华北

(接上页)4月,82岁高龄还到四川省卫生模范县——什邡县作农村卫生调查,对农村卫生情况进行考察,提出了积极的建议。同年7月,在烟台市召开的中国农村卫生协会成立大会上作报告,受到与会代表的好评,且被推选为该协会的名誉理事,同年,任四川省农村卫生协会名誉理事。主要论著有《中国的农村医学:我的回忆》(英文版,美国南加州大学出版发行)等。

①　陈先生:未详待考。据堵述初回忆,定县广播电台是苏联李先生搞起来的,他精通电学,并有制造电机的技能,当时收听的喇叭就是他动手制造的。并提到艺术教育部主任郑裂裳懂电学,因而电台由艺术教育部负责管理。(堵述初:《平民教育运动在定县》,见中国人民政治协商会议河北省委员会文史资料研究委员会编:《河北文史资料选辑》第11辑,河北人民出版社1983年11月,第42页)

②　哈博特:美国无线电有限公司总裁,将军。生平事迹待考。

③　王(P. L.):生平事迹未详,待考。

④　卡特(Mr. E. C. Carter):时在美国纽约第52东大街129号。

⑤　乔治·斯科特:生平事迹未详,待考。

拜访长老会差会的詹姆斯·库斯曼夫人①,希望她能破个例并亲自向阿瑟·柯蒂斯·詹姆斯②先生请求。"其次,告知收到电文前大约一个星期,在家招待了库斯曼夫人和她的侄女斯科特小姐③,用了一个多小时向她展示定县实验的各种图表并介绍在一些省份所做的推广工作。第三,征询是否可以通过库斯曼夫人接近阿瑟·柯蒂斯·詹姆斯先生。最后,告知随信夹寄了在金融界很有影响的、英国金融界与中国政府打交道时的法律顾问、英国人 G. E. 郝搏德(G. E. Hubbard)最近来信的副本,以便能正确看待最近对中国的平教运动有许多不利的评论。(新版《全集》卷 4,第 187~188 页)

12 月 5 日　给 G. 伊利④小姐回信。信中首先告知来信收到,对喜欢中国茶表高兴之情,并夸奖在俄国生活的意义。其次,告知贝蒂和弗雷德在北平呆了六周,曾在定县研究平教重点工作,对他们的来访深为高兴。第三,告知菲尔德夫妇⑤肯定还要来定县访问。第四,邀请到定县参观。最后,介绍北平西山由原总理熊希龄主办的孤儿院情况,因资金不足面临关闭,告知如愿资助这类机构无疑是最佳用钱方式,希望能来信谈谈。(新版《全集》卷 4,第 188~189 页)

12 月 6 日　致信金淑英⑥。信中首先告知收到中华平教会被赠送一架无线电台的惊喜和高兴心情。其次,告知拟在适当时候向平教会全体职员宣布此消息,"下周一的周会是我正式宣布无线电台消息的适当时机"。第三,告知原北平艺术学院的院长、现任平教会艺术教育部主任郑锦先生听到很快建无线电发射台一事欣喜若狂。第四,告知定县建设"十年计划"的报告书情况。最后,代表平教会的全体成员向非常慷慨地捐助表示衷心的感谢,热切地希望当无线电台全面开通时能回到定县来在电台发表第一次用汉语的演讲。(新版《全集》卷 4,第 190 页)

12 月 10 日　给 E. 赛登斯特里克⑦先生回信。信中首先告知在准备定县扫盲运动时收到 10 月 15 日来信,并告知全家已搬到定县并已很习惯了。其次,告知1930 年 7 月 1 日至 1931 年 6 月 30 日财政年度预算的相关情况,并告知随信附寄。

---

①　詹姆斯·库斯曼夫人:生平事迹未详,待考。
②　阿瑟·柯蒂斯·詹姆斯(1867~1941):美国富豪之一。身后没有留下子嗣。詹姆斯把他遗下的资金交给一个基金会,附有颇不寻常的一个规定——本金应在二十五年期间进行分派,后经如约办理。这项基金跟詹姆斯本人一样,现已化为乌有。生平事迹未详,待考。
③　斯科特小姐:生平事迹未详,待考。
④　格特鲁特·伊利(Miss Gertrude Ely):时在美国宾夕法尼亚州 Bryn Mawr。
⑤　菲尔德夫妇:即弗雷德里克·菲尔德夫妇。
⑥　金淑英:为奥金克洛斯夫人(Mrs. Ellie S. Auchincloss)的中文名,晏阳初的英文秘书。时住美国纽约市第 69 东街 123 号。
⑦　西登斯特利克(Mr. Edgar Sydenstricker):时在美国纽约华尔街 49 号米尔板基金会。

第三，告知赠款总额虽未变，但根据实际需要在项目上作了某些调整，并报告调整详情，随信附寄一份原预算的副本，以便对比研究。第四，告知因增加建筑和用地费用需要今年实际赠款的全额。第五，告知收到 S. R. 布朗①先生在 11 月 25 日的来信，并摘录来信内容，昨天写信请布朗先生将 1930 年米尔班克赠款的余款电汇过来。第六，对没有经常通报平教会卫生工作深为抱歉，告知姚寻源博士将提供一份非常详细的工作报告，介绍 1929 年 11 月～1930 年 6 月的工作情况，将于本周末以前寄出，以后逐月寄从今年 7 月起的卫生工作报告，并就报告从工作本身和报告撰写方面多提意见。第七，告知将与兰安生博士商谈姚博士赴美期间由李方邑②博士接替工作问题。最后，询问姚博士赴美研究卫生工作一事的动身时间及相关事宜，希望在制定 1932 年平教会规划前能来定县看看，感谢寄来的《通讯季刊》。（新版《全集》卷 4，第 191～193 页）

12 月 19 日　致信柯乐文③。信中首先向他考虑到定县农业工作的化肥使用问题而表示诚挚谢意。其次，抱歉没有及时回信并说明原因。第三，告知平教会农业部的负责人冯锐博士有一个化肥改良和实验的计划，拟试用美国赛拉米德公司生产的特种化肥的建议，冯博士及其同事选作试用化肥的有小米、棉花、小麦、花生和山芋，请柯乐文的美国赛拉米德公司的朋友立即用船运给来信建议吨数的化肥。希望美国赛拉米德公司直接把化肥运到定县火车站并解决运输费和运送中的其他费用。最后，告知至今仍未收到曾说要送的那本小册子。（新版《全集》卷 4，第 194～195 页）

是年　《农民》周刊第 6 卷第 18 期刊载他所写的《定县展览会上的演说话》，文中介绍道：中国人大概可分为两部分，一是受过教育的读书人，一是没有受过教育的农工们。做工的因为不读书，所以只知道死守旧法，一切旧技能，还是用两三千年来的老法子，天天干和牛马不甚差别的工作。而没有知识继续增加他的生产，不但不能征服自然，还受自然的支配，不但不能适应环境，还受环境的压迫。在社会上还幸得有了这班做工的，赖以维持，然人口日日增加，在从前吃得有余，到现在感到不够了，这就是穷的病根。现在要不穷，只有读书的要做工，做工的要读书，使教育与生活打成一片之后，人人既有了科学的头脑，又有农工的身手，这才是"整个"的人，这才是平民教育运动所要作的"新民"。中国必须多得这种新民，前途才有希望。（新版《全集》卷 1，第 142～143 页）

---

①　S. R. 布朗（S. R. Brang）：生平事迹未详，待考。

②　李方邑：旧版《全集》误为"李方勇"或"李方俊"，新版《全集》误为"李方勇"。

③　柯乐文（Grover Clark，1891～1938）：旧译为"克拉克"，美国人，生于日本。1918 年到中国，任北京大学英文教授。1922～1929 年任英文《北京导报》总主笔兼社长。主要著作有《在华经济竞争》（*Economic Rivalries in China*，1932）、《长城破碎》（*The Wall Crumbles*，1935）和《众所注目的地方》（*A Place in the Sun*）等书。晏阳初致信时在纽约百老汇 60 号。

1931 年(民国二十年　辛未)　四十一岁

1 月　左翼青年作家柔石、殷夫、胡也频、冯铿、李求实等被国民党逮捕,2 月 7 日被秘密杀害。

同月　国民党政府公布《危害民国紧急治罪法》。对于从事反帝反封建活动的团体或个人,可加以"危害民国""扰乱治安"等罪名,处以"死刑""无期徒刑"。

同月　教育部公布《华侨中小学规程》。国民政府公布《教育会法》。

2 月　《红旗日报》改为中共中央和中共江苏省委机关报。3 月 9 日,定为中共中央机关报。

3 月　中国语言文字学会在上海成立。

同月　明星影片公司的故事片《歌女红牡丹》在上海新光大戏院首映,为国内最早的有声片之一。

同月　国民政府修正公布《省政府组织法》,采委员制,省教育厅长由省政府委员兼任。教育部修正公布《专科学校规程》。

同月　梁漱溟于山东邹平创办山东乡村建设研究院。

4 月　国民政府内政、教育两部规定 4 月 4 日为儿童节。教育部通令各省市限制设立普通中学,增设农工科职业学校,或在普通中学添设职业科。

同月　巴金长篇小说《家》开始在上海《时报》连载,当时名为《激流》。

5 月　唐绍仪等 22 人在广州联名通电,要求蒋介石于 48 小时内下野。

同月　国际儿童大会在上海召开,中国首次派代表参加。

同月　教育部制定《地方教育经费保障办法》。国民会议通过《教育设施趋向案》《设立国立编译馆案》。

6 月　国民党三届五中全会推举蒋介石为国民政府主席。

同月　闽北红军独立团攻克崇安,粉碎国民党第二次"围剿"。蒋介石率德、日、英等国军事顾问由宁赴赣,亲自组织对中央苏区实行第三次"围剿"。

同月　南京国民政府颁令授班禅"护国宣化广慧大师"名号。

同月　国民政府公布《中华民国训政时期约法》,其第 5 章第 47 至 58 条为国民教育专章。教育部公布《省市督学规程》。

7 月　南京国民政府军政部开办航空学校，前身为中央陆军军官学校的航空班。

8 月　中共中央作出《关于中央苏区党组织问题的决议》，决定由周恩来、项英、毛泽东、任弼时、顾作霖、邓发、朱德等 7 人为苏区中央局委员，毛泽东代理书记。

同月　南京国民政府主办的首次高考出榜，录取 99 人。教育部公布《教育部督学规程》。颁行儿童节纪念办法。

9 月　丁玲主编的《北斗》月刊在上海创刊，为"左联"机关刊物之一。

同月　"九一八"事变发生。日军炮轰北大营，由于蒋介石下令不准抵抗，日军在三个月内占领我国东北全境。

同月　国民党中执会通过三民主义教育实施原则。

10 月　国民党政府颁布《出版法施行细则》，进一步限制进步读物的出版。

同月　教育部转发中执会制定《学生义勇军教育纲领》，通令中等以上学校遵行。

11 月　教育部颁布《学生义勇军训练办法》，公布《高中以上学校加紧军事训练方案》。

12 月　蒋介石被迫辞去国民政府主席及行政院长职务，林森任主席，孙科任院长。

同月　国际联盟教育考察团抵沪考察，编辑《中国教育之改进》报告书。中国社会教育社成立。

1 月 16 日　给兰安生回信。首先表达欢迎他和杨崇瑞①博士(Dr. Manrian Yang)来定县参观一事，并对他们难以获得正确的信息和买车票等遇到这么多的麻烦表示非常抱歉。其次，回复已于昨天晚上收到了兰安生发来的电报。电文如下："杨独自乘坐星期一的快车前来。中国旅行社拒售一等车票，因为列车在定县不停。您在那儿的办公机构不能提供信息，请电示。兰安生。"并告知今天早晨已

---

①　杨崇瑞(1891～1983)：女，别号雪丰。妇产科专家。北京通县人。1911 年入北京协和女子医科大学，1917 年毕业获博士学位。1925 年赴美国入约翰·霍布金斯大学医学院、公共卫生学院进修。回国后，1929 年创办北京第一助产学校和南京中央助产学校，自任校长。1931 年 6 月任内政部卫生署技正。1934 年 6 月 7 日试署全国经济委员会技正。后主编《北京晨报》人口副刊，提出"限制人口数量，提高人口素质"的主张，并创办节育指导所。1948 年当选"行宪"第一届立法院立法委员，同年被国际卫生组织聘为妇幼卫生专家，任世界卫生组织妇幼卫生组副组长。1949 年后，任卫生部妇幼卫生局局长、中华医学会理事、中华医学会顾问、中国人民保卫儿童全国委员会和全国政协委员。她是中国妇幼卫生事业创始人之一。最早在国内倡导把妇女卫生工作转向农村。著有《妇婴卫生纲要》《家庭卫生及家政概要》等。

复电如下:"唐星期六前来相助。晏。"最后,告知不赞同兰安生和孟禄①博士一起来定县参观,建议分批前来。因一方面接待能力有限,另一方面也不利于充分吸收两位重要人物的学问。"如果你们同时来访,我们就很难做到这一点。因此,为了能尽可能多地向您俩学到东西,我想还是分别地接待你们的来访为好。兰安生,我同您十分熟悉,现在我问您,您和杨(崇瑞)博士是在孟禄博士之前来访,还是在他之后来访?我将派唐先生②今晚去同您面谈,并帮您买车票、处理杂务,我很了解唐先生,无论您要他做什么,他都会十分乐意为您去做的。"(新版《全集》卷4,第196~197页)

1月31日 致信E. 赛登斯特里克③。该信首先与E. 赛登斯特里克讨论汇款能否由一年四次改为一年两次,以减少因中美货币兑换率波动可能导致工作经费的损失。"这也符合你们在美国的机构根据美元编制预算时的习惯做法。由于五月底我们将制定一个财政年度的工作预算,因此如果你们现在就汇来一半拨给我们的款项,另一半大约在五月底汇来,我想将更方便一些。"其次,告知已由姚寻源博士寄去了他的年度工作报告,并告知拟从当月开始寄月度工作报告,以便使E. 赛登斯特里克随时了解工作进展。第三,告知保尔·孟禄博士一行情况。第四,告知刘小姐④将来定县加入平教会工作,主要从事有关营养方面的研究。最后,附带介绍姚寻源博士和李方邕⑤博士在卫生方面的工作情况。(参见新版《全集》卷4,第197~198页)

2月1日 举行学生卫生大会,将身体检查记录表、治疗记录及若干彩绘、有关保健清洁的图片分别展开,并组织演出十四幕的卫生教育话剧,2 000余教师、家长和学生参加,健康或清洁的学生获得奖品。(《定县足迹》,第36页)

2月4日 给刘瑞恒回信。首先,回复道:"昨天下午收到您一月二十四日的大函,非常感谢。您的信使我获悉蒋主席⑥及其夫人⑦在溪口的乡村工作情况以及

---

① 孟禄(Paul Monroe, 1868~1947):旧版《全集》译为"门罗"。美国教育家。生于印第安纳州北麦迪逊城。毕业于州立富兰克林学院,获芝加哥大学社会学和政治学哲学博士学位。1899年任哥伦比亚大学师范学院教授,后任院长。1902~1935年任芝加哥大学教育学教授,其中1915~1923年兼任这所大学教育学院院长。孟禄研究过许多国家教育的历史和现状,1931~1933年和1935~1943年担任世界教育协会联盟主席。他于1921年首次来华进行教育调查,并在中国各地讲学。1925年起担任中华教育文化基金董事会董事。回美国后,在纽约创办中国研究所,并任首任所长。孟禄重视办好中等教育,主张普通学校的教育方法应注重应用,提倡平行学科制,即在中学设立可供选择的与普通学科平行的职业预备科;为激发学习动机,主张采用设计教学法,并注重自然学科教学中的实验,认为学科学不在知而在行以求知。著有:《教育史教科书》《教育史简明教程》《中等教育原理》和《美国公共学校制度的创立》。曾任《教育百科辞典》主编和多种百科全书的教育编辑。

② 唐先生:未详待考。

③ E. 赛登斯特里克(Edgar Sydeustricker):时在美国纽约米尔班克基金会任职。

④ 刘小姐:未详待考。

⑤ 李方邕:旧版《全集》误为"李方勇"或"李方俊",新版《全集》误为"李方勇"。

⑥ 蒋主席:即蒋介石。

⑦ 蒋主席夫人:即宋美龄。

他们对我们定县工作的兴趣。昨天晚上我和我的同事们商量安排我在这儿的工作,以便我有可能来南京谒见蒋主席。由于我最早能够离开定县的时间是本月二十三日,并且二十五或二十六日才能从北平启程赴南京,到达南京的时间将不是本月二十八日就是三月一日了。另一方面,如果三月的第一周比二月最后一个星期去见蒋主席对他来说更为方便,我就推迟一星期离开这里。因此我曾致电于您,电文如下:'南京卫生署刘博士:我是本月最后一个星期还是三月第一个星期能来?请电示。河北定县晏。'"其次,对他关心定县工作表示感谢,表告知定县的工作目标不仅仅是一个县,而是要把成功的经验推向全国。第三,告知将把他列入寄送材料的名单中,近来没有新情况可提供,只能寄一些定县平教工作报告的副本、两年前写的两篇文章的副本以及姚寻源博士做的有关定县公共卫生部门工作开端的年度报告。最后,告知去南京时将带上一些图表和图片"向您和蒋主席展示我们工作的最近进展情况"。（新版《全集》卷3,第199~200页）

2月5日　给胡光麃回信。信中首先告知其1月30日发自上海的亲笔信函已收到并表感谢。其次,告知很愿意商谈无线电台计划及安装设置电台事宜,并拟遵循平教会先试验后扩大的原则。认为"在中国尤其是在农村地区,使用无线电台进行教育还是一件新鲜事,所以我们不得不以试验者的精神去探索,从中发现在国内进行无线广播中的问题,提供适当的受农民欢迎的教育和娱乐性的节目。如果我们不了解这些基本的情况,对像我们这样一个教育机构来说,一开始就以费用浩大的规模来做这件事是十分愚蠢的。因此我写信再次请求您对实施这项计划给予合作,如果您能提供以前来信中提到的广播发射机的贷款,那就太好了,我想这笔贷款用于我们初创时期的试验足够了。在对这个无线电台计划进行比如说半年到八个月时间的试验研究后,我将更了解到不仅这座无线电台应该建造（当然由您的公司来建造）,而且知道怎样去设计一个最好和最有效的计划。"第三,希望告知"是否能让我知道,为了装设作试验研究之用的广播发射机,还需要其他什么样的附件?按照最低的比率它们又价值多少?"第四,告知最近美国保尔·孟禄博士、伦敦的托尼教授等来访,一直特别地忙。最后,邀请来定县作访问并研究建立无线电台的可能性,并希望告知相关事宜。（新版《全集》卷4,第200~201页）

2月7日　给王正黼先生回信。信中首先告知非常高兴收到1月31日来函,获知了组织整个沈阳地区平民教育运动的极好消息。就对平民教育的兴趣的增加感到振奋。其次,告知平教会将尽力帮助他提出的在三年时间内消除乡村文盲的目标。提供服务最实用和有效的方式建议如下:"（一）我将十分高兴安排自己在五周或六周时间内来沈阳,比如说大约在三月的晚些时候,帮助你们和地方官员估计整个形势,并且草拟一个你们地区的三年扫盲计划蓝图。当然,我可以派出我们所有最好的工作人员来帮忙,但是由于这是一项东三省如此重要和具有战略性的平民教育工作,我想亲自帮助使这项工作完成。(二)在我们合作以后,根据情况你得挑选二名或三名你们最好的人员到定县进行一段时间的训练。……此外,他们不仅需要研究扫盲工作中诸多问题,如促进运动发展的技巧、最好的教授方法、监督和班级管理、教育成果的检查等,还要研究随之而来的工作中同样重要的问题。为了做好平民教育工作,对你们的工作人员集中一段时间进行训练是必不可少的。(三)当你们的人员受训后准备返回沈阳实际从事平教工作时,我很乐意派一个或两个我们最好的人员和他们一起回去,以使那里的扫盲运动有一个很好的开端。"第三,征询上述三项建议是否同意以便制定确切的计划。第四,告知河南省立民众教育学院将派20名最好的毕业生来定县集训,以便集训后返回河南发起组织全省的平民教育工作;蒋介石主席也打算派一小组来定县进行扫盲工作和农业及公共卫生方面的训练。第五,告知本月23日将赴南京,希望启程前能收到回信。最后,请转告对张学良(汉卿)的问候,询问3月份晚些时候他是否在沈阳。(新版《全集》卷4,第202~203页)

2月10日 致信孔祥熙博士。信中首先告知准备去南京作短暂逗留,本月离开那里。希望在南京期间能有机会谈谈定县实验区的情况,特别是经济方面的情况。其次,告知刚收到一封信,确知蒋委员长正在溪口进行乡村工作,极感兴趣。应他之请南下与他讨论这一问题。最后,邀请孔博士在去山西视察工作期间到定县来视察工作。(参见新版《全集》卷4,第204页)

2月13日 致信迪林厄姆夫人。信中首先告知昨天收到迪林厄姆先生的介绍信。得知其来北平非常高兴,并表衷心欢迎。其次,告知去年10月已举家搬到定县后没有到过北平。第三,告知当月23日将离开定县去北平,并且26日从北平赴南京出公差。最后,希望24日或25日是否在北平见一面并请告知。(新版《全集》卷4,第205页)

2月21日 致信兰安生。信中首先告知将于25日星期三离开定县赴北平,并且在3月1日(星期天)从北平赴南京,姚寻源博士也将同时在北平逗留。其次,询问平教会卫生部门的顾问委员会将在27日的午餐时讨论卫生工作是否方便并请其在北平协和医学院饭店订一桌饭菜。拟星期四早晨电话告知以确定聚会能否如期举行。第三,征询包括顾临先生、杨崇瑞博士、李廷安博士、吴宪博士和林可胜博士在内的委员会成员名单的合宜性。第四,告知姚寻源博士请求是否同意向委员会成员散发他年度工作报告的复本以便开会讨论得更好。最后,预致谢意并急切

期待着再次见面。(新版《全集》卷 4,第 206 页)

2 月　特往南京拜见国民政府大学院院长蔡元培。协助筹备江苏省民众教育学院,并分别在南京、无锡、苏州等地演讲平教理论。(宋编《文集》,第 339 页)

同月　北返后又往沈阳,与张学良仔细讨论将沈阳划作实验区的计划。张派沈阳李市长①6 人往定县学习;同时在第一军中挑选优秀军官 10 人一同前往,学习在军中推行四大教育方法。(晏著《传略》,第 158 页)

春　应蒋介石之邀南下,先去奉化县溪口镇参观蒋故里乡村建设;后到南京与蒋夫妇会谈。蒋对定县实行四大教育极感兴趣,邀请对黄埔遗族学校教职员、中央军校高级班、奉化五岭学校讲演。蒋决定派教官毛应章②等组成参观团赴定县受训。(宋编《文集》,第 339 页;晏著《传略》,第 157 页;毛《考察记》"自序",第 1 页)

3 月 20 日左右　到南京向国民政府汇报定县平民教育情形。随即促成国民政府选派中央军校教官 5 人,武岭、遗族二校教员各 4 人③,共同组成"平民教育研究团"于 4 月 16 日启程北上赴定县实际考察。一周后张学良也派来 13 人一同考察。(毛《考察记》"自序",第 1 页)

3 月 23 日　致信温万庆④。信中首先告知上星期五已返回定县。其次,告知对这次南京之行很满意。第三,告知中华平教会将全力对溪口和南京的工作给予全力协助和合作。第四,告知欢迎孔祥熙博士派卫生部里几个人来定县进行实际训练和考察,将尽一切可能来帮助他们。第五,感谢在南京一行给予的款待和提供的许多方便,并邀请来定县访问。最后,"请向温夫人问好,并由衷希望令郎目前已完全康复"。(新版《全集》卷 4,第 207 页)

同日　致信郝搏德⑤。信中首先对他同约翰·梅斯(John Mayes)⑥先生一起

---

①　李市长:即李法权,毕业于营口市清真小学堂。曾任沈阳交涉署署长。1927 年起任沈阳市市长至 1932 年。他嗜一菜,用糖醋拌小萝卜,加以麻酱、黄酱或酱油。朋宴寡集,李非此不欢。后市民将该菜取名"李市长"并入沈阳市名菜谱。1932 年其全部家产被伪满政权没收用于所谓"慈善事业"。其他生平事迹待考。

②　毛应章(1904~?):浙江江山人。字仲文。毕业于中央陆军军官学校第六期。抗日战争期间曾任福建省福清县、上杭县县长,浙江青田县县长。1944 年被推举为江山县公职人员候选人应考资格审查委员会委员。1949 年去台湾后,曾任基隆要塞司令部少将参谋长、副司令兼卫备团团长。1980 年退役,1983 年退休。著有《定县平民教育考察记》(1933 年 2 月拔提书店发行)、《太平天国始末记》等。

③　晏著《传略》,第 157 页说"各选派两名教员"即总共 4 名,而不是"各 4 人"即 8 人,误也。

④　温万庆(W. J. Wen,1895~?):广东台山人。留学美国。回国后任工商部秘书、实业部秘书、实业部商标局局长。晏阳初致信时任南京国民政府实业部商标局局长。

⑤　郝搏德(G. E. Hubbard):全名 Gilbert Ernest Hubbard(1885~?),"吉尔伯特·欧内斯特·哈伯德",旧版《全集》译为"哈伯德",英国人。著有《北京西山寺》(*The Temples of the Western Hills Visited from Peking*,1923)、《东方的工业化及其对西方的影响》(*Eastern Industrialization and its Effect on the West*,1938)和《英国的远东政策》(*British Far Eastern Policy*,1939)。时在北平汇丰银行供职。

⑥　约翰·梅斯(John Mayes):生平事迹未详,待考。

于 3 月 27 日(星期五)来定县访问表示非常高兴。其次,访问期间邀请到家作客,因星期五没有快车,希望星期四来。第三,告知将写信给梅斯先生告诉他有关取票的具体细节。最后,提醒起程前最好发份电报,以便派人去车站接。(新版《全集》卷 4,第 208 页)

4 月 18 日 致信兰安生。信中首先告知上次的长时间交谈很高兴。其次,阐述有思想的核心人物对一个机构的重要性。请求尽可能详细提供方博士(I. C. Fang)、朱博士(Chu Chia Hun)以及曾与陶博士(Dr. Tao)一起在南京工作、现在哈佛的陈博士①的具体情况,诸如他们过去所受的教育和经历、他们目前的工作和对他们在诸如定县公共卫生领域效力可能性的估计。最后,告知由于姚寻源博士今年夏天准备赴美,急需一个像他这样的人来接管定县的事务。并对其所有的帮助预致谢意。(新版《全集》卷 4,第 209 页)

4 月 20 日 给兰安生回信。信中首先告知 17 日的来信收到。其次,讨论关于为姚寻源博士争取到一份今年他和他的妻子都非常想得到的洛克菲勒奖学金但没有抓住机会因而失去了作为平教会成员出国的机会一事。认为对平教会发展来说最为重要的是团体精神,并且"我们事业将来的兴衰取决于我们能否维持这种精神。"最后,拜托对谈论事情绝对保密。(新版《全集》卷 4,第 210~211 页)

5 月 1 日 在其领导下的高头村保健站开放。(《定县足迹》,第 36 页)

5 月 11 日 致信兰安生。信中首先抱歉只能寄发一份简短的电报以回答从米尔班克基金来的哈得逊②以及霍奇曼③、梅(Mei)、朱(Chu)④能否在 20 日来定县

---

① 方博士(I. C. Fang)、朱博士(Chu Chia Hun)、陶博士(Dr. Tao)、陈博士:生平事迹均不详,待考。

② 哈得逊:即后文提到的"莉莲·哈得逊小姐",时在哥伦比亚工作,任公共卫生护理教授。1931 年曾访问定县。其他生平事迹未详,待考。

③ 霍奇曼:即格特鲁德 E. 霍奇曼(Gertrude E. Hodgman,? ～?):中文名"胡智敏",女,美国护理教育学家。1912 年毕业于美国瓦沙大学,1915 年毕业于霍普金斯医学院护士学校。她学成后,曾任耶鲁大学护理系主任,后又远涉重洋,在法国、叙利亚等地从事护理教育工作以及公共卫生、红十字会护理等领导工作。她学识渊博、经验丰富、精力充沛,立志献身本国和世界的护理事业。1930 年她应协和医学院董事会聘请,来到我国接任协和医学院护士学校第三任校长,直至 1940 年期满回国,在她任期的 10 年中,为维护高级护士教育的水准,除保持与燕京大学原有的协作关系外,且与南京金陵女子文理学院、山东齐鲁大学、苏州东吴大学及广州岭南大学等建立协作关系,在这些院校设立了护预系,以扩大护校学生来源,保证学员的入学水平。她十分重视师资培养,除原有的基础护理科的专职教师外,她为各专科都聘请了专人,担任授课和督导员的职务,从而加强了病室的行政管理及学生在病室的实习,使理论与实践相结合。此外,她还充实了课程内容,例如增设了公共卫生护理实习课目,由东城区第一卫生事务所护理主任分配学生去本市的学校、工厂、家庭以及农村,进行治疗、护理和卫生宣传教育等工作。还利用协和医学院和第一卫生事务所公共卫生的教学实习条件,为全国各医院分别设在职护士、护士师资和公共卫生护理进修班。她任职的 10 年是协和医学院护士学校的昌盛时期。1940 年后回美国。美国和台湾地区的协和护校同学为其筹款设立了胡智敏奖学金,以纪念她在中国的业绩。

④ 梅(Mei)、朱(Chu):生平事迹未详,待考。

访问的问题。其次,告知应接不暇从全国各地和国外来的参观者和学生,甚至影响正常工作,现在正接待 5 个团体的参观访问,再接待四人恐怕力所不及,且定县已没有地方可供留住。最后,表达这次不能接待朋友的歉意,并拜托加以解释,欢迎他们将来有机会来。(新版《全集》卷 4,第 211~212 页)

5 月 15 日 在定县举办"四大教育"训练班。参加者有来自南京、溪口、东三省、河南等地选派的学员和定县各村村长、村副。(《定县足迹》,第 340 页)

5 月 18 日 给 G. E. 霍奇曼小姐回信。信中首先告知 5 月 16 日有关哈得逊小姐来访的函收到。其次,谈接到兰安生博士电报时的感受:"我们不仅对这些朋友们是些什么人一无所知。"第三,告知定县近来繁忙的工作景象。"要负责对总计约有五百名来自南京、沈阳、河北、河南、山西省的六批人进行训练工作,这些使我们应接不暇。三百多名乡村长者仍在这儿,两天前又有三批来访者突然到来。所幸南京、沈阳及河南省政府派出的代表昨天和今天早晨已离开。"第四,告知本周星期三(20 日)将到北平处理紧急公务,希望哈得逊小姐星期四到定县,星期六早晨可返回北平。第五,告知陪同哈得逊小姐的护士由 G. E. 霍奇曼小姐决定。最后,告知这次不能请哈得逊小姐到家做客并表歉意。(新版《全集》卷 4,第 212~213 页)

5 月 19 日 致信曹炎申①。信中首先告知此前收到来信知"起居佳胜,事业进步",十分高兴。其次,回答平民教育进行办法。认为"目前吾民重困于四大害,一曰愚,二曰穷,三曰弱,四曰私。敝会从教育上为彻底解决此四大害之实验,即以文艺教育攻愚,培养吾民智识力;以生计教育攻穷,培养吾民生产力;以卫生教育攻弱,培养吾民强健力;以公民教育攻私,培养吾民团结力。用学校方式、社会方式、家庭方式,将此四大教育打入吾民实际生活中去,使吾民得享整个人的生活,作新民。目标如此,故以一县单位为彻底的实验。在实施上,定县有十年计划,前三年,偏重文字教育,期于三年之内除尽全县青年文盲;次三年,偏重生计教育;最后四年,偏重公民教育与地方自治之训练;卫生教育则与其他教育相辅而行。四大教育分工合作,联锁进行。其方法,原则上须具备四种条件,即:(一)须有基础性;(二)须有普及性;(三)须有简易性;(四)须有经济性。敝会以为非如此,则虽有善法,亦只适用于一隅,而不能普及全国。定县实验之意义,即在求能推行于全国

---

① 曹炎申:生卒年待考。广东人。耶鲁大学文学士、加利福尼亚大学文学博士。1911~1912 年任中华基督教留美青年会会长,1912~1913 年任总干事。1926~1934 年任香港基督教青年会总干事。1929 年10 月 28 日参加第三次太平洋会议。1933 年起任上海青年会学校校长。1935 年任中华基督教青年会教育调查委员会委员。曾任上海"平民福利事业委员会"卫生部长。1947~1948 年任广州市基督教青年会总干事。编著有《美国教育》(上海商务印书 1937 年版),论文有《西藏风土记》《日夜学校》等。

各县,因之敝会在定县工作,完全是研究实验性质,且纯处于社会及学术立场。如果实验有所成功,即随时贡献于国家与社会,以期推行全国。"第三,告知平教会全部工作移到定县时间短,还没有系统的报告。最后,告知寄上平教会《实验区章程》一份、《工作概况》一册、《定县须知》一册和目录一张,请察存,并乞随时赐教。(新版《全集》卷 4,第 213～214 页)

5 月 25 日 致信刘瑞恒博士。信中首先告知由南京、溪口、沈阳派来的代表来过并已离去。随信附上寄给蒋夫人宋美龄一封信的复本,请其查收。其次,告知目前仍有第二批大约 30 人的乡村工作者在定县。大约一个星期后,要开始接待第三批乡村工作者。这种同乡村长工作的接触对熟悉了解他们、谋求他们与正在从事和将要从事的各项事业的合作、并且训练他们成为真正的公民是非常有益的。第三,告知寄上一张图片,这张图片拍下了十来批到定县考察和接受一两种训练的男男女女。第四,对"国民会议"成功地结束感到非常高兴,热切希望在不远的将来能够和平解决广州即将出现的纷乱。第五,告知平教会卫生部门的姚寻源博士正逐渐地振作精神与平教会其他同仁一起工作,今年夏天能去国外深造,感谢慷慨为他提供了一份卫生署的奖学金。希望能告知他起程赴美的大概时间,以便安排相应工作。最后,告知对几天前哥伦比亚来的公共卫生护理教授莉莲·哈得逊小姐①和卫生部里的梅夫人②来定县参观感到非常高兴。(参见新版《全集》卷 4,第 214～215 页)

5 月 26 日 给赛登斯特里克先生去信。主要谈姚寻源出国留学一事。"至于姚博士出国学习一事,他认为我许诺过为他弄一份洛克菲勒奖学金或相等数额的补助金,因此他一直指望着我。由于我们无法从自己的资金中提供这笔钱,我努力从卫生部争取一份同洛克菲勒奖学金数量完全相等的补助金,并且成功地为他弄到了今年夏天的款项。"(新版《全集》卷 4,第 294 页)

5 月 27 日 致电张学良。电文为:"北平张副司令鉴:弟准艳日③来平趋谒。晏阳初。"(新版《全集》卷 4,第 215 页)

夏 在定县接待美国洛克菲勒基金会总裁、兼驻欧洲国际健康委员会及社会科学研究计划负责人之一塞斯卡·冈恩(Selskar M. Gunn)的参观来访。这是冈恩第一次在中国旅行。定县实验受到冈恩很高的评价(参见同年 9 月 8 日条)。(吴著

---

① 莉莲·哈得逊小姐:时在哥伦比亚工作,任公共卫生护理教授。

② 梅夫人:即前文提到的"梅",在哥伦比亚的某卫生部门工作。1931 年访问定县,其他生平事迹待考。

③ 艳日:29 日。是韵目代日的一种电报纪日方法。

《晏传》,第250~251页)

6 月 12 日　给凌道扬①回信。信中首先告知刚收到有关他弟弟内容的来信。冯锐博士现在正因病卧床,所以没有能够按信中所提到的意见向他提出在他的部里增加凌道扬弟弟的一个名额。其次,告知"完全理解您不让您弟弟一踏上社会就在政府机构里工作的想法。我知道已有不少人正在申请要到他的部工作。"请务必尽早给提供一些有关弟弟的情况,以便冯锐博士能据此作出最后决定,并详提四问。第三,告知"我们完全是不仅从技能训练的角度,而且从为下层社会和地位卑下的农民服务的品格和决心的角度考虑,把职位给予最有资格能胜任此项工作的年轻人。"最后,告知对凌道扬在东山附近的实验很感兴趣,并祝一切顺利,请一定随时告诉其进展情况。(新版《全集》卷 3,第216 页)

6 月 14 日②　致中华教育文化基金会请款书。首先表达请中华教育文化基金会继续给予款项补助。其次,对平教会成立及目标作了介绍。"窃敝会创办以来,由国民最低限度需要之文字教育,演进为文艺、生计、卫生、公民四大教育之实施。由全国的倡导,演进为县单位的基本建设之研究与实验。期在彻底了解农民实际生活之内容,而完成改造农村社会之整个的计划。"第三,汇报平教会关于农民生计教育的要点:① 使农业科学深入民间,② 整个的生活建设与农业,③ 规定定县实验的六年计划,④ 农村经济建设设计之完成,⑤ 以定县为训练表证中心。"总之,敝会之研究与实验,在完成整个农村改造之计划。生计方面之设施,则在促进经济建设之实现。"最后,陈述请款理由。"年来因社会之需要,工作势须扩张,然以人力财力之限制,辄不能有显著之发展。所望贵会能洞鉴敝会生计教育方面工作进展之情形,在敝会六年计划之下,继续优予补助,每年至少五万元,俾多年辛苦经营对于农村经济建设略有成效之工作,得以顺利进行。敝会前途,实利赖之。"(新版《全集》卷 1,第158~161 页)

---

①　林(D. Y. Lin):即凌道扬(1888~1993),著名林学家、农学家、教育家、水土保持专家。广东新安人。早年赴美留学,获耶鲁大学硕士学位。1914 年返国后,1915 年倡导"植树节"并得以实施。1917 年发起成立中华林学会,历任北京大学、中央大学教授兼森林系主任,中央林业管理局局长,广东农林局局长,黄河水利委员会委员兼水土保持委员会副主任委员。曾出席第五次太平洋科学会议,任太平洋科协森林委员会主任委员。嗣又历任美国援华救济联合会善后救济委员会主任委员、国际救济协会常委、中华林学会会长。抗战胜利后,任中国水土保持协会理事长、行政院善后救济总署顾问、广东分署署长、广东省政府顾问等。其思想对孙中山、黎元洪、张謇等产生较大的影响。曾协助孙中山完成《建国大纲》《三民主义》农、林部分章节的写作。著有《森林学要览》《中国农业之经济状况》《林政纲要》等。晏阳初致信时住南京斗鸡闸 9 号。

②　该篇原放入 1932 年栏目中,在篇末注明是 1931 年,但在题目下注明为 1932 年,实为 1931 年,新版《全集》已改正并放入 1931 年栏目中。

8月8日 给 S. D. 甘博回信。信中首先告知 7 月 3 日的来函昨天下午才收到,得知即将来中国访问很高兴,希望谈一谈在那儿的考察和经历。并提出"将从俄国的成功和失败中学到从其他任何国家所学不到的东西。"其次,告知有关石友三与东北军和中央军之战不到一个星期石军就已被打败,东北军将领们对定县试验的特殊照顾而没有将炸弹扔在定县县城;石家庄与北平间的火车一两天前已开通。第三,告知明天将回定县去,希望能在 16 日至 17 日之前回来以便为本月 24 日在燕京举行的全体人员大会作些准备,会议将从 24 日至 30 日举行,会后要回定县去,以便推动今秋的工作。第四,随信附上平教会财政委员会最近一次会议记录的复本,以便给他提供一些下一年度所希望完成工作的情况。最后,谨代表平教会和同事们致以最衷心的期待,急切期待在北戴河见面。(新版《全集》卷 4,第 217~218 页)

8 日 10 日 给 E. 赛登斯特里克回信。信中首先感谢收到 6 月 25 日的来信,告知计划明天回定县去。其次,感谢从米尔班克基金中为姚寻源博士推荐了一份最高的奖学金,并告知平教会将为他提供 5~6 千美元的旅费,已打报告从卫生署申请取得奖学金,随后再电告申请结果。第三,谈姚寻源博士出国资格和将来工作去向。"既然姚(寻源)在申请卫生署的奖学金,他只能以卫生署的成员资格而不是平教会的代表的资格赴美,这样他就没有义务一定要返回平教会来。将来他学成回国后,可以自由决定是回定县还是加入其他任何机构。"第四,告知姚博士希望能够在赛登斯特里克动身来中国前到达美国,期盼赛登斯特里克当年秋季前去杭州讲学。第五,告知在中国华北由石友三发动的战争在经过仅仅一个星期的厮杀后已经停止,不断地制造混乱的祸源石友三被消灭。最后,请转达对金斯伯利(Kingsbury)先生的问候。(新版《全集》卷 4,第 218~219 页)

8月25日 "平教总会"董事长、社会活动家朱其慧逝世。晏阳初亲书"景慧堂"三字悬于"平教总会"门口,以示纪念。(晏著《传略》,第 318 页)

9月5日 致电李振唐[①]。电文如下:"定县十三旅李旅长、周团长[②]鉴:东北

---

① 李振唐(1892~1976):字绍晟,奉天承德人。保定陆军军官学校第五期步科毕业。曾任段祺瑞边防军连长。后投奔奉系军阀,历任东北军第十军参谋长、第三旅旅长、东北陆军步兵第六旅旅长。1929 年任第一一三师师长。1935 年 4 月授中将衔。同年任第五十一军副军长。西安事变后,奉命调江苏淮阴。抗日战争爆发后,在山东境内抗击日军。后离开部队回天津休养。1948 年 6 月任松江省政府委员。1949 年后,任过天津市政协委员。著有《滦东战役逸事》《第五十一军调往西北的经过》。
② 周团长:即周福成(1898~1953),中将,兵团司令官。字全五,奉天承德人。早年考入保定陆军军官学校第九期步兵科。毕业后历任连长、营长。1925 年任东北陆军第六旅第八十团团副。1933 年参加长城抗战,任师长,1935 年升少将。抗日战争初期任第一六师师长。1938 年 6 月率该师参加武汉会战,(转下页)

与我会合作有年，请特加照护，并望勿占同仁住宅。费神之处，弟当面谢。弟阳初叩。"（新版《全集》卷 4，第 219 页）

9 月 8 日　美国洛克菲勒基金会总裁、兼驻欧洲国际健康委员会及社会科学研究计划负责人塞斯卡·冈恩在致洛克菲勒基金会主席马克思·曼圣（Max Mason）的报告中高度评价定县实验，认为是从没听过的感人至深的活动之一。"这一运动值得予以最大的注视。它可能获得对未来若干年中国问题的答案。""在中国极少理想主义。我自己相信晏与同仁在走向成功"。（吴著《晏传》，第 251 页）

9 月 9 日　致电李殷①。电文如下："定县李殷暨诸同志：筑山夫人②病故，将归葬定县，请物色相当我会茔地。初谒见副座③后，立返。晏阳初。"（新版《全集》卷 4，第 220 页）

9 月 18 日　给王正黼先生④回信。信中首先告知本月 13 日有关沈阳平民教育工作的来函收到。其次，告知沈阳平教运动计划制定及变化后的后果。"我们帮助沈阳制定的最初计划是以小规模进行的计划，这样李市长能够单独管理此事，但后来没有和我们商量，计划扩充得很大，乃至扩展到整个辽宁省。如果在全省范围内推行此项计划，不仅李市长和贵委员会不能很好地引导，而且我们平教会也无法提供足够的支持。首先，当地没有足够训练有素的人员来管理；其次，没有可靠收入来源来开展和维持这项工作。"第三，告知中华"平教总会"如何协助该计划落实。"在我们这儿事务浩繁，工作非常需要人手的时候，我们派出朱柯（Chu Ke，译音）⑤

（接上页）同年 12 月升任第五十三军军长。1939 年晋升中将。1942 年支援长沙对日作战。同年 5 月任中央训练团第二大队大队长。1943 年率部参加滇西反攻战。1946 年内战爆发后任第三兵团司令和第八兵团司令及松江省主席。1947 年当选为国民党六届中央候补监委。1948 年 5 月 19 日特派为东北行辕政务委员。同年率第八兵团参加辽沈战役，任沈阳防守兵团司令官。卫立煌乘飞机离沈阳后，代理东北"剿总"司令职务。11 月 1 日放下武器。1953 年获释。同年病故于抚顺（一说哈尔滨）。

①　李殷：生平事迹不详，待考。

②　陈筑山夫人：即袁筑韵，善良温顺，有一定旧学基础，对陈筑山的事业颇能理解和支持。1931 年因意外事件死在北平协和医学院的手术台上。生有陈子元、陈桂元、陈菊元。去世后葬在河北定县西山，墓旁有一石刻短文，为陈筑山老友钱玄同先生和黄齐生先生合写，20 世纪 80 年代初期被盗。

③　副座：张学良。

④　王正黼：时在沈阳东北矿务局任职。

⑤　朱柯（Chu Ke，译音）：即诸葛龙（1890～1976），字佐刘，浙江金华人。清末秀才。1912 年，金华县立第九高等小学首任校长。后毕业于东南大学教育科。曾任平教会干事和山东省立乡村建设专科学校教师。1941 年，任浙江省立金华师范学校教师，兼地方教育辅导员，经管金、衢、严三地区国民教育工作。抗战胜利后，先后任八婺女中、金华县立简易师范学校教导主任。1949 年 9 月，任金华师范学校校务委员金华市教育志会委员，兼教育心理学、教育行政、教育统计等课教师。1952 年调金华县中（今金华县鞋塘中学）任教，曾当选为第一、二届县人民代表。1961 年退休。

先生和王（Wang）①先生去沈阳。一个为教育专家，另一个则为农业专家，都是我们这儿各项专业最好的人选。他们不仅有博士学位的头衔，而且还非常讲求实际和精通专业。他们的实践经验是其他许多科学博士都比不上的。此外，我们也特别要求傅（葆琛）博士前去帮助。……为了帮助李市长摆脱困境，我们今天早晨又派出两个最得力的人殷（Ying）先生②和王（Wang）（和成）先生去沈阳。……两个星期以后我们将派当今中国著名的戏曲权威熊佛西到您那儿去。总之，我们不断派我们这儿最好和最有经验的人员去那里，在平教运动的历史上，我们从来没有像支持李市长和他的委员会这样支持过任何一个机构，我希望他和他的朋友能够理解。"第四，告知经历了平教运动史上最令人伤心的时刻。一个是董事会的主席和平教会财政、精神方面的支柱熊希龄夫人去世，一个是平教运动杰出的领导人之一陈筑山的妻子由于意外事件死在北平协和医学院的手术台上，还历经了定县历史上最为残酷和最具毁灭性的战争，一千多个村庄被蹂躏抢劫。第五，分析沈阳平教运动工作的组织问题和财政资助问题。告知已与张学良元帅相见，并就解决有关具体困难达成了一致意见，张元帅说他将在组织和财政方面协助完成计划。已把张元帅亲笔信交给了省政府主席，拟三个星期至一个月后再赶到沈阳协助制定切合实际和有效的计划。第六，希望在访问沈阳期间能相见。询问 10 月 15 日至月底期间是否能在家，以便作出安排。最后，请转告李市长和沈阳平教委员会张元帅信的精神和详细内容。（新版《全集》卷 4，第 220～222 页）

9 月 21 日　在平教专科学校开学典礼上讲话。首先谈平教会与其他机关的不同。"普通机关的弊病，就是好为空洞的宣传，不求实际的工作。……本会不愿几个月就无形的消灭，便不去宣传，只愿埋头工作。所以本会成立了十二年，外面

---

　　① 王（Wang）：即王兆泰。养鸡专家、植物学家。1923 年秋到南京高等师范农业专修科畜牧系任教。1928 年，在任定县平民教育促进会生计教育部主任期间，进行改良鸡种的工作，饲养来航鸡。并在北平西直门大街创办华北种鸡学会。1932 年在上海《申报》发表题为《增加 20 亿改良全国鸡种计划》一文，引起了北平研究院院长李石曾及各方面人士的重视。他以自己的切身体验，深感引进来航鸡种改良中国土种鸡的必要。1938 年任浙江省文化界抗敌协会金华分会理事。著有《实用养鸡学》（1931 年，北平华北种鸡学会）、《实用养鸭学》（1934 年，北平华北种鸡学会）、《实用养鸡讲话》（1933 年，广东养鸡学会），论文有《1924 年 4 月杭州重要植物发病记载》《小麦腥黑穗病应用药剂防除之效果》和《杭州银杏病害苗木研究之初步报告》（《浙江昆虫局年报》1933 年第 3 期）等。

　　② 殷（Yin）先生：殷子固，著名学者。河北房山人。曾在东北军部队中进行过士兵教育工作。定县实验县成立后，担任教育科长。1933 年在河北省县政建设研究院办理除文盲工作，次年协助熊志潜办理训练委员会事项，并协助瞿菊农办理社会式教育工作。1945 年 11 月 6 日任河北省政府接收人员之一由北平赴保定接收日伪河北省公署（政府）。曾任国民党河北省政府秘书。1948 年任北平市民政局长。此后事迹待考。编有《初级平民学校游戏教学书》（中华平民教育促进会总会，1928 年刊本）；《平民学校加入注音字母问题之研究》（《新教育评论》，1927 年第 7 期）、《几年来民众教育之检讨及今后的工作》（《教育与民众》，1934 年第 10 期）。

知道的很少。这是本会和其他机关不同的地方。"其次,对中国当时青年发表感慨,认为实在可怜极了。"一方面是无人领导,让他们自己随波逐流,终归堕落;一方面虽有自命为领导的人,试问他们的学问,他们的人格,谁配作青年的表率?结果,把一班有希望的青年,陷入堕落的深渊。""还有那些有志的青年,尤其可怜。他们本是怀着满腔的热血,要拯救危亡的国家,新兴衰老的民族,无奈四顾茫茫,无路可走。好比一人坠入大海,行将灭顶的时候,水面上有什么他可以抓着的东西,他就要拼命地抓着,因为一发千钧,急不暇择了。所以无论什么主义到了中国,都受青年的欢迎,就是这个道理。至于这个主义,能否在中国行得通,对国家是否有利,他们都无暇去研究。"第三,主张应作后知后觉。"先知先觉,我们够不上,后知后觉,是我们应当作的。""不愿标榜某某主义,自命为青年的领袖。"通过办特别的学校、用特别的教法,"攒入人民的生活里,先了解他们的困难,再想出解决这些困难的办法。……我们是注重教育的生活化和实际化。"第四,谈平教运动的特点及目标。"平教运动,既不是仿照东西洋的成法,也不是我们祖宗先人所固有,完全是重新创造出来的。我们觉得要创办一种人民生活的教育,非先了解人民生活的实况不可。因此我们就跑到乡下,从人民的实际生活去找。结果,觉得一般人民最感困难的四个问题:一是愚,二是穷,三是弱,四是私。同时,我们又想出四种解决困难的方法:第一,用文艺教育攻愚,培养知识力。第二,用生计教育攻穷,培养生产力。第三,用卫生教育攻弱,培养强健力。第四,用公民教育攻私,培养团结力。这就是我们的四大教育,也就是平教运动的目标。"第五,阐述平教运动是救国救民的唯一方法。"我们认定平教运动是救国救民的唯一方法。并非一切头痛医头脚痛医脚贴膏药式的方法可比。因为在全国人民没有知识力、生产力、强健力和团结力以前,随你用什么主义来号召,都是不成的。所以只有平教才是根本,其余都是枝节。……如果现在全国人民,人人都有知识,能生产,身体强健,精神团结,那不但区区日本不敢侮我,就是欧洲列强,也要来特别尊敬我了。无奈我国三万万以上的人民都在睡梦之中,我们只有实施平民教育,来唤醒他们。"最后,对平民运动"平"字含义进行了阐述。"本会这个'平'字的精神,诸位也当深切地了解。'平'字的意义,就是人格平等的平,机会平等的平。因为我们认为人人的人格平等,觉得人人都有无限的潜能,无穷的价值,应当给以平等的教育机会,使他们尽量发展,自由创造。但是现在世界不平之处很多,我们就当要平社会之不平,平天下之不平,而后才能平天下。这便是平教运动最后的目的,愿诸位共同努力!"（新版《全集》卷 1,第144~146 页）

9 月 26 日　收到南京宋子文打来的电报,电文如下:"现正急需您的帮助,帮

我负责几个月的水灾救济工作,您能否马上来和我商谈此事,请回电。宋子文。"(新版《全集》卷 4,第 223 页)

9 月 29 日 给宋子文复电,电文如下:"很抱歉,由于地方情况紧急不能马上来,但十月十二日前将能赴京,可否? 请回电。定县南门。"(新版《全集》卷 4,第 223 页)

秋 "平教总会"于定县邻近"平教总会"处建起两层房舍的定县保健院,病房可容纳 50 人,门诊处、检验室、教室、办公室、宿舍设备齐全。县保健院的出现,象征着注意卫生保健的新时代已经来临。(《定县足迹》,第 38~39 页)

10 月 3 日 致信 E. C. 卡特①。信中首先告知 9 月 26 日收到宋子文从南京打来的电报,29 日已复电。其后又收到宋子文来信,确定了日期。于是告知去南方的计划,以防万一影响计划安排。因此,今天早晨致电给他——"我 10 月 12 日到南京。"其次,告知离开定县的困难,并阐述坚持到南方去的缘由。"除了由于在这场空前的民族灾难中每个中国公民力所能尽的责任外,我们还觉得这是一个将我们平教运动的一些重要原则大规模付诸实践的机会。可能并没有我们所期望的那么多工作可做,但我们这儿进行的教育方面的工作也许会对受灾人民的善后工作起些作用。基于这样的想法,我认为如果不对这个召唤作出反应将是一种过失"。最后,告知蒋介石主席、张学良元帅、内阁部长及几个有影响的人士组成的全国经济委员会的计划已将定县实验纳入其中并单独作为一部分。(新版《全集》卷 4,第 223~224 页)

10 月 5 日 致信张正藩②。信中首先告知收到来信,已知详情。其次,对此次水灾深表同情恻悯。第三,对"拟就麇集武汉灾民十余万人,推行平民教育"十分赞同和钦佩。第四,关于询问平民教育进行方法,"惟灾民众逾十数万人,其年龄如何? 职业如何? 知识技能又如何? 凡此基本实况,均未明了,实未便冒昧献策,尚希曲谅。"最后,告知平教会各种刊物已择重要者奉寄。(新版《全集》卷 4,第 224 页)

---

① E. C. 卡特(E. C. Carter):生平事迹待考。

② 张正藩(1899~?):字南屏,江苏如皋人。毕业于东南大学,后去日本、缅甸留学。历任英属缅甸各华文报主笔,仰光大学研究员。回国后曾任湖北教育厅帮办秘书、编审股长,宜昌、潜江等县教育局长、湖北全省义务教育讲习班教务长、厦门《华侨日报》编辑,湖北第一中学、南京女子法政学校、北平中国大学、厦门大学教授。1935 年任淮安教育局长。1942 年任河北省教育厅督学。1944 年任天津特别市教育局秘书主任。后去台湾,任台湾师范大学、台湾大学等校教授。在教育、哲学等方面造诣甚深。编有《识字运动之理论实际》《湖北民歌集》《英属缅甸》《鸟瞰新生活》,著有《中国书院制度考略》《训育问题》《近六十年南洋华侨教育史》《实用小学行政》《中国书院制度考略》《华侨教育综论》等,论文有《东西文化之检讨》《侨民教育之回顾与展望》《美育与教育》《张季直先生与南通自治县的教育》《缅甸的现状与华侨》《近卅年中国教育述评》《学生的谬误》《华侨与南洋拓殖》《缅甸兴亡史鸟瞰》《印度哲学面面观》《重估杜威教育哲学的价值》。

10 月 13 日　致电王树常[①]。电文如下："天津河北省政府主席勋鉴[②]：敝会广播无线电台恳请登记，再旭街邮局所扣留敝会郑褧裳第二四七收音机零件包裹一件，恳赐护照或知照该局放行为感。弟晏阳初。元[③]。"（新版《全集》卷 4，第 225 页）

10 月 22 日　给毕范宇[④]回信。信中首先告知 10 月 13 日来信收到，并表感谢。其次，告知为宗教读者制定的计划梗概比较广泛和全面。第三，委婉拒绝邀请担任金陵神学院乡村教会部的顾问委员。最后，告知愿意以平教会身份做些事，所要的文学作品已寄出。（参见新版《全集》卷 4，第 225～226 页）

10 月 24 日　致信 S. 埃迪[⑤]。信中首先感谢托甘博带来图书，并表示很乐意读；告知一定能从苏联的成功和失败中学到很多东西。其次，欢迎在朝鲜农业的改良中作了一些引人注目工作的柯乐文先生到定县访问，相信能从他那里学到不少东西。第三，提醒特别注意不要在国内外的公共演说和私人交谈中提到晏阳初的名字。第四，拜托开列一个关于经济、社会建设、人格培养和道德教育等方面的书目。最后，表达非常高兴能来家作客，只是遗憾逗留时间太短。（新版《全集》卷 4，第226～227 页）

10 月 29 日　致信 R. H. 托尼[⑥]教授。信中首先告知对他和比彻[⑦]博士因生病不能来定县访问很感失望。其次，告知三个星期前在上海逗留期间同 E. C. 卡

---

　①　王树常（1885～1960）：字廷五、庭五，号霆午，奉天辽中人。1901 年毕业于日本陆军士官学校，1917 年入日本陆军大学，1919 年回国，任北京参谋本部上校科长。1920 年升任黑龙江督军公署少将参谋长，1924 年兼黑龙江省步兵第二旅旅长。1925 年调奉天镇威上将军公署总参议。1926 年升任北京政府陆军部中将次长。1927 年任东北陆军第三、四方面军团第十军军长。1928 年调任东北边防司令长官公署军令厅厅长、省公署委员。1929 年任防俄军第二军军长。1930 年在天津任河北省政府主席兼东北军第二军军长。任内曾平息了日本参谋部大特务土肥原策动的 1931 年 6 月、11 月两次"便衣队"的暴乱活动。1933 年调任平津卫戍司令。1935 年调任军事参议院副院长。1937 年任甘肃绥靖公署主任、豫皖绥靖副主任等职。抗日战争爆发后辞职举家迁香港，太平洋战争爆发后迁北平。后任军事参议院副院长，居重庆。1944 年 3 月，免军事参议院副院长职，改为军院上将参议。1946 年 7 月退役。1949 年后曾任全国政协委员、民革中央团结委员会委员，水电部参事部参事。

　②　勋鉴：对军人的专用称呼后缀词。勋：指功勋、业绩。

　③　元：即韵目代日的"13"。

　④　毕范宇（Frank W. Price，1895～?）：生于杭州。美国南长老会教士。在美国大学毕业后回华，任教于金陵大学。曾将孙中山的《三民主义》译为英文（*The Three Principles of the People*，1929 年商务印书馆出版）。1931 时在金陵神学院任职。抗战时期为国民党作宣传工作，与宋美龄关系密切。著有《中国的乡村教会（新教）》（*The Rural Church in China*）（1948）一书。

　⑤　S. 埃迪（S. Eggy）：即乔治·舍伍德·艾迪（George Sherwood Eddy）。

　⑥　R. H. 托尼（R. H. Tawney，1880～1962）：英国著名经济学家、历史学家、社会批评家、教育家。曾先后任教于格拉斯哥大学、牛津大学，并担任伦敦大学经济史教授。作为一名积极的社会政治活动家和改革家，他服务于不少公共教育团体并长期担任英国政府的经济顾问。50 多年持续的社会实践及其思想和人格，为他赢得了极大的声望和尊敬。其代表作有《16 世纪的土地问题》（1912）、《贪婪的社会》（1920）、《宗教与资本主义的兴起》（1926）、《中国的土地和劳工》（1932）等。

　⑦　比彻：生平事迹未详，待考。

特先生进行了一次长谈,都表示希望在访问定县期间能够对平教运动目前所面临的困难尤其是经济方面的困难再进行一次商讨;现卡特仍然希望在回英国前有可能在定县或中国的其他地方能相见。第三,因平教运动已步入一个将很快建立农民合作组织的阶段,拜托推荐一位合作事业诸如农产品销售、购买和信用社组织方面的并且在他自己的领域已有所长的专家,以便通过一至三年,"不仅将为合作制度奠定基础,而且将训练一批在他手下工作的有希望和精力充沛的中国青年大学生。"最后,告知兰格文①教授和福尔斯基②教授来访后今天早晨刚离开。(新版《全集》卷4,第227~228页)

同日 给兰安生回信。信中首先告知10月20日的来函不久前刚收到。感谢为定县卫生合作计划顺利进行所提的具体和明确的措施。其次,告知国际联盟教育委员会参观团今天早晨刚离开。第三,询问乘11月2日(星期一)早晨的快车,星期二来一起开会是否方便。第四,告知不能安排到北平来相见。最后,表达对杨崇瑞博士能来定县访问感到高兴,但还没有空去看望过他。(参见新版《全集》卷4,第228~229页)

11月4日 致信罗士培③教授。信中首先表示有机会交谈上次去北平的事,并得知他所在的基金会将有可能给予中国平教会以合作和援助感到非常高兴。其次,告知已按所提建议,将平教会的要求写成一份报告寄上以提交他所在的基金会的委员会讨论。热切希望能尽快满足部分要求。第三,告知中国当时非常缺乏科技人员,并希望提供部分平教会负责人出国深造的机会。"中国没有能力去独立解决今天她在建设运动中面临的巨大困难,因为她缺乏训练有素的科技人员。除了几点很明显的原因外,甚至那些在国外受过研究生教育的人也仍然没有经验,不能妥善地处理问题。要想使建设能正常、有效并能迅速进行的话,中国须有大批熟练

---

① 兰格文:生平事迹未详,待考。
② 福尔斯基:生平事迹未详,待考。
③ 罗士培(Roxby):全名 Percy Maude Roxby(1880~1947),旧版《全集》译为"罗克斯比",英国人文地理及区域地理学家。牛津大学毕业。1917年起任利物浦大学地理学教授28年之久,还长期担任利物浦大学地理系主任。曾到美国和印度等地旅行。1912年起开始研究中国人文地理。1913年随耿亚培研究基金会青年讲师环球旅行团来中国。1921~1922年参加英国赴华教育视察团再次到中国。1931年第三次来华,任太平洋学会英国代表。1945年任英国文化协会驻华首席代表。是中英文教基金会英国董事之一。他在人地关系上主张人类适应环境。1930年提出人文地理研究的目的在于人群对其环境的适应以及研究人地相适应的地区间关系。他认为"适应"一词,既包括了自然对人类的控制,也包括人类对环境的改造,关系是相互的。他提出人文地理学包括四个方面:即种族、社会、经济及政治,各有其特定的范畴与内容。第二次世界大战期间来过中国(1944年),编写了《中国手册》(3卷),第一卷为自然地理、历史和民族,第二卷为近代史和政区,第三卷为经济、港口和交通。1947年病死于中国。这部著作未能在生前完成。其他著作有《自然区的理论》(1926年)、《东安格利亚的历史地理》(1907年)等。

的科技人员,中国在十年之内是不能自己培养这么多人的,她所能寻求的唯一来源是依靠西方的培养,从整个中国来讲是这样,从定县试验区小范围来讲也是这样。"为此,希望将在国内外大学受过良好教育的、在平教会已工作了五至六年、在各自的领域内富有经验、趋于成熟的一部分人派出国去深造,希望再过两年能就此给予帮助。告知随信附上两个将于 1933～1934 年派出国的人的简历和资历表。第四,告知目前最迫切的需要是让各种各样的专家来定县生活,以便利用他们的创见性的思想、丰富的经验以及实际技术,帮助解决在相当短的时间内无法独立解决的困难。第五,告知"在定县工作的初始阶段,我们并不需要很多刚从国外回来的年轻专家,我们需要的是成熟的和在他们各自领域内有多年实践经验的专家,需要那些做过初步研究并且证明他们是具有最高权威成果的人;用这些人将会收到事半功倍之效,像受到您高度评价的托尼①教授和曼恩②博士正是我们需要的人。"并详列所需人员是:合作组织与具体事务执行方面的专家,诸如乡村信用、农产品销售、农作物耕作等;能够一起研究并对涉及经济结构方面的宏观问题提供建议的专家、畜牧业方面专家、昆虫学方面专家、土壤和肥料方面的专家以及乡村工业方面专家各一名。热切希望罗士培所在的基金会在下两个学年(1932～1933 和 1933～1934)的每一年能够提供一个专家,并且提供两份奖学金。第六,告知有关平教运动新的英文资料几乎没有,将现有的英文资料另寄,现附上这份材料的目录。最后,感激能告诉有关曼恩博士的详情。(新版《全集》卷4,第229～231 页)

11 月 13 日　致电张学良。电文如下:"北平张副司令勋鉴:顷得蒋主席电云:于本月十五日下午二时,在国民政府(召)开会议,即祈届时出席为荷。电由平转迟到,致期迫不及趁火车。钧座如乘飞机出席,弟愿偕行,请示时日,如何之处祈即电复。定县晏阳初。元③。"(新版《全集》卷4,第233 页)

同日　致电蒋介石。电文如下:"南京蒋主席钧鉴:真④电顷由平转来迟到,期迫不及趁火车前往,刻向张副司令商借飞机,有成可准时出席,否则于十六日赶到,有无必要,祈即电示。定县晏阳初。元午。"(新版《全集》卷4,第232 页)

同日　与瞿菊农一起致信孙子姜⑤。信中首先表达很久未领受教诲,时常牵

①　托尼:即 R. H. 托尼(R. H. Tawney,1880～1962)。
②　曼恩:生平事迹未详,待考。
③　元:即韵目代日的"13"。
④　真:即韵目代日的"11"。
⑤　孙子姜:旧版、新版《全集》均做"孙子畺","畺"实为"姜"繁体。生平事迹未详,待考。

挂,希望一切安好。其次,对"贵校提倡国术体育,培养勇武兼有师资,藉以促进国民体育普及。健勇教育,富国强民,曷胜佩仰!"第三,告知"展读华翰,欣悉本月十一日为贵校十周年纪念日",本应前往致贺,因大函迟到,"未克赶往聆教,深为怅歉!"希望能谅解。(新版《全集》卷4,第233页)

11月23日 致信温万庆①。信中首先告知很高兴有机会一起共进午餐,并且增进了了解。其次,询问在孔祥熙博士家吃饭时曾提及一个刚从美国回来、自称能改良农具等的广东人现在的情况,"如果您认为他正如自己所说,在机械和工程方面有创造性的才能,是否有可能让他到我们这儿作一次访问?"第三,请在方便时候来信。(新版《全集》卷4,第233~234页)

同日 致刘瑞恒博士。信中首先告知有关陈志潜博士来定县专门调查的详情,认为调查做得很仔细。其次,告知陈志潜博士的中文基础好,又有与晓庄的乡村工作有过合作的经验,对定县实验的意义和计划很了解,并愿意为此贡献一生。认为他是"卫生署和中央大学的一个杰出的人才"。第三,告知将把陈志潜抢过来并给予他适当的领导位置。最后,告知在乡村建设的四个基本原则即由平教运动体现出来的文化教育、生计教育、卫生教育和公民教育中卫生计划最为薄弱,希望能给予合作。(新版《全集》卷4,第234~235页)

同日 在周会上讲话。全文如下:"近来我打算不离定县,静下心来,整理规划定县工作。讵知十三日接南京电,全国经济委员会十五日开会,促我出席。本来,我们从事平教工作,比较接近老百姓一点,老百姓需要一些什么,遇着机会,我们应该向政府说。说了,政府办不办,是另一问题。同时我是委员之一,在职一天,应当尽职一天。挂名不尽职,干脆名都不挂。因此,我又毅然离定。经济委员会开会结果有六大事计划要办,即工程、教育、实业、土地农业、财政、卫生等。会期每周一次。每次开会,不必一定出席。据说,委员亦有俸给。苟有俸给,当然由本会所得。因为我出席该会,是代表本会代表人民团体向官民合作机关说话。今天我报告这桩事情,为的希望同志了解这桩事情。同时希望同志了解本会仍是学术的独立的社会的人民的团体,而要努力向切实方面进行,以期有所贡献。"(新版《全集》卷1,第147页)

11月24日 致电秦汾②。电文如下:"南京财政部转全国经济委员会秦景阳

---

① 温万庆(W. J. Wen):时在实业部任职。

② 秦汾(1882~?):字景阳。江苏嘉定人。早年入天津北洋大学学习。后赴美、德、英国留学。1910年归国后,任南京江南高等学堂教务长、南洋公学教授、北京大学教授、教育部参事、教育部次长、北京大学理学院代理院长、教育部司长、财政部常务次长、全国经济委员会秘书长、中国纺织股份有限公司董事长等职。

主任：马①电悉。艳日②二次会议,弟不能出席,致歉! 祈转达蒋委员长。晏阳初。敬。"③(新版《全集》卷 4,第 235 页)

11 月 26 日　给兰安生回信。信中首先告知陈志潜已在定县一起工作了整整 5 天时间,一直忙于对工作的各个方面进行研究。由于他具有良好的中文基础和从前在晓庄陶行知所办学校里的经历,从而有着不同一般的热情和远见,能够更快地洞悉定县试验的意义。其次,告知听到陈志潜认为定县试验是一项值得他一生奉献的工作而感到惊讶和高兴。第三,询问南京访问后华北田间试验站计划进展。第四,认为"不能拥有一个一流人才来领导平教会的卫生工作,就不能指望产生很好的结果。如果卫生部门没有和我们其他部门里--样有能力的职员,我将停办这儿的卫生事业。不论在哪个方面,尤其是在定县试验四个主要方面中的一个方面,满足于平庸的工作,相对于定县试验的精神和使命来说都无异于自杀。如果我们在数量上不能和政府办的机构及其他形式的机构相竞争,那我们在质量上就必须超过它们。"最后,只指望能够提供合作,以使陈志潜尽快来定县工作,希望为陈志潜顺利来定县工作尽力。(新版《全集》卷 4,第 235～236 页)

12 月 14 日　在周会上讲话。首先,谈因患牙痛而赴北平就医。牙医拔去一牙而痊愈。牙医同情平教事业未取费很荣幸。其次,主张"有病莫讳医,冯主任④、瞿主任⑤的病,我都劝以先行医好,才来继续工作。平教工作是百年事业,病好以后,继续努力十年二十年,比起一面病一面工作效率大得多。郑主任⑥不幸殇九岁爱女,我亦劝其多留平两日,安慰安慰郑夫人⑦。从前十分钟健身运动,自明天起恢复。"第三,论识字运动是平教运动基本的工作。第四,阐述此次日本侵略东三省,应以文艺运动——以诗歌、故事、戏剧、图画等等来激励同胞,唤醒他们自省、自觉、自强。此事由霍陆亭⑧同志负责主持。第五,论事业成功必须战胜困难。"一

---

① 马：即韵目代日的"21"。

② 艳日：即韵目代日的"29 日"。

③ 晏鸿国所著《晏阳初传略》(天地出版社 2005 年 8 月版)第 318 页载"赴南京参加国民政府经济委员会会议"误也。

④ 冯主任：即冯锐(冯梯霞)。

⑤ 瞿主任：即瞿菊农(瞿世英、瞿士英)。

⑥ 郑主任：郑裘裳(郑锦、郑瑞锦、郑絅裳)。

⑦ 郑夫人：即鲍桂娥,为横滨的广东香山籍富商鲍滔宗的女儿,1903 年赴日本留学。1906 年入日本女子美术学校(日本女子美术大学前身)编物科速成科学习,1907 年 11 月毕业,1909 年 3 月又毕业于编物科选科普通科,从刺绣科选科普通科学习,1911 年毕业。1910 年与郑锦结婚。两年后长女郑少妍出生,1918 年三女郑美出生,持家课子,亲操井臼。使郑锦无后顾之忧,相得益彰。

⑧ 霍陆亭(1902～1979)：又名霍六丁、霍鸿昌,1902 年 10 月出生,河南汝南人。幼时家贫,后入私塾读书,13 岁考入省立汝南中学,1917 年毕业,同年考入河南留学欧美预备学校第二次英文科,1924～1927 年赴美国皮巴德师范学院、温德雅尔大学留学,学习教育学与教育行政。1927 年回国后被河南省教育厅委任(转下页)

事成功,自然要遇着许多困难。我们从事平教工作,不要怕困难,遇着困难,只好战胜困难;遇着问题,只好解决问题。"最后,论平教会应有危机感和使命感。"我国承五千年的文化,地广人众,物产又丰富,目前尚受区区日本的欺凌,假使再不努力不长进,中国人不作亡国奴,谁作亡国奴呢?我们生活方面,比上不足,比东省被压迫的同胞,武汉被水灾同胞,总算舒适一些。同时,本会经费不生问题,本会事业又为各方所欣赏,那么,我们是不是因为一切不成问题,便慢慢堕落起来呢?我们以前已努力培植成美丽的花朵,致人欣赏,目前似渐就凋谢,将来只好夸耀以前的历史了!静言以思,诚觉前途黯淡,来日大难,卧床牙痛,实不胜此心痛也!愿与大家共同凛戒,共同勉力!"(新版《全集》卷1,第148~149页)

12月23日 致信王子文①。信中道:"子文大兄有道:会中对于抗日救国事,刻举行文艺政策,将藉平民化的诗歌、小说、戏剧等唤起民众之自省、自觉与自强。事由霍六丁同志负责主持,兹特赴平搜集关于国难材料,即嘱趋谒左右,祈将库存材料尽量检赐,毋任盼祷!尊况近何?倾便中望示知,幸甚!敬颂佳胜 弟阳初拜启。"②(新版《全集》卷4,第237页)

12月28日 在周会上讲话。首先,就熊佛西先生、陈治策③先生日夜忙碌导演《卧薪尝胆》《爱国商人》进行研究,以便得到一些经验。"此次演戏,限期完成,各方合作,实为以工作为单位之很好的实验。希望这种实验能应用到其他方面。"其

(接上页)为开封新成立的"大一中"(开封第一中学)校长,并曾任教育厅秘书主任。1928~1929年受聘于上海复旦大学、上海劳动大学任教,1929~1931年受聘为开封女子师范学校校长、河南大学外语教授、河南民众师范学院教授。1931年赴河北定县任平教会社会教育部部长、定县实验区社会式教育委员会主任,1933年任实验部主任兼定县实验县县长,并带领警察抓赌,社会风气渐变。1934年任福州农村金融救济处处长。1936年8月至1939年5月任福建闽侯县县长,1939年6月至1948年任江西、四川大竹等地方专员。后辞去公务。生活俭朴,为官近20年,洁身自好,清正廉明,地未添一亩,房未增片瓦,至汝南解放时,其家仍住在几间草房里,遇有公益事业,便慷慨解囊。1926年,汝南城西建高桥时,捐赠银元200元,深受当地百姓称赞。1950年在华北人民革命大学学习结业,1951年回到河南大学,分别在教育系、外语系任教授,"文革"中受到不公正待遇,后平反。旧版《全集》第1卷误为"贺绿汀",新版《全集》已改正;吴著《晏传》误为与霍俪白为同一人(第313页),实为两个人,霍俪白为广东华侨。

① 王子文:生平事迹未详,待考。

② 此处引文中增加了多处标点。

③ 陈治策(1894~1954):河南荥阳人。民盟成员。戏剧教育家、导演。1920年毕业于北京大学文学系,1927年又毕业于华盛顿卡尼基大学戏剧系。北平大学艺术学院戏剧系创办人之一。历任南京戏剧学校特别班主任,四川省立戏剧教育实验学校导师,戏剧专科学校教务主任,西南人民艺术学院戏剧系主任。在导演和教学过程中注意学习和遵循斯坦尼斯拉夫斯基表演体系,循规渐进,导演艺术谨严端正、朴实无华,形成自己独特的艺术风格,解放前后长期从事戏剧教学,任四川大学教授,为社会培养了一大批戏剧人才。饰有话剧《月亮上升》《茶花女》《醉鬼》《求婚》《断头台上》《视察专员》,歌剧《鸟国》等主要角色,排演话剧《一片爱国心》;编导话剧《哑妻》《醉鬼》《求婚》《视察专员》(即《钦差大臣》)《伪君子》;导有话剧《爱人如己》《群鸦》《黑暗的势力》《万尼亚舅舅》等;著有剧本《女房东》,独幕喜剧剧本《不干也得干》,论著《声音表情三十种》《戏剧的种类》《欧美各国近代的小剧场》《话剧的演谱》《第三帝国的戏剧》《中国的戏剧应由过渡走向正规》等。

次,阐述 12 月 26 日耶稣圣诞纪念开会唱歌,实为有意义的娱乐。"因为耶稣为人类奋斗之精神,昭示我们,实含有教育意义,值得我们崇拜,值得我们纪念。那天,本是小孩最快活的一天,给父母和儿童一个共同玩耍的机会,更有教育价值。惜乎,到的小孩太少。明年这天,我们还要改进,一方面要大家思想耶稣的伟大。"最后,告知除夕日午同仁和眷属在礼堂聚餐,希望大家踊跃参加。(新版《全集》卷 1,第150 页)

12 月 31 日 致信 R. L. 威尔伯。信中首先告知"在日本占领满州之前,国民政府一直在真诚地努力从军事转向建设方面⋯⋯数月前为制订和协调社会、经济建设的各项计划而成立的国民经济委员会"便是证明。除去中央政府的五位部长外,委员会中还有在非政界担任领导的七位公民。其次,告知平教运动作为重建农村方面的代表进入了委员会。第三,告知"中央政府(这个政府一直是一党专制)现在为了解决国家问题第一次听取党(国民党)外人士的经验,这具有重要的意义。政治变动随时都可能发生,但这个委员会——它是无党派的,这与它的性质相符合,并且它完全把自身与建设联系在一起——对于国家的稳定与现代化应该具有一定的影响。"第四,告知定县实验在经验的指导下继续发展:工作和工作人员与人民的关系更加紧密;不把乡镇作为各种活动的中心,已经划分出一个包括六十个村庄的地区作为"研究社会",在这里实施和协调研究计划;附属工作人员通过三个"辐射中心"——这些辐射中心从战略上考虑设在有集市的村庄——与定县的其他四百个村庄相联系,这种新的安排使工作可能进行更为深入、协调更为有效,并且有指望在一年内为平教运动带来很大的成果。最后,拟几星期后去信会更为具体地描述下半年中实验的进展与活动。(参见新版《全集》卷 4,第 237~238 页)

12 月 在周会上讲话。首先,汇报前往李亲顾参观七八个平民学校和西城平民学校所得的印象是"地方上人热心。同时李亲顾同仁亦有相当努力。⋯⋯觉得我们所负的责任,很为重大。"其次,谈普通人教育的弊端。"普通的人,由小学而中学而大学,小学学不到什么,还有中学;中学学不到什么,还有大学。其实,大学亦不见得学得到什么。""蔡子民先生被殴,蔡氏后来发表谈话,说他办教育几十年,而今挨得学生一顿打,算是他的失败,他的错。他这话,我认为值得注意,中国教育,糟到这样地步,前三四十年办教育的人是应该负责任的。"第三,要求同仁反思平民教育。"中国今后的希望,不在城市,而在乡村,而在乡村里的农民。中国除了农民无所谓民。我们怎样才配作农民的走狗,才不致被殴,实在是值得考虑的!"第四,向同仁介绍在戏剧方面享有盛誉的熊佛西、陈治策两同志,并诚恳热烈地欢迎他们。第五,号召大家向熊佛西学习,做平教事业要有计划、要有精神。"觉得佛西同志来开发乡民脑矿是值得的,努力民众戏剧是值得的。同时,我们听过熊先生关于《卧薪尝胆》的谈话,我觉得有两点应该注意,一是计划,二是精神。'十年生聚,十年教训'是我们平教运动的计划。'卧薪尝胆,舍我其谁',是我们平教运动的精神。我们根据这十六个字努力去作,定有希望!"最后,对陈治策做评价,并告知大家因时间原因陈治策先生暂不讲话。"陈治策同志是导演专家,与佛西在戏剧上可谓比目,此番到会,一定有多少话要同我们讲。不过今天时间晚了,改天才请陈先生讲话。"(新版《全集》卷 1,第 151～152 页)

同月 在定县全城识字运动会上讲演。其后整理发表在《农民》旬刊第 6 卷第 21 期上。首先,谈教育对中国民众的重要性。"中国教育不发达,一百个人中有八十五个是不识字的。古人说:'人不学,不如物。'像这样不如物的人民有这么多,以言外交,外交安得不失败;以言内政,内政安得不紊乱。"其次,谈中国教育与其他国家教育的差异。德国人民 99%是识字的、英国人民 95%是识字的、美国人民 90%是识字的、中国人民识字的只有寥寥 15%。第三,谈中国的国耻,希望唤起民众以雪耻。"诸位父老兄弟姐妹啊!天下的大耻奇辱还有比这个更利害么?我国的国耻很多,我看都没有比这个更利害的,言之真是痛心啊!中山先生遗嘱里说:'予致力于国民革命凡四十年,其目的在求中国之自由平等,积四十年之经验,深知欲达到此目的,必须唤起民众,……'刚才大家循声诵读了。中山先生惨淡经营革命四十年,深知道要我民族在世界上得创自由平等,不是靠军阀,也不是靠政客,乃是靠着我成千成万的民众。无如这成千成万的民众还在梦中,没曾醒觉,我们怎样能够唤起他们呢?贴标语吗?他们不识字。呐喊么?他们听不见。知其当然而不知其所以然,是毫不发生效果的。据我看来,这些'不识不知,顺帝之则'的民众,非给他们以普及教育,是不足以唤醒的。……我以为识字教育是最基本的,是唤起民众初步的工作。识字教育若普及了,一切都容易有办法。自由平等必须要建筑在人民的教育程度上。目前我国民众的教育,并不是程度高低的问题,简直是有无的问题。漫说国际上不以自由平等待我们,即使国际上以平等自由待我们,我们的处境就能够保证比今天更富强么?因为成千成万的民众,还不曾受过最基本的识字教育,所以不自由平等的原故,是在我而不在他人。到了成千成万的民众有了知识能力之后,我们要自由便自由,要平等便平等,谁敢再以不自由待我?谁敢再以不平等待我?所谓'夫人必自侮,而后人侮之。国必自伐,而后人伐之',也就是这个道理。此次识字运动,诸位都知道先从全城做起,既有学术各机关提倡和县政府赞助,尤要人民为彻底的觉悟。时乎时乎不再来,没教育,不识字,是一国国民的奇耻大辱。我们必须为自己为国家争此体面,雪此耻辱。"最后,谈识字教育的工作打算。"据我们调查，全城（指定县——编者）不识字的青年男女在十二岁以上二十五岁以下的，共有一千五百人。我们必先普及此一千五百人的识字教育，然后再谈到全县，然后再谈到全国，也就都有办法了。"（新版《全集》卷1，第153～154页）

同月　在定县学校卫生同乐会上演说。其后整理发表在《农民》第6卷第30期上。首先，表达看见参会者大多数都是青年男女学生及师长而感慨。① 认为青年是中国的希望。"看到中国这样的穷、弱、愚，在外交上受国际不平等的待遇，现在社会上的人是没有希望的。照这样下去，非亡国不可！好在有一班青年男女，中国前途的希望就靠着他们了。所以不靠年长的缘故，因为年长的受了老大帝国传下来的恶习，希望他们去改良，是很不容易做得到的。我们的国家从帝国变成民国，现在虽是民国，实与帝国没有什么区别。所不同之点不过在皇帝时代，人民是穷的，是弱的，是苦的！现在是更穷、更弱、更苦了！因为现在虽然号称民国，一般人的思想，还是受了封建的毒，所以希望他们在二十年短期改良，根本是不可能的。因此，中国前途一线的曙光，只有靠着将来的国民了。这就是十岁以上，三十岁以下的青年男女和儿童，儿童就是今天到会的小同学。"② 论述环境恶劣，急需改良。"现在的环境，是很恶劣的。青年们处在这种环境之下，容易沾染恶习，那末，将来就没有希望了。因为大多数的国民，都是受环境的支配，只有很少数的几个人，能够超越环境的，所以俗语说：'近朱者赤，近墨者黑'。青年儿童在这种恶环境之下，根本上很难希望养成好国民。以现在没有希望的中国，将来的希望，既然都靠青年儿童，而青年儿童，又受这样恶环境的支配，那是更没有希望了。所以环境不改良，就没有办法可以希望青年儿童养成好国民。我今天看见小同学们，使我心里十分难过，你们是很可爱的，务必使你们能够处在好环境之下，将来才有希望养成好国民，这都要靠我们年长的去改良环境。若是将来不好，这些罪恶，应该归我们担当的，因为你们年少不懂事，所以这个责任，应该由我们年长人去负担。造了好环境，好社会，好家庭，好学校，使你们有好习惯，在二十年后，可以作好国民。"③ 强调责任意识。"我知道我有责任，你们的父母，你们的师长，也都有责任的。"其次，谈新旧教育的不同价值标准。"从前的教育，只管读书，就算好人。小孩子会读书，就算好孩子。像从前那样光管读书，是不妥当的，因为读书不过是作国民的一端，一天到晚尽读书，不讲卫生，所以身体不好。像这里本来是考棚，是为考试读书人用的。就说有好的读书人，考试入学了，可是身体不好，或是病，或是死了，这人就算白读了书。俗语说：'文弱'，就是对这样读书人说的。我们所说的卫生，是要养成强壮的身体，圆满的精神，伟大的思想，不单在很胖很大的。遇着困难的事体，能够解决它。所以从前的教育，光读书，不讲卫生，现在要读书还讲卫生，必须二者兼备,才算好国民。学校注意卫生,就在这里。现在的学校,并不讲实在的卫生,从小学至中学大学,所提倡的卫生,专在书本上。若要人人有卫生的好习惯,靠书本是不行的。必须先有好环境,而后才有卫生的好习惯。学生时代,不光是在学校,还要在家庭,所以在学校方面要有卫生的环境,在家庭方面也要有卫生的环境,专靠学校是无用的。还有社会的卫生环境,也很要紧。要家庭、社会和学校联锁起来,而后学生处在各种卫生环境之下,不知不觉地才养成卫生的知识、技能、习惯。不然,光读卫生的课本,是无用的。教育就是生活。要家庭、学校、社会合成,才有用处。所以要改变学生的环境,不能专靠学校,必须联合家庭、社会,才能做成。如要养成好青年的教育,不是简单的狭窄的,因为教育是整个的生活。"最后,谈平教会到定县的缘由及目标。"本会同仁到定县来,要研究的是农业、教育,公民、卫生四项,一方面学习,一方面研究。希望少有所得,帮助定县和全国的同胞。为什么不在北平、上海呢?因为大多数的青年、儿童,都住在成千成万的乡村里头,要为中国四万万人打算,非注意大多数农村的青年儿童不可。教育是整个的,不是窄狭的。今天说卫生,不过是初步,也不是开个会就完了,要脚踏实地去做。今天不过作了第一步,还要一步一步地做下去,希望大家注意。要中国有希望,必须靠着青年、儿童,还要作了好环境给他们,否则将来一定亡国。若是三十年前亡国,是我们的责任;三十年以后亡国,就是小孩们的责任了。现在我一方面爱你们,一方面我勉励自己,希望有好环境给你们。"(新版《全集》卷1,第155~157页)

是年　由其领导的定县实验使24所国民小学及24所平民学校学生2 000余人接受身体健康检查。医生护士分别对患有眼病或皮肤病等的病人加以治疗并控制传染病流行。同时改良学校环境,消除脏乱,饮水煮沸,并对各教师讲述急救知识。(《定县足迹》,第36页)

是年　用英文撰写《定县实验(1930~1931)》由北京中华平民教育促进会出版。(Y. C. James Yen. *Ting Hsien Experiment*, 1930~1931. Peking: Chinese National Association of the Mass Education Movement, 1931)

1932 年(民国二十一年　壬申)　四十二岁

1 月　中日"一·二八"事变在上海发生。驻沪十九路军在蒋光鼐、蔡廷锴率领下,奋起抗战。

同月　国民政府迁都洛阳,12 月 1 日始正式迁回南京。

3 月　伪"满洲国"在长春成立。

同月　教育部开始编辑《第一次中国教育年鉴》。

4 月　中国国民党中央常委会通过《中国童子军总会组织案》。

5 月　教育部公布《国音常用字汇》。

6 月　教育部令发省市教育厅局《第一期实施义务教育办法大纲》(即《短期义务教育实施办法大纲》)。

7 月　国民党官方组织"中国电影学会"。

8 月　教育部召开第 1 次全国体育会议。

10 月　《国联调查团报告书》(又称《李顿报告书》)发表。该报告书袒护日本的侵略,反华反共,主张东北脱离中国管辖,以国际共管代替日本独占。

同月　教育部颁布《国民体育实施方案》,公布《幼稚园课程标准》《小学课程标准》《中学课程标准》。

11 月　国民党中宣部公布《宣传品审查标准》,规定凡宣传共产主义、国家主义、无政府主义者均为"反动";凡批评国民党政策者均为"危害民国""一律禁止"。

12 月　为了反对国民党政府对进步人士的迫害,宋庆龄、蔡元培、杨杏佛等在上海发起组织"中国民权保障同盟",并在上海、北平设立分会。

同月　国民政府公布《师范学校法》《职业学校法》《中学法》《小学法》。

1 月 4 日　致信兰安生。信中首先告知从戴尔①处得知刘瑞恒和陈志潜之间发生误会并引起不快,对此感到十分遗憾。其次,告知"刘博士一直是平教会的好朋友和强有力的支持者,因此如果因为陈决定参加定县工作而造成我们之间的不

---

① 戴尔:生平事迹未详,待考。

和将是莫大的不幸。"第三，告知解决问题的办法。"我们这里的原则是，任何人在任何时候觉得自己加入其他机构能为国家提供更多的服务，都可以自行决定离开我们去参加其他机构。至于陈，在我看来，这是一个相互吸引的问题。上次他离开定县时对我说，他深信这是他愿终身从事的工作。同时，定县卫生工作的进展表明我们需要他的这种精神。因此我所做的就是给您和刘博士写信说明此事，这样全部的协商工作可以完全光明正大地进行，没有什么是秘密和暗中进行的。无论我们多么想要陈回来，但除非他本人确信这里是适合他工作的地方，否则我们不能强留他，因为归根到底，在定县这个地方，除了工作以外，还有什么会对一个大有希望的年轻人具有吸引力呢？"第四，阐述"除非一个人绝对热爱他的工作，否则试图把他拴在那里是无益的。"第五，告知拟直接给姚寻源写信，并表达得知陈志潜博士的女儿病情非常严重的难过感受。最后，就当时南京政治状况发表看法，并明确抱定只能尽职责继续努力工作以对国家的振兴出力。（新版《全集》卷4，第239～240页）

同日 在周会上讲话。首先谈得到熊佛西先生和陈治策先生的指导、同志同学的努力而公演《卧薪尝胆》《爱国商人》出乎意料地获得成功。其次，为发生某校学生捣毁什物扰乱治安的事感到遗憾。第三，谈此次演剧的初衷。"初非娱乐。目前全国天灾人祸，民不聊生，而日本又将整个的东三省占去，在举国上下，束手无策的时候，我们想利用日本给予我们的刺激，来唤醒同胞自省自觉自强。这是我们演剧的重大意义。"第四，谈文艺运动的特殊教育作用。"文艺运动，本来是我们四大教育实施之一种表现，此次演剧也就是在我们本来的文艺运动上，在国难临头的今天，加重我们对国家，对社会，对人类所负的责任，所负的使命。"第五，阐述平民教育具有灵活性。"平民教育是活的教育，不是死板的，不是按部就班的。我们处在举国惶惶、束手无策的今天，我们不能不担起我们责任来，一方面拯救中国，一方面建设中国。'孔子圣之时者也'，这'时'字，我们应该注意。"第六，强调演剧应抱研究态度。"我们演剧，完全抱着研究态度，不是演完就得了。我们要将我们的得失经验，供我们日后的参考。我们演剧的对象，乃是大多数的农民，不仅是所谓知识阶级。我们要从这些基本农民下工夫，拯救中国，建设中国。"第七，就昨晚某校学生滋事发表看法并反思当时的教育。"我们要想补救，一方须注意到系统的上层教育，一方须注意已毕业同学会的大力矫之。"第八，谈到大西涨参观后的感想是"觉得平教运动前途很乐观"。第九，谈精神对平民教育的重要性。"我参观了一处私塾，一位六十多岁的老者，教了一些学生。教的是四书五经，学生写字成绩很好。后来我打听出这位老先生很不愿教千字课，他偏要教四书五经，而且不收学生一个钱。这样的笃信四书五经，这样的守旧到底，我们想一想如今的人有几个办得到。

我常说，王国维忠于清室，蹈昆明湖至死不变，李大钊忠于共产主义，上绞头机至死不悔，尽管他们所忠的有问题，但那种忠于所守的精神，实可佩服。西谚有云，懦夫死多次，君子死一次，就是此意。一般人学东也不东，学西也不西，简直不知是什么东西，真该愧死！"最后，对毕业同学工作的肯定。"毕业同学在其他村中的活动，也颇有值得注意的，如同学会员抓赌，抓到村长，即罚钱与平校买煤油等。"(新版《全集》卷 1，第162～164 页)

1月7日　致信 E. 赛登斯特里克①。信中首先告知曾就读于北平协和医学院和哈佛大学卫生教育专业的陈志潜博士将从南京来定县工作，并介绍陈博士的学术专长和志向，并表达期待着他很快到来。其次，表达因没去杭州参加太平洋关系协会失去拜访机会的遗憾，盼望能在定县相见，并请告知来华时间。第三，热切希望能与赛登斯特里克先生一起在今年早春光临定县，给予激励和鼓励，讨论未来的工作。第四，告知昨天已请财政委员会的布朗②先生打电报索要 1931 年资助金的余款，以便在呈交新的一年活动计划书之前把财政来源了解清楚。最后，附言两条："(一) 姚博士在美国近来可好，他的研究进展如何？ 您与他过从甚密，如果见到他请转告：尽管我们知道他很忙，但如果时间允许，我们还是希望他能给我们写信。(二) 我记不清我是否给您寄过一九三一至一九三二年度卫生部门的预算的副本。万一我没有寄的话，现随信附上该副本。"(新版《全集》卷 4，第 241～242 页)

同日　致信兰安生③。信中首先告知一月四日大函及所附刘瑞恒先生给他的电文和他给刘瑞恒的复文收悉。其次，表明不对姚寻源的南京之行负责，"然而，为了表示我们对刘与我们合作而不妨碍陈参加定县工作的诚意，我们保证在姚回国之前及其后，都不施加任何影响促使他回到定县。"第三，询问就刘瑞恒在电文中说到"他愿意让陈(志潜)'不带薪'去定县，这是指什么?"最后，告知戴尔先生昨天上午刚离开，在定县逗留时间很短，因农业教育和调查部门的负责人都外出了，未能就各自的领域进行交谈。(新版《全集》卷 4，第 242～243 页)

1月8日　致信 J. A. 金斯伯里④。首先，邀请他和赛登斯特里克先生能在此年早春时节光临定县，以便亲自考察中国平教会正在进行的工作尤其是卫生工作，并给予鼓励和指点。其次，告知刚给赛登斯特里克先生写过信，对能得到陈志潜博士这样的人才参与定县的卫生工作十分有幸，并对陈志潜大加夸奖——"他曾就读

---

① E. 赛登斯特里克(Edgar Sydenstricker)：时在美国米尔班克基金会任职。
② 布朗：生平事迹未详，待考。
③ 兰安生(John Grant)：时在北平协和医学院任职。
④ J．A．金斯伯里(John A. Kingsbury)：时在米尔班克基金会任职。

于北平协和医学院和哈佛大学。他不仅是北平协和医学院造就的杰出的学生之一,还是一位十分能干的中国学者。他头脑敏锐,富有独创精神。尽管南京中央政府十分需要他,他还是辞去了那里的工作来到定县参加我们的实验。"第三,告知在日本人占领满洲之前国民政府改组的情况,尤其是几个月前设立的全国经济委员会,旨在为社会和经济的重建制订计划、协调关系。而平民教育运动代表的是农村的重建。相信具有非党派特征并致力于重建的经济委员会,应该对国家的稳定和现代化产生影响。最后,希望告知来华的确切日期并盼望其到来。并再次强调平教会在定县的卫生工作正等待着他的英明指导。(参见新版《全集》卷4,第243~244页)

1月11日 在周会上讲话。首先,谈平教深入民间的重要性。"刚才孙同志①说了'深入民间'这句话,我觉得不但文艺应该如此,整个平民教育也应该如此。……现在我们深居定县唯一建筑之考棚,仿佛另有一个天地在,与农民生活殊易隔膜,这是我们很大的危机。"其次,主张发挥创造精神去改造环境。"人们总是容易受环境影响,而不易影响环境,中国人尤其如此,——缺乏创造精神,所夸耀的四千年历史,全是死人的成绩。只能 Live on Reputation 而不能 Live up to Reputation,吾人须鼓舞创造的精神,深入民间,真个与农民接近。……吾人应借此自省、自觉、自强。"第三,提醒大家注意"凡对教育有研究有经验者,类多对本会精神充分赞赏,而于工作则不置可否或不以为然"这一现象。第四,主张成功失败均需研究。"吾人以往报告亦如一般人之专诩成功不报告失败,殊非研究者之态度。因研究成功者少,而失败者多也。要知道成功与失败,才明了自己的工作,而不致为无谓的忙。要有所为的忙,死亦瞑目。"第五,认为研究村的计划比研究一国、一省、一县的计划难。"因小则须细,细则易察也。"最后,对今后工作发表看法。"对于今后工作所要注意的,就是以工作为单位,定单元,分配人力、财力,且施切实之考核。"(新版《全集》卷1,第165~166页)

同日 致信陈志潜。信中首先告知从他与兰安生一起打来的电报中得知他与家人正在北京很高兴。其次,告知正在重新修订整个计划以使它比现在的计划更加有效,更加切合实际。第三,告知拟挑选一个研究村和一个由 60 个村庄组成的研究社区,希望尽早来定县以便拟订出与重建农村相关联的计划,故刚给格兰特去如下电文:"计划书正在改编之中,请陈立即前来商讨。"第四,告知有关的计划付诸

---

① 孙同志:当为孙伏园。

实施后,与李方邕①博士可与在北平卫生组的朋友们商讨各种专门事项。第五,告知戴尔先生在定县呆了一两天,农业、教育等三个部门的负责人因外出未能会面,失去了同他讨论各自领域的问题的机会。最后,希望告知抵达日期以便派人去车站迎接。(参见新版《全集》卷4,第244~245页)

1月18日　在周会上讲话。首先,谈前天曾赴南支合一行,视察表证农家巡回训练学校的工作。"学生为平校毕业生及与平校毕业相当程度的农夫。课程共分畜牧、园艺、选种、病虫害四科,办事人多是当地人士,我们不过从旁协助。此项工作之进行,亦是要我们于得失经验中,谋全部工作之进步。因识字的基本工具完成以后,便应继之以四大教育,而首应进行者,即为农业。"其次,批评中国读书人长期脱离生产劳动。"我国二千年来一向是读书的不作工,作工的不读书。读书人的生活用品,要靠庄稼人供给。庄稼人不识字不读书,不知改良生产方式。现在社会情形已变,生产情形不能与之相应,遂致不能供给需要,而发生抢饭碗现象。"第三,阐述农业巡回学校的工作目标。"我们的工作,即在增加其生产之知识技能,期改善整个的农村生活,使农民不致因生产事业失望而向大城市跑。农业巡回学校即产生于此种意义之下,同时使识字教育不致流为'为读书而读书',在本会工作上有紧凑的连锁。"第四,谈对表证农家巡回训练学校的态度。"我们不能将各个'村'抱在怀中而使之长大。——我们不帮忙,不成;包办也不成。要很仔细地确定我们的态度。"最后,主张已出版的《定县农民教育》因印费甚昂,除赠送董事及有特殊关系的人以外,一律出售。(新版《全集》卷1,第167页)

1月20日　致信 E. A. 巴拉德②。信中首先告知过去的六个月里中国发生了如内乱、洪水和饥荒以及现在日本对满洲的入侵等一系列大事,但平民教育运动仍在进行。"在定县的工作正在全面展开。"其次,谈当年的工作重心。"今年我们已采取措施使我们的工作和我们的工作人员与老百姓更紧密地联系起来。现在我们已划出一个六十村庄的区域作为'研究社区',以便有机地进行我们的研究计划,而不再把城镇当作我们各项活动的中心。我们派出的工作人员已由三个'辐射式中心'(Radiating Centers)深入到定县的四百个村庄,这三个中心都是战略位置重要的集市村庄。这种新的安排使更加深入的工作和更有效的联系成为可能,也预示着这一年平民教育运动会富有成果。"第三,谈工作思路。"尽管我们继续执行以定县为中心的原则,但我们时刻牢记我们在为中国而工作,而不仅是为定县。令人十

①　李方邕：旧版《全集》误为"李方勇"或"李方俊",新版《全集》误为"李方勇"。
②　巴拉德(Ellis Ames Ballard)。

分鼓舞的是,中国的其他地方,特别是中国政界,正逐渐认识到我们所努力从事的工作的重要性。"第四,告知中国中央政府设立了为中国社会和经济的重建制定计划并进行相互沟通的机构——全国经济委员会,"我们平民教育运动代表了中国农村的重建。它的重要意义在于,这是时代特征的表现。我们抱有希望,一旦我们拟订出重建农村的系统计划,国家将会采用它。"最后,阐述改造中国道路不平坦。"不论是一个国家要成为伟大的国家,还是某个个人要成为伟大的人物,都没有捷径可走。要把一个拥有四千年传统的古国改造成民主之邦是一项即使用二十年时间也难以完成的重任。"(新版《全集》卷4,第245～246页)

1月21日 致 C. F. 柯蒂斯[①]。信中首先告知黄懋义[②]最近加入平教会农业部,负责畜牧业。他建议写信请求帮助,并建议开展畜牧工作。其次,告知已给爱荷华州立大学的休斯校长(President Hughes)[③]写了信。第三,介绍中国平民教育促进会的发展史及主要工作。第四,阐述农业上运用科学方法的可行性。"农业上的问题,只有运用科学方法才能解决,而我们的农民至今还未引进科学。"第五,告知平教会农业部的每个项目都经过在农业站作研究和试验、由在农业部接受过为期两周训练的"示范农民"进行示范和扩展三个阶段。第六,告知平教会的畜牧项目正处在扩展阶段,只是刚刚开始,研究远没有完成。因缺少实验材料而严重受阻。殷切希望能乐意向中华平民教育促进会赠送一对饲养成熟的良种的纯种波支猪,并请敦促爱荷华州立大学送一对巴克夏猪(Berkshire)或一对唐沃斯猪(Tanworth)或两者各送一对。如果可能的话,再送一对或更多品种的种鸡,以供平教会农业部研究之用。第七,告知已附上畜牧工作总计划大纲,竭诚欢迎提出批评和建议。第八,告知如果研究培养出新的品种,将用柯蒂斯名字来命名这些新品种,作为回报。华北养猪和家禽业的改进都归功于柯蒂斯和爱荷华州立大学。第九,告知如果不能满足请求,希望告知获得的途径。最后,告知已另寄上具体介绍中国平教会工作进展情况的三本小册子。(参见新版《全集》卷4,第247～249页)

1月25日 在周会上讲话。首先,谈自然科学和社会科学研究问题。"研究不外两大部分:(一)自然科学;(二)社会科学。我们对于自然科学,只要'学习'

---

① 柯蒂斯(C. F. Curtis):时任美国爱荷华州立大学农学院院长。
② 黄懋义(? ～1932):字时贤,江西萍乡人。1922年入清华大学高中部,1925年为留美预备部放洋生。后留学美国,毕业于普渡大学农学院,获学士学位,继后在美国爱荷华(爱荷华)大学农学专业深造,获硕士学位。回国后在某大学任教授,因不满意于教授生活,毅然加入中华平教会,任农业教育部畜牧组主理、生计教育部专门干事等职,主持畜牧改良等。于1932年去世。葬北京市海淀区万安公墓,墓前有民国二十一年(1932)九月十九日王用宾撰、黄云鹏正书的"萍乡黄硕士懋义墓碑"。
③ 休斯(President Hughes):爱荷华州立大学校长。

就行。欧美人怎么办,我们也怎么办,哪怕我们今天大多数同胞过的是原〔猿〕人时代生活,也不难一跃而享受二十世纪的文明。社会科学那就不然了,那就要能'应用'。'教育'是社会科学。我们中国的教育糟到如今地步,原因就是东抄西抄的。抄得像日本人的彻底,还则罢了,而抄袭又不彻底。所以今后我们的教育,不要乱抄,要求应用。"其次,谈放假与集中精力工作的矛盾。"我们刚过了年,集中精力工作,还不到一月,又要过年了,又要放假了。这实在有点说不过去。我们应该征服环境,不应被环境征服。今年我们权循旧例放假,明年我们要有一定办法。到底过新年呢,还是过旧年呢?"第三,关于请假问题。"请假,此后亦不能随便。无论谁,除了例假休假而外,一概不得请假。"第四,强调多干事,少玩。"在国破家亡的今天,正是我们卧薪尝胆努力自强的时候,还有什么可'玩'的,还忍说什么'玩'的。我希望寒假回去的同仁,不要当着回家去玩,而要趁农民过年,观察他们的生活,记载下来交给我,用作闲暇教育的参考。"最后,谈十年实验计划改为六年分三期完成。"我们十年实验计划,那天决定应于六年分三期完成。第一期,村的研究,二年;第二期区的研究,二年;第三期县的研究,二年。今年以前的两年是平教的准备期。六年以后的两年,是平教的推行期。我们缩短年限,加紧工作,制定'工作单元''时间单元',客观的考核个人的及局部工作的成功与失败。要'因事设人'而免'因人设事'的弊。计划铅印成册,即分送大家。望大家努力实现此计划。"(新版《全集》卷 1,第 168~169 页)

1 月 28 日　致信周贻春。信中首先告知在公民教育部的一位同事张天放①先生计划对华北和华南的农村信用社作一次深入的研究和考察。其次,对张天放的求学经历和研究兴趣作介绍。第三,希望提供有关中国华洋义赈救灾总会设立的

---

①　张天放(1893~1984),原名张星晟。云南腾冲人。参加辛亥腾越起义,任滇西军都督府第二军政府秘书。1917 年赴日本早稻田大学政治经济学系学习。回昆明组织救国团。1919 年"五四"运动时,在昆明各界召开的万人大会上慷慨陈词,痛斥军阀政府的卖国行为。1920 年受云南救国团的委派,前往上海出席全国救国团联合大会,受到孙中山的接见。1921 年,重返日本复学。1923 年 5 月与寸树声等中国留日学生创办《曙滇》杂志,宣传马列主义,介绍俄国十月革命新文化思想。1923 年,在日本加入中国共产党。第一次国共合作期间,当选为国民党东京支部执行委员。回国后,先在定县平教会负责公民教育编纂部工作,后在天津市、陕西省致力于农村合作信贷事业。1938 年,回云南从事抗日救亡斗争,先后任中国农民银行襄理、云南木棉公司协理等职。在昆明参加孙起孟发动的"九老会",坚持团结和进步,反对分裂和倒退。抗日战争胜利后,进一步联合云南各阶层人士,呼吁和平与民主,反对内战与独裁。昆明发生"一二·一"惨案,参与发起万人签名运动,谴责蒋介石发动内战和独裁的罪行。1949 年被国民党逮捕入狱,经多方营救,获释出狱。1949 年后,历任西南财委会委员、云南省林业厅长、民政厅长、副省长和第二、三、四、五、六届全国人民代表大会代表、云南省人民代表、省人大常委副主任、省政协委员、副主席、民革云南省委主任委员等职。撰有《国民党东京支部的左右派斗争》《辛亥革命中的傣族爱国领袖刀安仁》《昆明的〈救国日刊〉与昆明的"五四运动"》《周钟岳先生传》《回忆孙中山先生》《勤奋的学者坚韧的战士》《云南木棉事业的发展和结束》《杨杰同志传略》(与朱蕴山合作)等文章数十篇。

数百个信用社的资料以便张天放研究。最后,告知正在调整工作,一旦工作走上正轨,就动身去北平拜访,商讨平教运动。(新版《全集》卷4,第249~250页)

1月 所领导的平教会在高头村平校举办村单位改造的研究实验,成立高头村消费合作社。(《定县足迹》,第31页)

2月3日 致信刘大钧①。信中谈及:"几天前我刚收到您让我为《中国评论周报》写一篇题为《如果我是中国的墨索里尼》文章的来信。这是一个非常合时宜的也非常吸引人的题目。尽管我所要写的不会有多大的吸引力,但我仍愿意就此写一写,但我们定县的工作正在为适应下一个六年计划而作调整,要求我把全部注意力集中到这项工作上。从二月八日起,我们要召开为时一周的全体职工大会,我们几个人不得不忙于会前的准备工作。因此,本月十五日以前我恐怕不能完成稿子并寄送给您。"并告知另函寄上第3号简报——《一九三〇年至一九三一年的定县实验》。(新版《全集》卷4,第250~251页)

2月 为《定县社会概况调查》作序。首先,谈定县实验的目标。"定县实验的目标是要在农民生活里去探索问题,运用文艺教育、生计教育与公民教育的工作,以完成农民所需要的教育与农村的基本建设。而一切的教育工作与社会建设必须有事实的根据,才能根据事实规划实际方案。"其次,谈社会调查的重要性。"本会对于定县的实验最先注意的就是社会调查。要以系统的科学方法,实地调查定县一切社会情况,使我们对于农民生活、农村社会的一般的与特殊的事实与问题有充分的了解与明了的认识,然后各方面的工作才能为有事实根据的设施。"第三,谈定县实验区的工作引起社会人士的深切注意,希望将调查成果整理发表。第四,谈定县实验的社会调查有其特殊的注重之点,即"从整个的平民教育运动立场"出发。第五,谈社会调查不宜以政府法令推行,否则难以得到社会事实的真相。第六,论农村社会的调查工作由社会学术机关去作有困难。"第一点,从事农村调查的工作人员必须有到民间去的认识与决心。在与农民共同生活之下,才能了解农民生活的真相,才能得到正确数字,才能亲切地了解数字背后的所含有的意义,才能作规划实际建设的方案。第二,调查既是为谋整个农村社会建设之入手的工作,单独地

---

① 刘大钧(1891~1962):现代经济学家。字季陶,号君谟。江苏丹徒人。曾留学美国。历任中国经济学社、中国统计学社社长,中国经济统计研究所、国民经济研究所所长,《经济统计月志》《国民经济月刊》《经济动员半月刊》主编,北京清华学校教授,重庆大学商学院院长等职。并任汉冶萍总公司会计主任,立法院统计处处长,主计处主计官兼统计局局长,军事委员会委员,中央银行经济研究处专门委员等。抗日战争后任联合国统计委员会中国代表,驻美大使馆经济参事等职。后入美国籍。从事调查、统计事业和经济发展等理论的研究。死于美国。著作有《中国的工业和财政》《外国在华投资》《上海的工业发展》《我国佃农经济状况》《工业化与中国工业建设》等。

进行,是不会顺利的。必须通盘筹划由多方面施以互相为用的工作,然后才能造成可以深入的环境,调查方为可能。定县实验在各方面的工作,增加了若干调查上的便利。第三,调查的目的,既是为了了解事实,但事实的了解不是工作的终了,而是工作的开始。所以调查工作不是为调查而调查,必须要着眼于社会的实际的改造。要根据建设的需要,调查事实。第四,从事调查的人必须了解现代社会调查的科学理论以及方法与技术,必须要顾到中国的民间生活状况而规定出适合中国情形的方法及技术来。即如拟一表格,就得特别注意与农民心理、风俗、习惯、生活相应合,而又要顾到(一) 所问须使他们能回答,(二) 他们所能回答的,又是我们所需要的。换言之,社会学术机关所进行的社会调查在它的进行中,便须以整个社会改造为目标,从多方努力,随时研究如何先建设起来中国的社会调查之整套的学术。而调查人才所应具的修养、训练与经验,更是调查成功的重要条件。"第七,谈平教会的社会调查工作的特殊性。"是根据对于上述困难之了解而呈现,同时又以下述二种意义为其特具的立场:一为教育的意义。……二为社会科学的意义。"并回顾平教会社会调查工作开展的历史及感悟,"教育的实施而联络其感情,而获得其信仰,调查工作始得逐渐顺利进行。说到教育工作的设施,这实在引我们得到一种深彻的认识,即调查者的技术,固须训练;被调查者也同样地须受技术的训练。譬如我们为调查农民家庭岁入和岁出的情形,而要他们记账,便须先训练他们能写、能算,就是说,他们信仰你,而愿意帮助你,但是帮助你的能力,还须你先替他们培养起来。这是一切中国建设事业中的共同问题,一切从事中国建设事业的人都应体会。"第八,阐述政治建设、社会建设工作需要科学的研究与实验。"希望这本书能坚定从事'实验区'工作者调查的兴趣,或且能增添他们一点勇气,希望多有这一类的工作实现,使我们更能走上科学化的建设之途。"最后,对工作成绩进行评价并感谢众人的支持与帮助。"即此成绩,已由许多人的努力始抵完成。甘博先生是社会调查的专家,在中国曾编著《北京社会调查》(*Peking：A Social Survey*),对于本会社会调查,非但在工作上给予指导,在经济上也有援助。冯梯霞先生从事艰苦的开初工作,李景汉先生及其许多得力的助手,积年的继续努力,会中其他部分,也都是踊跃地通力合作,这都是我愿意表明,而且引为欣幸的。还有许多本国和国外的专家,对于本会的调查工作,有种种的鼓励与指导,这是我们更应该感谢的。"(新版《全集》卷 1,第 170～173 页)

同月　在除夕聚餐会上讲话。首先,对唱歌的感慨。"刚才唱歌,因有小弟弟小妹妹同唱,虽唱得没有平时整齐,却令人感岁除欢聚乐趣。惜乎,高头、李亲顾、南支合、明月店同仁因为工作关系,不能到,实为憾事!"其次,希望家眷也支持平教工作。"平教工作不但要同仁努力,就是同仁眷属亦须直接间接有所努力,故算总账要大家都在这里。"第三,谈平教会获得的大发展。① 经费逐年增加。"民十五,全年预算二万五千元;民十六,五万二千元;民十七,八万二千三百六十元;民十八,十六万五千八百六十八元;民十九,二十三万四千零三十四元;今年,三十八万六千四百二十二元。回溯民十二呢,只有二千五百元。经费是一年比一年多了。"② 人才逐渐增多。"民十五,六十六人。民十六,七十八人;民十七,八十二人;民十八,二百零四人;民十九,一百五十二人;今年二百二十四人。回溯民十二呢,只有一个干事,半个书记,半个听差。人才也是一年比一年多了。"③ 工作范围从宽泛变为专一。"民十二,民十三,是以全国及有华侨地方为范围,今年是以定县一县为范围。虽是常有帮助其他地方的时候,但以定县为工作大本营。"④ 组织的扩大。"今年有八十几个同志加入本会,助工作向'精'的'深'的方面进行。在缩小范围加紧工作之要求下,得学识经验俱富的人加入为'新血',实足与工作以新生命而于'质''量'方面均有增益。"⑤ 对外工作取得重大进步。"如今年四五月间,中央东北均派员来会讲习。我们于政府方面,实有相当工作。我记得五月十日,就是中央东北同志在这礼堂宴请我们那晚,我说过一段话,就是'从来南北没有合作一件建设事业,有之就从这一次起……'〔。〕这事情虽小,关键实大,后世史家修纂民国历史亦当注意,因为我们以'平民'为'宗教'为'政党'为'主义',以三万万多农民为同志,对于那种合作表示,应有如此认识。中央东北同志去后,工作的成功或失败,固不能即据此以断定吾人工作之价值,可是我们仍要注意的就是我们的工作对社会的影响。坠驴的李县长跌落六个牙,他说:一个牙代表沈阳一千万民众。实亦受我们的影响。余如河南、山西及社会其他方面,表示对本会欣赏之处尚多。国际方面来会参观的人亦多,如孟禄,唐奈①、郝伯〔播〕德②、爱〔艾〕迪③等,足见我们的工作已引起国际学者的注意。"⑥ 国内已获得政府邀请加入全国经济委员会,这足见当局对于全国经济建设已认识农村建设的必要;同时对于平教会工作已有相当认识。⑦ 一般农民对于平民教育的欣赏和了解。"我们今年看得见的,就是定县一般农民对于平民教育的欣赏和了解,比从前增进了。多数平民学校的房舍,是他们自动新建起来的。同时,地方士绅,地方政府,也很难欣赏我们的工作。可是,我们所最需要的,是一般农民欣赏我们的工作,那是根本,那样才不至于'人存政举,人亡政息'。今年我们的工作,竟〔竟〕得老张、老王欣赏起来,这证明我们工作进步。"

---

① 唐奈:生平事迹未详,待考。
② 郝伯德:旧版《全集》译为"G. E. 哈伯德",新版《全集》卷4译为"郝播德"。
③ 爱迪:新版《全集》卷4译为"艾迪"。

第四,谈平教会存在的问题。"工作仍未与民众接近。诚然到民间来了,可不一定就算到民间去。我们深居考棚,来往的无非我们自己,我们整个生活,不见得对于老百姓有什么影响。这样一来,无形之中,我们无异在定县造了一个小北京,我们无异过的是北京生活了。"第五,对当年工作的思考。"今年定下两个政策,也可以说是今年的两种进步。第一,工作范围缩小。工作范围太大,不免空虚,难得精华。工作范围缩小,一来同仁多得见面机会,二来容易和民众接近。因此,我们选定高头为研究中心区,将四大教育一切的一切,集中在一村一区研究,研究有所得,才拿到我们所选定的李亲顾、南支合、明月店三个实施中心村去推广。我们可以说,我们是以研究为首要目的,推广为次要目的,推广是政府的责任,我们只居于辅助地位。如此,将从前工作笼统、工作空虚的毛病去了。第二,工作紧凑起来。因以较小范围为主要的研究工作的中心,各部同仁易于集中精力,工作自然紧凑。实施中心村负责任的,是殷子固、李训石①、王九芩②同志,进行以来,困难逐渐打破。""我们的工作……要连锁进行,要整个地发展,……我希望从明年一月起至六月止,在半年内将会务的全部'机器'和'工人',都安排就绪,从下年度起,即以全力努力实际工作。不过安排'机器'和'工人',亦非易事。如能在半年内就绪,还算很可观哩。就今年的实际工作上看,得力于村长佐之受训练处颇不少,明年实际工作上,当注意此点。"第六,谈不幸之事。①"八月二十五日,我们的董事长熊夫人逝世,不早不迟,就是我们在达园讨论平教运动根本精神之所在那一天,就是本会成立八周年纪念的前一天,真恸人痛思!"并对熊夫人对平民教育的伟大贡献给予高度评价——"熊夫人的生,是为平教生;死,是为平教死。"② 冯梯霞生病。"冯先生……为平教而废寝忘餐的情形,在座一定有人知道。冯先生病尚未痊,老母在堂,父死未葬,因此,今年秋间归粤料理。今天我们遥祝冯先生健康早复!"③ 陈筑山的不幸。"陈先生今年本来多病,精神欠佳,九月八日陈夫人又辞世,所给予他的恸痛,真有不能以言语形容者。我们同情陈先生,希望他早复健康,努力工作,有以慰陈

---

① 李训石:平教会会员,在定县实验区主要负责"学校式教育工作"。1934 年 9 月负责定县平教会乡村调查工作的筹备和规划,10 月,参加在定县召开的乡村工作讨论会第二次集会。1935 年 10 月为北京师范大学乡教区师范班学生在定县讲授"农村教育建设问题"。1936 年 3 月与朱有光率领平教会研究生到北平、山东、南京、无锡等地参观农村工作。详细事迹待考。

② 王九芩(1891~1981):爱国民主人士。原名王庭芝。河北定州人。1919 年毕业于北京高等师范学校。1923 年任定县教育局长。1929 年在定县平教会、河北省县政研究院工作。1939 年 11 月参加革命工作,历任定南县第八高小教导主任、第八专署实业科科员、冀中行署教育科科员、晋察冀边区行政委员会委员兼边区教育处副处长、民政处处长、荣军管理处副主任、边区救济委员会主任、华北人民政府民政部荣军管理处处长等职。1949 年后,任内务部优抚司司长。他在学生时代参加了五四运动,抗战时期积极参加抗日工作,先后被选为定南县参议员、晋察冀边区参议员,是边区实行"三三制"政权的无党派代表之一。1948 年被选为华北临时人民代表会议代表。

夫人在天之灵。"④ 谈战事起后平教同人的苦境。"七八月间,定县战事起了,李大夫①及在定同仁,在枪林弹雨之下(工作)"。第七,谈平教会团结精神的可贵。"戮力同心,维护本会,使本会未受怎样损失。这种临难不苟,精诚团结的精神,我希望我们永远保持着。达园游山会同仁,坐谈起行,莫不以灵魂相见,亦是难得。"第八,提醒要有危机意识。"今天,我们不但知道我们工作的光明而更加紧工作,尤要知道我们的'危机'四伏,而有所警惕。……耶稣说'人人说你好的时候,就是你祸灾临头的时候',我愿大家同勉。我常说,我不妨再说,'不是我们这里有光,而是全国太黑暗',于是我们一星'萤火之光'也就被视为'光'了。在全国天灾人祸民不聊生的时候,一切教育事业,已无异无形停顿,独我们在生活方面经费方面都不成问题,工作又为各方面所欣赏,我们苟一不经意,就是我们堕落的起点,我们常要问我们自己,常要自己反省。同时,我们亦易遭人嫉忌。本来一个事业,一般人不注意时候,没有人嫉忌,一到一般人莫有不注意时候,那就容易遭忌了。射冷箭,幸灾乐祸,这些劣根性,特别是我们中国人的惯技,但我们须知道,当我们跷足危坐太师椅时,便是遭人批评时,亦即我们堕落时,我们不谨慎,便要'一落千丈'。再有须注意的,即人多易于生疏。今天在座的,有谁能历举在座大家名号! 这生疏,也是我们的危机。要知我们一生疏,不但感情不易融洽,勤惰不易分明,效率不易增进,即公物亦必易多靡费。总之,我们高兴时,当不忘警觉,一方面能烛视我们工作的成绩,一方面又须留意对内对外的各种问题,在种种问题中,我们须特别留意的,有以下几点:(一)工作要实在,因此工作范围须缩小,认清村单位为高头,区单位为六十村。(二)工作要加紧,因此我们希望在研究区中,四年能完成十年的工作。(三)重质不重量,非做不可的,即做个彻底。(四)明订具体计划,就事分配人力财力,不以部处为单位,而以工作设计为单位。"最后,提醒大家在舒服生活中要想到水深火热中

---

① 李大夫:即李芳兰(1917~2007),女,又名廉柏。湖南岳阳人。著名作家,美国华侨领袖。邱士发将军之妻。初时,就读湘雅医院。后保送河北定县乡村建设研究院。毕业后,在定县平教会卫生教育部任保健院护士长,并负责主编《华北新闻医药周刊》,撰写有关农民卫生、民间卫生知识之类的稿件,兼定县女中健康教育课教师。"七七"事变前夕,随全国学术界西北考察团在包头、绥远地区考察西北的文化、教育、经济、卫生情况。返程经过北平时,正遇"七七"事变,在北平参加协和医务人员组成的救伤队,进行战场救护。不久,北平沦陷,回到湖南长沙,在衡山卫生院及湘雅医院任护士,并担任《湘雅涟漪》杂志编辑。同年10月,在长沙发起成立湖南青年战地服务团并任团长,从事前线救援、战地文化服务、防谍、肃奸、动员民众等工作。1939年秋,编入中央军官学校第七分校第十五期受训,毕业后任战干四团教官。期间,与战干四团少将主任邱士发(士膺、是膺)结婚。抗日战争胜利后,创办文隽中学任校长,《时代日报》发行人兼社长,从事教育及文化救国工作。后举办眷生产合作社、扫除文盲协会。1949年迁居台湾,后任"国防部陆军总司令部"妇联分会总干事。不久,调台北市党部第六组组长,筹组台湾省妇女写作协会,任总干事。1973年丈夫去世后,移居美国洛杉矶、旧金山,参与筹办旅美黄埔校友会、旧金山荣光联谊会。1988年,创建北美中华新文艺学会,任理事长和荣誉理事长。著《寒梅》《喜相逢》《天涯之声》《永恒之爱》《湘水悠悠》《漫天旋风》等书,编有《芳兰小说集》等。

的同胞并努力工作。"在全国天灾人祸外侮频临的今天,我们实在太舒服了。我们既没有像武汉同胞身被水灾,又没有像东北同胞呻吟啼泣于日本帝国主义铁蹄之下,我们有何理由,应该如此舒服？我们应该努力何种事业,才对得起我们陷于水深火热中的苦(难)同胞？……我们要怎样出汗怎样工作,为大多数同胞作出一点建设事业来,不然,我们真该自杀！我们的精神是'卧薪尝胆',我们的态度是'舍我其谁'。平教运动无吃闲饭的人,人人都应有此认识。除精神态度外,尤要有计划。勾践有'十年生聚,十年教训'的计划,我们平教也有我们的具体计划。本此计划,贯彻精神,以过去一年的得失经验,作明年一年的参考。对过去一年是总算账,对明年一年是总攻击。"(新版《全集》卷 1,第 174～179 页)

3 月 21 日　在全体职工会议上讲话。首先对在小屋里大家紧紧地坐着、济济一堂开会感到很高兴。其次,告知大家生病情况及病因。"我想我此次病的原因,是近几年来,我为平教工作,已致劳顿";忙于开会,休息失衡;子女生病,昼夜看护;送幼女赴北平看病寒热煎熬,饮食不时;所住传染病房与子女的病房鼎足相望,哭叫声音频频入耳,难以安寝;次子病在定县,太太独居平教会所内,不得与妻女相见等等所致。第三,抱定病好后努力为国家做贡献。"我病好后,又可为国家社会努力,三十八年来有此一次病,不算太过。我再努力三十八年,可再病一次,告别此一世界,而到另一世界去,与一切问题宣战"。第四,介绍南斯拉夫努力农村工作十五年的斯丹巴(Stampar)先生参观平教会,对平教会工作提出 12 点批评,尤其是组织太美国化;用钱靡费,也太美国化;对数目字不清楚,各人所举,都未统一;医院仿佛监狱,不适用;农业工作,缺少专门人才,对于从事专门研究的机关,疏于联络等等。表达他没有到乡间参观实际工作感到遗憾。重点介绍了斯丹巴致 Milbank[①] 的信,"首述本会工作的重要,谓不但是关系中国农民,而且关系全世界三分之二的农民。接着列举本会工作十二点批评。结尾,他用很诚挚的话说,定县工作,具有世界价值,密氏有继续补助之必要。在中国如此混乱局面下,希望本会能继续工作十年,也希望外方能赞助此十年工作。他这封信嘉许我们的地方,也许是太过。批评我们的地方,我认为苟非有多年农村经验和像他这样的人,决不能有如此见地。他之公正诚恳之态度,爱护农村事业的态度,我实非常敬佩。"第五,介绍唐奈先生来平教会参观情况。第六,谈今后平教会工作要注意以下四点:"第一,六年计划。第二,六年人才。第三,六年经费。第四,六年对外关系——包括国内及国外。"最后,

---

①　Milbank：米尔班克基金会。

向大家介绍陈志潜大夫、李少海大夫①、杨大夫②、万大夫③、熊佛西、陈治策、汤茂如太太④、黄懋义、姚石庵⑤等新同志。（新版《全集》卷1，第180～183页）

3月28日 在周会上讲话。首先，汇报上周特别事件——焦易堂⑥先生来会参观。"焦先生为中央负责人员，于国事蜩螗的时候，热心来定，足见农村建设的空气之浓厚了。"其次，回顾民国九年以后至民国十三年以前，平教运动的主要工作、成绩及不足。人民自动办理的平民教育的失败："当时北京有中华平民教育促进会总会，各省有平民教育促进会，甚至各县亦有平民教育促进会。识字运动可谓盛极一时。就一方面说，教育者已感觉士大夫教育之非注意到平民教育。这是很好的现象。但就另一方面说，大多数只知道平民教育之'当然'，而不知其'所以然'。……如今我们走遍全国，还看得见几多平民教育促进会的招牌。"第三，谈民众教育的产生及难产，即说政府办理平民教育的结果也不成功。"北伐成功，奠都南京。对'唤醒民众'，深知注意，于是'民众教育'应运而生，各县都设立'民众教育馆'。可是几年以来，'民众教育'究有多少成绩？也很值得考虑，大约也是知其'当

---

① 李少海大夫：为中华平教会卫生教育部副主任。

② 杨大夫：即杨济时（1900～1970）：内科学、血液病学专家。江苏海门人。1926年毕业于协和医学院，留校任该院内科住院医师，1928～1930年任内科总医师，在《中华医学杂志》外文版先后发表有关血液临床实验研究等方面的论著20余篇。1930～1932年赴美留学，合作研究恶性贫血。当时国际上对恶性贫血尚无治疗良策，他们研究肝制剂治疗的新方法，先后发表《肝制剂、肝灰及铁剂对于治疗贫血的估价》等5篇论文。1932年回国后，因臂疾，赴北平治疗。后任南京中央医院内科主任，河北定县保健院院长，湘雅医学院内科教授、教务长、代理院长，贵阳医学院内科主任、教授，大连医学院附属医院院长等职。他重视医院管理及人才培养工作。著有《肾盂肾炎》《心血管》等专著，翻译加拿大出版《内科手册》一部分。

③ 万大夫：万国恩博士（F. E. Wan译音），外科医生。留学美国，专攻医学。到定县平教会之前在北平协和医院工作，工作很出色。沪战期间，他指挥着一批医护人员南下上海，任协和救护队团长。在南京，他拒绝了卫生署的任职。1932年平教会拟任其为医院外科大夫。后到定县，担任定县平教会保健院医生。

④ 汤茂如太太：即刘儒珍，为中华平教会研究青年妇女教育的学者。留学美国，专攻教育专业，1932年到平教会工作。曾任北京大学教授，讲授"西洋教育史略"课等。

⑤ 姚石庵（1898～1940）：农业经济学家。山西徐沟人。早年毕业于美国芝加哥大学经济学院和威斯康辛大学农学研究院农业经济系。历任山西农业专门学校教员、太原青年会总干事、山西省教育厅及山西农业专门学校特派赴欧洲农业教育考察员、北平财政商专门学校校长、北平大学农学院农业经济教授并代院长、中华平民教育社计生部主任、河北省县政建设研究院经济研究指导员等职。抗战爆发以后，"平教总会"旋即向南向西辗转至重庆。应晏阳初邀请，1940年4月20日前往私立乡村建设育才院担任农业经济系主任一职，值日军空袭重庆，政府下令疏散居民，与平教会数位同仁及其家属21人，乘坐超载的"民用"号客轮在磁器口一带不幸触礁沉没，全部遇难。撰有《农民生计教育》《农民生计训练与县农业推广制度》《县单位农村合作经济组织与经营》《战时湖南农业》《定县农村合作组织之发展》《普通农村调查》《绥远农业经济概况与拓殖意见》《民族经济建设的两大基础运动》《为奖励垦牧安定难民救济佃农增加农业生产案》《请等设西北西南各公路统一运输管理指挥机关案》《为健全县建设行政机构加强民众生产案》《请统筹推动运输物产案》（与章祐、严家淦、胡西园）等。

⑥ 焦易堂（1880～1950）：原名希孟，字易堂。陕西武功人。早年参加同盟会。1911年后曾任陕西都督府参议、省议员、参议院议员、大元帅府参议、北伐军宣慰使、立法院立法委员兼法制委员会委员长。1930年后任中国国民党中央执行委员、国医馆长。1935年任最高法院院长。1949年去台湾，任"总统府"国策顾问。

然',而不知其'所以然',所以不免又演成挂招牌的局面。"第四,谈平民教育发展进入第三个时期,已有一些好现象。"以县为单位的农村建设工作,至少有七八处之多。"焦先生在陕西武功县、伍梯云①先生在海南岛、冯梯霞先生在他的故乡等从事农村建设,其他如马伯援②、薛子良③等先生,亦皆在举办以县为单位的农村建设。第五,谈工作举措由过去派人出去改为与需要地有经验的人共同学习探讨。"我们的工作,方向自然认清楚了,但尚在造轨道安轨道时候,实在不能派人出去。最好由他派两个有学识经验者来会,同我们一齐学习。……我们切不可再因各方一点虚誉,便也虚张声势起来。"第六,谈努力工作的重要性。"我们的工作尚不够十分充实,正须我们加紧去努力。董事长熊夫人说:'我们做一日和尚撞一日钟'。我

---

① 伍梯云:即伍朝枢(1886~1934),字梯云。广东新会人。生于天津。伍廷芳之子。1897 年随父赴美就学。回国后曾任广东劳工局及农工实业局委员。1908 年赴英留学伦敦大学、林肯法律研究院,获大律师资格。1912 年返国,任湖北省政府外交司长。次年被选为众议员。1915 年任袁世凯政府政事堂参议兼外交部参事。1917 年辞职离京。次年,任广州军政府外交次长兼总务厅厅长。1919 年代表广州政府参加"巴黎和会"。1921 年孙中山就任非常大总统时,被任为外交部次长。1923 年任广东大元帅府外交部长。次年,国民党改组,任中央党部商民部部长。1925 年后,历任国民党中央执委会政治委员会委员兼秘书长、广州国防委员、司法委员会主席、广州市政委员长。1926 年当选为国民党中央执委。翌年后任外交部部长、驻美公使、中华文化教育基金委员会董事。1929 年和 1931 年两度以中国首席全权代表身份出席国际联盟大会。1931 年任广州反蒋派国府委员、广东省政府主席兼琼崖特别区行政长官。1933 年任立法院宪法起草委员会顾问等。次年 1 月在香港病故。

② 马伯援(1884~1939):亦名发祥,字告阶,湖北枣阳人。早年入湖北新军。后留学日本。1905 年入同盟会。1912 年南京临时政府成立后,以总务司长负责内务部事宜,旋卸职,从事基督教社会服务事业。1912 年 4 月赴美国芝加哥,入西北大学学习。1914 年回国。后赴日,任中华留日基督教学生青年会总干事。九一八事变前曾赴日本进行斡旋活动。抗战爆发后归国。曾受孔祥熙密令由渝飞港,暗向在港日本人探询谋和条件,未果。后于 1939 年病死。著有《我所知道的国民军与国民党合作史》。

③ 薛子良(1892~1973):名笃弼,字子良,山西解县(今运城)人。早年毕业于山西法政学校。1912 年任山西河津县地方审判厅审判官,后任临汾地方审判厅厅长。1914 年任陆军第十六混成旅秘书长兼军法处处长。1918 年任军警联合督察处处长。1919 年任常德知事。1921 年先后任咸阳、长安县长。1922 年 4 月,署陕西省财政厅厅长;5 月署河南省财政厅厅长。1923 年 1 月,署北京政府司法部次长;3 月任蒙疆善后委员会委员;5 月暂行兼代国务院秘书长;7 月暂行兼代京师税务监督。1924 年 9 月,任内务部次长;12 月调任京兆尹。1925 年 2 月,任善后会议委员;10 月调任甘肃省省长。1926 年 9 月,任国民联军总司令部财政厅委员会委员长。1927 年 6 月,任河南省政府委员、财政厅厅长兼中央政治委员会开封政治分会委员;8 月任国民政府民政部部长。1928 年 1 月调任河南省民政厅厅长;2 月任国民政府内政部部长;3 月免河南省政府委员兼民政厅厅长;4 月兼任监理委员会委员;7 月任全国禁烟委员会委员、常务委员,中央政治会议委员;10 月任国立北平故宫博物院参事、卫生部部长。1929 年 1 月,兼任首都建设委员会委员、黄河水利委员会委员;3 月当选为国民党第三届中央候补执行委员;11 月免卫生部长职。1930 年 8 月,北平召开中国国民党中央党部扩大会议,任宣传部委员。1931 年 11 月,任国民党第四届中央候补执行委员;12 月当选为国民政府委员。1933 年 1 月,辞国民政府委员职。1935 年 11 月,当选为国民党第五届中央候补执行委员。1936 年 7 月,补为中央执行委员。1941 年 7 月,任行政院全国水利委员会主任委员。1945 年 5 月,当选为国民党第六届中央执行委员。1946 年 6 月,任水利委员会委员长。1947 年 4 月,任行政院政务委员兼水利部部长。1948 年当选国大代表,并任大会主席团成员。中华人民共和国成立后,任上海政协常委,全国政协第二、三、四届委员、上海法学会理事、上海律师协会副主任、民革中央委员兼上海市委员会常务委员。1973 年 7 月 9 日病逝于上海,终年 81 岁。著有《成功百诀》《甲子同年录》等。

看，我们处内忧外患交迫的今天，非做一日和尚撞十日钟不可。努力向前，先齐家，然后治国，然后平天下。我们定县的工作，就是我们的大本营，也就是我们大家的家，我们必得巩固了大本营，然后才配帮助其他方面。"最后，谈平教会在定县的办公地点太狭小，尚无一间交际室。致同仁及同学交际，颇感不便，因而不免有引起外间误解之处。但提醒"最好互相体谅……在生活方面更要检点一些"。（新版《全集》卷1，第186～187页）

3月22日 致信胡继贤①。信中首先告知已"接准三月一日来函，敬悉一是"。其次，表达对广东省建设厅"年来努力于建设农村经济，昕夕不遑，良深钦佩！"第三，告知平教会"对农民教育及农村建设，确定为并进工作，共同致力，甚望贵厅能根据以往经验成绩，多予指导，以利改进为幸"。最后，同意冯锐先生应承广东省政府建设厅农林局长一职。"冯锐先生在敝会工作多年，深资倚重，刻因省亲返里，诸事尚待策划。兹蒙贵厅以农林局长相委，本有未便应命之处，惟以双方事业，皆本建设全国农村为目的，志同道合，允宜合作，有冯先生之居间沟通，易收切磋之效。且冯先生外出多年，一旦为桑梓宣劳，尤难过拂人情，用特忍痛应命，认可冯先生在贵厅服务一年，俾工作上得以提携并进。诸希查照为荷。"（新版《全集》卷4，第251页）

春 在其领导下，定县50个村实验设立保健员。保健员是农村卫生组织的基础，"平教总会"卫生教育部决定，由各村平民教育学校毕业同学会选举会员一人，接受10日的卫生训练，授予牛痘法、水井改良、运用保健药箱（内含治眼疾、皮肤病药十种、纱布、棉花、绷带、剪刀、镊子）、普通卫生常识、简单消毒方法如剪指甲洗手等课程，医师讲授，不只注意课程的意义，并且特别注意实习表演。4月，"平教总会"在马家寨设立第一新区保健所。7月，因日本侵犯日益扩大，乃改十年计划为六年计划。为便于实行六年计划，乃将定县一、二、三行政区的60个村设立为研究区，并分为6个视导区；另就研究区内的高头村划作研究村，一切工作都从研究村做起；在研究区以外，又选定三个实施中心村。依村、区、县范围逐步研究实验。12月，在西建阳村设立一保健所。区保健所在整个组织医学的实施制度中，是全局的关键。（参见《定县足迹》，第39页）

3月28日 致信兰安生。信中首先告知寄上斯丹巴给拉塞尔的信，觉得这封信很有意思。第二，告知外出了一个多月，有很多事情需处理。第三，告知请随时

---

① 胡继贤（1891～？）：字志道，号孟愚，广东番禺人。美国密西根大学文学学士。历任岭南大学教员，香港广利洋行副总经理、总经理，粤汉铁路管理局局长，广州市土地局局长，铁道部理财司司长，财务司司长兼代沪宁、沪杭铁路管理局局长，广东省政府委员兼建设厅厅长，审计部审计，审计部驻外审计兼审计部广西审计处处长等。

告诉戴尔的确切消息,希望他在卫生工程学方面给以帮助。第四,谈北平协和医学院与平教会合作计划一事。最后,告知杨济时出院后可以聚一聚,初步商量卫生署的问题,拟一个星期把计划框架弄出来。(参见新版《全集》卷 4,第 252～253 页)

4月4日　致信邵作德①先生。全信如下:"应要求访问定县的朋友们的不断请求,我们已决定利用四月八、九两日(星期五和星期六)接待外国客人。我们觉得每年应该这样做一次,四月似乎是最好的月份。我们愿向所有感兴趣的人发出邀请,但由于设备不足,我们不得不限制来访人数。我写这封信是请您将这一邀请转交给想来定县参观并能成行的两名贵会成员。我们将向来访者提供住处,并用当地的中国饭菜招待他们,但我们必须要求他们自带被褥以及其他辅食,请您电告我们,贵会谁能前来,以便我们为他(们)安排膳宿。如果届时无人得暇前来,仍请告知。我们要求来访者乘坐四月七日(星期四)下午四时二十五分离开北平的火车,到达定县的时间是八时左右,回返火车是星期天上午八时,大约在下午二时三十分到达北平。您在此事中扮演了'代理人'的角色,非常感谢。我知道这种安排时间太短,却是今年我们所能给予的最好接待。"(新版《全集》卷 4,第 253～254 页)

4月11日　在全体职员会议上讲话。首先,谈自明日(十二日)起为"参观周"及其设置的缘由。其次,谈对参观者须守"知之为知之,不知为不知"的态度。对平教会经济情形及对政治的态度特加交代。强调"后年以后经费,有无着落,须视我们最近三年有无成绩而定。有成绩,经费不患无办法;无成绩,我们实不应再希望任何方面帮助。……我们的工作要于国难有贡献,才能存在。若无成绩,便应该打倒,应该关门。大家要牢牢记着'不患无位,患所以立'这句话。""关于政治。我们从来对各方合作有一个条件,即须为国为民者。十余年来,我们向前、向上的发展,都系与政治上各方面惟在此条件下合作。只要政治当道,积极向建设方面努力,我们皆愿助其成功。但决不投降、妥协、作工具。实际说,我们个人皆有其政治抱负,但是平民主义可以说是我们共同的主张,大家遇着参观者问到经费问到政治的时候,希望注意以上各点。"第三,对瞿菊农宣布的平教会"六年计划"大纲做说明。"此'六年计划'大纲,可为我们的政策,亦可为我们的宪法,大家务须遵守。……凡对于'六年计划'大纲无信仰者,希望即日自动告退。"最后,再次强调定县工作的价

---

①　邵作德(Ernest K. Shaw):美国牧师,1919 年任北平育英中学副校长,管理该校至 1948 年。在该校代表美国教会公理会负责国外联系,并负责校内"生活指导部"开展宗教活动。曾任贝满女中副校长和北京的干面胡同的美国学校校长。在育英、贝满女中内组织了"育英、贝满联合管弦乐团",培养爱好音乐的青少年,时时开办演奏会。经其介绍,在河北省香河县城内福音堂开始试办河北省也是中国第一个农村信用社。中英文均好,讲课口才极佳。贝满女中 1930 年建有以其名字命名的邵氏楼。

值。"我们的工作至为艰巨,希望大家不要因为我们处在定县,规模小而贬视其价值,实则有一班人的见解,以为我们的工作的价值,决不在苏俄'五年计划'之下。我们不可自暴自弃亦不可希望借重任何浮光以自炫。此'六年计划'大纲,虽无玄妙,然极神圣。完成以后,尚须继续努力创造新计划,以期完成创造新文化新社会的使命。以后并须将此'六年计划'故事化,使定县民众家喻户晓。"(新版《全集》卷1,第188~190页)

4月16日 在欢迎来宾会上讲话。首先,对诸位来宾到定县参观平教工作表示非常高兴。其次,对在国难当前,举国上下更注意到农村建设事业,特别是认为教育为建设事业的根本而更加注意政治经济,感到欣慰。第三,认为教育是引起建设事业中种种活动的动力。"教育即为引起建设事业中种种活动之动力。建设当然也能充实教育的内容。在建设事业中,教育自应重视。苏俄有五年的建设计划,也努力于教育,以推进其计划。关系正是如此。在国难期中,东三省的收复,自为当今急务。如果进一步看,云南川康,又何尝不可为东三省之续。所以御外侮也须得通盘打算。但其根本要图,则仍在建设,仍在以教育推进建设。"第四,对农村建设一时成为风尚而担忧,并以民国以来的识字教育运动、民众教育运动失败的例子加以说明。提醒"知其当然而不知其所以然"是致失败之因。指出"我常说:先知先觉,我们不敢当。然而后知后觉,我们不敢不自期许。前此'除文盲'工作失败,正是殷鉴不远。我们此日对于农村建设运动,决当引前车之戒〔鉴〕,而避免失败之危机。……现在举国觉悟农村工作重要了,标语口号随时随地听得着,看得见了。但是,如对于农村工作,仅'知其当然而不知其所以然',我敢断言,结果必如前此识字运动,失败可以立待。"第五,强调注重技术的重要性。"我前面说过:徒有热心抱负,而不注意技术,结果必再遭打击。诸位,此后对于平民教育、农村建设,务须研究出'所以然'。""我们定县同仁,即努力作个后知后觉者。希望不再上当,不再失败。我们对农村建设事业要知其'所以然'。我们知道自己不了解农村,才到乡间来求知道。我们不愿安居太师椅上,空作误民的计划,才到农民生活里去找问题,去解决问题,抛下东洋眼镜、西洋眼镜、都市眼镜、都换上一副农夫眼镜。换句话说,我们欲'化农民',我们须先'农民化'。可是'农民化'至不容易。必须先明了农民生活的一切。""固然,我们不免有东洋化者西洋化者,但大家都在一致地努力,要'农民化',要给农民作学徒。农民虽然不知科学的名词,虽然未曾受过书本式的教育,然而对于实际生活的知识与技术,我敢说,值得我们去学。一个青年,小学而中学而大学而留学东洋西洋。结果,学校越进得多,离社会越远。一般人以为书本式的教育越受得多,便越有学识,越能了解社会。其实是很大的谬误。……我们根本要知道农民的'愚''穷''私''弱'的'所以然',而后运用东洋西洋科学及中国固有的文化,以实现于农民的实际生活上,使农民教育与农村建设扣起来,方能希望完成县单位的教育与建设。然而这种工作,直到我们头白齿豁始有成绩,亦未可知。可是这种成绩,要从农民自动的活动上去找。因为我们的工作,非施衣施米,一切的一切,要农民自己起来干,我们决不代为之谋。……我希望农村改造空气,不要像前此识字运动,那样的失败。而要脚踏实地地干,以奠定农村建设的基础。"第六,提三点希望。"第一,诸位参观平教工作,发现何事不当之处,请以爱护农村建设的精神,不吝指教。第二,如尚有不了解处,请即提出来让我们解释。第三,从事同样工作的同志,有何困难及心得,亦请提出,共同切磋。"第七,对平教会"六年计划"实施作介绍。"使(一)人各得其所,(二)钱支配得当,(三)时间支配得当,而补救'十年计划'的空洞。内容分'农民教育''农村建设'两大立场。进行程序,由村而区,由区而县。分为三期:第一期,二年,研究村的工作;第二期,二年,研究区的工作;第三期,二年,研究全县的工作。六年后,希望完成最低限度的基本建设。过此再作计划,苟得社会同情欣赏,而进行训练人才。""先从生计方面入手,自极有理由,但据我们的经验,则以先进行最低限度的求知工具——文学教育为宜。先办初级平校,一方面开其知识,一方面得有机会与之接触,由师生关系而生感情,无形中形成社会意识,继以同学会组织,以养成团体活动的第二天性,从而输入四大教育。"第八,阐述平教会经费和专门人才十分急需。最后,对合作和自制无线电收音机等发表自己的看法。提出下一年可能考虑合作事宜,强调自制无线电收音机要便宜、简单和有效率,以"使农民享受此文明利器,而使教育娱乐化。"(新版《全集》卷1,第191～195页)

4月18日 在欢迎熊秉三(希龄)会上讲话。首先,表达对熊希龄前辈到定县参观平教工作表示诚恳的欢迎。其次,对熊希龄清末民初从事革命、民国以来办教育大加夸赞。第三,表达受熊希龄教训后的感受。"灵魂熔化,至于感泣。我常说:我们今日的中国人,只有两条路,一条路作'鬼',作'战死鬼';一条路作'人',作'创造人'。不作'鬼',就作'人'。'亡国奴'我想我们当中绝对没有。'战死鬼'既不作,便只有作'创造人'。努力于'除文盲,作新民'工作,尤须注意'新民'的意义。我个人海枯石烂,生死以之。今天受前辈的教训,志气更坚强。自今日起,直到死的一天,愿常作'作新民'工作。同仁中必无后于我者。我希望共同努力,使我们'六年计划'得以早日完成。虽不能建国,亦当救国。"最后,强调应鼓起勇气努力地从事平教工作。"秉公看得大,看得远,或者对于我们工作缺陷等微细之处,便无形中原宥了。但这种远大的识见,却教我们后辈鼓起勇气,一不垂头,二不丧气,更努力地从事平教工作。……我们定县工作,正如两岁小孩子,实在衣貌不周全得很。然而秉公在对于前途的期许上,便不计较了。可是我们若是长此下去,也是难望秉公原谅的。希望秉公此番的期许,能促进我们努力从事建国救国的工作。庶不辜负他的爱护与希望。"(新版《全集》卷1,第196~197页)

4月25日 在周会上讲话。首先,谈上周值得大家注意的是熊秉三先生和霍金①两先生到平教会参观工作一事留下了格外深切的印象。其次,提醒大家不要忘记国耻,要为救国而努力工作。"我们此时在定县从事平民教育,努力救国建国的工作,假使我们等到白发苍苍如秉老的时候,犹感国事日非,那时我们的心痛,宁可想象?中国民族,最容易健忘,国难临头兴奋片刻以后,苟到事过境迁,又满不是那么一回事。……我不怕别的,我怕东三省亡了,云南川康亡了,整个中国亡了,而一班人民还在梦里醉里。"第三,对熊秉三老先生自辞国务总理后,还东奔西逐无一日安闲地为孤儿、为灾民努力工作表示敬仰,号召以他为榜样。"秉老此来,仅仅三天,但我们灵感上大受感动。胜过读二三十本名著。秉老慈祥仁爱的人格,摆在我们的面前,我们的言行,这才有标准模范。中国人现在真可怜极了,并世人物堪为表率如秉老者,有几个人?而孔圣先贤,又悉在打倒之列,行为思想,漫无准绳。国家社会濒于不安状况,正由于此。"第四,为熊秉三老先生在欢送会上的话而感动。"他举慈善家施赈,应该'善'亦有'法',他嘉许我们晓得'徒善不足以为政'。见解何等深刻!我以为抓住孟子这句话来恭维我们,也只有秉老才有这资格,因为他有毕生为平民努力的经验。同时他勉励我们要注意技术。更要我们知道不但徒善不足以为政,徒法亦不能以自行。"(新版《全集》卷1,第198~199页)最后,接受美国理想派大哲学家霍金老先生参观工作时的批评。"我们的工作是要造成一个'整个的人',这正是我们的希望如此。过去,中国的教育是一条腿一只肘的教育,而我们是整个人的教育。美国的教育,据霍金老先生说,亦只在按部就班地做。世界上从事整个人的教育,尚不多见,霍金老先生希望我们由经济方面着手,解决人民的生活,由健康方面着手,解决人民的身体,以完成整个人的教育。"(新版《全集》卷1,第199页)

---

① 霍金:全名威廉·恩斯特·霍金(William Ernest Hocking,1873~1966):美国哲学家,人格主义的主要代表人物之一。曾在安多佛神学院任宗教史和宗教哲学讲师,后在耶鲁大学、哈佛大学任哲学教授,并曾在美国和国外其他大学讲学。主要著作有:《上帝在人类经验中的意义》(1912)、《哲学的类型》(1929)、《死与生的默想》(1937)、《人能成为什么样的人》(1942)、《科学与上帝观念》(1944)和《哲学序言》(与他人合著,1946)等。霍金的人格主义哲学把歪曲现代科学成就、论证宗教信仰作为自己的主要任务之一,认为科学和宗教之间的对立是一种历史的"错误",主张科学和宗教必须"休战"与"和解"。他主张宗教和科学双方都要作出一些让步。认为人的本质就是人的人格。人格的价值决定了人的各种社会本能,其中起支配作用的是"统治别人和追随领袖的冲动"。不同意尼采的赤裸裸的反理性主义,而主张人的意志、目的必须通过其思想来实现。

4 月 26 日　给穆懿尔①回信。信中首先告知前天收到 4 月 19 日大函并表感谢。其次,告知非常想知道山西省太谷县农民进行的试验的进一步发展情况并希望以各种可能的形式相互合作。最后,告知派杨先生(Mr. Yang 译音)②在定县住一个月进行特别研究考察眼下不能给有效的帮助,只有等到新的六年计划开始付诸实施后才能抽出部分时间培养像杨先生这样不仅意志坚定,而且有具体计划要努力实现的年轻人。(参见新版《全集》卷 4,第 254～255 页)

4 月 29 日　致信陈光甫。信中首先告知几个月前虽收到代表李宗仁将军发来的电报和信函,但因正在进行机构调整并修订今后在定县的工作的六年计划而未能派出汤茂如先生去上海与李宗仁商讨广西省的平民教育问题,很抱歉。其次,告知目前的改编工作已不像过去那样忙碌,"如果李将军仍希望与汤先生商讨平民教育计划,我们现在就安排他前去,并且十分乐意这样做。"最后,提出建议。"假如李将军心目中确实有一个平民教育的重大计划,我们真是十分高兴帮助广西成为第一个推行全省规模的平民教育运动的省份。如果李将军仍欲汤先生去南方见他,请您来电告知。"(新版《全集》卷 4,第 255 页)

5 月 12 日　致信于瀛海③。全信如下:"瀛海县长吾兄有道:敝会定于本月十四日下午二时,在马家寨约集二十余村,举行马家寨区开幕典礼,各村乡长副、学董、识字运动委员参加。届时当望吾兄驾临训话,俾村区当局感知奋勉。专此,即颂公绥　晏阳初启。"(新版《全集》卷 4,第 256 页)

5 月 14 日　在马家寨区开学典礼上讲话。首先,谈当天开会的意义。"就是要在六十村提倡识字教育,第一步先从马家寨区二十四村入手,所以今天的典礼是很重要的。……中国有四万万人,其中有三万万多人是不识字的。立国于二十世纪,这实在是一桩最可耻的事。"中国遭受日本人的侵略,"一方面是政府无力,另一方面是老百姓没出息。'民为邦本,本固邦宁'。现在大多数的人,尤其是农民,目不识丁。国家的事,一点不晓得,也不过问,更说不上为政府的后盾。任何人去办外交,也难望得着好结果。美国、俄国的农民,不但不像牛马般的苦役,而且晓得国家社会的事。这才够得上'国民',才能建设'民国'。反观我们中国,简直是有'民国'而无'国民'。"其次,谈平教会到定县推广农民教育的重要性和难度。"我们平

①　穆懿尔(Raymond T. Moyer):时在山西省太谷县铭贤学校。1950 年底,时任经济合作署驻台分署署长的他建议设立一个由高层经济官员组成、定期举行会议审议重要财经问题的经济安定委员会。增撰写《中国之农业改进与农地改革》(刘名贤译,《地政通讯》1947 年第 24 期)。其他生平事迹待考。

②　杨先生(Mr. Yang 译音):未详,待考。

③　于瀛海:即于龙溪,辽宁人。1932 年任定县县长。(王福田主编、定州市地方志编纂委员会编纂:《定州市志》,中国城市出版社 1998 年版,第 683 页)其他生平事迹未详,待考。

教会同仁,大都受过高等教育的。不愿跟一般人一样,往大城都邑跑,而甘愿来到穷乡僻壤的地方,实因鉴于国本不宁,农民的'愚''穷''私',没有人管,而想在为农民的教育上尽力。……现在布满全国者,非国民,而为'不如物'的人。我们要想挽救中国的危亡,奠定国家的基础,这不是少数人能为力的。……我到定县来,就是为的要使成千成万的农民认识字,受教育。"认为"要中国有希望,须乡下佬有希望,要乡下佬有希望,须乡下佬识字,受教育。我们不认识英文日文不要紧,不会英国话日本话不要紧,可是我们得认识中国字,得会说中国话。现在我们的农夫可以说只会说中国话,而不认识中国字。这种紧要的教育工作,我们虽然感觉困难,也是要努力去干的。……就是先认识了字,然后再谈什么旁的教育"。第三,谈平教会定县识字教育的规划。"我们要使人人识字,先由定县作起,先由马家寨区二十四村作起,更以马家寨为中心,但不是为马家寨而马家寨。希望二十四村的人,一心一德,办理这种识字教育。先从青年作起,务要每个人都能识字读书。"第四,强调民众自动读书的重要。"识字读书是大家自己的事。自己识字读书,自己受好处。一村的人识字读书,一村受好处,不识字不读书,该罚;有识字读书的机会而不利用,尤其该罚。这虽然似乎强迫,但是强迫人民种鸦片做坏事是不应该的,强迫人民作好事,读书识字,那是应该的。于县长刚才说,望大家不用政府督促,望大家不受惩罚,便是希望大家努力自动地去办。"(新版《全集》卷1,第200~201页)最后,谈希望与盼望。"我希望诸位回去,各个注意村中青年男女,务使识字读书,尤要注意妇女。于县长曾召集六十村村长,嘱办村中妇女教育,这是很对的。因为没有一个富强国家的妇女是不受教育的。我今天代表全会二百多人,盼望诸位努力办理这种教育,为全国作一个好榜样,使你们大家都好,使中国整个好。"(新版《全集》卷1,第231页)

5月18日　给斯丹巴①博士回信。信中首先告知收到了寄来的给金斯伯里先生的信的副本并表感谢,信中讲到对定县的印象、对定县炽热的情感以及对定县的理解和同情很使人感动。其次,表达上次来时太短未能亲聆教诲和探讨平教相关问题感到遗憾。"假如您能在我们这里多待一两个月,向我们多介绍一些您的经验,使我们可以学到更多的东西,那就更好了。这样或许会使我们在实验的初级阶段少走弯路。当您在定县访问的时候,很不巧,那时我正躺在医院里,因而未能请您到我家做客。同时,也未能很好地亲自聆听您介绍在欧洲农村工作的经验,以及对我们的工作的看法。然而,您的信表明您对我们的运动进行了真正的深入的研

---

①　斯丹巴(Dr. Stampar):南欧的公共卫生学权威、南斯拉夫卫生部长。

究,因而对它是那样感兴趣,对它的前途是那样的充满信心,这使我深受鼓舞。"(新版《全集》卷 4,第 257 页)第三,主要就"研究、推广和训练"、组织、相对控制、合作与协调、技术顾问团、与政府的关系、经济资助这七个基本原则问题详谈看法。最后,表达抱歉、希望和感谢之意。"很抱歉,这封信的内容写得太广。但是,我认为您跟我们一样,很重视贵国及欧洲国家所取得的建设成就,您同样也会对我们的运动感兴趣的。我想您对我讲得这么多不会介意吧。然而,我是多么希望以面谈代替笔谈,因为笔谈只不过是一种最下策的交流方法。如将来您有机会来中国,我们非常希望您能在定县住上一两年。您若有空,请给我来信,非常感谢。致以崇高敬意!"

(新版《全集》卷 4,第 271~272 页)

5 月 20 日　　致信 J. A. 金斯伯里先生。信中首先告知在北平协和医学院住了三个星期的医院,2 月 9 日的来函一直放在定县的办公桌上才拆阅。其次,告知过去三个月里,病魔降临家庭,三个孩子染上了猩红热,现生活转为正常。第三,告知"您的朋友斯丹巴博士的定县之行,给了我们大家极大的帮助和鼓舞,可令人十分遗憾的是,他来访期间我正住院,因此失去了与他交谈并聆听他在欧洲的经历以及他对我们工作的印象的机会。"第四,告知已写信给斯丹巴博士,"一方面详细表达我们的感激之情,一方面与他更深入地探讨一些基本的原则问题。"随信附上给斯丹巴信函的复本,希望有更多像斯丹巴博士这样的人来定县。第五,希望在不久的将来能启程来华。第六,告知日本的入侵和世界大战已唤醒中国人民,特别是政界和教育界的领袖人物对于目前教育制度空洞不实的认识及农村建设的重要和迫切。详述伍朝枢①博士脱离政治生涯而专心于为农民工作以促进广东省海南岛教育和经济发展的计划、阎锡山主席在山西省的工作、傅作义将军在内蒙古绥远地区的乡村建设工作、曾任山西省政府主席的国民党元老和中央执行委员会委员的赵戴文②

---

①　伍朝枢(1886~1934):字梯云,即伍梯云。
②　赵戴文(1867~1943):字次陇,别署清凉山人,山西五台人。9 岁入学,19 岁应县书院试。数年后,就读定襄白佛堂。1890 年入太原晋阳书院肄业。1893 年应科试,列一等第一,继调令德堂(山西大学前身)学习。毕业后赴祁县就读家馆。旋回原籍组织民团,任团长。1900 年后任山西大学及宁武书院山长。1905 年冬赴日本留学,入东京宏文学院师范班,并加入中国同盟会,旋回国。先后任太原农林学校教员、晋阳中学校务长。辛亥革命爆发后,协助阎锡山领导新军起义。1912 年任山西都督府秘书厅厅长。1914 年升陆军中将。1916 任山西督军公署参谋长兼晋北镇守使及将校研究所所长。1917 年任陆军第四混成旅旅长,创办山西育才馆、国民师范学校洗心社等。1923 年 1 月,北京政府授将军府茂威将军。1926 年任国民党山西省党务改组委员会委员兼第三集团军政治训练部主任。北伐后,奉委察哈尔都督、太原政治分会委员、北京政治分会委员等职。1927 年 4 月,任山西省政府农工厅厅长,后任国民党山西省党部委员。1928 年 10 月,任北平故宫博物院理事、察哈尔省政府委员兼省政府主席;同月任国民政府内政部政务次长兼代部长;12 月任赈款委员会常务委员、蒙藏自治区委员会副委员长。1929 年 1 月,派为国民政府首都建设委员会委员,并任黄河水利委员会委员;2 月,任国民政府国防会议委员;3 月当选为国民党第三届中央执行委员;7 月派**(转下页)**

先生急迫要求开始乡村工作、广东省政府拟订了大规模的农村工作计划,说明"以县为单位的建设模式已引起全国范围的兴趣。"第七,阐述局势严峻,国民政府教育部规定国内各县必须设立民众教育局以推行识字运动,但忽视对扫盲工作进行科学的研究和对数以百计的民众教育局职员进行训练。"全国都在要求我们予以帮助和指导,但我们能给予的却很少。请求我们帮助的越多,我们就越感到不足。我们痛苦地意识到,迄今为止我们运动所完成的只是为重建中国指出了一条道路;但是,要把它的原则、方法和技能运用到生活和现实中去,仍需努力,需要很多有献身精神的男女同志奉献出宝贵的青春。"第八,告知定县六年实验计划事宜。要求定县实验的六年计划"不仅旨在缩短实验时间,而且要增加实际效益。"告知新的六年计划不再强调各个时期的不同目标,而是强调"四大要素"(即文化教育、改善经济、公共卫生、公民训练),希望得到对六年计划中公共卫生部那部分的建议,并希望得到合作,尤其是希望米尔班克基金会能在财力上支持卫生计划。最后,邀请与赛登斯特里克先生出席9月份定县卫生中心启用典礼。(新版《全集》卷4,第272~279页)

5月23日 致信 E. 赛登斯特里克先生。信中首先告知刚给金斯伯里去信,并把去信复本和致斯丹巴先生信的复本寄上,请发表评论。其次,对与金斯伯里两人今春都不能脱身深感失望,代表中华平民教育促进会紧急邀请能于秋天来定县参加卫生中心的正式启用典礼,以聆听六年计划的卫生项目的中肯的建议和意见。最后,希望收到回音后再确定卫生中心启用的确切日期。(参见新版《全集》卷4,第279~280页)

同日 在周会上讲话。首先谈近几周没有举行周会的原因。"这几周来,都在准备下年度工作——关于人才、经费等,很少报告的必要,所以没有举行周会。"其次,谈世界经济恐慌背景中的平教会经费问题。"本会为社会机关,经费系从国内外募集而来,自亦不能不连带受影响。究竟国外捐给本会款项,此后是否能如期继续兑来,真须大家自己去想想。同时,再就国内情形说,东三省问题,要靠国联解决,是不可能的,国联无一兵一卒,如何能强制日本退回东三省?……所以东三省据我看,非用武力去夺回来不可。用武力来与日本一战,自非大借外债不为功。这

(接上页)为首都建设委员会常务委员;9月任监察院院长。1930年8月,任国民党中央常务委员会委员。1931年11月,当选为国民党第四届中央执行委员及东北政务委员会委员;12月任国民政府委员、太原绥靖公署总参议。1934年3月,任蒙古地方自治指导长官公署副长官。1935年11月,当选国民党第五届中央执行委员。1936年5月,任山西省政府委员兼主席。1937年抗日战争爆发后,兼第二战区长官部政治部主任。1938年3月,免山西省政府主席职。1940年6月任山西省政府委员兼主席、国民党山西省党部主任委员。1941年被推为民族革命同志会副会长。1943年12月27日病逝于吉县。著有《周易翼邵集》《周易序卦说》《音学沿革考》等。

外债也许是子子孙孙尚还不清的。国家经费自然没有喘息余地。此外,如中华教育文化基金董事会补助本会农业教育款项,一年二万元,占全年三十八万元预算不及十分之一,本不足用;现在到期,又发生停付基金一年问题,能否继续得到补助,也难说定。"第三,谈平教会的工作。"我们的工作,是要在变化中显示生命的。工作目标不变,而工作方法是不能不变的。我们十年计划改为六年计划,正表示我们的工作有生命,节节向前进步的。……此后我们所需要的,是专门人才,是对于六年计划有贡献的专门人才。但是计划人才及政策,皆不成问题了,若经费真的在我们工作的生气勃勃的进展中成为问题,结果,也一样足以使我们的工作倒塌。"希望大家"要起来一致去寻求香蕉——寻求经费来对六年计划有所贡献。""希望大家结束以往工作,检点以往成绩,准备今后在六年计划下努力。"第四,回溯今年斯丹巴先生、熊秉老和霍金先生三位有影响的参观者。"他们三位一是农村改进实业家,一是政治家社会事业家,一是思想家哲学家。先后来会参观,指导我们,真是相得益彰。"同时简介本周内又将有美国使馆参赞安里德(Arnold)先生[①]、美国农村工业及经济专家泰勒(Taylor)[②]先生和卫生工程专家戴尔(Dyer)[③]先生三位来参观、指导平教会工作。最后,阐述"我们需要真实的同情与指导,这种同情与指导只有专家可以贡献给我们,也就是说只有这样专家的贡献,足以促进我们工作的进步。"

（新版《全集》卷 1,第 203～205 页）

5 月 24 日　致信 S. D. 甘博先生。信中首先告知家人遭到了病魔的侵袭。其次,告知南斯拉夫的斯丹巴博士访问定县的情况。第三,汇报已采纳上周在定县的建议以使平民教育运动中各不相同的活动间建立起更有机的联系。"已决定用取消部门设置的办去来消除各种活动之间的互不相关的现象。这样,所有的活动都以项目为基础,其人选不受原有部门的限制,合格者均可参加。然而,财政部、业务部、秘书部和社会调查部等四个部门则因各自工作的不同特点,需从整体上为平民教育运动服务,因此要保留下来并相互支持。"第四,告知对定县实验六年计划的财政计划非常担心,急于在开始实施前搞清楚财政来源情况。并告知已给内德·卡特[④]写信,请求他将这笔资金尽可能延长到整个六年期间,并大大削减平教会的

---

　　①　安里德(J. H. Arnold)先生:亦译为"安立德""朱里安·阿诺德(John H. Arnold)",美国使馆参赞,农业经济专家,在华近三十年,对中国农业经济研究极深。旧版《全集》为"Arnold 先生"。新版《全集》已改正。

　　②　泰勒(Taylor):美国农村工业及经济专家,帮助高丽人做农村建设事业,成效卓著。旧版《全集》误为"Clonh 先生"。新版《全集》已改正。

　　③　戴尔(Dyer):卫生工程专家。1932 年 1 月、6 月初曾到定县参观考察。

　　④　内德·卡特:即 E. C. 卡特(E. C. Carter)。

预算,尤其是工资预算,至少削减百分之三十。为了得到额外的资金,已在努力争取基金会和个人资助。最后,请求其资助平教会的社会调查工作,并希望资助金能现在汇来兑换最好。(新版《全集》卷4,第280~283页)

5月26日 致信E. C. 卡特。信中首先回顾4月9日信中的许多承诺因压力原因迄今未能兑现。其次,告知一个星期前全家重又愉快地团聚。第三,告知已寄上斯丹巴博士写给金斯伯里先生信的复本和自己给斯丹巴博士的信的复本,希望就信中讨论的许多根本性问题提出批评意见。第四,告知为定县实验的六年计划中的财政表示不安,正在努力寻求有兴趣的基金会和个人资助。并告知已写信给金斯伯里先生,请求米尔班克基金在六年计划期间资助平教会的卫生工作,吁请中华教育文化基金董事会在同时期内资助平教会整个的农业项目。第五,告知悉尼·甘博离开以前曾暗示将继续资助平教会的工作,建议他回到纽约后与E. C. 卡特商谈。并告知刚给他写信请他在六年计划期间资助平教会的社会调查工作,且将给金斯伯里和悉尼·甘博的两封信中有关部分的复本寄上。第六,告知负责"莱曼外国差会咨询处"鉴定组的恩斯特·霍金①教授最近来访,他临走前对平教会职工的演讲词及最近收到他的一封信一同寄给他分享。第七,告知今春以来一直有幸接待一些重要来宾,如熊希龄总理和他能干的女儿②及其他家庭成员、美国公使馆的朱里安·阿诺德(汉名安立德)先生等。最后,表达受不同类型的人(技术专家、哲学家、中国学者与"政界元老","头脑冷静的实业家")的信任是令人鼓舞的,也更强烈地意识到留待去完成的工作还有很多。(参见新版《全集》卷4,第284~285页)

5月27日 给J. M. 康拉德夫人③回信。信中首先告知3月15、3月30和4月10日大函及附件均收悉,并代表中华平民教育促进会对其慷慨赠送一头大公猪和一头母猪表示衷心的感谢,个人也感谢并欣赏其非凡的合作精神以及对中国平民教育运动所表现出的极大兴趣。其次,告知黄懋义读信后也十分高兴,并对进行试验的前景极为热心。第三,告知还有几点不太清楚的问题,将与美国运通银行有限公司驻北平经理商讨以便解决。第四,转告黄懋义先生坚决主张9月份以前不

---

① 恩斯特·霍金:即美国哲学家威廉·恩斯特·霍金(William Ernest Hocking,1873~1966)。

② 熊希龄女儿:即熊芷,亦称朱熊芷,祖籍湖南凤凰,受家庭的熏陶及家训"施比受有福"的影响,留学美国学习幼稚教育。回国后于1927年9月任香山慈幼院第一校蒙养园主任;1929年成立婴儿教保园,由其主持;1930年10月,兼任香山慈幼院第二校小学部副主任,并教授小学五年级英语。1935年任江西妇女指导处处长。1935年6月至1936年6月,赴欧美考察教育。抗日战争期间任战时儿童保育会总干事。抗战胜利后筹办南京儿童福利实验区,到台湾后任台中省立台中育幼院院长、台北市女子专科学校校长、台湾慈幼学会理事长。先后主持拟定了台湾《民族保育政策》(1945年)、《儿童福利法》(1973年)。著有《妇女工作》《母亲学》等。

③ 康拉德夫人(Mrs. Jennie M. Conrad):美国印第安那州橡树沙丘农场(Oak Dene Farms)主。

要装运那两头牲畜,因天气太热途中无法忍受。询问能否在 9 月份送一对不超过 4 个月的苗猪,以及在西雅图购买附加饲料的最好办法。最后,告知如与美国运通银行有限公司北平分公司协商以后还会去信告知详情。(参见新版《全集》卷 4,第 286～287 页)

5 月 30 日　给 J. 洛根①先生回信。信中首先告知今天刚收到 5 月 20 日附有文章的信。其次,对文章提如下建议:"(一) 我们职员大约二百三十人,其中大学毕业生约六十人。(二) 我们运动的目的最终是'做新民',扫除文盲和提高人民的生活水准是最终目的的两个很重要的手段。我们不仅试图使人民受益于现代科学,而且还要开发他们的科学智能,使他们破除迷信,解放思想,认识到人类蕴藏着巨大的潜在力量,因而能有所发明、有所创造。(三) 平教运动的活动只有极少数是在平教会总部进行的。总部那里只是做大量的准备工作,如编辑资料、评价工作等,平教运动的活动基本上是在乡村进行的。(四) 我认为您把六十六岁老妇作为平民学校的学生作重点介绍,这就误解了我们平教工作的真正含义。这位老妇的向学精神对于说明平民热爱学习,当然是很典型的例子。但是我们认为,她的向学精神的意义远不如更多的青年男女的重大。(五) 我们的运动因商务印书馆被毁是受到一些影响,但我们的情况并非如您所说的那样糟,因为我们已在北京印好了最新版的课本及最新文学资料。我们的运动不会因国内动乱的不断发生而遭到破坏,我们已经历多次这样的动乱。我们深信,我们的运动发展得如此深入,是不存在被动乱所破坏的危险的。至于您提到的我们过去的工作为什么未受到破坏的原因,那是因为我们过去的工作是完全超越政治的,现在仍然坚持这一点。"最后,非常感谢寄来文稿,希望能拜读拟发表在《观察》上的大作,并能赠送该刊一本。(新版《全集》卷 4,第 287～288 页)

同日　在周会上讲话。首先,谈应该向他人学习的必要性。"本会自到定县工作以来,不断地有国内外各方面的人来参观我们的工作,给我们不少的鼓励批评和赞助,可是,我们太忙,很少出外参观他人的工作,这不是我们自满,自负,瞧不起他人的工作,实因为没有工夫,但他人的成败得失,足为我们借镜的地方自然不少,所以最近特派姚石庵、黄懋义同志到河北、山西一带参观各农业机关。此后,我们仍得忙里偷闲,到各处参观。"其次,告知昨天泰勒(Taylor)②先生到了,"希望他对于农业教育方面,有彻底的了解,给我们明确的批评,热情的指导。供我们六年计划

---

① 　J. 洛根(J. Logan):曾在《观察》上撰文介绍定县平民教育运动。生平事迹待考。
② 　泰勒(Taylor):旧版《全集》误为"Clonh 先生",新版《全集》已改正。

农业经济的参考。"第三,告知美国政府派在东亚(中国、日本)调查研究美国输出品商场的专家兰塔(Rantan)先生①昨天自西安来平教会参观,并对美国农业部注重调查统计研究以指导农业生产详加介绍:"我们在定县工作,对此问题,自然要相当调查研究!尽管规模比不上美国政府那样伟大。Rantan 先生此来,我们希望他对此问题,多所帮助。"第四,谈听姚石庵同志报告的感想。是"非常痛心!"感慨中国人干事业没有信心和成绩不佳。"我们工作的成绩,实在离我们的人才、钱、时间比例差得很远。"最后,号召大家要努力克服困难,推进定县六年计划的实施。"六年计划开始,我们大家要努力,要不畏困难,不辞劳苦,拼命的干,如期完成我们的工作。……反过来说,第一个六年计划,我们不努力,一遇困难,便垂头丧气,一遇着苦,便埋怨起来,那么,我们不用干了,趁早遁隐名山当和尚去吧!"(新版《全集》卷1,第 206~208 页)

6 月 4 日　致信周贻春博士。信中首先告知刚刚收到其亲笔所书关于教材和阅读资料的便函,就赶紧通知平教会的北平办事处寄上所有出版物的样品,约有二百五十种,并附上目录。一旦告诉所需订购的刊物及数量,可以重印那些手头上没有库存的刊物。其次,告知布朗先生日渐好转,司徒雷登博士重回北平,对此感到高兴。第三,告知几天前曾写信建议 6 月 18 日举行财务委员会年会以便张伯苓博士能从天津远道而来。最后,告知与安立德先生待了一天,他对定县实验工作很有兴趣。"他说这是他在华三十年所见到的最有前途的一项工作。他的这番话当然使我们决心更努力、更好地工作。"(新版《全集》卷 4,第 288~289 页)

6 月 29 日　致信 E. C. 卡特。信中首先告知"从弗雷德处得知您在欧洲出席一个会议并拜访了比尔",相信此时已回到家中,并且很快就有机会写信答复六年计划的财政问题。其次,告知刚向平教会的财政委员会提交一份预算,它比去年的费用减少百分之三十三。在保证基本的和急需的开支前提下,将继续削减费用。将另信告知计划和预算详情。第三,告知昨天收到曾在中国待了三十年的训练有素的观察家、来定县作过短暂访问的安立德②先生的一封长信,现把该信复本及他向华盛顿商业部报告的最后两段寄上。第四,告知不久前包括上海商业储蓄银行行长陈光甫先生在内的一组铁路专家访问定县。陈光甫对平教会发展经济的计划特别感兴趣,并提供 5 万元以供农村信贷实验之用。最后,告知将寄上中华平教会致中华教育文化基金董事会的请求书复本。(参见新版《全集》卷 4,第 289~290 页)

---

①　兰塔(Rantan)先生:美国政府派在东亚(中国、日本)调查研究美国输出品商场的专家,生平事迹未详,待考。

②　安立德:又译为"朱里安·阿诺德(John H. Arnold)"。

7 月初　"平民文学部"约请定县著名的老鼓词艺人田三义①按日说唱,让人逐句记录,再加以润色修改。(《定县足迹》,第 23 页)

7 月 2 日　致信 H. 赛因②。全信如下:"我想通过此信表达我们对您慷慨地派克拉克③先生来定县访问表示感谢,并感谢他在访问期间给我们的极大帮助。他在美国和东方丰富的经验,使他完全有资格在科学种田方面对我们的工作人员提出急需而切实的建议。大学农业教育本身不管多好,都很少授人提高自耕农的能力的知识,因为我们长期缺少像克拉克先生这样有学识、有经验的成熟的农业专家,他在这里为我们所做的工作说明了这一点。如果您认为我们的平民教育运动能以某种方式对您在朝鲜的伟大工作有所帮助,请一定不要客气。"(新版《全集》卷 4,第 290～291 页)

同日　致信 S. 埃迪④。信中首先感谢热心介绍和合作,以使朝鲜的克拉克先生(Mr. E. P. Clark)得以来定县并为实用科学耕作提供了十分急需的帮助。其次,告知克拉克先生在美国、朝鲜和其他地方广泛和丰富的经验,对帮助定县实验的研究人员最有效地解决自然耕作中的实际问题有不可估量的价值。最后,告知如果基督教在华各差会将来能比过去更广泛更系统化地派农业专家来华,那他们将会对中国农村的建设作出真正的贡献。(新版《全集》卷 4,第 291 页)

同日　致信安立德先生。信中首先表达能如此迅速地答复要求真是太好了。其次,告知 6 月 20 日来函把离开前那天晚上所说的几点记录得非常清楚是很有价值的。感谢寄来访问定县报告的复本。第三,告知没有批评意见,"只想说明一点:这个报告表明,您深刻的洞察力和敏锐的观察力加之您在中国居住三十年的经历,使您能够把握我们实验活动的细节和意义,显然您做到了这一点。"第四,告知正在负责平教会定县实验经济改进计划的姚石庵博士对在平教工作中使用"电影胶片"(Film Strips)的可能性极为热心。他列出了一个清单,认为至少可以利用 46 种,但最初或许只能订购一小部分作实验之用。最后,询问是否必须要一台特制的放映机。如需特别仪器请告知有关此仪器的情况,以便把送来的小册子和电影胶片的清单寄上。(新版《全集》卷 4,第 292 页)

7 月 14 日　致信兰安生。咨询北平协和医学院驻北戴河工作人员服务的医

---

①　田三义:定县有名的大鼓词说唱艺人。不仅在节令、庙会、集市以及农闲时说唱,而且谁家有红白事也要请他去唱上几段,有时唱得人哄堂大笑,有时还唱得人泪流满面。他从 17 岁开始学艺,一切词句都是由师傅和师兄口传,凭着记忆力死记的。定县附近各县唱大鼓的,大都是他的徒弟。

②　休·赛因(Hugh Cynn):时任朝鲜基督教青年会秘书长。

③　克拉克先生(Mr. E. P. Clark):农业专家,在美国、朝鲜等地推广科学种田。生平事迹待考。

④　S. 埃迪(S. Eddy):即乔治·舍伍德·艾迪(George Sherwood Eddy)。

生一事。全信如下："我想知道,是否应该把为北平协和医学院驻北戴河工作人员服务的医生,也为平教促进会驻北戴河工作人员这一条写进我们同北平协和医学院合作的条款中。这对该医生的工作不会增添太多的麻烦。因为目前在这里的只有我一家,今后几年里也不会有更多的人来这里。如果您认为这样做可以的话,能否请您给该负责医生下达正式的通知。这件事之所以到现在才提出来,是因为我有点不舒服。董医生(Tung 译音)①很热心,今天下午他来看我,并向我解释说,他接到命令只为北平协和医学院的工作人员及其家属治病。您诚挚的晏阳初。"(新版《全集》卷 4,第 293 页)

7 月 20 日 致信兰安生。信中首先告知已收到从定县转到北戴河的他所附寄来的顾临②先生写的信,并表感谢。其次,告知"赛登斯特里克先生没有仔细阅读我在去年八月关于姚写给他的信。"第三,告知因姚寻源博士出国一事就指望平教会"把卫生计划搁置一年半是不合情理的。对我来说,现在我所能做的一切就是给赛登斯特里克先生和金斯伯里先生写信,使他们回忆起关于姚的这些通信。"第四,表明董事会对平教会人事安排抱怨是无理由的。"至于该董事会抱怨说我们未与其商量就做人事上的变动,这牵涉到政策问题。在我看来,我们应有绝对的行动自主权,包括对我们工作人员的任免,这对我们平教运动是至关重要的,这一点对任何机构都是重要的。鉴于我们定县计划相互关联的特征,其中卫生或农业只是一个方面,因此这一点对我们来说就更加重要。对我们平教运动来说,出于财政上的考虑而牺牲行政自主权无异于自杀。当然,任何资助我们工作的个人和机构都有资格收到全部记录和报告,可以在每年年底时对我们的工作进行调查和考察,并在考察结果的基础上自己决定是否继续其赞助。不用说,我们始终乐意甚至急于听取他们随时提出的意见和建议。"最后,对顾临先生细心周到的做法和合作精神表示赞赏。(新版《全集》卷 4,第 294～295 页)

7 月 25 日 致信 E. 赛登斯特里克先生。信中首先告知写信是商谈姚寻源博士的事情。因为米尔班克董事会中有些人对姚寻源博士与平民教育促进会的关系有些误会。他们当中有些人甚至认为姚博士被平民教育促进会解雇了。为了澄清事实真相,冒昧地摘录原来所写关于姚的信。其次,探讨平教会同事出国接受专门学习的最有效和最有利可图的寻求出国学习的途径。第三,表明平教会对姚博士在美留学及之后回国工作的态度。姚博士回国后"可以自由选择回定县还是到其

---

① 董医生(Tung 译音):生平事迹未详,待考。
② 顾临:时任北平协和医学院院长。

他机构任职"；"我们不可能只是因为姚和他的妻子有可能回到我们中来，就使卫生计划和'代理负责人'之职一道搁置一年或更长时间。因此，姚在美国以我们的身份所发表言论和所作的一切只能是以平教会过去成员和朋友的身份进行，而不能作为我们的正式代表。"第四，对产生的误会致歉。"如果去年五月和八月的信中没有给董事会写清楚姚与平教会的关系，姚在第一次见到您和金斯伯里先生时就该讲清楚。如果我们的做法导致贵董事会产生误解，或使您和金斯伯里先生为难，我非常抱歉。如果您认为我们应该做点什么以避免将来发生类似误会，请一定告诉我们。"最后，询问米尔班克董事会对平教会所提申请的决定，并急切期望金斯伯里先生明年来定县参观并能接受其指教。（新版《全集》卷 4，第 298 页）

8 月 25 日　在熊夫人（朱其慧）逝世周年纪念会上做报告。首先回忆 1922 年与熊夫人初次在上海见面。"当时谈到帮助失学青年男女同胞识字读书，谈得很接近。"其次，谈熊夫人为贫苦而有志的同胞努力求学所感动，立志平教事业。"熊夫人说：她在烟台平民学校学生毕业大会发文凭的时候，见着男女学生一千六百余人，有的穿围裙，有的赤足来领文凭，其中还有一个学生大约六十岁。她很受感动，想不到这般贫苦而有志的同胞，今天居然在平民学校毕业，泪为之下。后来回到北平，熊夫人不干别的事，专为平民努力。"从 1923 年 8 月 26 日"平教总会"成立那天起，至 1931 年逝世那天止，十年如一，亲到南京、武汉，倡导平民教育，食不求饱，居不求安，宣扬平民福音。第三，称赞熊夫人冲破封建旧礼教的束缚，挺身起来领导知识阶级和政治当局办平民教育工作。第四，谈熊夫人认清了中国的根本问题是民众问题。"中国根本问题，是在民众。假如一般民众无知无识的，那么，虽地大物博，有悠久的历史，亦无济于国家。熊夫人认清这一点，又加她个人的气概人格，所以足迹所到，谁不为之折服？"第五，谈平民教育总会成立，熊夫人被推为董事长，"总会事无大小，全靠熊夫人赤手空拳单枪独马来撑持。"第六，谈熊夫人的伟大。"我看，第一是她认识平教运动。慢说十年以前，举国上下，不认识平教运动是什么东西。即十年以后的今天，许多大文豪、大学者、大商家……亦不见得认识平教运动。而一个在旧教育下的女子舍身为平教运动，这实是破天荒的事，值得纪念。第二，是她认识我个人可教。一个初回国的留学生，无论有怎样的抱负，而对社会的认识总不免隔膜一点。熊夫人看待我犹如自身的儿女一般，希望我长大成人担当大事的苦心，我永远不会忘记。老实说，我今后能为平教运动尽一点力，可以说是受熊夫人之赐。"第七，谈应该向熊夫人学习，以人格来感化人。"熊夫人生是为平民而生，死是为平民而死。我常说，人是崇拜偶像的，尤其是活着的人格。有句俗话说，没有活耶稣，没有人信耶稣教。没有活佛，没有人信佛。'人能宏道'亦是此理。……我们不献身平教运动则罢,献身平教运动,不仅仅教人认几个字,喂几条肥猪,即为达到平教运动的使命。根本要以人格来感化人,要以智仁勇的人格来复兴堕落的民族。活着的人格是为我们模范的人格,便是熊夫人。"最后,提醒同仁应严格要求促平民运动发展。"我们在六年计划工作开始的今天,得追问我们自己的言行举止,配不配参加平教运动,配不配步熊夫人的后尘。熊夫人逝世一周年了,我们不用追悼,可不能不因此奋兴,使平教运动工作,迈步进行,以慰熊夫人在天之灵呵!"(新版《全集》卷1,第209~211页)

9月16日 给 S. D. 甘博回信。信中首先告知6月27日来信收到,对其回国与家人团聚感到高兴。其次,告知小孩的猩红热已治好并做了乳突炎手术。第三,告知在北戴河休假期间见到了来中国的金淑英(奥钦克洛斯夫人)。第四,告知在卧佛寺举行的有45~50位平教会成员出席的年会情况。第五,告知已同李景汉商讨过几次有关调查工作的事,并且商讨今年和明年他不时送给的一些他将要完成的资料的可能性,并详列了1933年6月底前即将完成的有关资料的目录。最后,邀请他明年适当时间来定县实地参观。(新版《全集》卷4,第299~301页)

同日 给 E. C. 卡特回信。信中首先感谢8月9日来函及所附悉尼·甘博复函的复本。其次,对得知甘博准备在下一个六年期间向定县平教会的社会调查工作提供财政资助表示高兴,并告知为建议资助的数目及相关事宜准备给甘博写信。第三,感谢寄来7月21日金斯伯里先生关于米尔班克基金会拨款一事来函的复本。第四,告知前些天收到赛登斯特里克先生8月9日的来信谈到美国所出现的非常局势,以及该董事会成员想要把精力集中在国内事务上等情况,热切希望并敦促赛登斯特里克先生或者金斯伯里先生能在今年秋天或者明年春天来中国,以便他们自己做出是否值得继续在财政上资助定县实验的决定。最后,希望能尽最大努力敦促赛登斯特里克先生或者金斯伯里先生来访,同时希望最大可能地利用各种现有资源帮助发展定县的卫生规划。(新版《全集》卷4,第301~302页)

9月17日 给 E. 赛登斯特里克回信。信中首先感谢8月9日所来大函详细介绍了美国的经济概况,特别是米尔班克基金会的情况。其次,感谢在史无前例的经济大萧条时贵董事会仍如此慷慨和富有合作精神,为进一步发展定县的卫生计划提供5000元的款项。第三,强烈邀请在当年秋天或第二年早春时节来定县,或金斯伯里先生来。第四,表达平教会将尽可能利用现有财力维持下去,并且完全赞同目前不把资助六年计划的请求提交贵董事会的建议。最后,希望能尽快将5000元的款项汇来。(新版《全集》卷4,第302~303页)

9 月 19 日　致信陆懿薇①。全信如下:"懿薇先生台鉴:七月十日惠函奉悉。台端毕业论文拟题为《熊希龄夫人之社会事业》,承嘱供给熊夫人之社会事业材料,至为欣慰! 熊夫人社会事业,鄙所知者,限于平教运动工作,商务印书馆出版《教育杂志》平民教育专号,或可寻得此项材料,或可供台端参考。至欲详熊夫人社会事业,最好迳与熊夫人家属接洽。特此奉复。并颂著祺!"(新版《全集》卷 4,第 303～304 页)

9 月 29 日　给 J. M. 康拉德夫人回信。信中首先抱歉收到来信后长时间没有回信。其次,告知在拟商讨慷慨赠送一对著名的良种猪的问题时,黄懋义先生因阑尾炎手术感染而引起的综合征最近在北平协和医学院附属医院不幸逝世。第三,告知未来的农业项目打算由黄先生的老朋友和老同学王先生(Wang 译音)②负责实施黄先生制订的 1932～1933 年度计划。并详细介绍了王先生的有关情况。最后,告知"一有可能,我就将有关向我们装运种猪的必要情况提供给您。"(新版《全集》卷 4,第 304～305 页)

9 月　与陈筑山一起给白崇禧回信。全文如下:"健生先生伟鉴:展读茂如③同志携来手教,英风爽爽,具见于字里行间,雄图远略当发轫于八桂。同人等愤国难之方殷,慨奇耻之未雪,以为根本之图,只有从速作新民之一法,而尤注重于培养中国民族成仁取义的精神。定县工作为时尚浅,愧无成绩之可言。桂省当局诸公以求治急切之心情,采及敝会尚未成熟之试验,一则感佩,一则惶悚。来示所嘱望之处,当愈奋发努力。一俟开年会务摒挡有绪,拟来桂观光,就便承教。此复不尽。敬颂勋安。"(新版《全集》卷 4,第 305 页)

同月　与陈筑山一起给李宗仁回信。全文如下:"德邻先生伟鉴:茂如同志北归,获悉桂省建设新猷及将来宏筹硕画,觉中国新兴政治将由桂省树其楷模,而影响于全国,不胜钦佩欣祝之至! 敝会于定县实验工作为时不久,同人经验自惭浅陋,奉读来教,谬承奖饰,实增惭赧。惟感桂省当局诸公,卧薪尝胆,当仁不让之精神,所承勉励责望之处,当愈加努力,以图报命,一俟开年会务摒挡有绪,当酌定时间先后来桂观光,就近承教。专此致复。敬颂勋安。"(新版《全集》卷 4,第 306 页)

秋　由李景汉等将调查材料整理编印成《定县社会概况调查》二册刊行。为其作序。首先,指出定县实验的目的及与社会调查之关系。指出:"定县实验的目标

----

①　陆懿薇:女,1931 年 3 月 29 日北平东报《图画周刊》载有其靓照,时为燕京大学学生。1934 年毕业于燕京大学文学院社会学系,在吴文藻和杨开道指导下完成毕业论文《福州风俗年节的研究》。其他生平事迹待考。

②　王先生(Wang 译音):生平事迹待考。

③　茂如:即汤茂如。

是要在农民生活里去探索问题,运用文艺教育、生计教育、卫生教育与公民教育的工作,以完成农民所需要的教育与农村的基本建设。而一切的教育工作与社会建设必须有事实的根据,才能根据事实规划实际方案。因此,本会对于定县的实验最先注意的就是社会调查。"其次,谈定县实验的社会调查有其特殊的注重之点。"定县实验的社会调查有其特殊的注重之点,这是从整个的平民教育运动立场下应该说明的。……第一,从事农村调查的工作人员,必须有到民间去的认识与决心。在与农民共同生活之下,才能了解农民生活的真相,才能得到正确数字,才能亲切的了解数字背后所含有的意义,才能作规划实际建设的方案。第二,调查既是为谋整个农村社会建设之入手的工作,单独的进行,是不会顺利的。必须通盘筹划,由多方面施以互相为用的工作,然后才能造成可以深入的环境,调查方为可能。第三,调查的目的,既是为了解事实,但事实的了解不是工作的终了,而是工作的开始。所以调查工作不是为调查而调查,必须要着眼于社会的实际改造。要根据建设的需要,调查事实。第四,从事调查的人,必须了解现代社会调查的科学理论以及方法与技术,必须要顾到中国的民间生活状况而规定出适合中国情形的方法及技术来。"第三,阐述定县社会调查的教育意义与社会科学意义。"一为教育的意义。本会社会调查,非为调查而调查,为的是要知道农村生活的究竟,寻出生活上的问题,进而解决此项问题。即整个工作要以社会调查为指南针,先求知道生活底〔的〕依归,然后再事规定教育底实施的方案。如此乃可以谈得上'教育和生活打成一片'。二为社会科学的意义。社会科学和自然科学不同,不能依样画葫芦般的抄袭应用。必须先知道中国社会是什么样,然后始能着手于科学的系统之建设。因此我们希望本会的社会调查对于中国的社会科学之研究有其贡献。以中国的社会事实一般的学理原则,促进中国化的社会科学。必如此中国化的政治中国化的教育等之建设,乃有可能性。"第四,介绍本次以翟城村为中心的华北试验区社会调查的详细情况。最后,感谢为这次调查给予指导及经济上援助的美国社会调查专家甘博(Gamble)、开创者冯梯霞(冯锐)、积年努力的李景汉及许多得力助手、通力合作的平教会其他同志、给予鼓励与指导的国内外专家。(詹编《文集》,第30～35页)

9月5日 李宗仁为其写信,题为"望合作函"。其内容如下:"阳初、筑山先生惠鉴。茂如先生南来广西,人士得乎权益,一切主张备极赞同,已正与黄部长季宽兄共策其实现,兹请茂如先生此来代达未卷之意,尚需阳先生①与各同志以到广西,人士之望为八桂值新基,为中华大业也。望此敬颂。台安。弟李宗仁敬启。"

---

① 阳先生:即晏阳初先生。

（黎瑛著：《权力的重构与控制——近代广西社会控制机制研究》，民族出版社 2011
年版，第 163～164 页。）

9 月 12 日　给李宗仁回信。其内容如下："德邻先生伟鉴：茂如同志此归获
悉，桂省建设新献及将来宏筹硕画，觉中国新兴政治将由桂省树立楷模。酌定时间
先设来桂观光。"（黎瑛著：《权力的重构与控制——近代广西社会控制机制研究》，
民族出版社 2011 年版，第 164 页。）

10 月 8 日　致信安立德。信中首先很高兴地告知得到了一个难得的人
才——专门研究合作社和市场销售等问题，并负责与国内外各种有关机构建立联
系的李泰来博士（Li Tai-lai）①。其次，告知大约在一周之前，陈光甫先生派前东南
大学农科主任邹秉文②先生来定县协商合作进行农村信贷试验的可能性。定县平
教会的计划有可能得到他的财政资助，以为农民的经济改善工作做点实事。最后，
告知最近棉花专家洛夫（H. H. Love）博士③和土壤专家彭德尔顿④博士来访；几

---

①　李泰来（Li Tai-lai，1900～?）博士：字紫东。山东益都人，入燕京大学社会学系，1920 年负责《北京的
娱乐》的调查。毕业后经商。1932 年到定县平教会，专门研究合作社和市场销售等问题，并负责与国内外各
种有关机构建立联系。1934 年 12 月平教会石印出版了他与张文放合著的、由海雨原增订的《合作社初步训
练讲本》（第 1 册，共 68 页，25 开本）。曾任中国银行总管理处帮核、中国银行天津分行襄理、中国银行西安支
行经理、中国银行总管理处信托部副理、沈阳银钱业公会理事长。1948 年时任中国银行沈阳分行经理。撰有
《复兴中国与复兴农村》（《中训月刊》第 4 期，1944 年 3 月 15 日）。另著有《英美银行管理比较论》、《国有银行
金融论》等。

②　邹秉文（1893～1985）：字应菘。杰出的近代农学家、农业教育家、植物病理学家、社会活动家。中国
近代农业科研、教育和建设事业的创始人之一，享誉国内外的著名农业问题专家。原籍江苏苏州，生于广州。
辛亥革命前留学美国，1916 年归国，历任金陵大学、南京大学教授、中华农学会会长，并多渠道筹资建立中央
农业实验所、棉产改进处、烟产改进处及中国第一座化肥厂。抗日战争胜利前后，出任联合国粮农组织
（FAO）筹委会副主席、农林部驻美代表。1947 年辞去国民党政府各职。1956 年冲破重重阻挠，自美回归祖
国，担任农业部和高教部顾问，直至 1985 年 92 岁高龄去世。著有《中国农业教育问题》一书。中国农业出版
社出版有《邹秉文先生纪念文集》。

③　洛夫（H. H. Love）博士：美国作物遗传种专家，康奈尔大学著名育种学教授，20 世纪 20 年代曾
由纽约洛氏基金资助，来华指导小麦、高粱的作物改良工作，也是我国国际农业技术合作的开端。在他的指
导下，采用纯系育种的方法，陆续育成小麦新品种金大 2 905、金大南宿州 61 号、金大开封 124 号、太谷 169
号、徐州 438 号等，单位面积增产达 15％～30％。1932 年邹秉文建议请洛夫三度来华，定期 3 年，主讲作物育
种及田间试验技术。这一次，他不仅对我国水稻品种改良发挥了重要作用，还征集了 31 个美棉品种，在苏、
浙、鄂、陕、鲁、豫、冀等省进行区域试验。邹秉文为此事先后向金陵大学、农矿部、江浙两省建设厅等反复"游
说"，得到各方支持，提供经费。当时洛夫要求每月薪金 1 000 元，美金与银元各半，并必须由上海银行订保证
书。该行总经理陈光甫看在邹秉文的份上慨然照办。洛夫来华后，由沈宗瀚协助讲学，一切都应该很顺利，
后因江浙两省不能按时拨款，上海银行为维持信誉，只得按月垫付，这使邹秉文为难，不得不经常奔波在京、
沪、杭道上，苦等苦催，一直到合作期满。1935 年回美国后，棉花试验由冯泽芳继续主持，从中选出斯字棉为
黄河流域之推广品种；德字棉为长江流域之推广品种，均产量大增，致使长期依赖进口原棉的我国纺织工业，
至 1936 年接近自给，可见洛夫指导的功绩不小。实业部中央农业实验所于 1934 年出版了他与张汝俭合著
的《实业部中央农业实验所小麦区域试验第一年结果报告》（中英文合编），1937 年商务印书馆出版了他著的、
由沈骊英译述的《农业研究统计法》一书。

④　彭德尔顿：土壤专家、博士。生平事迹未详，待考。

天前,洛克菲勒基金会的格雷格①博士和顾临先生也来此访问,均提出了一些非常有益且令人鼓舞的建议。(新版《全集》卷 4,第 307 页)

同日 给顾临先生回信。信中首先告知 10 月 4 日来函收悉并表感谢。其次,赞同"要让在定县作短暂访问的来宾提出经过长时间深入研究我们工作后才能提出的建议和意见的确困难"。同时陈述来访者的评论很有价值:"他们对于任何能特别引起其兴趣的事物所发表的评论,通常都是发人深省、令人振奋的。善于思考的参观者可以提出公正新颖的见解,这些看法对我们这种埋头于工作中的人来说是有价值的。"最后,告知离开前那天晚上与格雷格博士一道发表的谈话有鼓励性。欢迎来函提出对工作的想法。如出差去北平,拟就工作中的一些问题好好谈一谈。(新版《全集》卷 4,第 307～308 页)

10 月 11 日 致信天津美国运通银行有限公司。信中首先告知"美国印第安那州康拉德农场的珍妮·康拉德夫人②和美国印第安那州拉法耶特市波都大学的教务长斯金纳③已同意各自送给我们一对猪和一些家禽,并想办法在保证所运送家畜安全的前提下,把家畜运到中国。"其次,告知"康拉德夫人已就这事同在芝加哥以及西雅图的美国运通银行有限公司的国外货物代理运输处取得联系。"询问从西雅图至塘沽海路的饲料购买业务和安排。第三,希望告知从西雅图起程的办理家畜装运业务的轮船开船时间。提醒选择轮船时应考虑费用、航程时间、航行期间给动物提供的设施和照顾。第四,告知一旦收到来信就写信给西雅图的美国运通银行有限公司,让其与印第安那州的康拉德和拉法耶特联系以便安排好猪和家禽抵达西雅图及时装船。第五,询问装运物清单的办理情况。第六,告知从西雅图到塘沽的费用和离岸价格必须预先付讫。询问"西雅图的美国运通银行有限公司能否付一下这钱,并且能否通知你们的办公室,然后由它从我们这儿收账?"最后,提出期望。"我们期望你们能在塘沽收到装运物并且继续将它们运至定县。请你们给我们一个有关费用的预算和估价"。(新版《全集》卷 4,第 308～309 页)

10 月 19 日 致信兰安生。信中首先告知很高兴能在上星期六在办公室相会。其次,告知昨天下午刚同杨济时博士进行了长时间的交谈得知他很可能在相

---

① 格雷格(Alan Gregg):洛克菲勒基金会的领导者之一,博士。从 1919 年到 1951 年他和他的导师理查德·皮尔斯执导的洛克菲勒基金会的医学教育和医疗 Sciences Divisions。虽然他们监督了数百万美元的开支,格雷格下辖的这些制度成为第二次世界大战后的生物医学研究的资助模式,对生物医学和慈善事业产生了重要的影响。

② 珍妮·康拉德夫人(Mrs. Jennie M. Conrad):美国印第安那州橡树沙丘农场(Oak Dene Farms)主,后经营美国印第安那州康拉德农场。

③ 斯金纳:美国印第安那州拉法耶特市波都大学的教务长。

当长的一个时期内在定县服务。第三,讨论给外科医生付费问题,拟付给他 180
元。最后,询问是否收到昨天所寄的致斯丹巴的信。(新版《全集》卷 4,第 310 页)

10 月 24 日 致甘乃光①电。全文如下:"天津华北水利委员会转甘乃光先生
鉴:电悉。刻因急务不克如命,先托敝会同事瞿菊农前来接洽,容缓即来津候教。
晏阳初。敬。"(新版《全集》卷 4,第 311 页)

10 月 25 日 给顾临先生回信。信中首先告知本月 22 日的来信收到,来信内
含国际联盟教育委员会有关财政工作的报告摘录,并明确指出报告的负面影响。
其次,表达"尽管他们作出的有关平教运动赞助来源的陈述有严重错误,但我并不
怎么介意",对工作性质的误解,只有通过很多的机会展示平教运动的真实情况方
可改变和消除。第三,告知随信附上中华平教会送给洛克菲勒办公室阿普尔格
特②先生官方信件的摘录复本。最后,告知现在正准备一种来访者离开时送给他
们的小册子,以减少他们对定县工作的误解。(新版《全集》卷 4,第 311～312 页)

11 月 1 日 致信 R. L. 威尔伯③。信中首先告知"中国社会也遭受了洪水、饥
荒、内战和外敌入侵等种种灾难,从而深深地触及了国人的灵魂,促使他们去寻找
一条'出路'。"其次,汇报中国全民的觉醒。"全国上下已经认识到乡村改造的重要
意义。由于我们的运动正是以从事乡村改造而闻名全国的,因此我们几乎每天都
收到请求帮助的信件和电报。这些信件和电报来自华北、华南或华中遥远的或邻
近的地区。在四、五、六这三个月中,有八百多名来自省政府和地方政府、公共机构

---

① 甘乃光(1897~1956):字白明,广西岑溪人。早年入岭南大学学习政治学及经济学,毕业后任该校
附属中学教师。1924 年加入国民党,任中央商民部秘书,1924 年夏,任黄埔军校英文秘书兼政治教官。1925
年任广州国民政府监察院监察委员,8 月任廖仲恺案特别法庭检察委员会委员并继廖代理商民部部长,10 月
6 日特派广州国民政府预算委员会委员,主办《国民新闻》《民国日报》,并任国民新闻社社长。1926 年 5 月继
林伯渠任农民部部长;1927 年 6 月任江苏省政务委员会委员兼农工厅厅长。宁汉对立后,在南京方面任职。
1927 年 11 月任广州市政委员会委员长,并任广州市市长;12 月中国共产党领导的广州起义爆发,翌年 1 月 7
日被免职。1928 年至 1929 年作为一名政治流亡者到美国,入芝加哥大学攻读政治学硕士学位,后到英、德、
法等西欧国家考察政治。回国后在上海读书译述。廖仲恺遇难后,他为汪精卫所器重。1926 年被选为国民
党二届中央执委、中央常委、青年部部长、政治委员会委员;后为国民党改组同志会(汪精卫为领袖)主要成
员。1929 年 3 月同陈公博作为党内左派势力被国民党第三届中央"永远"开除出国民党。后又当选国民党四
届、五届、六届中央执委。先后任内政部政务次长,代理内政部部长,军事委员会委员长武昌行营第五处处
长,地方自治计划委员会委员,中央政治委员会内政专门委员会副主任委员,行政院效率委员会主任委员等
职,国防参议会秘书长,军事委员会禁烟委员会常委,军事委员会战地委员会委员,国防最高委员会副秘书
长,中央调计局副秘书长,外交部政务次长,行政院院部秘书长。在任中央党部副秘书长时,和康泽等发起筹
建三青团,为筹备委员会委员,中央干事会干事,中央监察会常务监察。1948 年为"国大代表",并被推为主席
团主席。著有《美国政党史》《英国劳动党真相》《孙文主义之理论与实际》《先秦经济思想史》《孙文主义大纲》
《孙中山全集分类索引》《中国国民党的几个根本问题》《中国行政新论》等。

② 阿普尔格特:时在洛克菲勒办公室任职。生平事迹待考。

③ 威尔伯(R. L. Wilbur):时在美国加利福尼亚斯坦福。

和私立机构的代表参观了定县。他们希望有机会进行观察和参加培训。许多人恳求我们派一些有经验的工作人员去帮助他们制定本地区乡村改造的方案。"第三，对两年来的经验进行了总结，对工作作了"自我检查"。最后，详述了中华平教会的六年计划、文化推广、平民学校校友会、平民图书馆、校友会周刊等一些新活动。（新版《全集》卷4，第312～318页）

11月16日　致信兰安生。信中首先告知刚给冈恩①先生写了封私信，欢迎他回到中国，并特别邀请他在月底前后访问定县。其次，商谈冈恩访问期，如来的时间太短，希望他延期到有足够的时间对定县平民教育进行深入地研究。希望他的第一次来访，能让他有机会透彻地研究定县平教会的工作。"这样一方面他可以理解我们在这里所进行的微不足道的努力的情况和原因；另一方面，他可以根据自己多年经验积累的直接知识，向我们提供我们急需的建议和咨询意见。"最后，告知写此封密信的目的"是要您凭着一惯〔贯〕的机智灵敏，设法使冈恩先生的逗留时间延长到三至五天。"（新版《全集》卷4，第319～320页）

同日　致信胡光麃。信中首先告知发自重庆的来函收悉。谢谢告知在四川有关无线电广播的工作情况，以及那里的军事当局对平民教育有兴趣这一情况。其次，告知曾打算向四川的军事当局寄发宣传品，但眼下发生战事而不得已。"希望真正为平民谋福利的教育工作能在四川得到推广。"第三，告知周子文夫妇（Chow Tsz-wen）②陪同伍朝枢博士夫妇来访问了定县。最后，邀请在不久的将来能抽点时间来视察定县平教会工作和无线电广播工作。（新版《全集》卷4，第320～321页）

同日　致E.赖特小姐。信中首先告知"听到来自四川朋友的消息我总是很高兴的，尤其是听说他们对促进老百姓的识字工作有兴趣就更加高兴。"其次，赞赏赖特小姐在巴州开办平民学校的计划，并愿尽最大努力为其服务。第三，告知在利用幻灯片对文盲尤其是在军队中进行教育并取得了很大的成功，但在农村由于没有电，加上缺少资金，还不主张使用幻灯。眼下总部里也没有用于这一目的的幻灯片。第四，告知如要订购一套"千字课本"的幻灯片将乐于设法特制一套。并推荐定县平教会编制的千字课本——《农民千字课》。第五，告知附上在进行平民教育

---

①　冈恩：即塞斯卡·M.冈恩（S. M. Gunn），曾在北平协和医学院洛克菲勒基金会机构任职。

②　周子文（Chow Tsz-wen）夫妇：周子文，当为"周子元"之误。前文指"（胡光麃）岳父的兄弟"即周自齐（字子廙）的兄弟，也就是周子元。据周政提供的史料以及察应坤和邵瑞著的《周自齐传》载，周政的曾祖父周镐秀有四个儿子：自齐、自敏、自华、自元。周自齐是长子，次子和三子早逝。存活兄弟只有周自元。周子元，字子元，又名周玺，号兰初、兰槎，光绪八年（1882）年生，曾留学美国，盐运使衔，广东补用知府。1921年任浙江印花税处处长。1923年获大总统授予的二等文虎章。其他事迹未详，待考。周子元妻子生平事迹未详，待考。

中教师和学生使用的出版物清单，请查收。另寄上有关定县平教会工作的三个小册子。最后，告知已转达问候给晏夫人，并告诉她也很想回巴州看望大家。（参见新版《全集》卷4，第318～319页）

同日　致信邹秉文。全文如下："秉文吾兄左右：惠教拜悉。前次吾兄到定，招待不周，至深歉仄。而多时不晤，得以畅谈农村金融之根本建设办法，不胜欣慰。关于合作放款等事，光甫先生已有函来，兹将弟处复函录副寄呈。对于此事意见略具于此，当希察阅。此间研究情形及工作原则，兄所洞悉，尚希力为赞助，俾能实现，为恳为盼，敬复。即颂大安　弟晏阳初拜启"。（新版《全集》卷4，第321页）

11月21日　致电黄绍竑。全文如下："南京内政部黄部长鉴：初定下月鱼日①抵京承教。晏阳初。马②。"（新版《全集》卷4，第322页）

同日　致梁漱溟电。全文如下："山东周村转邹平乡乡建院梁漱溟先生鉴：初拟下月微日③趋前承教。弟晏阳初。马。"（新版《全集》卷4，第322页）

同日　致信 E. C. 卡特。信中首先告知近日在定县忙得不可开交，接待来访者，应付要求去指导和训练的请求。其次，告知内政部次长甘先生④来定县访问及其特殊目的，即"查看定县所发展的规划和方法，是否有助于在全国范围内实现几年来中央政府为重建中国而一直主张的以县为单位的自治政府。"并告知下个月将有一个全国性讨论自治政府问题的会议，已有好几名成员被当作"技术专家"受邀与会。第三，告知任朝枢博士从海南来访，河南 150 名代表来访，广西、湖南、山西和江西等省省政府主席所派的代表等来访。这些人有时来电报通知，有时根本不通知就突然来访，并要求给其机会接受培训并参加实际工作，因为他们所代表的省份都决心以定县为模式，开展改善乡村的项目。广西"除了派有经验的人员来定县受训外，他们还劝说我们派我的老同事汤茂如先生去广西一到两年，负责该省两百万年轻人的平教工作。"第四，告知蒋介石将军来电报，要求带几名同事立即去汉口，帮助湖北、湖南、安徽和江西四省拟订恢复计划。并详述回应举措。第五，告知几天后将去南京，途中希望去拜访一下刚抵达北平的冈恩先生。最后，告知上星期天洛克菲勒基金会的海泽⑤博士来访。（新版《全集》卷4，第322～324页）

11月27日　致信 J. B. 兰安生。信中首先告知刚收到纽约 E. C. 卡特先生

---

① 鱼日：韵目代日法的"六日"。
② 马：韵目代日法的"二十一"。
③ 微日：韵目代日法的"五日"。
④ 甘先生：即甘乃光。
⑤ 海泽：博士，在洛克菲勒基金会任职。1932 年曾访问定县中国平教会。

拍来的电报并详述电文。其次,告知一点不知道何因致米尔班克基金会态度变化。估计是经济大萧条或斯丹巴的信给人留下了卫生工作过于浪费和奢侈的印象,或国际联盟教育委员会的报告所引起。第三,拜托致电米尔班克基金会以帮助有效地解决问题。拜托与海泽博士打交道。第四,告知行程。"我将在十二月一日(星期四)下午前待在平教会驻北平办事处。我期望我十二月五日能够到达南京。"最后,告知肯普太太现正在定县访问并过得很愉快。(新版《全集》卷4,第325~326页)

11月30日 给顾临先生回信。信中首先告知收到11月25日来函及所附关于国际联盟教育委员会报告一事给托尼先生函的草稿,并表感谢和读过此信的感受。赞同可直接寄给托尼先生。其次,提出一些修改建议。第三,告知正在以平教会的名义给托尼先生写信。当一稿完成后,会寄上复本,很希望在正式信寄出之前能听到评论和建议。第四,告知昨天深夜抵达北平,明天下午将前往天津,然后去南京出席关于自治政府的全国会议。希望从南京回来时能见面。最后,感谢让看给托尼先生的信。(参见新版《全集》卷4第326~327页)

11月31日 致函顾临先生。信中首先告知寄上关于"国际联盟教育委员会报告"一事给托尼先生函的草稿。其次,咨询对平教运动一案有何意见、平教会应该采取的措施。第三,告知托尼先生对"报告"中的说法表示抱歉。最后,征求向国联秘书长提交抗议信一事的意见。(参见新版《全集》卷4第327~328页)

11月 为宣传农民不识字会受富人欺压,公演熊佛西编剧的《屠户》(主角孔屠户平日以重利借贷,拨弄是非,欺压善良),至第三幕孔屠户侵占王大的房屋时,台下一青年农民怒不可遏突然起立,脸红耳热,指着台上的孔屠户大骂。可见感人至深,受到定县农民好评。熊佛西认识到:"农民戏剧的内容,必具有唤起农民向上的意识,这包含生产技能的向上、科学运用的向上、身心健康的向上、享受与给予的向上、感情满足的向上、集团训练的向上、教育文化传播的向上。一个生活意识向上的人是这样的一个人:他尽人生应尽的义务,他享人生应有的权利;他不是一个压迫人的人,也不是一个被压迫的人。"(吴著《晏传》,第192页;《定县足迹》,第199页)

冬 应李宗仁、白崇禧之邀,派陈筑山去广西商谈办理平民教育事宜。此年秋,陈带回考察及与李、白会谈所拟定的计划,决定以广西作为有计划推广的主要地区之一。

12月10日 第二次内政会议在南京举行。与梁漱溟等人一道,应邀出席国民政府第二次全国参政会议。(宋编《文集》,第340页)会议通过的八项决议,其中涉及定县实验成果的有三项:①"必须采取科学实验之意""故与各省设立县政建设实验区及县政建设研究院,以为县政建设发动之枢机;②确立地方卫生制度。于每县设立卫生机关,以为治疗与预防之中心,使全国国民,咸享健康,则全民族即为健康的民族。③推行调查统计工作,使一切行政方针,与兴办事业,有所依据。"(吴著《晏传》,第239页)会间,与梁协商发起组织一有关全国乡村工作讨论会。嗣后,与梁等又在北平集会讨论进行办法。(宋编《文集》,第340页)

12月31日　致信陈志潜等。全信如下:"志潜、石庵同志左右:兹有南京叶懋先生将赴四川,任设计委员会农业经济研究专员,特嘱其于入川之前,来定县实验区一为考察,叶君大约于一月初可以自京到定。特先驰告,希为台洽是幸!专①此。即颂新绥　晏阳初谨启。"(新版《全集》卷4,第328页)

12月　"平教总会"指导高头村消费合作社扩大为信用兼营购买业务。并以高头为中心,划周围60村为研究区,在尧方头等13村成立合作社。(《定县足迹》,第31页)

是年　在其影响下,戏剧家熊佛西辞去北平各大学课务,迁居定县,开始了民间大规模的农村戏剧演出活动,开创了农民编、排、演话剧的先河。他抱定一个目标:"我们演戏给农民看,从而寻求中国的广大平民究竟需要什么样的戏剧。"(《定县足迹》,第198页)

是年　带领平教会在定县育成"114号中棉"及"平教棉"两种,其中"平教棉"的种子是从定县本地美棉棉田选得。(《定县足迹》,第29页)

是年　带领16岁的大儿子振东和一个女教员深入到离定县县城50多华里的李亲顾村,为社会式教育的识字运动摸索经验。(《定县足迹》,第61页)

是年　哈佛大学著名教授威廉·霍金(William Hocking)偕妻子一同前往定县,作为中国传教重新评价委员会(Commission for Reevaluation of the Missions in China)主席的他回国后写成《反思使命》(Rethinking Missions)一书,里面提到定县平民教育情况如下:"在平民教育运动中,我们感受到人类的牺牲与奉献精神,它触动并确实激发了年轻人的意识和爱国热情。不管它是由儒家学者还是基督教徒所开展,这场运动已扩展到国外,它使我们想到基督精神。所有这一切告诉我们,在东方我们没有看到比这场运动更明智和高尚的计划,无论在思想上还是在性质上,没有一场运动比它更充满希望。"(新版《全集》卷3,第125页)

是年　在除夕宴会上指出:"八月二十五日,我们的董事长熊夫人逝世,不早不

---

①　专:旧版全集为"尚"。

迟,就是我们在达园讨论平民教育运动根本精神之所的那一天,就是本会成立八周年的前一天,真恸人痛思!""我们知道,平民教育在中国立定脚跟,虽有陶行知先生等的赞助,熊夫人实是主要灵魂。民十二年八月二十六日本会成立了,三千五百元经费都是熊夫人一手供给。银钱事小,国内一般大夫先生谁个认识平民教育是什么东西。熊夫人独具卓识,独能拼命努力,实属伟大。"(新版《全集》卷1,第176页)

1933 年(民国二十二年 癸酉) 四十三岁

1月 日本帝国主义侵占山海关,进逼华北。

同月 中国教育学会召开第一届年会。

2月 教育部公布《小学公民训练标准》。

3月 教育部公布《小学规程》《中学规程》《师范学校规程》《职业学校规程》《民众教育委员会章程》,并订颁《职业科教师登记训练办法大纲》。

4月 编译馆正式成立。

同月 教育部公布《国外留学规程》。

5月 蒋介石派代表与日寇订立《塘沽停战协定》,规定冀东为非武装区。

9月 国民党政府加紧"围剿"革命文艺运动,蒋介石饬内政部警政司通令禁售普罗文艺刊物。

同月 教育部公布《职业补习学校规程》。

10月 第五次反"围剿"失利。

同月 全国运动会在南京中央体育场举行。《中国童子军总章》公布实施。教育部修正公布《私立学校规程》。

11月 李济深、陈铭枢、蒋光鼐、蔡廷锴等在福建发动反蒋事变。

1月14日 致信 R. H. 托尼先生。信中首先感谢去年11月3日的来信,及对国联教委会有关定县实验区的报告作的公正评述。其次,告知刚写完中国平教会对国联教委会的公函,寄上四份,请帮助把其他三份转交给另外三位委员。第三,告知中国教育界对国联派遣的代表团对平教会的报告会很看重,也将会广为流传,注定给平教会的发展带来很大的危害、增添新的非常沉重的负担。最后,相信托尼先生及同事会有效地纠正国联教委会对中华平教会工作的错误评价。(新版《全集》卷4,第329~330页)

1月16日 致信 S. D. 甘博。信中首先告知收到去年11月30日来函很振奋,感谢在经济萧条时还解囊帮助。其次,告知监督调查部的工作会尽最大努力做好,一定会节约经济开支,用一份经费干出两份工作。第三,告知在去年财政年度底,对计划进行了调整,带来了一些变化,尤其是人事变化。"现在部里同事比以往更加彼此友爱和具有合作精神,部里的工作也进行得更加顺利。"第四,告知已把工作集中到一个具有 60 个村庄的研究社区里,裁减人员 60 多名,大多是定县本地人。并在诊疗所、卫生计划、平民学校和校友会等辅助活动方面做了大量工作。第五,告知中央政府于一个月前召开了内政会议,与李景汉、汤茂如作为专家参加了会议并提出了建议,大会通过了"各省建立一个县政建设研究院"的议案。第六,告知在南京期间李景汉与内政部社会教育司司长讨论了有关调查方面的事宜。第七,询问是否还需附加资料。最后,感谢经常寄来有趣的书,并拜托帮购买社会和宗教方面的书。(参见新版《全集》卷 4,第 331～334 页)

1 月 17 日 致信熊式辉。全信如下:"天翼主席吾兄:客岁集会首都,得聆教益,快慰奚似!大著《实验政治论》,雒诵之余,深佩卓识,比维兴居多祜为颂。前者台端派员袁哨虹①、辛佐治②、刘雯③、郭维荣④诸君,到敝会实习,左右改进农村事业之热忱,钦佩何似!兹袁君一行,业已实习毕事,对于敝会各方面工作进行,各有相当之了解与认识。惟地方建设、农民生活,在根本上虽大半类似,而各有因时因地情形又不同;敝会工作诸尚在研究实验之中,恐无多贡献耳。兹寄奉敝会二十年度工作概况一册,敬祈教正。专奉,祗请勋安"(新版《全集》卷 4,第 334～335 页)

1 月 31 日 致信 J. A. 金斯伯里⑤。信中首先告知前些时候从卡特先生处和赛登斯特里克先生处得到消息说贵董事会决定继续捐款五千美元帮助中华平教会实施定县卫生计划,对此非常感激。其次,告知未能和赛登斯特里克先生来访实地研究中华平教会工作而感到失望。第三,告知在卫生工作方面已摸索出自己的路子,已清楚认识到将如何发展乡村卫生实验,"但是没有卫生工作,乡村建设计划的整体结构就会遭到破坏。卫生计划与整个乡村建设计划是相依相存,如果硬把它们拆开,恐怕是行不通的。"第四,告知不能参加三月份贵董事会在纽约召开的年会及其原因。第五,告知日本人已占领山海关,正轰炸热河,威胁着北平、天津和整个华北。如果日本人侵占定县,打算到中国其他地方去做平教实验。最后,期望今年能来定县访问。(新版《全集》卷 4,第 335～337 页)

2 月初 毛应章在所撰的、由拔提书店发行、南京美文印刷所印刷的《定县平

---

① 袁哨虹:生平事迹未详,待考。
② 辛佐治:生平事迹未详,待考。
③ 刘雯:生平事迹未详,待考。
④ 郭维荣:1935 年前后在江西省财政厅做视察员,曾负责调查乐安县卸任县长张苇甫任内多增收地丁税事。其他生平事迹未详,待考。
⑤ J. A. 金斯伯里:时在美国米尔板基金会任职。

民教育考察记》中这样评价其领导的定县平民教育:"惟河北定县所办者,乃以县为施行之单位,有普遍全国之计划",乃"救济当今中国农村之唯一的良策"。("自序"第 3 页)

2 月 2 日　致信梁征贤①。全文如下:"征贤女士同学,〔:〕接展一月十三日来函,敬悉种切。台端服务桑梓教育工作,殊深欣慰。今日青年,乃中国将来之主人翁,得处一堂,共同研究,自是精神上至快乐事,青年无难苦所阻。以历事愈多,经验愈富,抑愈感学问之不足也!得暇当望将经验得失,随时告我为荷。专此布复。此请学安。"(新版《全集》卷 4,第 337~338 页)

2 月 7 日　致信 E. C. 卡特。信中首先感谢能在米尔班克基金会上为中华平教会说话。其次,告知 1 月 26 日来电时陈先生正在准备 1932 年汇报,今寄上一份。第三,汇报卫生工作的主要方面:"(一)卫生计划建立在平民学校制度上。① 平民学校便于和农民联系,能提高农民整体文化水平,使他们具有配合我们卫生计划的能力;② 校友会作为一个组织很有价值,卫生计划可以通过校友会向社区传播。(二)卫生工作是相关计划的一部分,它的成功与否很大程度上取决于教育、经济和社会诸因素,尤其在中国当前人口素质差、卫生工作本身毫无头绪的情况下。在定县,卫生工作不是一项孤立的活动,它是处理人民各方面生活相关计划的一部分。(三)定县卫生工作的目的是为了在目前条件下找到一个解决乡村地区医疗救济和卫生保健问题的办法。做这项工作,我们有两个优势:① 我们没有沉重的陈规陋习需要克服。在处女地上耕耘,我们可以不受羁绊,制定出适应本国需要的计划。② 我们有西方经验可供借鉴,失败的我们避免,成功的我们吸取。这是典型的敝会研究中国问题的方法。我们不愿意死搬西方的经验,也不想依附本国的传统,或是两者的折中;而要吸取两者菁华,制定出适应当前国情的建设计划。(四)我们现在在定县开展的工作并不只是为了定县,而且是为全国制定一项制度。从卫生工作和我们所有的四项计划以及社区生活改进方面来说,定县将成为中国农村的模范县和训练中心。"最后,告知关于生育控制工作还未开展,陈志潜先生拟将想法另信告知。(新版《全集》卷 4,第 338~339 页)

2 月 8 日　致信顾临。全信如下:"尊敬的顾临先生:我非常感谢您关于我给

---

① 梁征贤:女,又名克之。广西人。平教会招考讲习班的学员,结业后分配到社会教育部工作。她工作很泼辣,能骑着自行车在乡间跑七八十里路,但说话广西口音很重,不能在讲台上对农民讲话,只能做个别访问。不久,搞革命活动,而且极为大胆。每天一下班,就匆匆忙忙去参加秘密会议,并经常向当时平教会社会教育部主任、后任定县县长的霍六丁宣传布哈林的辩证法,并公开劝社会教育部的同事参加反帝同盟。后离开定县到北京。1933 年后,经霍六丁介绍到河南百泉乡村师范工作,同该校教师尚振声成婚。后因患病回广西,不久病故。

国联教委会公函作出宝贵的修改意见。这次我给您寄去最后一稿。您会发现您的建议大多已被采纳。至于信写给谁这个问题，我仔细琢磨了您的建议，是将信写给国联秘书长还是写给教委会主席贝克尔。从多方面因素考虑，我认为信最好写给教委会本身。这样每个委员都可以得到一份抄件。我给您寄去一份托尼先生给我私人函件的抄件。此事我上次已跟您说过，由于此信是私函，请您原谅现在不要发表。"（新版《全集》卷4，第339～340页）

2月9日 致信孔祥熙等。全信如下："庸之会长、维德总干事惠鉴：二月三日大示奉悉。贵会胞与为怀，为儿童谋幸福，热忱卓识，莫名钦迟。前承贵会推举弟为名誉董事，深为荣幸。此后对于儿童方面，如有一得之愚，自随时奉献，藉副雅爱。匆复。祇请台绥 晏阳初启"。（新版《全集》卷4，第340页）

2月16日 致信S. M. 冈恩。全文如下："尊敬的冈恩①先生：我曾听说您要去日本访问。此信仅想询问一下什么时候您来定县访问，我们盼望已久了。我想知道您来访的确切时间，主要是为了在您来访时，好在定县恭候。致以亲切的问候。"（新版《全集》卷4，第340～341页）

2月23日 致信M. 比尔德小姐②。主要讨论周美玉小姐③去欧洲或美国进修学习乡村护理事宜。同意派周美玉去欧洲或美国进修学习乡村护理。从周小姐自身利益考虑和从她所服务的平教运动更大利益考虑，她都不能长时期离开定县。故拟"在今年夏天为周小姐找一个四个月的奖学金。这样我们可以安排她去学习而不影响工作。这样她还可以去参加她颇感兴趣的国际护士理事会(I. C. N)会议，有机会了解欧洲乡村工作的经验。我相信凭周小姐的经验，她能在这段时间里学到许多东西。如果贵部设有护理学科奖学金，请您考虑周小姐的申请，对此我将表示衷心感谢。她的申请表将由北平协和医院护士学校另行寄去。"（新版《全集》卷4，第341页）

3月15日 致信梁漱溟。全信如下："漱溟吾兄：前议本年四月在镇平开会，彼此报告乡村工作之经验得失，现在为期已近，未审可否改在无锡，于五月举行？

---

① S. M. 冈恩：时在北平协和医学院洛克菲勒基金会机构任职。
② 玛丽·比尔德：时在纽约洛克菲勒基金会国际医疗局任职。
③ 周美玉(1910～2006)：女。著名护理教育专家和军队护理的开拓者。浙江慈溪人。1930年毕业于北平协和医学院护理科，后留院任护士长。未久任河北省定县平教会卫生部护理主任兼该所附设护理学校校长，后赴美国麻省理工学院学习公共卫生和卫生教育，获硕士学位。回国后任原职。抗日战争爆发后，在武汉参加林可胜领导的中国红十字会总会救护总会，在军队中负责督导护理人员，功绩卓著。抗战结束后，任国防医学院护理学系主任。1948年赴美国纽约哥伦比亚大学师范学院进修，获硕士学位。1949年后赴台。1963年开始被聘为国民党第九、十、十一、十二、十三届中央评议委员。1972年退伍。2006年初，92岁高龄时因不小心跌倒头部受伤死亡。晏阳初致信时她在定县负责平教会卫生部护理会护理工作已一年半。

尚希便中示及。践四先生①已另函商复。匆奉。敬请著安　晏阳初启"。(新版《全集》卷 4,第 342 页)

同日　致信高阳②。全文如下:"践四先生:前议本年四月在镇平开会,彼此报告乡村工作之经验得失,前此伏园兄回定云及,尊意拟在定县开会,惟目前北方情形,似不甚便利,可否改在尊处,于五月举行? 尚望便中示及。漱溟先生已另函商矣。匆奉。此请台绥　晏阳初启"。(新版《全集》卷 4,第 342 页)

3 月 19 日　致信周学章③。信中首先抱歉上次在北平没能相见,打算下次去北平再拜会。其次,希望把工作情况写份不长的英文报告,以应付卡内基基金会通过的美国成人教育协会索取的工作报告和最近一位著名的美国朋友访问所用。(参见新版《全集》卷 4,第 343 页)

3 月 20 日　致 R. H. 托尼。信中首先感谢站在中华平教会的利益上所帮之忙。其次,告知寄上一份给邦尼特先生信函的抄件和一份给委员会信函的缩写件。第三,拜托可对缩写件进行处理。"如果此信还需要进一步缩减,我相信您的判断力,请您代劳。我给贝纳特④先生的信也是这么说的。我相信您会同意将我们的信和对该报告的反应中一些有利的述说公布于众是明智的。"最后,深深感谢合作和友谊。(新版《全集》卷 4,第 344 页)

---

①　践四先生:即高阳(1882~1943),号践四,江苏无锡人。性活泼,幼年随侍父高鼎炎,受家教。初受学家塾,继入吴县唐家弄小学,毕业后入中国公学,发奋救国之志。1911 年中学毕业,与沈志芬女士结婚;家居自学一年。1913 年插入东吴大学二年级,攻法律,四年毕业。是年冬自费游美,入康乃尔大学习经济,对于穆勒氏功利主义及功利主义之教育甚喜研究。1917 年夏得硕士学位,即漫游美国南方各州,考察榨油工业。1918 年春返国,认定人生先求自立,更进而廉洁自持,以服务于社会。执教于暨南学校,旋主持暨南商科,以办事认真,管训严格,深得学生之畏敬。1919 年,父病逝,丧葬后,尽出家产创办私立无锡中学。1924 年秋,转入中国公学任教。1927 年任职招商局,翌年辞职,南游广州,任广东省政府秘书。1928 年秋,以俞庆棠先生之教劝,受江苏省政府之聘,接任中央大学区立民众教育院,并负责筹设劳农学院。1929 年春,受聘兼长劳农学院。创刊《教育与民众》月刊。1930 年秋,民众教育院与劳农学院合并,改组为江苏省教育学院,连任院长。与俞庆棠、赵冕诸先生发起组织中国社会教育社,又与晏阳初、梁漱溟等组织全国乡村建设学会。对中国教育学会、中华职业教育社等热心赞助。抗战军兴,安排全院师生下乡组训民众,积极作御侮自卫之计。不久苏嘉沦陷,迁院长沙复课,继迁桂林。1938 年夏,将院务交童润之代理,送眷属回上海。1940 年春重返桂林。将院维持至 1941 年夏,终因经费不济奉部令暂行停办。旋奉命为广西大学校长。1943 年 1 月获准辞职,被教育部改聘为全国学术审议委员会专门委员。同年夏病逝,享年五十二。著述多发表于《教育与民众》月刊中,并著有《民众教育》一书(商务印书馆版)。晏阳初致梁漱溟时,他任职于江苏教育学院。
②　高阳:号践四,亦称"践四先生"。
③　周学章(1892~1945):字焕文,天津人。清末天津天河师范学堂、保定直隶高等师范学堂毕业。考取直隶公费留学美国,入欧柏林大学、哥伦比亚大学教育学院,获学士、硕士和哲学博士学位。曾任哥伦比亚大学讲师、中国学生会会长及中国留美同学会东部会长。回国后,曾任厦门大学教授,保定河北大学教授兼教务长、代理校长,上海大厦大学教授、燕京大学教育系主任、文学院长,北平师范大学研究院导师。所著有《作文能力测验》《作文评价》《天津市小学教育之研究(测验部分)》《疲劳与学校日程之关系》等。晏阳初写本信时,他住北平石附马大街 21 号。
④　贝纳特:旧版《全集》译为"邦纳特",生平事迹未详,待考。

3月21日　致信 S. D. 甘博。信中首先告知在另一信封内寄上所需的定县调查工作的辅助材料"第一区的家庭工业材料",其他五个区和全县的材料将计划在一个月内分别寄上。其次,告知李景汉终于已整理出"定县全面调查"的中文材料,并且已将材料校样付印。并详细介绍了材料情况。第三,询问著作进行情况。第四,告知宋哲元部队对日军进行了有力的抵抗,战争发生了重大转折。"他的抵抗给中国军队增添了多大的斗志,给积极参加支前和后援工作的百姓多大的鼓舞。"第五,告知正勤奋工作。"最近我分别去了汉口、南京和天津。每次外出都由陈筑山陪同。我计划近期给您写信,概述敝会工作的要点,尤其是敝会与政府新近合作的项目。"最后,告知"我的两个最小孩子由于去年生病得了扁桃体炎,现已送到医院做了扁桃体切除手术。"(新版《全集》卷4,第346页)

春　全国基督教农村建设研究会在定县举行,来自全国14个省的180人参加了会议,学习参观定县实验。(《定县足迹》,第12页)

春　河北省政府根据第二次内政会议精神,成立"县政建设研究院",应聘为院长。仍兼"平教总会"干事长,继续以定县为实验区,应用政教合一力量实验县政建设。

春　平教"总会"将原订的1 320字的"基本字汇",改订为包含单音复音字的平民用词和新民用词两种,并逐步加进注音字母,编出"词类连书"一百种。(《定县足迹》,第22页)

4月10日　致信金宝善①。"宝善吾兄惠鉴:奉读三月廿三日大函,敬悉第二次全国内政会议通过之地方办理医药救济方案,已经由部拟定章则,印就单行本,转发各省。并承赐寄两册,藉资参考,不胜感纫之至!敝会卫生事宜,正在积极进行中,当将尊意知照志潜兄矣。尚祈时加赐教、指导为盼!专此奉复。敬颂道安晏阳初敬启。"(新版《全集》卷4,第346~347页)

5月2日　与梁漱溟等11人签名发起的"乡村工作讨论会"在山东省邹平成立。(宋编《文集》,第340页)

---

① 金宝善(1893~1984):字楚珍。公共卫生学家,中国近代卫生事业的奠基者之一。生于浙江绍兴。1911年官费留学日本千叶大学医学部,毕业后任职于东京帝国大学传染病研究所,历时9年。后到美国进修,获公共卫生硕士学位。回国后曾任杭州市卫生局局长、中央防疫处处长、国民政府卫生部保健司司长及中央卫生实验处处长。抗日战争爆发后任国民政府卫生署副署长、署长。抗战胜利后任卫生部次长。1948年任联合国儿童急救基金会医务总顾问。1950年回国,先后任中央卫生部技术室主任、参事室主任。1954年后任北京医学院卫生系主任、名誉主任直至逝世。曾任中华医学会会长。他为中国的防疫事业的建设、收回海港检疫权、建立现代医疗卫生制度和卫生实验研究机构、建立各级地方卫生机构等作出贡献,曾多次代表中国出席世界性医药卫生会议,并且培养了大批卫生事业人才。编著有《世界卫生年鉴》《中华民国时期的卫生保健工作》和《中华民国医药卫生史料》。有《金宝善文集》行世。

同日 致 H. R. 威廉森①。全文如下："尊敬的威廉森先生：您的来信(要求我们寄材料参加您举办的'乡村生活展览')寄到定县时,我不在定县。待我回来时,时间太晚,我们已无法准备。对于贵院目前从事工作的方式我很感兴趣,希望您能时常写信告诉我们贵院进展情况。顺致良好的祝愿。晏阳初。"(新版《全集》卷 4,第 347 页)

5 月 9 日 致信 E. C. 卡特。信中首先告知几天前收到几封惠函,尤其是三月廿四和廿八日两信更令人激动。为与米尔班克同事一起为中华平教会卫生工作所做的好事和争取五十万美元捐款表达谢意。其次,邀请到定县参观。第三,告知霍六丁②已从天津返回定县担任县长一职。第四,告知河北省县政建设研究院近期将在定县正式成立。定县(实验县)的县长由研究院实验部主任担任,与陈筑山分别担任研究院院长和副院长。主张在研究院兼职的平教会人员应保持政治上独立,不兼领薪水。通过改革以促成廉洁政府。第五,告知从 4 月 18 日至 22 日与冈恩先生在一道讨论乡村问题,期望他经常并有较长时间的访问。最后,告知为了充实给国联教委会有关中国问题的报告,把托克③先生致顾临先生函和格林先生来函抄件一并寄上,并请予以保密。(参见新版《全集》卷 4,第 347～349 页)

5 月 10 日 致信 S. M. 冈恩④。信中首先告知前几天为县长人选之事刚从天津返回,经过多方努力,省政府主席和大多省政府委员同意任命霍六丁⑤为县长。他昨晚刚返回定县,计划在本周内接管县政府工作。其次,告知寄上霍六丁⑥致定县百姓的公开信剪报。随即将寄上就县政建设研究院的目的、起源和组织等问题的介绍报告,如果对研究院有什么疑问,请告知。第三,告知陈筑山最近情况——"现在负责我们在高头村的乡村工作"。第四,告知蒋介石在汉口成立了一个湖北、湖南、安徽,江苏四省训练中心。"训练中心是专门或主要用来培训四省农村信贷合作干部。"该中心拟按定县县政改革计划进行四省的县政建设的培训。最后,告知待到县政建设研究院,尤其是县政府走上正轨,将给洛克菲勒基金会准备一份报告,拜托提些建议。(新版《全集》卷 4,第 350 页)

5 月 16 日 致信 S. M. 冈恩。信中主要告知没有必要建立"全国乡政建设协会"这样的组织并详述其理由。其一,山东邹平中心、无锡研究学院、河南镇平中心以及定县平教会的代表去年十二月份参加由内政部主持召开的全国内政会议期间

① 威廉森：时在山东济南广智院任职。
② 霍六丁(1902～1982)：即霍陆亭、霍鸿昌。
③ 托克：生平事迹未详,待考。
④ 塞斯卡·冈恩：时住上海江西路 170 号。
⑤ 旧版《全集》第 1 版误为"贺绿汀",新版《全集》已改正。
⑥ 旧版《全集》第 1 版误为"贺绿汀",新版《全集》已改正。

达成了有效的合作意愿。"当时我们决定了两件事。第一,每年在四中心任何一方举行一次会议,交流经验,并讨论有关今后更好地合作和协调等问题,甚至可以讨论关于我们之间交换专家的问题。……第二,创办一个杂志,刊印有关我们研究的经验和报告,以及一些有关乡政建设的设想和见解。"其二,现全国名不副实的全国协会甚多,很不受欢迎,故不宜成立。其三,在成立新的全国性协会前,四家真正从事乡村建设问题研究的团体已经非正式地进行了合作,形成了非正式的年会制。"希望汤(茂如)先生主持的广西工作以及由蒋介石创办、翁先生①领导的汉口四省乡政训练工作的代表,都能参加我们的会议。如果我们成立一个正式的全国性协会,就会有一些团体不愿意与其他一些团体合作,他们就不会参加协会。这样协会就不是'全国性'的,一开始就难以在他们中开展合作和协调工作。"（新版《全集》卷4,第351～352页）

5月23日 致信兰安生。信中首先告知报纸对于整个局势的报道使得定县从事平教工作的人员极度不安。其次,请帮忙"不时地把您从那些了解内情或知道最新发展情况的朋友处得到的消息尽快来电告诉我们。我建议用几个专门字代表几种情况:'冷'——情况正常。'暖'——情况恶化,但不必紧张。'热'——北平严重混乱。'灼'——日军占领天津和北平。"第三,告知最新消息将具有特别价值。最后,告知"如果六月四日前日军仍未占领北平,我将去那儿为学院毕业生讲演。届时希望能与您会面。"（新版《全集》卷4,第352页）

5月26日 致信章元善②。全文如下:"亲爱的元善:非常遗憾由于定县有件急事需要我处理,我不能按约定时间在'归国学生联谊会'上与您见面。我想与您谈谈我们定县合作社问题,另外我想知道您在该地区已设立的信用社情况,看看是否能找到我们彼此进行合作的办法。不过下次我去北平时,希望我们能见面。从报纸报道来看,局势不容乐观,但我们将尽最大努力开展工作。晏阳初。"（新版《全集》卷4,第353页）

5月30日 给林天明③回信。全文如下:"天明同学:接读来函,所陈农村建设各点,足见留心乡村事业,甚善。际兹县政改革伊始,一切诸待实地研究实验,平日尚望能多注重实地研究功夫,共同努力,为盼。专此即颂学安 晏阳初启。"（新版《全集》卷4,第353页）

6月2日 致信S. M. 冈恩。信中首先感谢五月廿二、廿四日两次来信。其次,告知一直关注着有关广西汤茂如的报告,还未得到任何直接消息。从定县派去

---

① 翁先生:生平事迹未详,待考。
② 章元善:时在北平中国华洋义赈救灾总会任职。
③ 林天明:晏阳初同学,生平事迹未详,待考。1938年曾被委任江西省黎川区区长。

帮助汤茂如开展扫盲工作的应先生写信告诉了一些有关司机压死孩子事故本身的情况、处理情况和案结后的社会反响。第三,告知白擎天①在广西南宁召开的全省内政改革会议上对汤茂如进行了严厉的抨击并指责此案的审理是实验县政府的失职,汤茂如后来遭到了拘留,后获保释。最后,告知听到白擎天写信给陈筑山说汤茂如不能胜任实验县县长,请派有能力的人接替汤茂如的工作后的沮丧心情。并对汤茂如到广西开展工作的情况作了说明。(新版《全集》卷 4,第 354～355 页)

6 月 5 日　致 S. M. 冈恩。信中告知已收到广西省政府主席黄旭初将军的来电。电文如下:"感谢您的指导与合作。汤茂如先生来广西帮助我们开展了实验县的工作。在他的领导下,去年冬天以来我们的工作取得迅速发展。但事不凑巧,由于处决了一名汽车司机,那里出现了强烈的反汤示威。为了平息事态发展,汤先生不得不中止了工作。对于此事,我们非常惋惜。这里的基础实验工作还要继续下去,所以我们再次恳请您们给予帮助,派一位得力人员接替汤的工作。只有这样,重大的改革事业才能延续下去。我们知道您们对于改革计划非常关心,信心百倍。在我们遇到困难、急需你们帮助的时刻,我们相信你们不会让我们失望。我们急切等待着您们的答复!"并告知此事暂未处理,或亲自或派陈筑山近期去广西一趟以调查一下情况。(新版《全集》卷 4,第 355～356 页)

6 月 14 日　致信 S. D. 甘博。信中首先告知社会平民教育部主任霍六丁②已被任命为河北省县政建设研究院实验部主任和定县县长,并告知近来整顿县政府的情况。其次,告知正在制定一项九点计划:"(一)进行全县范围内的'国难教育'。形式包括文学、戏剧、讲故事、标语、报纸等。(二)扫除全县青少年文盲。(三)改革重建小学校。内容包括课程、师资培训、教学管理等。(四)为解决金融救济,在全县组织农村信用社。(五)以农村信用社为基础,组织完全生产合作社。(六)改革重建地方财政。这包括税收、公债办理、会计等。(七)促进卫生保健和医疗救济。这主要包括由市政府主持的诊所、禁烟、传统中医师登记与监督。(八)改革保安制度。

---

①　白擎天(1890～1948):名鹏飞,字经天,又号擎天。祖籍江苏苏州,生于广西桂林。毕业于桂林中学、广西陆军测绘学堂、两广高等工业学堂。后在广州考取官费生留学日本东京帝国大学等校,在日本 11 年,获政治、法律等五个专业的学位。1924 年回国后在江苏无锡国学专科学校任教授、江苏民众教育学院教授、暨南大学校长。后被北平大学聘请讲授行政法,先后又至清华、辅仁、朝阳、政法、民国等大学任教。1931 年出任北平大学法商学院院长兼代政治系主任。1933 年任考试院高等考试典试委员会委员兼北平办事处主任。1935 年参与发起组织北平文化界救国会,任副主席。1938 年南下赴桂,10 月任广西大学校长。1940 年任监察院监察委员,旋任军风纪考察团副团长,授上将衔。著有《工业常识》《行政法总论》《行政法各论》《行政法大纲》《近百年政治思想变迁史略》《法学通论》等。1927 年时为中华平教会成员,1933 年时担任北平法学院院长。旧版《全集》按音译为"白庆天",误也。
②　旧版《全集》第 1 版误为"贺绿汀",新版《全集》已改正。

（九）改革并重建民团。"第三，告知对于上述6、8、9三点计划还没经验，拟得到那些在地方政府工作方面具有长期而光辉业绩的人才的帮助，或招募完全了解定县制度的人士当助手。最后，表达间接得知著作出版的高兴之情。（新版《全集》卷4，第357页）

6月15日 给汪精卫回信。全信如下："精卫院长先生勋鉴：奉读手教，谬承矜奖，惭感奋兴，热情勃发。先生以党国先进，集数十年之经验，合全世界之观察，深知救国有本而倡导农村之复兴，吾中华一切新建设之基础其有日趋光明之望乎！初爱国有心，报国无力，自欧战后归国以还，结合一般〔班〕同志创办平民教育。近六七年来，更率全体同人深入定县农村，作整个农村生活上改建之研究与实验，冀从农民实际生活上作一番探本穷源的工夫，将来对于国家或许稍有贡献。自躬入田舍以来，备尝艰难困苦，深知此种工作绝非仅以社会有心人士所能成功，必赖政府当局硕力宏伟者为之，提倡辅导，然后才能影响于全国。今何幸得先生登高一呼，万山必然响应。初承不弃，猥以农村复兴委员会委员见嘱，虽自惭愚鲁，恐乏贡献，然从此获亲麈教，必能使素所服务之事业，愈有南针之可循。谨以真诚敬佩之心，依随先生之后，聘书敬谨奉存，尚祈时赐教诲为幸！谨此奉复。敬请勋安　晏阳初谨复。"（新版《全集》卷4，第358页）

6月27日 给李任公①回信。全文如下："任公先生台鉴：奉读手书，藉悉一是。贵处本年夏令会，极思前来相聚，奈此间自县政研究院成立以来，会务益繁，未克分身，至以为歉！民族复兴，确为今日从事农村工作之使命，敬祝贵会成功。专此奉复。顺颂台安　晏阳初启。"（新版《全集》卷4，第359页）

6月29日 给谷九峰②回信。全文如下："九峰先生道鉴③：奉读大教，藉悉定县县志行将付印，辱承对于敝会工作欲赐予篇页，至为欣感！迩日弟适因会事赴平，致稽函复，歉甚！敝会在定县工作，过去曾编有《二十年度概略》，兹特由邮奉上一册，敬请察收。近日拟将敝会全部工作经过情形详细草成一篇，备供县志参考之用。敬祈指正，不胜盼祷之至。先此奉闻。敬颂大安　弟晏阳初拜启。"（新版《全

---

① 李任公（1883、1884、1885、1886？～1959）：即李济深。

② 谷九峰（1874～1949）：即谷钟秀，近代民主革命者。字九峰。直隶定县人。清末优贡。早年入京师大学堂，肄业。1901年赴日留学。毕业后回国任直隶高等师范教员，旋任直隶巡抚署秘书。1911年代表直隶参加筹建中华民国临时政府，任宪法起草委员。后为众议院议员。1914年在上海和欧阳振声创办泰东图书局任总编辑，并创办《中华新报》，反对袁世凯。1916年任段祺瑞内阁农商总长兼全国水利总裁，次年辞职。1922年国会恢复后仍任议员，政学会首领之一。1923年任收回铁路筹备处总办。1925年，辞职到天津闲居。1933年，参加冯玉祥组织的抗日同盟军。1935年任河北省政府委员，兼任井陉矿务局长。1938年6月，任河北省民政厅长，直到1939年2月。抗日战争结束后，被选为北平市临时参议会参议长。1949年12月在北京病逝。著有《中华民国开国史》《外国地理》等。

③ 道鉴：用于知识阶层，对方为自己所尊重的人。道，用作敬辞。鉴，看、审察的意思。

集》卷 4，第 359 页）

7 月 1 日　致信 H. 鲁格博士①。信中首先告知五月廿九日的来信已收悉。感谢推荐陈克庆(音译)②来定县工作。欢迎像陈博士这样具有才气的研究人员并期望着他的直接消息。其次，邀请再来中国一趟，视察定县的平教工作，以便在中国收集更多有关乡政建设事业的有关材料来著书。第三，告知另函将寄上一些反映青年工作发展的有关信件和材料的抄件。这次只寄上目录。第四，告知明年将开展儿童教育新实验以修改农村小学校的教学内容、教学办法及其管理，把小学的教育中心引向农村现实生活。拜托邮购曾与尊夫人一起介绍和描述的关于中小学教学经验的一套书籍。第五，告知许多乡政建设事业负责人非正式地集合在一起。"我们为了研究彼此的工作，交换各自的经验，最终的目的是达成某种协调，组织了'乡政建设委员会'。委员会第一次会议计划两个星期后在山东邹平召开。"最后，表达回忆去年六月一起度过炎热夏天的日子，期望能有一次较长时间的来访。(新版《全集》卷 4，第 360～361 页)

7 月 3 日　给张福良③回信。全信如下："福良襟兄大鉴：惠书敬悉。辱承邀请参加乡村生活委员会，至深感荷！弟自此间研究院成立以后，会务益繁，委员一职，系恐无力兼任，甚以为歉！当如尊嘱请姚石庵同志代表敝会担任委员，先此奉闻，专复。顺颂大安　弟晏阳初谨启。"(新版《全集》卷 4，第 361 页)

7 月 14～16 日　第一次全国乡村工作讨论会在山东邹平举行，参加者共 60 余人，分属 35 个机关团体，为平教会、山东乡村建设研究院、华洋义赈救灾总会、燕京、南开、齐鲁、中央、金陵等大学及实业部中央农业研究所。会上作《中华平民教育促进会在定县工作概况》的报告。收入中华书局 1934 年 4 月出版的《乡村建设实验》第一集。该报告首先介绍平教运动的发端，宣称："我们在定县的工作，可以分为两个段落。一个是准备时期，一个是集中实验时期。从民国十五年冬到十九年秋，算是准备时期，在这时期里，我们的工作，可分为农业教育、农民教育研究和农村调查三方面。"其次，谈农村建设的"愚、贫、弱、私"四大问题。"所谓愚，我们知道中国最大多数的人民，不但缺乏知识，简直他们目不识丁，所谓中国人民有百分之八十是文盲。所谓穷，我们知道中国最大多数人民的生活，简直是在生与死的夹

---

① 赫罗尔德·鲁格(Pro. Herold Rugg)：时在美国纽约哥伦比亚大学师范学院任教。旧版《全集》译为"拉格"。

② 陈克庆：生平事迹未详，待考。

③ 张福良：留学美国，获博士学位。20 世纪 30 年代任江西农村服务区管理人员。1941 年 12 月太平洋战争爆发后，担任中国工业合作协会国际委员会委员。1945 年 1 月任总干事。

缝里挣扎着,并谈不到什么叫生活程度、生活水平线。所谓弱,我们知道中国最大多数人民是无庸讳辩的病夫。人民生命的存亡,简直付之天命,所谓科学治疗、公共卫生,根本谈不到。所谓私,我们知道中国最大多数人民是不能团结、不能合作、缺乏道德陶冶以及公民的训练。在这几个缺点之下,任何建设事业,是谈不到的。要根本解决这四个基本问题,我们便要从事四种教育工作,这四种教育是:(一)文艺教育;(二)生计教育;(三)卫生教育;(四)公民教育。"最后,谈四大教育与三大方式。"关于文艺教育的工作,是要谋解决愚的问题的。从文字及艺术教育着手,使人民认识基本文字,得到求知识的工具,以为接受一切建设事务的准备。凡关于文字研究、开办学校、教材的编制、教具教学方法的研究,以及于乡村教育制度的确立,都是属于这部分工作范围以内的。我们工作的原则是只从事研究与实验,设立实验学校、表演学校,将研究结果,贡献给地方当局,让他们去推广。同时我们还要注意到这种研究出来的文艺教育,是要普遍适用于全国其他各县的,必须合乎农村经济财力的,因为在穷中国办穷教育,必须要用穷的办法。……农民有了基本文字知识,我们把他们组织起来,就是平民学校毕业学生所组织的各村同学会,也属于我们社会式教育工作之一。""关于生计教育工作,是要谋解决穷的问题。我们从农业生产、农村经济、农村工业各方面着手。在农业生产方面:注意到选种、园艺、畜牧各部分工作。应用农业科学,提高生产,使农民在农事方面,能接收最低限度的农业科学。在农村经济方面:利用合作方式教育农民,组织合作社、自助社等。使农民在破产的农村经济状况下,能得到相当的补救办法。在农村工艺方面:除改良农民手工业外,并提倡其他副业,以充裕其经济生产能力。""关于卫生教育工作,是要谋解决弱的问题的。我们注重大众卫生与健康,及科学医药之设施。使农民在他们的经济状况之下,有得到科学治疗的机会,能保持他们最低限度的健康。确立一个乡村保健制度,由村而区而县成一个有系统的、整个的县单位保健组织。全村有一个保健员。保健员就是平民学校毕业生同学会会员,受过短期训练的。他们带着保健箱子,到村里各家去施诊,使各村农民,都有受得科学医药治疗的机会。""关于公民教育的工作,是要谋解决私的问题的。我们激起人民的道德观念,施以良好的公民训练,使他们有公共心、团结力,有最低限度的公民常识、政治道德,以立地方自治的基础。我们办教育,固然要注意文艺、生计、卫生,但是我们不要忘记了根本的根本,就是人与人的问题,大家要都是自私自利,国家就根本不能有办法,绝没有复兴的希望。所以我们办公民教育,用家庭方式的教育,在家庭每个分子里,施以公民道德的训练,使每一个分子,了解一个人与社会的关系,以发扬他们公共心的观念。其次我们在这困难严重的局面下,还要注意唤醒人民民族意识，把历代伟大人物，可歌可泣的故事，用通俗的文字写出来，用图画画出来，激励农民的民族意识。"（新版《全集》卷 1，第 213～216 页）

7 月　国民政府正式核定各省设立实验县办法，令其积极筹办。

秋　在其影响和推动下，江苏省江宁县、浙江省兰溪县、山东省邹平县和菏泽县以及河北省定县等实验县先后设立。南方二县系自上而下利用行政力量推动，北方三县纯以社会力量自下向上推动。（川编《晏阳初》，第 275～310 页）

8 月 8 日　致信 E. 斯诺①先生。信中首先告知几个星期前在山西滹沱河畔度假时收到 7 月 29 日来函。其次，告知能于 10 月 10 日来定县参观几天很好，除正常的活动外，拟准备县政建设研究院成立大会。最后，告知希望尽可能于 10 月份来。（新版《全集》，卷 4，第 362 页）

8 月 22 日　致信陈逸民②等。全文如下："逸民、宪承③、庆棠④、步霞⑤先生赐鉴：个电奉悉。本月廿四日，贵社在济南开会，本应趋前就教，奈以适值敝会前董事长熊夫人纪念日年会会期，未克分身，至以为歉！平汉路碍于河患，车行多有误点，计程亦恐不及会期，除先行电达外，特此专函奉闻，不胜歉仄之至！日前邮寄上敝会提案一份，谅已收到。专此。顺颂公安！晏阳初　瞿菊农敬启。"（新版《全集》卷 4，第 362～363 页）

8 月 28 日　致信梁仲华⑥等。全文如下："仲华、炳程⑦先生赐鉴：奉读八月十

---

①　斯诺（Edgar Snow，1905～1972）：全名埃德加·斯诺·帕克斯（Edgar Parks Snow），美国来华采访的著名新闻记者。

②　陈逸民：生平事迹未详，待考。

③　宪承：即孟宪承（1894～1967），教育家。江苏武进人。

④　庆棠：俞庆棠。

⑤　步霞：赵步霞，名冕，字步霞，东南大学教育系毕业，1929 年前后任浙江省教育厅第三科科长。新中国成立后任杭州大学教授。著有《民众教育纲要》（1935）、《北夏第二年——本院（江苏省立教育学院——编著者）北夏普及民众教育实验区工作报告》。

⑥　梁仲华（1898～1968）：名耀祖，字仲华，生于河南孟县。家居北平。中学就读于北京汇文学校，1922 年毕业于北京大学法律系。年少时，尝从章太炎和梁式堂学文史。早年倡导"乡村建设研究"。"乡村建设"一词即系由他最早提出。1929 年与汇文学校同学彭锡田（字禹廷）和河南中山大学（后改名为河南大学）法学院院长王怡柯（字炳程）教授筹设河南村治学院，任副院长，又邀梁漱溟到学院任教务长。1930 年夏初，代理院长主持院务，为躲避石友三部骚扰，率全院师生至北平，寄居于北平农学院并复课。刘峙在河南当政后，下令关闭村治学院。1931 年，与梁漱溟等赴山东，得山东省政府主席韩复榘之助，创办乡村建设研究院，并以邹平县为乡建实验区，任院长。1934 年，推荐梁漱溟接任院长，返北平任燕京大学教授，主讲"乡村建设"及"法治史"，并倡导"大学下乡运动"。1935 年商得山东省当政者的同意，划山东省济宁等十县为乡村建设实验专区，以燕京大学教授兼任实验区专员。曾编著《明耻教战》一书，对学生及民众进行抗日宣传及训练。抗日战争期间任中国乡村建设学会干事长。日寇入侵山东后，将师生转移，因操劳过度，中风于汉口。病愈后，赴成都华西大学社会系任教授，直至 1952 年。其间，曾受晏阳初邀请兼任重庆乡村建设学院代理院长。1947 年 6 月，为营救重庆反动军警逮捕的乡建院爱国师生四方奔走，使被捕师生得以早日脱险出狱。1949 年，婉谢了赴美从事国际乡建教育领导工作的邀请，以迎接解放。1952 年院系调整，转到四川大学历史系任教授。先后任川西行署财经委员会委员、四川省人民委员会文教委员会委员，并被选为成都市人民代表和政协委员。在"四清"和"文革"中，受到迫害。

⑦　炳程：即王怡柯（1891～1934），字炳程，河南汲县（一说辉县，今属卫辉市）人。自幼聪慧，（转下页）

八日大函,承绍介张梦华①先生,至为感纫。弟自邹平返定时,此间以自卫工作,极感切要,先行聘人办理。弟旋即赴晋调查,未及先期函达,至以为歉!张君经验宏富,素所钦仰。一俟此间工作稍有扩展,当再专函奉约。张君拟来定参观,敝会函表欢迎。何日启程,尚祈示知为荷。专此奉复,诸维亮察。顺颂大安 弟晏阳初谨启。"(新版《全集》卷4,第363页)

9月7日 致信兰安生②。信中首先告知刚收到本月五日来信,对于此信以及本月一日的来信表感谢。其次,告知如果《基督教科学箴言报》的代表误了火车就将打乱一切准备。第三,赞同有必要在美国刊登一篇赞扬某个非官方机构发展的文章,因为在美国对我国令人沮丧的报道太多。并拜托推荐人选。第四,告知埃德加·斯诺③要求来定县参观工作,并询问其相关情况。第五,告知正在为洛克菲勒基金会准备报告材料,会尽力从平教会和河南县政建设研究院众多材料中精选出为人关注的材料。拟尽快把报告交到冈恩先生手中,拟在本月底前能完稿。并拜托在寄给冈恩前提些意见。第六,告知实业部长陈公博及其一批随行人员到定县参观因绵雨很不尽人意。第七,告知决定于当年10月10日在定县举行"县政建设研究院"开学典礼,将邀请中央和省政府代表以及其他阶层的领袖和外国客人代表,采用系统方法来展示平教会和学院的各阶段工作,希望对此提建议和光临。告知随后寄上邀请信。询问哪些外国友人能参加开学典礼。最后,拜托说服拉西曼(Ludwik J. Rajchman)能在定县待几天,最好请他10月10日以后来。(参见新版《全集》卷4,第364~365页)

9月29日 致信S. M. 冈恩。信中首先告知外出两个多星期,上午四时才返回定县。其次,告知在北平收到九月廿一日来函并随即复电,热烈欢迎10月下旬随夫人来访,看看这里工作的新发展,特别是县政建设研究院的工作。第三,希望

(接上页)12岁入黉学。因家境贫寒,求学之余还帮助家人轧花维持生计。后入北京法政学堂,与彭禹廷、梁仲华是同学,毕业后于1923年担任开封法政学校经济学教师。1928年任河南教育款产处处长,曾参与筹设河南村治学院,并在该院讲授"乡村自卫研究"。1930年3月任河南省整理黄河委员会委员长。1930年8月回到家乡在汲县桥北济渎庙扩建张赐公等人创办的孤儿院。1932年创办香泉乡村师范学校及多处扫盲夜校,倡导村治办法。后在山东邹平任代理专员兼邹平县长,与梁漱溟等创办山东乡村建设学院,并发行《乡村建设》月刊,继续推行乡村自治办法。还曾任河南中山大学(后改名为河南大学)法学院院长、教授。1934年赴南京参加全国部分行政专员会议,受到蒋介石召见,并到冯玉祥官邸畅谈。在归途的火车上发病,回邹平后病逝于任所。编译有《货币学》,译有《美国银行清算公所制度》,著有《农村自卫研究》,撰有《货币名称辨》《乡村教师救国论》《管理全省教款一年来之回顾及将来希望》《邹平实验县普设庄仓合作社办法导言》《国民武装论》和《豫钞论》等。

① 张梦华:1927年前曾任《中央新闻》主持人,1936年前后任国民党石家庄第二区区长,参与民众训练,为抗日做准备。编有《民团之研究》(1932年,北平民社)。其他事迹待考。

② 兰安生(John B. Grant):时在北平协和医学院工作。

③ 埃德加·斯诺:即埃德加·帕克斯·斯诺(Edgar Parks Snow),美国来华采访的著名新闻记者。

就定县工作和国家总体改革问题从容地交换意见。最后,因一批约有 15～20 名在教育和商界具有影响的友人计划于 4 月 22～25 日来访,故请早告知来访时间,以便安排。(参见新版《全集》卷 4,第 365～366 页)

秋 "平教总会"与河北省县政府研究院合作,共同推进定县的合作运动。限期三年完成县单位合作组织的实验。(姜编《纪略》,第 37 页)

秋 将初级平校实验用的教材重新编辑,以指示行动为主,不呆板地介绍知识;注重抵抗侵略、改良生活、研究技术、信仰科学,加强毕业同学会活动。编辑《我们的中国》丛书,包括地理、历史、农业、水利、工业、资源、商业、运输、社会生活、抗敌御侮、最后的胜利、光明的前途等,取材选重点,不包罗万象。(《定县足迹》,第 22 页)

10 月 2 日 致信高阳。信中首先告知 9 月 13 日来函收悉。其次,对所录示的汤济沧①《除文盲计划要点》并询问能否有实验此计划机会表示敬佩! 最后,发表对汤君所拟计划要点的看法。"第一,识字必用符号为助,原与此间试验所得结果相同。惟汤君用七十余字母,此间则用全国公认为便利,且经教育部公布之注音符号,数仅四十,似不必改弦更张。第二,汤君所主张之识字'不必开学校',而'每日教一小时,以一年为限'。从表面上看,似是'不开学校',但在实际上,乃与一般民众学校或平民学校所通用之每日教两小时以四个月为限者,并无显著区别。换言之,在开学校与不开学校两方面,实无显著区别。第三,据此间之经验,为使识字运动成效更大,必须继以文艺、生计、卫生、公民四大教育,或至少以他种方法,引起人民承受四大教育之兴趣。至实验汤君计划一节,此间以本年度预算早经规定,尚无法为助,抱歉殊多,尚祈鉴谅。专此布复,不尽。"(参见新版《全集》卷 4,第 366～367 页)

同日 遭国民党中央委员张继在《北平世界日报》上著文批评。文章说"定县事业,直不啻一骗人东西"。"考其成绩,实不过一隅之发展,何补于整个之农村。"认为晏氏实验毫无必要,因为"乡村事业,欧美已行之有素,可资借镜,不必闭门造车,独出心裁"。(《北平世界日报》1933 年 10 月 2 日;吴著《晏传》第 331 页)

10 月 3 日 给 J. L. 司徒雷登②博士回信。信中首先告知 9 月 28 日来函

---

① 汤济沧(1877～1934):名振常,浙江吴兴人,文字学家。任教上海持志大学、南洋中学,对于国学颇有研究。近代著名学人胡怀琛在南洋中学就读时,曾受业门下。据胡怀琛回忆,先生"精于小学,在校授国文,多阐明文法、修辞之理,使学者于所读之文能彻底了悟。而先生亦以改造文字、扫除文盲为职志,连年著书立论,不辞劳苦,于音韵学尤有研究"。(胡怀琛:《南洋中学四先生纪念碑文》,见胡朴安辑:《朴学斋丛书》第一集)

② 司徒雷登(J. L. Stuart):时任燕京大学校长。

刚刚收悉。其次,告知最近定县工作异乎寻常的繁忙,要离开定县去北京恐怕还不太可能。最后,告知希望能来定县参观。(参见新版《全集》卷4,第367～368页)

同日 致信 J. L. 司徒雷登博士。信中首先告知昨天下午收到电报并回述电文,回复当天上午已回电告知不能应邀。其次,就燕京大学对乡村工作越来越感兴趣而感到高兴,并询问邀请讲演的意图和设想。最后,告知建议的时间很不巧,表示下次去北京时一定拜访,并讨论乡村工作问题。(参见新版《全集》卷4,第368～369页)

10月5日 致信 E. 斯诺先生。信中首先告知对拟10月10日左右来访定县感到非常高兴,并表达将热烈欢迎。其次,对能出席县政建设研究院正式成立大会感到高兴,建议庆祝活动结束后再逗留一两天,以便了解平教会工作的各个环节,且可到乡村去看看实际工作情况。最后,欢迎携夫人同来,告知"如果方便的话,你们可把铺盖带来,我们准备好床位。你们不必带食物来,除非你们不习惯中国的粗茶淡饭。"(新版《全集》卷4,第369页)

10月7日 致信金达志①先生。全信如下:"达志先生大鉴:奉读大函,敬悉一是。关于张溥泉先生过沈谈话,敝会与张先生来往电文,已见报章发表,谅已入览,诸承关怀,至深感纫。此间河北省县政建设研究院,于双十节举行开幕典礼,会中亦拟陈列展览。如蒙驾临赐教,不胜欣祷之至。专此奉复。顺颂大安 晏阳初谨启。"(新版《全集》卷4,第370页)

10月16日 致信 E. 斯诺先生。信中首先询问是否已经见到路透社翻译的《世界日报》的一篇社论,译文登在10月14日的《京津报》上。其次,告知自10月10日起,《大公报》《晨报》《益世报》相继发表了赞扬平教工作的热情洋溢的报道。并指出路透社那篇"既非常肤浅又满篇失实……这样做似乎太不应该了"。最后,希望与路透社驻京记者站联系再翻译一篇像《大公报》这样大型报纸上报道定县平教工作的文章。(新版《全集》卷4,第370～371页)

---

① 金达志:1933年前后曾在北平新闻记者公会任职。1937年春曾组织十名记者组成"赴日观光团",遭到全国新闻界和爱国人士的谴责。1938年在北京创办戏曲综合刊物《立言画刊》周刊,该刊由前小型《立言日报》转变而来,仍承袭其侧重京剧评介、伶人轶事的衣钵,同时也有科学、文艺、章回小说连载等内容,以满足大众娱乐消遣的需求为宗旨,格调上较为轻松和轻率,代表了典型的小报和通俗杂志的风趣。曾辟"青春文艺版",受到许多人的指摘,称其为"胡闹派"的"胡闹文艺"。后该版取消,改称"文艺"。"青春文艺"版一度移至《戏剧报》;《三六九画报》创刊后,又移到该刊。抗日战争胜利后他办《民言报》,任该报社社长。还曾任天津《庸报》特派员。其他生平事迹未详,待考。

10 月 21 日　致信张桐轩①。全信如下："桐轩先生惠鉴：捧读大教,敬悉一是。贵校教育方案,以农民为对象,应社会之需要,欣佩良深。大驾临定赐教,极表欢迎;何时启程,尚望先期示及。兹奉上敝会最近出版工作小册数本,诸维指正为幸!专此奉复。顺颂大安　弟晏阳初拜启。"（新版《全集》卷 4,第 371 页）

10 月 29 日　北京大学教授燕树棠在《独立评论》第 74 号上撰文《平教会与定县》指责其所领导的定县平教会"引起了教党与非教党的冲突",并"时常训诫地主不得压迫租户,债主不得压迫借债人",说"平教会在定县潜伏反动势力",因此,"河北省军警当局把定县划作赤区"。（《独立评论》第 74 号;孙诗锦著:《启蒙与重建 晏阳初乡村文化建设事业研究 1926～1937》,商务印书馆 2012 年版,导论第 11 页）

11 月 1 日　致信 E. C. 卡特。信中首先告知参加班夫（Banff）会议的代表在定县住了几天,得知被推选为太平洋研究会秘书长感到高兴,为此对研究会的前途更加充满信心。其次,告知最近冈恩及其妻子以及洛克菲勒基金会自然科学部蒂斯代尔②博士来访详情。第三,告知近半年来在县政建设研究院和管理地方政府方面取得的经验证明前景光明,并为省政府改革提出了一些非常具体的建议。第四,告知中国银行行长及其一行亲朋好友 10 余人今天将来访,中国银行在通过自救社形式给农民发放财政救济方面与平教会进行了合作。最后,告知从夫人许雅丽信中得知将三月份来访表示欢迎,并邀携夫人同来。（参见新版《全集》卷 4,第 372～373 页）

11 月 9 日　致信 J. L. 司徒雷登博士。信中首先告知对于因健康问题不能实现参观定县的计划深表遗憾。其次,告知很想能有机会去拜访,准备本星期六下午去北京,并约见面时间。最后,拜托在星期六上午给平教会在北京西城区的办事处留个电话。（参见新版《全集》卷 4,第 374 页）

---

①　张桐轩(1891～1949):名荫梧,字桐轩,河北博野人。民国军事将领、政治人物、教育家。早年毕业于黑龙江陆军小学,后入清河陆军中学与保定陆军军官学校第五期步兵科,1918 年毕业后到山西入晋军。历任山西陆军学兵团连长,山西督军公署参谋,太原国民师范学校军训主任,山西陆军第十团团长,第五旅旅长。1926 年后曾主持山西军官教导团。1927 年 9 月任国民革命军北方军（第三集团军）第七军副军长兼左路军前敌指挥。1928 年 3 月特任军事委员会委员,6 月任暂编第十一师师长。1928 年 6 月任北平警备司令,10 月任第四十二师师长。1929 年 6 月任北平特别市市长,7 月任国民政府首都（南京）建设委员会委员,10 月兼任北平市公安局局长。1930 年中原大战中任阎冯方面第四路军总指挥及第二、第四路军总指挥,失败后回乡,创办四存学校,任校长。1932 年被阎锡山为晋绥军事整理委员会常务委员及晋绥军官教导团团长。1934 年 11 月任河北省政府委员兼县政建设研究院院长。1936 年 1 月授中将衔。1937 年抗战爆发后,任保定行营民训处处长,11 月任河北民军总指挥。1938 年 6 月任河北省政府委员兼民政厅厅长。1939 年调任军事委员会高参及中央训练团党政训练班指导员。后任冀察战区总参议兼战区党政委员会副主任委员。后至甘肃任省立徽县师范学校校长。1943 年 2 月选任三民主义青年团第一届中央监察会监察。抗日战争期间,曾首先提出"曲线救国"主张。抗日战争胜利后任平汉铁路北段护路司令。1946 年 11 月、1948 年 3 月选任"制宪国民大会""行宪国民大会"代表及主席团成员。北平和解放后,被公安部门逮捕。

②　蒂斯代尔:博士,时在洛克菲勒基金会自然科学部就职。

11 月 10 日　致信张群。信中首先告知此次赴鄂所见所听赞誉甚多,十分佩服。对于平教会的工作夸奖促使同仁更加奋发。其次,对《XX 省份各县分区设署办法大纲》提出可虑之点:"即区长、区员苟失其人,则恐自治之动力日消,官治之压力日长,此宜注意者一也。区长、区员待遇微薄,得人不易,难求其克尽阙职,关于此项人员之训练方法、材料及精神上之陶冶,关系至为重要,此宜注意者二也。又区之上为县,区之下为村,欲举区政之实,当上与县政联锁,下与村政和合,成为一有机的相连贯的体系,然后才能收上下相成之效,此宜注意者三也。"第三,认为县、区、村之组织是县行政上的三阶段,省政的根本,国政的基础。认为对于县行政之改革"尤有急要者,当在县政之实际内容与实施办法及人才之培养。……此外更有进者,县行政之三阶段幸有其人矣,而民众之训练尤为急要。故欲举一省之政,当上自政府,下迄人民,通盘而计划之。先由省府确立一定之中心政策,然后考量省府、县府以至区村之组织,当如何变更人才,当如何训练,则庶乎有首尾相应之效。"第四,希望多给定县的平教工作赐教并先表感谢。最后,附言告知在封信时收到来函,尽知详情,十分欣喜。(新版《全集》卷 4,第 374～375 页)

11 月 11 日　给高阳先生回信。全信如下:"践四先生有道:敬复者:奉读大函,敬悉一是。中国社教社①组织研究实验协进委员会,邀约敝会参加,欣幸良深。惟弟意同仁散处各省,召集不易,如用通信商讨阐明,以为如何? 承赐表格,谨择其

---

①　中国社教社:中国社会教育社,1931 年 4 月,江苏省举行识字运动宣传周,邀集各地社会教育学者与会讲演。在这个过程中,一部分人提议应当组织一个团体,来研究与推行社会教育学术与事业,并得到多数人的赞同。11 月江苏省立社会教育机关联合会议在镇江召开,与会诸人再次提起组织学会之事,并商定名称和组织纲要,推举俞庆棠、赵冕、甘豫源三人为起草员兼召集人。三人受委托以后,随即联络热心社会教育的一些人士,如钮永建、李蒸、雷沛鸿、陈礼江、柳贻徵、高阳、郑宗海、孟宪承、童润之等联合征求发起人。1931 年 12 月 13 日在南京民众教育馆,上午举行发起人会议,下午开成立大会。到会代表有 57 人。会议上通过了中国社会教育社社章,并介绍了新的社员,决定组织临时理事会,推举俞庆棠、赵冕、甘豫源三人为临时理事,办理第一届理事通讯选举及大会交付事项。由于沪战爆发,直到 1932 年 4 月通讯选举等事项才完成,选举理事 12 人,有俞庆棠、高阳、李蒸、赵冕、钮永建、甘豫源、孟宪承、雷沛鸿、傅葆琛、尚仲衣、陈剑修、刘绍桢,候补理事 12 人。理事会成立后,于 6 月 11 日召开第一次理事会议,在会上根据会章加推理事及候补理事各 3 人。补充理事有:梁漱溟、庄泽宣、董淮。候补理事有舒新城等 3 人。理事会议结束后,成立了事务所。由余庆棠、孟宪承、赵冕 3 人任首任常务理事,主持一切社务。1933 年加入世界成人教育协会,为合作团体。中国社会教育社成立以来,至 1937 年抗战以前,共开四届年会。第一届年会于 1932 年 8 月 24 日至 26 日在浙江杭州举行,到会会员计 89 人。讨论各种议案 50 多件。第二届年会于 1933 年 8 月 24 日至 26 日在山东济南召开,参加会议的社员有 116 人,会议讨论的中心议题是"由乡村建设以复兴民族案",另有其他议案 38 件。第三届年会是 1934 年 8 月 17 日至 19 日在河南省开封市举行,到会的社员共 147 人,会议以"由乡村建设以复兴民族之实施要点"为讨论的中心议题,共收到各种议案达 40 多件。第四届年会于 1936 年 1 月 18 日至 22 日在广州召开,参加会议的社员有 220 余人。会议讨论的中心议题是"助成地方自治,促兴社会生产",另在中心议题以外,有各种议案 22 件,还有临时议案 6 件。1937 年春,中国社会教育社与中国教育协会等 14 个教育学术团体在南京成立联合办事处,后来在这个基础上成立了中国教育学术联合会。(参见王雷著:《近代中国社会教育事业与管理》,黑龙江人民出版社 2002 年版,第 145～146 页)

简要者填写奉上。敝会在定各部分工作,正在研究实验之中,较为复杂,原寄表格难于填写。另由邮寄奉。最近敝会工作简要小册数本,即请察收转致为幸! 专此奉复。顺颂大安　弟晏阳初拜启。"(新版《全集》卷 4,第 376 页)

11 月 15 日　致信许仕廉[①]。全信如下:"仕廉先生大鉴:敬启者,邹平开会报告,弟以此间工作忙碌未如期草就,至以为歉! 兹将稿件奉上,敬请察阅并祈指正为幸! 专此。顺颂大安　晏阳初敬启。"(新版《全集》卷 4,第 376 页)

11 月 18 日　致信梅贻琦[②]。信中首先告知上星期天在清华很想相见,但到下午因身体非常不适不得不立即返回平教会北平办事处。其次,告知当时急于相见之理由,"是因为要同您商量我们两个单位合作搞农业研究的意向性和可行性问题。如我们能制定出一项可使双方都受益的合作计划,这不仅可以节省两倍气力,还可为华北农业研究打下扎实的基础。"最后,告知已与廷黻[③]交谈过此事,拜托可先与廷黻进行深入讨论,拟下月去北京再做商量。(新版《全集》卷 4,第 377 页)

11 月　由其领导的"平教总会"在定县乡村开始宣传推行节制生育。县保健院设立生育节制特别展览室,陈列各种节育器材药品及应用方法图说,并另辟专室供有兴趣人士前来讨论实际问题。是年冬,110 个村的青年愿意接受劝告,并愿意试用这种节育方法,50 个村农民愿意迟婚,且积极节育。(《定县足迹》,第 81 页)

12 月 2 日　定县东不落岗村农民自建露天剧场开幕,参加开幕典礼并致词。(宋编《文集》,第 340 页)

12 月 4 日　给卞白眉[④]回信。全信如下:"白眉先生大鉴:敬复者,奉读台函,

---

①　许仕廉(1896～?):早期社会学家。湖南湘潭人。留学美国,获爱荷华大学哲学博士学位。1924 年回国后,被武昌师范大学聘为教授。同年任燕京大学社会学系教授,兼任余天休主办的《社会学杂志》经理编辑。1926 年任社会学系主任。1927 年创办《社会学界》年刊。1928 年利用美国洛克菲勒基金会的资助,创办了清河试验区。1930 年发表了英文本《一个市镇调查的尝试》(*Chingho:A Sociological Analysis*)报告。1929 年任南京工业调查所专员。1930 年参加筹建中国社会学社的工作,曾先后任该社副理事、理事,同时兼任北平社会局顾问、《美国社会学及社会研究杂志》特别编辑等职,同年出版《中国人口问题》。1931 年赴美讲学,担任芝加哥大学社会学系研究导师职务半年。1932 年任外交部参事、条约委员会委员。1933 年任伦敦及意大利人口问题研究委员会驻华通讯员,又应实业部的聘请在南京担任农村建设委员会的设计工作。1934 年出版了《人口论纲要》,同年被任命为银价委员会主席、高级研究委员。约于抗日战争前夕赴美定居,转为经商。

②　梅贻琦:时任清华大学校长。

③　廷黻:即蒋廷黻(1895～1965)。

④　卞白眉(1884～1968):名寿荪,字白眉,中年以后以字行。江苏仪征人,世居扬州。自幼攻读四书五经,15 岁应乡试,成为童子秀才,16 岁与李鸿章之侄孙女李国锦完姻。于扬州洋书房学新学二年后,捐补为清末太常寺博士,移居北京。后弃官于 1906 年至美国留学,考入白朗大学,攻读政治经济学,取得文学士学位。1912 年回国。经后任中国银行总裁的孙多森介绍,参加大清银行之善后和筹建中国银行。自此,步入中国金融界。1913 年中国银行正式成立,享有发行、代理国库等特权,任发行局佐理,后升任总稽核。1916 年因反对北洋政府明令停止中国、交通两银行钞券兑现,辞职移居天津,协助孙多森筹办中孚银行。　(转下页)

诵悉贵行热心救济农村,拟与陕西泾阳县试办放款,欣佩良深。关于派员来定,共同研究一节,敝会极表欢迎。人数以三人或四人为宜。何时准备来定,尚祈先期示及为感! 专复。敬颂大安　弟晏阳初拜启。"(新版《全集》卷4,第377～378页)

12月6日　致信 S. M. 冈恩。信中首先告知昨天收到来电并附电文,告知今晨已回电并附电文。其次,告知选择最早18日、最好28日相见的理由。"首先,我的身体没有完全康复。我有胃痛和背痛,因较严重,去了协和医院做检查。医生建议我吃药并注意饮食和休息,所以我没能完成通常的工作量。我原准备去保定在不受干扰的状态中集中精力撰写报告,但最后却没有完成预定任务。我现在仍在节食和吃药,但我不准备再继续休息了。另一原因是河北省县政建设研究院第一阶段工作本月底结束。因此我们得拟定新的预算和计划,并呈交省政府求得批准。计划需要在本月十五日前呈交,这样在下个月我们就可以根据新计划开展工作。目前我们正在拟定计划。"最后,告知请来电说明何时相见的意见以便做出相应安排。(新版《全集》卷4,第378页)

12月12日　致信兰安生。信中首先告知得知18日来定县非常高兴。其次,告知想就这次报告中的许多事情相商。最后,告知对罗伯特·利姆博士的耳闻,欢迎他到定县,不过,希望他不会占用太多时间,抱歉不能陪他。(参见新版《全集》卷4,第378～379页)

同日　致信北平塔斯通信社记者。信中告知上次收信询问之事并加以详列。"(一)五年以来,定县识字人数与全县人口百分比之逐年增加情形;(二)自每年收入上观察定县人民之等级;(三)定县五年来农产品收获情形;(四)河北县政建设研究院之工作。"然后逐条加以回复。告知另寄上《河北县政建设研究院述要》等。(新版《全集》卷4,第380～381页)

12月17日　美国著名记者斯诺(Edgar Snow,1905～1972)先生在《纽约先驱论坛报》发表《唤醒中国的民众》,这样称赞他领导的一群人做的定县实验:"在定县,我发现了除苏联之外,没有任何其他地方能有的最富有戏剧性的,也许可以证明是'改造生活'的重要工作。""是谁把这些改革推动起来的? 在改革的后面有着一群精力旺盛的、精神振奋的青年科学工作者与古老颓废的生活方式作斗争的故

(接上页)1918年,冯耿生、张嘉璈出任中国银行正副总裁,又约请重回中国银行,出任天津分行副经理,不久晋升为经理,直至"七·七"事变后,于1938年初离津去香港,成立天津中国银行驻香港办事处,仍遥领天津分行,直至太平洋战争爆发。抗战期间,他先后担任中国银行总行发行集中委员会主任委员,代理总稽核。1943年任中国银行副总经理,1949年总行解散后退休。1951年迁居美国。曾长期任天津银行公会会长(主席、理事长)、天津市商会执委、常委。

事。这些年轻的科学工作者决定在农民中创造一个有生命力的生活典范,充满新思想、新信念、忠诚,他们有一种普遍的信仰,也有能力去主宰环境。定县的成就可以说明他们如何热情和忘我地去寻找真理,去建立一种行之有效的办法,以便在中国能付之实施。他们的领袖是一位有革命品格的吉米·晏,即晏阳初博士,许多美国人都知道他。""晏阳初是一位有才干的学者,一个有独创的教育家,一个勤奋的作家,一个能激励人心的中英文演说家。他也是一位朝气蓬勃的知识分子,这在保守的亚洲是很少见的。他有敏捷的思路,有创造力,有发明才能,有想象力。他还是个组织者,是个实干的思想家,活跃的执行者。在定县实验中,到处都能触及到他的天才。""他给我的印象是足智多谋,多才多艺,随着事物的发展,他可能会成为一个伟大的领袖。在演讲时,他表现出激昂的真诚和信念。所以与其说他是一位进步的教育家,不如说他像一位革命的战斗员。毫不夸张地说,他所领导的运动是远比任何中国军队操练前进和后退更具有强大生命力的革命,过去军队的操练是很松松垮垮的。"（新版《全集》卷 1,第 635～642 页）①

12 月 26 日　致信 S. M. 冈恩。信中首先告知再次推迟去上海的时间,希望对计划影响不大。其次,告知已收到回电,拟 1 月 2 日星期二早晨去办公室拜访。第三,告知遵建议已大致完成报告,需要在火车上和在上海时修改,所以金淑英小姐将陪同来上海,很希望提供办公之地。第四,告知得到消息,兰安生博士将来定县访问。最后,致新年问候。（参见新版《全集》卷 4,第 382 页）

是年　致信任叔永②。信中首先提及此前北平会晤曾将平教会下年度生计教育计划略为陈述,嗣后复托瞿菊农将工作请款书及预算书面呈。其次,告知平教会工作多年受他关照垂爱,中华教育文化基金董事会的补助促使同仁等努力向前求进。最后,陈述下年度预算非有四万五千元颇难应对,仰望贵会特别优予补助。（参见新版《全集》卷 4,第 383 页）

是年　"平教总会"与金陵大学农学院合作,实验作物改进技术。引入金陵大学育成的脱籽棉种 50 余斤,以一部分作实验用,一部分供繁殖用,成绩极佳。（《定县足迹》,第 22 页）

---

①　《定县足迹》第 57 页引述的译文为:"我在定县发现很具有戏剧性,并且证明是最重要的生活改造工作。这是除苏俄以外,其他任何地方所未见过的——定县人民从外表人〔上〕看没有什么和中国其他各地村民不相同。但形成他们许多不同地方在他们心理以其整个生活的前途。这些都不是从外国工厂输入的。晏阳初使我大感惊讶:是富于机智与多才多艺……"孙诗锦所著《启蒙与重建　晏阳初乡村文化建设事业研究(1926～1937)》(商务印书馆 2012 年版)"导论"第 10 页这样译述道:"与其说他是一位进步的教育家,还不如说他更像一位革命的战斗员。毫不夸张地说,他所领导的运动将来会成为比任何中国军队操纵前进和后退更具有巨大意义的革命"。

②　任叔永(1886～1961):任鸿隽,字叔永,科学家、教育家。

　　是年　"平教总会"刊行《定县秧歌选》，这是根据1929年定县社会调查时由农民刘洛便[①]背唱收集整理的50万余字精选的、又收集歌曲创作歌谱50余万字精选及所收集歌曲创作歌谱50种编成的《普村同唱歌集》二册，供各村平民传唱。（参见新版《全集》卷1，第276、279页）

　　是年　李紫翔[②]在《新中华》（上海中华书局）第3卷第18期上发表《中国农村运动之理论与实际》（第5～14页），该文对其领导的定县平教会给予了较高的评价，概括为"定县主义"，将其划归为新派农村运动，并对其从事识字教育和乡村改造的事迹和"定县主义"的理论体系做了较全面的介绍。但该文指出了它的不足：一是"定县主义"的理论基础是建立在抽象的"人"的问题基础之上的；二是其倡导的"民族改造"的"民族"是抽象的，没有与中国的民族革命运动联系起来，也没有与侵略中国的帝国主义者根本对立的意义；三是把中国整个的社会政治经济问题简化为一个农村问题，简化为一个抽象的"人"的教育问题，是没有科学的、历史的、常识的说法，且是内外矛盾的"客观事实"所要求所决定的；四是所谓"愚、穷、弱、私"的四大基本缺点，实际不过是社会的几个病态现象，研究社会科学的人都能知道，造成这些病态现象的还有根本的社会原因。平教会的调查统计上已经证明了这样

---

　　①　刘洛便：生平事迹未详，待考。
　　②　李紫翔（1902～1979）：原名李延瑞，曾用名董志诚。安徽泾县人。1919年，小学毕业。1920年秋，考入宣城第四师范。积极参加"五四"运动，驱走了以封建文化治校的校长，邀请陶行知到校讲演，聘请了恽代英、肖楚女执教。1921年，与同学吴化之带头又拒绝一名武举人当校长，被县政府以"妨害自由罪"判刑半年，关押监狱。1922年春，刑满释放后随吴化之到安源，初在安源路矿子弟一校当教师，后任该校校长。同年秋，由吴化之介绍加入中国社会主义青年团。1923年由陈潭秋介绍加入共产党。1924年调中共安源地委搞组织工作。1925年年底，作为安源代表出席国民党第二次全国代表大会。1926年下半年，又调北京负责社会主义青年团北方区委的组织工作。1927年被捕，判刑八年。1929年获保释，被共产党派到天津担任全国铁路总工会秘书。1930年，调任中共河北省委秘书长。1931年4月再次被捕，判刑一年半。1932年10月，刑满保释后，被派到上海某烟厂做党支部工作。1933年5月后以写文章挣稿费度日。与陈翰笙等发起成立了中国农村经济研究会，并选为理事。1934年，到天津参加吉鸿昌组织的"华北抗日行动委员会"。后化名董志诚到泰山为隐居的冯玉祥及其部下讲授近百年来帝国主义的侵略和中国人民反抗侵略的历史。1935年，替冯玉祥起草了在国民党五中全会上的抗日讲演稿。1936年12月，为冯玉祥与救国会的沈钧儒等联络，宣传抗日主张。抗日战争爆发，任冯玉祥秘书。1938年至1941年，到河南与魏凤楼师长一道，发动群众开展抗日武装斗争。后调桂林帮助"巢县难民垦殖团"搞垦荒工作。1941年，又调到重庆整理冯玉祥民国八年以来的日记。1942年夏辞职离去。到国民政府经济部统计处工作，后兼任第一科科长。1946年夏，辞职留在重庆，受聘为重庆《商务日报》主笔，兼任西南实业协会中国国民经济研究所研究员、重庆大学银行保险系经济政策教授，又任求精商学院政治经济学及商品学教授，并任该院院长。1946年在民联中央常务干事会（民革中央的前身）指派下参与组织重庆民联临时工作组，负责重庆民联分会工作。1947年6月再次被捕，不久获释。1948年底辞去《商务日报》的工作，改任《国民公报》经济主笔。加入了中国国民党革命委员会，从事民主革命活动。新中国成立后，历任西南行政委员会委员、财经委员会委员及研究室主任、计划局局长、劳动部副部长、四川省水利厅厅长等职。1957年被错划成右派，逆境中仍潜心研究经济。1979年平反，恢复名誉并当选为民革五届中央委员。著作有《拉西曼报告书之农村部分研讨》《乡村建设运动之评价》《中国合作运动之批判》等。

一个事实，即"最富有的村，也是最有教育的村"，同时自然也是最能讲卫生、最能享受公民权利的村了；然而他们的意识、他们的哲学却限制了他们在"愈愚愈穷、愈贫愈私"的因果关系上兜圈子。五是定县对于中国文化的认识，它所认识的中国式"民族衰老""民族堕落"的中国，它是以"中国五千年的历史""五千年的习俗为敌"的。所以对于西洋文化是无条件地崇拜，并且欲以西洋的精神技术与物质的帮助造成中国农村所谓的"现代化""科学化"。

1934 年(民国二十三年 甲戌) 四十四岁

2月 蒋介石发起"新生活运动",提倡尊孔读经。7月,蒋介石在南昌成立"新生活运动促进总会",自任总会长。

3月 伪满洲国实行帝制。溥仪在长春由执政者改称"皇帝",改年号为"康德"。

同月 蒋介石颁布"新生活运动纲要"。

4月 《第一次中国教育年鉴》出版。

5月 国民党政府在上海成立"图书杂志审查委员会"。

同月 教育部颁发《大学研究院暂行组织规程》,规定凡含3研究所以上者始得称研究院。公布《中学及师范学校教员检定暂行规程》《小学教员检定暂行规程》。

6月 南京国民党政府公布《图书杂志审查办法》,规定所有出版物交付印刷前须先经审查委员会审查。

7月 国民党四届四中常务会议通过孔子诞辰纪念日八月二十七日为"国定纪念日"。

同月 中央工农民主政府与中共中央军委颁发《为中国工农红军北上抗日宣言》,宣布开始长征。

同月 教育部公布《民众学校规程》,实施失学民众义务教育。

8月 国民政府修正颁布《高中以上学校军事教育方案》。

9月 教育部公布《师范学校课程标准》。

11月 《申报》总经理史量才被国民党特务暗杀。

同月 中国童子军总会成立。

12月 国民党四届五中全会在南京召开。发表宣言,公然声称"攘外必先安内"。

春 晏阳初领导的"平教总会"首先在东建阳村开始实行导生传习的识字教学方法。

1月 "平教总会"开始举行大规模的合作宣传并分别指导各村自助合作社进

行工作。（米编《农合史》，第 50 页；吴著《晏传》，第 201 页）

2月5日　致信 E. 斯诺先生。信中首先告知上个月去南京、上海发现一些英文刊物刊有斯诺的文章，对于人们更好地了解平教会定县实验区很有帮助。其次，对最近刊发在美国《纽约先驱论坛报》上的文章《唤醒中国民众》大家赞扬。第三，告知冈恩先生需百余页的关于平教会的全面报告，现寄上一份供参考。同时寄上关于平教会财务情况的材料。第四，告知在上海与亚朋德①先生共进午餐时他说将为《纽约时报》撰写一篇关于平教会的文章。最后，告知每次路过北平都非常匆忙，一直未能登门造访。希望下次旅行，能有机会拜访。（参见新编《全集》卷 4，第 384 页）

同日　致信 C. H. 骆②先生。信中首先告知在上海因匆忙无法相会，在此希望仍能相会。其次，对有关定县访问的大作表示诚挚的谢意，该文对于使南方能读英文的公众更好地理解定县乡村建设实验帮助极大。第三，告知寄上一份对平教运动的总结复本和财政现状的说明文以及一份更全面介绍平教会经济部的材料。最后，询问"A 型"和"B 型"人选、简历和推荐书。（参见新编《全集》卷 4，第 385 页）

2月9日　致 S. M. 冈恩。信中首先就美国洛克菲勒基金会董事会对华问题交换意见方面，希望以朋友的身份交换意见。其次，告知决定一项对华政策时，时间因素极重要。"贵基金会可以在两个办法中作一选择。它可以等到中国的局势稳定下来，然后在〔再〕将是安全的地方投资；或者，它可以选择一项积极的政策，帮助现有的能够构成国家命运的类似机构，通过一项具体的建设性项目的实现带来稳定的明确的目的。另外的一种方法是，在目前危机发生的时候就进行战略性投资，它会比危机过后增加投资为国家的发展带来更多的利益。"第三，认为中华平民

---

①　亚朋德（Hallet Abend）：旧版《全集》译为"阿本德"，即 Hallet Edward Abend（1884～1955），美国人，记者、国际时事评论家。生于俄勒冈州波特兰（Portland）。曾就读于伊利诺伊大学和斯坦福大学。1906～1925 年任多家报刊的记者和编辑。1926 年来华，任英文《北京导报》代理总主笔。1927 年任《纽约时报》驻华通讯员。1929 年因在《纽约时报》上发表批评宋美龄的新闻，被国民党政府取消在中国电报局拍发新闻电报的权利，遂由北京迁往上海，从外国人所控制的电报局发电。国民党政府外交部曾因此屡向美国使馆提出抗议。1930 年发表《被折磨的中国》（*Tortured China*），指责英、美对日侵华的绥靖政策；1936 年与助手安东尼·比林翰合著《中国能生存下去吗？》（*Can China Survive?*）；1937 年 12 月于寇占据南京，为第一个把日军奸淫掳掠暴行揭发到国外的外国新闻记者。1939 年出版《亚洲的动乱》（*Chaos in Asia*），分析日本侵华的经济和政治背景，招致日本军方忌恨。其寓所多次被搜查。1940 年因其出色的宣传报道而获普利策奖。1941 年 1 月返美，4 月出版《摘除面具的日本》，预言日美战争不可避免。1943 年发行《太平洋宪章——我们在亚洲的命运》。另著有《我在中国的生活》（*My Years in China*，1926—1941，1944）、《西方来的上帝——华尔传》（*The God from the West*，1947）等。

②　骆（C. H. Lowe）：旧版《全集》译为"洛夫"，时在上海中华基督教育年会全国协会任职。

教育促进会必须抓紧为农村建设培养领导人才、抓住机会实施建设性项目,否则,"破坏性势力就会滋长,并使许多年内没有机会进行建设性工作"。必须迅速行动,向"农村建设浪潮"提供必须的领导,训练工作规划以十年时间为最短的期限。"在此期间,可以把训练项目大致分成两个五年期。……在第一个五年期间,我们将重点训练成人,使其在目前的危机中担任领导角色;在第二时期中,我们将另外大批地训练年轻人,让他们开展未来的工作。"第四,谈征选最好人才的重要性。征选那些"干着比较重要的工作并在工作中有所成就的人。"第五,谈美国合作委员会(American Cooperating Committee)在过去五年在资金上的支持及自主使用权的授予,能集中精力在研究项目的发展上。第六,对五年来的工作作总结,主要是发展研究项目、培养"乡村建设意识"、实施县政研究,下一步工作"还必须发展全国性的训练项目",不过需要增加人员和提高素质以及财政保障。第七,表达对中国政治纷争的看法。承认有政治纷争,并认为可给那些消极和破坏势力带来好处;更强调乡村建设在培养领袖人才方面的重要性;"积极的和建设性力量进入各省政府并且进行类似乡村建设这样的具体项目以前,纠纷总是会有的。"第八,讨论洛克菲勒基金会因美国国内局势出现困难的应对办法。最后,讨论给平民教育促进会公民训练部(政治部)负责人、河南乡政建设研究院副院长陈筑山争取一个头等"高级奖学金"一事。(新版《全集》卷4,第386~388页)

2月26日 致信曹孟和①先生。全信如下:"孟和先生大鉴:奉读手书,敬悉一切。贵所同仁拟于3月10日左右临定赐教,敝会极表欢迎。届时请示日期,当派人前往车站迎接也,专此奉复。顺颂大安 弟晏阳初谨启。"(新版《全集》卷4,第389页)

2月28日 致信S. D. 甘博。信中首先表达得知他在美国努力取得好成果而感到高兴。其次,感谢他为平教会调查工作送来的三千美元支票,并告知随信寄上正式收据和公司出具的备忘录。第三,告知自己刚去过北平和天津,为机构合作事项而奔走,最近燕京大学司徒雷登将访问定县,拟详谈相关事项。第四,告知上星期同金城银行的周作民先生进行了一次长谈,讨论一项最终能控制全部华北棉花生产、销售等的建议计划,并与南开大学的何廉商谈,共同拟订了一项使南开、金城银行和定县建立起可能的最紧密合作关系的暂行计划,以联合起来建立改善农民经济的组织。第五,告知下周将与姚石庵先生前往天津出席"华北农产品促进会"(North China Farm Products Promotion Council)的开张典礼。第六,告知周作

---

① 曹孟和:生平事迹未详,待考。

民将在"华北农产品促进会"典礼上担任主席,自己与张伯苓博士将分别代表中华平民教育促进会和南开大学;还选出两名技术人员,即南开的何廉先生和金城银行的詹姆斯·庄①先生。第七,告知近来仍有很多来访者,大多来访者反映很好,拟邀请内德·卡特来访。最后,告知随信附上 1933 年财政年度内调查部工作项目和预算的副本以及最后一期《家庭产业研究》。(参见新版《全集》卷 4,第 389~391 页)

　　同日　　致信 S. M. 冈恩先生。首先,告知最近刚从北平和天津旅行归来。旅行的目的"主要是为了制定出与不同机构建立合作关系的一些切实可行和有效的办法"。其次,告知在燕京大学用了两天时间拜访各系的有关人员,并讨论燕京大学和定县合作关系的方法和途径,该大学政治科学系的一位吕先生②很可能来定县加入平教会,专门负责研究政治事务。第三,告知当年着重加强计划中的训练工作,霍六丁先生将接管训练部,拟由吕复接替霍六丁担任行政官,以便使他得到地方政府方面真正实际的经验。作为河北当地人的他,被任命会被当地乡绅接受。第四,告知真正建立燕京大学和定县在训练工作上的合作关系,司徒雷登本人将在四月的某个时候前来在现场一起讨论整个事项。第五,告知一接到梅贻宝③的大函后就邀请他专程来访,并在定县待了近两整天,并告知了直接交谈的情况,告知

---

①　詹姆斯·庄:生平事迹未详,待考。

②　吕先生:即吕健秋(1879~1955),名复,字健秋,鲁迅作品中写作"剑秋"。爱国民主人士,民国法律的奠基人。河北涿鹿人。清光绪二十九年(1903)举人。直隶高等学堂肄业。后赴日本留学,毕业于经纬学校、明治大学。1895 年 2 月参加孙中山成立的兴中会。毕业归国后,在北京从事教育工作,秘密参加反清救国活动。1904 年赴上海,创办《中国白话报》,宣传民主革命。曾任孙中山《民报》翻译和编辑工作。1912 年任顺直省议会议员。1913 年任众议院议员。1916 年 3 月在上海编辑《中华杂志》和《新中国报》。同年 8 月为国会议员。1925 年 3 月至 8 月任教育次长,9 月 2 日曾往阜成门西三条寓所拜望鲁迅。后任北京中国大学社会学教授,出任京师图书馆长。1927 至 1936 年,回到燕京大学从事法律教育工作,任燕大政教系教授,教授"地方政府"课程。1930 年,被聘为约法起草委员会委员。1933 年,被国民党立法院聘为宪法起草委员会顾问。1934 年,兼任河北省定县实验县县长,任 14 个月,主修《定县志》22 卷,首 1 卷,于同年刊行。1935 年到天津,改任河北省立法商学院院长。1938 年任察哈尔省教育厅厅长。后远奔香港,后转到广州中山大学任法学教授,兼法律系主任。后任教重庆中央大学,并任国民党政府立法委员。1945 年日本投降后,回北京任燕京大学教授,并执律师职务。曾任北平中国大学校长。建国后,任察哈尔省副省长、河北省副省长。政协河北省第一届委员会副主席,全国政协第二届委员会委员、宪法起草委员会顾问,民革中央委员。他参加完成了《中华民国宪法》的编制同时也参与了《中华人民共和国宪法》的编制,是唯一参加两部宪法的编制人。起草《广东省自治暂行条例》《县议会议员选举条例》《县长选举条例》。著有《宪法论》(章太炎序)、《地方自治概论》《社会学原理》和《比较宪法论》等。工书法,所书汉隶,浑无粗犷气。

③　梅贻宝(1900~1997):天津人。1914 年入南开中学,1915 年入清华学校中等科,1922 年毕业,1923 年留美攻读哲学,获欧柏林大学及芝加哥大学学士、博士学位,又在德国克隆大学游学一年。有博士论文《墨子哲学的研究》及英译《墨子》一书在伦敦出版。归国后任燕京大学教授,并兼任教务长、文学院院长等职,一度代理校长职务。抗战期间,还担任过甘肃科学教育研究所所长、中国工业合作协会秘书长等职。后赴美任教爱渥华州立大学,并成立一中日语文中心,自兼主任。欧柏林大学及瓦巴胥学院曾先后颁赠荣誉博士学位。1973 年从爱渥华州立大学退休,复出任香港中文大学新亚书院校长三年。仍旅居美国。1997 年去世时,始终没入美国籍。曾著有《大学教育五十年》一书。

他致力于"奥柏林在山西"(Oberlin in Shansi)的建议计划并将担任其他要职,不便强求他加入平教会定县运动的行列,表达如果他以后想加入的话,随时表示欢迎。最后,希望收到此信后 S. M. 冈恩所在的美国洛克菲勒基金会董事会会讨论他的中国建议计划,并预祝他能得到应该得到的信任。(参见新版《全集》卷 4,第391~392 页)

3 月 3 日　致信 E. 赛登斯特里克先生。信中首先告知由于自己一直疏忽大意,1933 年 5 月 25 日的来函尚未答复,也没有写信为在米尔班克基金会去年的年会上的高度努力和该基金继续定县 1934 年卫生工作而给的 7000 元拨款表示感谢。其次,告知去年没有收到米尔班克基金会的付款感到有些烦恼,虽做过较多努力,仍然没有听到回音,希望来信说明。第三,告知去年国家不幸,但定县的项目却取得了很大的发展,平民教育运动在国内的影响也大大增加。第四,汇报对 1934年工作抱乐观态度。第五,告知关于平教会经费估计 1935 年 7 月将会用完,最近向洛克菲勒基金会申请津贴,但尚未得到申请的结果,也需要米尔班克基金会对平教会卫生工作继续资助。最后,随信附上平教促进会目前工作和今后项目的简要总结复本。(参见新版《全集》卷 4,第 393~394 页)

3 月 4 日　致信 E. 赛登斯特里克先生。信中首先告知昨天写信之后收到一封卡特先生的来信所附的与金斯伯里先生的通讯,对此没有完全理解。其次,告知米尔班克基金会的 7 500 美元似乎在去年 11 月就寄出,"但根据直到 1 月 9 日从贝纳特①先生那里得的消息,北平花旗银行并没有收到这笔款子。我将立即给贝纳特先生写信作进一步调查。"第三,感谢他和金斯伯里先生促使米尔班克基金董事会每年 7 500 美元的比率向定县卫生项目进一步拨款所作的努力。最后,告知因汇率变化,拨款只够预算的五分之三,建议现在就把上半年的 3 750 美元汇来更明智。(新版《全集》卷 4,第 395 页)

4 月初　"平教总会"办理表证合作社。年底达 59 社,到次年年终,总计达 130社。(吴著《晏传》,第 201~202 页)

4 月 8 日　章元善在考察定县后,将所撰的《从定县回来》发表在北平《独立评论》第 95 号上,对其领导的定县平民教育这样评价道:"平教运动在这一年内,得到了它的生命基础;新近科教计划已渐渐的趋入于经济一途。他们的生计教育部,研究农业之外,兼办合作事业。这一演化是很值得注意的"。并认为平教会已得到了人民的信任,培养的学生具有较强的实践基础,学以致用,前景看好。

---

①　贝纳特(Charles R. Bennett):旧版《全集》译为"贝内特"。生平事迹未详,待考。

4 月 11 日 致信 E. 赛登斯特里克先生。信中首先告知对昨天收到"我们的拨款十一月寄给你们。今天将电汇三千七百五十美元"内容的电报表感谢。其次,告知已澄清米尔班克基金会 1933 年拨款之事。第三,感谢此时汇来 1934 年上半年的款子。按照目前的预算率,供卫生工作的钱差不多可用到年底。第四,告知明年的训练项目花费会大得多,现已收到山东省政府开办的山东邹平"乡村建设研究院"在侯博士①领导下开展的卫生规划的请求;四川省成都耳鼻喉医院负责人彼得森②博士所进行的职业队伍及改善和装备机构的计划;以及湖南省政府拟实施的公共卫生计划。第五,告知陈志潜博士正在南京出席全国卫生会议,拟提议为中国医疗事业的发展拟定规划。最后,告知平教会卫生部 1933 年的年度报告已完成,一两天内将让过目。(参见新版《全集》卷 4,第 396~398 页)

4 月 21 日 吴半农在天津《益世报·农村周刊》上发表《论"定县主义"》,指出:"我没有到定县以前,常常听到人家说,定县的工作是美国的金圆铸成的,纵然试验成功了,其他的县份和其他的省份也决没有能力来仿效它。这次到了定县,我觉得这个批评多少有些冤枉了平教会的工作——至少目前的平教会决没有把美国的捐款拿来做'奢侈的游戏'。他们确实是在那里研究和寻找各种简单易行的制度,以供全国各地的采用。而且有些试验,如保健制度,如实验小学,却已有了很好的成绩。又有人说,定县的工作没有一定的哲学和理论只是零星的乱干。这个批评,照目前的情形说,也不十分正确。目前的平教会却有它整个的'一套'。他们相信中国之所以弄到目前这步田地,完全是因为'愚''穷''弱''私'四个字在作祟。要救中国,便得先救这四个字。于是他们提倡'文艺教育',以救'愚';提倡'生计教育',以救'穷';'卫生教育'以救'弱';'公民教育'以救'私'。为要推行这'四大教育',他们并且提出了'学校的','社会的','家庭的'三大方式。这确实是他们的'一套'。有了这'一套'他们才引以自豪,并博得许多参观的外人之赞赏——甚至有少数的外人,如 Edgar Snow 之流,居然把他们的工作称之为'定县主义'。所以我觉得定县的工作不是有没有整个的哲学和理论问题,而是这整个的哲学和理论是否正确,是否抓到了中国整个问题之痒处的问题;换句话说,便〔使〕平教会所提出的'愚''穷''弱''私'四个字,是否是中国整个的根本问题症结之所在。这里我敢武断的说,中国目前弄到这样'民不聊生''国将不国'的地步,其根本原因决不在

---

① 侯博士:即侯子温,负责山东省政府开办的山东邹平"乡村建设研究院"的卫生规划,并担任教员。后在勉仁学院讲授"文字学"。1936 年 9 月编有《梁漱溟先生讲演录》。

② 彼得森:四川省成都耳鼻喉医院负责人、博士,华西协和大学医疗和牙科学院教授,曾进行医疗职业队伍及改善和装备机构的计划。

'愚''穷''弱''私'这四个字,充其量不过是中国社会四个病态的现象而已。……
我们可以得到的破坏中国农村,或是说,破坏中国社会的主力,一是帝国主义、一是
封建势力。平教会却没有注意这些根本问题,他们只是把这四个轻重各异的病态
现象,相提并论地拿了出来,作为他们实验工作的理论之基础和出发点。这当然不
能责备他们的。平教会本身的性质和社会背景,便会使他们不敢正视这些根本问
题。他们虽然不理会这些根本问题,但他们所要解决的却正是这些根本问题。他
们要建设农村、他们要'复兴农村'、他们还要'使中华民族能于建设工作中创造一
个新的生命'。一言以蔽之,他们要从撇开中国根本问题,以谋解决中国根本问题
之一夹道中去找出路,这当然会使他们常常碰壁的。"

4月23日　致信周先庚①。信中首先告知几天前收到4月11日来函。其次,
反对把两个年轻人吴和罗②的所作所为完全归咎于自己,认为对两个年轻人的技
术工作负有责任,但对其道德行为没有责任。第三,对为平教运动在心理试验方
面所做的工作,特别是在整个活动中所持有的崇高精神深表感谢。希望继续把
心理试验工作基础打得更加扎实。第四,邀请到定县访问并商讨整个项目的情况。
第五,告知E. C. 卡特先生将在下星期六来定县访问,拟讨论财政资助的问题,如果
能参加就太好了。敦请与卡特先生和他的随行人员同乘星期五晚上的火车前来。能
否来请电告。最后,祝贺近来家中新添千金。(参见新版《全集》卷4,第398~399页)

5月2日　致信J. L. 司徒雷登。信中首先告知燕京大学政治学系吕复已被
河北省政府任命为县政建设研究院实验部主任兼定县实验县县长,至今还未到任,
省府催促本月6日前到任。其次,请务必让吕复先生离开燕大。最后,希望司徒雷
登在职权之内尽一切努力促使燕京大学与定县合作成功。(参见新版《全集》卷4,第
400页)

5月4日　致信胡庭祎③。全信如下:"庭祎我兄台鉴:奉读四月二十九日手
书,藉悉吾兄服务郑州基督教青年会,至为欣慰。豫北青年夏令会召集第二次会
议,注意讨论农村改进事,此为当今切要之图,承邀前往与会,欣幸何似。祇以此间
会务日益繁忙,届时恐难分身前往,有违雅意,良深歉仄!兹另寄奉此间工作简略出
版物一套,敬请察收,专复。顺颂台安　弟晏阳初拜启。"(新版《全集》卷4,第401页)

5月8日　给J. L. 司徒雷登博士回信。信中首先表示非常感谢5月4日来
函。其次,对吕复先生离开燕京大学一事的处理表示满意。第三,听说将于入夏之

---

① 周先庚:旧版《全集》误为"周学章",新版《全集》加以改正。
② 吴和罗:两人待考。
③ 胡庭祎:生平事迹未详,待考。

前来定县参观而高兴。最后,讨论定县实验与燕京大学合作的重要性,认为"以定县实验为背景,讨论乡村工作问题对我们来说是非常有益的"。(新版《全集》卷 4,第402 页)

5 月 9 日　致信 S. M. 冈恩。信中首先告知刚收到赛登斯特里克先生的来信,信中得知近况,并知米尔班克基金董事会对定县实验区的卫生工作还会有兴趣的。其次,告知金斯伯里先生本月可能来定县访问。第三,告知"华北农产品促进会"的活动正在稳步进行。第四,告知在与银行家、政治家等的合作中遇到一个主要的困难,即忽视对农民们的基本教育和训练而希望以最快的速度组织合作社以获取其利益,认为这不可能帮助农民建立起实实在在的乡村经济。第五,告知由于定县以外其他地区的赈济委员会现已撤离到华北的其他地方,使实验地区扩大,也使事态更加复杂,须建立一些临时性组织以负责今年的棉花收获,拟训练中学毕业生参与特别是与棉花有关的组织和促进合作社方面的工作。第六,报告接替霍六丁①担任县长的吕复先生已就职并来定县,对定县平教运动很满意。现在取得了本县人民对平教计划的支持,这将有助于赢得本地士绅的合作。第七,告知上两周内收到广西的一封快信和一封电报,敦促陈筑山先生前往,并已于上周启程。希望在不久的将来,陈筑山能在别的省内开办一个分会,或叫实验分区。最后,告知上星期收到兰安生博士的便函及董事会关于推迟行动至明年 10 月才拨款给在华机构的电报,就此对下一财政年度的计划非常失望和不安。不过将尽可能扩大项目,特别是有关训练工作的项目,以满足各省不断而来的迫切和大量的需要。(参见新版《全集》卷 4,第 402～404 页)

同日　致信 E. 斯诺先生。信中首先告知几天前法国书店的维琪②先生来谈,表示愿意出版关于定县工作概况的书。其次,告知寄上一份完整的定县工作报告及一份内有平教会计划大纲的简明报告书,请提意见并拜托整理成形以达到维琪先生出版要求。第三,告知维琪先生对出版系统介绍目前中国平教会工作的目的、方针和方法的书比较感兴趣。最后,告知撰写的文章在美国收到很好的效果,对中国平教会帮助很大,"只是使米尔班克基金会感到失望。因为该文提及我们这里的卫生工作不多,他们从一开始就赞助我们的卫生工作。"(新版《全集》卷 4,第405 页)

5 月 13 日　《天津大公报》在《星期论文》专栏刊出蒋廷黻所撰的《平教会的实

---

① 旧版《全集》第 1 版误为"贺绿汀",新版《全集》已改正。
② 维琪:时在法国书店任职。

在贡献》,首先说明:经过这次实地考察,"不但以往我自己的印象错了,就是别人批评平教会者或赞扬平教会者似乎都没有找到平教会的真正使命,只为许多枝节问题蒙蔽了。""平教会的实在贡献在把科学和农村联合起来!""我觉得平教会无疑找到了改造农村的方案。稍加修改,这个方案是可以推行到全国。""平教会的教育是真正的活教育,平教会是在使用教育来造就国民。""平教会的实在贡献在把科学和农村联合起来!""找到了改造中国农村的技艺和方案"。(天津《大公报》1934 年 5 月 13 日)

5 月 18 日　致信 F. D. 凯佩尔①博士。信中首先对 1930 年由卡内基公司(Carnegie Corporation)投票拨给 5 000 美元赞助的"成人学习的持久性"研究课题拖了很长时间表示抱歉。其次,详细汇报未能按时完成的一切情况。第三,谈开展的研究工作情况。"在一九三二至一九三四两年里,由周博士担任主席、我们的几位正式秘书为成员的教育心理研究会及其领导的一批技术人员开展了两个方面的工作:① 对于手头上现有的试验材料按照年龄分组,进行系统化整理和分析;② 设计标准考试。我们发现了一些同桑代克教授(Prof. Thorndike)研究结果在量上有所不同的非常有趣的结果。这个结果可能对我们乡村建设项目的发展产生显著的影响,当然,特别是表现在教课书和阅读材料上。我们正在准备一份有关这项工作的报告,它一旦完成我们就给您寄上。""'成人继续教育'课题还未直接涉猎,因为我们觉得把这个课题交给沈博士以外的其他人是不合适的,但我们在处理其他资料时已对它考虑了很久,现已完成了大量的基础工作。事实上,如果现在开始实施这个项目,会比当初起草这个项目时更加有效。现在人们已对所涉及到的问题、试验材料,甚至于这个课题的意义有了更好的理解。如果现在实施这个课题,它对平教运动的教育工作以及您打算让我们承担的课题都有着更重大的意义。"第四,汇报研究经费的处理情况。"卡内基公司在美国成人教育协会建议下拨给的五千美元尚未动用,这些钱被兑换成一万九千一百二十二鹰洋,并定期存放在北平的一家银行,由财务委员会照管。"最后,谈对于"成人继续教育"课题的处理可能。一是在征得同意的情况下对课题进行修改,选取最好的人员继续进行,并对选人方案有所考虑;二是终止课题的研究,将研究经费及其利息退回卡内基公司。并征求选择的方案,希望能修改方案继续研究。(新版《全集》卷 4,第 405～408 页)

5 月 20 日　致信 J. M. 康拉德太太。信中首先告知过去一年没有开展畜牧

---

① 凯佩尔(Dr. Frederick D. Keppel):时在美国卡内基公司任职。

研究的原因。其次,告知拟改良家畜。"非常希望您仍能捐献一对成熟的种猪,以供我们平教会作育种试验之用。"最后,告知中华基督教公理会成员、畜牧专家詹姆斯·亨特先生(Mr. James Hunter)正在美国休假,他对定县工作非常感兴趣,几个月后将回到中国。"如果可能的话,我给他写信,请他与您联系,商讨给我们选送种猪的有关事宜。他可能会安排运输事项。我将敦促亨特先生前去参观您的农场。他熟悉您的牲口和畜养方法后,一定会有很大收益。"(新版《全集》卷 4,第409 页)

5 月 22 日　致信 R. H. 托尼先生。信中首先祝贺其大作《中国的土地与劳力》问世。其次,拜托对平教运动报告及摘要提修改意见,尤其是经济和政治部分。第三,告知过去几个月已同南开大学在华北农产品的试验性控制和通过省级乡政建设研究院进行地方政府的研究两方面进行了合作。第四,告知几星期前何廉博士一行来定县为其后期研究做安排,明年 9 月起将花很大部分时间在定县并很可能指导乡政建设研究院的经济调查。最后,告知在与何廉相聊中谈及托尼先生,希望能早些回到中国。(参见新版《全集》卷 4,第 410～411 页)

5 月 29 日　致信 M. A. 卡特赖特①先生。信中首先告知卡内基公司拨款开展"成人继续教育"的教育心理学研究项目因最初方案不佳而未启动,最近能做出符合平教运动在教育心理工作上要求的安排,"仍希望能开展成人教育研究项目。不过在我们着手进行以前,我们希望能得到卡内基公司和美国成人教育协会的认可。"其次,告知随信附寄给凯佩尔博士(Dr. Keppel)函的复本。第三,相信能与凯佩尔博士一起考虑此事,并能避免进一步的拖延而尽快给予答复。最后,告知"我的同事和我都很乐意阅读您编辑的杂志。尽管我们的工作不同于西方人的'成人教育',但贵会领导人的经验和他们所表达的教育哲学思想是对我们的很大鼓舞。"(新版《全集》卷 4,第 411～412 页)

5 月 30 日　致信 S. M. 冈恩。信中首先告知刚在南京出席了全国财政会议后回到定县,并对财政会议给予好评。其次,告知"中央政府正在为消除这些年来施加给农民的非法赋税和其他财政负担而进行认真的努力。会上确实通过了废除非法课税的决议(尽管依然如故),并决定解决土地问题。""对我们这些正在为地方土地问题和税收问题进行专门努力的人来说,现在有了法律的后盾。"第三,告知"人们开始以全新的观念认识到,类似县政建设研究院那样的工作的重要性。他们

---

①　卡特赖特(Morse A. Cartwright):时在美国成人教育协会(American Association for Adult Education)任职。

也开始认识到,如果某项改革要彻底进行下去,就不能以某种孤立的方式进行。"第四,告知在南京期间与包括汪精卫、孔祥熙、教育部长王世杰、内政部副部长甘乃光以及其他人员进行了交谈,他们似乎都对定县的试验抱有很大希望,并指望其发挥技术上和行政上的领导作用。这更确信应加强研究和训练计划,并注意发掘由各行各业具有影响的人物组成的坚实核心的极大潜力。第五,告知有些大学教授想与定县的工作发生联系。如平教会与南开大学经济研究所和政治科学系、清华大学文学院和历史系以及即将开办的农业系和化学系建立合作。"我们这些在一道工作并置身于百姓中的人们应该用这样的口号——'到大学中去'。我已建议这些大学把'到人民中去'作为其口号。通过这样的方式,我们可以得到技术上的帮助,他们可以向真实生活迈开第一步。在目前的阶段里,给教授们一个掌握中国农村生活真谛的机会,使大学'农村化',同完全调整课程以设计出具有农村特色的课程,如'农村教育''农村经济学''农村管理学'等,与大学原课程相比,其意义大得多。因为教授们一旦通过这方面的实际经验对农村生活有了认识,他们会在乡村重建方面给其学生以更好的教育和训练。"最后,告知在推进平民教育的项目方面有中央政府和华北的几所主要大学这些有利条件。正在拟订明年的项目和预算,"从逻辑的角度和平教运动所选定的政治家式的道路考虑,我们必须得到上等的人才。除了研究之外,我们还必须训练'乡村建设队',开展地区性或大规模的项目。我们知道,这无疑是我们要进行的事业,但最根本的条件——财政,仍然是没有确切保证的。"认为如何得到更多的财政资助是不得不研究的问题。(新版《全集》卷4,第412～415页)

6月6日 给兰安生回信。信中首先告知刚刚收到6月5日大函。其次,欢迎他与吉米(Jimmy)①、博西克博士(Dr. Borcic)②和刘瑞恒博士前来并期待能在星期六上午相见。最后,对给冈恩的信所作的评论做说明:"(一)司徒雷登和我在冈恩在场的情况下,已经达成协议,燕京大学同定县进行合作。燕京大学希望通过其'乡村管理研究所'来实现合作。我们认为合作不应该以这种方式进行,所以我在第二页末和第三页的开头写了那几段文字。考虑到有关的背景情况,我觉得我只能说这些。顺便说一下,司徒雷登将在明天同凯特·杨(Cate Young)③一道来定县,讨论有关此事的全部问题。(二)最后一段文字并不意味着要求洛克菲勒基金会单独承担全国经济委员会没有兑现的拨款。那段话只是想再次强调:① 训练工

---

① 吉米(Jimmy):生平事迹未详,待考。
② 博西克博士(Dr. Borcic):旧版《全集》译为:"博奇克博士"。生平事迹未详,待考。
③ 凯特·杨(Cate Young):旧版《全集》译为"卡特·杨"。生平事迹未详,待考。

作是迫切的；② 目前我们不能指望从中国方面得到资助。我之所以提到全国经济委员会，是因为他知道给我们作两年训练工作之用的十二万元包括在经济委员会呈交行政院的预算案中，并且拉西曼①对此态度积极。如果冈恩为我们平敦会作出安排预支款项，或为我们去要求这样做，特别是考虑到我们财务委员会的人员组成，此举会招致误会。"（新版《全集》卷 4，第 415～416 页）

6 月　撰写《致中华教育文化基金董事会请款书》，收入新版《全集》第一卷中。首先向中华教育文化基金董事会陈述请款理由。"为恳请继续优予补助，以资充实农业研究，致力农村经济建设事。"其次，对中华教育文化基金董事会多年的赞助表示感谢。"窃敝会鉴于农村建设之重要，在定县从事研究实验，数年以来，屡荷贵会赞助，至深感佩！"第三，就平教会一年来的工作进展及下年度工作的计划分畜牧、育种、土壤及肥料和经济合作等四方面加以汇报。第四，阐述农民生计研究实验工作的重要性及请求赞助的必要性。"农民生计方面之研究实验工作，极关重要，下年度对于各项研究实验必须力求充实，其能与各方面学术机关合作者，亦当尽力进行，以收学术合作之利。更有进者，近年以来各方面要求敝会训练人才者，络绎不绝。下年度起，敝会对于农村建设人才之训练，拟即开始进行，然欲求训练之得力，必有待于研究工作之充实。历年以来，以人力、财力之限制，尚未能有显著之发展，所望贵会本历年赞助敝会工作，提倡农业科学之热心，继续优予补助，俾敝会工作得以顺利进行，不胜盼祷之至。"最后，告知附呈平教会《生计教育部下年度预算》一份。（新版《全集》卷 1，第 217～218 页）

7 月 10 日　为向西方读者介绍定县实验与中国的平民教育运动，用英文写成《定县实验》。"大量的日渐增多的西方朋友们都希望对定县实验有一个当代的评价。应着这个要求，我写了这本书。书中含有实验的理论以及由该理论引申出的基本技术和方法。这些基本的技术和方法对于小国农村群众改造他们的生活和社区所具有的潜力的发挥是必须的。"（宋编《文集》，第 57 页）

---

①　拉西曼（Ludwik J. Rajchman，1881～1965）：旧版《全集》译为："拉贾曼（Rakhman）"，波兰犹太人。细菌学家、医学博士、联合国儿童基金创始人、政治活动家。波兰社会党员，曾参加过波兰革命运动。1909 年执教于克兰诺维（Craiovia）微生物学院。1910 年执教于英国公共卫生学院。1913 年执教于伦敦大学。1919 年任波兰疫症学院校长。1921 年任国联卫生股主任。1925 年以国际联盟秘书处卫生局长资格赴日本时，经中国政府非正式邀请来华作广泛调查。1929 年被国民党政府聘为卫生部外国顾问委员会委员，同年任蒋介石医学顾问。1930 年再度来华，商讨国际联盟对华技术合作办法。1930～1931 年间任宋子文医学顾问。1931～1939 年间任中国国家经济委员会专家。1933 年被国际联盟派为技术合作驻华代表，担任联络事宜。翌年 4 月返日内瓦。1940～1943 年间为宋子文在美国的中国特别顾问。于 1946～1950 年间任联合国儿童基金会第一任主席。写有《拉西曼报告书》，叙述在华工作。该报告书法文本同年在日内瓦刊印，《国闻报》第八卷第 20～23 期载有中文译文。

7月 用英文撰写《定县的乡村建设实验》,由北京的中华平民教育促进会印行(Y. C. James Yen. *The Ting Hsien Experiment in* 1930～1931. Peking: Chinese National Association of the Mass Education Movement, 1934)。1985年由菲律宾国际乡村改造学院重印,以小册子形式发行。分"前言""导言""乡村生活的研究""平民教育的三大方式""四个方面的建设计划""河北省县政建设研究院""全国乡村建设运动"以及"附表"组成。首先,在"前言"中介绍了写本书的缘由。"由于近来许多西方友人,对于定县的实验日益感到兴趣,他们不断函索最近用英语写成的论文。这本小册子,就是对他们请求的反应。这是首次试图呈献给他们的全面阐述定县实验报告。但本文仅作简要的说明,特别是关于三大教育方式,这项留待以后再作较为详尽的论述。在准备本文时,得到平教运动英文秘书奥金克洛斯(Auchincloss,中文名字金淑英)女士的帮助与合作。奥女士从一九二九年以后,就同定县的实验工作取得密切合作了。在此谨致谢意。"其次,在"导言"中主要介绍了平民教育的目的、识字运动的开端和重点的转移。第三,在"乡村生活的研究"中论述了人民、县单位的实验室、定县的实验、四大方面的建设计划、平民教育的三大方式和研究区。第四,在"平民教育的三大方式"中,介绍了学校式、家庭式和社会式。第五,在"四个方面的建设计划"中,论述了文化方面(平民文学、平民戏剧、绘画、历史人物、人民的无线电广播)、经济方面(农业、村镇工业、经济组织、农民的训练所)、卫生方面(村保健员、生命统计、医疗服务;区保健站、医疗、学校卫生;县区保健中心、住院治疗)、政治方面(建设统一体的组成部分、平教运动范围以外的事、中央政府的注意、1932年召开的全国内政会议、河北省研究机构的建立、同平教运动的合作)。第六,在"河北省县政建设研究院"中介绍了目标、组织以及研究院的发展和开展的研究情况。第七,在"全国乡村建设运动"中谈了"全国的觉醒""关键的问题""合作的必要性"以及"面向团结与安定"。最后,附录有"定县纪事"表、"定县实验研究项目——乡村建设的基本要素"表以及"定县实验中的教育方式"表。(参见新版《全集》卷1,第219～248页)

9月8日 在1934学年度①第一次行政会议上讲话。首先,要求将年会建议书由各部、处开会讨论的结果"于今日交来,以便加以整理。"(新版《全集》卷1,第249页)其次,告知各部、处起草本年度工作计划,望于星期三以前送到秘书处。第三,周知本年度工作及人员变更情况。主要涉及周先庚、陈

---

① 学年度起迄为当年9月初至次年8月底。

行可①、殷子固、汪德亮②、张世文、陈志潜、王向辰③和王达文④八位同志。最后,谈平民教育促进总会平民读物的研究设计在国内占首要地位,"今后于推销方面,应积极注意《大公报》及国内各方面,多允极力帮助,应由总务处统筹办理。"(新版《全集》卷1,第249~250页)

9月15日 在1934学年度第二次行政会议上讲话。收入新版《全集》第一卷中。讲话首先交代为充实工作、尽量采纳同仁建议前后三次开会。其次,详细报告"归纳结果有可采者甚多,兹先提出要项请各方面负责人采纳施行"者共计12点:"一、以往工作成绩,应整理编纂成套,对外发表,并作推广训练之基本材料。二、各部、会、处负责人,对于本会对外发表文字出版物等项,应有整个的筹划,对于编辑出版,均应于年度开始时,为有计划地进行。三、研究委员会秘书处,应合作确定工作预计表,分请各部、会、处填送,使其较六年计划更应详细具体。四、各部、会、处应将本年度需要的物品,先为预计开具清单,送总务处,以便预备,而免临时筹办不及。五、各部、会、处工作人员,每月应有工作报告交各该部、会、处主任,每周汇送秘书处呈干事长核阅。六、举凡本会各项研究实验之得失经验与过程,

① 陈行可(1893~1984):四川宜宾人。早年在宜宾县第一高小、成都府中学堂念书。1915年考入北京高等师范学校理化部。由于战乱道阻,1917年才正式入校求学。在高师求学期间,创办"北京励群学院",专为中学毕业生作升学补习。学院招生达300人之多,之后,又创办补习夜校"新京学院",均取得很好的成绩。1922年高师毕业,任北京女子高师讲师。不久,到安徽宣城第八中学任教务主任。1927年自费前往美国密执安大学留学,专攻有机化学。学成回国,先受成都市大代校长龚向农之聘,任化学系主任教授;继受成都大学校长张澜之聘,任成大化学教授兼注册主任。后,到河南开封大学任教。不久,到东北大学理学院任教。"九一八"事变,回北京。被刘湘聘为重庆大学筹备会常务委员。重大建立后出任校长。1934年,受晏阳初之聘到河北定县任平教会总务长。1948年,接替晏阳初任乡村建设学院代理院长,并被国民政府教育部任命为社会教育司长。解放后,先在重庆军医大学任化学教授,随后调任西南师范学院化学教授。1957年,受不公正待遇,仍致力于翻译国外教材。后恢复名誉,并受聘为四川省文史馆馆员。1984年在成都病逝。

② 汪德亮(1905~1990):广东广州人。汪精卫侄子。1926年毕业于清华学校高等科。同年赴美国留学。先后就读于彼保德师范学院、威斯康辛大学、芝加哥大学、哥伦比亚大学师范学院。1931年获美国哥伦比亚大学教育硕士学位。曾任平民教育促进会社会教育部主任,衡山乡村师范学校校长,四川乡村建设学院、四川大学教授。新中国成立后,历任华南师范学院教授、教育系主任、副院长。1960年出席全国文教群英会。民盟盟员。1958年加入中国共产党。长期从事师范教育。著有《社会化教育》《培养大量合格的师资》。

③ 王向辰(1898~1968):通俗文学家。笔名老向。河北辛集宋村人。小学毕业后,无力升学,在丁老师资助下,步行至北京,考入师范,毕业后,任小学校长。因课余做化学试验,引起火灾,被免职。不久入北京大学中文系学习。1919年参加五四运动,同年加入国民党。因示威游行火烧赵家楼,被军阀通缉,逃离北京,事态平息后返北大继续读书。毕业后在青岛大学任职,抗日战争前曾在定县、长沙平民教育促进会工作,在定县担任学校式教育部工作兼负责主持景慧学校工作。抗战爆发后,随冯玉祥去南京。1938年转往武汉,元月任《抗到底》杂志主编。3月,与郭沫若、茅盾、老舍等共同发起"中华全国文艺界抗敌协会",提出"文章下乡""文章入伍"的口号,文协下设通俗文艺工作委员会,任委员,又任通俗文艺讲习会讲师。除主编《抗到底》外,还协助《民众文章》和"通俗读物编刊社"的编辑工作,提供稿件,推荐作品。常在《抗战文艺》《文艺月刊》等杂志上发表作品。代表作有《忍辱报仇》(载《弹花》第二卷1期)、《奇巧会》(载《抗到底》21期)。抗战胜利后到南京,任编译馆副总编辑。解放前夕,避开特务要挟,辗转到四川。后入西南革命大学学习,分配到重庆市文化局搞戏曲改革。病逝于重庆。

④ 王达文:河北省县政建设研究院担任文书工作,兼任平民教育促进会会议纪录及撰写函件等事。

均应分别报告研究委员会,以资商讨。本会既为一种运动,各项研究实验之成功与失败,均在意中,成功与失败之价值原属相等,不得因其失败,遂不报告。七、举凡各同仁,对于工作之困难,应随时报告本部、会、处负责人,随时转报研究委员会,以资商讨解决,不必俟年终始行报告。八、训练委员会、研究委员会,应将各项工作经过,每周汇集报告干事长。九、总务处应每月编制经济报告书,分送各部、会、处。十、本会工作应力求与地方人士合作,应有委员会商讨具体办法。十一、对于下乡工作人员,传达消息应力求灵便,图书报章应如何充分流通于乡村,办公处亦应有一完善、整个的办法。十二、对于招待参观事项,应有一整个的办法,并指定人员负责,以免全体工作同仁精力多费于参观方面。"最后,说明招待参观一项,指定孙伏园、陈治民①、汤茂如、柳哲铭②、潘君实③组织招待参观委员会,由汤茂如同志负责召集处理。(新版《全集》卷1,第251~252页)

    同日　致信 S. D. 甘博先生。信中首先告知迟迟未写信是因患花粉热,并询问治疗办法。其次,感谢6月29日来信及为调查工作送来的3 000美元支票。并告知已附上正式收据。第三,告知去年调查工作已请李景汉寄报告大纲及可能寄出的时间,现寄上报告大纲复本,并就报告成稿情况作交代。第四,告知关于宗教的一些问题暂未答复。第五,询问五、六个星期以前所寄致冈恩先生私函的复本是否已收到。并告知工作正朝着该信中所指出的那些方向发展。第六,告知北海公园会议情况及平民教育促进会全国协会(National Association)十周年纪念日情况。最后,告知开始实施今年的新项目,并为两个关于乡村重建的会议做准备,一直在忙着工作。(新版《全集》卷4,第416~417页)

    9月22日　在1934学年度第三次行政会议上讲话。收入新版《全集》第一卷中。首先要求各部要报告工作。"各部、会、处工作人员,每日应有工作日记,交该

---

    ①　陈治民:平教会成员,在定县实验区负责定县的园艺作物栽培技术改良,主要负责梨树整枝、白菜改良和葡萄栽培等技术的推广。抗日战争爆发后,到衡山实验县担任第三科科长。1939年到四川新都实验县工作,担任第三科科长。编著有《中心学校、国民学校生计教育实施纲要》等书。

    ②　柳哲铭:江苏人,毕业于燕京大学,留学美国,在威斯康辛大学攻读市政专业。1926年3月起在清华学校图书馆任职员,1931年在清华大学法学院政治学系任助教。定县实验区建立后,在实验区服务,曾任招待参观委员会委员。1934年10月参加在定县召开的乡村工作讨论会第二次集会。1935年任冀晋察绥区统税局股长。后任湘赣区常德分区税务管理所所长。1949年1月任粮食部管制司司长。解放后,任天津合资企业——开源华行经理,1952年任天津市工商联进出口临时工作委员会委员,1954年任天津市工商联进出口商业筹备委员会委员。

    ③　潘君实,名悫,字君实。人称"潘老十"。考古学家。参加过20世纪30年代安阳殷墟的第十、十二次发掘。抗日战争爆发后,获派押运古物到重庆。抗战胜利后他在南京接受了著名的司母戊大鼎和毛公鼎,就一直负责看守毛公鼎,以后直到去台湾他始终负责管理青铜器。后在中研院史语所作研究。著有《山东滕县下黄沟村宋代墓葬调查记》等。

部、会、处负责人,除生计教育部因工作关系,每月汇送秘书处外,各部、会、处均应每星期列一总表,汇送秘书处。格式由各部、会、处依工作情形自定之,工作日记中应列入工作心得一栏,以资考成。"其次,关于工作展览室,要求"各部、会应于即日起,分头自行布置,应改者改,应换者换,力求减少不易了解之研究方面的图表,极力增加简明易解之图表或实物陈设,以介绍实验工作,而使参观者一目了然。"第三,制定参观乡村工作路线。指定陈志潜、李训石、陈治策、姚石庵、殷子固、汤茂如会商拟定,由汤茂如召集。瞿菊农如自北平返定县,也应参加。最后,关于联络地方人事宜。指定郑裵裳①、瞿菊农、陈行可、汤茂如、王九苓、么聘之、殷子固、李训石会商拟具办法,由汤茂如召集。(新版《全集》卷 1,第 253 页)

10 月 5 日 致信 S. D. 甘博先生。首先告知随信附上一份由张世文负责的《定县乡村工业报告》译文的纲要,请查收。其次,告知张世文还将根据声明的安排不时地会寄上英译本。第三,告知由创始成员组成的乡村建设委员会将在后天举行会议,然后所有各种与乡村工作有关的人员将在 10 至 12 日内举行更大规模的会议。中央政府和几个省政府也将派代表出席会议。最后,告知乡政建设研究院正对县内所有小学教师(约有 400 人)进行改进小学教育方法和乡村建设基础知识方面的专门训练。(参见新版《全集》卷 4,第 418 页)

10 月 6 日 给牧波恩回信②。信中首先告知前些时候一直在北平和天津,为乡政建设研究院和平教运动的工作事宜拜访一些人。其次,告知迟复信的重要原因,除忙于拜访人而外,便是等待他就特殊教育委员会要离开高寨洲村(Kao Chai-chou)和省教育厅赋予在该村实验的自由与权利的明确意见。第三,告知关于高寨洲村实验事宜的决定如下:"(一) 派张茂栓(Chang Maoshuan)③去您那里,负责指导整个村子的工作。他还随带两名助手,裴芝根小姐(Miss Pei Chihgen)④和梅清静先生(Mr. Mei Chingchin)⑤,其中一人将负责妇女工作。(二)他们去您那里完全出于自愿,就是说,他们不接受您的薪水。至于他们的交通费用,我相信您愿意负责解决。(三)他们去您那个村子帮助工作的时间是两个月,即阳历年底为止。

---

① 郑裵裳:旧版《全集》误为"郑耿裳",新版《全集》已改正。
② 牧波恩:是 G. 谢泼德(George Shepherd,1894~?)的汉语名字。美国公理会传教士,医生。1918 年来华传教。在福建建宁传教施医。20 世纪 30 年代曾参加过江西农业复兴计划,任干事。1934 年被宋美龄聘为新生活指导委员会顾问,帮助宋美龄向国外宣传《新生活运动纲领》。曾任江西黎川教会医院院长。晏阳初致信时,在江西基督教乡村服务社(Kiangsi Christian Rural Service Union)服务。
③ 张茂栓(Chang Maoshuan):生平事迹未详,待考。
④ 裴芝根小姐(Miss Pei Chihgen):旧版《全集》译为"裴致珍小姐"。
⑤ 梅清静先生(Mr. Mei Chingchin):生平事迹未详,待考。

他们不是去您那里久住,而是专程去帮您建立起组织,训练必要的人员,使计划实施起来,然后就移交给你们自己的人继续搞下去。黎博士①说这是他同您达成的谅解,而我们平教运动会认为,这是最明智也是最好的办法。(四)他们认为您对那个村子具有绝对的权力和控制力,因此您能够实施张先生和他的同伴将要带给您的思想和教育制度。黎博士认为,有了上述的条件,张先生可以帮您在两个月内使这个计划进行得有模有样。"第四,希望收到此信后来快信或来电报告知对上述之言的明确态度。第五,告知张先生和所在部门的同事都忙着为张先生的黎川远行准备必要之物。同时告知正忙即将在定县召开的全国乡村建设会议,中央政府的几位部长和南京的全国经济委员会都将向会议派来代表,询问江西是否有人来参会。最后,致以问候并祝黎川的乡村建设实验区一切顺利。(新版《全集》卷 4,第 419~420 页)

10 月 10 日　在《民间》1 卷 11 期上发表《农村运动的使命及其实施的方法与步骤》。1935 年 1 月,中华平民教育促进会又以《农村运动的使命》为题单行本印行。该文首先论述农村运动的使命。"凡是一种运动,自身要有远大悠久普遍根本的意义,然后这种运动,才有继长增高进展扩大日新不已的动力;否则要犯'其兴也勃,其亡也忽'的毛病。"于是他反对把农村运动"看作就是'农村救济'"和"办模范村"。认为中国农村运动的使命是"担着'民族再造'",认为"中国今日的生死问题,不是别的,是民族衰老,民族堕落,民族涣散,根本是'人'的问题;是构成中国的主人,害了几千年积累而成的很复杂的病,而且病至垂危,有无起死回生的方药的问题。这个问题的严重性,比较任何问题都严重;它的根本性,也比较任何问题还根本。我们认为这个问题不解决,对于其他问题的一切努力和奋斗,结果恐怕是白费力,白牺牲。……农村运动,就是对着这个问题应运而生的。它对于民族的衰老,要培养它的新生命;对于民族的堕落,要振拔它的新人格;对于民族的涣散,要促成它的新团结新组织。所以说中国的农村运动,担负着'民族再造'的使命。""因为中国的民族,人数有四万万,在农村生活的,要占百分之八十。以量的关系来说,民族再造的对象,当然要特别注重在农村;又因为中国民族的坏处与弱点,差不多全在

---

①　黎博士:黎季纯(1899~1954):语言学家黎锦熙之四弟,原名黎锦纾。"黎氏八骏"之一。早年就读于湖南省高等工业学校。毕业后赴欧洲勤工俭学,与朱德、邓小平等同学。其后获柏林大学哲学博士学位。归国后,参加 1926 年北伐,任国民革命军总政治部教育股长兼武汉军事整治分校筹备委员,武汉中山大学教授。后供职于南京平教会,为平教会骨干人物。先参加平教会定县实验区工作,任学校式教育主任,以小陈村为实验区。曾利用注音字母的办法修订过《平民千字课》,还运用词类连书办法,在平民读物中用注音汉字印行过一部分。曾在湖南担任育才院训练及编纂设计工作。1939 年 7 月,被平教会派到璧山县来凤驿设立实验区办事处。后曾在新都做学术工作,加强了四川方面的平教工作。因不满葛菊农专断而离开平教会。后曾在湖南省民政厅任职。新中国成立后担任过湖南省教育厅厅长,1954 年调任人民教育出版社副总编辑。同年病逝于北京。

'都市人'的身上,至少可以说都市人的坏处,要比'乡下佬'来得多些重些。你试到农村里去,在乡下佬的生活上,还可以看得出多少残存的中国民族的美德,在都市人的生活上,那就不容易发现了。古来许多英雄豪杰成大功,立大业的,大部分都来自田间。所以就质的关系来说,民族再造的对象,当然也要特别注重在农村。"

"今日农村运动的主要目标,要特别注重在农村的青年男女。这些青年他不但可以为继往的好手,又可以为开来的良工。他们真可做救护中国的生力军,改造中国的挺进队。"其次,论述实现民族再造的方法和步骤。实现的方法"总括起来说,要'实验的改造民族生活的教育'。……这种教育,以培养民族的新生命,振拔民族的新人格,促进民族的新团结新组织为目标,以适应实际生活,改良实际生活,创造实际生活为内容。前者'教育即生命',使接受这种教育的人,自己决心要改造他的身心,来发扬民族的精神;后者'教育即生活',使接受这种教育的人,自己决心要改造他的生活,来适应民族的生存——所以叫做改造民族生活的教育。又怎样叫实验的改造民族生活的教育呢? 要实现上段所说的'教育即生命'和'教育即生活'的两个原则,绝不是在书本上言语上的教育可以做得到的,教者与学者,都要在实际生活上去实地历练才成。"(新版《全集》卷 1,第 254~258 页)实现的步骤有三,第一步要利用人才上的条件、事业上的条件、经济上的条件、时间上的条件和社会上的条件来做基础性、实际性和普遍性的研究实验;第二步是要训练技术专门人才和技术推广人才;第三步是表证推广。第三,论农村工作的大联合。"因为农村问题太复杂,方面也很多,非把全国各地从事农村工作的同志们,大家联合一气,共同努力,共同奋斗不可。要知道这种民族再造的运动,包含有改造民族文化,改造民族生活的两方面。它的使命之伟大,绝不是少数人干得了的,也绝不是多数人各干各的能成功的。因为这种工作需要大量的金钱与大批的专家,在今日中国经济破产、人才缺乏的时代,从事农村工作的人们,还不联合起来,前途哪里有许多希望! ……我们如果站在整个农村运动的立场上,来看自己方面的工作的性质,各自认清各自的特点,联成一个整个的农村运动的计划,彼此分工,彼此合作,互相辅助,相依为命,我敢断定前途一定有很大的光明!"最后,强调合作精神的重要性。"农村运动的使命要能实现,当然一方面要认清我们的使命;一方面要决定我们的方法和步骤(合起来说可说就是农村运动的旨趣)。然后从事工作,才不致走入歧途。但是最要紧的,还是我同仁们从事农村工作的同仁的合作精神。因为农村运动的使命,就在培养民族的新生命,振拔民族的新人格,促进民族的新团结。我们自己要是不能合作,不能团结,那根本就无希望了。所以我希望,我很真诚热烈地希望农村工作的同志们,要在我们彼此的言行上、生活上,先造成一种农村运动者的风格。工作是

表现我们的生命,是实现我们的生活;我们的生命,我们的生活,就是为我们的工作。"(新版《全集》卷1,第262~263页)

同日 乡村工作讨论会第二次集会在定县举行,会议开至12日。到会代表150人,代表76个团体机关,分属11个省,比上次集会人数增加一倍以上。与梁漱溟、章元善等在会上发言。梁漱溟在会上讲述《乡村建设旨趣》,指出乡建运动旨趣在建设以乡村为重心的新文化;章元善讲述《合作经济与乡村建设》;晏阳初在讨论会上讲《乡村运动成功的基本条件》,认为第一必须首先明确乡村运动的目标是"造人",要重视青年农民推动乡村运动的作用,有了人就必须弄清"以何建设""谁来建设""如何建设"等问题。乡建人才必具三个条件:专门学问、创造能力、应世手段,当然乡村运动也需要国际上的同情和赞助。并作《中华平民教育促进会定县实验工作报告》的工作报告。分为:一、引言;二、社会调查;三、文艺教育;四、生计教育;五、公民教育;六、卫生教育;七、学校式教育;八、社会式教育;九、教育心理研究;十、本会与国内各团体之合作;十一、研究院与平教会的关系;十二、本会的经费。(参见川编《晏阳初》,第275~310页)

10月16日 致信刘瑞恒博士。首先告知刚收到兰安生博士的来信并附有9月12日信的复本。其次,告知寄上9月12日信的复本以供参考。第三,希望写信给米尔班克先生让他支持兰安生博士所建议的定县卫生计划。最后,告知"在定县举办了一次非常有效、非常鼓舞人心的乡村建设工作会议。实际上,政府和私人办的主要乡村建设站都有代表前来出席。他们代表十一个省份的七十六个组织。江宁、兰溪、邹平和定县四个实验县的县长也亲自到会。青岛的沈鸿烈①将军还做了

---

① 沈鸿烈(1882~1969):字成章,湖北天门人。自幼勤奋好学,18岁时考中秀才。1905年东渡日本,入日本海军学校学习。1911年夏毕业回国,加入海军。由海军"楚观"舰候补员起步,先后担任国民政府参谋部海军局科员。1911年10月参加辛亥革命,曾任海军统领、宣慰使,参与策动长江下游清廷海军起义。1912年,任海军部军机处参谋。1913年,调任北京参谋本部海军局上校科长。1916年3月,派往赴欧洲观战团海军武官,随英国舰队参加对德作战。后又出访美国。1918年10月回国,兼任陆军大学海军教官。1920年10月,调任吉黑江防舰队参谋,后任参谋长。1922年8月,调任张作霖公署航警处长。1923年7月,升任江防舰队中将司令。1925年,出任东北联合航务局董事长。1926年11月,奉命率江防舰队抵青岛,与渤海舰队合编为东北渤海舰队,被任命为舰队副司令。1927年7月,任海军第一舰队司令,11月升任海军副总司令、代总司令。1930年9月,任海军第三舰队司令。1931年12月,通过"崂山事变"独揽东北海军大权,并被任命为青岛市代理市长。1932年1月任青岛市市长。在青岛执政6年,有政声。1937年6月,兼任青岛保安处处长。1937年10月任青岛陆海军总指挥,年底撤离青岛。后任山东省政府主席、山东省保安司令、山东党部主任委员、鲁苏战区副司令。抗日战争初期,与八路军及其他抗日革命力量的合作关系尚好,曾制定实施八条抗日施政方针。后开始反共。1939年春,其部秦启荣首先制造了"太和惨案",破坏山东敌后抗日斗争。"皖南事变"之后,公开打出"防共、限共、反共、剿共"的旗号。1941年冬,调任国民政府农林部长。次年12月兼任国家总动员会议秘书长。1944年9月任中央党政工作考核委员会秘书长。1945年11月前往华北东北视察接收事宜。1946年3月调任浙江省主席。1948年7月任考试院诠叙部长。1949年任总统府国策顾问,同年去台湾。1969年3月在台中病逝(一说卒于1970年)。所著有《读史札记》2卷、《欧战与海权》1卷、《收回东北航权始末记》4卷、《五十年间大梦记》、回忆录六种(《东北边防与航权》《青岛市政》《抗战时期之山东党政军》《抗战时期之农林建设》《抗战时期之国家总动员》《浙政两年》)、《政海微澜记》《消夏漫笔》等。

一个有关他的乡村工作的精彩报告。这次会议表明,不仅出现了全国范围的乡村
建设热潮,而且这方面也确实取得了具体成就。"(新版《全集》卷4,第420~421页)

10 月 28 日　给 S. M. 弗赖伊小姐①回信。信中首先告知很高兴收到来信,并
得知不仅仍对定县工作如此地感兴趣,而且还做了大量工作让别人也对此产生兴
趣。其次,告知会非常高兴地拜读正式的广播演说词。第三,感谢把演说的报酬当
作对平教运动的贡献寄给平教会,并随信附寄上正式收据,请查收。将同郑锦先生
(Mr. Cheng)磋商此事,以便为发展定县的无线电事业而最有效地使用该笔钱。
第四,告知明天要动身去汉口帮助组建湖北省乡村建设协会。最后,告知全国乡村
建设的技术和行政管理领导人奇缺,平教运动决定从明年开始实施一项训练计划。
(参见新版《全集》卷4,第421~422页)

10 月 29 日　动身去汉口帮助组建湖北省乡村建设协会。(新版《全集》卷4,第
422页)

10 月　在定县召开的第二次乡村工作讨论会上讲演《乡村运动成功的基本条
件》,收入 1935 年 9 月由中华书局出版的《乡村建设实验》第二集中。首先谈乡村
运动风起云涌,但提醒同仁"于此高潮中,以冷静的头脑,切实努力。"其次,谈乡村
运动成功的两个基本条件即认清目标和实干。关于目标——认为"最大的目标是
'造人',必使从事农村工作的人,有热诚的信仰,有牺牲的精神,有了人才,然后才
能推动农村。而人的原料仍然是在农村里,农村中的青年农民即是推动乡村工作
的中心力量,我们必须抓住他们。"关于"干"强调先研究。"一是为问题而研究,二
是为实施而研究,三是为训练而研究。从学术的研究上解决一切工作的方法,然后
一致的去努力。"第三,谈乡村运动人才的三个条件。"一是要有专门学识,二是要
有创造能力,三是要有应世手腕。"最后,谈乡村运动的成功需要国际间的同情和赞
助。(新版《全集》卷1,第264~265页)

同月　在河北定县召开的第二次乡村工作讨论会上作《中华平民教育促进会
定县实验工作报告》,收入 1935 年 9 月由中华书局出版的《乡村建设实验》第二集
中。分"引言""社会调查""文艺教育""生计教育""公民教育""卫生教育""学校式
教育""社会式教育""教育心理研究""本会与国内各团体之合作""研究院与平教会
的关系""本会的经费"共 12 个方面。在"引言"部分,主要谈中华平民教育促进会
的缘起、宗旨的变化及工作大概。在"社会调查"部分,主要介绍统计工作简况及实
地调查进行时的情况。在"文艺教育"部分,主要介绍了平民文学、艺术教育和农村

---

① 　S. M. 弗赖小姐(S. M. Fly):旧版《全集》译为"S. M. 弗赖伊小姐"。生平事迹未详,待考。

戏剧。在"生计教育"部分,主要介绍了农民生计训练、县单位合作组织制度、植物生产改进和动物生产改进。在"公民教育"部分,主要介绍了国族精神研究工作、农村自治研究工作、公民教育材料研究工作、公民活动指导研究工作以及家庭式教育研究工作。在"卫生教育"部分,主要介绍保健制度的组织、减除天花流行病的技术完成、治疗沙眼与皮肤病的方法业已普及、生命统计方法业已找到、进行中的工作和将来工作计划。在"学校式教育"部分,主要介绍了初级平民学校的研究与实验、除文盲实施的研究与实验、初级平校以上教育的研究与实验、乡村小学的研究与实验、妇孺教育的研究与实验、师资训练的研究与实验、村单位教育建设的研究与实验、学校式教育编纂工作等。在"社会式教育"部分,主要介绍了什么是社会式教育、社会式教育的演进、民校毕业同学会、今后社会式教育的工作。在"教育心理研究"方面,主要介绍了研究概况、研究结果。在"本会与国内各团体之合作"部分,主要介绍了与合作有关的会内各部、合作团体名称及合作事业情况。(参见新版《全集》卷 1,第 266～303 页)

同月 河北省定县政府研究院特购买纯种波支公猪,由定县农场经各村合作社负责于两年内推广全县。每年农家增益 40 余万元。(《定县足迹》,第 31 页)

11 月 14 日 致信 C.H. 骆先生。信中首先表达"非常高兴能听到您的消息,更何况您还为我们共同的朋友——张登瀛①之子张福林(译音)②写了推荐信。"其次,谈定县平教事业录用人才的规定。"大学毕业生需有两年的工作经历才具备申请 B 等奖学金的资格。然后,在他被录取之前,还要通过极为严格的考试。这类申请者的考试时间为夏季。B 等奖学金每年为三百元,足以支付这里的费用。这里的学生每月开支平均不超过十二元。"第三,对张福林前来受训一事表态。"张先生不具备申请 B 等奖学金的条件,但由于您对他大力举荐,加上他在上海大学(Shanghai University)取得的良好成绩,我个人将乐意作出特别努力,以使他能前来定县受训。因此,请您告知张登瀛先生和他的儿子张福林,我非常高兴让他在上

---

① 张登瀛(1888～1971):又名泽履,原籍江苏省南京市,曾在南京教会办的金陵大学肄业,1910 年在汉口圣歌颂学校任教师,后在汉阳铁工厂化学部做技术员,后投考汉口英国领事馆做翻译,1916 年在湖南长沙青年会工作,1921 年在杭州青年会担任德育部干部五年,1925 年调任重庆青年会担任干事。精通英语,之后赴美国春田大学留学,专攻社会合作专业,回国后在 1933～1937 年出任上海公共租界当局设立的工人组织"上海人力车夫互助会"总干事。1937 年后在上海宁波人寿保险公司做襄理、副经理,在此前后曾投资耀华玻璃厂、瓷厂,成立宁兴水火保险公司等,不久均因战争而破产。失业后靠变卖家具、借债等不固定收入生活。1945～1947 年在上海善后救济总署工赈组任技正,主要搞一些救济工作。后到上海同仁医院担任总务主任,1949 年离职。1950 年后进入中华基督教全国协进会,曾任过圣公会董事、劳工部主任,次年离开协进会。与张琼芳结婚,育有五儿三女。编有《青年会推行国货运动专刊》(中华青年会全国协会出版)。

② 张福林(译音):生平事迹未详,待考。

海大学毕业后前来,并且我对您的评判和他父亲的推荐绝对信任。"第四,告知另寄上两份定县平教的总结报告的复本——《一九三四年的定县试验》。最后,希望告知新工作的进展情况以及明年的打算。(新版《全集》卷 4,第 422~423 页)

11 月 23 日　致信 E. 赛登斯特里克。首先,告知过去两个月里中国国内发生了一些重要事情。① 在定县召开的全国乡村重建会议的详细情况,包括出席情况、会议的报告(江宁试验县的土地登记和税收改革报告、山东省乡村建设研究院属下的菏泽实验县报告、定县实验县的一个与社会和政治重建相关联的项目报告、各农学院的与乡村生活相关的报告、扩展的农村中心报告等)以及该会的结果(对农村建设更明确和更大的概念、对合作和协调需要的更强烈的意识、更强的联系和更深的信念以及"统帅部"与全国的规划)。② 各省尤其是广西、河南、江苏、江西、湖北的要求。③ 中华平民教育促进会的项目。其次,告知平教会正以最快的速度尽全力推进训练项目,拟招募有身份的成人通过短期培训派至相关省份组织新分支机构并开辟新道路,同时吸收有能力、有理想的年轻人通过艰苦的锻炼和全面的训练以便能帮助和继承老职员开创的工作。第三,告知扩展项目分"广泛型"和"深入型"两类,广泛型项目主要在江西、广西、江苏和河南开展,深入型项目拟选在湖北进行,并详述选在湖北的缘由。第四,告知定县正迅速变成中国农村卫生工作的中心。最后,告知寄上由公共卫生部主任陈志潜博士编制的下一个五年期(1935~1940)农村卫生示范和训练工作的预算书。希望能得到额外的财政资助并盼早些答复。(参见新版《全集》卷 4,第 423~434 页)

11 月 26 日　致信刘大钧。信中首先告知冒昧地寄上刚刚出版的小册子——《一九三四年的定县实验》。其次,告知南方的英文刊物很少报道定县平教的工作情况,希望能基于小册子的资料为《中国评论周报》写一篇叙述定县工作的文章。最后,告知有加大宣传的必要。因为"尽管有很多人了解并欣赏我们的工作,但还有不少人对我们正在努力完成的工作认识不足,他们对平教运动妨害匪浅。"(新版《全集》卷 4,第 434 页)

11 月　致信沈鸿烈。全信如下:"成章先生勋鉴:此次驾临定县,既慰仰慕之衷,尤增无穷之望。初等负兴亡之责,抱尝胆之旨,深入民间,实验生计教育之方法,研究民族再造之文化,明知数千年重重叠叠之积弊,四万万人泄泄沓沓之心习,其艰难险阻,在所不免。然而能得具有世界眼光,深知民间疾苦,卓有建设成绩如先生者,不辞跋涉之劳,亲临指导,语语悉同仁之甘苦,句句动同仁之心魄,此真求诸当世梦想所不及见者也! 临别辱荷谆谆致勉,别后又奉来电处处关切,深感以先生同情之泪,愈增同仁精进之勇。明夏有便必当赴青,请教一切。勿此不尽。敬颂

勋安　晏阳初敬启。"(新版《全集》卷4,第435页)

12月2日　定县在东不落岗村举行露天剧场落成典礼。到会祝贺并讲话:"这剧场是中国全国第一次村里的老百姓自动建筑的,意义价值重大,实远过万里长城!因这剧场是贵村的创作,贵村的自作、合作的结果。要中国有办法,即全赖诸位建剧场的这种精神。"(《定县足迹》,第200页)

12月17日　在1934学年度第七次行政会议上讲话。收入新版《全集》第一卷中。首先向大家报告三项要事:"(一)实现院会工作新组织。此组织的意义与精神,同仁必须彻底地认识,而后实际工作方能收事半功倍之效。(二)总务整理情形,由行可①先简要报告,同仁再参考总务处各种书面报告,以后另定期开会讨论。(三)今后会方工作之整理与检讨。今后如何而能在此新组织与新计划下切实有效地使院会切实合作,实现双方工作的目的,这是我们今日开会主要目的"。其次,对瞿菊农报告各项组织大纲做说明,希望同仁要了解此新组织根本精神及设置情况方能实现预期结果,并对参加人员的人格修养和专门技术提出要求。第三,对陈行可报告的总务整理情形进行评价。提醒同仁关注平教会中各种规章,并发表意见,通过后,须以身作则地拥护执行。第四,报告今后平教会工作的整理与检讨。强调平教会工作将由注重研究实验转入实施阶段。并介绍院方新组织:"(一)院会工作目标,今后以实施为对象,以政治立场为出发,就平教运动说,可以说从来的理想,到今日才'组织化''制度化'。(二)会方现在组织在此工作新计划下,不能不有改变,以应工作方面的需要。(三)院方组织中(如调查部、研究部、实验部)今日之所急者,在于抓着实验部即县政府,以院会双方全部人力、财力集中充实之,实现我们多年来苦心孤诣得来的所谓一套一套的工作。(四)今后院会工作在行政上,经费上可以说是截然两事,工作则以院方工作为主,会方工作为辅。希望同仁认识此点。我们分析会方今后主要工作只有三方面:即① 研究工作;② 训练工作;③ 编纂工作。"最后,谈抓住时机的可贵。(新版《全集》卷1,第304~307页)

12月26日　致信魏鉴②。全信如下:"镜如吾兄勋鉴:此次赴津,得聆麈教,良深欣慰。关于变更县府组织办法,深荷赞同,且拟向各方将此案内容解释,促其必成,具见吾兄望治之殷与关爱之切,不胜感佩!惟此案本已应早日施行,故极盼省府于本年内予以通过,俾于明年元旦,岁序更始之时,而开始此项新的工作,期收政兴日新之效,尚祈鼎力促成,无任祷盼!弟本拟在津多留数日,藉聆教益,惟得敝会

---

①　行可:陈行可。

②　魏鉴(1893~?):字镜如。辽宁营口人。曾任民国内政部华北水利委员会委员、安徽省政府委员兼民政厅厅长、国民大会安徽省代表选举总监、监察院参事。

电告,有国际学术团体来定有事接洽,遂即匆匆返定。现又因豫、鄂、皖三省地方政务研究会有二十二人来定参观考察,且张岳军[①]主席亦来电,于日内来定参观,亟需候晤。因此,一时不能离定,否则当于省府提议此案时,再度赴津接洽也。引企津门,无任驰系! 在津时,厚受盛馔,并此布谢。专[②]此。顺颂勋祺　弟晏阳初敬启。"(新版《全集》卷4,第435～436页)

12 月　设实验露天剧场于定县西建阳村。(川编《晏阳初》,第293页)

是年　《民间》半月刊在定县出版。"平教总会"协助江西黎川乡建工作。(川编《晏阳初》,第293页)

是年　"平教总会"生计教育部在牛村举办生计巡回训练学校,召集村中青年农民受训。(《从晏阳初到温铁军》,第20页)

是年　定县保健所成绩斐然,全县种痘人数为80%,注射霍乱疫苗人数为70%。(《定县足迹》,第40页)

是年　平教会卫生教育部特派员分别在定县15个村访问了835农家,说明节育的重要性,其中108家需要实行节育,34家接受劝告。(《定县足迹》,第41页)

是年　看到形势吃紧,把1918年在法国巴黎为华工服务时的照片送给了张克敏的父亲[③],并语重心长地叮嘱他,今后无论条件怎样艰苦,一定让孩子学点文化知识。(《定县足迹》,第77页)

是年　应周佛海之约撰写《关于民众教育的任务》。首先,阐述"教育的主要目的,不仅是要受教育者能够适应生活,更要以教育的力量,达到改造生活的目的。"其次,阐述"民众教育的对象,应该是全体民众。"认为"民众教育的一个基本任务,是使全国失学的人们,都能得到最低限度的教育。至少要认识本国基本文字,了解现代中国人所必须具有的基本知识。"第三,阐述农民教育的重要性。"全国人民之生活于农村,以农业为主要职务的总在三万万以上。此三万万以上的农民,是国家的基础,是民族生命的源泉。但最缺乏教育的是这三万万以上的农民。由此可见,民众教育即以全国民众为对象,尤其要注重。"而农村中的青年的教育尤其应该注意。第四,强调民众教育必须生活化。民众教育的任务"当不仅是取得一些呆板的知识,学习一些于实际生活不发生影响的技术。民众教育必须真能达到生活化的

---

①　张岳军:即张群(1889～1990),名群,字岳军。时任湖北省政府主席。

②　专:旧版《全集》用"耑"。

③　张克敏的父亲:即张仁民,时住定县东大街到考棚的一条胡同内,为骨科医生,喜欢打猎、养花,是晏阳初当时的好友。张克敏,小名希廉,曾在晏阳初夫人许雅丽在定县办的景慧学校念书,念到初中二年级平教会南迁为止。一直珍藏晏阳初在法国巴黎为华工服务时的照片。1985年9月,将照片送还给晏阳初。

目的。能够以教育的力量,解决生活的苦痛,然后才能达到以教育改造生活为目的。"具体而言,"中国最大多数人民的生活,根据他们在生活上所呈现的困难,加以观察,加以分析,有四种基本缺点:一是愚,二是贫,三是弱,四是私。从事民众教育的,应当认清这四种缺点,研究一套适合于民众生活的教育的内容。一、应当在文艺方面,以文字教育为出发点,从文学艺术着手培养人民文艺兴趣,发扬民族精神,培养增进科学头脑,以解决'愚'的问题。二、应当从农业生产、农村经济、农村工艺各方面,授以科学方法、科学知识,增进其生产能力,改善其经济生活,以解决'贫'的问题。三、应当在公共卫生方面,授以科学医药常识,养成卫生习惯,建设卫生环境,以解决'弱'的问题。四、应当对民众施以良好公民训练,使他们有公共心团结力,有最低限度的公民常识,发展团结力量,启发民族自觉,训练自治能力,培养法治精神,以解决'私'的问题。这是根据生活需要生活缺点的教育内容。"最后,阐述民众教育与农村建设应通盘计划进行。"不仅民众教育有了确定的对象,农村建设亦有了'人'的准备。如其全国各方面共同努力,不但教育上可以取得一种新力量、新生命,中华民族也可以开一条新路。"(新版《全集》卷1,第308~311页)

是年 与南开大学、金城银行共同成立华北农业改进社。(姜编《纪略》,第38页)

1935 年(民国二十四年 乙亥) 四十五岁

1 月 国民党政府与伪"满洲国"通邮。

2 月 全国国语教育促进会定本年为"国语教育年"。本月,在全国电台举办国语教育讲演会,由王世杰、赵元任等播讲。教育部颁布《民众教育馆规程》。

3 月 教育部公布《全国运动大会举行办法》,每两年办理一次。国民党中央执委会公布《公民训练实施纲要》9 条。

4 月 教育部修正公布《中学生毕业会考规程》《师范学校学生毕业会考规程》《简易师范学校、简易乡村师范学校课程标准》。公布《学位授予法》,7 月 1 日起实施。

5 月 行政院修正通过《实施义务教育暂行办法大纲》。教育部公布《学位分级细则》。

6 月 国民党政府派代表何应钦与日本华北驻军司令梅津美治郎签订《何梅协定》,出卖我华北主权。

同月 教育部公布《实施义务教育暂行办法大纲施行细则》,并定 8 月起实施,以普及四年义务教育。教育部修正公布《中学规程》《师范学校规程》《职业学校规程》。

7 月 教育部公布《一年制短期小学暂行规程》。

8 月 中共中央发表《为抗日救国告全体同胞书》,即"八一宣言"。

同月 教育部、内政部联合规定"全国儿童节",以"唤起全国注意儿童教养"。各地均举行儿童年开幕典礼。教育部公布首批简体字 324 个及推行简化汉字办法。

12 月 北平学生爆发"一二·九"抗日救亡运动。

1 月 1 日 给 E. 斯诺先生回信。信中首先告知已收到大著《远东前线》①,十

---

① 《远东前线》:埃德加·斯诺(Edgar Snow)1933 年以英文完成该书并出版,揭露日军侵华真相。傅成铺将其译成中文,在《外交月报》1934 年第 4 期上刊载。

分感谢。其次,告知前几天刚回到定县,将于本月适当时候去北平,希望有幸见面。最后,询问所寄编写的小册子《一九三四年定县实验》是否收到。(参见新版《全集》卷3,第437页)

同日 北京大学教授周作人在参观定县后将其所撰的《保定定县之游》发表在天津的《国闻周报》第12卷第11期上,满怀崇敬之心高度赞扬其领导的定县平教会"动手做而不高谈阔论"的朴实精神。(《国闻周报》第12卷第11期)

1月2日 致信周学章。信中首先告知上次太匆忙没空讨论工作事宜,相信不久还有机会。其次,询问傅小姐(Miss Fu)①打算辞去工作的原因。第三,告知河北省政府已通过平教会研究院的计划,一直忙着付诸实施,并使地方行政机器也相应地运转起来。最后,询问小孩康复情况,并祝家人身体健康。(参见新版《全集》卷4,第437~438页)

1月5日 在1934学年度第八次行政会议上讲话。收入新版《全集》第一卷中。首先让大家就总务处办事细则加以讨论,并发表自己的看法。其次,就职员请假规则组织讨论并发表看法。最后,强调"今后应注重训练,注重推广实施,研究实验应以此为准绳……今后工作目标,集中人才、经费、时间,加紧努力,至今后工作目标,只有三方面,即实施、训练、编纂三方面,今后以训练为中心。"(新版《全集》卷1,第312~314页)

1月12日 在1934学年第九次行政会议上讲话。收入新版《全集》第一卷中。首先谈研究实验工作的检讨。"初步的工作,业已大体告一段落,并印成报告,现在由菊农同志撮要报告,季纯、一湖同志补充。"②其次,对检委会工作大加肯定并提出下一步工作的安排。第三,就"村单位学制"与"县单位学制""社会式教育部"与"学校式教育部"发表看法并提相关修改意见。第四,就工作提建议。"(一) 关于学校式教育部主任行政职务酌派员代表。(二) 关于审订事宜,可在研委会中指定若干人,研委会主任委员为主席。(三)《农民》改归平民文学部编辑。(四) 社会调查,教育心理检委会应补行检讨。"第五,强调检定工作量方面告一段落,质方面还应注意,特别注意经费方面。第六,谈今后工作。"第一研究实验","第二实施推广","第三人才训练","第四编辑工作"。第七,对检定工作时限的规定。"统限下星期五(一月十八日)以前检定完成,报告与我。下星期六行政会议例会报告讨论。"最后,提醒行政会议同仁应特别注意讨论的保密。(新版《全集》卷1,第315~317页)

---

① 傅小姐(Miss Fu):未详,待考。
② 菊农:瞿菊农;季纯:黎季纯;一湖:彭一湖。

2 月 16 日　给 C. L. 阿尔斯伯格①博士回信。信中首先告知刚收到去年 1 月 30 日介绍沙伊德尔博士(Dr. Scheidel)②的来函,并会尽可能帮助他。其次,告知"国际经济关系国策调查委员会"的报告尚未收到并拜托推荐感兴趣的朋友。最后,告知将寄上一份名叫《一九三四年定县实验》小册子。(参见新版《全集》卷 4,第 438 页)

2 月 18 日　致信周学章。信中首先告知已经开始本学期的工作了。其次,询问朱柯③先生何时能返回定县继续他在秘书处的工作,汤茂如正等着向他移交工作。第三,阐明朱柯在定县也能从事教育心理学方面的编辑工作。最后,告知有关成人继续教育研究项目的声明已交钱德勒小姐(Miss Chandler),并要求她直接反馈意见。(新版《全集》卷 4,第 439 页)

3 月 25 日　午后四时,在北京大学第二院礼堂为文学院教育系师生及社会各界做题为《中国农村教育与农村建设问题》的演讲,后《民间》第 1 卷第 23 期(1935 年 4 月)刊载该演讲词。听讲者多为北大学生,各界前往听讲者,为数亦不少。由北京大学教育系主任吴俊升④主持,吴主任略加介绍后,即开始讲演。首先,谈自己久不演讲及本次演讲之原因。"敝人久不作讲演,因自民国十二年以后即努力于平民教育工作,近五六年来,在定县研究实验农民教育与县政改革,既无宣传之必要,故亦不作公开讲演。惟来此听讲者多数为研究教育之同学,定县之工作又偏重于教育,阳初为责任心所驱使,实不能不来向诸君说话。今日所讲者多为阳初十余年来之心得,诸君既多为研究教育者,或亦可供诸君之参考。"其次,谈"最切合于实际之教育为农民教育","今日所应施之教育为最低限度最基本必不可少者之救亡图存之教育。"对当时只重视普通教育而忽视农民教育提出了批评。"中国此时可为一非常之时代,而各处所实施之教育,似为一种普通之教育,'一切正常',国家岂能维持!如现在乡间一般儿童所读之课本,仍与十年前大同小异,即可证明。须知

---

①　C. L. 阿尔斯伯格(Dr. Case L. Alsberg):旧版《全集》译为"奥尔斯伯格(Case L. Alsberg)":时在美国斯坦福大学食物研究所任职。

②　沙伊德尔博士(Dr. Scheidel):旧版《全集》译为"沙伊德博士(Dr. Scheidl)",所附外文有误,新版已改正。

③　朱柯:旧版《全集》译为"朱克(Chuke)"。

④　吴俊升(1901～2000):现代教育家。江苏如皋人。南京高等师范学校和东南大学毕业。留学法国,在巴黎大学学习教育和哲学,获大学文科博士学位。归国后任北京大学教授兼教育系主任。抗日战争发生,北京大学、清华大学和南开大学迁长沙,组织临时大学,他任文学院院务委员会主席。1938 年任国民党政府教育部高等教育司司长。继而任中央大学教授及正中书局总编辑。赴台后,历任台湾地区"教育部"次长,台湾师范学院教授、新亚书院校长及中文大学副校长。平生致力教育学术研究,为国际知名的杜威哲学研究专家。主要著作有《江皋集》《杜威教育学说》《教育生涯——周甲》《教育哲学大纲》《德育原理》及法文著作《杜威教育原理》。翻译有法国拉兰德著《实践道德述要》和美国杜威著《自由与文化》。在国内外重要学术刊物发表论文,编入《教育论丛》和《教育与文化论文选集》。其著述有的被译成英文、法文和意大利文、西班牙文;另有重要论文多篇。95 岁时自编年谱,凡 20 余万言。

中国今日之唯一目标,为救亡图存,我辈虽无希望,然为我辈之子孙着想,岂能仍令其与吾辈受同样之处境。"第三,论"计划教育"的重要性。"予以为当此非常时代,必须有一种计划教育,教育之内容与方式以及一切的一切,均须有计划。"论述当时欲达到救亡图存之目的,最急需最迫切的是培养知识力、培养科学的生产力和培养组织能力。"第一,培养知识力,最低限度须培养其民族意识与国家观念,能够自觉自强。吾人站在教育者的地位,一切一切都在启发他们。第二,培养科学的生产力,更换那些老农、老圃的旧习惯旧技术,使其了然于人力可以胜天,一切自己均可创造,即养成其自给自养之能力。第三,培养组织能力,养成纪律生活,方能自卫自保。"并强调在实施以上三种教育时尤须注意目标、计划与策略三方面。处理好农村中的成人、青年与儿童三者的教育问题,对于成人主张用开导的方法,对于儿童须用培养的方式,对于青年最应重视,他们年富力强,可以继往开来。"欲救亡图存,必须抓住此七千万青年。将他们组织训练起来,给他们以文字知识,与其他公民训练,及保健卫生的知识与训练。养成此数千万充实与健全之青年以后,有什么计划有什么目标必能成功,讲到总动员,才真正有员可动。"第四,强调须下决定、拿定主意,深入民间,造就农民青年来担负民族再造的使命,并将定县作为一个实验室,强调定县的经验应经济、简易、切合实际而有基础,以便能普遍推行而对广大民众有益。第五,介绍定县的研究实验工作。强调"重质而不重量,一切系由下而上"。并对农村建设问题发表自己的看法,主张以政治的立场加以推动,实施县政改革,"将以前专司收税审问官司之衙门,变为实施救亡教育建设各种基本工作之机关,服务人民,建设地方,以求政治之根本改革,此乃系由上而下。"主张由下而上的研究实验与由上而下的县政改革相辅而行。最后,希望大家为农村、为农民的事业尽力是中国的出路。"当此山穷水尽之时,只有农村有光明的希望,深望一般青年发挥宏愿,施展宏才,好静者做研究工作,好动者做推广工作。深信学术可以解决问题,有伟大之精神,必能成伟大之事业。前途荆棘最多,然只要大家能够任劳任怨,下大决心,为农民,为中国,甘愿受罪,不但青年自己有了出路,即整个中国亦有了出路。"(新版《全集》卷1,第321~323页)晚,由北京返定县。(新版《全集》卷1,第321页)

3月 平教会选择定县村落较散、户口数较少、办学困难的吴咬村及附近9村作实验平民学校的区域,从此平教会的平民学校向更广泛更深入发展。(《定县足迹》,第341~342页)

同月 撰写《致中华教育文化基金董事会请款书》,收入新版《全集》第一卷中。首先谈平教会"应各方急切之要求,决定充实原有农业工作及培养农业实际人才,以期促进农村建设,恳请贵会优予补助,以资完成。"其次,条述请款理由和平教会工作概要。①"华北亟须〔需〕设一为研究解决农事实际问题之机关。"②"定县农业工作系以农夫为主要之对象。"③"培养实际农事人才以资推广。……现除训练教育、卫生方面实际农村人才外,更注重实际农事人才之训练。今后训练工作期达下列三点:(一)使受训者能认识真正农村实际问题;(二)使受训练者学到实际农事技术;(三)使受训练者能负解决实际农事问题的责任。"④"为充实与扩充原有农业工作而设农事试验所。"⑤"与其他机关合作。……敝会今欲将工作效率增加,且欲合乎经济原则,多与各机关合作。如与燕京大学作农事之合作,与南开大学作农村经济之合作,与金陵大学作植物改良之合作,中央农事试验所作肥料土壤之合作,清华大学作昆虫与植物病虫害之合作等是。既免叠床架屋之失,而收事半功倍之效。且燕京、清华等校其实验室设置完备,敝会关于实验工作即可借用。各大学之专门学者,因有合作之机会,得与实际农村问题接触,不啻在学术上开一新方向。又如与华北农产改进社合作,一方谋农产之改进,一方谋市场之推销,一年以来亦已略具相当成绩。"第三,对中华教育文化基金董事会一直赞助平教会终使平教会工作取得成绩表示感激,并提出希望。希望平教会"因应各方急切之要求充实原有农业工作,培养农事实际人才而增加新的工作,当更为贵会所乐为赞助者。敝会既系私立学术团体,经费全赖自筹。十年以来,无分文之基金,仅靠捐募,以资维持。各部主要工作均赖如贵会之各机关补助,如能日有进展,所有农事试验工作,亟望贵会视同自有之设计,而将所有经费整个担负,俾敝会向无基金而努力基本工作之苦心孤诣,得以继续不断向前猛进"。最后,告知附呈《农事试验所二十四年度①预算》一份,敬希鉴察。(新版《全集》卷1,第318~320页,个别标点有改动)

4月9月 定县各合作社派代表先后举行第二届代表大会。(《定县足迹》,第24页)

4月26日 在接到广西柳州伍展空来电后,给广西的黄旭初回信。其内容如下:"尊电奉悉展空先生安归为慰,即派罗靖华、叶世瑞两君赴桂,筑山兄稍缓当赴,前承教,余函详。弟晏阳初叩宥"(黎瑛著:《权力的重构与控制——近代广西社会控制机制研究》,民族出版社2011年版,第164~165页)

春 着手起草《农村建设育才院学则》②。共五章,包括"总则""入学及退学"

---

① 二十四年度:1935 年度。

② "农村建设育才院"名称提出甚早,在1925年(《平教工作概览》,詹编《文集》第247页),但真正着手是1935年的事,1936年8月拟筹办的农村教育研习所、农村经济研习所、地方政治研习所、农村卫生研习所和农业研习所5个研习所还有农业研习所未筹备好(同前),《学则》中也未提及筹建"农业研习所"也证明是在1936年之前。《民间》第二卷第四期(1935年6月)已刊载《中华平民教育促进会农村建设育才院缘起》,证明当时该院已开办。5月1日晏阳初给王子圩的回信中也欢迎湘雅医学院拟派送当年毕业的优秀学员3人来定县参加农村建设育才院训练实习,可见在1935年5月1日之前已建立。故该"学则"起草时间当在1935年春季。

"奖学金与奖金""学程"和"附则"。"总则"规定:"本院根据中华平民教育促进会历年研究实验之基础,继续研究农村建设应用之学术,为各地农村建设事业养成各级行政上技术上具有专门学识与实地经验之人才。"院下设农村教育研习所、农村经济研习所、地方政治研习所和农村卫生研习所。各所可收研习生若干名。"研习期间以一年为率,遇必要时得延长之。""入学及退学"规定:"凡在大学毕业,志愿服务农村建设,加入各所研究实习者,应填具志愿书,经原大学校长及主任教授介绍证明,送缴论文,检查体格合格,由各所审查合格提出院务会议通过后,得入院为各该所研习生。凡在专门以上学校毕业,有相当服务经验,志愿入所研究实习者,亦应填具志愿书,经服务机关介绍证明,送缴论文,检查体格合格,由各该所所长审查合格并经考试及格,提出院务会议通过后,得入院为各该所研习生。凡具上项资格之一,由政府机关委托本院训练者(委托训练办法详后),经各该所所长审查合格,提交院务会议通过后,得入院为各该所研习生。""研习生有违反本院精神,不守纪律或成绩不良,身体发生障碍者,得随时经院务会议议决令其退学";"研习生研究实习期满成绩及格者,由本院给予证书。"关于"奖学金与奖金",规定设研习生奖学金若干名,每人每年五百元。如成绩特优者,还设特别奖金,每名以一二百为限,由各该所所长提交教务委员会审定核给。由政府机关委托训练的研习生,由各原送机关酌给津贴及旅费,该院不承担奖学金与奖金。"受领奖学金之研习生,如有中途退学,须追偿其奖学金之全部。"关于"学程",分共同实习与专门实习两项。规定"共同研究实习于开学后第一月内举行,由教务处主持";"专门研究实习章程由各所分别规定,提交教务委员会通过施行。"(詹编《文集》,第248~249页)

5月1日 给王子玕①回信。信中首先感谢在湖南推心置腹的交谈以及殷勤

---

① 王子玕(1880~1963):又名王光宇,男,江西永新人,医学教育家、公共卫生学家。在长沙跟随英籍医师 Kailer(克勒)习医,不久获公费送到日本东京明治大学学习。1911 年 10 月由日本回国在武汉参加辛亥革命。后赴美国留学,先后在芝加哥大学、欧柏林大学取得文学士、理学士学位。1920~1923 年,第三次获得清华公费重返美国,在芝加哥大学理学院读研究生,获理科硕士学位,并入圣路易大学医学院,完成医科全部学业,1922 年获医学博士学位。留美回国后,1923~1924 年任湘雅医科大学组织学讲师、湘雅医院外科总住院医师;随后,参与组建了长沙仁术医院(现湖南省人民医院的前身),任妇产科医师,兼教湘雅医科大学组织学课。1925~1926 年,任江西南昌省立医学专科学校校长兼公共卫生学教授。1927~1928 年,出任汉口国民革命军第四集团军少将军医处长,兼汉口市卫生局局长,并遥领湘雅事宜。其间任湘雅医院院长,兼任妇产科医师,又在湘雅医科大学开办了三年制的湘雅助产科学校。1929 年春,颜福庆校长返美召开湖南育群学会董事会议,决定将 1927 年停止招生的湘雅医科大学恢复招生,并被推举为继任校长。1929~1937 年出任湘雅医科大学第二任校长。在其领导下,湘雅医科大学于 1929 年秋季恢复招生,废止医预科,实行六年制本科教育。1930 年更校名为湘雅医学院,1931 年报教育部备案,更名为私立湘雅医学院。1933 年,亲率医疗队赴北平参加抗日长城之战。兼任公共卫生学教授、中华医学会长沙分会理事长,湖南省政府卫生顾问及仁术医院院长等职。1937 年离别湘雅,到江西南昌创办了中正医学院,任中正医学院院长兼教授;1945~1949 年兼任中华医学会南昌分会理事长、中国防痨协会江西分会理事长等职、防痨协会江西分会理事长等 **(转下页)**

的招待。其次,谈构建"人才中心圈"的重要性。"国内一切建设工作,贵有目标、有计划,更贵有实际人才。此项人才,不但要有智识、有技能,且要有一致的精神,分工合作,将教育、政治、卫生各方面人才,打成一片,联成全盘的建设人才,而成为一个建设'人才中心圈',彼此互相联锁,互相辅助。敝会即根据此种条件,为训练人才之主旨。"第三,告知欢迎湘雅医学院拟派送本年毕业之优秀学员三人来定县参加农村建设育才院训练实习。最后,邀请偕嫂夫人来定县一游。(新版《全集》卷 4,第 440 页)

5 月 21 日　致信李裕生①先生。全信如下:"裕生先生惠鉴:展诵来书,藉悉足下已将湖滨中学校务辞去,能于秋间来定参加育才院训练实习,至为欣慰! 育才院之办法,正在付印中,印成后,即寄一份备览。目前需准备者:(一)请所在大学之校长或院长及主任教授向育才院介绍;(二)在校各科成绩分数(有本校证明);(三)抄寄本期毕业论文。以上各件备齐后。寄交敝会瞿菊农先生教务委员可也。专复。②并颂时祉!"(新版《全集》卷 4,第 441 页)

5 月 30 日　给 J. L. 司徒雷登回信。全信如下:"尊敬的司徒博士:我对您本月二十日来信中所表达的真情实意,特写此信表示感谢。关于合作组织'委员会'的想法,肯定没问题。但是关于要想使燕京大学和定县受益最好又最大,委员会应当怎样进行工作,乡村建设运动在全国如何搞法,我们俩必须就此问题进行讨论。我准备下月十一日或十二日路过北平,我一到北平即去找您。请原谅我没有及时给您回信。晏阳初谨启。"(新版《全集》卷 4,第 441~442 页)

6 月 25 日　《民间》半月刊第二卷第四期刊登《中华平民教育促进会农村建设育才院缘起》。指出:"此种人才的培养方法,须有两种必要的条件,一是属于环境方面的,一是属于导师方面的。属于环境方面的条件有四:(一)当地原是农村社会;(二)当地已有农村建设之基础工作;(三)当地的农村建设工作者兼有研究实验的设备;(四)当地的工作及设备是整个体系的农村建设。属于导师的条件有二:(一)要有关于农村建设各方面的学术专家;(二)要有富于实际经验的农村事业家。具备以上两方面的必要条件,始有训练今日各地所需要的农村建设基本人才的基础。"(吴著《晏传》,第 273 页注 27)

(接上页)职。解放后,留任该院当教授,1950 年受任为江西省人民政府文化教育委员会委员,1951 年任江西省首届人民代表大会代表,1952 年中南卫生部调他任武汉中南卫生干部进修学校基础医学科教授,1957 年退休,并迁居长沙。20 世纪 20 年代曾编写过《天花》《免疫学》《消毒》《睡比吃更为要紧》等小册子;20 世纪 30年代编写了《战地救护》《公医制度》等,并印成了单行本。

① 李裕生(约 1909~?):湖南沅陵人,汉口教会学校毕业。1935 年武昌大学毕业后在河南研究院工作。历任重庆美驻华大使馆海军武官处翻译,日本投降后入外交部编译工作。1947 年任驻日本东京代表团专员。1980 年退休后居美国,常去日本、菲律宾等国传教。

② 专复:旧版《全集》为"耑复"并且后面没有句号。

同日 致信别廷芳①等。全信如下:"香斋、扶山②先生大鉴:手书奉悉。敝会下年度开办农村建设育才院,招收各大学毕业生来院训练,县政人员训练班,尚无此计划。承函见询,用特奉闻。兹将育才院章则寄上察阅。专颂台祺! 弟晏阳初敬启。"(新版《全集》卷4,第442页)

夏 "平教总会"为培养农村合作自身资金的能力,组织合作银行,为全县合作金融之枢纽。(《定县足迹》,第32页)

7月17日 致信 J. L. 司徒雷登博士。信中首先阐述写信缘由是想告诉关于弗朗西斯·吴(Dr. Fancis Wu)③博士的一些情况。其次,分五点条述吴博士对于其所负责的工作发生的一些令人不愉快的混乱想法的有关事实。第三,论容忍与谅解在合作中的重要性。"合作是件理想的事,但是合作的道路是不平坦的。假如我们真心实意地相信合作,我们还应该学会更能容忍、更加耐心和更互相谅解。"最后,告知需要做什么或者弗朗西斯需要做什么希望吩咐。(新版《全集》卷4,第444页)

7月23日 致 J. L. 司徒雷登博士。信中首先告知写信目的是重申上次在北平的谈话。其次,告知县政建设研究院正式开学日期将推迟,在定县进行的卫生和教育等方面的训练规模也将缩小,由平教会组织一个训练委员会负责。第三,告知在行政委员会会议上已讨论任命弗朗西斯·吴为训练委员会委员,为在经济昆虫学方面的问题做咨询服务。询问对这一任命的意见。最后,表达愿意推荐弗朗西斯·吴研究经济昆虫学的学生给冈恩先生,并帮助申请奖学金。(参见新版《全集》卷4,第444页)

---

① 别廷芳(1883~1940):字香斋,河南内乡(今西峡县)人。由村寨自卫头目逐渐升任内乡西二区民团分团总、北山第四混成团团长、南阳驻军第一补充旅第一团团长。1927年9月,被孙连仲正式委任为县民团总指挥,独霸内乡军政大权,后被推为宛西四县联防司令。此后十年,逐步完善以"自卫、自治、自养"为内容的乡村自治措施。抗战爆发,被委任为宛属十三县联防司令。平型关大捷后,接受中国共产党发出的抗战通电、宣言及抗日政策。1938年夏,在武汉接受蒋介石召见,婉言谢绝调离南阳。1939年,调集内乡、邓县、镇平、淅川、南阳、新野等县精锐壮丁7000余人,配合第二集团军英勇作战,大破日军,取得"新唐大捷",被中央军事委员会授予"陆海空军一等奖章"一枚。曾请陈风梧、杨仪山、罗卓如等人为其著书立说宣扬其"自治功绩",1940年1月,以其名出版《地方自治》《农事经验》《植树经验谈》《治河改地》等丛书,共发行1.6万册。1940年2月初,第一战区司令长官兼河南省主席卫立煌电令到洛阳开会,被任命为河南省第六区自卫军司令,欲以扣留未遂。回县后患病卧床,呕血而死。

② 扶山:即王扶山,河南省镇平县自治派上层人物之一。大革命时参加国民党,后回县搞过农民协会。与共产党员周笃祜、李诚朴有密切来往。办《农民呼声》小报,反对土豪劣绅,任镇平县自治办公处宣传股主任、县党部书记长。抗战时期,经过共产党的工作,赞成抗日主张,热情支持抗日救亡活动,建议赵平甫、王金声派青年人到陕北学习,在镇平县支持共产党活动。1938年4月,镇平县成立青年救国团时,被推选为名誉团长。在孙连仲率部进驻南阳时,被委任为参议,对协助共产党团结西北军旧部也起到了一定的作用。1938年曾被特务和别庭芳勾结逮捕监禁数月,获释后,被委任为唐、桐、泌、方、舞、叶自治专员,掩护共产党员,支持王永行等搞抗日进步活动。1948年任王志元在驻马店搞武装的参议,并给共产党提供一些情报。1949年河南全面解放后,从驻马店回南阳,根据其在自治派和国民党的职务被定为反革命,遭枪决。

③ 弗朗西斯·吴(Dr. Fancis Wu):1935年到定县平教会,担任平教训练委员会委员,为在经济昆虫学方面的问题做咨询服务。其他生平事迹未详,待考。

秋　蒋介石致电促其迅速将平民教育乡村改造工作在四川推行。同时刘湘亦急电其邀协助四川建设工作。由此提出建议由四川省政府负责人与"平教总会"共同组成"设计委员会",合作推行"省单位实验"工作。(姜编《纪略》,第 39 页)

9 月 5 日　给袁士安①回信。全信如下:"士安先生台鉴:接奉台函,藉悉一是。先生过去为国努力,欧游归来,有意深入民间,实地研究农村问题,殊深钦佩!最近敝会为训练农村技术人才起见,定于本月十五日在定县招考来定实习人员,兹已嘱训练委员会寄上简章一份,即希查收为荷!专复。顺请台安　晏阳初启。"(旧版《全集》卷 3,第 471 页)

同日　致信邓长耀②。全信如下:"鉴三先生赐鉴:奉读大教,藉悉种切。先生热心平教,殊堪钦佩!所需各样剧本,已嘱由邮寄奉上,敬请察收,尚希指正为幸!专此奉复。敬颂道安　弟晏阳初拜启。"(新版《全集》卷 4,第 446 页)

同日　给周佛海回信。全信如下:"佛海先生赐鉴:奉读八月二日大教,藉悉种切。祇〔只〕以最近出外调查,尊函展转,有稽函复,至以为歉!《江苏教育》月刊,拟刊行专号,探讨民教问题,承嘱为文,曷胜欣幸!现在定县工作正值忙碌,当于日内抽空草拟一篇奉正。先此布复。敬颂大安　弟晏阳初拜启。"(新版《全集》卷 4,第 446 页)

9 月 7 日　平教会在定县东亭镇成立中区棉花产销合作社以为实验。该社成立后,社务逐渐发达,加入合作社的人数不断增加。(《定县足迹》,第 32 页;姜编《纪略》,第 40 页)

9 月 8 日　致信葛敬应③。全信如下:"敬应吾兄大鉴:此次赴青获观贵所农业研究工作,非常实在,极适合农民之需要。贵所工作既有政治力量相推动,而农民又得经济之资助,将来农业推动其成效之大,当可预测,良深欣佩!今后工作尚祈随时见教。在青承惠农场所产佳桃得饱口福,并此附谢!专颂台祺　弟晏阳初敬

---

①　袁士安:早年事迹待考。1921 年 12 月末,在"五·四"运动的推动下,在共产党员马骏的宣传影响下,与韩铁声、张树平、于芳洲、沈觉汝、孔贝先、姜宪臣、施觉然等青年组成哈尔滨"救国唤醒团"。其主要任务是:宣传反帝救国,主张"唤起劳动民众的觉悟,共求社会的改造"。后留学欧洲,回国后立志研究农村问题。其后事迹待考。

②　邓长耀(1877~1950):爱国民主人士。字鉴三。天津市静海县梁头乡人。清朝秀才,曾在太医院学医。勤攻读,精中医,曾在原籍教书多年,桃李遍乡里,后到保定开药铺,勤恳为乡里除病,远近称颂。冯玉祥在保定驻防时与他相识,遂与冯讲授四书及古文,并多次讲述岳飞、文天祥等治国爱民的故事,冯深受教益,二人情谊日深,即结为金兰兄弟,他居长。冯当团长时,邀他到团部当医生,后在湖南省常德县任县知事,有政绩,更受冯敬重。尔后曾担任绥远省、陕西省民政厅长,并一度任陕西省政府代主席,声誉日高。抗日同盟军结束以后,随冯隐居泰山,襄助冯写回忆录。抗战期间,曾在张自忠、冯治安领导的集团军任顾问。全国解放后,任天津市政协委员。1950 年病逝于天津。终年 73 岁。

③　葛敬应:字梦应,浙江人。著名园艺家、中国科学社社员。1919 年被派往日本学习茶叶种植技术,在日本新津园艺试验场作研究生。毕业后回国,曾任杭州茶叶试验场场长。1929 年设计建成青岛海滨公园(今鲁迅公园)。1937 年前后任青岛农林事务所所长。后任台湾茶叶公司总经理。1946 年 9 月被选为中华农学会台湾分会理事。后调入中国农业科学院茶叶研究所。所撰有论文《防止茶树长地衣、苔癣》(《科学技术》1956 年第 22 期)、《谈谈采摘秋茶》(《浙江茶讯》1956 年第 15 期)等。

启。"(新版《全集》卷4，第446页)

同日 给沈作鼎①回信。信中首先告知已详知手书各节及精神与苦衷。其次，讨论当时的农村运动潮流。"在此运动初期，其愿有志之士，实际从事工作，锻炼自己，在最短期间，可以分赴各处推广，以求此工作之成功。"第三，论事业成功的条件。"惟成功有成功之条件，条件不够，万难有望。事业如此，个人亦然，如想有成，非先事准备，作精神上、劳力上、技术上的锻炼不可。"最后，希望能加入农村服务队伍来定县开创工作。(新版《全集》卷4，第447页)

9月11日 主持"平教总会"1935年度会。讲述平教运动已经过文字教育、深入农村、社会的改造和学术与政治打成一片等四个阶段。

9月12日 给邓长耀回信。全信如下："鉴三先生大鉴：前者台驾来定参加铁珊图书馆成立典礼，本拟奉约至敝会参观，祇〔只〕以大旆匆匆南下，未能如愿，曷胜怅惘！他日过定，甚望惠临指教也！此奉华翰，承索敝会所编各种剧本等，已另函寄上，尚希察正。焕章②先生前，便希代为致候。专此。敬请道安！弟晏阳初敬启。"(新版《全集》卷4，第448页)

同日 给农村复兴委员会秘书处回信。全信如下："迳复者：奉惠函，敬悉种是。汪德亮同志在定服务，借重甚多。当此间工作正在努力推行之际，本难离去，惟初亦在委员会之列，对于贵处工作自应竭力襄助，祇〔只〕得勉如所示。如将来更替有人，仍希转告北返为祷！此复。行政院农村复兴委员会秘书处 晏阳初敬启。"(新版《全集》卷4，第448页)

9月13日 给湖北农村建设协进会回信。全信如下："迳复者：接奉惠函，敬悉贵会将于十月五日至卅日召集大会。猥蒙不弃葑菲，约初前往参加，曷胜荣幸！惟十月十日正值全国乡村工作讨论会在定举行，敝会对于此会负有事前筹备和事后结束之责，届期倘此间会议事务能早日终了，自当尊命赴约；如时不许，实难分身，当酌派敝会富有农村工作经验之负责人员代表前往参加，以副雅望。先此布复。顺颂时绥 此致 湖北农村建设协进会 晏阳初敬启。"(新版《全集》卷34，第449页)

同日 致信沈作鼎。全信如下："作鼎先生大鉴：久违雅教，时劳念想，近维动止多绥为慰，为祝！敬启者，昨接湖北农村建设协进会来函，订于十月五日至十月卅日开会，约初前往讲演，列有台端署名，自当应召。惟十月正值此间举行乡村工

① 沈作鼎：生卒年不详。汉川人。曾任长沙三一学校校长、武昌青山农村试验区主任、湖北农村建设协会总干事、武昌华中大学教员、国大代表等职。1933年开办武昌私立青山民众教育馆。1948年，任汉川县棉花运销社经理。

② 焕章：即冯玉祥。

作讨论会,敝会负有事前筹备及事后结束之责,倘万一为时间不许,当酌派敝会对于农村工作素有经验之负责人员代表。惟对于贵会内部情形及召开大会讨论问题之意义等均未能评,拟请早日见示一二,以便稍加预备也。专此,顺颂台绥 弟晏阳初敬启。"(新版《全集》卷4,第449~450页)

9月14日 给谢家声[①]回信。全信如下:"家声先生吾兄惠鉴:久违教益,时切驰思。两展手翰,敬悉动止多佳,曷胜快慰! 承示英国合作专家施克兰[②]君将于日内来定参观,无任欢迎。一俟行抵此间,当必妥为招待也。杜君春培[③],才长学富,经验亦多,借重方殷,自当竭力挽留,使其取消辞意,以副台端爱护此间工作之雅意。专此布复。敬颂教安 弟晏阳初敬启。"(新版《全集》卷4,第450页)

9月16日 致信高阳。"践四吾兄:顷接乡村建设学会来函,知第三届会期有日,虽在敝会工作紧张之时,然以此会重要,弟亦非赴会不可,期前定可偕筑山兄与菊农兄[④]赶到,把晤匪遥。吾辈从事乡村工作同人团结之精神,当可增加许多勇气与实力矣。专颂台祺 弟晏阳初敬启。"(新版《全集》卷4,第451页)

同日 给雷法章[⑤]回信。全信如下:"法章吾兄大鉴:弟由青抵定后,正拟函

---

① 谢家声(1888~?):江西九江人。美国康奈尔大学农学硕士。历任金陵大学农林科副科长,北京农业大学校长办公处秘书兼代校长,东南大学农科教务主任兼病虫害系主任,中央大学农学院教务主任兼副教授,金陵大学农科主任。1936年1月试署国民政府农业部中央农业实验所所长,1938年5月任经济部农本局理事。1939年9月任经济部中央农业实验所所长。1941年1月任农林部中央农林实验所所长。

② 施克兰(C. F. Strickland):英国的合作专家。曾在鄂西北磨盘山基督徒社区任职。讲演稿由谷源田记录为《中国农村合作问题之探讨》在1934年9月26日天津《大公报》发表。另撰有《合作运动的目标与信用合作》《视察中国合作事业后之感想》《各省合作计划书的我见》《冀陕鄂三省合作事业考察》,均发表在《广东合作旬刊》(1935)上。著有《毛泽东传》(巴尔的摩:《企鹅丛书》,1967)及《印度合作事业介绍》(*An Introduction to Co-Operation in India*, Milford Oxford Univeristy Press)。

③ 杜春培(1902~1968):浙江上虞县人,棉花研究专家。1922年3月毕业于天津棉业专门学校。在定县平教会从事棉花科学实验。1937年3月10日刊的《民间》第3期发表《平教会改进定县棉业之成绩》。1940年前后曾在中央农业实验所云南工作站工作。1946年在北京进行棉种储藏方法的研究。1956年前后任华北农业科学研究所副研究员。20世纪60年代在江西农业科学研究所任职。发表了数十篇有关棉花的科学论文。

④ 筑山兄与菊农兄:即陈筑山和瞿菊农。

⑤ 雷法章(1902~1988):字焕堂,湖北汉川人。1923年夏,自武昌文华大学(华中大学前身)毕业后,即北上天津任南开大学中学部英文教员,旋递升为教务兼训导主任及男女中学部主任。1932年1月被青岛特别市市长沈鸿烈聘为市教育局局长,首创民众识字班,扫除文盲,并分区普设完全小学,在市立中学中增设职业科、化工科等实用课程,重视体育教育,兴建了可容二万人的综合体育场,并于1936年承办了第十七届华北运动会等等,享誉全国。1938年任山东省政府委员,后任省训团教育长、民政厅厅长、省府秘书长等职,辅佐省主席沈鸿烈开展抗战。1941年沈鸿烈赴渝时,代理省政,领导军民坚持敌后的抗日活动。1942年任农林部政务次长。1944年任党政考核委员会政务处长,不久改任为内政部常务次长。1946年4月任浙江省政府委员兼秘书长。1948年任考试院秘书长。去台后,协助钮永建恢复高普考试,争取经费,探勘土地。1966~1967年以高级学者身份应聘赴美夏威夷大学东西文化中心讲学一年。1967~1973年任中华基督教青年会理事长、台湾圣公会长老、基督教协会理事长等职,成为台湾地区各教派中最具有影响的宗教领袖,经常带领宗教团体出访及参加会议。1981~1988年被聘为国民党第十二、十三届中央评议委员。湖北旅台同乡会第一届常务理事,第二、三、四届理事长等职。

候,适奉惠书,欣慰奚似! 在青备承招待,良深感泐。青市教育得兄主持,成绩斐然,在此中外注目。之区而有此良好之成绩,在国际上足增无限光辉,至为敬佩! 嘱为物色人才,当积极注意,一俟有得,再行奉介。敝会工作,尚祈随时赐教是幸! 专复布谢。并颂台祺　弟晏阳初敬启。"(新版《全集》卷4,第450~451页)

　　同日　致信谢扶雅①。全信如下:"扶雅吾兄:顷诵致石庵兄函,藉悉吾兄对敝会工作,极感兴趣,阅之至为兴奋。目前平教运动,发展之速,已非同人学识才力所能应付,故正积极在各方罗致同道,共同工作,增加新血。吾兄学识经验,均极宏富,且具有诚挚之服务精神,敝会全体同仁,至所欢迎。弟个人藉重之处尤多,切望提前早来定县,共策进行,至为盼幸! 及时来定,尚祈先为示知是祷! 专颂台祺! 弟晏阳初敬启。"(新版《全集》卷4,第452页)

　　同日　给吴太仁②回信。全信如下:"太仁同志:手书诵悉。四川方面平教工作,得诸同仁主持,极有成绩,闻之至为欣慰! 初极愿四川一视,藉与诸同仁一晤,惟行期日前尚难定准也。乡村工作人才,现各方均极注意,俟物色得人,当乃介绍。陈君治民,现已赴宛西,短期内恐不能赴川。并闻。耑③颂台祺　晏阳初敬启。"(新版《全集》卷4,第452~453页)

　　同日　在1935学年度第二次行政会议上讲话。收入新版《全集》第一卷中。

---

①　谢扶雅(1892~1991):基督教宗教哲学家,著述家。浙江绍兴人。自幼受儒家传统教育,后深受佛教影响。1911年东渡日本,就读于东京高等师范及立教大学。回国后在中华基督教青年会全国协会从事文字工作,为余日章先生秘书。1925年冬赴美国芝加哥大学和哈佛大学攻读宗教哲学。回国后历任岭南大学、中山大学、金陵大学、东吴大学和湖南师范学院教授。1949年初去香港,任教于浸会书院和崇基学院。1958年赴美参与《基督教历代名著集成》的编译工作。晚年定居广州。著有《巨流点滴》《我的四书生活》《晚年基督教思想论集·附录》等。

②　吴太仁(1903~1951):四川江津人,自幼聪颖好学,朴实忠厚。入七星镇小学(今石门镇白村坪小学),后在江津中学校毕业,考入北京大学教育系,研习教育,学有专长,立志教育。1928年以优异成绩毕业后,即投身于平教会河北定县实验区,从事平民教育工作,任平教专科学校教务长。1932年,晏阳初等四处倡行平民教育。南归故里,宣传平教。时值桂林人高显鉴(泳修)任江津县长,对"教育救国""实业救国"很有兴趣,遂被留在江津推行平民教育。翌年2月,经县行政会议决定,仿河北定县实验区经验,在津创办四川平民教育促进会江津实验区,任实验区干事长。1933年5月筹办江津县立简易乡村师范学校,由实验区代办,校址与实验区在一起,任校长。经其努力在驴溪半岛上新建平民教育院、平教办公楼、女生教室、宿舍、厨房,开辟实验农场,办起养殖场,倡导科学种田,推广优良品种。1934年秋,师范校迁入新校舍,特设女生部,添招女生。1935年,平教实验区开展乡政建设试点,建立驴溪自治实验乡,办起农村消费合作社、农民信贷社,并在三口乡农村和白沙镇上相继兴办平民小学、平民夜校20余所。在东岳庙开办平民医院,并倡行新法接生,为农村培养一批批卫生员、接生员。1939年,创办白沙实验幼稚园,开创白沙幼儿教育先河。同时,建立实验小学,作为师范校的实验、实习基地。同年,还支持、协助教育部在驴溪半岛上开办特设大学先修班,以利沦陷区来川青年学生入学读书。1941年,又筹办了私立修平中学。1949年冬,江津解放,遭到诬陷,于1951年2月以反革命罪被判处死刑。20世纪90年代,经重庆市人民检察院检察委员会认真审定,认为属冤错案件,于1995年3月,下达了《刑事判决书》纠正,"撤销1951年2月原江津县人民法庭以反革命罪判处吴太仁死刑的判决;对吴太仁宣告无罪"。从此含冤昭雪。

③　专:旧版《全集》为"耑"。

首先,交代缓办育才院政治经济研究所和农业实验所的原因有二:一是与南开大学何廉先生合作中南开大学的政策变了而受其影响,以及与燕京大学合作因主张不同而做罢;二是"现在华北的情势也不便这样大规模地做"。其次,请瞿菊农报告训练工作。第三,谈共同训练的重要性。"共同训练非常重要,希望能给一般研究生以整个运动意义以及主要工作之性质的认识,然后分开训练时,研究生才能有共同的眼光,看到他那一部与整个运动之关系。"最后,谈对研究生教育的看法。"这一般研究生要对于整个农村建设都得知道,今天造就人才是要使研究生在'做之师'的立场,做'做之君'的县政建设的事情。因此我想:(一)不要把只讲理论的老先生在头半年弄到这里来;(二)要以事业为本位,不以课程为本位。各方面的事业家,有知识,有技术,有人格的伟大人物我们都要请来,如张伯苓、章元善等,把他们的得失经验谈一谈,这样学生所得的看法就不同了。我们要注重活的事实与创造的精神。我们注意'man of action as well as of thought'。"(新版《全集》卷1,第325~326页)

9月17日　致信沈成章①。信中首先感谢赴青岛所给予的周到招待和带领参观市乡工作。其次,对以政治之力量从事市乡建设之工作所取得的成绩深表敬佩。第三,对工作之理想倍加推崇。"处处为人民谋福利,实足代表我国现代理想政府,取之于民,用之于民,整个为人民着想。尤其在市区方面为一般贫民的种种设施,真无微不至。同时乡村小学林立,尤足使观者感动而兴起,如此继续前进,前途实不可限量。"第四,分析取得工作成绩之原因。认为一是有好领袖,二是长期重视研究工作,三是有眼光有毅力的军政领袖。最后,希望能对工作多加指教并交换研究实验成果。(新版《全集》卷4,第453页)

9月18日　给蔡竞平②回信。全信如下:"竞平先生大鉴:久违光霁,时切葭思。接奉手教,敬悉履端多福,曷胜快慰!承索敝会教育部分教材刊物等,已饬敝会总务处出版课择要连同书目奉寄,即希惠予查收为荷!专此布复。顺颂台绥弟晏阳初敬启。"(新版《全集》卷4,第454页)

9月19日　致信江问渔③。全信如下:"问渔吾兄:久违麈教,至深企念!顷接

---

①　沈成章(1881~1969):即沈鸿烈,字成章。

②　蔡竞平:浙江人,后改名蔡正。清华大学毕业后留学美国,获哥伦比亚大学硕士学位。1921年任复旦大学商科学长。主持当时设在北平骑河楼的清华同学会。1925年聘为清华大学教授。后转入实业,曾任杭州电气总厂厂长、总工程师,之江大学教授。所著有论文《清华学生生活的今昔》《讨论教务长提出的部长制度》《道胜银行》《从公用事业说到民族复兴》,论著《社会科学入门书目》(与庄则宣合作)、《杭州沦陷之前后》(1941年印行)。

③　江问渔(1885~1961):名恒源,号补斋。江苏灌云人。光绪二十七年(1901)中秀才。1904年授师范科举人。1917年考入北京大学。毕业后从事教育与新闻事业,曾任师范学校校长、《申报》记者。1926年经黄炎培介绍出任江苏省教育厅厅长。翌年应冯玉祥邀任河南省政府委员兼教育厅长。1928年起**(转下页)**

乡村建设学会通知,知第三届会期有日,弟期定可偕筑山兄、瞿菊农兄赶赴无锡与会。把晤匪遥,吾辈从事乡村工作同人团结之精神,当增加好多勇气与实力矣! 端颂台祺　弟晏阳初启。"(新版《全集》卷4,第454页)

9月20日　给高阳先生回信。全信如下:"践四先生大鉴:顷接筑山兄转来惠书,敬悉一一。承嘱为《江苏教育》月刊民众教育专号撰文,现正起草中。惟以全国乡村问题讨论会,订于十月十日在此间召集,敝会负责筹备,事冗甚多,未能早日脱稿,甚以为歉! 不日当专函直寄前途也。知劳锦注,先此奉复。敬颂教安　弟晏阳初敬启。"(新版《全集》卷4,第455页)

同日　给肖国藩①回信。全信如下:"国藩先生大鉴:接展惠函,敬悉种切。同仁等为责任心所迫,从事平教运动,且夕兢兢,不敢不勉。惟兹事体大,深觉力簿能鲜,扶持爱护,端赖他山。辱承奖施愈恒,曷胜感忸! 自当益励初衷,以副雅望。承索《平民课本》等刊物,已嘱出版课另行奉寄,即希查收为荷,专复。敬颂时绥　晏阳初敬启。"(新版《全集》卷4,第455页)

9月25日　给杨炳勋②回信。全信如下:"炳勋吾兄大鉴:接十七日手书,备悉一是。弟下月须赴无锡参加乡村工作讨论会开会,后拟到沪一行,到时定往候兄,面谈一切,先此布复。并颂台祺　晏阳初敬启。"(新版《全集》卷4,第456页)

(接上页)任中华职业教育社办事部主任,成为职教社领导人之一。1931年"九一八"事变后投身抗日救亡洪流,与黄炎培、杨卫玉等发起成立抗日救国研究会,呼吁团结抗日。翌年"一·二八"淞沪抗战时,协助创办伤兵医院,支援十九路军抗战。后任上海建设委员会委员。1935年北平学生"一二·九"运动发生,著文支持青年学生抗日爱国举动。1937年"八一三"淞沪会战时,又与黄炎培等积极募捐筹饷,组织运输,救护伤兵,救济难民。1938年后,在湖北、湖南组织难民救济工作,被聘为国民参政会参政员。1939年1月参与组织统一建国会,次年1月与黄炎培等成立国讯同志会,任副会长。1941年月,中国民主政团同盟正式成立,当选为中央执行委员。1943年9月,任重庆中华工商专科学校校长,旨在培养抗战胜利后的建国人才。抗战胜利后,主张和平建国,反对内战。1946年7月,任职教社创办的上海比乐中学董事长,全力支持该校师生的进步活动。次年4月任《展望》杂志编委。新中国成立后,曾任中央人民政府政务院文化教育委员会委员,中华职业教育社副理事长,上海文史馆馆员。当选为第二、三届全国政协委员。

①　肖国藩:生平事迹未详,待考。

②　杨炳勋(1892~1942):字春森,浙江杭县人。1905年考入南洋公学,1910年在南洋公学中学五年级毕业。后在叔父杨青的资助下留学美国,获美国堪萨斯大学农学硕士学位,学成回沪。历任东南大学农科教授、大夏大学教授、中央大学商学院讲师。1925年发明"炳勋中文速记",1927年经大学院批示准予备案后,在上海开办炳勋中文速记学校。随后出版教材《炳勋速记入门》《炳勋中文速记》《炳勋国音速记学》,创办《炳勋速记月刊》,出版《炳勋速记模范词典》《炳勋速记特种词典》《炳勋速记习语词典》《炳勋速记成语词典》。后将炳勋中文速记学校改名炳勋国音速记学校,下设炳勋国音速记学社,分为翻译部、研究部、编辑部。办学方式灵活多样:有面授、函授;分初级、高级、特级;有平日班(每天上课一小时)、星期日班(每周日上课2小时)。1929年9月,复旦大学新闻系成立,设速记为必修科,被聘为速记教授。1938年上海沦陷,将速记学校迁到浙江临时省会丽水,兼任英士大学英文教授;1942年3月在丽水投河自尽。另著有《中等土壤学》等书。附注:谢长法著:《借鉴与融合 留美学生抗战前教育活动研究》,河北教育出版社2001年版,第178页,认为在美仅获农学学士学位,误也。

同日　给黎曜生[①]先生回信。全信如下:"曜生先生大鉴:展奉手书,敬悉种切。贵校添设纺织专科,培养多士,为发展农村经济之基础,苾筹硕划,无任钦佩!敝会对纺织之研究,虽有相当兴趣,然无多少心得,未能有所供献为怅!贵校成绩久著国中,阳初素所钦慕。下月中旬因事南下,当过沪前赴贵校瞻视,且面聆教益,以偿夙志。专此布复。并颂教绥　晏阳初敬启。"(新版《全集》卷4,第456页)

同日　给何廉回信。全信如下:"敬复者:接奉台函,藉悉改进社改组经过,至慰!农产改良组扩大改部,并聘谢家声先生为主任,社内得此人才主持,将来进行当甚良好。惟社中此次改组重要会议,初事前未悉,不得参与而尽个人应尽之责任为歉耳!此复何廉先生　晏阳初敬启。"(新版《全集》卷4,第457页)

9月26日　致信吴景超[②]。全信如下:"景超先生大鉴:久违雅教,至深企念。顷李景汉兄来,言承贵校约任社会学方面课程教授,闻之至为欣幸!惟此间县政建设研究院本年度调查计划及敝会训练委员会工作,早经决定,在此年度开始,已及一月之时,工作正在进行之中,自不便有所更易。且景汉兄所负责任甚重,势难轻易他离,致工作大受影响,故未允其离此而往贵校任课。除函月涵[③]兄外,特布鄙忱,诸希鉴谅是幸!专颂教祺　晏阳初敬启。"(新版《全集》卷4,第457页)

同日　致信梅贻琦。全信如下:"月涵吾兄大鉴:久别至念。顷李景汉兄来定,同前而往贵校任课,特布鄙忱,诸希鉴谅是幸!专颂教绥　弟晏阳初敬启。"(新版《全集》卷4,第458页)

9月28日　致信S. M. 冈恩先生。信中首先告知"谈'合作'问题"时进退两难的心境。其次,告知"遇上了很大的困难",需"认真分析错误之处"。(新版《全集》卷4,第458~459页)第三,回顾了平教会同大学进行合作的多种形式,包括"自然科

---

①　黎曜生(1898~1968):即黎照寰。曾任上海交通大学校长。原籍广东南海,早年留学美国,获哥伦比亚大学经济科、宾夕法尼亚大学政治科硕士学位。与孙科先生有同学之谊。1910年加入同盟会。回国后,曾任香港工商银行、华商银行经理,广九铁路管理局局长,上海交通大学校长、沪江大学、上海圣约翰大学、立信会计专科学校教授、国民政府财政部参事、铁道部次长等。"九一八"以后,调任外交部副部长。平生与郭沫若等人士友善。建国后曾任之江大学教授、校长,上海市第一至四届政协副主席,第三、四届全国政协委员。

②　吴景超(1901~1968):社会学家。安徽歙县人。早年考取清华留学预备校,后赴美国获明尼苏达大学学士学位、芝加哥大学硕士及博士学位,主修社会学。同年回国后,先后在南京金陵大学、北京清华大学任教,讲授社会学概论、都市社会学、犯罪学、社会学研究方法、贫穷问题等课程。期间还担任中国社会学社理事、《社会学刊》编辑、《社会研究》主持、《新路》主编等职。1935年到行政院工作。1937年任翁文灏秘书。1947年返回清华社会学系执教,并与钱昌照等人发起成立中国社会经济研究会,出版《新路周刊》。建国后,先后在清华大学、中央财经学院、中国人民大学任教授。吴景超是我国最早研究社会学的学者之一。代表作有《都市社会学》《第四种国家的出路》《社会组织》《劫后灾黎》等。

③　月涵:即梅贻琦,名贻琦,字月涵。旧版《全集》卷3误为"月函",新版《全集》已改正。

学研究型""拓展型""分派人员"型、"加入型"和"训练大学生"型。第四,告知与南开大学和乡政建设研究院合作及出现波折情况。最后,谈对未来工作的设想。"推迟实施乡政建设研究院的计划……平教会将继续自己的训练计划,但要以不声不响的方式进行,并且规模更小。"(新版《全集》卷4,第459～462页)

9月30日 给谢家声回信。全信如下:"家声吾兄惠鉴:奉读十九日大札,敬悉种是。承嘱为常君①增薪一节,理应遵办。惟是常君与杜君②所处地位略有不同,杜君系在农产改进社名义下任事,常君则在敝会工作。兹数年来敝会经费支绌,屡有核减,本年度职员薪给更属有减无增,与农产改进社方面情形不同。如予常君增薪,恐有影响全局之虞。此中苦衷,良非得已,叨在知爱,当能见谅。敝会对于常君惜重方深,常君于农村工作亦极热心,将来如有办法,必尽先为常君设法也。专此布臆。敬请教绥 弟晏阳初敬启。"(新版《全集》卷4,第462页)

9月 其发动建立的定县各合作社派代表举行第三届代表大会。(《定县足迹》,第24页)

同月 在1935学年度第三次行政会议上讲话。收入新版《全集》第一卷中。首先谈当天讨论的四个事项:"一,年报;二,档案;三,工作结束接收问题;四,会务周报。"其次,谈与罗氏基金合作的事情。"罗氏基金无论与何种机关合作,一年都要四季详细的报告,一至三月为一季,四至六月为一季,七至九月为一季,十至十二月为一季,此各部均应负责。关于研究生的身体检查,奖金请求书应于九月底送出。训练生受了奖学金,亦得每三个月报告给罗氏基金,功课亦得送去。关于英文编辑方面由金淑英女士负责,此为合作机关,最低限度应尽的义务。"第三,谈 Mr. Gunn③拟于十一月初来定县参观以及 Mr. Grant④最近要来定县参观一事。第

---

① 常君:即常得仁。

② 杜君:即杜春培。

③ Mr. Gunn:Gunnar 的缩写,即安特生(Johann Gunnar Andersson,1874～1960):瑞典地质学家和考古学家。1906年任瑞典地质调查所所长。1914年应聘前来中国,任北洋政府农商部矿业顾问。曾作过地质调查工作,并在河南、甘肃、青海等地从事考古工作。发现仰韶村等遗址。1925年回国,任远东古物博物馆馆长。他提出关于中国原始文化的所谓六期(齐家、仰韶、马厂、辛店、寺洼、沙井)的说法,但大量的考古发现证明,他所推定的六种文化的相对年代和绝对年代,与事实并不相符。所著有《华北新生代论集》(*Essays on the Cenozoic of Northern China*,1923)、《龙和洋鬼》(*Der Drache und die Fremden Teufel*,1927. 英译本名为:*The Dragon and the Foreign Devils*,1928)、《黄土地带》(Den Gula Jorden Barns,1933. 英译本名为:*Children of the Yellow Earth*(《黄土子孙》),1934)、《中国为世界斗争》(*China Fights for the World*,1939)、《中国史前考古学研究》(*Researches into the Prehistory of the Chinese*,1943)、《河南的史前遗址》(*Prehistoric Sites in Honan*,1947)等。

④ Mr. Grant:即格兰特(J. B. Grant)博士、教授。20世纪30年代就对平教会定县实验十分关注,晏阳初在国际乡村学院时亦加以积极支持,被晏阳初称为"同志"。曾任联合国儿童基金会执行主席,为陈志潜所著的《中国农村的医学——我的回忆》一书作序。

四,关于南开与燕京合作事项,谈 Mr. Grant 的提议,即在平教会外请一部分人(含教育方面、农业方面、经济方面的)组织一委员会对平教工作进行评估,希大家多出主意。第五,安排编辑年报工作。"在编辑年报暂无专人负责时,暂由秘书处同仁负责。"并希望大家多留意物色秘书主任人选。第六,通报本年乡村工作讨论会与陈筑山先生一起参加,除去无锡,仍拟赴南京、上海、杭州等处。最后,谈对推广工作的意见。"两广与中央皆应派人前往,但至终仍为人才的问题,我们不能只重推广而不顾到定县的大本营。因此,我想物色人才,短期的加以训练,然后派出推广本会工作,实为必要。"(新版《全集》卷1,第327~328 页)

10 月 3 日　致信曲直生①。全信如下:"直生先生大鉴:前在津门,辱承枉驾失迎,为歉! 承介绍丹麦 Andesson② 与 Bolsleu③ 两教授晤谈,亦因匆匆返定,未能如愿,曷胜怅怅! 两教授何日来定,当必竭诚欢迎,扫榻以待。尚望先示行期为祷! 专此布臆。敬颂教绥　晏阳初启。"(新版《全集》卷 4,第463 页)

10 月 4 日　致信周佛海。全信如下:"佛海先生道鉴:前奉惠书嘱为《江苏教育》月刊民教专号撰文,以事冗相寻,未能即日脱稿,曾将此情两达左右,想已鉴及。兹者幸已完编,特由邮随函奉寄,即希查收。迟迟之罪,尚祈见谅。专此布臆。敬颂教绥　弟晏阳初敬启。"(新版《全集》卷 4,第463 页)

10 月 6 日　给黄炎培回信。全信如下:"炎培先生大鉴:接奉大札,敬悉台驾不能来此参加乡村工作讨论会,晤教何期,曷胜怅怅! 承赐大著,展读之余,不胜佩倾! 一俟元善④、漱溟⑤两兄来定,当为转达一一也。专复。教安　弟晏阳初敬启。"(新版《全集》卷 4,第 464 页)

---

① 曲直生(1900~1969):20 世纪 30 年代著名农业经济学专家。邢台人。毕业于北平大学经济系,后赴英国留学,入伦敦大学经济政治学院研究。回国后,曾任中央政治学校、河北教育厅督学、中央大学经济学教授,北平社会调查所研究员,国民政府国防设计委员会专员,河北省蠡县县长。抗日战争爆发后,任河北省建设厅秘书主任。后任职于国家总动员会议、财政部田赋管理委员会及河南田赋粮食管理处。1946 年为"国大代表"。1947 年 5 月,被聘为宪政实施促进委员会研究委员会委员。1948 年任立法院立法委员。1969 年在台北去世。著有《中国之金融与汇兑》,《河北棉花之出产及贩运》,《华北民众食料的一个初步研究》,《中国粮食制度概论》《中国古农书简介》《粮仓法令汇编》《抗战纪历》《平庸集》《斗室孤灯集》《南泉剧谭》《偶感集》。

② Andesson:生平事迹未详,待考。

③ Bolsleu:生平事迹未详,待考。

④ 元善:即章元善。

⑤ 漱溟:即梁漱溟。

10月8日 给郗爽秋①回信。全信如下:"爽秋吾兄大鉴:接奉大函,敬悉动止多绥,为慰,为祝!承询一节,查该项纺纱机系本会自行制造,惟现以外货倾销,手工业出品颇难相敌,且该项纱机纺纱亦较外货为差,现正为更进一步之研究中。如有结果,当再函告,此时实不便轻于出售也。附上图样一纸,以备察阅。专此布复。敬颂教安 弟晏阳初敬启。"(新版《全集》卷4,第464页)

10月10~12日 第三次全国乡村工作讨论会在江苏无锡教育学院举行。到会170人,分属19省市,代表团体机关99处。还有美国教士2人,旁听200人。会上作《乡村运动与农民自救》的演讲,收入1937年2月由中华书局出版的《乡村建设实验》第三集中。首先指出:"现在,国势更坏,国家破碎不堪,有血性的人,都非常心痛。"主张"我们从事乡村工作者,爱国不敢后人,尤其是当此国家大难临头的今日,而我们不能对国家有所贡献,真是愧死痛死!"其次,谈国难严重的原因及如何贡献于国家。"现在国家所以弄到如此地步,主要的原因就是'忘本',……过去的政治经济文化之所以落后,就是因为设施没有着眼于民众;民众伟大的力量,非但从来没有运用过,而且根本没有发现过。现在我们就要抓着这伟大的潜势力,教育他们,训练他们,组织他们,发挥其应有的力量。乡村建设之使命,亦即在此。如果不从此下手,所谓民族自救,民族改造,恐怕皆是缘木求鱼。所以乡村建设运动的目标,在发现组织和训练民众伟大的力量。"第三,谈深入乡间从事实际工作和培养民力的重要性。"我国所以弄到如此地步,就是没有抓着广大的民众。……现在乡村建设运动,要以农民为对象,要发现这伟大力量,……更要研究如何运用方法来培养民力。"第四,谈乡村运动中实验的重要。"乡村建设,除运动之外,还要建设,所以目前乡村运动需要费许多时间、金钱、精力来研究实验。……乡村建设不仅仅是一种运动,更要讲求内容、方法、技术,才可以达到培养民力民族自救之目的。大家不从科学立场来讲求教育、自治、卫生等,结果还是没有办法,因为这是空虚的东西,不能持久的。"第五,谈乡村工作应通盘筹划、实行分工。"譬如中央重视科学研究,中央农业实验所用大量经费,聘请中外专家,解决一部分的农业问题;同

---

① 郗爽秋(1897~1976):教育家。江苏东台人。出身于贫寒的书香门第。1923年毕业于东南大学,先后在美国获芝加哥大学硕士、哥伦比亚大学博士学位。1928年回国后,被任命为省立南京中学校长兼中央大学教授。1930年,到河南等地农村考察,提出以救国救民为宗旨的"民生本位教育"的主张。1931年,同教育界人士共同发起规定每年6月6日为教师节。倡议利用庙产兴办学校。后任中山大、河南大学、辅仁大学、北京师范大学教授,暨南大学教育系主任,大夏大学教育学院院长。中国民生建设实验院院长,创办了《民生教育》月刊和《教育与民生》周刊等,编制了许多符合民众的民生教育的教材与书籍。后任教育部战时教育委员会委员。1949年后,历任辅仁大学、北京师范大学教授。著有《民生教育》《教育经费问题》《教师节与教师幸福问题》《地方教育行政之理论与实际》《普及教育问题》《教育行政测量法》(英文)等。

时要把科学研究的结果带到民间去,与农民发生关系,养成农民运用科学的习惯,使农民生活科学化,实属迫切之图。如果把这般又勤又俭的农民科学化了,我想一切事情可以胜过天力。……如果中国四万万人都有科学头脑,都能运用农业上技术及合作精神,我敢说,就能百战百胜,要世界和平,世界决不得不和平。"第六,强调乡村实验应推广,尤其是加强培养推动县政机构改革和运用新县政机构的行政人才的力度,以组织制度促进改革的深入。"乡村运动是民本的,建设是包括科学的技术和内容……从亲民政治的地方自治入手。县政权是真正老百姓的政治,现在就该从县政着眼,如何应用县单位制度的机构来运用乡村建设的方案。不过照现行县政组织仅仅是一躯壳,没有生命的,把乡村建设的方案加上去根本便不可能。所以在机构上非加改造不可,使变成一个推动乡村建设的机构。……改造这机构的先决问题,要重新培养推动这新机构的人才;另一方面还要培养运用这新机构的行政人才。"最后,强调唤起民众的重要。"中山先生遗嘱上说:'唤起民众',确是一句至理名言,尤其是在救亡图存的今日,的确要'唤起民众'。……我们要救亡图存,第一步即在唤起民众,除此以外别无他法。其次联合全世界上以平等待我之民族,这也就是根本的外交政策。……'唤起民众'的工作非由乡村建设不能做到。现在我们正热烈的提倡,要朝于斯,夕于斯,十年二十年亦于斯。因为只有这个工作是值得我们干的。"(新版《全集》卷1,第336~340页)

同上　在江苏无锡教育学院举行的第三次全国乡村工作讨论会上提交与陈筑山联名的《定县实验区工作概略》的书面报告。该报告后来收入1937年2月由中华书局出版的《乡村建设实验》第三集中。其内容包括"总说明""机构""机构实现之程序"和"两年来几种重要之县政建设工作提要"四大部分。首先,在"总说明"中,主要交代定县实验区的来历及背景。其次,在"机构"部分,(1)强调"县政建设实验工作,以县政机构之拟制为其第一步"。强调在拟制新县政机构时,应注意县政府对于新政治要求的适应,还应注意全县人民的政治组织与政治动员。定县现行县政机构根据这些理论而制定,主要精神在以县民总动员为基础,以效率最高的县政府为中枢。"由分而合,由散而整,由下而上,务使其节节灵通,处处呼应,不能拆开,不能截断。"(2)介绍全县人民的政治活动以公民服务团为基础,并论公民服务团。公民服务团类别方面,根据公民的年龄而分现役、预备、后备三种,而以现役为基干;根据公民在学校(含公民服务训练班在内)的组织与学习的专业分为政务、教育、经济、保健之四组;又根据组织的方便分为若干分团。公民服务团义务方面,"(一)团员(在通常时期多为现役团员)有随时辅助各种建设工作进行之义务。(二)团员有随时接受继续教育及特种训练之义务。(三)服务团为有纪律的组织,团员有严守纪律之义务。

（四）服务团以本乡镇学校教师为指导员，在设计上技术上接受其指导。（五）各组工作活动分别受该乡镇建设委员会之指挥监督。"公民服务团特征为："① 以少壮分子为中坚，② 以教育为基础，③ 以各种建设为工作内容，④ 以军队纪律为精神之一种政治初步组织也。培养民力，组织民力，运用民力，其效用全在于此。"同时强调"必如此而后县行政机构乃落于踏实的基础上，而后农村建设以及以农村建设为中心之县政建设乃有着实进行之可能"。（3）论乡镇建设委员会。其性质是"乡镇建设委员会者，实即所以代替地方自治组织中之乡镇执行机关所谓乡镇公所者也"。其特点是"上之接受县政府之政令，下之主持服务之工作，其职责尤为重要"。其组织架构"设委员六人至十二人，以容纳当地之有资望阅历者，而以本乡镇之小学教师为当然委员及秘书，以增其效率。委员会之正副主席一经选定，即由县政府加委为乡镇长副，以重其权。委员会之下分政务、教育、经济、保健四股，以与公民服务团之四组相应"。其效用是"为容纳年长之有力分子，以加强下级之自治组织"。其职权有五种："（一）选举乡镇建委会委员。（二）罢免乡镇建委会委员。（三）复决乡镇建委会之议案。（四）提出创制案于乡镇建委会。（五）议决乡镇建委会提出之预算及决算。"（4）论县政府本身组织。县政府组织合理化的标准，"不仅在裁局改科集中事权而已，尤在能集合实际行政人才与学者专家于一堂以共策进行"。县政府组织欲求集合人才之法，"即须县政府设一县政委员会，于秘书长科长等实际行政人员之外，另罗致一部分名誉职之学者专家，遇有要政兴革特请参与，盖必如是而后县府乃能得有高等学术人才之用，而又无其负担。……委员会中可以相当容纳本县士绅足资消除隔阂是也。"县政委员会人员组成，"设委员七至十一人，由县长商承研究院院长聘任之。此十一人之中，一人兼任秘书长，五人分任各科科长，其余不管科委员五人。管科之委员，重在行政经验，不管科委员（为名誉职）重在专门学术，参与会议，提供计划，给予学术上技术上之辅助。"（5）论农村建设辅导员。其组成，"依地理之便利，设六至十二人，其资格大抵为青年中学毕业生曾受辅导员训练者。"其作用，"除随时传达县政府之政策政令以督促训练农村办公人员外，并随时接受县政委员之学术训练，循环递转，训练农建技术人员，如此师生传习之间，方有上下一心首尾相应之妙用。"（6）详述了定县县政建设机构图并对图加以说明。第三，"机构实现之程序"。① 改组县政府。设县政委员会；裁局并科，"裁原有公安、财政、教育、建设四局，并县政府原有两科，改设民政、财政、教育、经济、公安五科。"并述各科职掌，合署办公。② 训练农村建设辅导员。先论训练农村建设辅导员的重要性，然后介绍训练实施办法。包括受训对象的资格、名额、受训期限、课程、成绩确定及委任办法。③ 成立表证示范村。介绍成立的目的、范围和步骤。④ 召集公民大会选举乡镇建设委员会委员。

介绍筹备和选举的具体办法。⑤ 全县推广。详述了推广办法。"1. 根据表证示范各村办理之结果,分别编制各种教材及政治、农业、合作、卫生、教育各方面之农村服务指导书。2. 由县政府派农村建设辅导员分赴各村巡回视导。3. 农村建设辅导员采传习办法,分期训练小学教师,再由小学教师襄助训练各该乡镇人民。4. 此项训练以全县各乡镇建设委员会及公民服务团之成立,为初步训练之完成,此后仍由农村建设辅导员继续巡回,分期视导。"最后,对两年来几种重要的县政建设工作做提要。① 介绍1933年7月至1935年元月调查工作;② 民众教育的实施;③ 村单位教育建设,包括改进小学、设传习处、设公民服务训练班、设幼童园、试办广播无线电教育、置报时钟等;④ 经济建设,先介绍农业改良推广,包括二十二号改良大谷推广、棉花改良推广、小麦高粱推广、波支猪的推广;然后介绍合作经济的推广,包括合作教育、合作组织系统、合作社进行概况。⑤ 保健工作,重点介绍了县(保健院)——区(保健所)——村(保健员)三级的保健系统及所做的具体工作,如医疗、种痘、水井改良、小学卫生实验及训练工作。(新版《全集》卷1,第341～365页)

10月13日左右　与陈筑山同游钓台,陈筑山作诗中有"小鸟扑泉灾有救,愚公移山心不灰。唤醒世人齐奋发,回天转地何难哉"之句。(川编《晏阳初》,第293页)

10月14日　致信高咏修①。全信如下:"咏修先生大鉴:支电谅达台览。承嘱物色教授一事,敝会因工作忙迫,人员有限,本无职员可以调动。重承尊嘱,自应勉为设法。在本会多年服务职员之中,现在训练委员会服务之殷君之〔子〕固,尚有相当经验。当嘱殷君或与其经验相当之职虽〔员〕,赴川襄助。但现因所负工作之关系,一时不能他离,行时恕在来年也。专此奉复。并颂教绥　弟晏阳初敬启。"(新版《全集》卷4,第465页)

10月28日　做"关于出席乡村建设学会会议等经过情形"的报告。收入新版《全集》第一卷中。报告首先谈与陈筑山先生外出差不到一个月,主要去参加了第

① 高咏修(1893～1961):即高显鉴,字泳修、咏修,号谦益。广西桂林人。生于世代书香门第之家。少聪慧;幼随父读诗词典赋,经史百家。18岁执教四川大学,主讲国际公法、法语。后曾参加全省律师会考,得中第一名。在川军21军掌管财务,后任营业税局局长,创办有利川公司。曾任四川公众轮船公司董事。1933年任江津县县长,借鉴河北定县中华平民教育会农村工作经验,在白沙镇成立了平教会江津实验区,次年调离江津。曾任四川省立教育学院院长(1939年暑假之前)、四川平民教育促进会会长、四川善后督办公署政务处长(下辖教育、建设、财政三厅)代办、四川乡村建设学院院长、《现代读物》杂志社社长、四川省土产改进委员会副委员长。抗战时期曾任国防最高委员会专门委员等职。一生致力于教育事业,治学严谨,为政清廉,严于律己。有《丰都万县视察记》等论著。热心地方文教事业的建设,是重庆"沙磁文化区"的发起人之一,曾任副主任干事。组织"歌乐山乡村建设社",自任社长,在云顶寺设办事处,有计划地对歌乐山和小龙坎林区进行开发和建设。还捐地帮助战时儿童保育会,在歌乐山成立了第一保育院。

三届全国乡村工作讨论会并参观了南京,于是将相关情形向各位同志报告一下。其次,介绍中国乡村建设学会及中国乡村工作讨论会的性质与组织。"在第二次内政会议时,中央政府约了各方面从事农村工作的同志去开会。在会议中,……大家认为乡村工作同志,有互相联络的必要;但不必注重组织的形式,应该偏重精神的团结,所以组织不宜庞大,宜注重运动本身的亲切联络。当时虽也有人主张组织全国乡村协进会,经过讨论认为与其组织一个像普通团体一样,定了详细完备的章程,设了董事会,而一事不办的会,不如多注重本身工作,少注重形式,较为实在。讨论结果遂由无锡、邹平、镇平、定县、燕京大学、中华职业教育改进社各方面,联名发起举行乡村工作讨论会;同时邀集国内乡村工作先进分子,组织乡村建设学会。"第三,谈乡村建设学会与乡村工作讨论会的关系。"乡村建设学会可以说是讨论会的灵魂,因为主持讨论会的就是乡村建设学会的同志。两会都在同一地点举行,会期则乡村建设学会在讨论会前。这两个会,第一次在邹平举行,第二次于去年十月十日在定县举行,会场就是这个大礼堂。今年为第三次年会,在江苏无锡民众教育学院举行。在质的方面,由乡村建设学会担负学术的集合;在量的方面,由讨论会担负鼓励提倡宣传的集合。所以两会的性质并不相同而有相成之用,这是希望各位同仁了解的。"第四,介绍到无锡参加的全国乡村建设学会的情况。会期三天。该集会有两个目标。"第一是就乡村工作比较有规模的团体,将一年间在研究实验工作上所有的得失经验,作亲切的交换,同时对于工作本身上,人事关系上,以及整个的乡村建设抱负上,各就认识所及,作自由的思想交换。第二是就乡村工作讨论会的各方面,作一点筹备工作,把开会时应用的方式,注重的要点等,具体地讨论一下。"全体会员有二十余人,"如本会的陈筑山瞿菊农和本人;如邹平的梁漱溟、梁仲华、孙廉泉[①];燕

---

① 孙廉泉(?～1952):名则让,字廉泉,山东鄄城人。山东农学院毕业、著名学者、社会活动家王鸿一的学生、"乡建"派创始人之一、"平教总会"的老资历平民教育家,以"教育救国"为己任。曾留学日本研究农业经济,回国后于1925年应冯玉祥之邀,到绥远大榆树沟任"山东移民事务所"主任。同年,冯命绥远都统李鸣钟及教育厅长李泰芬在包头设立一所初级中学,具体由孙筹办。学校建成后,命名"绥远特别行政区区立第二中学"(今包头一中前身),任校长。1931年任山东邹平乡村建设研究院副院长,1932年出任菏泽村建设第二实验区县长。1936年2月,调任第二区(辖山东菏泽等9县)行政督察员。1937年,借抗日之名,扩充实力,大办乡兵训练团,后抽调各县乡农学精壮成员五千余,编成三个团,由韩复榘授其番号为第一补充旅,任旅长。12月,日军侵入山东,将第一补充旅撤往河南漯河,再转至湖南衡阳,任衡山专区专员。1938年,日军撤离菏泽后,菏泽被划为山东省第二专署,任专员兼保安司令。1946年12月时,晏阳初聘邀到璧山就任第三区专员。后任华西实验区行政督察专员兼行政区主任。四川省干部训练团教育长。1948年1月前后任立法院立法委员。解放前夕,杨森委任其担任反共保民军两个师的负责人之一,在歇马场一带妄图负隅顽抗,经中共地下党做策反工作,1949年12月初向人民解放军投诚,欢迎解放军解放歇马场及北碚。中国乡村建设学院接收后被捕,趁看守人员不注意逃出跳长江而亡。有《合作事业研究纲要》《菏泽的乡村自卫》《民众组训须知》《菏泽实验县县政改革报告》等论文。

京大学的许仕廉、杨开道①、张鸿钧②;无锡教育学院的高践四③;金陵大学的谢家声;华洋义赈会的章元善等都是。"无锡开会到会者有十余人。形成了两个重要的意见。"第一是大家共同认识到在这个国家已到非常危急的局面,我们应有非常的集合。不能再和从前一样,一年仅开一次会。对于各方面的工作如定县、邹平、无锡、金陵农科等机关,都应把它们的特色,设法集合起来,作一点对国家危亡挽救上的特殊贡献。要想集合各乡村工作团体的长处,作成对国家用建设乡村路径挽救危亡的方案,必须从增多大家的联络机会做起。第二组织问题的讨论。大家觉得以前的组织,不十分严密紧凑,都感觉到有改革的必要。以前乡村工作学会,可以说无所谓组织,每年仅仅推定两个值年,负一点筹备年会的责任。这种非正式的办法,不足以应付现在的需要,因此今年产生了两个委员会。一个是推广委员会,一个是研究委员会。"并对两个委员会的性质、工作目标和人员组成做了介绍。第五,介绍到无锡参加的全国乡村工作讨论会的情况。出席人数一百六十余人,代表的团体差不多有一百个,有一半以上参会者是从未参加过的。开会方式改为书面报告,留出时间作充分的讨论。演讲很少,仅在开幕与闭幕时各有演讲一次。开幕时由自己演讲,闭幕时由梁漱溟先生演讲。"开会时讨论的题目,是各方面交来的提案,讨论的方法是先分组讨论,后再由小组主席报告大会,作综合的大会讨论。这次大会,共分四小组:第一组讨论的是政治、保卫、卫生等一类的问题;第二组是讨

---

① 　杨开道(1899~1981):字导之,社会学家,农村社会学代表之一。湖南新化人。1920 年入沪江大学预科部学习,1924 年毕业于南京高等师范农科,同年 8 月赴美留学,先后在爱荷华农工学院和密歇根农业大学学习农业经济和农村社会学,分别于 1925 年和 1927 年获得硕士和博士学位。1927 年回国后,历任大夏大学、复旦大学、中央大学农学院社会学教授,燕京大学社会学教授兼系主任、法学院院长。1928 年组织学生到清河镇调查,并于 1930 年在清河镇建立实验区。同年,组织发起成立中国社会学社,历任理事及副理事长。先后参与了燕京大学、中央大学等大学的农政学科建设。于 1929~1930 年在中央大学农学院乡村管理系担任系主任。1930 年又返回燕京大学,先后担任燕京大学社会学系代理系主任、乡村建设研究所主任、法学院院长等职务。1933 年任乡村建设学会理事。1935 年率燕大一批师生赴山东汶上县开展农村调查,建立农村建设基地,兼任汶上县长。1936 年组织燕大社会学系、清华大学、南开大学、协和医学院、金陵大学和定县平民教育基金会等单位大批人员在山东济宁市共同进行乡村建设实验,成立了华北农村建设协进会,同时参加"中国农村经济研究会"和合作经济研究社。1948 年初任上海商学院教授。新中国成立后,任武汉大学农学院院长并主持筹建了华中农学院,任华中农学院筹委会主任和院长。后任中国科学院湖北分院筹委会副主任、湖北省图书馆馆长和研究员。1979 年被聘为中国社会学研究会顾问。主要著作有《农村社会学》(1929)、《农村问题》(1930)、《社会研究法》(1930)等。

② 　张鸿钧(1902~1971):河北宛平(今属北京)人。北平师范大学毕业,并留学美国西北大学、芝加哥大学。曾任孔德学校教员 5 年。后任北平师范大学音乐系讲师,燕京大学社会学系教授。1941 年 8 月社会部社会福利司司长,1942 年兼中国乡村建设育才院教授。1947 年 10 月任社会部社会救济司司长兼福利司司长,并在中央大学兼任教授。1949 年 6 月任联合国社会司研究组主任。1957 年派为联合国中东社会发展办事处主任。1962 年任联合国亚洲暨远东经济委员会社区发展顾问。1968 年返回台北,创设亚洲暨远东地区唯一的社区发展教育中心,并受聘为台湾大学、东海大学客座教授。后担任内政部顾问、劳工教育辅导委员会委员等职。

③ 　高践四:即高阳、践四先生。

论教育方面的问题;第三组是讨论经济生产建设的问题;第四组是讨论三组以外的问题。每天都有分组讨论与大会讨论。"不过"讨论题目大部分是临时提出,所以做主席的,参加讨论的,都没有充分的准备。……大家感到会期太短,讨论很匆促……自由参加,组织不严密。"第六,汇报会后到上海与重要关系团体接洽,与陈筑山先生到兰溪参观县政改革,到南京参观中央农业实验所及中央政治学校的情况。特别介绍在南京还遇到四川实业家卢作孚先生并做了深入交谈,"不禁引为同志"。最后,谈在外面一个月的总印象。"每到一个地方,各方面听到是定县来的人,都愿意和我们谈谈。对我们的事业和工作都非常钦佩。一般人对我们的希望,非常的奢,这是很危险的事情。这个人要定县去帮忙这样,那个人要定县去帮那样。其实我们各方面的工作,尚未达到我们的理想,处处觉得不够。陈先生和我都有这样的感觉,现在国家处于非常危急的地位,我们已不能再从容进行,要赶紧制造出一套工具来,做为我们国家救亡图存的实际贡献。"(新版《全集》卷1,第329~335页)

10月31日 给孙步瀛①回信。全信如下:"步瀛先生惠鉴:台函备悉。尊著《家庭教学法》,实除文盲之利器,良深钦佩! 尚祈将全书惠赐一册,以备参考采用为祷! 专复。即颂时绥 晏阳初敬启。"(新版《全集》卷4,第465页)

同日 给徐蔚农②回信。全信如下:"蔚农先生台鉴:惠书备悉。承索《乡村工作讨论会会刊》,因该会现已闭幕,无从索寄。惟《民间》杂志第一卷第十二期载有该会《纪要》,可窥大略。兹特寄一册,即祈查收是荷! 至本会刊物种类繁多,且均系卖品,兹并检寄目录一纸,如有适用者,请直向敝会售书处函购是幸! 此复。即颂时绥 晏阳初敬启。"(新版《全集》卷4,第466页)

10月 在江苏省教育学院做"平民教育促进会工作演进的几个阶段"的演讲。该演讲词原载《民间》第2卷第12期。收入新版《全集》第一卷。首先,强调平民教育的对象是平民,工作的内容是教育。其次,把十几年来的工作情形分成文字教育阶段、农村建设阶段和县政改革阶段三个阶段并详加说明。第三,高度评价江苏省教育学院。认为它"可谓是中国第一个注重民众教育的学院,对于民众教育负有重大的使命。民众教育在中国已渐成有系统的教育,中国对民众教育数千年来未加

---

① 孙步瀛:1942年任宁夏农林处农林推广室主任,著有《家庭教学法》,1946年参与对周之翰所著的《宁夏新农政》的校对工作。其他生平事迹待考。

② 徐蔚农:原名徐兆铭,曾用名徐绍生、徐铭、武飞,宿县人。1930年7~8月组织领导了泗县农民暴动,任行动委员会组委、红二军独立师第三大队大队长。1932年4月,担任西高庙农民武装暴动总指挥部总指挥,暴动成功后将暴动队伍扩编为盱眙县工农红军游击队。其他生平事迹待考。

注意,今日政府和知识分子竟由暗中的推动而表现到具体的事实。这种表现是极好的现象,希望贵院诸位先生和诸位同学认清目标,继续奋斗。"最后,对当时民众教育及农村建设提出看法。"我愿意提及大家注意的是:中国民众教育及农村建设,时至今日,空气如此浓厚,流潮如此高涨,这一方面可以说是好现象,另一方面也非常的危险。当然大家热心提倡,固可以乐观,可是危险性即潜伏在其中。……我恐怕农村建设和民众教育再过几年以后,也要变成无声无息,蹈以往诸运动的覆辙了! 因此我们做农村建设和民众教育的同志们更须努力了! 我们须明了现在中国民族的真问题之所在,然后抱着牺牲一切的精神去求其解决!"(新版《全集》卷 1,第366～371 页)

同月　在无锡举行的第三次乡村工作讨论会上以"农民运动与民族自救"为题做演讲。演讲词收入中华书局 1937 年 2 月出版的《乡村建设实验》第 3 集及新版《全集》第一卷中。首先谈国情更加危急,"能够安然讨论民族自救和乡村改造的问题,这是很侥幸的"。其次,提醒从事乡村工作的同志爱国不敢后人,尤其是当此国家大难临头的今日应对国家有所贡献。第三,分析国家弄到危急境地的原因。认为"主要的原因就是'忘本',整个的国家,人口有四万万之众,可是一点力量没有,任何人可以侵入中国如入无人之境,妥协屈服,不知伊于胡底。我们要救亡图存,必先认清症结所在。'民为邦本',而这虽是一句老生常谈,可是我们不能因时间的变迁而抹杀其含有的真理。过去的政治经济文化之所以落后,就是因为设施没有着眼于民众;民众伟大的力量,非但从来没有运用过,而且根本没有发现过。"为此,主张"要抓着这伟大的潜势力,教育他们,训练他们,组织他们,发挥其应有的力量。乡村建设之使命,亦即在此。如果不从此下手,所谓民族自救,民族改造,恐怕皆是缘木求鱼。所以乡村建设运动的目标,在发现组织和训练民众伟大的力量。"第四,谈深入乡间从事实际工作的必要性,对有些人强调当时应干工商业等工作而轻视农村工作提出批评。"我国所以弄到如此地步,就是没有抓着广大的民众。老实说,如果大多数民众在城市里,我们当然要到城市里去,所以我们从事乡村工作,并不是为乡村而到乡村的,为的是大多数民众是在乡村。也有人说。[,]今日已是工业发达时代,单单提倡农业是不行的,其实我们从事乡村工作,并不是在专门提倡农业,而为的是大多数民众在农村,因为农村是伟大力量之所在地。我们决不是说工业不重要,不过我们认为在这样一个时期,这样一个环境中,要有民本政治,非注重农村不可,尤其是在此破产之农村,农民无接收力购买力,哪里谈得上工商?所以我们深信着这是最重要、最基本、最迫切的问题。"第五,谈培养民力的方法。"乡村建设,除运动之外,还要建设,所以目前乡村运动需要费许多时间、金钱、精力来研究实验。……至于方法技术之研究实验,决非性急之事,非有真正的专家,且备有充分时间和相当经费不可。……对这般又穷又忙的青年民众如何教法,教些什么? 再有待研究实验。总之,乡村建设不仅仅是一种运动,更要讲求内容、方法、技术,才可以达到培养民力民族自救之目的。"第六,谈在民族存亡危急之秋应以工作为重,通盘筹划,实行分工,互相取长补短。"譬如中央重视科学研究,中央农业实验所用大量经费,聘请中外专家,解决一部分的农业问题;同时要把科学研究的结果带到民间去,与农民发生关系,养成农民运用科学的习惯,使农民生活科学化,实属迫切之图。如果把这般又勤又俭的农民科学化了,我想一切事情可以胜过天力。"第七,谈设法使农民头脑科学化的办法是"务须以科学方法来改进农民生活。合作社决不是仅仅为借钱而已,而是养成农民合作的观念、习惯和技能。……总之,乡村运动是民本的,建设是包括科学的技术和内容"。第八,主张将乡村建设运动的研究实验加以推广,乡村建设的办法纳入制度以便大规模地推广,其途径"就是从亲民政治的地方自治入手。县政权是真正老百姓的政治,现在就该从县政着眼……现在要改造这机构的先决问题,要重新培养推动这新机构的人才;另一方面还要培养运用这新机构的行政人才。还有一点,是极关重要的,在上面有许多命令要推行,下面更要有足有手来帮助,所以要组织有训练的民众。因为由上而下的组织是不能推行的,由下而上的基本组织,即在有组织有训练的民众,这是宝塔式的建设,而不是头重足轻的建设。依着这种组织,政府方面要整个计划地推行,雷厉风行,必收事半功倍之效。"第九,强调乡村工作同仁既要研究推广,更要有总的集合与合作,且政府要作后盾,予以种种便利。第十,论唤起民众的重要。"我们要救亡图存,第一步即在唤起民众,除此以外别无他法。其次联合全世界上以平等待我之民族,这也就是根本的外交政策。因为我们自己和美国联合和国联联合都不配,还不够资格,根本便没有什么友邦。……苏俄五年计划的告成,各国敢不刮目相视。他们的计划就是受罪,有计划的受罪。而我们现在的受罪是无计划的,我们现在正需要有计划的受罪,有组织的吃苦,否则是无价值的,等于自杀。"最后,谈"唤起民众"要有使命感,持之以恒,坚持不懈。"现在我们正热烈地提倡,要朝于斯,夕于斯,十年二十年亦于斯。因为只有这个工作是值得我们干的。在此民族危急存亡之秋,如果我们不能参加一种有信仰的工作,还是自杀的好。因这种侵略耻辱委实忍受不住。诸位,时至今日,自杀易,自强难;求死易,谋生难。这几天我们相互讨论乡村工作,彼此推诚相与,互相砥砺,应处处以国家危亡为前提,分工合作,把握着现在努力的途径,不说空话,只有硬干,我相信中华民族一定可以自救。"(新版《全集》卷1,第336~340页)

11 月 5 日　致信张学良等。全信如下："汉卿①、岳军②先生勋鉴：此次赴鄂得聆教示，良深感纫！初顷已返定，沿途平适静注，公暇尚祈时赐南针，以运不逮是幸！专布谢忱，即颂勋绥　晏阳初敬启。"（新版《全集》卷 4，第 466 页）

11 月 8 日　致信吴景洲③。全信如下："景洲先生著席：此次赴鄂，屡获良晤，无任快慰！敝会及河北省县政建设研究院工作，谬承欣赏，惭感何似！兹将敝处会院两方所出刊物检寄三册，敬求指正！即祈察收是荷！前曾云贵会同人将来敝会参观，不胜欢迎！何时北来，尚祈先期示知，当竭诚招待也。专④此。即颂台祺　晏阳初敬启。"（新版《全集》卷 4，第 467 页）

11 月 13 日　致信沈作鼎。全信如下："作鼎吾兄大鉴：此次赴鄂，获聆雅教，无任欣慰！执事从事农村工作建设运动，苦心孤诣，毅力坚卓，良深钦佩！敝会所出《民间》半月刊，谬承过称，至为荣幸。归来即嘱主持人孙伏园同志寄请指正，尚祈多为推销，以事普及为快。嗣后贵处消息，并祈随时示知，我辈从事农村建设运动者，甚愿多得实际工作之同志互相帮正，想不吝教也。专⑤此，并颂台绥　晏阳初敬启。"（新版《全集》卷 4，第 467～468 页）

同日　致信马伯援。全信如下："伯援吾兄大鉴：此次赴鄂，获聆雅教，无任欣慰！执事热心农村建设运动，努力锐进，鄂省农运得有今日，端赖执事倡导之力也。而枣阳一邑，表现尤多，功在桑梓，良深钦佩！初现在已安抵定县，将来贵处如需与敝会合作之处，当尽力帮助。公余之暇，尚祈时赐教言是幸！专⑥此。即颂台绥　晏阳初敬启。"（新版《全集》卷 4，第 468 页）

---

①　汉卿：即张学良。

②　岳军：张岳军，即张群（1889～1990），名群，字岳军。

③　吴景洲：即吴瀛（1891～1959），字景洲，曾用名"吴景九"。江苏武进人，出身世代书香家庭，其父吴稚英任职张之洞幕府。早年就读于"浙江大学堂"。后毕业于湖北方言学堂英文专业，在辽阳中学任教三年。后到北洋政府内务部工作，后任警政司第三科科长。曾任京都市政府办公署坐办（相当市府秘书长），"清室善后委员会"顾问。27 岁便以其出类拔萃的学识参与创建故宫博物院，任常务委员、古物审查专门委员，并担任《故宫书画集》《故宫周刊》首任主编。参与故宫文物南迁，为首批南迁文物监运员。离开故宫后，任豫鄂皖三省总司令部湖北地方政务研究会副主任，湖北省区训练所副所长，南京农本局理事会秘书兼总务处长，任税务局秘书，四川八十八军的秘书长，担任国防最高委员会秘书，行政院参议，上海敌伪文物整理委员会委员。新中国成立后，聘为上海文管会古物鉴别委员。后到北京养病。1955 年将其祖传及一生收藏的 241 件文物捐献给他亲自参与创建的故宫博物院。1957 年因其子被打成右派而伤心，1959 年去世。著有《中国国文法》《故宫盗宝案真象》《故宫博物院前后五年经过记》《风劲楼诗草》《蜀西北纪行》《故宫博物院前后生平经过记》《故都沉梦录》，话剧《长生殿》等著作行于世。

④　专：旧版《全集》为"耑"。

⑤　专：旧版《全集》为"耑"。

⑥　专：旧版《全集》为"耑"。

同日 致信孔雯掀①。全信如下:"雯掀先生大鉴:此次赴鄂,获聆雅教,无任欣慰!先生以党国先进,赞助农村建设,鄂省农运得有今日,皆先生登高一呼之力也。佩甚!佩甚!在鄂辱承台宠,得快朵颐,至今齿颊尚留余芬,并希谢忱。即颂台绥 晏阳初敬启。"(新版《全集》卷4,第468~469页)

11月14日 与陈筑山联名致信张历生②。全信如下:"历生先生勋鉴:素仰光仪,久切驰慕。津门晤教,益佩硕识深远,说论鸿博,快慰奚似!自津归定,获闻省府改组,先生庆得蝉联,兼长财厅。既旧规之可循,更新猷之足展。且新厅合实业建设而治之,益足见政府锐意兴革之切,而倚界长才之殷。披阅报章,得读谈话,有统筹省政计划建设之主张见行,冀省前途当有新的曙光发现,钦佩之余,良深忭贺!初等从事农村与县政建设,承各方予之匡助,粗具规模。今既得明达之政府领导,同人等益当奋勉,以期有所贡献而备采纳。如承政余之暇,过定参观,赐予指教,不胜翘企之至!专此奉贺。敬颂勋祺 晏阳初、陈筑山敬启。"(新版《全集》卷4,第469页)

11月15日 给孟广超③回信。全信如下:"仲晦先生勋鉴:此次赴鄂,适骖从出巡,未聆教益,怅惘何似!鄂省民政得执事主持,县政日臻治理,又复注及农村,锐意建设,前途无量,深可为我国治平之贺也!顷奉手示,备悉种切。承索敝处农村及县政材料,敝处历年研讨愧少心得,殊不足以贡献于左右。且敝处工作每侧重实际研究与试验,所有材料亦苦无暇整理编著成书,既蒙函索,特仅就已出版者检寄数册,即希察收,并祈与寄奉景洲④先生者合观为祷!专此奉复。敬颂勋祺 晏阳初敬启。"(新版《全集》卷4,第470页)

---

① 孔雯掀(1873~1950):即孔庚,字文轩,号雯掀,湖北浠水人,清末秀才。早年留学日本,并加入同盟会。回国后在清军咨府任职,历任晋西、晋北镇守使、孙中山大元帅大本营参议兼执法处处长、讨贼军湖北总司令、黄埔军校教务长,大革命后历任国民党湖北省执委、省政府常委兼民政厅、建设厅厅长。1938年出任武汉抗战教育研究会理事长,曾任国民党参政会第一、二、三、四届参政员。其一生除了政治活动、社会交往外,并无其他嗜好,稍有空闲,便看书写字,作诗联对。晏阳初致信时,在武昌湖北农村协进会任职。

② 张历生(1900~1971):原名维新,字少武。直隶乐亭人。早年入天津南开中学,毕业后赴法勤工俭学。1922年入巴黎大学,主修社会学。1923年在巴黎加入国民党。翌年任国民党驻法总支部执行委员。在总支部内坚持反共主张,促成总支部的分裂。1925年回国,任上海中山学院教授。1927年春任北伐第十军政治部秘书。是年底任杭州市政府秘书长。1928年任陈诚的秘书,并任国民党南京市党部指导委员。1929年3月,调任组织部秘书。后任鄂豫皖三省"剿匪"总部党务处长。1931年当选为国民党第四届候补中央执委。次年赴平、津指导国民党华北党务,鼓吹蒋介石的独裁理论,进行反共宣传,迫害进步人士。1935年被选为国民党第五届中央执委。翌年接任国民党中央组织部长。抗日战争爆发后,调任国民政府军委会政治部秘书长、副主任。1940年秋,改任党政工作考核委员会秘书长。1942年底任行政院秘书长。1944年12月出任内政部长。1948年5月任行政院副院长。1949年去台湾,曾任台湾省立"自治研究院"主席,"行政院"副院长、国民党中央委员会秘书长,驻日本"大使"等职。1963年退出政坛。1971年4月在台湾病死。

③ 孟广超:即孟仲晦,时任湖北省民政厅厅长。生平事迹待考。

④ 景洲:即吴景洲。

11 月 16 日　致信王扶山[①]。全信如下:"扶山先生大鉴:在鄂畅聆雅教,至为快慰。辱承属望敝会与贵处合作一节,因初新回,锁细蝟集,尚未能赴平与梁仲华先生晤谈;俟谈有结果后,当即奉闻。又承索敝会生计教育部改良手摇纺纱机说明书,兹特检寄一份,即祈察阅。如有嘱办之处,并希示知,或遥函敝会生计教育部,当可照办也。专颂台绥　晏阳初敬启。"(新版《全集》卷 4,第 470~471 页)

11 月 18 日　在第四次大周会上讲话。收入新版《全集》第一卷中。首先,谈最近行程及提前开会的缘由。"本来今天是不打算开大周会的,因为今天午后,我要到北平去,从北平到南京、广东、广西去,大约四个星期之后才能回来,所以开一次会和大家谈谈。"其次,建议大家多下乡了解乡村工作实际,并对自己在高头村及附近村庄、西建阳、小陈村以及西平朱谷等村庄参观的所获加以说明,强调"如果下乡参观,不要费时太短太少,要多花一点时间,多费一点思想去看,看的结果,或者可有所得。"第三,强调定县实验的教育工作,应叫组织教育而非导生制,用导生制是不妥当的,"因为导生不过是所用教育方法的一部分,用部分来包括全体,这是最不妥当的事情。最好大家用组织教育这个名词,全会同仁一致的使用。我们现在实验的本来是组织教育,组织教育的一部分是导生传习。"这与陶行知先生的小先生制其实是不同的东西。"像吴唆村的传习总站传习分站等办法,保甲制度的运动,都非小先生制之所有。所以我觉得导生传习,既不能代表我们的全盘工作,又易使人误会,必须正名,以后我们要把组织教育这名词,一致地使用。"第四,谈组织教育的内涵与意义。"组织教育的对象,一个是儿童,一个是青年,是有步骤地去施教,所以很切实。""组织教育有两个伟大的意义:第一,是给一般儿童青年以一种团体训练、生活纪律。……第二,是培养领袖人才。组织教育把整个的民众生活团体化、纪律化,同时却培养出了真正的实际的领袖人才。在组织教育里,有大队长、大队副、中队长等等领袖,这是发现领袖最自然的方法。……所以真正的领袖,不一定是智慧高,而是具有多方面的能力的,有充分实际活动的人。在组织教育下,有大队长等十多个领袖,这些领袖我们都可认作具有天才的儿童,如果把这些子弟再作进一步的教育,那将来社会上还会缺少真正的领袖人才吗?"第五,强调今后应当注意组织教育已发挥救亡图存之作用。将来工作应该是"如何使组织教育更完善,如何改进教法、教材,使内容更充实。我觉得这种教育对于国家的救亡图存,实在是一大贡献。关于内容的充实,那就不仅是教育部的事,卫生部、生计部,都要负相当的责任,共同合作,互相扣合起来。我们的教育,不是为教育而教育,我们是为

---

① 　王扶山:参见 1935 年 6 月 25 日条注释。

建设而教育。"第六,强调平教会四件事是有机联系的整体。"平教会有四件事值得提出来说的,就是组织教育、经济合作、保健制度及县政机构,研究院在学术上是和平教会合而为一的,在经济上是分开的。……平教会与研究院在学术上既是一体的机关,研究院现在已把县政机构推动了,那么,组织教育、保健制度、经济合作制度便应携手并进。这四件事分开来看是四件,合起来看实在是一桩,就是县政建设,这是希望大家注意的。"最后,谈这次出去考察香港、广东、广西、湖南、湖北是为了解何地适于平民教育的推广,望与会者多想想推广的方法、制度及工具,并多花精力投身于工作,"我们是朋友,是同志,但在工作上却是要各守本分,各尽责任,才能生最大效果,请大家切实注意。"(新版《全集》卷1,第372~376页)

11月20日 给江问渔回信。全信如下:"问渔吾兄先生著席:此次乡村工作讨论会在定开会,幸得我兄莅会参与指导一切,今后会务之进行,尚希继续匡助,共策进展为企!此次诸同志来定,使初引为最快者,为会后在舍间得与少数同志之畅谈,彼此推心置腹,互换意见,共谋今后工作之进展。而贵社及邹平、无锡等处并敝会间,化除畛域,通力合作,休戚与共,团结一体,共谋整个的国家建设,共求我国家民族之改造;今后之成功,即大家之成功,今后之失败,即大家之失败;同荣同辱,共勉共励,此诚历年努力之最快事也!骀从过平时,承将敝处会院两方工作介绍于华北当局之前,尤见关切之雅,同人等无任感纫!两奉手教,备悉种切。承介朱君轶人[1],忠实干练,自应勉为设法,以副雅属。惟敝会正值经费支绌之际,诸事皆在紧缩之中,且增添人员俱在年度开始之时,如下年度有机,再行函商朱君,以资藉重也。晤任之[2]先生时,并祈代为道候为祷!专复。即颂教祺 晏阳初敬启。"(新版《全集》卷4,第471页)

11月23日 给孙廉泉回信。全信如下:"廉泉吾兄著席:接奉大函,备悉种切。前者乡村工作讨论会开会,台旆[3]来定,得晤教益,至为欣慰!诸同志之来定,尤使初引为快者,为会后在舍间得与少数同志之畅谈,彼此推心置腹,互换意见,共谋今后工作之进展。而贵院及邹平、无锡等处并敝会间,化除畛域,通力合作,团结一体,休戚与共,得失相关,共谋整个的国家建设,共图我国家民族之改造,今后之成功即大家之成功,失败即大家之失败,同荣同辱,共勉共励,此诚历年努力之最快

---

① 朱轶人:青年党党员。1923年在江苏淮阴涟水朱楼中学任校长。1928年在剑声中学任教。1935年在中华职业教育改进社农村改进组就职。后任青年党天津市党部秘书处长、代理主任委员。1948年任天津交易所监理官,江苏旅津小学校董事。
② 任之:黄炎培(1878~1965),"任之"为其字。
③ 台旆:敬词,称对方。

事也！吾兄奉命兼办乡村自卫事宜，以兄已往之经验与富有办事之毅力，当可驾轻就熟，胜任愉快，闻之不胜欣贺！贵处农民训练识字课本，拟采用敝会第三次修正《农民千字课》，此实敝会历年苦心研究意在推行各方之素志，幸何如之！将来试教时，如有不切实之处，尚祈随时指示，以便修正为祷！至该书价，每部（共四册），定价二角八分，今贵院既欲购用，自当特别优待，与敝处研究院同一从廉，每部按六折计算。何时定购，尚祈早日示知为祷。贵处在此初行农民识字之始，如需敝会派人帮助时，尚祈本一体互助之精神示知，敝会当于忙中抽空派人前往佐助也。专复。并颂台祺　弟晏阳初敬启。"（新版《全集》卷4，第472页）

同日　给胡次威①回信。全信如下："次威吾兄著席：接奉手翰，备悉种切。前者吾兄来定，出席乡村工作讨论会，幸获晤教，至为快慰！吾兄努力县政建设，苦心经营，有此良好成绩，将来县政前途有无穷之光明，可为各方楷模。弟钦佩之余，当愈加奋勉矣。顷承函购敝会刊物，以备参考。本会历年研究工作皆侧重研究与实验方面，所有材料，大部分俱在整理之中，编著成书者甚少也，愧难有所贡献于左右。现承索购，将就已出版之少数部分，饬出版课从速寄上，尚祈查收，并希教正。如蒙指示意见，以资修改，不胜盼祷之至！专②复，并颂台绥　晏阳初敬启。"（新版《全集》卷4，第473页）

11月24日　致信甘乃光。全信如下："乃光吾兄先生道鉴：久违尘教，至深企念。顷健秋③兄出席考铨会议，自京归定，曾云〔：〕在京时得晤左右，谈及敝会院两方工作，诸承关切，遇有各方不了解者，并蒙多方见释，极力赞助，此种诚挚之精神，同仁等闻之无任感佩！近因国际上学政界友人，对于敝处工作较往日尤加注意，弟因著有英文小册，将会院工作内容有所介绍，在改善县政建设之中，幸得吾兄独具慧眼，在中央方面努力建议，以至有今日县政改革之设施，皆吾兄倡导之力也！鄙

---

①　胡次威（1900～1988）：原名胡长清，万县人。北京朝阳大学法律系肄业，公费留学日本。1927年毕业于日本明治大学法律科。回国后，1928～1932年任朝阳大学副教授、教授，在教学中发挥所长，著有《法律知识》等，后担任浙江兰溪实验县县长，调江陵实验县县长，成绩卓著。1936～1937年任湖南省政府委员兼民政厅长。1938年调任四川省政府委员兼民政厅长。同年，四川建立"省训团"（又称"四川省行政人员训练班"），任民政厅长兼省训团教育长。著有《地方自治》一书，报请内政部审核，确有执行新县制的必要性。经四川省务会议决定，四川省于1940年6月开始实施新县制。先在成都召集全省专员、县长开会研究讨论，6月下达文件，以乡镇为基点，改县立小学、区立小学为中心学校。每乡镇设中心学校一所，设国民学校三至五所。选择校长人员限制较严，以期政教合一，完成新县制的基础。1946年夏，调任南京政府内政部政务次长。1949年后，加入民革，任上海市政府参事。撰有《国民政府仅有的两次最高行政会议琐忆》《蒋介石枪毙杨全宇》《国民党反动统治时期的"新县制"》《兰溪实验县工作报告》《蒋介石做总统的一个片段》《建立乡镇》等论文。

②　专：旧版《全集》为"耑"。

③　健秋：吕复。

著英文小册,对于县政与中央有关之处亦稍论及,不揣谫陋,特检寄一册,敬求指正,无任感祷!专此。并颂道祺　弟晏阳初敬启。"（新版《全集》卷4,第473～474页）

11月27日　给严慎修①回信。全信如下:"慎修先生大鉴:惠书奉悉。敝会所出《李二曲学谱》及《王阳明节本》二书,承指出错误多处,并附正误表二份,仰见关切之极,为学之笃,无任感佩!除将正误表交付负责人精心校勘,以备正误外,用特函申谢忱,尚希亮察是幸!此复。专颂台祺　晏阳初敬启。"（新版《全集》卷4,第474页）

11月29日　给冯玉祥回信。全信如下:"焕章先生大鉴:接奉手书,并相伯②先生绣相一帧,徊环展诵,钦佩无暨。相伯先生国之耆老,世之宿儒,其学术文章,道德人品,久为士林所推崇。在此道德沦丧、人格破产之今日,苟不力挽狂澜,振起颓风,则其败坏也不知伊于胡底!我国人士虽多有倡为名教之论者,然大都托诸空言,鲜有能身体力行,而一践其所言之人。今欲国家之进步、民族之振兴,非有硕德大年之人,既倡鸿论于前,而又能躬行实践,以身作则者为一领导,则不足以深入人心,而资感化。相伯先生今之硕德大年人也,一身履德蹈义,老而弥笃,识足以表率群伦,师表当世。今值九五华诞,先生为其绣像多帧,遍遗交好。相伯先生之丰采,既可遍布世间,资人仰望,而其德行亦可长留楷模,永为世法。意美法良,适与初心默契。仅将绣像悬之座间,俾得瞻对而思。趋则拜嘉之余,且甚佩先生囿世之深也!专布谢忱。并颂大祺　晏阳初敬启。"（新版《全集》卷4,第475页）

同日　致信谢家声。全信如下:"家声吾兄大鉴:顷常得仁③同志由京归来,极称所听统计课程甚有价值,闻之不胜欣慰。并谓将来金大④与敝会对于华北农业

---

①　严慎修(1878～1945):字敬斋,山西河津人。清末毕业于山西大学堂西学专斋。旋赴日本留学,入早稻田大学预科,后入政治经济科。回国后,例授举人。1912年应聘任河东分府经济要员,筹创兴业钱局,任总经理。河东分府解散后,到太原任教,应聘为山西大学民法债权科教授,并创办《新社会报》。1919年擢升为山西商业专门学校校长,兼省议会副议长、省教育检察官。脱离商务后,在晋祠创办志勤中学、志勤小学、志勤图书馆,并借助华洋义赈会财力创办农业信用合作社、医疗所和乡村自给研究会等。1931年与梁漱溟、晏阳初共同筹办书店及学术研究会,推行乡村自治运动。相继在河北保定、山东邹平建立平民教育会和乡村书店。1936年南下,与姚大海、梁漱溟合股在上海创办乡村书社。"卢沟桥事变"后回乡组织保卫队,积极致力于抗日斗争。著述有《通俗益幼识字歌》《西方愿文解》《地方自治要鉴》《大乘金刚经论》《国民经济学》。

②　相伯:即马相伯。

③　常得仁(1900～1996):山西忻州人,出身于耕读之家。1914年考入清华大学,1922年毕业,后入金陵大学农学院就读。1930年任燕京大学讲师。1932年赴美进修。1933年在河北定县从事棉花改良研究,将短绒棉改良为长绒棉。1936年应聘出任四川省棉花作物试验场场长。1939年赴重庆,与晏阳初共创中国乡村建设学院。1956年发表论文《棉花育苗移栽的实践与理论探讨》,受到专家好评。同年出席全国第一次职工科学技术推广工作积极分子大会。撰有《悼晏阳初先生》《非常时期四川省棉作试验场二十六年度工作计划》《高粱之研究》《抗战期中川省之棉业及其改进计划》等论文。

④　金大:金陵大学。

之改进与人才之训练,可作进一步深一层之合作。此种计划,初认为极有意义,极有价值,彼此如有机晤时,当详为商讨,使其具体化也。得仁在京时,诸承关照,同深感激。大驾何日北来,尚祈示知,俾获晤教是幸！专颂教祺　弟晏阳初敬启。"(新版《全集》卷 4,第 476 页)

11 月 30 日　给严慎修回信。全信如下:"慎修先生大鉴:惠书奉悉。尊拟与乡村建设学会切实联络,加大效率之意见,实于促进各团体精诚团结,分工合作,荣辱与共,得失相关,共谋整个国家建设不可缓之图。前者乡村工作讨论会闭幕时,有少数同志亦曾谈论及此,皆谓今后务须以化除畛域、通力合作为职志。今复承道及,极佩卓识,无任快慰,当与各方面同志共相勉励,以期实现,而副雅意。专复。并颂台祺　晏旧初敬启。"(新版《全集》卷 4,第 476～477 页)

11 月　孙晓村撰写的《中国乡村建设运动的估价》发表在《大众生活》第 1 卷第 4 期。将其领导的乡村运动列为乡村建设运动的七种类型的第一类并给予了评价。认为:"第一种类型是从近代的教育观点出发,想用最实际的社会教育的方法,来改善农民的生活,而且企图拿这一套实验的结果,介绍推广到全国。晏阳初先生领导下的定县,便是这一类型的代表。定县的平民教育,先确立一个目标,他们对于中国大多数人民认为有四种基本缺点,第一是'愚',第二是'穷',第三是'弱',第四是'私'。根据这四个观察,他们主张用'文艺教育'培养人民'知识力',用'生计教育'培养人民'生产力',用'卫生教育'培养'健强力',用'公民教育'培养'团结力'。这几宗教育因为实施时的方式,有学校式、社会式、家庭式三种,所以倒并不一定是书本知识的灌输。例如在生计教育中的训练,也包含着举办合作社,改良棉花、小麦及猪、鸡等品种的实际工作。""这一切的努力,论其主观的动机,原多不坏,尤其是在这贪官污吏、土豪劣绅充塞着的中国社会里,知识分子肯深入农村去接近农民,不论成绩怎样,总是值得我们尊敬的,而且这一切的努力,也不能说没有相当的成绩。例如定县、邹平,在组织农民、教育农民和训练农村服务人材这些方面,都有相当的成就,尤其是定县,因为组织农民,竟至和当地豪绅冲突起来,如镇平内乡的自卫,真几乎办到'夜不闭户'的程度……可是问题并不在此,拿这些成功来赞美中国的乡村建设运动,那末各地从事乡村工作诸先生都许感觉到这并不是他们所期望的颂语。每一个乡村运动家,都想象着,甚至坚决地认定着,自己是在做建设农村、复兴民族的工作。可是从作者看来,这一切的努力,且不说建设农村与复兴民族,仅仅'使大多数穷人有饭吃'这一点,实在还离得很远,不说目前的乡村工作够不上使全国的大多数农民有饭吃,就是在各该实验改进地方,也很少有所成就。"(孙晓村:《中国乡村建设运动的估价》,《大众生活》第 1 卷第 4 期)

12 月　在中山大学文学院演讲"中华平民教育促进会工作的演进"。该演讲词由富伯宁、庞翔勋记录,发表于《教育研究》1935 年 12 月号。收入新版《全集》第一卷中。首先谈来广州的感想。"觉得广州各方面都进步得很快,尤其是对于大学教育,非常注意,在人才的培植方面,特别努力,这是很好的现象。"其次,交代这次讲演的主题——关于农村建设的问题,并偏重于教育方面。第三,介绍关于定县中华平民教育促进会的工作情形。平教会初起的时候,特别注意在识字教育;第二阶段的工作,便是"农村建设"。指出应普及最低限度的文字教育:"本国人而不认识本国的字,真是奇耻大辱。这种人民,简直不能,亦不配生存于知识竞争的现代。……我们要晓得,文字便是求知识的工具。有了工具,自己便可以自动地继续不断地求知识。反之,没有文字便不可能。""对于中国的文盲(illiterates)问题,只要政府有认识,能够下一决心,要使全国文盲——尤其是青年文盲——得到最低限度的文字教育,绝对可能。"阐述识字与教育的区别和联系:"识字虽然在教育上很重要,但识字并不就是教育,识字只是求知识的工具,而不是教育的本身。识字好比一把钥匙,教育本身好比整个人生的宝库,这宝库固然要用钥匙去开它,但不能说拿到了钥匙,便算进了宝库啊! 所以文字教育我们只能说它是工具,是一种重要的基础,是教育的初步,如果要说它就是教育,那就错了。"指出中国教育之病:"我们一方面须求中国教育的普及,另一方面还得考虑到给予怎么样的一种教育。按照目下的情形,中国一般的大、中、小学教育,幸而不普及,要是普及了,全国的人都成了读书人,成了书呆子,成了书虫,'四体不动〔勤〕,五谷不分',没有人再肯去做农工,那才糟透了。所以知道教育应当普及只是知其'然',知道普及怎么样的教育才是知其'所以然'。以往的教育,可说完全走错了路。我们常常看到一班子弟未受教育以前,倒还肯帮帮父兄,一踏进学校,出来便成了废人。"阐述救中国的办法是培养民力:"现在要救中国,有什么办法呢? 大家常说'没有办法,没有办法',我们要从没有办法中求一个办法出来。我们的办法是什么呢? 便是充实国力,而充实国力之先决条件,即须培养民力。古语所谓'民为邦本,本固邦宁',这话虽旧,实有至理。人民委实是国家的根本。讲政治,讲教育,都须要顾到根本,顾到人民。……我们要抓住民众中间最基本的人民,最基本的生力军。我们要抓住的,不是老头子,也不是儿童,而是青年,The〔the〕Youth〔youth〕of China! 这班青年,不是学校里少数的青年,而是广大的民众中间的青年。这些民众,不在广州,不在上海,不在天津,也不在北平,而在农村里。我们不谈大众则已,要谈大众便在农村。所以,要救国便得抓住这班可以继往开来的七千万的青年农民,这班人才是救国的生力军。建国工作要靠儿童,救国工作要靠青年。我们要去教育他们,锻炼他们,发展他们,运用他们,如此国家才可以有办法。"强调教育救国必须加紧培养青年农民并祛除农民身上的"愚""穷""弱""私"的毛病:"要想从教育方面来救国,非抓住这七千万青年农民不可!所以要讲如何培养民力,便落到农村建设问题上。但是我们从事农村工作,并不是为农村而农村。现在有许多人提倡建设农村文化,那是开倒车,不足取法的。我们所以从事农村工作,是因为要训练救国的生力军。……此后大家应该到农村去,训练民力,教育民力,发展民力。无论研究政治的、经济的、社会的、教育的、农业的或医学的人,都应该深入民间,给农民找一条生路。这种教育才是有生命的。""农民生活最应该改的便是这'愚''穷''弱''私'四种,要改革这四种毛病,便要创造一种新方法:针对这愚的问题的,便是用文艺教育培养他们的知识力;针对这穷的问题,便是用生计教育培养他们的生产力;针对这弱的问题的,便是用卫生教育培养他们的健强力;针对这私的问题,便是用公民教育培养他们的团结力。这四种力,是今日国民所最不可少的,具备了这四种力,才可以在国家将亡的今日有救亡图存的能力。……总之,我们在定县研究的这套教育,用意即在培养民力,使七千万青年农民能够改造他们的环境,改造他们的生活,他们的环境生活不改良,国家决计没有希望。我们实施这套教育,是希望能够培养出具有知识力、生产力、健强力和团结力的农民,这样一来,民力才可以充实,国力才可以坚强。所以,我们这套教育,是为针对国家而研究的。"第四,再次强调培养青年的迫切性。"大众不想为国家做事则已,如果不甘做亡国奴,如果希望把中国造成一个自由独立的民族,则非抓住现在中国这班最基本最重要最有力的青年不可。……我国广大的民众力量,一向从未发现过,现在大家应该急起直追,一方面要有热血,一方面要下决心,同时要有方法,把七千万青年农民赶紧训练起来。这种教育,才是救亡图存的教育,而不是书本上的狭义教育。"最后,号召大学生到农村去从事教育青年农民的工作。"农村建设的工作是有意义的工作,广大的农民青年,是有希望的青年。他们有极大的可教性,这是吾们积十多年的经验而深信着的。现在的大学生,都只想往都市跑,都只想做官,然而现在非但大官没有,连小官都没有了。我们应该往农村跑,集中精神于青年农民,去训练他们,组织他们。大家天天说没有办法,没有办法,我说是有办法,有路可走的,办法便是到农村去。……到广大的农村去,开发那未被发现的宝库,训练那充满力量的青年。在七千万的农民青年中,不知埋没了多少英雄豪杰呢!我们应该把视线从都市转到农村去,教育他们,发展他们,组织他们,这才是救亡图存的基本工作。"(新版《全集》卷1,第 377~387 页)

冬　其领导下的平教会派两名辅导员到定县的清风店北街,随后在北门真武庙里成立了一个夜校。在这个夜校中,按文化程度与个人意向,分四种课程:一是为扫盲设的文化课,二是政治教育课,三是卫生课,四是生计课。通过学习,增加知识,成为新民。(《定县足迹》,第229页)

是年　其领导下的平教会在定县开办农村卫生以及护士研究班,并全面推行妇幼保健工作。(《定县足迹》,第229页)

是年　其领导下的"平教总会"在定县开办一实验性的农村公共卫生护士研究班。这样,村有保健员,区有保健所,县设保健院,三者连贯一气,承上启下,其功效益见显著。定县保健院及八区保健所与各村保健员,工作日佳。(《定县足迹》,第229页)

是年　其领导下的平教会在定县进行抗击日本侵占东三省的爱国主义教育,号召全国国民在身体上、精神上、知识上、事业上努力自强。(《定县足迹》,第229页)

是年　以定县东建阳村等22村为表证示范村,完成县单位生计训练制度、农业推广表证制度。编印平民读物500册,设实验小学。(川编《晏阳初》,第293页)

是年　负责起草《致中华教育文化基金董事会请款书》稿,现藏中国第二历史档案馆档案中,收入新版《全集》第一卷中。该稿内容(参见新版《全集》卷1,第388~390页)比同年3月《致中华教育文化基金会请款书》文字更多,并未分点条陈请款理由,可能是后者的初稿,所谈内容大体相同而更细,此不详述。参见同年3月条相关部分。

1936年(民国二十五年　丙子)　四十六岁

1月　日本外相广田发表"对华三原则"的演讲。

2月　中国左翼作家联盟宣布解散。

同月　教育部修正公布《中学课程标准》,教学时数减为每周31小时。公布《中心国民学校民教部课程标准》。

4月　国民党"冀察政务委员会"与日本秘密签订《华北防共协定》。

7月　教育部修正公布《小学课程标准》,采合科课程,减少教学时数,自四年级起加授珠算。修正公布《小学规程》。

8月　教育部公布《失学民众补习教育办法大纲》。

10月　教育部公布《各省市实施播音教育办法》。全国童子军第二次大检阅于南京举行。

同月　鲁迅先生在上海逝世,享年56岁。

12月　张学良、杨虎城扣留到西安督促"剿共"的蒋介石,史称"西安事变"。

同月　教育部公布《小学教员检定规程》。

年初　确定陈筑山等到达广西进行工作。成立设计委员会,省政府主席任委员长,陈筑山任主任委员,朱有光①任教育研究所所长。广西省设计委员会通过,改组广西大学。使其在全省建设计划工作进行时能发挥有效率的配合。(姜编《纪略》,第41页)

1月初　定县举行县联合社第四届代表大会,一致通过"组织合作银行"案,委托其领导的"平教总会"代拟章程。于2月29日设立定县联合社第四届代表大会筹备委员会,开始招股。(《定县足迹》,第32页)

---

①　朱有光(Yu-kwong Chu,1902~1975):广东人。毕业于岭南大学,留学美国哥伦比亚大学,获哲学博士学位。回国后任岭南大学教授。1935年任华北农村建设协进会训练研究委员会委员,并以燕京大学教授身份驻定县实验区任教育学教员。1936年春,兼任广西设计委员会教育研究所所长。1936年9月,专程去开封参观开封教育实验区。20世纪30年代被邀请到河南大学教育系为师生做"大学教育与国家建设"学术报告。20世纪40年代曾在师范学院任教,并担任过教育资料室主任。曾为师范学院题词有:"认清现实,确信理想,逐步推进,终必有成。"撰有《基督教教育对于改造中国的特殊贡献》等论文。

1月19日 在1935学年度第五次行政会议上讲话。收入新版《全集》第一卷中。首先谈1936年有广西、广东、湖南与定县四个地方要经营,而本年度主要的工作当为广西。"广西实际的工作是要帮助他们,全省国民基础教育研究院、民众教育、职业教育、小学教育与青年教育均在我们范围之内。"其次,对广西的工作谈自己的看法。"广西省之民团,全省共分八个民团区,每一民团区设一民团干部学校。基础教育研究院所得的材料即由民团学校打到民团里。民团组织非常严密,建设的结构亦不成问题。我们主持基础教育研究院,当可把平教一切工作打到民间。……关于到广西去推广,是要设办事处,参加的专门干事的薪金仍由会中供给,至于中级干部可介绍到该省府机关做事,薪金不由会中付给。维持办事处为独立机关有下列几点利益:(一)可以真正握权柄;(二)推广之省份当做客情;(三)广西人不以为是夺他们的饭碗;(四)工作失败亦可留退步。"第三,谈广东的工作。"(一)应付军政当局,维持友谊;(二)将定县与广西研究所得材料供给广东;(三)省单位的工作,但不大作。"第四,谈湖南的工作。"(一)设立实验县;(二)如政治条件够,研究实验的工作要放那里。"第五,谈定县的工作。"(一)河山一天不变色,绝不放弃定县;(二)河山如果变色,自己能继续做下去,还要照旧做下去,自己不能做,则组织合作委员会管理。"第六,谈人才的分配。认为可分为三种:"一种是基本的人才,就是基本队伍;一种是可以介绍出去做事的人才;一种是自己也不能用,也无法介绍出去的人才。按工作的性质,可分为全部时间在广西、广东、湖南的,一种是一部时间在某部分的,一种是设计视察性质的。每地皆设办事处主任,干事长并非仅仅定县实验区之干事长,乃平教总会之干事长。"最后,谈罗氏基金的报告。希望在当月三十一日以前整理出来,希望大家合作。(新版《全集》卷1,第391~392页)

1月20日 致信S. M. 冈恩先生。信中首先谈及1月15日于北平协和医学院(P. U. M. C.)①召开的会议上代表提议与何廉②博士、许仕廉③博士进行会晤,以决定大学与平教运动之间合作的组织形式和指导合作的基本原则。通过会晤达成了一项一致同意的协定。并告知附上协定的正式文本。其次,介绍协定的主要内容。"协定要求成立一个中央乡村改造合作委员会,下设两个主要机构,即起学术团体作用的社会科学委员会和担负平教运动职责的乡村改造站。前者主要致力

---

① 北平协和医学院(P. U. M. C.):旧版《全集》误为P. U. N. C.。英文为PeKing Union Medical College。

② 何廉:旧版《全集》译为"弗兰克林·何"。

③ 许仕廉:旧版《全集》译为"伦那德·苏"。

于社会科学研究和研究人员的培训,而后者则重点在于研究乡村改造的内容与方法并培训管理与技术人员"。最后,预祝通过相互的协助而使乡村改造力量得到加强并减少甚至消除不必要的误会。（新版《全集》卷 4,第 478 页）

1 月 24 日　黄旭初见陈筑山一直没有来广西,于是再次电促派陈筑山来桂。内容为:"晏阳初、陈筑山两先生勋鉴:邕宁承教获益良多,此间做事,正照先生等意见进行,台旗盼莅桂,以便正式开始,特电从驾,靖候高复。弟黄旭初"。（黎瑛著:《权力的重构与控制——近代广西社会控制机制研究》,民族出版社 2011 年版,第 165 页）

同日　复电黄旭初,谓:陈筑山下月必行。（黎瑛著:《权力的重构与控制——近代广西社会控制机制研究》,民族出版社 2011 年版,第 165 页）

1 月 26 日　致信 S. M. 冈恩先生。信中首先感谢 1 月 16 日来信。其次,表达对 15 日在北平协和医学院(P. U. M. C.)召开的会议上全体有关人士所表现出来的普遍的合作精神感到满意,并对合作现实的基本原则和方法很满意。最后,真诚地希望"所有的人都自觉地在字面上和在精神实质上奉行它,从此以后,那些不必要的、有碍于我们将全部时间与精力贡献于积极的创造性的工作的纠纷将不再发生。"（新版《全集》卷 4,第 479 页）

同日　致信兰安生。信中首先告知在本月 15 日于内德旅馆 33 号房间内所进行的私人谈话中达到了相互了解,并同意为了中国的乡村改造运动开诚布公,互不隐瞒任何重要的事情。其次,告知陈志潜[①]先生曾提到最近的两次来信及 15 日与何廉和许仕廉[②]通过的合作协议就乡村改造合作在大学方面与平民教育运动的具体分工方面相矛盾。第三,期望真正重视形成的方案,"它恰恰是目前可以促使这三方面的机构形成切实可行的互相合作关系的唯一的基础"。否则这种合作关系会破裂。第四,赞同重建地方医学院,但强调一定要光明正大地干。最后,谈坦率写信的动机。"唯一的动机是想贯彻我们的协议,是想使洛克菲勒基金会在中国的工作与整个乡村改造运动得到成功。"（新版《全集》卷 4,第 480～481 页）

1 月 30 日　致兰安生。信中首先感谢给予的定县报告。其次,告知该报告所存在的问题——"有许多夸张的陈述、打了折扣的陈述、错误的陈述和相互矛盾的陈述!"第三,对存在的问题表示理解。第四,谈增进交流的益处。"我认为能够了解相互的观点与思想,是十分有益的,尽管这些观点与思想可能是完全相反的。只有这样相互坦诚地交换意见,我们才能够达到相互理解与密切合作。"最后,告知正

---

①　陈志潜:旧版《全集》译为"C. C. 陈"。
②　许仕廉:旧版《全集》译为"伦那德·孙"。

准备动身去南京,希望能早日相见。(新版《全集》卷4,第481~482页)

同日 致信 S. M. 冈恩先生。信中首先表达正式申请一项专项拨款,以使能够聘用一位卫生工程方面的专家、南斯拉夫的 M. 彼得利克①先生同定县的卫生部合作,为期三年,每月薪俸450美元,外加必要的交通费。其次,谈聘请卫生工程专家的理由。第三,对彼得利克先生的情况作介绍并陈述聘请后对中国平民卫生事业的好处。第四,陈述彼得利克先生赞同定县的卫生计划并愿意接受条件来中国合作。最后,盼望能早给肯定的答复。(参见新版《全集》卷4,第482~483页)

2月12日 在欢送陈筑山先生赴广西大会上讲话。收入新版《全集》第一卷中。首先谈陈筑山先生到广西去工作,是整个平教运动的新发展,开辟农村建设的新路径。其次,谈最近希望平教会去指导的人多。"最近如四川、湖南、绥远,都先后来电,要求本会派人前去帮助农村建设,或县政建设工作,将来派人去的地方,必不断地增加。"第三,谈与广西在工作上合作有成熟的条件。"第一,治安问题经过了当局三年的努力,已经解决。第二,当局从政廉洁,励精图治,勇往迈进,这种精神令人钦佩。第三,当局对于科学极其信仰,并且真能应用科学。三年来,凡是有利于建设的,他们常不惜金钱,作改造广西的费用。一个省份能把钱用在科学的建设上,意义却很重要。更重要的是第四点,广西当局对于本会的工作,有相当的欣赏与充分的了解,认为广西的建设,有与平教工作合作的必要。"第四,对平教运动在广西推广的感慨。"从平教运动的发展上看,大家苦心孤诣地在定县研究实验了多少年,现在向外发展,大家自然觉得很兴奋。但是,从另一方面来看,却令人不胜感慨。一个运动在向外发展的时候,应该有充分的人才,以供给这个发展的需要。要是人才具备了,不要说七八省,就是全国同时推行也不致没有办法。可是现在出去开辟新天地,非由平教运动的老将亲身出马不可,这不能不感觉到人才的缺乏。不过这次的广西工作,非常重要,能够由陈先生前去主持,又是很可喜的事情。"第五,对陈筑山到广西去的前途充满信心,并对陈先生多年对平教事业率先垂范给予高度评价。第六,谈到广西去的人员问题。"(除)陈先生外,还有许多人。但是各省现在都在要求我们派人去帮忙,

---

① 彼得利克:曾在萨格勒布的南斯拉夫公共卫生学院担任卫生工程系领导。在维也纳接受市民工程方面的培训之后,在萨格拉布市任市民工程师三年。作为洛克菲勒基金会的研究员在哈佛大学攻读研究生课程,并在欧洲旅行研究,是国际联盟乡村卫生委员会的资深成员,在农村卫生领域是一位先驱人物,英语、德语、法语都讲得很流利。

不能不有一个适当的支配。现在决定到广西去的，有汪德亮、朱有光、吴舒国[1]、朱冲涛[2]、何晴波[3]诸同志，还有一个是已在广西工作的罗靖华[4]先生。广西的工作是本会工作的一部分，遇必要时，还得陆续派人前去。派去的人在广西的时间长短，也不会一致，或三月，或半年，随时随事决定。"第七，谈平教会在广西工作的意义。"从事业方面说，是帮助广西领袖完成农村建设；从学术研究说，是完成某种研究实验。至于用我们自己的学术立场，仍须有独立的实验研究的场所，只要政治的经济的社会的条件够得上，都可作为我们研究实验的大本营。"最后，提醒大家不要忘记这一天是平教运动史上的新页。（新版《全集》卷 1，第 393～395 页）

2 月 17 日　致信 K. L. 巴特菲尔德（Butterfield）博士。首先在信中请求原谅

---

① 吴舒国：又名吴文奎，江苏如皋人。入南京高师读书。1922 年任如皋县平教社理事，为南京社会主义青年团负责人之一。1926 年，介绍王盈朝回到家乡到掘南地区任小学教师，以教师身份为掩护，秘密开展革命工作。1927 年 4 月到 1928 年 6 月任如皋县教育局长。同情中共如皋师范学校支部的刘季平、马鹤松领导的学生运动，曾于 1928 年写信介绍刘季平、马鹤松等前往南京晓庄师范谒见恩师陶知行校长，使得被开除的刘季平、马鹤松完成学业，并成为晓庄师范地下党支部的骨干。1928 年 5 月，任如皋教育界反日爱国运动会主任。后加入平民教育促进会，成为平教会成员，曾在定县平教会学校式教育部就职，1933 年在东建阳主持导生传习工作。曾任"华北实验区"乡村师范学校校长。抗战爆发后，平教会到大后方活动，1939 年 7 月，平教会在四川省第三行政区设立华西平教实验区办事处，受命负责创建工作。1940 年 8 月任四川省第三区督察专员公署师资训练班在永川开办的教导主任并担任教育心理学课。在平教会工作期间，与黄炎培联系很多，《黄炎培日记》中有多处记载。1941 年 2 月调离平教会。后任财政部钱币司司长。新中国成立后任职于江苏省文史征集委员会。其子吴华世，曾任南通教育学院副院长。

② 朱冲涛：平教会会员。留学英国和美国，博士，语言学家、教育家。1928 年春，时任南通哑学校代理校长发起筹备中华盲哑教育社。1929 年向蔡元培提议在编制教育方案中增加盲哑教育。1939 年到璧山来凤中心国民学校（今来凤完小）任教并担任负责人之一，推行平民教育实验。1940 年春到新津试行"导生制"。参与 1953 版的《新华字典》编辑，成为 14 人成员之一。主编《导生传习办法在定县的实验》（中华平民教育促进会 1936 年版），著有《导生指南》（四川省战时民众教育推行委员会 1939 年版）。论文有《中国盲哑教育状况》（《教育与民众》1931 年第 5 期）、《盲哑教育与职业教育》（《教育与职业》1929 年第 109 期）、《农民政策实施的一个重要问题——如何发展农民组织》（《社会工作通讯月刊》1945 年第 8 期）、《城市贫苦儿童教养工作计划（草案）》（《新教育杂志》1947 年第 1 期）、《战后社会救济问题选区研究》（《社会建设》1945 年第 3 期）、《盲哑致育》等。

③ 何晴波：生平事迹未详，待考。

④ 罗靖华：早年事迹待考。1928 年参加黎锦晖的"明月歌舞团"（"中华歌舞团"）赴南洋巡演。1930 年前后在南洋荷属吧城（今雅加达）《天声报》任编辑，1930 年 12 月 5 日因为《沙基纪念》一文，被移民厅扣留候审。1932 年在明月歌剧社任男乐师，在《生活周刊社》发表《信箱：压迫剥削下的海外侨民》（第 7 卷第 14 期）。后到中华平教学校教育部任职员。曾任国民政府军事委员会总政治部宣传科长，南洋荷属爪哇《天声日报》暨上海中华书局等处编辑。1935 年 5 月，平教会受伍廷飏之请，次年被派与叶世瑞前往柳州帮助训练师资，"以三月为限"。在工作之余，抽暇到南宁考察，比较了定县与广西国民基础教育的异同，认识相当到位；并将国民基础教育的各种优点详细报告定县平教会，以便借鉴。1935～1937 年曾给《潇湘涟漪》撰稿《人间味》《扫帚》等。七七事变后，积极投入抗日宣传工作，曾与黎锦晖合作谱写抗战歌曲数十首，以"中华平民教育促进会"名义铅印出版《中华民族战歌》第一集，内收歌曲 29 首，其中《我是中国人》《中国威力无穷》《农民抗战曲》《是好小子上战场》《全民抗战歌》《最后胜利歌》等。著有《长夏的南洋》（中华书局 1931 年初版、1936 年再版），编有《公民故事·火神仙》，另有《武昌之围》（1936）、《喊魂垫桥》（1936）、《我们要多作点平凡的事情》（1938）、《旧式旅行》（1943）等论文。

迟复11月5日的密信。其次,谈迟复密信的缘由是长期不在定县。第三,告知现在又要外出以便在最有希望的省份建立平民教育"基地",以期在乡村改造方面与它们合作。最后,对密信中的要求做如下回答:"① 以我之见,目前中国华北的一般条件对于您要进行的事业来说十分不利;② 我不相信齐鲁大学——甚至假设从根本上重新组建——能够在乡村改造方面担当起领导的职责,五年之内肯定不行。因而坦率地说,我不会劝告您放弃一项有价值的工作,而您现在感兴趣的这项工作就齐鲁目前的状况来看,其前景是大可怀疑的。"(新版《全集》卷4,第483页)

2月22日 在1936年度工作计划行政会议上讲话。这次会议于2月22～24日在北平西山香山饭店召开,与瞿菊农、彭一湖①、霍俪白②、陈行可、陈志潜、孙伏园、黎季纯③、常得仁、谢扶雅一道参加。首先谈平教会下年度工作大略轮廓。"本会过去工作之重心实为研究实验,此后仍将继续进行此科学的研究实验。惟吾会本身亦含有推广之性质,非仅仅止于研究。且年来各地纷纷邀助,函电频催,故此后工作,实有不能不注重于推广之势。而推广之重要条件,厥为训练人才。则下年度本会工作之主要点为训练一事,固不俟论也。下年度工作场区计有定、湘、川、桂四处。其性质与大致方针,约如下列:定——维持过去之成绩,在可能范围内,务求保存基本的

① 彭一湖(1887～1958):名蠡,字忠恕,笔名伊甫,岳阳人。湖南公费去日本早稻田大学攻读经济学,参加同盟会,1911年,回国参加辛亥革命,任上海《晨报》编辑。1913年得湖南都督谭延闿资助,再度赴日深造,1919年回国。1921年,受聘任省法制编纂委员会委员、省立第一师范学校校长。1925年,筹办晨光大学,任校长。1927年应陈铭枢邀请,任广州政治分会建设委员会常务委员兼广东省政府秘书长,并加入中国国民党。1931年应陈铭枢之邀赴上海主办《壬申半月刊》,任社长兼总编辑。1933年11月,参加十九路军领导人在福建成立"中华共和国人民革命政府",掀起"倒蒋运动"。失败后,至河北定县任平教会干事、编审委员。1935年,回湘出任衡山实验县县长。任内,废区并乡并保,设督导员指导政事,清理财政、整顿税制,使县境面貌一新,衡山县被誉为"模范县"。1937年因病辞职。1938年,日军犯湘,岳阳沦陷,离开家乡,先后应聘任武冈师范学校校长、第十一中学教员、辰溪第十一兵工厂子弟小学校长。重庆谈判前夕,赴重庆,受黄炎培相邀加入民主建国会,并被选为民建中央委员,领头签名和一些民主人士联名邀请毛泽东去重庆谈判,并参加旧政协。后回十一中任教。1949年解放前夕,任岳阳"自救会"主任委员。湖南和平解放时,参加唐生智、周震麟等"八·五"联名通电,拥护和平起义。后历任湖南省中山图书馆馆长、全国政协第一、二届委员会委员、中南军政委员会参事、武汉市政府参事室副主任、民建总会常委、长沙市武汉分会委员。1957年被错划为右派,次年10月在武汉含冤去世。1980年改正,恢复名誉。

② 霍俪白(？～?):字坚。广东佛山人。弱冠游学沪滨。曾随父霍执旅印度三年,略懂印度流行语。后留学日本,1916年毕业回国,经李守常(大钊)介绍,追随蕲水汤济武在众议院就职。后随刘子楷公使在葡萄牙使馆供职。到期返国,在吴淞中国公学任教。1925年秋,任北京法政大学教务长。1926年办理中国公学立案手续,秋,辞职仍回中国公学担任教务长。北伐军进至上海,辞职寄居上海张东荪家。后到广东清远县任职,后调掌新会县县篆。1935年任定县河北省县政建设研究院秘书长。1936年秋被聘为四川省设计委员会设计委员。1938年熊式辉主办江西省地方政治研究会,被聘为主持人。1939年8月参加中正大学筹备工作。后被江西省政府任命为江西省第八区行政督察专员,与"平教总会"在四川省做同样的实验研究。1948年6月受晏阳初委派到广州河南拟开展乡村建设运动,后未实行。其后事迹待考。撰有《梁任公先生印象记》《英国劳动党成立的前因后果》《英国劳动党》《劳动党当政期内之英国政局》《英国劳动党之新发展》等论文。吴著《晏传》误为与霍六丁为同一人(第313页),实为两个人。

③ 黎季纯:见1934年10月6日条注释。

工作。湘——以其(一) 地域适中;(二) 人事和洽;(三) 学术条件尚利;(四) 与桂密迩,同仁可以调剂。基于上列种种关系,此后五年或至十年内,堪充吾会工作之主垒。桂——表证吾会工作,此处最为适宜。川——与之作相当之联络,撒下实际的种子,为将来工作重心之预备。"并提及湖南人事条件值得重视。其次,谈育才院筹设计划。"育才院可谓正适时代需要之产儿,吾人必须远烛机先,抓住时会,使中央及各省此后皆向平教会索农村工作之人才。从本会经济政策的立场,育才院之开创尤不容缓。经费之来源专依国外,殊非长久之计,吾会事业欲在国内生根,非向中央及各省当局请款不可。育才院之主旨,一方面为青年谋出路;一方面为农村计复兴,旨趣纯正而工作适切时需,易得人之谅解及赞助。即以本会之血本,亦足敷育才院三年之支持,而况中央行政院及教育部,深信皆可补助。需要农村建设人才之省份,向之请款,更可振振有词。庚款亦足以设法。又加以同仁自去募捐,经济之前途,甚无虑也。"最后,介绍四川合作程度及进行情况。"此次在京,与四川建设厅卢厅长①有数度之接洽。诚以设计委员会之主要活动,实为襄助建设厅,若吾会工作能与建设厅协联共济则颇有可为。卢厅长对此点甚为首肯。对于设委会之组织,共认为宜请刘主席②兼任委员长,本人可以副之。设委会宜有较敏干之秘书处及专门委员会之秘书。预算不必过大,七八万元左右似较合理。希望不日即将组织条例及预算草案送走,并望本会同仁——尤〔犹〕如陈志潜同志再能入川一行,因民厅最近曾欲筹巨款举办全省卫生事业也。"(新版《全集》卷1,第405～407页)

2月　与瞿世英、彭一湖应邀去长沙与省政府主席何键、教育厅长朱经农、财政厅长何浩若③等人详细研讨,决定成立"湖南省实验县政委员会";确定衡山县作实验县,彭一湖任县长;设立乡村师范一所,设衡山县内,由"平教总会"推荐汪德亮为校长主持校务。又决定在湖南设立"中央实验室",作研究与训练之用。省政府决定在县预算经费外另拨十万元供实验县用,另拨六千元作乡村人员训练用,拨二万四千元作新设立的乡村师范的经常费。(参见姜编《纪

---

① 卢厅长:即卢作孚。
② 刘主席:即刘湘。
③ 何浩若(1899～1971):字孟吾,湖南湘潭人。1913年考入清华学校,1919年毕业。1920年赴美就读于斯坦福大学,1923年毕业,复入威斯康辛大学研究经济,获哲学博士学位。又入洛威军校,学习骑兵。1926年回国,初任黄埔军校教官,北伐后调任四十六军参谋长及第十师第五十九团团长。1928年在中央大学经济系任教授,同时在金陵大学、中央政治学校兼任教授。1934年任湖南省财政厅长,1937年调任河南省财政厅长。1940年任政治部第三厅厅长,中央日报社社长,经济会议副秘书长。1942年任物资局长,国家总动员委员会副秘书长,军委政治部副部长。1948年11月,以联合国中国代表团顾问身份赴美。次年到台湾,任"国防研究院"讲座,兼台湾师范大学、政治大学、中国文化学院教授。著有《民主主义与自由经济》《从民族与文化看中国的前途》等。

《略》,第41页)

同月 同陈志潜等由湘赴成都,别后20年来第一次回到故乡。邓汉祥[①]全权代表省主席刘湘(当时卧病在床)及各厅长会谈,与四川省政府拟定"省单位实验"各项计划。一切圆满。(姜编《纪略》,第41~42页)

3月12日 在四川纪念孙中山造林会上讲话。收入新版《全集》第一卷中。首先,谈离别二十年的感想及参加该大会的感受。"今天参加这个大会,使我感到荣幸,同时也非常感动。……我这次回来看到四川真心痛死了,坐飞机看到这一片广大的川西坝,真是盖世无双,我到过的国家也很多了,总没有看到这样好的地方,但是现在是饿殍载道,惨不忍睹。我们有了这样好的地方,不会经营,无怪日本人说,拿中国的土地为人道计,因为你不配拿这样好的地方,所以他来拿了。"其次,谈纪念中山先生造林运动的意义。"造林很可以代表中山先生伟大的精神,可以纠正民族四千年来的劣根性,如果我们不纠正这种积习,民族不须别人来灭亡,自己就会亡的。现在且看造林:一、造林是不为自己的,不自私的,……前人栽这株树的时候,不是为自己的。二、不占便宜,我们享有前人给予我们的利益,但我们造林,我们又偿还给后人,一点不占便宜。中国民族的劣根性就是爱占便宜,在外国文字中就没有占便宜这个字,占便宜是苟存苟且的心理,不想于黑暗中创造光明,不想于危难中创造新环境,只望别人做了什么,自己从中去讨点小便宜,自己不去奋斗,愿意成功而不付成功的代价。我说这种心理是油条心理,只知热炒热卖,没有艰苦伟大的气魄,专门去偷别人学别人,结果弄到没有办法,没有克服环境和创造环境的心理和气魄,这国家非亡不可。……还有一点,种好树结好果,种瓜得瓜,种麻得麻,这是古今中外确切不易的至理。中国人是事不临前不知准备,国难弄到如此地步,都是由于以前种下了恶因,快快地种好因吧!世界上的事情,都不是偶然的,自己不去努力,单只希望凭空现出光明,天下断无是理。"最后,谈希望。"希望今天的集会,不是简单的形式,不要散了照样地拖沓下去,我们应振作精神,铲

---

① 邓汉祥(1888~1979):字鸣阶,贵州盘县响水人。先后就读于昆明高等师范学校、云南武备学堂、贵州陆军学校。宣统元年(1909)入湖北陆军学校,组织滇黔同乡会,任会长。辛亥革命时,同乡会成员组成学生军大队,任大队长。后任湖北黎元洪都督府一等参谋。1915年初随陈宧入川到成都任督署中将副官长。1921年任浙江善后督办卢永祥的总参议。次年,孙中山、段祺瑞、张作霖联合反对直系,充任卢永祥的代表,参加在上海组成的各省代表联合办事处。1924年任段祺瑞临时执政府秘书长,曾向段进言,支持刘湘,压抑杨森,故段委任刘湘为川康善后督办。1929年起任刘湘驻京、沪代表。1935年刘湘任四川省主席时,回成都受聘为省府委员兼秘书长,开办县训所,为刘湘培养基层行政人员。1937年,刘湘率部出川抗战,被委代四川省主席。刘湘病逝后,任军委会委员长、重庆行营第二厅厅长、川康经济建设委员会秘书长、川康兴业公司总经理、四川省政府财政厅长、田粮处长及省银行董事长。1947年再任四川省政府秘书长。1949年协助刘文辉、邓锡侯在彭县起义,妥善应付各方。后任四川省政协第一、二、三届委员及全国政协第四、第五届委员。曾撰写发表文史资料十余万字。

除民族的劣根性；脚踏实地地干下去，才有光明灿烂的前途。"（新版《全集》卷 1，第 396～397 页）

3 月下旬　在某军校演讲。（《国立四川大学周刊》第 4 卷第 26 期，第 1 页）

3 月 30 日　《国立四川大学周刊》专载由王企澄记录的《晏阳初先生讲：培养民力与解除国难》。该讲演是晏阳初先生之前在四川大学所做的演讲。旧版和新版《全集》均未收入该文。首先，向与会师生抱歉并阐述自己未能准时前来演讲的理由。其次，谈自己原在四川读书、教书，离开 20 多年又才回到成都，但所见"并不令人奋兴"。第三，谈国家的现状。认为"中国最近已到了危若累卵的地步，华北早已名存实亡。"第四，分析产生中国现状的原因认为是"亡本"。认为"现在所谓一切新政也者，都莫从'本'字上着想。'本'为何？……就是：'民为邦本，本固邦宁'。总理孙先生曾把中国人与外国人的心理不同之处，举过一个确切的比例，说中国人造房子，在上梁的时候，邻右必群起庆贺，外人则在奠基的时候，举行贺礼，此可见外人注重基本，国人则注重标末，舍本而求末，就是'亡本'，其败落也固宜！"第五，阐述中国的富源是人而不是金银和土地，因此救国之本在培养民力。"欲救国在求'固本'，'本'何以固？在培养民力。如何培养民力？应先对于风俗制度方法技术等加以特别研究，以求改进。……在现代要求民族的生存，必须具有五种力：一，知识力。二，生产力。三，健强力。四，团结力。五，战斗力。"第六，阐述如何培养五大"民力"。用文艺教育培养知识力，实施的方法包括求其识字、提倡平民文学、改良新旧戏剧和利用无线电播音教育。用生计教育培养生产力，实施的方法包括农村应用、农村工艺、畜牧、经营。用卫生教育培养键强力，实施的方法包括"每村有一个保健员，有一个保健箱。内储极普通的药品十二件，共价值约大洋三元，大概普通的病症都可以治疗。三十村至四十村设区，区有保健所，县有保健院，内设备一如医院，院长系对于医学极有研究的人担任。保健员所不能治，即送保健所，犹有不能，则送保健院，一般乡民亦渐有医学常识。"用去"自私自利""自我观念"来培养团结力。"假如我们把比自己更大的地方给他看，他自然会忘记自己。我们要唤醒国魂，国魂就是民族的灵魂，什么是民族的灵魂呢？就是历代牺牲小我舍生取义、杀身成仁、为国家民族争光荣的大英雄大豪杰。把这些事迹，用图画诗歌小说，描写出来使他们知道中国以往有这么大的人物，这样远的历史，他们自然会忘了小我的。"让"全民均能作战"以培养战斗力。并认为知识力、生产力、健强力、团结力四种力培养成功，"战斗力也差不多可以具备，所以我把战斗力放在最后也是这个原因。"第七，认为世界任何国度的人不能亡中国，唯有中国人自己，因此，只有中国人能自己救中国。"大家要晓得世界人任何国度的人都不够亡中国，够得上亡中国的只有中国人,中国要真能觉醒,不让中国亡,中国是不会亡的。"最后,陈述自己回国后一直致力于培养民力之事,虽已取得一定成绩,但将来"还得看大家努力的程度而定",并称赞任叔永①回来担任四川大学校长是"为整个民族",称赞他有"很大的抱负与决心",希望四川大学师生在任校长的领导下,"应该特别努力,在读书的时候,要每一课都要像在上《最后一课》,才能有所警惕。这破烂不堪的四川,将来还待诸位来调整,并不是我恭维诸位,而是诸位的责任,不是权力。在这非常的时候,就不能照常,大难临头的时候,再不能得过且过,这种毛病,我们川人所赋独厚,所以我特地提出和诸位说,莫以为夔门峻险,天然锁钥,须知虽在中流,已不能再作砥柱了,在最近三十年内,我们只有吃苦份儿,没有享福的可能,但吃苦要有意义,有计划,也才有用,……希望诸位不但能吃苦耐劳,还要有创造力,建设工作是最时代的工作,什么事情都是做得到的,只要诸位肯努力。"(《国立四川大学周刊》第4卷第26期,第1~4页)

同日 在第六次大周会上讲话。收入新版《全集》第一卷中。首先,谈去各处的缘由。"我们到各处去,一方面固然因为各省当局的邀请,一方面也确是根据本会素所预定的计划。本会原非专为研究而研究,既有所得,必谋实施推广;要实施推广,必须看一看各地的社会、政治的条件。"其次,介绍到湖南去的经过情形。"这次到湖南去,我所注意的有两件事。第一,湖南省政府对于本会工作的认识,已达到了什么程度。第二,如果认识的程度够得上了,怎样把工作去具体进行。这次有彭一湖、瞿菊农两先生同去。在湖南与各方面的接洽很多,省政府各委员,很同情我们的工作,认为平教运动,确能帮助他们推进省政。所谈的都是关于实验县进行的具体问题,如财政、建设、教育等等,都有详细的讨论。"第三,介绍湖南实验县的组织大纲已经由省政府委员会通过,并详述了湖南的实验县办法与定县实验县的办法不同点。"第一点是权力问题。湖南的实验县是省政府方面主持的,省政府的委员是县政委员会的一部分,另外再由省府聘请几个专家加入委员会。委员长就是省政府主席,副委员长是民政厅长,因为民政厅与县政府的关系最密切。实验县的县长是由县政委员会就委员中推选担任,这是一个和定县实验县最大的不同的一点。……第二点是经费问题。实验县的经费来源,也值得提出说一说。实验县的本身,经费并不想扩大,它并没有特别多的经费,大部分的实验费是由实验的委托者拨发。……第三点,湖南省政府要在实验县所在地办一个乡村师范。"第四,介绍到四川去的情形。"四川之行,也是因为四川省政府多次电报的邀请。在我未去

---

① 任叔永:即任鸿隽。

之前,陈行可先生已到成都二十多天了。他在成都,先把各方面情形,观察了一番,所以我到成都之后,一切情形就得以明了个大概。到成都去因时间的关系,是从汉口乘飞机去的。飞机经过重庆,虽然只停十五分钟,但是,重庆各界却有几十个团体在机场欢迎我们,要求我作一个简短演说,情形的热烈,不能不使人受感动。从重庆到成都,这一段路,从前要走十天,可是飞机只用一小时就到了;……到了成都之后,最忙的是演讲,一天总得讲四五次,每次听讲的人总是挤得水泄不通,情形极其热烈。有许多学校因为时间上分配不过来,常是合并在一起听讲。许多青年听讲之后,都很感动。民众欢迎的热烈如此,当局的诚恳,也真动人。在我到四川去以前,刘主席已病了多时,病得很重,不能起床,医生不允许他接见宾客。可是他知道我到了四川,他非要亲自接见我不可。他坚决要在客厅接见我,相见之后,他说了许多动人的话,嘱为四川尽一份力,并请我有具体表示。此外如省政府秘书长邓鸣阶①先生,建设厅长卢作孚先生,及其他各方面都热烈盼望我们全体同志入川工作。平心论之,这些都是极不容易得到的政治条件。其次讲到四川的物质条件,四川的面积很大,物产丰富得很,人口也多,有七千万。如果四川一旦政治健全了,它将来的发展与力量确是无限。复兴中华民族,四川要占很重要的地位。所以九一八以后,四川已非四川人的四川,而是整个的中华民族的四川了。……四川在中国的地位十分重要,所以这一省的推广工作,不可忽视。"②第五,谈平教运动的推广工作。"我们做推广工作,政治的、社会的条件,都有详加考虑比较的必要,现在四川、湖南、广西各地,我们不少同志都已去过,很可以把观感所及,作一比较,就轻重缓急各点,一一考虑。照我看来,将来应该为中华民族尽最大力量的,有三个地方,一个是广西,一个是湖南,一个是四川。巧得很,这三处现在都可望做我们平教工作的推广场。""推广工作,必得要有人才,本会的人才有限,就是帮助一省都感觉不够,何况三省同时并举,我们不要因华北的时局而不安,我们要为工作而不安,这样不安才是正当的不安。……我们的工作,既不是马上见效的事情,自然非有远大的眼光,坚强的意志,勤奋的努力不可。万不能偶然有些小挫折,便自感不安。我们在定县工作了多年,虽略有成绩,但是这算不了什么,我们还要负起更重更大的责任来。……诸位不要小看了自己,以为个人不见得会有什么贡献。要知道各人都有各人的地位,各人都有各人的责任,在其位,尽其责,就是最大的贡献,不一定人人都成领袖,才算有贡献。"第六,谈平教会研究生由朱有光、李训

---

① 邓鸣阶:即贵州盘县人邓汉祥。参见 1936 年 2 月条注释。

② 刘主席:即刘湘。

石两先生率领去北平、山东、南京、无锡等地参观农村工作情况。最后,谈新增加的人员情况。秘书处新加了谢扶雅,戏剧设计方面增加了张鸣琦①。(旧版《全集》卷1,第398~402页)

3月 《民间》第2卷第23期刊载所撰写的《〈定县农村工业调查〉序》。首先,谈中华平民教育促进会在定县实验区工作的特点。其工作"是以整个农村生活为对象的。它把文艺、卫生、公民和生计四种教育,连锁扣合起来,成为整个的农村建设。"其次,介绍生计教育的工作构成:"一方研究农产品产量的增加与品质的改进,农村工业的提倡与改良,以增进农民的收入;一方实验新的农村经济组织,以期解决农民的借贷、购买、运销等问题。增加生产和经济组织,实在是整个生计的两方面。"认为农民必须利用科学,使生产现代化,同时必须建立一种健全而合理的组织,以便有效的经营,这样才能打牢农村经济建设的基础。第三,对我国是农业国而一般人很容易忽略农村工业的重要性提出了批评。主张发展农村工业,以让农民补助家庭的收入,也使农村工业在整个国民经济中占重要地位。第四,主张农村遵循合作的原则,把分散的、原始式的小手工业组织联合起来共同经营,同时进行技术改良,以复兴农村经济。最后,介绍《定县农村工业调查》一书的写作目的,内容和价值。(新版《全集》卷1,第403~404页)

4月2日 华北农村改造协进会(组成单位:"平教总会"、清华大学、南开大学、燕京大学、协和医学院、金陵大学)在北平成立,被选为执行委员会主席。"协进会"工作大纲指出:农村改造为中国特有之新兴事业。各校学生从此而能深入民间,躬就田舍,在学术史上不可谓非一创举。因多数具有专门知识技能的大学生下乡,使得农村的学术研究日就充沛;又因农村人才的工具日益精粹,互为因果,相得益彰。"协进会"分配给六个合作机构的工作是:(一)"平教总会"负责"联环的农村改造工作"及"平民文学";(二)清华大学负责"工程";(三)南开大学负责"经济"及地方行政;(四)燕京大学负责教育及社会行政;(五)协和医学院负责社会卫生;(六)金陵大学负责农业。晏等决定,定县实验工作继续进行,供给华北农村建设协进会乡村实习用。(姜编《纪略》,第42页;宋编《文选》,第341页;晏著《传略》,第320页)

---

① 张鸣琦(1907~1957):笔名"拉夫斯基"。河北(今天津)人,著名戏剧家、翻译家、中国舞台美术奠基人。毕业于北平大学艺术学院,为戏剧系第一届毕业生。曾任北平艺专图书馆主任、总务主任。1937年初,与习士衡、周彦、卢淦等到定县参加农民戏剧研究委员会工作,使定县农民戏剧实验活动进一步开展。曾任山东省省立剧院编译所主任和舞美教授,1949年后任中国青年艺术剧院编导和美术设计。

4 月 17 日　致信冯乐天①等。全信如下："乐天、绍龙②先生大鉴：三月廿六日手书奉悉。敝会工作，远承桂省当局注及，迭嘱前往效助，敝会同人亦均以桂省年来励精图治，政绩斐然，极愿将历年在定研究实验之所得，贡献于桂，期为桂省建设之芹助。故决定在桂设办事处，公推陈筑山兄主持一切；并经陆续选遣此间负责重要职责之同志，如有光、佛西、石庵诸兄③南下襄助。现在川湘各方相需亦甚迫切，然对在桂工作，固极加以重视，务期不负诸公之殷望。南下同仁当祈指导一切是幸！专④此奉复，并颂台祺　弟晏阳初敬启。"（新版《全集》卷 4，第 484 页）

4 月 22 日　致信顾临⑤先生。信中首先感谢 4 月 18 日的快信，并告知昨日收到。其次，很遗憾告知没能事先知道财政委员会 18 日于上海召开的会议。第三，获悉詹姆斯·庄⑥先生被推选出来继任金先生⑦的工作很高兴。第四，对辞职一事深感遗憾。最后，告知希望在下个星期早一些时候去拜望张伯苓博士，并在当天给他的信中即谈及此事，也盼望当月 28 日前后去北平能见面。（参见新版《全集》卷 4，第484～485 页）

4 月 27 日　致信 S. D. 甘博。信中首先告知 2 月 28 日与 3 月 17 日的信已经收到，对写信所采取的谨慎周到的方式表示感谢。其次，告知调查材料已及时转给了尚时文（音译）⑧，将就这些问题与李景汉⑨取得联系。第三，告知不赞同送尚时文出国留学的依据，将设法另争取一个名额。询问能否在纽约福利救济工作学校或某所他能找到工作的大学为他谋得一份奖学金。第四，告知随信附上最近写给洛克菲勒基金会冈恩先生的一封信的副本。第五，告知"平教总会""很可能在湖南建立一个实验县，作为运动的基地和中心实验室，同时在广西 Min-Tian 地区⑩与省

---

①　冯乐天：生平事迹未详，待考。
②　绍龙：即戈绍龙（1889～1973），字乐天，江苏台东人。1915 年毕业于江西医学专科学校。1927 年毕业于日本九州帝国大学医学部，1930 年获该校医学博士学位。回国后，历任北平大学医学院教授、河北医学院教授、院长。1933 年任广西省卫生委员会委员。1934 年任广西省立医学院教授、院长兼耳鼻喉科主任。1935 年兼任广西医学院附属医院院长，广西省政府卫生委员会委员。1936 年任广西大学医学院院长。1949 年当选为上海市各界人民代表大会代表。1952 年当选为中华医学会上海分会会员。1956 年后历任南通医学院、苏州医学院副院长、教授。译有《大脑两半球机能讲义》《苏联心理科学三十年》，著有《高级神经活动论文集》。
③　有光、佛西、石庵诸兄：即朱有光、熊佛西、姚石庵。
④　专：旧版《全集》为"耑"。
⑤　顾临：旧版《全集》译为"R. S. 格林"。
⑥　詹姆斯·庄：旧版《全集》译为"詹姆斯·川"。
⑦　金先生：未详，待考。
⑧　尚时文（音译）：未详，待考。
⑨　李景汉：旧版《全集》译为"弗兰克林·李"。
⑩　Min-Tian 地区：未详，待考。

政府合作实施一项示范计划,并通过积极参加计划委员会、创立和监督一个小型的乡村改造基金方案与四川保持联系。定县工作中基本的要素也应保持下来,以便在从一个中心实验室搬到另一个中心实验室这一转折时期得以提供培训设施。"第六,告知"随着我们新的活动中心工作的展开,我们就会有对中国其他地区进行调查的极好机会。由于与省政府的密切合作,我们不仅在调查工作上更为便利,而且我们还能够进行比我们在这里做的范围更为广泛、意义更为重大的研究工作。随着我们进入湖南、广西和四川,我们的运动将比以往更加需要您的帮助和合作。"最后,告知将于 29 日动身去湖南,以便最后决定实验县的地点和筹建县政改造委员会。如有尚时文名额的消息希电告。(新版《全集》卷 4,第 486 页)

4 月 29 日 给黄旭初回信。信中首先对广西垦区教育建设勇猛迈进、并不嫌弃路远嘱为襄助表示感佩。其次,告知派平教会学校教育部职员罗靖华、叶世瑞①二君前往。并详述两人情况、可任职情况及服务时间状况。最后,告知陈筑山自去年返定县后,本拟稍事休整即行赴桂承教,但因"河北省县政建设研究院事务猬集,复以敝会因应各方农村建设之要求,筹办农村建设育才院,亟需相助筹划,一时不克南下,而践前约,深为怅惘。当俟院务布置妥当,并将下年度计划拟定,及育才院筹备就绪后,即行南诣,迟迟至歉,诸祈鉴谅是幸。"(新版《全集》卷 4,第 487 页)

5 月 21 日 致信 T. H. 孙②。信中首先告知最近刚从湖南和南京旅行归来,此行十分疲劳,回北平就收到 4 月 11 日来信,听到其决心加入平教运动而感到高兴。其次,告知中国的社会改造迫切需要领导人员,平教会正在湖南、广西、四川三省开展一项推广计划,特别需要领导人才,热烈地欢迎加入中国平教团体。第三,询问发至伊萨加寓所的内容为"运动欢迎您"的电报是否收到。第四,告知平教会来年的计划。拟在湖南建立中心实验室以代替定县的实验室,并要建立一所全国社会改造学院以培训各省人员。在广西已建立分院。四川省政府已经成立了一个改造计划委员会,被聘为该会主席。几位同事即将被派往成都。"我们开展这三省计划的理由是,我们可以通过与省政府的合作论证一项基础改造计划,并在这一过程中进行大规模推广所必要的方法,同时在我们自己的'实验室'内进行深入细致的实验与培训工作。湖南处于中国中心的位置,还有几位省政府官员对运动的浓厚兴趣,使它成为我们选择中心实验室场所的最理想的省份。广西在建立一个有效率的军事机构方面取得了突出的成绩,并且一个可靠的政府使我们的运动有可

---

① 叶世瑞:平教会数年前附设专科毕业生,1936 年时任定县表证示范村教育技术指导员。1935 年 5 月,平教会受伍廷飏之请,次年派与罗靖华前往柳州帮助训练师资。其他生平事迹待考。

② T. H. 孙:实名未详,待考。

能在相当大的规模上进行示范。至于四川,啊呀,从现在起十年以后肯定会成为我国最重要的省份。尽管我们人力有限,我们也必须与四川保持联系,并且在影响该省领导人的思想和制定这个了不起的省份的改造政策中贡献我们的力量。"最后,希望利用国外的便利在实施旅行计划时不要太牵挂中国平教同仁,赞同取道欧洲回国,并希望在离开美国之前去参观一下墨西哥、参观在南美进行的乡村复兴计划。十分希望把行动随时告知,并告诉到达中国的大概时间。(新版《全集》卷4,第488~489 页)

5 月 26 日　致信 D. L. 克劳福德①主席。信中首先告知不能参加今年夏天在夏威夷大学举行的研讨会。其次,不能莅会的原因是"我们的运动正在进入一个新的阶段,即向一些省份推广我们的工作并在一定程度上撤离我们的中心,这些工作至少在初期需要我在这里。"第三,表达如果可能的话,盼望着能在檀香山相见。最后,告知将寄上一些 1934 年对于定县工作的报道材料,并希望在会议开始之前再寄一些关于 1935~1936 年定县教育工作的报道材料。(新版《全集》卷4,第490 页)

　　同日　撰写《为请求创办农村建设育才院补助费呈稿》。收入新版《全集》第一卷中。全稿如下:"呈为培养农村建设人才,初设农村建设育才院,吁请补助经费以利推行事:窃惟救国必先救民,攘外必先安内,比者农村凋敝,国计弥艰②,民生之陷溺益深,邦国之崩颓无日。故居今日而言救亡图存之道,自非全力建设农村,开发国民经济,不足以确树民族复兴之基础。然欲谋农村建设之普遍实施,必赖有大宗担任建设事业之基本人才;而农村工作人才之养成,决非仅以通常教育或书本知识所能为力,必须有多年实地服务农村经验才益切实用。惟是事属创举,开办及常年经费需巨款孔殷,素仰钧院垂念农村。励精建设,而对于敝会旨趣及工作又夙荷关怀维护之深,合吁恳准予补助农村建设育才院经费,每年五万元,以示提倡而资鼓励。俾该院规模早臻完具,农建人才,后先辈出,全国农村之复兴,拭目可俟,吾国民族之再造,庶有豸乎。谨呈行政院院长蒋。"(新版《全集》卷1,第408 页)

　　同日　致函卢作孚。因该信未收入宋恩荣主编的《晏阳初全集》,全信抄录如下:"作孚吾兄惠鉴:京中畅叙,快慰无任。近想已安返蓉城矣。川省设计委员会组织条例及预算草案,顷已径寄鸣阶③秘书长核阅提交省府会议,仍望吾兄说明一切,是所至幸。按预算全额七万余元,主要项目为常住专家之薪金,及临时邀请各门专家之往返旅费。诚以吾川目下要务端在罗致良材〔才〕,弟以绵薄谬承各方邀助,本

①　D. L. 克劳福德:旧版《全集》译为"D. L. 克劳福特"。
②　艰:旧版《全集》误为"银"。
③　鸣阶:邓鸣阶。

· 327 ·

无余力更可及川,顾念吾兄及当道属望之殷,梓桑所在,义不容辞,故愿先藉设计委员会之机构,为吾川物色若干专门人才,以为此后积极建设之准备。计现已商定者,有霍俪白、傅葆琛、常得仁三兄;正接洽中者,有现尚供职中央卫生署之张维①博士。霍君政治经验丰富,品学湛深,最近任河北县政建设研究院秘书长及定县实验县长,亦曾掌教川大,故对川情颇谂,拟商其就设委会主任秘书一职。傅君亦吾川人,对于农业及教育具有高深之造诣及实地经验,堪为教育专门委员会之常委。常君已为兄所素悉,以其声誉播闻,各方争聘恐后,拟约其为农业专门委员会之常委,兼主持棉业试验场事宜。以上三君皆与敝会有多年深切之关系,以会务多忙之今日,本难割爱。弟曾喻以大义,鼓示川中建设之无限前途,果得相偕入川,同舟共济,则诚吾川之幸也。张君为当今有数之卫生专家,现在设法邀致,希望亦能允洽。各人详细履历书容后开具奉览。以上各节,皆弟月来所萦回筹策,尚未敢宣露者,叨在知己,谨布衷忱,诸维察照,先为斡旋一切,曷胜感幸。专此奉达。祗颂公祺不备!弟晏阳初谨启。五月廿六日。"(黄立人主编,项锦熙、胡鳞副主编:《卢作孚书信集》,四川人民出版社2003年版,第929页)

5月27日 给邓世华②回信。全信如下:"世华先生左右:来函诵悉壹是,铎教之余,欲更研究经济合作,此种卓越精神至堪极③佩!本会下学年度起,拟创设农村建设育才院,分置教育、经济、地方自治各研习所,招收研习生若干人,其学则及招考办法,现正审订中,大约下月方可决定公布也。因往各处旅行,今始返定,函复稽迟,统希谅察为荷!即颂学祺 晏阳初拜启。"(新版《全集》卷4,第491页)

同日 给安海潮④回信。全信如下:"海潮仁兄足下:来函藉悉,并交会中同志传阅,大家对于足下改良取水机的志愿与贡献很为钦佩。惟其中有应当注意者,不在上水的部分之改良,而在如何能帮助人力之效率。至唧筒的制造,虽在同一形状,而因工料之精粗,其效率却相差很远。原图不甚清晰,兹已另绘一图,并将机器

---

① 张维(1898～1975):医学专家。别名运宝,字楚杭。湖南浏阳人。湘雅医学专门学校毕业,获博士学位。参加北伐战争医疗救护工作。旋赴北京协和医学院、约翰霍普金斯大学和美国哈佛大学公共卫生学院进修。1937年南京沦陷前担任卫生署训练学校校长。1938任湖南省卫生处处长。后历任中央大学医学院教授兼系主任、上海市卫生局局长、上海医学院教授。新中国成立后,任华东人民医学院公共卫生系教授和系主任、上海第二军医大学军队卫生学教研室主任。旧版《全集》及新版《全集》误为"张伟"。

② 邓世华(1902～?):四川雅安人。华西大学毕业,曾任浸礼会所属的宜宾明德初级中学校长、成都市基督教盲哑学校代办盲残教育师资训练班历史和地理教师。其他事迹未详,待考。

③ 极:旧版《全集》误为"级"字。

④ 安海潮(1913～1970):河北人。1931年6月毕业于私立北平辅仁大学附属中学初中部,后就读高中部及大学部。毕业后曾在西安玫瑰中学任教,后任昆明上智中学校长。1947年2月到云南私立五华文理学院任地理教师。新中国成立后,在云南第八中学任教自然和地理课。1958年2月曾给顾颉刚去信讨论历史地图问题。1970年被迫害致死。

的原理详细说明,另纸抄寄,请详加研究继续改进。凡一事业之成功,往学理方面,祇〔只〕可作为参考;能具百折不回的精神,多多实验,自有达到圆满之日,尚祈不断努力,是所至盼。北方农夫畜①养骡马等牲口,不是专为拉水牲口的工作,很多拉水不过为一种副业而已。因来函有所论列,故附笔及之。此询近祺 晏阳初复启。"(新版《全集》卷 4,第 491~492 页)

　　同日　致信陈赓雅②。全信如下:"赓雅先生大鉴:接诵复函,祇悉种切。敝会工作辱荷关怀,侠性热肠,良深感谢! 所言外敌忌害一节,现已稍稍有所准备,堪慰。锦存致敝会派人赴美学习制造真空管事,当时因有他种原因,暂告停顿,将来机会成熟,仍拟继续进行。兹附上敝会最近书目一纸,即乞察收为荷! 匆复。祇颂撰祺 弟晏阳初拜启。"(新版《全集》卷 4,第 492 页)

　　同日　在欢迎国联专家史坦伯③博士大会上讲话。收入新版《全集》第一卷中。首先谈史坦伯来定县演讲的缘由、对定县平教运动的评价以及对来演讲的感触。"这次史先生因为就要回国返欧洲去,特地到定县来给大家辞行,这实在是难得的事情。史先生旅行中国的地方很多,他认为定县农村工作是最基本的,他很佩服大家的精神,他觉得在回国以前非再来定县一次不可。史先生今天到这里,明天就回北平。他的热忱,我很感谢。"其次,介绍史先生及其在中国的观察与感想。"史先生是欧洲的一位很有名的人物,他对于他的祖国南斯拉夫④很有贡献。他是卫生专家,国际联盟派他到中国来协助政府办理卫生工作的。他到过云南、甘肃、四川、福建、广东、广西许多地方,史先生对于中国的情形,恐怕比我们大家还要熟悉得多。今天特请史先生给我们讲一讲他对于中国的观察和感想。"最后,发表对史先生讲演的感想。"今天承史先生给我们讲许多有益的话,我们非常感谢。他的话含着伟大的意思。他说要国家强盛,必须先要使农民成为国家的主人翁。这话值得我们思索一下。史先生对于中国的各方面,都不大抱乐观,看了定县的工作,

---

　　①　畜:旧版《全集》误为"蓄"。

　　②　陈赓雅(1907~1995):又名庚雅,云南蒙化(今巍县)人。生于清光绪三十三年 (1907)(一说生于1905 年)。毕业于沪江大学。曾任中央训练团政治教官。在上海从事新闻工作,任上海《日本研究月刊》《申报年鉴》编辑,《申报》记者、编辑。抗日战争中任《申报》香港版总编辑。后改任《申报》驻重庆特派记者。1945 年 4 月聘为第四届国民参政会参政员。抗日战争胜利后返回云南,被推选为云南省参议会参议员、云南省政府建设厅设计委员。后在思茅、普洱游击区组织地下武装,任云南人民自卫军第二纵队司令部秘书长兼《战地通讯》主编。1949 年后,任昆明《正义报》总编辑、社长,昆明市政协秘书长,昆明市参事室行政领导、支部书记,中国地方史志协会理事等职。著有《西北视察记》《赣皖湘鄂视察记》《南巡佳话》《江河水灾视察记》等。

　　③　史坦伯:即 Stampar,又译"斯丹巴",南欧的公共卫生学权威、南斯拉夫卫生部长。

　　④　南斯拉夫:旧版《全集》译为"巨哥斯拉夫"。巨哥斯拉夫,是对"南斯拉夫"原来的叫法。民国时期,Yugoslavia 一般翻译成"郁哥斯拉夫"或者"巨哥斯拉夫",现译为"南斯拉夫"。

便对中国前途抱无穷的希望。他认为破烂不堪的中国,复兴基础在定县。所以他一次一次的到定县来,直到回国的时候还要到定县来一次。史先生给我们很大的鼓励。我们非常感激。"(新版《全集》卷1,第409页)

6月2日 致信蒋廷黻。全信如:"廷黻吾兄惠鉴:接奉五月廿九日手教,祗悉种切。经具①东电先复,谅早达觉。育才院事诸承大力赞助,至为感谢。关于聘请董事之条文,已另详。敝会总章之内,育才院组织大纲中故不赘列,董事聘函已缮备,兹寄上吾兄董事聘函,祗祈俯允。附奉岳军②、雪艇③两部长聘函,如兄认为妥当,可否面达。至名誉董事长,请介公④出名一节,尤望劳神敦请。尊意拟将请捐开办费及任名誉董事长一次办完,甚佩卓见!诸祈鼎力主持,相机进行,无任祷幸!如察弟有入京之必要,亦乞迅赐电示,即当趋候教益也。专肃布复。即颂公祺 弟晏阳初启。"(新版《全集》卷4,第493页)

6月3日 致信孔祥熙等。全信如下:"庸之⑤吾兄部长、岳军吾兄部长、雪艇先生部长赐鉴:上月在京,备聆教益,德义在望,备⑥感无量!比者国难日深,民生弥苦,居今日而谋救亡图存之道,自非全力建设农村、发展国民经济,不足以确树民族复兴之基础。而欲谋农村建设之普遍实施,必赖有担任建设事业之基本人才。顾今日一般青年学子,因与实地农村社会环境隔膜滋多,纵有服务农村之心,苦无实地运用之力。谨厚者,遂向隔失业;偏激者,竟误入歧途。在广大农村方面,正焦盼建设人才之来归;在济济菁英方面,则又感披发缨冠之无路,以致士归虚耗,农益凋颓。国本将倾,危痛曷甚!弟与敝会同人等,十余年来,潜心于农村建设之研究实验,怃国步之艰难,窃不自揣,久拟本会积年之所得,创办农村建设育才院于湖南,培养各级行政上及技术上具有专门学识及实地经验之农村工作人员,以应各地农村建设事业之需要。台端关心民瘼,扶持农村,而又德望彬隆,遐迩景仰,敢请屈为农村建设育才院董事,则登山一呼,万岳响应,院务之推行尽利,青年与农村之胥有出路,皆拜仁赐于无既矣!除另备正式聘函奉呈外,专肃奉恳,敬祈惠允为幸!敬颂勋祺不庄 弟晏阳初敬启。"(新版《全集》卷4,第493~494页)

6月5日 致陈志潜等聘书。全信如下:"迳启者,兹聘任台端为本会农村建设育才院筹备委员会主席委员、委员。此致 陈志潜同志(主席委员)、瞿菊农同

① 具:旧版《全集》误为"县"字。
② 岳军:张岳军、张群,时任外交部长。
③ 雪艇:即王世杰,时任教育部长。
④ 介公:指蒋介石。
⑤ 庸之:即孔祥熙,时任财政部长。
⑥ 备:旧版《全集》误为"奋"。

志(委员)、彭一湖同志(委员)、陈行可同志(委员)。晏阳初。"(新版《全集》卷 4,第494～495 页)

6 月 17 日　给 W. R. 利特(W. R. Leete)①回信。全信如下:"亲爱的利特先生:感谢您于六月九日的信中邀请我今夏在中国研究学院发表关于'目前的趋势'的讲演。我十分乐意作这次讲演,但不巧的是眼下我无法确定日期,因为不久我即将就我们的工作问题去湖南和四川,我不知道什么时候回到北平。如果在我的日程确定以后,我在您提出的那些日期中发现某个日期合适,我会告诉您的,如果那时您仍然能够安排这次讲演的话,我会很高兴利用这一机会向北平会英语的听众进行演说。晏夫人和我都希望在您和利特夫人逗留北方期间见到您们。您真诚的晏阳初。"(新版《全集》卷 4,第 495 页)

6 月 22 日　给 S. M. 冈恩先生回信。首先告知刚收到兰安生博士的来信,得知他 9 月份之前不会回中国来,因洛氏基金会和平教会之间的一些问题需要认真讨论,故非常希望冈恩先生能在 8 月底回到中国面谈。其次,讨论基金会资助金一事。认为因受国内外政治风云变幻的影响,要想提前半年提交一份具体用款计划相当困难。第三,告知平教中心实验所地点拟选湖南。"通过在湖南建立我们的中心实验所和把广西、四川与定县作为实验站,可使平教运动的工作顺利进行。"第四,谈 3 月下旬路过北平时与兰安生博士交谈情况及随后产生的触动。告知定县实验区主要是继续为合作机构提供训练和研究基地。第五,鉴于华北复杂的政治形势,不赞同华北仍有较大的投资前途。"认为没有必要在定县投入更多的人力和财力,只准备投入五万元的预算,留下十万元为将来开辟新的推广区打下坚实的经济基础。……而洛克菲勒基金会的意见恰恰相反,坚持将十万元给定县,五万元给湖南、广西和四川。换句话说,我们认为应该花两倍于维持老实验区的财力去发展新的推广区,而洛克菲勒基金会的想法刚好相反。"针对以上情况拟采取如下做法:"(一) 由于事已至此,假如我们再坚持我们应有的权力,那么华北农村建设协进会和'大学社区的概念'就会不存在。(二) 如果我们只依靠洛克菲勒基金会获得资金,我们就不可能按我们认为的最佳方案去推行我们的全国性计划。因为前者,平教会决定全力负责定县实验区的财政问题,不再要洛克菲勒基金会的资助;而后

① 　W. R. 利特(W. R. Leete):中文名"黎金磐",美国公理会传教士。1923～1928 年在天津传教,专作公理会青年工作,在天津的河北冈纬路教会内成立青年勉励会,会内成员多是河北法政、女子师范和水产等专科学校的学生。他也深入到各校内做工作。青年勉励会除宗教活动外,也有社会活动,如设立勉励小学,并在各工厂医务工作等。卢沟桥事变之前,在河北省立工业学院任英文教员。1940 前后到金陵神学院任教。1950 年与沈经保译的《基督教专名英汉字典》由上海广学会出版。其他事迹未详,待考。

者,我们不可能接受洛克菲勒基金会提供的资助。……不愿意因接受洛克菲勒基金会的资助,而改变我们的计划去符合他们的意愿,尽管他们的愿望是真诚的,而且是非常好的。"第六,分析产生这种分歧的原因。"① 您过去在信中和交谈中曾反复表明的态度与现在的不一致,似乎洛克菲勒基金会确实另有一个中国计划。② 洛克菲勒基金会的代表从未告诉过我们关于他们的中国计划的相关消息,表明对我们还不充分信赖。如果他们有诚意,我们是可能制定出有效的合作计划的。我想没有任何理由认为,我们的计划,与你们的计划是互相排斥的,我们的计划是在近十年中国农村工作实验的基础上制定出来的,如果你们支持它,尽管有万般困难,我们也决心实施到底,这样也是对你们计划的支持。"最后,表达希望能经常得知冈恩的日程安排,以便能知道最早见面的时间和对此问题的观点,以分析合作的前景状况。(新版《全集》卷4,第496~499页)

6月29日 致信新任河北省县政建设研究院正副院长。全信如下:"为咨交事:查敝任自民国二十二年四月二十五日起,至二十五年六月二十一日,即交卸前一日止,所有任内收支经费各款,业经结算清楚,计共存现款叁万〔萬〕贰仟柒百〔佰〕壹拾壹元〔圆〕壹角玖分。除已于六月廿二日咨交贵任洋叁万〔萬〕元〔圆〕外,相应造具四柱清册,连同余款贰仟柒百〔佰〕壹拾壹元〔圆〕壹角玖分,备文移交,即希查照,并盼给收据为荷。此咨。新任河北省县政建设研究院院长张①、副院长卫②。计咨送:四柱清册壹份。现款贰仟柒百〔佰〕壹拾壹元〔圆〕壹角玖分。晏阳初、陈筑山。"信后附有如下内容:为咨交事:兹值办理交代所有本院木质关防一颗,正副院长角质小官章一颗,秘书处暨调查、实验、训练四部橡皮章五颗,秘书处、图书馆暨文书、会计、事务、交际四课橡皮章七颗,又图书馆石章一方,相应备文移交,即希查照点收。见复为荷。此咨。新任河北省县政建设研究院院长张、副院长卫。计咨关:河北省县政建设研究院木质关防一颗、河北省县政建设研究院院长角质小官章一颗、河北省县政建设研究院副院长角质小官章一颗、河北省县政建设研究院秘书处橡皮章一颗、河北省县政建设研究院调查部橡皮章一颗、河北省县政建设研究院研究部橡皮章一颗、河北省县政建设研究院实验部橡皮章一颗、河北省县政建设研究院训练部橡皮章一颗、河北省县政建设研究院秘书处文书课橡皮章一颗、河北省县政建设研究院秘书处会计课橡皮章一颗、河北省县政建设研究院秘

---

① 张:即张荫梧(1891~1949),字桐轩,直隶保定博野人,民国军事将领、政治人物、教育家。

② 副院长卫:即卫士生(参见孙诗锦著:《启蒙与重建——晏阳初乡村文化建设事业研究(1926~1937)》,商务印书馆2012年版,第296页)。据《民国河北省通志(1~3)》载,1936年聘请张荫梧为院长时,"裁撤副院长一职",但此处又设有副院长,不知因何,存疑。

书处交际课橡皮章一颗、河北省县政建设研究院图书馆圆形橡皮章一颗、河北省县政建设研究院图书馆带英文字橡皮章一颗、河北省县政建设研究院图书馆石章一方。晏阳初、陈筑山。"(新版《全集》卷4,第499~500页)

6 月 致信新任河北省县政建设研究院正副院长。全信如下:"为咨交事:现值办理交代所有本院存款,除俟截日结算清楚另文造册移交外,兹先送交大洋叁万〔萬〕元〔圆〕,即希查收,赐给正式印据为荷。此咨。新任河北省县政建设研究院院长张、副院长卫。晏阳初、陈筑山敬启。"(新版《全集》卷4,第501页)

同月 由于日军侵犯华北,形势紧急,"平教总会"在湖南长沙设平教会办事处,协助湖南省政府成立衡山实验县。该县先后由彭一湖、孙伏园任县长。以便指导湖南和四川工作。(姜编《纪略》,第42页;川编《晏阳初》,第294页)

同月 安排平教会第一批职员从河北定县迁徙至湖南,在衡山实验县着手开展平教工作。(新版《全集》卷4,第512页)

7 月 1 日 经其努力的湖南衡山实验县举行成立典礼,彭一湖宣誓就任县长。招办 18~30 岁的中学生经一月训练后派往各乡镇公所担任助理员,协助乡镇长为民众服务。县政府将各乡镇的地方自治系统和保甲系统合并为一,并将区公所一律裁撤。实行县、乡(镇)两级自治制度。(姜编《纪略》,第42~43页)

7 月 给李宗仁等回信。全信如下:"德公①先生伟鉴:并转健②、旭③两公先生均鉴:国难日深,民气日沉,忧国之士中夜如焚。此次粤桂抗日救国运动,出于热烈真挚之精神,虽凡庸惊惧妄肆揣测;而贤者易地而观,莫不深表同情。奉读德公手教,忠勇之气溢于言表,尤为感兴。中央所处地位不同,所持方法步骤亦异,深恐因此引起误会,致生不幸。凡爱护诸公者皆各尽其力,以明诸公之精神,筑山兄来,将所见闻报告于各方,真相得以较明。初亦因此来京与中外所识诸友晤谈,极望公等因势善处,为国家民族委曲求全。至为盼祷。匆此不尽。敬颂勋安 晏阳初敬启。"(新版《全集》卷4,第501~502页)

同月 推广的平民学校成绩很大。从 1923 年 3 月 5 日起截止本月止,仅烟台平民学校就已办 26 期,参加者逾万人。(《芝罘文史资料》第9辑,第384页)

8 月 19 日 在定县与平教会同仁谈平教会最近进展情形。收入宋恩荣编的、由教育科学出版社 1989 年出版的《晏阳初文集》和新版《全集》第一卷中。首先谈自己的行程。"昨天我刚经北平来,今天午后又要到湖南去,乘这机会和各位同仁

① 德公:李宗仁。
② 健公:即白崇禧,字健生,故称"健公"。
③ 旭公:即黄旭初。

说几句话,把本会最近的情形报告一下"。其次,谈近日为四川、湖南、广西的平教问题奔波于衡阳、汉口、南京、北平等地。"一方面为国事呼吁和平,本是国民应尽的责任;一方面也因为需要政治和平,平教运动才能进行无阻,期图发展。"第三,谈广西方面的工作。开始于本年三月,广西当局非常重视,非常钦佩同仁们的精神,所以工作进行很顺利。广西拟请陈筑山担任教育厅长职务、朱有光担任国民基础教育研究院院长,一重学术研究,一重政治推行。适胡汉民先生逝世的消息传来,广西的重要份子,都到广东去为胡先生治丧,事情始得暂时搁置。后来,西南问题日益扩大,广西的平教进行也就无从谈起。由此获得如下启示:"第一,谈农村教育农村建设,必须有材料,有内容,有方法,然后说'到民间去'始非空话。不过要把农村建设的材料与方法搬到民间去,还需要政治力量。为研究而研究,为著书而研究,一辈子永不顾到实际方面,那就只要走进图书馆,伏在书案上就得;若是为改造生活,复兴民族而研究,就非接近民众,与社会周旋不可,就非政治力的帮助不可。第二,要得政治力的帮助,就须先取得负政治责任者的信任,认识我们的主张,这才会有见诸事实的可能。否则人家永不了解你,也就无法实现你的研究所得了。""现在广西政局突变,以前所谈,顿成泡影,好像功败垂成,未见可惜。不过大家应该知道,一件事的成功,并不会像理想的那么容易,尤其是与政治要发生关系的事业,决不会做一桩成一桩。……天下没有做一件成一件的事,所以偶逢变化,也只能认为当然之困难,不足为奇。平教运动以改造生活复兴民族为目标,不得不与社会接触,于政治往返;社会是那样的复杂,政治是那样的活动,做起事来不一定样样都成功,毫无足怪。……一方面把平民教育灌输给大学生,一方面把平教内容作精密研究,这些工作,殊属重要。"第四,谈湖南方面工作。工作极繁重。衡山实验县于七月一日成立,彭一湖先生同时就任县长;乡师的开办,由汪德亮主持,黎季纯先生担任育才院训练及编纂设计工作。第五,谈四川方面工作。"四川省设计委员会,省政府主席为委员长,本人被聘为副委员长。各部分主持人,秘书方面是霍俪白先生;教育方面是傅葆琛先生;农业方面是常得仁先生,常先生同时已被委为省立棉、卫生方面;陈志潜先生正在努力物色人才去担任;地方行政方面拟请霍先生兼任。陈行可先生是设计委员会委员之一,现已在川帮助筹备一切。我大约在九月初才能到成都去。这个设计委员会是主持全省设计工作的,范围很宽,自己也可以办实验事业,所以很有许多事情可做。"第六,谈定县方面工作。定县实验区已成为华北农村建设协进会一分子。华北农村建设协进会是由南开大学、清华大学、燕京大学、协和医学院及本会五机关组成。五机关的负责人是协进会的当然委员。"南开为张伯苓先生;清华为梅贻琦先生;燕京为陆志韦先生,协和为林□□①先生,平教会是我自己。当然委员之外有专门委员,当然委员以机关作单位,专门委员以人才为标准。现在的专门委员,教育有瞿菊农先生,卫生有陈志潜先生,经济有何廉②先生,另有两位专家,一位是中央农业实验所所长谢家声先生,一位是山东乡村建设研究院副院长梁仲华先生。定县实验区主任也是协进会的委员之一,现暂请孙伏园先生担任。协进会另设执行委员会,由五机关负责人及定县实验区主任组织而成。又设研究训练委员十五人,本会常得仁、姚石庵、陈志潜诸位都是委员。协进会的主旨是以定县实验区作各大学的乡村建设工作的实验室;以各大学作教育农建人才的场所。姚石庵先生已担任南开大学的名誉教授,瞿菊农先生担任燕京大学的名誉教授,陈志潜先生担任协和医学院的名誉教授。各大学的学生研究乡村建设者,均到定县来实习。”“定县实验区今后的工作,并不比以前缩小,主持人也未变动,教育仍为瞿先生,生计仍为姚先生,卫生仍为陈先生。”第七,详述了组织华北农村协进会的必要性。“农运人才当然须以大学校作来源。但要希望大学生下乡,必先改造大学教育,使大学生不要等大学毕了业,早已到了乡下受训练,人才的产量才能多。协进会就是要大学生在学生时代生活即农民化,对农运工作即确具根底,毕业后可直接入农村服务。……农村建设运动,是伟大的事业,必须以大学作基础方能稳固。大学教育,能走到乡建的路上来,比办几次识字运动,几个民众教育馆,其意义重要得不知若干倍,有了大学源源不绝地作育农运人才,这运动才会发扬光大。定县实验区的设置,引起了全国各地不知多少的农村实验区。我深信有了华北农村建设协进会,也会引起全国大学教育改革的大运动。定县的意义如此重大,实验工作自必永久地做下去,现经孙先生负责,深庆得人,今后更与各大学合作,于整个民族改造上必有它的贡献。”最后,谈半年来的生活。“半年来,为了国家的前途,我的生活,几乎全在火车、飞机上。生平最怕乘火车飞机,为了国家不得不如此,为了平教运动,又不得不如此,确属无奈,身体幸尚健康。今后各事渐有头绪,或能少在火车飞机上讨生活。今后为工作上接洽指挥便利起

①　林□□:两字原缺。应为林可胜(1897～1969),福建厦门人,出生于新加坡。1919 年毕业于英国爱丁堡大学,获医学学士学位,留校任生理学讲师;1920 年获哲学博士学位。1923 年当选为英国皇家学会会员。旋留学美国,1924 年获芝加哥大学医学博士学位。同年回国,任北京协和医学院生理学系教授兼主任。1927 年发起中国生理学会,创办《生理学》杂志并任主编。次年当选中华医学会会长。1935 年至 1937 年,任协和医学院三人小组成员之一,行院长职务。1937 年组织中国红十字总会救护队,赴前线救治伤员。1942 年至 1944 年,任中缅印战区司令官史迪威的医药总监。1942 年当选美国科学院外籍院士。1945 年主持合并创办国防医学院,任院长,创立军医中心教育制度。同年负责筹建中央研究院医学研究所。后任联勤总部军医署署长。1948 年当选中研院院士。同年任卫生部长。1949 年赴美国,任伊利诺伊大学客座生理研究教授、雷顿大学医学生理学与药理学教授兼系主任。1952 年到印地安纳州迈尔斯实验所从事研究。1961 年被香港大学授予名誉科学博士学位。著有《生理学大纲》。

②　何廉:旧版《全集》为“何淬廉”。何廉:字淬廉。湖南邵阳人。

见,已设有办事处,我自然仍得不时到定县来看看各位的努力与成绩。"(新版《全集》卷1,第410~414页)

8月29日 晚上,收到罗伯特·利姆①博士的如下电报:"南京对何②的任命引起严重危机,我准备在星期三召开会议。我们的基本倾向是要求停止这项任命。切盼你亲自参加会议。如不能参加,请回电。"(新版《全集》卷4,第502页)

8月31日 给北京医学院的罗伯特·利姆发电报,全文如下:"罗伯特·利姆,北京医学院 很抱歉,不能参加星期三的会议。已致电孙伏园参加会议。晏。"(新版《全集》卷4,第503页)

8月 将平教"总会"从河北定县正式南迁至湖南长沙市,家属一并南迁至长沙,旋即与几位同事一同前往四川。(新版《全集》卷4,第512页)

9月1日 收到 S. M. 冈恩的电报,内容为:"与富兰克林③通电,何④即前往南京。望你作为委员会主席尽一切可能协助解决目前局势,并保证中国华北委员会计划成功。"随即复电如下:"冈恩,洛克菲勒基金会,上海。十分关心委员会的成功。但由于缺乏何⑤方面的消息,我不能提出明确的建议。晏。"(新版《全集》卷4,第503页)

9月3日 致信 S. M. 冈恩先生。信中首先告知在8月29日晚上很晚的时候收到罗伯特·利姆博士的电报⑥。其次,告知第一次听到关于何的任命的消息,此任命对于中国华北委员会关系重大,作为副主席的利姆为此已召开一次会议,"但由于我仍未从何那里得到任何信息,并且也不知道他本人对于这个任命做如何打算,因而我不能作出任何明确的表示……在得到进一步的证据之前,我确实没有其他的话可说。您知道,我们目前的工作不是集中在北方,我们有责任把我们的时间与精力分配在不同的活动范围,以此来更好地适应全中国乡村建设运动的需要。您很容易理解,一方面通过这些额外的职务,另一方面通过与中国华北委员会的合作关系,我们在华北能够做的事情实在有限。然而,您可以放心,由于我们在委员会的项目中已经担负了相当大的责任,我们将在自己的权限范围内做好一切事情,以保证它的成功。"第三,告知原打算于当月7日起程去四川已推迟到12日。希望在此之前能听到9月2日会议的消息并了解到至少已经做出暂时令人满意的安

---

① 罗伯特·利姆:生平事迹未详,待考。
② 何:即何廉,被国民政府任命为行政院政务处长。
③ 富兰克林:指李景汉。
④ 何:即何廉。
⑤ 何:即何廉。
⑥ 见同年8月29日条。

排。最后,告知"预计十月上旬到北方,到那时如有必要我们可以再见一面,以便做出长期的安排。"(新版《全集》卷 4,第 503～504 页)

9 月 20 日　致信 S. M. 冈恩先生。收入旧版《全集》第三卷和新版《全集》第四卷中。信中首先告知在收到 9 月 9 日的来信时正准备离开长沙,途经汉口去四川。按要求正在努力准备一份财务报告书。这项预算与计划的细目仍然有很大的不同,相信在保证基金会本年度对运动的拨款时,寄上财务报告还是将有所帮助。其次,告知在目前这一过渡时期要严格地按照事先制订的计划来进行工作是不可能的。如广西计划因时局动荡取消。第三,告知中国平教运动的推动者是个适应性很强的组织,足以应付迅速变化的局势。最后,希望洛克菲勒基金会——尤其是它的上海办事处——在应付这一前所未有的局面时将继续保持其忍耐力和想象力。(参见新版《全集》卷 4,第 504～505 页)

9 月 21 日　致信 S. M. 冈恩先生。信中首先告知在 9 月 9 日的来信中有几个特别重要的问题需再加说明。其次,条述三点"说明"。"(一)关于湖南实验县——包含在一月份的预算内——的十八万美元的款项已经进行了修正。用于衡山——我们选来作为实验县——的地方政府与管理的经费本来应该是三十一万七千九百五十九美元四十七美分。直至最近县政改革委员会才刚刚组成,在日常管理预算之外拨给这个实验县十万美元。毫无疑问,这项金额实际上可以由衡山的土地税中获得。(二)我很高兴您在信中提到米尔班克基金会的捐款。我们还没有写出一九三六年至一九三七年度的申请书,这一部分钱我们当然不会用于定县计划,我们可能把它用在湖南的研究与培训上。当我说基金会用于一九三六年度的款项在本年度的上半年已经用完时,我相信这一说法是正确的,但是,我要把支出情况搞清楚,然后再写信给您。(三)我记得我曾经保证,在省财政预算决定以后把副本寄给您。衡山的预算当然可以落实,如果这样的详细说明能够对您有用处,我可以让人把它译成英文。四川计划委员会的八万美元的基金还没有对具体项目作出明确的预算,正如这个计划还未十分明确一样。这两项金额都没有经过我们的审计处,我想知道您是否留心过此事并有详细的预算。"第三,告知将平教中心实验室与"社会改造学院"的地址选在湖南而不选在定县的原因。最后,告知"今年对于平教运动来说是转折的一年,也是危机的一年。我相信,洛克菲勒基金会不仅在帮助实施已经确立的项目上,而且在新的领域开始新的计划上,一定会履行它那崇高的职责。"(新版《全集》卷 4,第 505～506 页)

9 月　衡山县城区卫生所正式成立,担任学校卫生、环境卫生及卫生训练指导。(姜编《纪略》,第 43 页;《湘版思想研究(一)》,第 2 页)

10月1日 经其谋划的衡山乡村师范学校开学。"平教总会"主要干部之一的汪德亮任校长。(姜编《纪略》,第43页)

10月2日 四川省政府设计委员会正式成立,被任命为副委员长(委员长由四川省主席刘湘担任)。参加成立典礼,并致词《如何建设"新四川"》,该讲演稿以《如何建设"新四川"——在四川省政府设计委员会成立大会上的讲演》为题发表在《民间》第3卷第12期上。首先讲四川在中国的地位。认为"四川土地肥沃,物产丰富,人口众多,形势险要,古来以天府之国见称,处今日中国受强敌压迫日进无已之秋,求一足以为最后挣扎民族复兴之地,莫如四川,故四川在今日中国之地位,直等于当年意大利复兴之根据地皮爱蒙。"其次,谈四川建设之急迫。"吾人今日之救亡,三年生聚,三年教训,犹恐不及,须以一年生聚,一年教训之速度,向前猛进;乃至非有即时抗战之决心,即恐旦夕灭亡,岂容吾人优游岁月,得过且过?"第三,谈四川当局的励精图治。第四,谈建设计划的合理化。第五,谈设计委员会的性质。认为"是协助行政机关的一种学术机关。它自身对于建设的事情,没有执行的职权,只有拟制方案,审议计划,研究问题,贡献意见的责任,而其采纳与否,最终还待省府的决议。"第六,谈设计工作之困难。第七,谈自己的奋勉。认为自己不得不勉励的原因有下列两点:"第一,四川为我自身之家乡,目前又居民族复兴最后之根据地,无论为国为乡,皆不能辞其责。第二,中国向来行政与学术不能发生互助的关系。四川省当局认为今后建设有须学术的协助,这是政治进步的新方面,无论如何困难,不得不促成向这新方面去求进步,求现代化。因以上两点关系,阳初个人虽感学识能力时间之不足,但本会委员,有政府当局诸公,复有当地最高学术机关的领袖在内,以及社会名贤诸公的指导,自己也不敢不尽一分子的责任。"最后,论设计委员会的工作进程。强调"第一,设计要根据调查。故设委会开始的工作,不得不先从调查入手。第二,建设要从基础上做起。故设委会最初的设计工作,不得不先从基层的农村建设入手。第三,建设要切合国情与省情的需要。在今日国家危急存亡及人民救死不暇之秋,建设工作不得不有一个重心之所在。故设计工作,要根据政府的施政标准,切合实际的需要。"(新版《全集》卷1,第415~417页)

10月初 河北定县创建"农村建设育才院"并已开学授业,以为农村建设人才之需。"平教会的同仁,十年深入农村,一方面努力研究实验的工作,一方面且常惓惓于训练人才的责任;但这已往的训练工作,都是受各方的零星嘱托,未有整个的长久的计划,非根本培养人才的办法。近承各省行政当局,以农建工作相商榷,且以设计主持相属的很多;同仁更深深感觉到农建前途发展愈速,愈无人才以资因应,必须培养大量的基本人才,方能应各方急的需要。"(新版《全集》卷1,第424~425

页)定县"育才院"的创建,在农村建设的新阶段,培养造就人才是非常急要的。与平教会同仁们一方面感觉到训练人才的众多,始能应付发展到各省去的工作,尤其是湖南、四川,需要人才非常急迫,这是客观需求;另一方面平教会在定县所作的种种实验,原不是专为定县,而是要推广到全国各地去,推广需要人才,这又是主观需要。不管是客观的需求还是主观的需要,平教会工作在发展中遇到的最严重的问题之一就是人员不敷分配,所以其领导平教会同仁不得不一面物色有研究、有经验的专门人才,相助为理;一面不得不急就青年志士,做相当训练。就在创建定县"育才院"培养农村建设人才不久,日本帝国主义发动了对中国的全面侵略战争。随着战火不断扩大,千辛万苦创建定县"育才院"培育农村建设人才的计划不得不被迫中断,刚有起色的农村建设事业遭受重创,"平教总会"也被迫南迁至长沙,随后辗转成都、重庆。(王超:《晏阳初与中国乡村建设学院(1940~1952)》,四川师范大学硕士论文,2013年5月,第10页)

10月5日　致信兰安生。信中首先十分感谢9月21日来信,并告知于前几日收到这封信。其次,讨论会面议事日程诸问题。"(一)您提出的关于定县实验区的措施是一个不自重的学院才能容忍的措施。我们绝没有想到与委员会的合作竟然意味着对一个合作机构——不管是燕京还是南开,甚至是平教运动本身——完整管理①与自主权的削弱。我真诚地希望您提出的这些措施不是着意在将平教运动排挤出委员会的某种暗示。(二)我相信您记得十分清楚,当初在委员会十分危急的时刻平教会②作了大大的让步,在财政和其他方面作了全面的调整,以便委员会得以真正开始工作。现在为了给大学合作单位在培训和研究上以充分的便利,如果有必要进行某些重新安排甚至于重新组织,如果是把平教运动作为一个合作的但却是自主的机构提出这些问题而不是武断地向它命令,那么我确信平教会作为华北农村改造协进会成熟的成员,会乐于做一切合情合理的努力来光明正大地推动彼此的合作。如果采取目前这样的步骤,那就必然会违背大家心中的意图③。(三)可是,如果退出协进会是定县平教运动保持其完整管理与自尊的唯一选择④,那么我们将被迫采取这一步骤——尽管这样做十分不情愿并且大大违背了我们的意志。没有任何顾虑——财政上的和其他方面的——能够阻止平教

---

①　完整管理:旧版《全集》为"管理完整"。
②　平教会:旧版《全集》为"平教运动"。
③　旧版《全集》"那么"之后为"我确信平教运动作为委员会成熟的成员会乐于作一切合情合理的可能的努力来光明正大地公平合理地干的。如果采取目前这样的步骤,那就必然会挫败您心中的意图"。
④　本句旧版《全集》为:"如果退出委员会不幸是定县平教运动保持其管理完整与自尊的唯一选择"。

运动的成员坚持那些他们信奉的并且为之贡献了他们生命中大好年华的根本原则。"最后,告知相信彼此十分了解,不会误解或曲解这样的坦率与真诚。(新版《全集》卷4,第507～508页)

10月10日　由四川回到湖南并视察衡山,忙于使衡山计划步入正轨。(新版《全集》卷4,第512页)

10月12日　乡村建设育才院在定县开学。该院是国内各地农村建设人才的培训中心。(姜编《纪略》,第44页)

10月13日　致信兰安生。信中首先告知收到10月9日来信,并表同意。其次,认为"定县的预算看来是导致误会的根源"。第三,告知"我们平教会加入协进会①,只想为合作的各大学的培训与研究提供使用上的便利。对定县在财物上的供给从根本上说是个合作的事情,因为满足协进会的需求要比仅仅满足平教会的需求开支大②。最近,很显然平教会③不得不负担定县的全部开支(由洛克菲勒基金会向平教会的捐款支付),而把预算提交给协进会也是出于礼貌与合作的精神,并非出于法律上的义务。因而不是像您所说的那样,我们这样做是把预算'按程序正式提交给协进会审批。'"第四,说明协进会的任何成员不应有干涉其他成员的预算的想法,任何干涉的企图都是徒劳的,因为,协进会没有丝毫主宰预算的权力。第五,告知"协进会像目前这样一种建制不是一个机构,它只是一些独立机构组成的'合作的委员会'。……协进会如果要真正变为实在的机构,就不得不在这些方面重新改组;但是在本财政年度我看不能有所作为了,因为这样一来每个机构就不得不在根本不同的条件下考虑自己的会员身份。因而,目前协进会还不能支配定县的预算。"第六,谈组成委员会的目的和工作推进方式。"组成委员会的目的是要达到大学与平教运动在乡村改造方面的研究与培训上的合作,并且运动也乐于和盼望参加这种合作。如果研究与培训委员会发现由运动在定县所提供的设施不充分或者有哪些不合适,正确的作法是向协进会④提出建议。然后协进会⑤与平民教育运动进行交涉,平教运动会考虑这些建议,如果认为这些建议切合实际,就会负责加以实施。"最后,告知希望在协进会的下一次会议之前的某个时候能相见。(新版《全集》卷4,第508～510页)

---

①　旧版《全集》为"我们的运动加入委员会并非想把定县让予委员会"。"委员会":新版译为"协进会",下同。

②　旧版《全集》为"因为满足委员会的需求要比仅仅满足运动的需求开支大"。

③　平教会:旧版《全集》为"运动"。下文亦同。

④　协进会:旧版《全集》为"委员会"。

⑤　协进会:旧版《全集》为"委员会"。

10 月 16 日 到衡山考察。(《湘版思想研究(一)》,第 138 页)

10 月 17 日 下午应邀到衡山乡村师范做"'误教'与'无教'"的演讲。(《湘版思想研究(一)》,第 138 页)演讲词原载《民间》第 3 卷第 13 期。收入宋编《文集》和宋编《全集》第一卷中。首先谈中国"受人侵略,无法抵抗"的根本原因是"'误教'与'无教'"。"何谓'误教'与'无教'呢? 中国现在受教育的人很少,而所受的教育,又多是不切实用的。所以有'教育误人''教育杀人'的这种说法,这就是'误教'的意思。四万万人口中有百分之八十没有受过教育,这就叫做'无教'"。其次,分析中国"误教"与"无教"产生的原因。① "数千年来的旧教育,现在已经整个的推翻了,可是新教育尚未产生。现在所谓'新教育',并不是新的产物,实在是从东西洋抄袭来的东西。……现在的学生是在学日,学美,学英,弄得一塌糊涂。学非所用,用非所学,所以许多大学生都在失业,而国家复闹人才缺乏的恐慌。人找不着事,事找不着人,这是充分去模仿外国的结果,整个教育因此破产。"② 只说不干长期造成的。"'教育误人','教育杀人',闹得声彻云霄,而无人实地去改造,更有谁能认真吃苦,到乡村去! 大家具一种得过且过的心理,以为别人不去,我何必去呢? 得过且过,已经过了四千多年。……我们常见有人写文章,骂教育,结果还是空论一场。我们怎样说就要怎样做,要怎样做,就要先认识中国情形,认识社会情形,亲身到社会里去体验。"第三,谈改造中国教育的原则。"不应当再拿外国教育去教他们,要创造一种中国教育,要用中国药来医治中国病,且要看清病源然后再去下药。"第四,论今后新教育的途径。"今后新教育的途径是: 不要再模仿别人,要自尊自信,自己创造。外国的科学我们要学,外国的教育,自有他们的背景,我们如何能够毫无目的地盲目抄袭呢?"具体而言,就是深入实际、调查研究、做统计工作,把握教育的实际,将自己训练成为能为师能为范的人去教育民众,变"无教"为"有教",将中国广大民众都培养成不忘本、懂科学、能吃苦的"现代人"。第五,给衡山师范的学生提两点希望:"(一) 对于学问的追求: 学问的重要,是人人都知道的,无论做什么事,都非有学问不可。别的且莫讲,就以你们本身而言,你们为了要改造社会,建设乡村,就得认识社会的整个面目,至少也要知道湖南衡山这一个小圈子,一方面还得明白些做人的道理,多有些常识才行。(二) 对于人格的修养: 中国能通中西古今有学问的人也不少,可是他们的学问尽管好,若是没有人格,恐怕他们的学问越好,他越能够卖国。有许多什么日本通,美国通,苏俄通……根本就通错了,这是什么缘故呢,缘故是没有人格的修养。所以我觉得学问还在其次,人格却最要紧,我们要有'富贵不能淫,贫贱不能移,威武不能屈'的操守!"最后,希望大家不断努力,为爱国而行动,并记住今天讲的话。"各位同学,国难已到这样不可收拾的地步,我们若再不努力,就只有灭亡一途。国家亡了,就是要爱国也无国可爱,到那时可就悔之晚了。希望各位同学永远不要忘记我今天所讲的话。"（新版《全集》卷1,第418~422页）

10月20日 在长沙同仁会上关于四川工作讲话。收入宋恩荣先生主编的新版《全集》第一卷中。首先就刘文辉主席手谕各厅处将1936年度施政纲要初稿送平教会研阅后作整个之建议。包括:"(一)在目前国势垂危,民不聊生,而本省(四川)又为民族挣扎最后根据地之情况下,全省施政应有三个中心目标:即① 救国难;② 苏民困;③ 建基础。(二)各厅处所拟之施政纲要,应针对以上三目标,并分别轻重缓急,规定实施之先后步骤。(三)各厅处施政纲要,应互相联锁,以免重复或各不相谋,此项建议已送达省府考核矣。"其次,讨论设计委员会的任务。根据设计委员会组织条例,从客观方面看,任务几乎涉及民政、财政、建设、教育、保健等各项建设,各厅处工作之联锁,以及社会人士希望之事业无不包括在内。不过还得看本身的人力财力、原有的工作基础等主观的条件,这两点都应兼顾。最后,讨论设计委员会本身的组织问题。"委员会中除省府全体委员外,更聘四川三最高学府之领袖暨本会陈筑山、陈志潜、陈行可三同志为委员,又加聘地方行政专门委员会常委霍俪白,教育专门委员会常委傅葆琛,农业专门委员会常委常得仁,卫生专门委员会代理常委陈志潜为委员,另聘本省望隆学博之耆绅三人为顾问。委员会之下,先设地方行政、教育、农业、卫生四专门委员会,以罗致当地各大学教授暨专门学者为专门委员。专委会并得聘请省外之专家为顾问。如此组织,则人才荟萃,裨益设计工作不少。"（新版《全集》卷1,第423页）

同日 致信 S. M. 冈恩先生。首先感谢15日来信从而高兴地获悉获得让与的本年度运动款项的余额。其次,告知截止至1936年8月31日的预算概要,洛克菲勒基金会拨款的余额将用来支持定县以外地区的运动工作,目前主要是湖南的工作,并详述预算划分状况,认为"全部预算和'全国总部'(其中包括主任办公室和秘书处)预算两部分之间的划分就是相当武断的。如果有必要削减我们的预算,我们就不得不削减每一项的数目,以保持'研究与培训'以及'全国总部'的恰当比例。因而最好是从把运动的全部工作看作一个整体的观点出发,认为基金会的资金适用于运动的全部预算,而不是仅适用运动的某个部分。整个运动是如此紧密地相互关联,以至于在研究与培训以及为了使更有效的研究与培训成为可能而进行的计划和管理工作之间进行任何武断的区分都是不可能的。甚至定县也不是一个自给自足的单位,有相当一部分在定县全日供职或兼职的人的薪金在定县的预算中完全没有考虑,而是在全国总部或是在中心实验室与培训中心的预算中予以考虑的。"第三,主张平教运动的领导人员一般地讲由平教会支付薪金"就能够更好地作为独立的机构发挥作用并对政府或个人产生影响。现在我们的许多领导人在政府中担任有薪金的职务,但是,从运动在全国的作用这一长远的观点来考虑,明智的办法是不接受这样的薪金,以此来保证我们的这些领导人的独立与自由。"最后,感谢"在您还未了解到我们的需要时就把资金保留下来,作为我们的研究员的薪金,您的考虑十分周到。"并将与瞿菊农博士和陈筑山博士着手处理这一问题,会尽早把结果告知。(新版《全集》卷 4,第 511～512 页)

10 月 30 日　致 S. D. 甘博。信中首先告知六月以来自己的工作情况。其次,阐述选四川省作为省级实验区,通过计划委员会的方法实施"有计划的自治"的实验。第三,详述计划委员会的人员构成。其人员由行政人员和技术人员两部分组成,前者是"省政府成员(采取政府委员会的形式),为保证计划的切实可行提供实际经验与权力,并且实际上实施这些计划",后者"即是委员会中的所谓'受聘人员',包括三所大学的校长和四位教育、卫生、地方政府和农业方面的专家。由于我是委员会的副主席,每一位专家都是我们运动的成员,因而我们在指导制订各方面的计划工作上——我们在定县和其他地区的经验表明这些计划是正确的——处于十分有利的地位。"第四,阐述委员会行使职权的情况。"为了使设计委员会能够有效地对全省开展计划工作,委员会要有权评定省各个机关的计划,使这些计划合理化并相互协调;有权直接开展社会的或政治的实验;有权创立研究和制订计划的技术委员会。本年的主要工作是进行调查,找到为各个领域的改造工作制订计划的真实的基础。靠近成都的新都县已被选定作为十一月一日开始的深入研究的对象,正式的工作人员大约三十位,还有其他数百人参与这次调查,包括小学教师和'保长',其他地区也开始了抽样调查。"第五,告知湖南省政府已经拨款建造一所实验乡村师范学校,由衡山实验县的平教运动进行指导。学校第一学期课程的设置要以帮助学生获得一种社会的观点为目的。第六,告知平教运动不再设调查部,但已开创的定县调查范例在四川和湖南结出果实了。第七,告知"今年我们正在进行着一项比以往更大、更激动人心的计划。目前正在展开的调查工作的结果将是影响深远的。摆在我们面前的最大的挑战是迫切地需要提供充分的人力去利用那些迅速地出现在我们面前的种种机会。例如,这些调查工作将比我们以前所做的任何一次调查都要广泛而复杂,尤其是在四川的调查工作,很可能直接影响到全省的发展。我们需要我们所能募集到的一切援助,以使这项工作能够顺利进行。"第八,邀请 1937 年某个时间来华旅行并对调查结果提出建议。最后,告知随信附上本年度财政预算并说明相关情况。(新版《全集》卷 4,第 513～514 页)

同日 动身去上海。（旧版《全集》卷3，第542页）

11月23日 致信 A. G. 米尔班克先生。信中首先告知陈志潜博士将寄上一份涉及定县示范的卫生计划之显著特点的简单报告。其次，针对美国平教人士认为中国平教运动"被赶出"了河北省的误解进行解释。指出："尽管我们在推进我们的计划时确实有很大困难，这些困难尤其来自政府一方面，但我们仍然几乎和从前一样地进行着我们的示范工作。我希望您尽一切努力来矫正这种错误的观念。我们的运动不是被驱散了，相反，它一方面在定县继续进行工作，另一方面首次向其他省份实行审慎的有计划的推广政策。……今年我们真正动员全体职员，尤其是在湖南和四川与省政府合作，承担起开创和推行计划的责任。"第三，详述推广政策的理由。① "需要对在定县设计出来的学习材料与方法在中国其他地区进行检验，必要时可以进行某些适应性的改动。"② "全国的人们都意识到了乡村改造的重要性，中央和地方政府都乐于并迫切地要求在这方面做一些事情。"③ "由于我们在这一领域工作了这么长的时间，并且觉得我们搞出了一些适应于农村生活的东西，因而现在到了请我们出来担任领导职务的时候了。"④ "如果运动的思想理论能够继续在全国发挥作用，那么，战略的中心就一定会被引到示范工作上来，越来越多的政治领导人物也一定会被争取过来，这样一来就为开展大规模的项目和使那些经过培训的人员担任能够充分发挥作用的职务创造了有利的条件。"第四，告知最近接到许多省份的邀请，但考虑到广西、湖南、四川最有希望，因此制定了详细的计划，但因政治原因，最近主要集中在湖南和四川开展工作。第五，详述平教会在四川、湖南和定县开展工作的情况。第六，强调"领导地位的问题十分重要"。指出"如今我们的运动在社会改造方面的影响已经扩大到许多省份，但是，除非我们能够培训出有能力的人员去占据出现在我们面前的具有战略意义的位置，否则这种影响就没有实效，也不能持久。"第七，对米尔班克纪念基金会同中华平教会合作在公共卫生方面取得的可喜成绩感到欣慰，感谢 A. G. 米尔班克及同事赛登斯特里克先生、金斯伯里先生极大的信任。为纪念赛登斯特里克先生，拟建立以他命名的"赛登斯特里克"基金。最后，谈合作计划即将结束的感想。"值此合作计划即将结束之际，请允许我说，我们与米尔班克基金会的合作一直是非常愉快的，并且（我希望）从开始以来的整个七年间我们相互是如此地感到满意，以至于我们都希望它继续下去；我确信，我们已经取得的成果将会以某种形式继续得到发展，它将给奠基者带来荣耀并对那些继续在这一领域耕耘的人给予鼓舞与激励。"（新版《全集》卷4，第515～519页）

11月25日 在《民间》杂志上发表《"误教"与"无教"》。参见"10月17日"条。

11月　四川省设计委员会以统计训练学员 100 余人为基础,分成 7 个分队出发调查。时间一月。然后按财政、保安、民政、教育、农业、卫生等分类调查,傅葆琛任调查团团长,先在新都作县单位调查两个月,然后再到川南、川东、川西南一带作抽样调查。根据其建议,四川省政府设计委员会增聘了四川大学校长任鸿隽、华西大学校长张凌高①、重庆大学校长胡庶华②及"平教总会"同仁陈筑山、陈志潜、常得仁、傅葆琛、陈行可为委员。并推荐陈开泗③为委员兼新都实验县县长。(姜编《纪略》,第 45~46 页)

同月　由上海去南京和北方,取道定县回湖南,然后在湖南逗留一星期或十天左右再启程至四川。(新版《全集》卷 4,第 513 页)

---

①　张凌高(1890~1955):璧山县(今属重庆市)人。7 岁读私塾,稍长,改学银匠以致辍学。三年学徒满师后,进入璧山县美以美会高等小学读书,被福音堂教友推荐至重庆求精中学深造。1912 年毕业后,从事小学教师工作。后被美以美会选送到华西协合大学文科学习,1919 年毕业。1920 年赴美国留学,入芝加哥西北大学研究院学习,1922 年获文学硕士学位回国,任资中美以美会牧师兼任公立资中中学英语教师。1927 年任华西协合大学副校长,1931 年升任校长,成为该校首任华籍校长。1932 年再次留学美国,入耶鲁大学研究院深造,获哲学博士学位。1933 年回国,继任华西协合大学校长,1947 年离职。任期内,多方努力,并采取一系列改进教学和整顿学风的措施,促进了华大的建设和发展。1937 年抗战爆发,对内迁来华大的金陵大学、中央大学医学院等 5 所大学热情接纳,设法解决困难。1939 年 9 月任三青团筹备时期中央监察会监察。1943 年 7 月被聘为三青团中央评议员。抗战胜利后曾担任国民政府立法委员、民社党中央常委和民社党四川省党部主任委员、四川省政府委员。1950 年主动向人民政府进行了登记,1951 年初被关押在成都南较场政训班。1954 年 12 月初四川省人民法院以反革命罪,判处其无期徒刑。1986 年四川高院撤销了对其所做的刑事判决。

②　胡庶华(1886~1968):号春藻,长沙攸县人。著名教育家。他 19 岁考中秀才,后到京师译学馆德文班学习德语 4 年。辛亥革命后,回到长沙,执教于湖南高等师范和明德学堂。1913 年去德国留学。因第一次世界大战受阻,滞留德国 9 年,获得冶金博士学位。这是中国人在德国第一次获此学位。回国后到 1949 年,曾 8 次任大学校长,即 1922 年冬至 1924 年冬,任湖南工业专门学校事务主任;1925 年 1 月至 8 月,任武昌大学代校长,总务长;1925 年至 1926 年,任江苏省教育厅长;1929 年 6 月至 1932 年 9 月,任同济大学校长;1932 年 9 月至 1935 年 6 月,任湖南大学校长;1935 年 6 月至 1938 年 8 月,任重庆大学校长;1938 年 9 月至 1940 年 9 月,任西北大学校长;1940 年 10 月至 1943 年 2 月,二任湖南大学校长;1945 年 4 月至 1949 年 8 月,三任湖南大学校长。在各校任校长,历时 19 年,约培养大学生 3 万人。1949 年迫于客观形势,潜赴香港,进行革命活动,被国民党开除党籍。8 月,和黄绍竑、龙云、贺耀组等 14 人,发表声明,支持共产党,又遭到国民党通缉。10 月,中国共产党中央派员将其从香港护送到北京。先在北京工业学院任教。1950 年参加民革。1952 年调任北京钢铁学院图书馆馆长,直至逝世。先后担任全国政协第二、三、四届委员。曾任上海炼钢厂厂长、汉阳兵工厂厂长,从事过冶金学的研究,著有《铁冶金学》《冶金工程》《株洲钢铁厂计划》等,又担任过中国工程师学会会长。受中国科学院之聘,专门培养科技史方面的研究生,编有《中国矿冶技术史》。

③　陈开泗(1906~1998):别号绍谦,四川巴中人。6 岁启蒙,9 岁考入恩阳镇高等小学。14 岁考入县中学,18 岁毕业,到县立小学作教员。1927 年任国民革命军 29 军政治部三民主义宣传队队员。1928 年报考国民党中央党务学校(一年后更名为政治学校)政治系,1932 年 6 月毕业后被分配到浙江省民政厅第四科,从事土地管理。次年被提拔为兰溪县土地科科长。1935 年,他被提拔为金华县县长。当年夏,又调任湖北省黄冈县县长。1937 年,应平教会干事长晏阳初邀请,辞去黄冈县长之职任新都实验县县长。1938 年 11 月至 1939 年 3 月任四川第一区行政督察专员兼保安司令。1939 年 6 月任四川省第十一区行政督察专员。1946 年 2 月任四川省第三区行政督察专员兼保安司令。1946 年 5 月任四川省政府委员兼民政厅厅长。1947 年兼四川省"国民大会"代表选举事务所总干事。1948 年任中国农村复兴委员会驻重庆代表兼重庆办事处主任。1949 年随农复会包机飞香港。在香港寓居一年,1950 年去台湾。1953~1954 年任"立法院"副秘书长、秘书长。1961 年任台湾省合作金库常务理事。1973 年退休。1976 年后侨居美国新泽西州。

是年 撰写《农村建设育才院的捐启稿》。首先谈中华平民教育促进会工作的变迁状况。"中华平民教育促进会自成立以来,十余年间,已由纯粹的农民教育运动,进到实际的农村建设运动;更由狭义的农村建设运动,进到扩大的县政建设运动。在这十余年当中,都是在一点一滴的埋头研究,作一种救亡图存运动的工作。"其次,论述农村建设运动随时而起,但通常很快即昙花一现,其原因是"实际从事的基本人才太少",故提出应特别注意"训练实际的基本人才"。第三,强调训练实际的基本人才是急切难缓的工作。"此项人才的训练,须有相当的农村建设工作的环境,并且须有农村建设工作经验的导师,然后才能训练成整个的切合农村的一般技术人才,从事农村建设。"第四,论平教会以往虽重视人才训练工作,但随着各省农村建设工作的不断发展,需要人才更多、更急,加之与国内外从事于农村建设之各大学及各学术专家相互合作,急需"培养行政上、技术上具有专门学识与实地经验之领袖人才",故拟在下年度创设农村建设育才院,"院中分设教育、经济、政治、卫生、农事四〔五〕①研究所,作分队联锁的训练,以期造就切合农村的各方面一般人才,担任建设的工作。"最后,谈平教会经费有限,希望大家共同努力。创设育才院经费,会内"同仁的力量微薄,经费筹措,极感困难。……不得不重向海内贤达竭诚地恳吁,敬祈察此苦衷,共成此迫切之举,概予输将,庶集腋成裘,使此伟大的运动,不致徒事高呼,而有实际的一般人才,从事建设,以期农村建设,得有光明灿烂的前途,幸甚!祷甚!"(新版《全集》卷1,第424~425页)

是年 平教会试验成功的棉花新品种脱籽棉向定县全县推广。(《定县足迹》,第29页)

是年 平教会刊行对定县农村工业调查的调查报告,内容有纺织、编制、木工、铁工、化学、食品等150种不同的农村工业。它注重技术方面的研讨,内有100余张照片,尤为珍贵。(《定县足迹》,第64页)

---

① 这里原文罗列了五种研究所,而不是四种。

1937 年(民国二十六年　丁丑)　四十七岁

6 月　教育部发布《短期小学、简易小学及普通小学低年级实施二部制办法》,公布《二年制短期小学暂行规程》《改良私塾办法》《训练中学师资暂行办法》。

7 月　"七七事变"爆发,从而揭开了全面抗日战争的序幕。28 日,北平沦陷。

同月　教育部公布《学龄儿童强迫入学暂行办法》《战区内学校处置办法》。

8 月　日本进攻上海,中国军队奋勇反击,史称"八·一三"事变。

同月　教育部颁发《总动员时期督导教育工作办法纲领》。

9 月　天津沦陷。

11 月　日军侵占上海。苏州、太原等地相继沦陷。国民党政府宣布迁都重庆。

12 月　国民党政府机关由南京迁到武汉。日军侵占南京,制造了惨绝人寰的"南京大屠杀"。蒋介石颁发《告国民书》谓"最好决战之中心,不在南京,抑且不在各大都市,而实寄于全国之乡村与广大强固之民心。"

同月　伪中华民国临时政府在北平成立。王克敏任行政委员会委员长,汤尔和任议政委员会委员长兼教育总长。

1 月 10 日　致信孔祥熙。首先,告知写信目的是讲湖南省财政厅厅长何浩若博士任职问题。其次,表达不太赞同何浩若辞职。"他的辞职对中央政府及湖南省政府来说都是很大的损失。我没有必要详述何博士在加强该省财政方面所做出的显著成绩,只是对于该省财政可能会出现以前出现过的那种混乱状况而深感忧虑。更重要的是,我认为一个人只要有才干和正直的品德,以及处理每件公务无所顾及〔忌〕,就应该继续留任公职。这样做,不仅有利于一个人的才能得到发挥,有利于事业,而且中央政府还可以通过这些在省里工作的人,以增进地方对中央政府的信赖和忠诚。"第三,表达对何博士的钦佩,希望孔祥熙加以阻止。"我之所以为这件事给您写信,当然除了我个人钦佩何博士以及我们之间的友谊外,主要还考虑到国家的进步。我深信您会利用您的职权,去阻止由一个才干和品行都不如何博士的人替代他。"最后,告知准备三月去南京,盼望能尽快见面。(新版《全集》卷 4,第 520 页)

1月11日 在1936学年度行政会议上讲话。记录稿收入新版《全集》第一卷中。首先,谈赴北平谒见宋哲元及何廉先生的情况。宋哲元主席"对于我们的工作并不十分明了。后来讲到本会是为老百姓谋福利的,他才了解。最后又提到本会与研究院之关系。"与何廉先生见面,"对于本会与南开合作事,颇有接近可能。"其次,论"表证与推广"与"研究实验之大本营"都重要。"我们的表证与推广固属重要,研究实验之大本营亦极为重要。为有学术研究与人才训练之大本营,然后才能谈到推广与表证。我以为广西可做表证推广区,湖南与四川可做本会之大本营。"并论大本营要有五个条件:"(一) 政治条件有省与中央的后盾;(二) 经济条件也要有省与中央的帮助;(三) 要有物质建设的基础,完成一个现代国家的条件;(四) 不受中日及国际战争之影响;(五) 当地学术团体要有合作之可能性。"最后,对近期工作做安排。"几天后就要携彭一湖、菊农①赴湘,看一看实验县的机会。本月九日与志潜②飞川,陈行可先在成都准备一切。本月底可返抵定县,根据观察及所得材料,再决定一切。关于研究院及会内工作均得照常进行,并努力去干,千万不要因时局而松懈。我走后,研究院实验部主任兼代秘书长职。会中一切事体由出席及列席行政会议者共同商量,由孙伏园先生召集。"(新版《全集》卷2,第1页)

1月12日 给甘乃光回信。全信如下:"自明先生伟鉴:敬启者,接奉庚日③代电,承嘱返汉出席参议会事,自当前往。此间自张主席履新④后,积极推动民事动员工作,除已召集高中以上学生四千人作短期之干部训练,分发各县训练壮丁民众一百万人外,更拟发动组织人民抗日自卫军,并动员知识分子五万人,分别加以训练,使与自卫军相配合,藉固三湘乡土之堡垒,刻正计划推进,致暂不克分身,容俟稍有规绪,即当赴汉晤教。专泐布复。祗颂新祺不尽 弟晏阳初敬启。"(新版《全集》卷4,第521页)

1月20日 致信S. M. 冈恩。全信如下:"尊敬的冈恩先生:现寄上平教会从一九三七年七月一日开始的财政年度预算,请查收。同时附上'关于计划的说明'和'预算概述',这是对预算进行的解释。去年,我们平教运动的活动已开始增加,工作范围也扩大了,但由于我们的许多工作将与政府合作,有些经费将由他们负担,所以平教会的预算并未成比例的增加。全部预算估计是一百七十八万八千七百三十七元,其中二十七万一千一百四十元由平教会自己财政处解决,剩下一百

---

① 菊农:瞿菊农。
② 志潜:陈志潜。
③ 庚日:以韵代日法的"八日"。
④ 张主席履新:指1935年12月张群由湖北省政府主席改任国民政府外交部长事。

四十三万七千五百九十七元由平教会负责通过其他渠道解决。我们特请洛克菲勒基金会帮助解决前一项款项,计十五万元。希望此请求能得到恩准! 晏阳初谨启。"(新版《全集》卷 4,第 521~522 页)

1 月　四川省政府决定新都县为实验县。经其推荐,设计委员会委员陈开泗任新都实验县县长。陈于 4 月 11 日就职后,首先调整各级行政组织,裁局设科。事权集中于县政府。将原有 18 个委员会合并改组,成立县政咨询委员会,委员之产生,系由各保户长会议各推选代表 2 人,由各区县政督导员在各联保办公处、召集各保户长代表会议选出代表,每一联保选出委员 3 人,当时全县共 14 个联保,选出委员 42 人,再由县长召集选出的 42 人委员会开会互选主任委员、副主任委员各 1 人,组成县政咨询委员会,每六个月开会一次,每日 3 次,议决县政兴革计划,县预、决算方案,县单行规章及公产之处理、税捐之征收等项重大事项。(姜编《纪略》,第 46 页)

2 月 1 日　其领导的湖南衡山实验县与湖南省立衡山乡村师范学校合设农村建设示范区于衡山狮古乡。(川编《晏阳初》,第 294 页)

2 月 13 日　对育才院研习生训话。其纪要原载《平讯》第 5 卷第 22 期,收入新版《全集》第一卷中。首先谈育才院建立的缘由。"农村建设在现阶段,人才培养,非常急要! 本会育才院,乃适应此种需要而设立,就本会自身说,一方面感觉到训练人才之所需,始能应付发展到各省去的工作。在湖南,在四川,处处都缺乏工作人员。各省当局,深觉农村建设县政改革,非常重要,需要人才非常急迫,这是客观的要求。本会在定县所作的种种实验,原不是专为定县,而是要推广到全国各地去,推广需要人才这是客观的需要。不问客观的要求,或主观的需要,本会工作在发展中最严重的问题就是人员不敷分配。所以我们不得不一面物色有研究、有经验的专门人才,相助为理;一面不得不急就青年志士,做相当训练。"其次,论育才院的培养目标是研习生,并提出研习生的素养——"研习生皆大学毕业,宜具自动研究的素养。"研习强调"找问题,要到乡村去,解决问题,也在自己实地的工作上。农村建设问题,比单纯的农业科学复杂得多,更不是死读书者所干得了。必须自己到农村中去观察、研究、实验,才会发现问题,认识问题,解决问题。"最后,谈研习内容是到衡山去参加实际的县政改革活动,并谈衡山的特殊性,希望大家深入研究,尤其与华北农村问题做比较研究。(新版《全集》卷 2,第 2~3 页)

2 月 15 日　给 S. D. 甘博回信。信中首先告知 1 月 12 日来信及随信寄来的两件资料刚收到。其次,感谢对请求财政资助的积极努力和继续为平教运动计划的发展所做的贡献。第三,告知随信附上三千美元支票的正式收据,请查收。欢迎并期待在处理好家务后能来中国参加四川设计委员会的调查工作。第四,告知李景汉已去成都几个星期,帮助规划调查工作;已派颇受卜凯(Buck)①博士器重的叶懋(Yieh Meo)②去负责挑选和编辑所调查的资料。第五,告知更坚信四川在全国计划中占有重要地位;并对定县今年的工作感到高兴,参观者仍众,并未因其他省份的推广工作使定县工作受多大影响,这与卫生教育部负责人陈志潜和生计教育部的负责人姚石庵以及瞿菊农等的努力分不开。最后,告知"自从转到长沙后,我家有好几个人生病,但现已痊愈。我们在这里虽不受风沙之苦,但这里也不像北方阳光明媚,很少见到太阳。"(新版《全集》卷4,第522~523页)

2月 定县实业部农本局资助8万元,定县合作社筹集2万元,共10万元为定县合作社开办资金,3月正式成立并开始营业。(《定县足迹》,第33页)

同月 "平教总会"生计教育部出版"农民生计训练教学书"五册,除"经济合作"另有专书外,其余为植物生产、动物生产、农村工艺、农业工程,总共包括47个单元设计。(《定县足迹》,第33页)

3月15日 致《字林西报》。首先表达对该报3月9日所载《教授政府》阅读后的感想。"这说明济宁设计引起公众特别是知识界的关注,并将是今后几年里人们最感兴趣的问题。它表明我国一些主要大学将朝着最令人称道的方向发展,济宁设计应对中国的高等教育事业产生最有益的影响。"其次,对文章中几点容易引起误解的地方特加更正。如关于"'他们'(即在济宁的教授)的目标并不是想创建像河北省定县那样的模范区,该区已于去年夏天解散"一句存在两点错误。"第一,定县不是模范区,而且从未想要成为模范区。……第二,定县(即定县实验区)没有被解散。"第三,强调华北农村建设协进会目前只承认两个"实验点"。"一是定县,那里重点是教育和卫生两项工作,主要是由北平协和医学院和平教会合作进行。另一个是济宁,那里重点是经济、地方政府及工程等,主要由南开、燕京、金陵和清华四所大学合作进行。同时,我们建议那里也像定县那样也进行发展教育、卫生和农业等工作,以便完成计划。定县之所以不是协进会唯一的'实验点',主要是由于河

---

① 卜凯(Buck):生平事迹未详,待考。

② 叶懋(Yieh Meo):早年事迹待考。1930年毕业于金陵大学农经系,1933年入川任四川设计委员会农业经济研究专员,同年曾考察定县平民教育。在四川从事农业研究成果颇丰,与潘鸿声合著有《华阳县农村概况·乡镇概况调查之一》(四川省农业改进所统计室,1942年)、《云南曲靖县经济调查》(四川省农业改进所统计室,1942年12月)、《雷马屏峨沐之农业问题》(《四川经济季刊》1945年第2期)、与杨晓钟合撰《七年之四川农业改进》(《四川经济季刊》1945年第2期)、与人合撰《川东农业调查》(《建设周报》1939年第13~14期)、与左用中合撰《三十三年度四川之农业》(《四川经济季刊》1945年第2期)、与汪秋源合撰《七年之四川农情报告》(《四川经济季刊》1946年第2期)。

北省的特殊情况，当地政府无力提供足够的设备供研究和训练使用。"最后，告知近期拟寄关于平教运动在湖南、四川及定县最近发展情况的报告。（新版《全集》卷 4，第 523～524 页）

3 月 21 日　对在川同志给予勉励，其勉励词原载《民间》第 3 卷第 24 期（1937 年 4 月）。首先，谈这次相聚的缘由。"设计委员会成立以来，好几个月了，很少（有）机会聚集同仁谈话，今晚因为有新从外省来的同志，调查团同仁又都返省，特备便饭约诸同志来此聚餐，同时亦因本人定后天离别，有许多话，须向大家谈谈。"其次，谈设计委员会的工作立场："是站在学术的立场，处超然的地位，不深入政治，但又要对实际政治有帮助。所以要站在学者立场的原因，是比较的自由，能对问题加以研究，对事论事，不受限制。"第三，谈设计委员会在四川成立的缘由。"四川当局励精图治，希望甚切，其所以找着平教会者，因有认识平教会有鲜明的主张，有事实的表现，有实干的精神，有十五年的历史，平教会无金钱、无武力、无政治背景，又凭一班书呆子，赤手空拳，挣扎了十五年，获得了一些救国新民的办法，本着学术的立场，长期的研究，很想借着政治加以实验。"最后，谈四川的重要性和诸君工作的重要性。"四川为民族复兴之最后根据地，但最后之后不再有最后，四川弄不好，则中华民国便会亡。四川当局希望我们设计建设文化的、经济的四川，若不完成此类责任，则我们不仅是四川省的罪人，而且是整个中国的大罪人。我们的地位和责任之重要如此，事实摆在这里，希望大家自省。目前调查工作应赶快完成，以备省府作施政纲要根据，以事实做根据，这是科学化的政治实施。至于实验的工作，是整个的复兴民族的基础工作，大家须透彻了解，积极匡助。我们做事须具团体精神、团体人格，互助合作，努力工作。"（新版《全集》卷 2，第 4～5 页）

3 月　定县合作社联合总会成立，人才集中，事权统一，所有县合作行政教育指导审核等工作，都由本地人士自主自理。（《定县足迹》，第 32 页）

同月　在新都实验县将旧有各局裁撤，在县政府设民政、财政、教育、建设四科和秘书室。行新政必用新人，有关民政、财政的高级职员多以政治大学毕业生为主；有关主办教育、建设的高级职员，多以"平教总会"富有经验的干部为主。各科室工作人员共计 28 人，远比以前少。（姜编《纪略》，第 46 页）

4 月 9 日　前来中国访问的美国耶鲁大学艺术学院戏剧系丁英①教授，专程赶到定县参观。当晚在"平教总会"广场，农民演出《过渡》话剧，1 500 名农民都坐在小板凳上欣赏。丁英看到这样壮观的场面，他感受到了四点：① 对于这项工作的

---

① 丁英：未详，待考。

各方面都感惊异：农民可演这样好的戏，如此设计的戏剧场和演出法。② 他不懂中国话，但能看得懂这一话剧，因为这剧的表演能把握普通的人性，发于人性，所用的一切声音动作，都有它感动观众的最大力量。③ 这戏的内容与演出法已走在任何国家之前，它是教育，它是宣传，但它本身还是至高的艺术，它不是造作的，它本身就是生活，这种剧场不但是中国第一个，在世界上也是仅有的。④ 如此广大散漫的观众，竟维持如此良好的秩序，他们那专注的神态，足以表示他们的理解，他们的感动，这种良好的秩序，在都市中也不多见，看中国旧戏的尤不能比，这最能证明这一工作的伟大价值。(《定县足迹》,第201页)

4月10日　给刘瑞恒①回信。全信如下："尊敬的刘博士：对于您盛情邀请我作为出席八月在爪哇召开的远东乡村卫生工作会议的正式代表，特致函感谢。十分抱歉，我不能接受您的邀请，主要原因是我难以分身。既知不能前往，故不得不先告谢。至于推荐递补者问题，难得您如此信任我，只好欣然从命。要我挑一个称职的人并不困难，问题是也要考虑他届时是否有空。经过一番安排，此人选才定下来，但不知是否符合您的要求。我荣幸地推荐瞿菊农博士，他已在平教会工作十载，对平教运动情况很熟悉。瞿博士不仅领导着定县、衡阳(湖南)及其他地方的平教运动的乡村建设活动，而且也非常熟悉其他组织进行的乡村建设工作。据我所知，目前全国没有任何人比瞿博士更适合作为中国乡村建设运动的代表出席爪哇会议。现附上瞿博士个人简历表。如果他适合做代表的话，请您给他发份正式邀请书并任命他为代表。致以最美好的祝愿！晏阳初谨启。"(新版《全集》卷4,第525页)

4月12日　给傅葆琛回信。信中首先告知2月21日从汉口寄来的信已收到。其次，非常欢迎齐(Dr. P. L. Chi)博士②参加平教会工作。第三，欢迎林博士(Dr. Lin)③能回国来并参加平教会的工作。第四，介绍平教运动不同的工作方面。"如主要从事像定县或衡山那样'社会实验室'的研究和实验；然后在各省倡导和推广，如四川通过四川省政府设计委员会来进行，湖南通过其建设委员会来进行；行政和技术人员训练工作通过我们的农村建设育才院的教育、经济、公共卫生和地方政治四所训练所来进行。"第五，阐述每个愿意参加平教会工作的人都可做创造性的工作。"这项工作中要注意的问题之一是，在实际建设工作中和训练方面，其内容和方法仍在摸索过程中，而绝没有静止的、固定的和传统的内容与方法可以借

---

① 刘瑞恒：时任卫生署署长。
② 齐(Dr. P. L. Chi)博士：生平事迹未详，待考。
③ 林博士(Dr. Lin)：生平事迹未详，待考。

鉴。因此准备参加平教会工作的每个人都有机会,我们也期望他对解决全国建设的基本问题,进行创造性的工作并为之做出贡献。"第六,告知对齐博士和林博士工作安排的打算。"我们要齐博士和林博士在农村建设育才院工作,前者在教育研究所,后者在地方政治研究所。在该院他们能够对由几个实验县提供的社区进行社会研究和实验,同时还要参与对青年人和大学毕业生(他们中许多人是由各省政府送来的)进行为期一至二年的培训。然后,这些人回到各省进行本省的建设计划的工作。"最后,告知对聘任两博士的薪金及来定县的时间。"我充分考虑到他们两人受过高等教育又具有较高的工作能力,我们要尽我们所能付给他们最高的薪金。他们从回国参加本会工作开始,每人每月二百六十元,我们从未对刚从国外回来的人付过这么高的薪金。如蒙电告他们接受聘请和他们抵达定县的时间,将不胜感激。他们来这里越早越好,我们希望他们能在七月一日前能来这里,以便准备参加该院来年的计划方案和设计工作。"(新版《全集》卷 4,第 526～527 页)

4 月 24 日　致信王正廷①。全信如下:"亲爱的正廷:值您即将赴美之际,我特致函向您表示最衷心的祝贺和最美好的祝愿! 我不知道还有谁比您更有资格作为中国驻华盛顿大使。凭您不寻常的资历以及丰富的知识背景和经验,您一定能为我们做出极大的贡献,定能为委派您担负此任的国家赢得荣誉。美国人应该,我相信他们一定会很乐意接受中国的新大使,美国的领导人也会乐意与您配合。祝您对这新的工作拥有一切权力并取得圆满成功。晏阳初谨启"(新版《全集》卷 4,第 528～529 页)

4 月 26 日　在平教会长沙办事处第四次周会上演讲。演讲词原载《民间》第 4卷第 2 期,原题为《本年度平教工作》,并曾以《长沙办事处第四次周会记录》为题在《平讯》第 1 卷第 30 期(1937 年 5 月)上发表。首先,介绍了定县平教会的情况。"定县的集中研究,可以说是旧的工作,研究到有了相当经验,于是乎发展推广。发展推广在本会是一个新的实验,所以这一年度里,得到了许多新的经验与心得,现在离年度结束还有两个月工夫,我们很有时间作充分思索,然后把下年度的工作,好好的规划一下。"其次,介绍了衡山平教会的情况。"现在衡山实验县刚刚成立了一年,就能把杂乱无章的这种旧县政,理出头绪,上了轨道,那的确是不容易的。……衡山工作,既上了轨道,就得向前推动。从前推不动是因为没有上轨道,现在上了轨道,推动是不成问题的。问题是在怎样运用技术去雕刻,这是当前的问题。现在衡山方面,推动的人是有了,运用技术去雕刻,人还不够,还要增加。以后工作很多很难,目前的要紧事情是推动。……衡山现在开辟了一个农村建设示范

---

①　王正廷:时任中国驻美大使。

区。县政府在这个工作上有很大的决心,深刻的认识,他们希望把实验县四年间应做的工作,在示范区里一年完成。把民、财、教、建、保各项工作,都做出一个雏形来,使全县的乡村有一个观摩的地方。并且预备在示范区里训练全县需要的农建人才,这样做起来,示范区不仅是工作的实验地,同时是人才的训练所,那就很有价值很有意义的了。"第三,谈四川的平教工作。"今天接到四川方面同仁的来信,新都已于本月十一日正式接收,就职典礼定于五月中旬举行。新都工作,两星期以来,都很顺手。当然,那里的情形与衡山、定县又不同,这个实验县的第一步紧要工作是解决治安问题。治安问题的解决,有治标治本的两途,现在已开始组织军警联防处,治标工作算是开始了,不久我要到四川去,以便决定下年度的工作计划。"第四,强调办好育才院的重要性。"无论定县的平教工作,或湖南的衡山,或四川的新都,要把这些工作做得好,必须把本会基本事业的育才院办理好。育才院负有两大使命,一方面是培养人才,一方面是研究学术。本会在训练人才方面,曾有多年的历史,正式的育才院才成立一年,又因各有各的事情,没有专门负责的人员,所以有许多未尽满意的地方。今后应该特别注意,在组织上、计划上、工作上,都要以此为中心,这里有两个重要的原因:第一,工作发展得愈快,人手越感缺乏。罗致人才,虽然有许多大学校的毕业生,但是各大学的训练不一致,他们的工作态度,就不一致,于本会事业,更少了解,这种人才,就非再来训练,不能适用。第二,过去因为种种的关系,没有把预定目标,完全做到,下年度起,要有一定的计划,一定人员去做,使人才训练与学术研究,同时并进,而后华北、湖南、四川各方面的工作,才得与之俱进,才站得住,才能发扬光大。"最后,谈自己的行程及对半年一次的行政会议的安排。"本人明天就到上海、南京去,再到成都,最早五月底才能回来。每半年举行一次的行政会议,应在六月三日至六日之间开会,希望大家各个人把工作做成详细报告,交到秘书处集中整理。一方面供给秘书处编辑年报材料,一方面作为行政会议参考。"(新版《全集》卷2,第6~9页)

4月27日 致信兰安生博士。首先表达写信的目的是为同事熊佛西向洛克菲勒基金会申请去苏联和其他国家访问的旅费。其次,对熊佛西先生的才华和独创精神大加赞扬,尤其是他在定县所从事的工作,即为乡村民众编导戏剧,并组织和训练农民自己演戏,值得赞扬。第三,阐述熊先生急需出国提高的必要。"熊先生认为他目前的工作已无法深入发展,觉得需要通过研究和考察世界其他国家的经验,吸取营养丰富自己,以便改进工作。他特别想访问苏联,因为那里的文化机构是按革命的形式而发展的。"最后,表达向贵会申请资助一年的旅费,并殷切希望能得到惠允。(新版《全集》卷4,第528~529页)

5 月 23 日　在视察新都时讲话，该讲话词原载《民间》半月刊第 4 卷第 4 期。首先谈这次来的目的是"研究诸位工作的内容及其困难之所在及解决方法"并"就新都设置实验县的意义，和诸位应持的态度，提出来同诸位讲讲。"其次，谈新都实验的意义。一方面是"中国的地面大，各处情况不同，故须在不同的地域内去实验，综合各地实验研究的结果，定出方案，方合实用。今后国家如望求治，非运用科学的精神到实际政治生活内去观察体验不可，此种使命非常重大。"另一方面，"自九一八事变而后，国难日趋严重，华北形势尤危，国家一旦有事，江浙恐都在范围以内，长江下游各省亦会遭受威胁。比较物质条件，地理环境，只有四川，而欲将四川弄成真正的民族复兴最后根据地，真能负起这种重大的责任来，非先设法健全政治的基本机构——县——不可。县的组织机构若不健全，其他建设教育等等均谈不上。四川为民族复兴最后的根据地，而完成此种使命的基本工作从新都实验县做起，新都实验县所负的使命是较其他实验县更为重大。"最后，谈实验县的工作内容、困难及解决方法。"实验县负有领导其他各县，将实验的结果表证给人看和训练人才的责任。诸位参加工作的人应彻底了解，此种工作是比较困难，只是注重技术的训练是不够的，应该特别注意人格的修养，非有精神人格的表现，工作不易有成。诸位要时当自省，究竟自己能不能做一个领导者？能否表证自己？有无资格来训练人？随时思量，随时警惕，诸位如能办到此三点，则新都实验县所负的使命自能有完成的希望。"（新版《全集》卷 2，第 10～11 页）

5 月 25 日　《民间》4 卷 2 期刊登本年 5 月在长沙雅礼（Yale）学校给学生讲的《三桩基本建设》的讲演词。该词又收入旧版《全集》第一卷和新版《全集》第二卷中。首先，表达来校演讲很高兴。其次，交代讲演的主要意蕴——"在这个时候，除开国难问题之外，不能说什么；除了救国工作之外，也不应该做什么。国民要针对国难说话，要针对国难做事，学生也应该针对着国难求学。今天我要说的话，不出乎这个范围。"第三，认为国难时期国防工作十分重要，除了军事准备、军事建设外，更有三桩建设即教育建设、经济建设、政治建设非赶紧做起来不可。"总结起来说：在国难状况之下，除了军事建设之外，第一要注意教育建设，具体地说，就是要建立国防的知识基础；第二要复兴农村，完成国防的经济基础；第三要改革亲民的地方政治，建立国防的政治基础。"第四，认为要实现三大建设工作就应该抓住民众教育、农村经济建设和县政改革。而"做这个工作的人应当就是全国的学生，就是各位。中国成千万的农村，谁去复兴？二千个县份，谁去改革？三亿以上无知无识的民众，谁去教育？这些工作，不是有知识的青年担当，谁去担当？我说应该去，不就是能够去。应该不应该是一件事，能够不能够又是一件事。我说你们应该，也希望你们能够。中国为什么有三亿以上的人不识字？为什么有四千年历史的国家，农村破产到这地步？为什么四千年来的政治，腐败到如此？就是几千年来的知识分子，没有能够去教育民众，建设农村，改革县政。诸位是中学生，已不是无知无识的民众，就应该担起这个责任来！今后中国民众教育能否普及，看青年能否去教育农民；今后中国农村能否复兴，看青年能否去建设农村；今后中国县政能否清明，看青年能否去改革县政。"第五，向学生提出三点希望："第一，得把事情的本身加以分析，认识清楚。要干乡村工作，就得自己跑到乡里去，先给自己一种训练工夫，把问题认识清楚。不然，对象不明白，那就是盲干、瞎干，没有用处。第二，问题认识清楚之后，就要有恒心去做。天下的事情，没有一做就成的事，没有恒心，绝做不成事业。第三要'死心塌地'地去做，为事业牺牲，不达目的不止。把自己认识的问题，用持久的精神去干，自己愿意为它干到死。"最后，希望耶鲁(Yale)学校的学生牢记Yale精神，即"为祖国努力！为祖国牺牲！"(新版《全集》卷2，第12～18页)

5月 撰写《困难中的新都实验》，发表在《新都实验县县政周刊》第1～21期合订本中。首先谈所有的工作都应围绕国难进行。"在国难严重到了极度的今日，无论朝野上下哪一个人，必须站在国难的立场来思想，来行动。讲一句话，都应针对着国难而言；做一件事，都应瞄准着国难而进攻。撇开了国难的工作，不是工作；忘却了国难的国民，不是国民。"其次，论必须全国一致来负荷，来促成国防建设的伟大工程。"现在谈国防建设，除掉人人所注意的军事准备而外，更须立刻推动国防上最基本最扼要的工作，那便是表面看不出的、无形的武备——民众力量的造成。"第三，阐述县政是运动民力的最好机构。指出："和民发生直接关系，而为培养民力、运动民力的机构者，舍县政莫属。县政是全国政治的下层基础，中央政府为笼罩全国的中枢，但政治基础不在那里，省政府为统筹全省的机轴，但政治基础也不在那里。发号施令的大本营，固然在高层，而实实在在执行政令，推动民众的枢机，却在基本的县政。若果县政腐败窳弱，中央的大计，尽管法良意美，省府的严令，尽管三令五申，都一齐到了县府而活活地埋葬，白白地磨灭！所以没有健全的县政，便不容易有健全的省政，没有健全的省政，也就很难显出健全的国政了。""如果政治基本机构——县——朽腐无能，如果运用这机构的人，颠顿无用，那使整个的民众力量，都给他毁掉，一切的建设工作，都无从做起；人民将不知什么是国防，什么是国难，甚至不知什么是国家。这样想，达到国力的充实，达到民族的复兴，那真等于缘木求鱼，而且危亡立待！所以民力充实为国防的重心。而亲民的县政又实为培养及运用民力的重心。"第四，阐述健全县政是当前之急务。"中国目前最紧急的第一步工作，端在确立健全的县政，革新其机构，整饬其官吏，并推进各种建

设,使其毋杀为民力培养及运用的完善枢机,庶国防的根本工程予以完固。实验县
的设置,便适应这个迫切的需求。……它是要开拓和带领着所有基本政治机构,都
走上吏治澄清,机轴灵活,建设事业猛力推进的大路;它是替国防工程,奠定最根本
最坚实的下层基础;它是要养成民众力量,以捍卫祖国,抗御强敌,重建一族新的中
国与环球!最后,谈四川在全国的地位及新都实验的特殊性。"四川——已被全国
人士、中央及地方当局,公认为吾国民族复兴的最后根据地。'最后'的后面,更不
容再有'最后',这是我中华民族生死存亡最后一口呼吸的所在,更非拼命确立国防
中心工作不可。在这个命根的地方,而尚建设不起国防中心工作,中国民族的命
运,复何忍言! 复何堪问! 川省当局有鉴于此,刻意想把国防基本工作推动于全
省,故先设置实验县于新都,期望从这里着手,革新县政机构,促进地方建设,而后
渐渐推及于其他各县,使全川一百五十余县,成为健全而强有力的基本政治机构的
联合核心,可以推动及陶成七千万民众个个为国防阵线上最遒劲的战斗员。新都
实验县设立的使命在此。"(新版《全集》卷2,第19～21页)

5月　定县推广脱字棉83 000亩、斯字棉13 000亩。(川编《晏阳初》,第294页)

6月11日　在长沙湘雅8号召开的1937学年度第一届平教会行政会议上讲
话。收入旧版《全集》第一卷和新版《全集》第二卷中。首先,对过去一年度工作进
行总结。认为"本年工作为最苦痛的一年,其原因为本会在今年度又演进至一新阶
段,本年度所努力者完全为创造工作,为开拓新区域的工作,产出新生命的工
作。……今年吾人所创造的新生命是由集中的研究至分批的推广,运用政治机构、
政治力量来推进学术方案及建设内容。本会工作的现阶段是应用,但不是实验室
中的应用,而是政治的社会的生活的各方面的应用。此皆为吾人未曾有之经验,其
受困难与艰苦亦理所当然。"其次,阐发本会要进入推广应用新阶段的原因。
"(一)为欲完成吾人之研究实验。在定县,教育、生计、卫生的研究,业将完成,但
财政、民政等,尚无办法。定县环境,只能做到此地步。倘吾人欲为民政财政之研
究实验,非另辟新区域不可。如此,方能完成本会整套的农村建设民族改造之方
案。(二)吾国地方辽阔,各省有其特殊情形。在华北所得之经验,未必遽能推行
全国。从科学客观的立场,自应别在华北以外各地,作政治、经济、社会各方面比较
试验,庶几获得更精确切实的结果。(三)各地当局对于吾会之邀请协助迫切异
常,例如绥远、广西、四川、湖南等等皆深认识吾会工作,连续要求前往襄助。吾人
原非专以定县为终局,既承他地相邀,纵使本身人力财力不许,亦宜尽我所能,以答
各方之热望。(四)此后工作之推广,非试行省单位建设不可。但究以何省可为吾
人真正的同志同道,尚有赖于探索磋磨,故今日亦惟能小试其端。即使开大公司,

亦不可不大处着眼,小处下手。"第三,论述广东、湖南、四川三省肩负着民族复兴的使命。第四,谈近来平教运动新阶段的弊端。"(一)同仁因工作蓬勃扩张而散涣,一部分太紧张,一部分或嫌阑珊①。(二)'身兼数职',力尽精疲,'有病呻吟',焦头烂额,甚至怨天尤人。(三)从前集中学术研究,今则过重推广,因而忽略学术方面的工作,连'维持现状'亦感困难。(四)各方面工作因规模较大以致不能深入及彻底。"第五,对今后工作提出 7 点建议。"(一)今后应努力于有'创造性'的(creative)与质的(qualitative)学术研究,为'大公司'造货。(二)训练各级人才,负担各阶层工作,此大公司之售货员也。(三)不断地介绍传布学术研究所得于社会;埋头而苦干,同时亦须昂首而长鸣。(四)健全本身组织,加强各部分的联锁作用。(五)新人才之罗致与旧同志之分配,各得其所,各尽其才,各乐其业。(六)增进与中央及各省之关系,俾能运用乎其中,而又不牵入于旋涡。当局今日求治心切,实苦于无人无计划。(七)经费筹划一事亦甚重要。吾人已入新阶段,宜为八九年工作有备无患。如何能利用经济力而不受其牵制,虽不必入虎穴而亦能得虎子,以赖吾人之巧妙运用也。"最后,对一年工作成绩整体满意,成绩占 70%,希望今后克服不足、发扬成绩。(新版《全集》卷 2,第 22~24 页)

6 月　在平教会长沙办事处周会上讲话。讲演词发表在同年出刊的《平讯》第 2 卷第 1 期。首先,谈平教工作的本义。"应以大部分精力注重在学术研究及人才训练工作上。同时,国内各地对于政治方面、教育方面、农村建设方面、县政改革方面,要求本会帮助,不能不就力所能及,竭诚以应。"其次,谈过去一年工作的变化。"本会已迈进一新阶段,即研究与实施,融合运用的时代。……现在是以学术的立场做政治合作,期以研究所得见诸实行,改造社会。……平教运动以改造人民生活为对象,钻进人民实际生活里去研究,此为平教工作的特征。"第三,对当年平教工作进行安排。"以往的一切,仍旧继续,并且要光而大之。不仅做研究实验,还要实施推广……本一阶段工作比较更困难。以往的研究比较可以自己控制,今后与政治合作,关系复杂,需要另一方法,另一套技术,才能推动。"最后,对今后工作的设想。"今后要特别注重人才的培养。……本组织是以育才院为中心,下设四个研究所为经,三个实验区为纬。经纬交织,而研究训练的布帛乃成。以后训练人才的方法,采'寓训练于工作'的办法。由工作主持人率领研习生工作,使研习生在实地工作上得学问,得实际经验。就本会训练经验说,历来派往各省工作人员,也以曾受师徒式训练者成绩为最好。在研习生之外,本年添设农村建设实施人员训练班,招收中学程

---

① 　阑珊:旧版《全集》误为"阑姗"。

度的学生受实际的训练，以应各方面之需要。以往虽也办过与此性质相似之训练工作，但下年度的办法将更有切实的程序。关于研究工作本身，下年度应该注重于创造的研究。凡是研究已有相当成绩者，即应另辟新途径，岁岁年年，依样画葫芦，决非平教之精神。平教工作应是创造而不是守成。……但创造是最艰巨的事业。……本会前途希望越大，困难越多，我们必须是'知难而进'"。（新版《全集》卷2，第25～28页）

7 月　日本为扩大侵略中国，卢沟桥事变爆发。华北危急。"平教总会"为抗日出力，迅将定县卫生院改作后方医院，各医护人员即为红十字会工作。平民教育部开始动员组织民众担任自卫与急救。定县农民三军受平民教育启示，不甘受日军凌辱，纷纷组织游击队打击日本占领军，定县城区因此失而复得七次。定县人民抗敌英勇，数千青年农民阵亡。闻讯后悲伤之余，更感平教责任重大。定县农民不惜牺牲一切以反抗日军侵略，充分表现他们的爱国精神。（参见姜编《纪略》，第47页）

同月　新都县裁撤区署，把联保办公处改为乡公所。又整编保甲，将原351保并为164保。每保少则100余户，多至200户。以便监督，也减少行政经费开支。陈开泗为实验整个县组织，先设一近似代表民意的机构，以取代过去的各委员会。这些委员会原都为县长指派的绅士担任，形同虚设，不办实事。陈上任后，即将县原有23个委员会合并成立县政咨询委员会。委员42人，均由各乡保逐级选出代表组成，再由县长召集各位代表会议选出主任委员、副主任委员各一人。其任务是：县政兴革计划、县财政预决算、县单位规章以及公产的处分、税捐征收等重大事项，均提交咨询委员会审议通过，做到有职有权。接着就整顿治安、清丈土地、调整乡保学校区划、卫生保健与农业品种改良等，各项工作做得有声有色。（姜编《纪略》，第47～48页）

8 月 13 日　得南京急电，被聘为首批国民政府国防参议会参议员之一。首批被聘任的参议员共16人，他们是张耀曾①、张君劢、梁漱溟、曾琦、胡适、蒋百里、陶希圣、傅斯年、张伯苓、蒋梦麟、李璜、沈钧儒、黄炎培、马君武、毛泽东、晏阳初。

8 月中旬　与陈筑山自长沙赶到南京参加国民政府国防参议会，商讨国是。

8 月中旬至 9 月初　在南京居住三周。除开会以外，还频频与各界人士会谈，交换意见。以谋求各方摈弃前嫌，共同努力，一致抗日。

9 月 8 日　由南京返回长沙，发起"农民抗战教育运动"。（中国第二历史档案馆

① 张耀曾（1885～1938）：云南大理人，近代法学家、政治活动家，系《临时约法》、"天坛宪草"主要起草人。早年留学日本。1905年加入中国同盟会，与李根源等创办《云南》杂志。武昌起义后归国。曾任南京临时参议院参议员、国会众议院议员、北京大学法科教授等职。1916年参与反袁活动，任云南都督府参议。同年，任北京政府司法总长，并与李根源等创立政学会。1923年任北京政府法权讨论委员会委员长（此会为收回治外法权而设）。晚年在上海执律师业，1936年为救国会"七君子"辩护律师。著有《考察司法记》《列国在华领事裁判权法要》《大理张氏诗文存遗》等。

编:《中华民国史档案资料汇编》第5辑第2编《教育》,江苏古籍出版社1997年版,第778页)

"立即组织'农民抗战教育团',分赴湘南、湘中各县,宣传农民抗战的重大意义。"①

(新版《全集》卷2,第427页)

9月19日 致王九苤和李训石函。首先,谈8月15日由武汉赴南京至9月8日返长沙所经历之事及感慨。其次,谈"长期抗战开始之时,前方之力量如何,以及国家民族之前途如何,均须视后方一切之有无准备而定。"期望平教会在湘川粤三省能协助政府参加抗战。"定县为紧接前线之后方,对于有关民众训练与组织之工作,自尤为迫切需要。我会在定从事研究实验累年,一切工作均以教育为出发点,自问不无成绩,因此中央与地方当局对本会之希望均极大。兹值国家民族危急存亡之际,焉能不有所贡献?是以目前会中经费虽极困难,而定县方面之教育与卫生两种工作,仍拟积极进行,并使之完全'国防化'。关于教育工作,尤须以战地农民教育动员的精神,加紧进行。"第三,告知拟对定县平民实施精神训练,将具体训练计划托孙伏园带回定县,希望王久苤努力实施。第四,告知原拟与瞿菊农一同赴定县一趟已不能,在陈志潜到定县之前,请孙伏园兼程前往,主持一切工作。最后,谈对定县工作的预期。"只要环境容许,且能对国家社会有贡献时,仍希努力推进。"(新版《全集》卷4,第529~530页)

同日 致信周美玉、墨树屏②。首先谈8月15日由武汉赴南京至9月8日返长沙所经历之事及感慨。其次,谈"在长期抗战开始之时,前方之力量如何,须视后方之有无准备,是以中央当局颇注意后方国防工作,尤重视湘、川、粤三省。因我会在湘川均有奠基工作,中央政府③颇欲借重,而吾人协助政府自属义不容辞。"第三,告知定县工作须整个国防化,真正对国家人民有所贡献。"故今后改组原则完全根据国防精神与计划着手。关于生计方面,除与国防经济有关之合作经济组织工作照常进行外,余均结束。关于教育方面,值此国家危急之时,不但不能停顿,尤须积极国防化,其精神训练一项,已有具体计划。关于卫生方面,本会历年在定工作颇有成效,此时尤为后方极重要之工作,一方面保健院可作后方医院工作,收容

---

① 堵述初:《一九三八年晏阳初为什么要派我访问延安?》一文所记。

② 墨树屏(? ~1941):河南安国人。父母早丧,家贫,幼年就业于北平一西籍牧师家,天禀聪敏,深得牧师赏识。后得该牧师资助送至美国就学,凡十载,以为人蒂绣筹足学业费及生活费。中学毕业后,回国入北平协和医学院习医,学行皆优。1929年平民教育促进会与北平协和医学院公共卫生系在河北保定县开展卫生实验工作,在县以下农村开展卫生医疗及健康活动,与姚寻源、陈志潜等共同负责。1934年毕业于协和医学院。1937年,任定县平民教育促进会医师及保健医院院长。后历任中国红十字会救护总队国防队长、医疗大队副大队长,服务于军旅之间近6年。一度去延安,观游击救护,尽瘁救护事业。曾在河南林县新第五军内主持军医训练班。1941年10月18日任中国红十字会救护总队医疗第一大队副队长的他从河南林县出发救护途中堕崖而死。

③ 中央政府:旧版《全集》为"政府中央"。

伤兵,并协助驻定军队;一方面可训练农民担任救护。"第四,对墨树屏同志来函谈卫生工作近状十分满意,所询问经费及药品问题回复设法部分解决。最后,告知原拟偕瞿菊农同赴定县一行,因受中央之命及肩负湘川工作之责,不能成行,请孙伏园同志前往,在陈志潜同志不能到定县之前,接洽主持一切。强调"定县工作只要环境容许进行,且能对国家社会有贡献,必不任其中断;至果真危及同人生命之安全时,则当另论矣。以后定县卫生工作进行状况,仍希随时见告为盼! 函中未尽之处,统由伏园同志面达。"(新版《全集》卷 4,第 530～532 页)

同日　致信姚石庵。首先,谈 8 月 15 日由武汉赴南京至 9 月 8 日返长沙所经历之事及感慨。其次,谈"在此长期抗战开始之时,前方力量如何,以及整个国家民族前途如何,均须视后方之有无准备而定。是以中央当局现颇注意后方国防工作,尤重视湘、川、粤三省。因我会在湘川均有奠基工作,所以中央颇欲借重,而吾人协助政府自属义不容辞。"第三,谈定县生计研究实验工作的安排。"定县生计研究实验诸设计,在目前战局下实无继续之可能。同时会中经费,因战事关系收入减少约八万元,故异常窘迫,非在各方面力事紧缩不可。以后一切工作择其急要,可缓者暂时停办,全会人员留其精干,其余者暂时停薪。"根据此种原则,拟定定县生计工作结束办法如下:(一)因会中经费缩减,在重新考虑分配下,定县生计方面部份①职员薪金从十月份,每月至多总数为二百五十元。除同人中张绍钫②、薛觉民③两

---

①　部份:即部分。
②　张绍钫:平教会成员,在定县实验区从事农技推广。1935 年《农报》第 33 期发表《园艺问题》解答;1936 年在实业部中央农业试验所编印的《农报》第 5 期发表《甘薯储存中病害因子之影响》、第 10 期发表《园艺问题》、第 20 期发表《木薯》,时在实业部中央农业试验所农业经济科园艺系工作。1937 年,和侯同文在《农报》第 4 期上发表《河北定县小麦线虫病与麦穗之关系》。1939 年在中华农学会第 22 届年会上交流论文《云南的农业推广》。1941 年在《陕农月报》2 卷 2 期发表《山西农作物改良之成绩及今后之希望》。1942 年 8 月,在天水水土保持实验区工作,与高继善等人在蒋德麒技正的指导下,总结群众"拥堆子"和"串堆子"的经验,加以改进,发展为垄作区田,在梁家坪农业试验场坡地上进行试验,1946 年开始在甘肃省天水市郊示范推广,与高继善合作将实验经验以《坡地耕作问题之研讨》收入《三年来之天水水土保持实验区》一书。建国以后,垄作区田法逐渐推广到陇东、陕北以及山西、内蒙古、青海等省(区)。1950 年,任农业部土地利用局干部,9 月到陇南区人民农林试验场了解水土保持工作情况。1955 年在《中国农报》第 11 期发表《黄河中游黄土山区几个重要的增产关键》。其他生平事迹待考。
③　薛觉民(1905~?):山西永济人。20 世纪 20 年代曾在青年会太原分会任职,为棚户教育服务,在太原杏花岭双龙巷一带帮助数百名黄包车夫学习识字、写信、算账及一些失学儿童学算术,后筹划出版了大型杂志《农村建设》(月刊)。同时给《南风》杂志撰文。先就读于西安中山大学政经系,1932~1933 年前后在燕京大学求学,后毕业于燕京大学。平教会成员,在定县实验区从事农技推广。1937 年离开平教会。后曾在青年会军人服务部就职。1939 年甘肃基督教青年会成立后,任董事之一。1939 年在兰州开创工合事务所,任第一任主任,1940 年离开。1940 年撰写《推行特种教育与工业合作》发表于《甘肃教育》1940 年 3~4 期;《兰州社员的福利事业》发表于《西北工合》1940 年第 6 期;1942 年 8 月 7 日在《西北日报》第 3 版发表《由联合展览会瞻望甘肃建设前途》。1943 年撰写《甘肃物产专号编辑导言》发表于《甘肃贸易》1943 年第 5~6 期。1948 年在北平儿童急救工作审议委员会社会部河北平津区辅导团工作。1949 年后,历任长春东北商业专门学校助教、东北合作专门学校教员。1957 年被聘为吉林省文史研究馆馆员。

君已离职外,其余人员之去留,请斟酌办理;(二) 本会对于定县地方上之两项补助费(合作社联合会及表证农家协会)以目前经济拮据情形,本应停止,现于无法之中想办法,每月对此两项共可补助一百二十元(如何分配亦希酌夺),但须按月拨付,因此种补助费能继续至何时,实不能预料也。(三) 本会在农场等处之财产设备,亦应分别结束,能变卖成现款者,如波支猪之类,则售去之;有须保存运到湘川两省推广者,如美国好鸡种,以及棉花、小麦之优良品种,均望设法运湘。此外一切不能详述,诸希依据此原则办理为盼。上述三项,实系不得已之紧缩办法。至于经济研习所人员,除书记王达三①停薪外,其余万钟庆②、孟受曾③、樊宝勤④、史书笏⑤等均尽力设法维持。"最后,告知原拟偕瞿菊农同赴定县一行,因受中央之命及肩负湘川工作之责,不能成行,请孙伏园同志前往与诸同志通洽。"湘川后方工作紧张,增加生产工作尤极重要,务望将定县工作,妥当结束安排后,早日来湘,赶快进行一切,

---

① 王达三:生平事迹未详,待考。

② 万钟庆(1900~?):福建人,留学美国。曾任清华大学教授。1935 年到平教会任干事。发表发展农业救国主张,与发表工业救国主张的学者李景超辩论。1941 年在江西省地方行政干部训练团编辑室工作,为《七鲤乡社会调查》作序。1946 年任私立福建学院贸易系主任、教授。撰有《银行投资农村与农业金融系统的我见》(《民间》(半月刊)1935 年第 2 卷第 5 期);《发展交通与民族工业》(《民间》(半月刊)1936 年第 1 期);《对于目前乡村工作的意见》(《中国农村》第 3 卷第 6 期,1937 年 6 月);《考察农村建设的一点感想》(《农村服务通讯》1937 年第 20 期);《兼营合作业务赢亏处理问题之研究》(《社会工作通讯月刊》1944 年第 7 期);《论战后合作新策略》(《合作经济》1945 年第 5、6 期合刊);《复员期中的农村建设》(《福建省银行季刊》第 2 卷第 1、2 期合刊,1946 年 7 月);《论推行合作为地方自治之要务》(《政声》1947 年第 1 期);《土地改革的先决条件》(《广播周报》1948 年第 91 期)。1941 年与李合编有《集会讲话提纲》第 1 辑由江西省地方行政干部训练团出版。

③ 孟受曾:经济学家。1930 年入燕京大学求学,撰写毕业论文《中国农村家庭经济功用的改变——一个个案研究》,1934 年毕业于燕京大学,获学士学位。为华洋义赈会著名的组织者。1935 年前后在中华平民教育定县实验区经济研习所任职,1936 年 10 月在湖南省立衡山乡村师范学校任教。1938 年 10 月由中国工业合作协会总会派到赣州协助路易·艾黎筹建工合东南办事处,任组织科长;次年成立视察室,任视察。1940 年 2 月兼任中国工业合作协会东南办事处主任。1941 年将浙皖地区工合办事处迁至金华市郊河盘桥,仍任主任。同年 9 月兼任设在兰溪的"浙皖区工业合作供销业务代营处"经理。1942 年 4 月离任。1943 年在赣州被专员蒋经国逮捕,押解至重庆。经孔祥熙出面保释。1944 年任中国工业合作协会西北区主任。次年秋任中国工业合作协会西北区辅导委员会主任,1946 年 5 月离任。后经瞿菊农安排去美国留学,学习合作经济,1950 年回到北京等待分配工作。1983 年中国工合组织恢复活动后,任常务理事。1984 年 8 月任中国人民大学工合干部培训班班主任。撰有《拟筹设西北工合金融业务机构意见书》《成都工合社现况》《党派我进入"东南工合"工作及党在赣南"工合"的活动和作用》《回忆浙皖工合运动》《浙皖前线的工合》《中国工业合作运动的发展》《浙皖工合情况简介》《战地工合工作的特点及其应有做法》《从抢救中组成的两个浙东工合社》《浙皖战役与浙皖区工合》等十余篇论文。编者有《战时的农仓》。

④ 樊宝勤:山西临县人。1930 年上半年在北平大学农学院农艺系就学,为一年级学生,后毕业于该校。1935 年前后在定县平民教育促进会工作,主要从事土壤改良。1943 年前后在中央大学森林系工作。曾对北碚全区 8 乡镇森林进行调查。撰有《堆肥之研究》(《寒圃》1933 年第 6 期)、《土壤中之微生物》(《寒圃》1935 年第 17、18 期合刊)、《定县三百表证农家中的一个实例》(《民间》1936 年第 3 卷第 10 期)等。其他事迹待考。

⑤ 史书笏:1930 年曾任某厅第一科科员。1932 年任山西省棉花推广改良研究委员会委员。20 世纪30 年代曾在定县平民教育促进会工作。其他事迹待考。

不胜企盼！函中求〔未〕尽之处,统由伏园①同志面达。"(新版《全集》卷 4,第 532～533 页)

9 月 20 日　对长沙办事处同仁作抗战形势的报告。发表于同月 26 日《平讯》第 2 卷第 9 期。首先,告知抗日战争严重情势。"日本倾全国兵力侵略中国,已到非常严重的关头。日本现有二十四个师团(平时只十七个师团),开到中国来的,上海方面就有敌军八师团之多,我们不得不把全国将领,集中到上海去。战争情况,严重可知。""中国武力的精华也都在上海,万一有失,危险不堪,时机的严重,没有再甚于今日的了。"其次,揭露日本战略。"最初敌人并不注重上海,他们的整个战略,八个字足以说明:'东守西进,南扰北攻'。东守是对美不轻启战端,用种种方法尽力地来保守和平。主要的手段是造成日美经济联系。……日本对我侵略,就常理说,美国人应有百分之九十以上反对日本,而今竟有百分之五十以上的人无是非表示,这无异中国之被侵略为当然！人类的良知良能,根本丧尽！国际间实在已成为只有利害关系,绝无真理公义的存在！这个局面,包含着极大的世界危机,真是再严重不过的一个问题。""日本的西进策略是对中国。日本之于中国,绝对的要打进来,要深入。它这样做,不仅要毁灭中国,借此称雄世界,尤在占据华北,切断中苏联络。则进可以北攻苏联,对世界作战;败亦可以退据热河,做日本民族的最后挣扎地。西进是北攻的第一步,是征服世界的开端。南扰指南洋与中国南部,这不是日目标所在,时出骚扰,以作北攻之牵制而已。"第三,阐述中国对日作战应该是持久战,而持久战尤应充实后方。"持久战的重心在于后方,后方充实,前方就可不断地推陈出新。……如果大家只注意前方的胜败,不致力于后方的工作,一旦前方失利,势必无法挽回。在长期抗战中,后方的重要,至少等于前方。我们不要因前方小胜而高兴,就放松后方工作。更不可因前方小挫而颓丧,便放弃后方工作。"第四,论平教会应抓紧时机不断推进工作。"平教运动的目的在改造民族,挽救危亡,这是十多年来一贯的精神。识字运动、乡村建设、县政改革,都不过是一种手段,一种工具。工具随工作演进而变换,在这抗战期中,战争就成为发展本会工作的利器。战争的力量,比任何改造民族的方法更敏捷,所以现在已到了千载一时的机会,我们应该立刻应用这利器,使平教运动迈进。至于怎样去应用这工具,不是一言可了,希望大家用些思想,找出具体方法来。"并论述了平教工作遇到的经费与人才困难问题,希望大家尽力想法加以解决。最后,谈平教会的同仁有的将继续工作下去,有的肯定暂时离开,但到一定阶段又会回来,并且继续留下的薪金也可能打

---

①　伏园:孙伏园。

折,希望工作仍需不断努力。"薪金的折扣,一面为的是稳定经常费用,一面为的是要同仁与国人同甘苦,减薪之后,尤望加工努力。若减薪就减少工作,这种人不配生存于非常时期,早宜淘汰。在非常时期,只有增加工作,绝无减少工作之理。工作不够做,可以找来做,以拼命工作来答谢前方拼命杀敌的同胞,才对得起我们为国牺牲的壮烈将士。我自己常用这种精神自勉,希望同仁用同样的精神互勉。"（新版《全集》卷2,第29~32页）

  同日 致信 A. G. 米尔班克先生。首先,告知中国的平教运动是配合着全国范围内反对日本侵略战争的,就是停止它在全国推广的计划,而开始历史发展过程中更有意义新时代。其次,简单告知过去几周中国抗日战争的主要发展情况。① 中国在遭到突袭后尽管准备不充分,但抵抗顽强。"中国遭到了像以前一样的突然袭击,尽管不十分恰当,但中国确实准备得很不充分。然而中国的陆军和空军所表现出来的勇气和技术,不仅使日本侵略者感到吃惊,而且中国人民也感到惊讶。"② 国家领导人忙于工作,全国支持其工作,中国终于取得了统一。"南京的国家领导人工作非常忙,他们要使全国团结得紧密,组织一个有效的军政机构以适应战争之急需。这项工作取得的最令人高兴的成果是,以前那些与中国政府对立的或者只是在口头上支持政府的团体,现在都全心全意地支持政府,把他们所有的人力物力都毫无保留地提供政府使用。中国终于取得了统一!"③ 上海战事爆发以后,建立起了通过会议向中央政府和各省政府战时机构介绍战争的现状及发展态势的机制。④ 建立了全国抗战领导机构即"以蒋介石委员长和汪精卫先生为首脑的国防最高会议。……全国最著名的分别代表主要政党、社会运动和思想派别的几位领袖人物,应邀组成了一个参政会,给那些负责指导全国渡过这历史上最危急时刻的领导者出谋划策。"第三,告知平教运动的工作情况。① 加强了与担负全国国防计划的省份的联系并赋予平教运动协助和指导湖南和四川的国防工作。通过"派人参加负责湖南省的县政建设委员会和四川省设计委员会的工作,这样我们已和担负全国国防计划最重要的三个省中的两省建立了联系。中央政府在认识到战争与这些最重要的省份的联系,以及我们平教会工作的重要性以后,要求平教会把所有精力都投入动员全民的计划,特别是训练工人和组织后方人民的工作,并要求我们作为运动方面的代表到上面提到的参政会工作,主要负责协助和指导湖南和四川的国防工作,这是赋予我们平教运动非常重要的使命。"② 精简机构,减轻国家负担,推行以县为单位的国防工作计划。"不失时机地进行整顿、巩固我们的组织,因财政来源减少,把机构精减到仅能维持的程度,目的是在这场民族求生存的战争中能最有效地减轻国家负担。幸运的是,我们在各县的工作已有良好的开端,在湖南的衡山、四川的新都，我们搞了实验县。目前我们正着手制定一个以县为单位切实可行的国防工作计划。这一计划将在衡山和新都立即贯彻执行，这两个县将分别是各省以表证和训练为目的的实验中心。"③ 对定县平教工作进行周密处理。"定县现已非常接近前线，实际上已处在战争环境之下，因此我们也相应地调整了那里的工作。只要战争情况允许，我们教育部将作为向人民提供情报的机构，定期向人民报告前线作战进展情况，帮助他理解这场斗争的目的和意义，以便使他们建立起新的道德观念和民众意识。我们生计教育部的研究活动暂时停止，取而代之的是花双倍精力加强后方的合作体制，加速农业推广，扩大表证农家的活动。我们卫生部把办公室改成一个基层医院，并组织了医疗队，这样他们的活动范围主要放在改善当地驻军的卫生条件方面。他们训练农民做急救、红十字工作，以及适应战时紧急需要的其他卫生工作。"④ 财政困难，精神充实。"平教运动财政也遇到很大困难。我们虽然失去物质来源，但我们却在精神上获得为国家服务的前所未有的机会。中央当局认为，我们的工作，在和平时期对国计民生①来说是必不可少的，在战时更显得重要。这是使我们最能坚定信心的原则，这一原则是我们过去十年中取得成功的精神支柱。在此国家生死存亡受到严重威胁的时刻，该原则将继续鼓励我们竭尽全力更好地为她服务。"最后，告知拟将平教会发展历史以著作形式出版并将赠送此书。"金淑英小姐——平教会英文秘书，正在准备一份平教会全面的工作报告，时间为平教运动创始到一九三七年夏季。我们希望今年年底能以著作的形式出版，届时定给您送上。"（新版《全集》卷4，第534～536页）

9 月 24 日　定县沦陷。平教会在定县实验区的工作被迫停顿。平教会同仁一部分参加敌后工作，一部分陆续迁往长沙。（川编《晏阳初》，第295页）

9 月 25 日　致信 R. L. 威尔伯。首先，告知威尔伯博士日本侵华战争以来的中国情况。"尽管日本具有强大的战争机器，但并没有削弱中国全国的抵抗力量而取得丝毫的成功，更不会使中国人民屈服。"其次，告知平教会情况。"中国方面在全国范围内开始抵抗日军侵略就意味着在全国开展的乡村改造方案发展到另一个阶段，并在其发展史上开始了一个更辉煌的新时期。"最后，论述全国的重要发展及其对乡村改造运动的影响。① 战争使中国人民更加团结，国家领导人们一直在紧张地工作，"中国终于实现了全国的团结"，平教会部分领导人参加了全国紧急小组（战时代办处的前身）的一系列会议和会谈，"该机构现已开始在中央和各省发挥作用"。② 战时管理全国的最高机构——最高国防委员会已成立，还成了顾问委员

① 国计民生：旧版《全集》译为"民族生活"。

会,该委员会提出了全国总动员的计划并被最高委员会所采纳。"两年前,当我们开始推广我们的计划时,我们承担了建立湖南县政建设委员会和四川省计划委员会①的任务,这样就和对于国防计划至关重要的三个省中的两个省建立了联系。这是个幸运的巧合。中央政府已经认识到这种联系的重要性和乡村改造工作的基本性质;并要求平民教育促进会全力以赴投身于全国总动员的计划,在后方培训工人和组织人民;还要求我代表平教会在上面提到过的国防参政会②里工作,负责对湖南和四川的国防工作提供援助和指导。这是我们平教会很重要的任务!"③ 精简机构,推行以县为单位的国防工作计划。"我回到长沙仅两个多星期,在此期间,我们已不失时机地重新整顿了整个组织,合并了一些机构,以便减少经费开支,使我们能够继续维持下去,尽最大努力为争取国家的继续存在而斗争。幸好我们在每个省的工作都有了好的开端,特别是在湖南和四川的实验县衡山和新都。现在,我们正忙于为以县为基本单位的国防工作制订一项切实可行的计划。该计划将立即在衡山和新都付诸实施,使其成为各省示范和培训的中心。"④ 财政困难,精神充实,有实现价值的机会。"平民教育促进会在经费方面也遇到了困难。虽然我们失去了物质财富,却获得了精神安慰,并找到了报效祖国的机会。中央当局已经认识到,在平时,乡村改造运动对国计民生是项基础工作;而在战时,该项工作就更加重要了。对我们来说,这是对乡村改造原则的最肯定的证实,我们已为此奋斗了十年。当祖国处于生死存亡的危急时刻,我们定会奋起精忠报国!"（新版《全集》卷4,第537~539页）

9月30日 致信周美玉。全信如下:"美玉同志英鉴③:伏园④同志及田兆昆⑤、余道真⑥保健院同人等,先后来至长沙,询知艰苦跋涉,逶迤南下,及近体不舒需养郿城各情形,毋任同情,悬系之至! 未知目今贵体恢复健康否? 如可启程,务盼早日南下,此间后方救护训练工作,正甚吃紧,吾人报国之机会极大,切候驾来导率一切,并速为保健院同人商榷分配工作,以免久悬是幸! 诸容面谈,不尽缕缕,专此布慰。祗颂健祺 晏阳初启。"（新版《全集》卷4,第540页）

---

① 湖南县政建设委员会和四川省设计委员会:旧版《全集》译为"湖南县级改造委员会和四川省级计划委员会"。

② 国防参政会:旧版《全集》译为"顾问委员会"。

③ 英鉴:一般用于朋友之间的通信,尊对方为精英之才。英:精华的意思,泛指才能杰出的人。

④ 伏园:孙伏园。

⑤ 田兆昆:1930年前后在河北大学医科求学并于当年加入中国共产党,随后负责河北大学附小的党组织工作。毕业后到定县平教会医院当医生。其他事迹待考。

⑥ 余道真:在平教会从事护士工作。1936年9月获奖学金500元。1942年时为技士的他辞去四川省卫生处东郊重伤医院院长一职被受四川省卫生处委派到彭县开办县卫生院。其他事迹待考。

同日 致信熊式辉。信中首先谈此次在京于昼夜轰炸中能畅领教益十分感奋。其次，谈回湘以后，连日与有关各方分头商讨接洽，冀将士前方喋血杀敌。第三，告知经过数度奔走商洽及集会，"根据全国总动员计划，在前后方军民一致动员之整个目标下，从事于湖南全省之整个集体组织，一扫分涣重复之敝，现正计划起草中，即当送请中央查核。"第四，号召平教会"应摅肝报国，此正其时，民族之命运已至最后关头，每一村落之匹夫匹妇，必皆使其武装起来，以为前方之后盾。"第五，请告知"在后方总动员工作上，中央所要求于地方者，有何具体方案及办法"。最后，告知此前"由何主席①送来周公百岁酒，嘱为觅寄台端，已早交民生公司带奉，谅邀察入，顺以附闻。"（新版《全集》卷4，第541页）

同日 致信墨树屏。全信如下："树屏医师同志左右：接谈九月十八日手书，并于新近到湘之保健院同人口中，得悉足下钢骨热肠，守职不走。此真平教之义范，可风全国。弟自首都归来后，连日从事于湘省总动员之组织，致不克分身早去定县。目下事已至此，又从务即南来。此间救护训练工作，亦甚繁忙而吃紧，正待长才指导一切。专此函促，诸俟面谈。即颂健祺不尽 晏阳初手启。"（新版《全集》卷4，第541～542页）

10月1日 给S. M. 冈恩回信。信中首先告知9月28日的来函昨晚收到，非常感谢。其次，因此前多封去信未收到，告知附寄原来几封信的副本。第三，告知收到了9月7日来函及通过金城银行汇来的奖学金基金1 000元。第四，告知"现正同参战的湖南主要政府力量，为湖南省制定一个动员计划。待此计划制订出来并经湖南省通过后，我即给您寄上关于此计划大纲的译件。"最后，提出关于财政的两点建议。"① 请于正常安排的汇款时间之前一个星期左右，把款汇给北平我们的联合司库，因为现在汇款在路上需要很长时间；② 请将奖学金基金四千五百元像我九月二十二日信中所请求的那样，直接汇往长沙。"（新版《全集》卷4，第542～543页）

同日 平教会在长沙举办抗战戏剧讲习会。（川编《晏阳初》，第295页）

10月6日 在长沙办事处特别会议上讲话，收入旧版《全集》第一卷和新版《全集》第二卷中。报告首先谈讲话的目的是"讨论农民抗战教育工作办法"。强调"在整个民族争生存的战争中"平教会有两方面的工作要做："一方面是与中央及省政府合作，另一方面是以社会学术团体自己的立场，单独的对国家作贡献。"其次，谈中央合作情形。"中央抗战的最高组织是国防最高会议。最高会议在作战时期兼掌全国行政立法等职权。最高会议的决议，就是全国奉行的法律，不再经过立法

---

① 何主席：即何健主席。

程序,即生效力。换一句话说,在战时,五院可做的事很少,或者说是应该停止他们的工作。最高会议为要得到各方面的帮助,为要团结全国各党各派各社会团体起见,特组织国防最高会议参议会,……国防最高会议是'首',参议会是'脑'。所以这是两个组织相依相成的组织,实在还是一体。……由军事委员会执行国防最高会议的决议。军事委员会,在目前它是全国最高的执行机关。""军事委员会,现分六部,执行全国作战时期一切工作。六部如下:第一部是作战部,部长黄绍竑;第二部是政略部,部长熊式辉;第三部是国防工业部,部长翁文灏;第四部是国民经济部,部长吴鼎昌;第五部是国际交宣部,部长陈公博;第六部是民众训练部,部长陈立夫。""参议会由十六人所组成。……这十六人中,都是各党各派各团体的重要人物,如共产党的毛泽东;中国青年党的李璜;国家社会党的张君劢;人民救国阵线的沈钧儒;国立大学代表蒋梦麟;私立大学代表张伯苓;大学教授代表胡适;社会运动方面梁漱溟及我,军事专家蒋百里等等。……参议会开会时,六部正副部长,都要列席,以便随时咨询。参议会的职务有两方面:一、审查国防最高会议决议案,提供意见。二、自动的提出国防工作方案,把应当做的,应当注意的种种工作,送到最高会议去。提出的方式,个人、联名均可以。……会议中最重要的讨论有三点:(一)起草全国总动员计划,使各省工作有根据;(二)健全中央政府组织;(三)前方工作重要,后方要以前方同样精神去工作,把政治、教育、经济各项,切实整顿,以应国防需要。"第三,告知陈筑山参与了全国总动员计划的起草并受到中央的器重。第四,阐述后方工作情形。"参议会公认广东、湖南、四川三省为中华民族最后挣扎图存的根据地。但是对于这几省的政治、经济、教育、建设,要有详细的规划,非中央与地方,地方与中央打成一片不可。"湖南组织了全省战时民众训练委员会,"把湖南的各党各派,消除他们的成见,集合在一个计划之下,组织起来。湖南有许多派,如军训委员会、如省党部、如保安处、如省政府,都成一派,不相为谋。民政厅办保甲训练,保安处办保安队,省党部又有他的一套。这回把他们合起来,趁这非常时期,做了这一件非常事。这工作颇费时间,要他们泯除意见,合力为国,真须有绝大耐心。现在已很有希望。照现在的计划,省方经费至多只有二十万元,于一年之内,训练民众一百四十万人,以为国防实力之补充,如能做到可算是一件伟大工作。不过照我们计算,要有五十万元才能做得成功。好在尹财政厅长①是很切实的人,

---

① 尹财政厅长:即尹任先(1892、1887? ~1964),湖南攸县人。1913年,留学美国俄亥俄州克利夫兰的凯斯西储大学(Case Western Reserve University)。1915年,被哈佛大学录取为1917级学生,主修经济学,毕业获经济学学士。受聘于波士顿第一国家银行(The First National Bank of Boston)。1919年夏,重返哈佛大学,入商学院攻读硕士学位。同年秋季,中断学业回国从事实业。先是在上海大中华纱厂任副 (转下页)

只要事归实在,他可以为这工作筹款。"最后,谈平教会的工作。"站在社会学术团体的立场,自己直接对于国家应该有什么贡献,有些非与政府合起来做不会有力量。有些如果合做了,效力反不易见。这种不便合作的事,我们就得自己做,不必敷衍。另外一个作用,就是与一般人以刺激,一种鞭策,使有权有力的人看了我们的工作,自己追上来。我们举办农民抗战教育,这是最重要的两大意义。我们如何的做才有力量,如何才足以达到示范的目的,这就是今天所要讨论的。我们把计划通过之后,就得送往大本营去,供他们参考。"(新版《全集》卷 2,第 33～36 页)

10 月 7 日　致信宋如海①。全信如下:"敬启者,敝会为提高农民民族意识,激发其全民抗战之自觉,并促成整个农村国防化起见,特组织农民抗战教育团,以为政府之后盾。此项工作团员,必须广为征集,除长沙外,同时拟在武汉举行,并拟借贵会为报名及考试地点(考试日期约在十月中),特先奉达,容再派熊佛西同志前来面洽。可否之处,当祈察照惠复为荷! 此致宋如海先生　弟晏阳初敬启。"(新版《全集》卷 4,第 543 页)

10 月 11 日　致信张君劢。全信如下:"君劢吾兄道右:前月抄寄奉一函,谅已登记。弟旬日来,除与此间当局接洽促成湘省后方总动员计划外,敝会本身亦拟积极举办农民抗战教育,作政府之后盾。其主旨为激发农民全面抗战之自觉,加强其精神及生产力量,使整个农村国防化。拟先征集大学程度之青年学生,或曾从事实际农村工作三年以上志愿献身农民抗战教育者,予以训练后,编成农民抗战教育团,分发巡回各地。所举行工作之内容,概分为国防精神教育、战时经济指导、战时经济训练三大类。为易于推进起见,拟先在湖南分期举办。目前筹备大致就绪,第

(接上页)总经理,接着筹资在天津创办从事经营内蒙毛皮和土产品外销的"西北实业股份有限公司",1930 年闭歇。1931 年起,历任山东、江苏、河南印花烟酒税局副局长、局长。1934 年 10 月至 1937 年 2 月任河南省政府委员兼财政厅长。1937 年 2 月至 1939 年 1 月任湖南省政府委员兼财政厅长。1941 年至 1943 年 4 月任财政部公债司司长,1944 年 4 月任财政部花纱布管制局局长。其间于 1942 年在重庆山洞创办基督教圣光中学,次年 2 月正式开学,首届招生 120 名。抗日战争结束后,辞去政府部门职务,专心从事学校管理,迁校苏州。新中国成立后,圣光中学与萃英中学合并后离开学校。1964 年病逝。其遗著《圣光指引——尹任先蒙恩三十年的见证》由香港天道书楼 1998 年出版。

①　宋如海(1890～1958):安庆人。1916 年毕业于金陵大学,旋任武昌基督教青年会体育干事。1923 年春,为参加在日本举行的第六届远东运动会,成立华中运动筹备会(又称华中体育联合会,后改称华中体育协进会),主持日常事务。在武昌曹家港修建省立公共体育场(即今武昌体育场),并举行第一届华中运动会。次年春,又举办第三届全国运动会。1928 年调任汉口青年会总干事。同年被中华全国体育协会派往出席在荷兰阿姆斯特丹举行的第九届奥运会参观开幕式。1931 年发起组织各种社会体育活动,举办武汉市篮球循环赛。次年,又向政府建议,建筑中山公园体育场。1933 年成立中山公园体委会,任董事长,撰写《二十二年来之中国体育》。1936 年 8 月作为中华赴欧体育考察团干事参加在德国柏林举行的第二十一届奥运会。建国后,任汉口基督教青年会总干事,1951 年退职。1957 年当选为湖北省体育分会常委及武汉市水上运动协会主席。

一届训练,可于下月一号开始。惟诸事体大,深虞力薄,务请驾从来湘指导一场,并望能于十一月初旬莅临,为团员讲授《中国民族之过去、现在及将来》,或类此之课目若干小时,俾激扬士气,振奋其见危授命之精神,则农民抗战前途之大幸也!临颖毋任盼祷候迎之至!专此布臆,祗颂台祺。何日启程,敬盼电复。弟晏阳初敬启。"(新版《全集》卷4,第543~544页)

同日 撰写《发动农民投入抗战》,收入旧版《全集》第一卷和新版《全集》第二卷中。首先,谈"伟大的时代已经来到,中国民族正在开始写她真正历史的第一页!……我们从亡国灭种的危机中开始觉悟了中国民族的整全性和不可分性,生则俱生,死则俱死,存则俱存,亡则俱亡。这是民族自觉史的开端,是真正的新中国国家的序幕。正像新婴孩从母体分割下来的时候一样,很痛苦,但也很光荣地写出中国民族史的第一章,便是'全民抗战'。这确是一个空前的新纪元。……这回是整个的中国民族为争民族生存而一致对敌的全民战争,它包含着民族自觉的深刻意义,蕴蓄着国家整全不可分性的庄严气魄,而且呐喊着'要死大家死,要活大家活'的齐一挺进的军歌!"其次,对全民抗战的阐释。全民应包括"生存在农村里的三万万以上的农民","后方三万万农民是否也能每个人像前方将士一样,具着敢死的精神,强化他们的工作,不分昼夜地加紧生产,粉骨碎身地护卫国家?如果还没做到这个地步,便不能称做'全民抗战'。""故无论以量言,或以质言,农民在全面抗战上的地位,实属一绝对的重心。不把农民全体武装起来,整个后方崩溃,便是中国民族沦亡而永不可复兴!所以,这次战争的胜败,实系于农民抗战之是否成功,而中国民族生死存亡的险机,亦实取决于农民抗战的有无办法。"最后,阐述训练农民的重要性和发挥青年在训练农民中的作用。"中央现在已颁布了总动员计划,下最大的决心,凡是民众,自应一德一心,协力助成大计。后方全民动员的重力,无疑地在于农民动员,然而怎样叫他们动起来,叫他们怎样在最短期内可以完成最大的工作,是一个最迫切但亦需要熟虑的问题。中华平民教育促进会为改造民族,使中国现代化,十余年来埋头于农村建设与县政之改革实验,得到一些农村工作的经验,不敢妄自菲薄,载胥及溺,敢辞披发缨冠。我们准备着帮同一般农村工作的同志同道,深入而且遍入民间,提高农民的民族意识,加强他们的精神物质力量,使整个的农村国防化,以为前方挺进的后盾,以完成全民战争的阵线,以争得最后胜利的正义和光荣!我们要呼起一班热心爱国的青年学子,他们现在也许已经无书可读,无工可做,无业可就。然而热情充溢的青年,谁不愿献身为国?恨请缨之无路,徒切齿而自伤!殊不知广大的农民社会,正是我们马革裹尸的大好沙场!全面抗战中基本队伍的农民,正亟待我们为之组织,为之强化。这三万万的后方斗士,不但是今日全民战争中的生力军，也将是明日新中国社会上政治上的新主角。我们帮助他们抗战工作，不妨说比参加前方作战更有深长的意义和远大的价值。"（新版《全集》卷 2，第 37～40 页）

10 月 13 日　致信刘瑞恒博士。信中首先告知希望在湖南衡山设立一个大约能接待 500 名伤员的医疗站。其次，告知"我们平教会非常乐意将我们足够的卫生人员派到这个医疗站工作，为那五百名伤员服务"。并特推荐墨树屏博士和周美玉小姐以及 6 名医生和 11 名中华护士学会的护士参加医疗站的伤员救助工作。第三，建议"应预先为衡山医疗站及其他站，准备好药品供给及做好其他必要准备工作，并把这些供给品及早分发下去。因为医生和护士比军官能更好地照料和更有效地管理伤员"。第四，建议"应成立一个中央管理伤员机构，负责向各医疗站分派伤员以及伤员康复后归队问题。"最后，告知"您如接受此建议，请电告何主席①及中央有关当局领导人，以便我可尽早着手进行此项工作。当然，也请您发份电报给我。我还请您将所有关于此项工作的规章及其他资料寄给我，如可能的话，请寄航空。总之，我们希望能为您和中央政府做些工作。"（新版《全集》卷 4，第 544～545 页）

10 月 14 日　致信陈延炯②。全信如下："延炯先生：久企光仪，莫由承教。比闻迁长粤汉，丁兹战局，想见贤劳，幸甚佩甚！敝会十年来从事农村工作，原拟藉农村建设与县政改革作民族复兴之图；现在我国全面抗战展开，同人等益感后方工作之急迫，正拟积极举办农民抗战教育，其目标在激发农民全面抗战之自觉，加强其精神及生产力量，使整个农村国防化，为易于推进起见，先湘省着手征集大学程度学生，或曾从事实际农村工作三年以上志愿农村工作者，予以短期训练后，编成农民抗战教育团十团，分发巡回各地。所举行工作之内容概分为：（一）国防精神教育，（二）战时经济指导，（三）战时救护训练三大类。第一届训练团员讲习会定于十一月一日至十三日在长沙文昌阁六十六号敝会会所举行。务恳拨冗惠临，曷胜感幸，盼祷之至！敬颂台祺，并候赐复。弟晏阳初谨启。"另附讲习会科目，尤其阐

---

①　何主席：即何健主席。

②　陈延炯（约 1894～）：字地球。广东番禺人。汪精卫小舅子。日本东京帝国大学毕业，归国。早年投身交通界，应孙科之邀出任交通部秘书兼南浔铁路委员。嗣改任财政部参事。1928 年 11 月 7 任铁道部总务司长。1934 年任平汉铁路管理局局长。1937 年 9 月任铁道部粤汉铁路管理局长。在抗日战争期间因在宜昌大撤退中办理军运著有劳绩，授予采玉勋章。1940 年 1 月兼任中国运输公司总经理。1942 年 1 月，隶军事委员会运输统制局的西南公路运输局在贵阳成立，任局长。1945 年后任交通部东北特派员、中国长春铁路公司理事长。后去台湾，任台湾省府顾问。去公职后经营工商业，历任民航公司董事、台湾贸易公司董事长、中华彩色印刷公司董事长等职。撰有《陈述粤汉铁路 1934～1936 年财政困难情形函》《平汉铁路运价之过去现在与将来》《平汉路二十五年份施政经过及今后计划》《吾人对于新运应尽的责任》《当前我国的公路运输问题》《最近三年来之中国运输公司概况》《送东北铁路状况报告致俞飞鹏函》等论文。

明"交通运输"的重要,以便"辗转训练农民,使知后方交通运输之重要,并尽维护及修建之责。"并邀请他于 11 月 13 日午前能讲演两小时。(新版《全集》卷 4,第 545～546 页)

10 月 19 日 给 S. M. 冈恩先生回信。信中首先告知 10 月 11 日来信及关于今年奖学金资助问题的说明书均收到,非常感谢。其次,告知平教会在战时状态下的训练工作情况。"由于您提供了奖学金,使得这种训练方式的条件,不仅未受到影响,而且自从战争爆发以来还大大改善了。与我们以前在定县的不健全的条件(特别是政治条件)相比,我们的衡山实验区的条件要好多了。由于由我们直接管理,因而为我们提供了不受任何限制进行训练和实验的极好地区。如您所知,湖南省农村实验师范学校,现完全由我们指导和管理,于是入学人数成倍增加,教职员队伍有了扩大,水平也有了提高。我们自己支配的'实验室'经费完全由省政府提供,现在增加了好几个学术和技术机构。如有六名成员的中央农业实验所畜牧科(已经在我们农业实验站开始工作)和中央研究院社会科学研究所,他们提供的合作对我们帮助很大,使我们的训练计划获得成功更有把握。"第三,希望洛克菲勒基金会能继续支持。"我诚恳地希望,您领导下的洛克菲勒基金会,会继续与进步势力合作,作出非常有意义的事情。尽管援助我国建设在开始时有困难,但洛克菲勒基金会对中国的期望最终会实现的。"第四,邀请有机会能亲自看看衡阳的平教会工作之后,再对提供奖学金资助问题作出决定,并请告知来衡山时间。最后,告知平教会急需工作。"一是要着手进行湖南省'平民训练'计划,二是平教会的一个专门训练所要开学。"(新版《全集》卷 4,第 546～548 页)

10 月 22 日 致信李柏昊①。全信如下:"柏昊先生大鉴:展诵华函并简明履历一纸,敬悉一是。执事愿为乡民服务,宏毅堪佩!敝会为激发农民民族意识,并充实其生产力量,使整个农民国防化起见,特发起农民抗战教育运动。内容分国防精神教育、战时经济指导、战时救护训练三大类。先征集大学程度之青年志士数十人,编制为团,予以短期训练后分发湘省各县,巡回工作。现第一期工作业已开始进行。执事志趣相同,幸甚佩企。不久川中或亦有同样之运动发生,届时当有借重之处。知关缕注,先此布复。迟日入川,再图晤叙。顺颂公绥 晏阳初启。"(新版《全集》卷 4,第 548 页)

10 月 24 日 平教会在长沙、汉口两地举行农民抗战教育工作人员考询,录取41 人。(川编《晏阳初》,第 295 页)

---

① 李柏昊:生平事迹未详,待考。

10 月　致信王九荃。全信如下："九荃同志大鉴：战局危急正深驰系，接诵九月二十三日来函，敬悉一一。执事于此紧急之时，维持桑梓，想见贤劳。至联络地方，商酌代为保管会中各项事务，使不受损失，尤征爱护平救之精神，曷胜佩感！现在定县同人因环境被迫南来者甚多，仍留定者恐已寥寥无几。本会在定物业，以及保健院之仪器，农场方面之各种设备，尤希执事尽力设法善为保存，毋任企盼，此间仍谋于最短期内，派人赴定接洽，及办理善后也。临颖心驰，不尽欲达。顺候筹祺　晏阳初、瞿菊农敬启。"（新版《全集》卷 4，第 548 页）

同月　因战局演变，北京、天津、南京、上海等地的部分大专学生先后撤退到湖南，经其努力从中招收 50 人组成"农民抗战教育团"，经过短期训练，分赴湖南 72 县农村作抗日救国宣传，兼推行四大教育，收效良好。湖南省政府要求"平教总会"合作，扩大组织民众训练团，招收大专学生 400 人、中学生 3 000 人、女学生 400 人及教师 300 人，经短期训练，分赴各县乡村进行抗日救国宣传及民众训练；六个月训练民众 100 万，其中合格的再经过军事训练后组织地方自卫队。同时，编印《抗战周报》，既供民众阅读，又是宣传资料。还编印农民抗战读本 30 万份，各种传单 1 200 万份散发各地。通过"农民抗战教育团"的工作，加上全省县政改革，农民发动起来了；县政领导有力了，在 1939 年到 1942 年间，日军三次进攻长沙都告失败，这除了战区司令薛岳上将指挥有方外，各地农民出力参加战斗，并将各地道路完全破坏，田间灌水，使日军车辆难以行驶。1945 年 5 月 1 日至 17 日的湘西会战中，中国军队与日军在江口、青岩一带激战，当地老百姓主动上前线帮助中国军队搬运炮弹、装备、物资、运送伤员，这都是"农民抗战教育团"所起的作用。（姜编《纪略》，第50～51 页）

11 月 6 日　在第一届农民抗战教育讲习会始业典礼上讲话。首先谈"今天是我们大家贡献智力、体力及所有的一切与国家来争民族生存的一个集会。"其次，谈这次战争的性质。"是被日本逼到不得已而不能不抗战，我们是为求生存而战，为正义人道而战。"第三，对两三月来英勇抗敌的描绘及"全军动员"已绝对做到。"我军确已尽了最大的责任，实在是对得起国家，对得起同胞。"第四，谈抗战后方的重要性及抗战教育的重要。"前方是有尽的，而后方则无穷。有尽的前方，担当不了长期的抗战。必须无穷的后方去补充援应，我们的胜利，才有把握。就前方说，已经是全军动员，就作战的成绩说，士兵确实勇敢善战。而这勇敢善战的将士，就是后方素质优良的农民。现在要用无穷的后方去补充有尽的前方，就须全民动员。要发挥民力以充实战斗力量，就须实施抗战教育。本会举办农民抗战教育，志在训练占全民百分之八十五以上的农民，激起他的抗战意识，开发他的潜藏力量，充实他的知识技能。平教运动十多年来的工作,素以教育农民为职志,时至今日,本会就学术立场,出其积年研究之稍有所得,贡献之于政府,征集了几十位有志青年男女,共同来做这农民抗战教育工作,目的在此。"最后,论培养农民的可能性和农民抗战教育的使命。"中国四万万人中至少有三万万以上的农民,不但'量'占绝大多数,而且'质'亦本属优良,一经教育,便成最强干的战士。……我们有的是人,而且是素质优良的人,所以为取得最后胜利计,必须立即发动农民抗战教育。而且教育农民,不但了为目前抗敌,尤其是为了战后复兴。一个国家,要它现代化,必须使大多数民众受教育。现在,无穷的后方,广大的民众,优秀的农民,等待我们,去开发,去指导,去教育,去培养,去组织,去运用,去抗敌,去复兴中华民族。这就是农民抗战教育的使命。"(新版《全集》卷2,第41~42页)

11月7日 在农民抗战教育团讲习会第一次讲演。首先,谈自从淞沪战事开始,"在全面抗战下,我国军事上已有准备,军事指挥已完全统一。"其次,谈战时的领导与咨询和实施机构。"全国最高国防会议,是战时的最高组织,蒋委员长兼任会议主席,设有参议会。国防会议决定政策,参议会则贡献思想规划实施,前者为头,后者为脑。参议会委员十六人,网罗全国在野各方面的人士在内,这些素来不相近甚至不相容的各党各派人物,都能牺牲个人成见,开诚布公的来研讨国家大计,使我们最受感动。"第三,认为日本的暴行,促成我国军事上的统一及各政党合作是民族复兴的基点。第四,谈这次抗战促使我们朝野人士心理上都有了转变,逼出了冒险、牺牲、自立的精神。"唯有冒险,才能使我们整个的民族脱险;唯有拼命,才能保全整个民族的生命;唯有自助,才能取得国际同情与赞助。"最后,谈整个民族心理状态改变的重要性及培养农民的重要。"不过少数人士心理上的转变,力量终究不大,我们所应当注意的是整个民族心理状态的改变。我们应当在这整个民族新精神发芽的时候,对农民加以力量的培养,加强他们的牺牲精神,领导他们来抗战。不但是抗战,并且注意到增加农业生产及战后教育等问题,作一个复兴的基础。只有农民来参加抗战,全民抗战才能成功,只有领导农民抗战,才是复兴民族的工作。"(新版《全集》卷2,第61~62页)

11月7~11日 在抗战讲习会上讲演《农民抗战与平教运动之溯源》。讲演词收入旧版《全集》第一卷和新版《全集》第二卷中。包括"肇端""识字运动""农村建设""县政改革""大学教育改造""省单位的设计"和"结论"。首先,他回顾了平教运动的过程,特别强调平教会精神的重要。他说:"现在我国展开全面抗战,平教运动又跃入了一个新阶段,这就是农民抗战教育运动。农民抗战教育运动的背后,还是一贯的平教精神,它是倡导于欧洲战壕里四十个华工的训练。由四十个华工汉文班,扩充到二十万华工教育,使战后和会,我国多少可以扬眉。自是而后,识字运动、农村建设、县政改革等等,都已为举国所重视。但是我不希望注意这些发展过程,而要注意到平教运动的真精神,它所用的一贯方法。现在定县虽已陷落敌人之手,但是定县的土地,日寇纵可以夺去,而定县所发展出来的这一套方法,这一种精神,敌人是拿不去的。我们有办法,就是敌人无办法的时候。我们的东三省,北五省,可以抢去,只要我们有办法,不怕不能收回来。东三省的失掉,是失在当局的只顾做官,不顾救国,北五省的失败,何尝不是如此。现在再不教育民众抗战,亡国之祸,就在眼前。"其次,阐发训练民众、改革政治的担责者。"这个训练民众,改革政治的责任谁来负? 凡是中国人,有志之士,都应起来! 咬定牙根,拼命来干,不要梦想! 国际有什么援助,也必定在我们发挥了抗战力量之后。农民抗战教育运动就是本我们历来的经验,激发全民的抗战力量。"最后,对团员给予厚望。"诸位团员! 我对你们深怀厚望。你们都是自告奋勇来参加这农民抗战教育工作,希望你们认识真理,脚踏实地的去做救国工作,而后对国家才会有真贡献。"（新版《全集》卷 2,第43～60 页）

11 月 8 日 致信徐庆誉[①]等。全信如下:"庆誉,宝荪[②]先生惠鉴: 敬启者,敝会为激发农民民族意识,强化农村抗战力量,以助政府实现全民动员计划起见,特举办农民抗战教育工作,兹已征集男女青年志士数十人,拟予以定期训练后,编为农民抗战教育团,分发巡回各地。所举行工作之内容概分为:（一）国防精神教育,（二）战时经济指导,（三）战时救护训练三大类。第一届训练团员讲习会定于十一月六日至十八日在长沙文昌阁六十六号敝会举行。素念先生倡导全民抗战,不遗

---

① 徐庆誉(1889～1995):字荣章,浏阳人。湖南法政专门学校(今湖南大学前身)毕业后,任长沙市青年会总干事。1923 年,由基督教会资助,赴英国牛津大学攻读哲学,成为该校研究院研究员。1926 年学成回国,先后在上海华光大学、湖南大学和山东齐鲁大学任教授。他精通英、法、德语及中国古典文学。1933 年后,曾任国民党中央考试院编译局主任、国民党军事委员会秘书及中央内政委员会委员等职。1937 年抗日战争爆发后,主动请缨,投入乡的抗日救亡运动,任湖南第一区行政督察专员兼浏阳县长。主张国共合作共御外侮。1940 年秋,任湖南第十区行政督察专员兼保安司令,驻洪江。狠抓抗日救亡工作和禁烟禁赌。抗战胜利后,被调任第四方面军政治部主任,授中将衔。1946 年 9 月任山东省第一绥靖区政治部主任。1947 年冬弃政从教,任长沙民国大学教授。1950 年春应聘香港大学教授。退休后,随儿媳等旅居美国纽约市。与美国前总统里根交谊颇深,曾被聘担任总统委员会及美国安全理事会顾问委员。长期致力于哲学研究,先后出版了《美的哲学》《爱的哲学》《西方政治现代思想》《中国问题》《同富主义与新时代》《中国政治思想史》等著作。

② 宝荪:即曾宝荪(1893～1978):字平芳,别名浩如。湖南省湘乡县荷塘乡(今属双峰县)人。中国基督教妇女教育家。曾国藩的曾孙女。早年在南京、上海、杭州等地的教会女校求学。1912 去英国伦敦等地上高中,后在伦敦大学、剑桥大学、牛津大学攻读。1917 年回国后从事妇女教育工作,在长沙创办一所"艺芳"女子学校,自任校长,办艺芳学校长达 30 年。1928 年参加耶路撒冷世界基督教大会。另在湘官场担任诸多官职。1951 年初去台湾,1978 年在台北逝世。著有《实验宗教学教程》《曾宝荪回忆录》等。

余力,用特敦请于十日上午十一时至十二时惠临主讲,激励青年。其题目敬候尊裁。专此奉约,务乞慨允,不胜感幸,企祷之至!祗颂道祺　晏阳初敬启。"(新版《全集》卷4,第549~550页)

11月9日　在农民抗战教育团讲习会作第三次讲演。收入旧版《全集》第一卷和新版《全集》第二卷中。首先谈"人当青年的时候,外界有许多直接间接的力量,能影响他的习惯、人格、人生观"。并以自己的现身说法加以说明。其次,谈耶鲁大学爱森·赫尔①在就义的时候说:"'我很遗憾②,我只有一条性命供献给我的国家'。爱氏这种不畏葸不矜骄的精神,值得我们仰慕与效法。"第三,论有志献身救国的青年应具有忠诚精神。"我们的国家当这危急存亡的时候,有志献身救国的青年,非有一种宗教式的忠诚精神,不能成功。二十年前我在法国教学四十个华工,产生了今日的平教运动。今天抗战团四十一位同仁,我看作是一支复兴中国的生力军,我所希望于诸位的很大,希望诸位自勉。"(新版《全集》卷2,第63页)

11月12日　在总理诞辰纪念会上演说,其演说词发表在《平讯》第2卷第14、15期合刊上。首先,谈孙中山先生不仅是国民党的首领,实在是中国的民族英雄,不仅受中国人的崇拜,也为全世界所崇敬。因为"(一)他对于他的政治主张,有坚强不拔的信念,毕生为他的主义奋斗。(二)他更有宗教信仰,为其政治信念的后盾。(三)是他的百折不挠精神。一桩事业的成功,本非一朝一夕的事,有时无论如何计划周全,临时又会遇见发生意想不到的阻力。平常人遇难而止,所以也就成不了伟大的事业。中山先生为他的主义奋斗,一次失败两次失败,三次四次失败……他并不灰心,这是平常人所万不能及,所以他创造了中华民国。(四)是因为他的精神和事业赢得了国际间的同情和帮助。他一生所遇的危险,所遭的困难很大很多,却常常得到国际的援助与同情,才避免了危险,胜过了艰难,成功了事业。"其次,对孙中山先生去世的遗言详加解释并阐述平教会在践行总理遗教。"'革命尚未成功',是'必须唤起民众及联合世界上以平等待我之民族,共同奋斗。'现在国难至此,大家都抱怨世界上没有助我的国家,而忽略了中山先生的教训。中

---

① 爱森·赫尔(Nathan Hale,1755~1776):又译"内森·黑尔"。美国独立战争时期的民族英雄。毕业于耶鲁大学,是一名满腔热情的爱国者。在耶鲁有他的雕像。参加北美人民组建的"大陆军"以后,迅速崛起,1776年被擢升为上尉。同年晚些时候,由于受到英军的攻击,"大陆军"被迫退出长岛。当时的大陆军统帅乔治·华盛顿急需了解英军的军力和部署,为此需要派遣一名间谍打入英军控制区刺探情况。自愿接受任务。到达长岛,秘密潜入敌后。由于没有接受过间谍培训,很快被英军少校罗杰斯盯上被捕,押往曼哈顿,带到英军司令威廉·豪爵士面前。被迫说出姓名、军衔,但始终没有交代具体的任务及情报。1776年9月22日,在靠近达夫·塔弗恩的一个炮兵营地里被处以绞刑,时年21岁。临刑前,留下这样的名言:"我唯一的遗憾,是我只有一次生命献给我的祖国。"(I only regret that I have but one life to lose for my country.)

② 遗憾:旧版《全集》译为"悲痛"。

山先生明明白白地告诉我们，必先唤起民众，要联合世界上以平等待我之民族。唤起民众是对内，联合世界各国是对外，民众没有唤起，自己毫无力量，人家为什么要和你联合，徒添累赘。……如果民众教育的经费，多于一切，亲民的县政经费，高于省费与中央政费，那才可称实行中山先生的遗教。我们平教会虽非国民党，但十多年来却天天干的是唤起民众的工作，我们无金钱力量，无政治势力，只抱定主张要教育平民，我们虽无所成就，但天天在苦干，在奋斗。所以在纪念中山先生诞生的今天，我们是对得起这位民族英雄的。"最后，希望大家践行孙中山先生的遗教。"现在是国家最危难的关头，是民族复兴与开始的首页，希望大家把中山先生的精神和主张，深加思索，身体力行，庶几对得起这位伟大导师，对得起这个千载一时创造新国家的大好机会！"（新版《全集》卷 2，第 64～65 页）

11 月 13 日 致信赵元任。全信如下："元任先生惠鉴：敬启者，吾国全面抗战展开，三亿以上之农民亟待全数动员，以为前方将士之后盾。敝会本十年来农村工作之经验，不揣绵薄，发起农民抗战教育运动，其目标在激发农民全面抗战之自觉，加强其生产及文化力量，使整个农村国防化，俾助成政府实现总动员计划。兹已征得青年志士数十人，拟予以短期训练后编为农民抗战教育团，分发巡回各地。所举行工作之内容概分为（一）国防精神教育、（二）战时经济指导、（三）战时救护训练三大类。第一届训练团员讲习会自本月六日起至十八日止，在长沙文昌阁六十六号敝会举行。素仰先生倡导全民抗战不遗余力，德学湛深，士林重望，用特敦请于十一月十八日上午十一时特别讲座（十二时止），贲临主讲，激励青年。其题目敬候尊裁。专此奉约，务希慨允，不胜感幸，企祷之至！祗颂道祺 晏阳初敬启。"（新版《全集》卷 4，第 550～551 页）

同日 致信施则凡①。全信如下："则凡先生伟鉴：甫自京回，猥务丛集，尚未克走候教益为歉！敬启者，吾国全面抗战展开，三亿以上之农民亟待全数动员，以为前方将士之后盾。敝会本十年来农村工作之经验，不揣绵薄，发起农民抗战教育运动，其目标在激发农民全面抗战之自觉，加强其生产及文化力量，使整个农村国防化，俾助成政府实现总动员计划。兹已征得青年志士数十人，拟予以短期训练后编为农民抗战教育团，分发巡回各地。所举行工作之内容概分为：（一）国防精神教育，（二）战时经济指导，（三）战时救护训练三大类。第一届训练团员讲习会自

---

① 施则凡：即施中杰，四川合川人。早年留学日本士官学校。国民党将级军官。1940 年 7 月时，任驻合川中央军校特训班副主任，兼任合川县各界筹献"合川号"飞机征募委员会名誉会长。曾写有《建立我们强大的空军》《总理的伟大》《效法总理伟大的革命精神》《纪念国庆暨庆祝重庆建立陪都之意义与认识》等论文。其他生平事迹待考。

本月六日起至十八日止,在长沙文昌阁六十六号敝会举行。素仰先生倡导全民抗战,不遗余力,用特敦请于十一月十六日上午十一时特别讲座(十二时止),贲临主讲,激励青年。其题目敬候尊裁。专此奉约,务希慨允,不胜感幸,企祷之至! 祗颂

勋祺 晏阳初敬启。"(新版《全集》卷4,第551页)

11月14日 给农民抗战教育团团员讲《关于非常时代中国青年应有的精神》。该讲演词收入旧版《全集》第一卷和新版《全集》第二卷中。首先,谈中国在当时这非常时代,应该做些非常的事业、产生非常的人物、具有非常的精神、非常的能力来完成非常的事业。希望青年农民要担当这一使命。其次,谈在非常时代要负起非常责任的青年应具有的人格、应有的态度和应有的精神。"首先要抓住真理,把握真理。""第二,是要把握着生命。""第三,是把握信仰。"最后,强调这三者对复兴民族的重要性。"如果要中国再生,就得抓住真理、生命、信仰三种东西来努力,不然,整个的民族就完了,没有希望了。这三件事不是说几句话,听一次讲就能明白,就能实现的。印度人崇拜牛为神,牛在工作忙的时候,把食物吞下肚子去,以后在躺下的时候来细细咀嚼。我们现在非常忙碌,没有思索咀嚼的时间,但是食而不化,非常危险。咀嚼是必要的工夫,讲习会时间因为很短促,所要讲的,挤在一起,希望各位以后慢慢咀嚼。尤其今晨所提出的这三件事,是鞭策我们,惕厉我们的原动力,切望各位加以慎思明辨,而将自己所生的反应、感想,用书面送给我。听着,在这非常时代,一个青年如果不抓住真理,把握生命,坚定信仰,决不能有所成就,决不能有所贡献,决不能做得出点子①事业来,他只有给时代的洪涛打下去,归于淘汰!"(新版《全集》卷2,第66~69页)

11月22日 将农民抗战教育团编为12个分团,分赴湖南湘潭等12县。(川编《晏阳初》,第295页)

11月23日 在长沙广播电台讲《关于我们为何发起农民抗战教育》,该广播稿收入旧版《全集》第一卷和新版《全集》第二卷中。首先,谈"全面与全民"。① 谈中国过去很少有"教民战"的政治和受过"战"的教育的民众。广大农民不知道独立、自由是从拼命争斗而得来的。② 谈本次战争的特殊性。"这一次战争,实在是我国开史以来所未有。这是整个民族求生存,谋解放,争自由独立的一个神圣战争! 这战争应该能把几千年的宿命论粉碎,叫整个民族抬头,叫每一个黄帝子孙,无论男女老幼,都能意识着流血是自由的代价,斗争是独立解放的长城,而都能充任实行捍卫祖国的英勇战士!③ 谈集合全民力量来抗战之必需。"敌人已在东南

---

① 点子:一点点。

西北各区域里对我们开战，我们非亦在东南西北各区域里的民众都能抗战不可。……现在既已展开了巨大的全面战争，国内都认识到这种全面抗战不是某一方面可以独揽，某一部分可以包办，要取得最后的胜利，非集合全民的力量，大家来共同担负整个民族争生存的伟业不可。真能把全国民众动员起来，激发全民抗战的意识，培养全民抗战的能力……所以问题的焦点，完全归结到我们的'全民'两字"。其次，对"全民"做分析。① 认为"全民"中的一部分由于无教育，无训练，无组织，便反送给敌人去利用。一是汉奸。"我们自己没有组织自己的民众，训练自己的民众，而敌人却有计划地有规模地来训练我们的民众，组织我们的民众，使成为大批的汉奸群，供其驱使，而甘为走狗！这种大规模的汉奸运动，不但可以摧毁我们的军事，实足以破灭整个的我国民族！……天下羞愤之事，伤痛之事，孰有更甚于此乎！"二是被驱为敌军的急先锋和敢死队。"在已被敌人占领的地方，我们的壮丁，更被驱为敌军的急先锋和敢死队。现在火线上来打我们的，不是敌兵，而是我国自己的壮丁，民众。我们去搏了命而打死的，不是仇寇，而是我们自己的骨肉同胞！眼看这种残惨的悲剧，能不魂丧心寒！"三是日寇的"顺民"。"比那被诱的汉奸被协的先锋队敢死队更进一步可哀的现象是作日寇的'顺民'！"② 分析其原因和产生的恶果。"我们的民众，平时没有受教育——不但'战'的教育，连最起码的国民教育、识字教育都没有机会受到。而给日本人饵他们一点极小的小惠，便'抚我则后'地作了他最驯服的顺民。做了亡国奴而感觉到自己是亡国奴的时候，还可望其为义勇军，为游击队，长期不断地和敌人扭打；最可怕最可胆寒的是作敌人的顺民。本来是无知无识，不辨什么是中国，什么是日本，不曾有些微国家观念的一群民众，一受到敌人的小小好处，岂有不服服帖帖地垂耳低头，永远麻醉下去，代代为其驯畜！"第三，论"民众不是不可教而是无教"。① 主张应相信民众并加以教育。"我们绝不应该为了目前所产生的汉奸、走狗、顺民等许多事实而灰心失望，我们的民众是大有希望而亦大有能力的。只因我们不注意他们，不去教育和发展他们，才弄到有这类怪象发生。……同为中国人，而为何一则粉身碎骨以卫国，一则徇私贪利以卖国？这分别在哪里？无他，战士们是受了训练，受了教育，展开了民族意识，愿赴汤蹈火而为民族争生存，汉奸们却因没有受训练，没有受教育的缘故，所以我们不要因有汉奸而怀疑我国民众素质的不良，况且汉奸毕竟居最少数，民众仍居绝大多数。无论从量言，或从质言，我们的民众都是大有可为，淞沪之战便展示着铁般的明证。一加以训练，一加以组织，立可化亿万民众为卫国的健儿，立可发挥每一个人所潜伏着的伟大神力。"② 认为民众不是不可教而是无教，因此应加强教育。"只要给他们一点受教育的机会，便涌现出无限力量来，这实在是我们十余年来从事民众教育或农村建设工作同仁所最亲切感受的实际经验。"③ 批评过去一二十年来政府及社会多只着眼于上层的大计划、大方针,而根本不注重下层的基本工作,忽视民众教育和民众训练的经费投入,把民众教育看作不急之务,可有可无。④ 认为当时人们开始觉悟,应抓紧教育。"开始谈训练民众、组织民众……犹不失为亡羊补牢的最后一举。……我们只要做到全民动员起来,结成最巩固的持久的无限雄浑、无限绵远的长城,无穷无尽地去补充前方的兵员,接济前方的粮饷,使前方永远可以作战,则纵有一地一时的失利,但最后的胜算,一定仍操在我们手中。"第四,论农民在全民中的地位。"一谈到'全民'两字,就不能不想到农民。十个中国人里面,至少农民占有八个。四万万同胞内,三万万以上都是农民。所以不言全民抗战则已,一言全民抗战,实在即等于'农民抗战'。如欲争取抗战的胜利,而不将百分之八十以上的农民训练组织起来,教他们战,则更凭什么来保障抗战的成功? 中国农民不但在'量'上占全国民众的最大多数,而且在'质'上,更是一国的基本队伍,具着无限可能性的潜伏力。他们是中国真正的唯一的生产分子。"也是前方将士的补充来源。"所以无论从任何方面而论,农民是全国民众的最大重心,是民族的维系者与整个国家的依存者。农民能动起来,整个国家便蓬勃起来,农民能一齐抗战,整个民族便可解放而得独立自由!"最后,论促使农民抗战的办法。"除了苛税诛求,土豪剥削而外,兼以水旱蝗疫的天灾,贪官污吏的人祸。在重重灾祸压迫之下,平时既要他们出钱,战时还要他们出钱,而且出钱不已,还要出力;征工不已,还要征兵。……今后倘不先将上述种种障碍全部铲除,洗心革面地来向农民痛自忏悔,根本无谈训练农民、组织农民的可能,农民教育的障碍物排除而后,才可进求如何着手这组训农民的大业。而要这大业的成功,又必具备下列诸条件:第一,要朝野上下一致对于全民抗战——农民抗战这一件大事业,不但有深刻的认识,而且有坚韧不拔的信念,甚至要建立一种宗教式的信念,认定如做不到这事就必须亡国灭种。第二,要大刀阔斧地改革地方政治,使亲民的县政机构臻于健全,行政人员十分充实,换言之,非办到县政机构国防化不可。县政是全国的基层政治,是直接与农民相见,直接发号施令的策源地,如果这个发动机不抗战化,叫农民做抗战是绝不可能的。第三,要有钱的真能出钱,为开发这广大的雄潜的农民宝藏而出钱。……第四,要全国有知识有热血的千万青年志愿献身农村工作,做组织农民训练农民的干部,大规模地、有计划、有程序地深入民间,去提高农民的民族意识,加强农民的力量,使整个农村国防化起来。"(新版《全集》卷2,第70～77页)

11月26日 在《平讯》第2卷第14、15期合刊上发表在总理诞辰纪念会上的演说词。收入旧版《全集》第一卷和新版《全集》第二卷中。参见"11月12日"条。

11 月 平教会抗战剧团在长沙公演,并由熊佛西领导在川、汉各地巡回演出。(川编《晏阳初》,第 295 页)

12 月 18 日 参加在南京特三区管理局召开的国防会议。午,与梁漱溟、李幼椿①、左舜生、沈衡山②、杨庚陶③、瞿菊农、黄炎培在海军青年会聚餐。(黄炎培:《国民参政会日记》,《重庆文史》第 24 辑,第 3 页)

12 月 "农民抗战丛书"第 1 辑 50 册出版。(川编《晏阳初》,第 295 页)

同月 平教会女干事李芳兰组织青年战地服务团,沿津浦路从事战地服务。(川编《晏阳初》,第 295 页)

是年 发表《十年来的中国乡村建设》,收入商务印书馆于 1937 年出版的《十年来的中国》一书中,再收入新版《全集》第二卷中。首先,谈乡村运动的渊源。"乡村建设运动当然不是偶然产生的,它的发生完全由于民族自觉及文化自觉的心理所推迫而出。所谓民族自觉就是自力更生的觉悟。……乡村建设更是这个觉悟的产儿。因为一回头来想到自己,就发现中国的大多数人是农民,而他们的生活基础(cultural base)是乡村,民族的基本力量都蕴藏在这大多数人——农民——的身上,所以要谋自力更生必须在农民身上想办法。而自力更生的途径也必须走乡建的一条路。其他方面,中国近百年来因与西洋文化接触,反映出自己文化的落后,事事都不如人,同时国内的社会秩序、政治制度、礼俗习惯,所有一切的生活方式都发生变化。固有文化既失去其统裁力,而新的生活方式又未能建立起来,因而形成文化的青黄不接,思想上更呈混乱分歧的状态。……这种文化失调的现象实有从根本上求创应(creative adaptation)的必要。这样就想到'人'及其生活基础的改造。而中国的'人'的基础是农民,其生活的基础在乡村,所以结果也就逼上乡建的一条路。"其次,谈对中国问题的认识与解决办法。① 认为中国今日之所以有问题,可以说完全由外来势力所激起。"自外力闯入以后所发生的剧烈变化,使中国整个的国家日陷于不宁和纷乱的状态,而受祸最烈的莫若乡村。"② 认为中国的社会结构问题导致具体的"人"的问题。"因了文化失调的高度而陷社会结构于纷崩,因了池湖积水的污浊和溷乱,而益萎竭了鱼的生命。中国人——尤其是大多数的农民——的衰老、腐朽、钝滞、麻木和种种的退化现象,更叫中国整个社会的问题,严重到不可收拾。实在可以说,社会的各种问题,不自发生,自'人'而生。"③ 认为

---

① 李幼椿:即李璜,青年党领袖。

② 沈衡山(1875~1963):即沈钧儒。

③ 杨庚陶:社民党领袖,"七七"事变后,以青年党代表资格被聘为国防参议院参议员。1941 年中国民主政团同盟成立时,选为中央执行委员会委员。

发生问题的是"人",解决问题的也该是"人"。"障碍不在问题的自身,而在惹出此问题的人。……因为问题既在人的身上,所以从事'人的改造'的教育工作,成为解决中国整个社会问题的根本关键。"④ 认为定县的四大教育有其积极的建设的意义。"所谓四大教育就是针对着多数民众的四大病象——愚、穷、弱、私——而设立。我们从农民教育的试验中,认识了培养他们的知识力、生产力、健强力和团结力的必要,而这些力量,是从组织而来。要造成组织,惟有从组织的教育下手。……认识了这个具体的问题,在实际上求解决的方法,在邹平则有乡农学校,较明细一点就是乡学村学。这个乡学村学的办法,原则上就是教育民众以组织的能力。"第三,介绍乡村建设实验运动的阶段。"乡村建设之产生是由民族自觉与文化自觉的心理所推动,故其发生与鸦片战后先后发生的太平天国运动、戊戌新政运动、辛亥革命、五四的新文化运动、民国十五年的国民革命,有同一的要求和同一的心理背景。不过每一次所表现的形式颇有不同,乡村建设所表现的形式是各地实际社会中的实验工作,希望从一县或一区甚至一村之中,做出相当具体的事业来,或在实验的工作中,希望求出解决中国问题的原则来,更进而重新建设社会的机构。……乡村建设是继国民革命运动之后发生的,这也是一个和平的建设运动。这个运动最少可以补救前五次的缺陷:第一,它注意及大多数人的教育问题;第二,它使国家的建设注意到求大众化的问题,而使国内人人都能相当享受国家的权利;第三,它注意到一切政令、法律、制度,如何与人民生活相扣的问题,使人民把国家的政令、法律、制度看成他们自己生活的一部分。以上三点虽未完全实现,但这个运动实含有此三种意义。实验运动若果止于实验工作,那也就毫无意义了。它往后一定要有进一步的发展,而引到另一阶段去,始有它的功用和价值。回顾到我们研究实验的阶段,好似只是纯学术的研究,其实在这些学术的研究中,处处顾到实际化和推广化,就是要从学术的研究引到政学合一的新境。现在已经走上这一个阶段。"第四,介绍乡建运动的具体化。乡村建设运动"是由于全国各地的实验工作,大家从实际的追求中所体验出来的共同要求下产生的一个富有建设意义的运动。"中华平民教育促进会在定县,山东乡建研究院在邹平,中华职业教育社在徐公桥,燕京大学在清河及其他学术团体的实验工作都是这一运动的具体体现,最终促成了学术与实际工作的联合。"学术与实际工作联合的表现就是各地的实验工作。小规模的研究与实验,结果就有其广大的波澜。如定县的工作,不过从一个村开始,渐渐地请得学者下乡研究,开学者下乡之风气,再而扩大范围由村而区,再后成立县单位的实验。邹平的工作也一样的取研究实验的态度。燕京大学在清河镇的实验更是富有学术意味。这样的各方面的试验,从毫没有经验的试验中,正如探险家的探险一样在乡村社会中试探,到试探有了头绪,得到相当经验,进而有实验的计划与工作;在实验工作中更获得了办法;在获得办法之后更谋进一步的发展工作,积极地来训练人才与扩大实验区域。所以乡村建设各方面的研究实验,虽以片段分割,但都有其连贯的关系,都是顾到全般生活的。"第五,从文化、教育、农业、经济、自卫、卫生、政治和交通等各方面介绍乡建工作。第六,从政治、社会和教育三方面介绍乡村运动的影响。最后,对乡村建设运动未来发展做了预测。（新版《全集》卷 2,第 79～91 页）

是年　离开定县时,定县为了纪念先生,将定县翟城村一片被先生曾经带领林果技术人员嫁接后的梨树园称为"晏阳初梨园"。以后这片梨树又经过多年的改良,如今已成为黄家葡萄酒庄园里枝叶茂盛,果实累累的梨树园了。（《定县足迹》,第 142 页）

是年　彭一湖因病辞职衡山实验县县长,推荐孙伏园继任衡山实验县县长。孙是作家,主持平民文学部及主办《农民报》多年,了解民情,热心为平民服务。（姜编《纪略》,第 50 页）

1938 年(民国二十七年　戊寅)　四十八岁

1 月　北平伪临时政府举行就职典礼。

2 月　教育部颁布《国立中学暂行规程》,以收容战区撤退公私立中学之员工,国立中学自此始。

3 月　中华全国文艺界抗敌协会在武汉成立,发表《中华全国文艺界抗敌协会宣言》。会议选出郭沫若、茅盾、叶圣陶等四十五人为理事。

同月　南京伪中华民国维新政府成立。

同月　行政院核定《教育部训育研究委员会规程》。教育部颁发《中等以上学校导师制纲要》。

4 月　中国国民党临时全国代表大会通过《战时各级教育实施方案》。

同月　长沙临时大学改称为国立西南联合大学,设于昆明。

6 月　《鲁迅全集》在上海出版,由鲁迅先生纪念委员会编纂,鲁迅全集出版社出版,共二十卷。

同月　教育部公布《限制留学暂行办法》《青年训练大纲》。

7 月　国民参政会通过《战时各级教育实施方案》。教育部修正公布《图书馆规程》。

8 月　教育部公布《师范学院规程》,创立师范学院制度。

9 月　北平伪临时政府与南京伪维新政府合流,在北平成立伪中华民国政府联合委员会。"联合委员会"由王克敏、王揖唐、朱深、梁鸿志、温宗尧、陈群组成,王克敏为主席。

同月　教育部规定全国各级学校共同之国训为:忠孝仁爱信义和平。

12 月　汪精卫与其党羽曾仲鸣等潜离重庆叛国投敌。23 日,飞抵河内,并于 29 日发表致蒋介石及国民党中央的"艳电",要求承认伪满洲国,公开为日本首相近卫发表的中日关系之"根本调整方针"的声明张目。

1 月 1 日　在与平教会同仁及眷属聚餐时,对 1937 年一年的工作进行了总结。后撰成《一年来工作概要》在 1938 年 1 月 6 日的《平讯》第 2 卷第 19 期刊登。回顾的工作大致包括：一是湖南衡山县的实验工作，二是开展了衡山的省立乡师工作，三是在四川新都进行民政户籍、土地整理等等试点工作，四是在四川设立的设计委员会在省上有了地位，五是平教运动取得了一定成就。接着通报了贵州省政府邀请平民教育会去协助建设的好消息，并告知郑裘裳同志在广东中山县的工作情况及其身体状况。最后对国家在新的一年充满了信心。认为："一个老大国家，忽然遭到猛烈的打击，闹到天翻地覆，把自身沉积的弱点完全暴露出来。倘能乘此痛改，猛力刷新，这是兴邦富国的良机！"(新版《全集》卷2，第92~94页)

1月6日　致信 S. M. 冈恩。首先告知12月27日及28日来信均收到，希望在 S. M. 冈恩离港之前能相见。其次，告诉他一些关于平教会在湖南开展的农民国防教育运动的情况及取得的一些成就。第三，告知平教运动推广工作已到贵州省，陈筑山被贵州省吴鼎昌新政府任命为委员。最后，告知吴鼎昌来电催促去贵州访问，"与他们一起制定该省政府与平教会合作的具体方案及农村建设计划"，拟去贵阳一趟。(新版《全集》卷4，第552~554页)

1月8日　在中央军校西北军官训练班上演讲《保卫国家必须教育民众》。首先，谈到班上来讲演的不易。因为"国家到了很严重的关头，整个的民族，正在受着一个大考验"，能否度过这非常的难关的考验，军队担负着第一责任，大家是有志青年，投笔从戎，而后国家才谈得到继续抗战。并强调爱国不能在纸上，要有实际行动。其次，回顾自己在法国从事华工教育的经历及获得的经验——"苦力的苦"及立志去"教育扶植广大的平民"。第三，分析中国遭日本侵略者蹂躏的原因。认为"拥有四万万伟大力量"的中国"反成了被侵略的弱国"的原因是"潜伏的力量并没有发现，没有培植，没有组织，没有锻炼，更没有运用"。第四，为了训练民众，提出"军官要兼教育家"的观点。认为"做一个现代中国的军官，不但要保国，还要教民"，这样"民众才可成为有知的民众，军队才可成为有力量的军队"。要求军官们"要在广大的民众里下教育的种"，使"整个中国的民众有了教育，有了组织""要世界平，世界不敢不平"。最后，希望训练班学员在教官领导下，发动四万万民众，为中华国民吐气扬眉而奋斗。(新版《全集》卷2，第95~98页)

1月17日　在平教会长沙办事处第八次周会上作"多难兴邦必须训练民众"的报告。首先，谈开本次周会的缘由。大家忙于湖南省民训工作无暇顾及周会，加上最近要外出江西，只好把几件重要事与同仁谈一谈。其次，对过去工作做检讨及论训练民众的紧迫性。指出过去较为忽视训练民众，唤醒民众常停留在口头上。"在国家危急存亡的时候"，民众训练已属迫不及待，因为"单靠有限的军队去抗战，绝对不够""我们的武器又不如人，所以非靠整个民众起来作战不可"。第三，论训练民众的重要性。认为训练民众可以启发民众去当兵,可以促使民众与军队的配合,可以提高爱国心而不去当汉奸。第四,介绍湖南全省民众训练情况。第五,将平教会的工作情况及任务进行了通报。包括《农民抗战丛书》第一集50种已出版,让大家抓紧第二集的50种的编辑工作,以应当时之需;抓紧做教材,包括小学教材的储备和中学教材的编辑;除湖南的工作外,江西、四川、贵州的平教工作也应加以重视。最后,希望大家"努力本职,加强工作,兼程并进,多难兴邦。这样才对得起中华民国,对得起平教会,对得起后世子孙!"(新版《全集》卷2,第99~102页)

1月19日 就平教事宜到江西。(新版《全集》卷2,第99页)

1月 协助湖南省政府发动组织青年办理战时民众训练,编辑抗战传习片24种,绘制抗战挂图12幅。(川编《晏阳初》,第295页)

2月21日 在长沙办事处作"开辟培养实用人才的教育新路"的报告。首先对湖南省地方行政干部学校的主办者、组织机构、办学精神和制度等进行了介绍,尤其强调该学校的精神有三点:"一、是计划的训练,不是漫无目的地造就人才;二、是统一的训练,不是各干各的来训练;三、这不仅是为应付目前需要,而更是筹及将来;一方面顾到目前,一方面要奠定今后的一切建设基础"。其次,希望平教会的同志能"人尽其才,物尽其用,人人有贡献,人人能胜任"、节约开支。第三,强调对新一年的经费、人才、事业等问题要通盘考虑,必须从远处着眼、从近处下手。最后,通报将要发起战时地方政治研究会的情况,并对该会的任务、主要负责人进行了安排。(新版《全集》卷2,第103~107页)

3月14日 在中华平民教育促进会第十次周会上作题为《人尽其才 搞好县政实验》的讲话。首先,报告了新都和衡山实验县的县政实验情况。新都实验县成立不过八、九个月,却有了三种成绩,"对于户籍,对于土地,对于警卫,都办得很好";衡山实验县成立一年多,也有一定成绩,彭一湖因身体欠佳而任命孙伏园继续衡山实验县的工作,希望平教会的同志支持孙伏园同志。其次,报告霍俪白同志返至湖南担任平教会学术研究工作、参与地方政治实验、训练平教会人才等工作的情况。最后,提出健全平教会的工作计划,由谢扶雅兼任出版部的负责人。(参见新版《全集》卷2,第108~111页)

4月4日 在湘地方行政干校第一次纪念周会上讲话。其演讲词于当年4月16日发表在《平讯》第二卷第二十七期上。首先,表达看到参会者秩序整肃、精神焕发而感到高兴,由此对该校前途抱乐观态度。其次,阐述当时国内有两大潮流。"一即民众之训练与组织,一即县政机构之整顿与健全。……所谓从基础做起,一即基础的教育,一即基础的政治。"该校便是促成这两项基础工作实现的机构。第三,对该校的特点进行了总结,指出该校具有四个方面的特点,即"(一) 本校设班、招考、授课,均以事实为根据,施行计划的训练;(二) 本校各班训练,由训练部负责,旅行统一的训练;(三) 本校为政治与学术打成一片,所设之民、财、建、教各系,完全针对政府之民财建教四厅施政之需要,就需要而训练人才,此种政治(与)学术打成一片的学校,在国内尚为创举;(四) 本校之设,不仅应目前之需要,亦为奠定民族复兴之基础而培养各种干部人才,将来各系必须招考长期受训学生。"最后,提出该校在教学方面所应注意的四个问题,即教什么、怎么教、谁去教和毕业后怎么做事。(新版《全集》卷 2,第 112～113 页)

4 月 16 日　在湖南省地方行政干部学校举行的第一期学员结业典礼上致词。首先,对该校的主要特征做了介绍,认为"本校与过去一般教育机关不同之点,在于整盘的连锁的计划的训练,而非碎散离涣,无的放矢,此为本校之主要特征"。其次,对培训对象做了介绍。包括"县长、县佐治人员、县政督导员、技术辅导员、政治训练员、妇女训练员、乡镇长,以及不日即将在地方举办之保障训练,综合为整个的县单位人才训练"。第三,对新开辟的四种督导员的职责加以说明。"督导员之任务,即在顾名思义之'督'与'导'。一方面代表县府,传达政令于人民;他方面代表民众,宣陈民隐于政府";"技术辅导员之任务,在负起理想政治四方面'管、教、养、卫'之下三项重大使命";"妇女训练员……将负起推动本省一半妇女民众之责任";"政训员之任务,即在完成'管、教、养、卫'中之自卫工作,灌输人民以政治教育、民族意识,使于军事训练之外,更得一种精神教育,庶可发挥士气,以精神的长城,抗御敌方机械的武器。"第四,论基层政治成功的条件有二。"(一) 有健全之机构;(二) 有贤明之上级政府之后盾"。第五,对学员的任务进行了重点说明,并希望干校同学"必在地方贯彻'廉正勇勤'之精神,以涤清外人对'中国官僚'一丑名词代表贪污、卑鄙、颠顸等等政治劣行之全部丑史","尽建国之最大功能"。最后,对干部学校全校学员 2 535 人作了年龄、籍贯、学历的统计。(新版《全集》卷 2,第 114～116 页)

同日　本年 4 月 4 日在湘地方行政干校第一次纪念周会上的讲话稿发表在《平讯》第 2 卷第 27 期上。(新版《全集》卷 2,第 112 页)

4 月　在湖南省地方行政干部学校作《农村建设要义》的讲演,内容包括:为什么要讲农村建设、为什么要建设农村、为什么没有建设农村、农村建设的内容、农村建设的推动五个方面,并对五个方面所包含的内容进行了详细地介绍。首先,指出地方行政干部学校的学员今后是做地方行政工作,地方行政的主要对象是农民,主要工作是农村建设,"农村建设要义,可以说是笼罩本校全部课程的学科"。其次,从中国经济的基础在农村、中国的政治基础在农村、中国人的基础在农村三个方面说明了建设农村的重要性,并希望学员能成为农村建设的斗士、培养民力的保姆,"造成雄伟的民力"。第三,分析了没有建设农村的原因,认为"原因很复杂,现在提出三个要点:第一,没有认识问题所在。……第二,受了西洋文化的影响。……第三,中国士大夫的麻木。"第四,指出农村建设的主要内容是培养农民的知识力、生产力、强健力和团结力,即使农民能读书识字,有一定的文化艺术水平、科学化生产技术及强健的身体和团结协作精神。最后,将推行农村建设的有关办法进行了介绍。(新版《全集》卷2,第117~125页)

同月 为适应抗日战争的需要,湖南地方行政干部学校成立,应邀担任教育长,"平教总会"同仁担任各部门主任。第一期结业学员2 535人,第二期结业学员1 227人,都是严格精选的大学毕业生和县级在任干部。毕业后,合格者被分派到各县任县长、县佐治人员、督导员、技术辅导员、政治训练员、妇女训练员,以代替原来不合格人员。同时协助训练县长、乡镇长。因日寇西进,武汉紧急,"行政干校"迁往沅陵。决定"平教总会"少数人往四川,大部分人移至泸溪县,并在泸溪设立"平教总会"驻湘办事处,由瞿世英(菊农)主持工作,并就近协助行政干校的训练工作。泸溪县县长姜逸樵①原是衡山乡村师范学校教员,参加湖南地方行政干校学习成就优异,积极推行"平教总会"的四大教育于民间。(新版《全集》卷2,第114、149页;姜编《纪略》,第51页;詹编《文集》,第443页;吴著《晏传》,第314页)

5月 指派堵述初②访问延安。堵述初回忆道:"探讨当时晏先生派我访问延安的动机,我现在认为,就是考察中共在延安地区的政治设施与文化活动情况,以供平教会在抗战期间工作的参考。"(新版《全集》卷2,第427页)

---

① 姜逸樵(1911~2003):美籍华人,原名姜明道,出生于湖南省邵阳县东乡(今邵东)一个农耕家庭,从小聪明过人。因家庭拮据,初二时辍学,后在好友段奎、严怪愚帮助下,自修完中学全部课程,1931年考取湖南大学本科攻读政治经济学。毕业后一度进入政坛,1938年任泸溪县长,不久调至溆浦。在县长任上,动员抗日,禁烟清匪,安定后方,抚恤流亡,多有德政。1946年自费申请留学美国,1949年成行。在布拉斯大学和密西根大学先后获硕士学位和博士学位。后来另辟蹊径,发明小复印机,获得美国政府发明专利,受到联合国有关方面重视与世界各地欢迎,80多个国家使用其发明产品。著有《天下一家》等。

② 堵述初(1905~1999):湖南常德人。1928年从北京民国大学毕业后即进入晏阳初主持的平教会,在平民文学部编写各种平民读物。1938年5月受晏阳初指派访问延安。为了加强对抗日将士的宣传教育,1940年被平教会指派与孙伏园一起到军事委员会政治部创办《士兵月刊》,直至抗日战争取得胜利。其间于1945年2月参与文化界《对时局进言》活动。1945年年底到1949年4月先后在南京市政府和立法院秘书处任职。1949年4月至1975年在南京市第四中学任教。撰写有《孙伏园先生在平教会》《晏阳初的平教会》《我所了解的平民教育促进会》《黄季刚先生教学轶事》《1938年晏阳初先生为什么要派我访问延安?》《平民教育运动在定县》《"定县实验"中的平民文学》《忆孙伏园》《回忆孙福熙先生》《崭史诗的雏型——臧克家的〈淮上吟〉》《我的老师陈筑山先生》《孙伏园先生轶闻拾零》《毛泽东先生会见记》《忆念黄齐老》《从鲁迅的第一篇小说看他的作风》《为了带红领巾的女儿》《书评〈意外记〉》《抗战史话》《重庆杂忆》《夏夜》《喜读台静龙先生的〈龙坡杂文〉》《脱险后的贺绿汀先生》等论文,编著有《文天祥》《今日之美国》等著作。

　　同月　在江西地方政治讲习院①开学典礼大会上作题为《青年应献身于基层政治工作》的讲话，其讲演词发表在《平讯》第二卷第三十三期上，收入新版《全集》第二卷中。首先，谈到抗战需要动员全国的人力和物力，而人力是中国最富有最宝贵的力量，要动员富有的人力、开发"大民众的脑矿"则需"运用政治的力量"。其次，对政治的内容进行了细致的分析和讲解，认为政治内容中"管""教""养""卫"四者之间，最容易做到的是"管"，最重要的是"教""养""卫"。认为要教育、培养民众，为民众谋利益，才能长久的开发、运用民力。第三，指出开发民力还须关注占全国同胞半数的妇女，要教育、组织二万万妇女，开发她们伟大的力量，否则"中国民众纵然站了起来，也是独脚者"。教导讲习院的同学们将来出去领导民众，千万不要忘却教育妇女、组织妇女的重要任务。最后，勉励同学们人人都尽一分抗战救国的力量，"要把我们整个的生命贡献给我们的国家""一定要以'死'的精神来做'生'的工作，不达目的，誓不休止"。（新版《全集》卷2，第177～179页）

　　6月13日　在平教会第十一次周会上对长沙办事处同仁作"认清时势，修正方法"为主旨的讲话。首先，要求平教会运动"因着社会国家的变迁而改变它的作风"。要站在建国的立场，做好民众组训和县政改革工作。其次，通报平教会在湖南、四川、江西开展工作所取得的成就。在湖南方面，一是创办干部学校培训地方行政人员，经过几个月工作，"结业的有二千四百多人，新县长和一班同时受训的佐治人员，分配在第一、二、五、八等四个专员区里的三十九个县"；二是参与湖南地方行政机构的改革工作。在四川方面，"王代主席②与蒋教育厅长③、何建设

---

　　①　江西地方政治讲习院：1938年5月，赣北战事稍见平息，熊式辉决定创办该院，以集训区、乡两级行政骨干。院址选在南昌市郊区梅岭。不少进步人士如许德珩、王造时、雷洁琼等人都被熊式辉延聘到该院工作。熊式辉亲自兼任讲习院院长，省政府委员萧纯锦兼教育长，下设三个处和军训总队。教务长王造时，教育厅厅长程时兼副处长；训导处长许德珩，蒋经国和民政厅厅长王次甫兼副处长；建设厅长杨绰庵兼总务处处长；蒋经国任军训总队队长，原保安二团长曾夏初兼副总队长，喻松任总队副，雷洁琼为妇女连生活指导员。第一期共招收1 200余名学员，训练期为三个月。参加受训者，一部分是沪宁沦陷区流亡的大中学校青年学生，另一部分是来自江西各区、乡、镇的干部。蒋经国等把1 200余名学员编成一个军训总队，总队下设4个营、12个连。军事教育除了做一些基本的动作，如编列队、学习"步兵操典"中的内容，进行枪击训练外，还进行黑夜行军训练。十分重视思想教育，还到农村去家访，为农民义务劳动。7月底，讲习院的第一期学员讲习期满，学员毕业后由省政府分配到各地工作。此时，由于赣北战事告急，讲习院停办。日寇侵占省垣后，该院于1939年春迁至赣县梅林村，继续举办了第二、三、四期。其中第二期由夏承纲任院教育长，第三期由张含清任院教育长。1940年夏天第四期时，改名江西地方行政干部训练团。

　　②　王代主席：即王缵绪。

　　③　蒋教育厅长：即蒋志澄(1895～1949)，原名绳祖，字养春，浙江诸暨人。毕业于北京大学。曾任北京浙江专门学校教员。后曾任浙江嘉兴、嘉善、桐乡等县统税局局长。1927年秋，任浙江省杭县、海宁县县长。后被派赴欧洲考察教育及地方行政，并入德国柏林大学进行研究。1933年秋回国，任军事委员会南昌行营设计委员会专门委员。1934年夏，任江西省庐山管理局局长。1936年4月任四川省政府委员兼教育厅长、四川省普通考试试务处处长。1938年8月至1939年5月任重庆市长。1941年7月至1945年1月，（转下页）

厅长①出巡新都,沿途所见都很满意"。江西方面,政治讲习院,"校舍宏大朴素,训练集中,精神一贯,经费预算年有百万元。江西财政很困难,但对于应该用的钱决不省,不应用的钱也决不随便开支,这一点值得称道。"最后,告知大家,对平教会本身的基本工作、以及下年度的进行方针需尽快开会讨论。(新版《全集》卷2,第141~144页)

6月25日　在国民参政会议上的发言词发表在《新华日报》上。参见本年"6月"条。

6月下旬　聆听堵述初访问延安的口头汇报。堵述初这样回忆道:"晏先生以高昂的激情,倾听我的口头汇报,而且边听边记,全神贯注、手不停挥,他老人家听到毛主席对我说共产党愿做平教会的朋友时,突然停了笔,抬起头沉思片刻再行继续记录我的汇报,以至汇报终了。由此可见,晏先生听到毛主席把平教会作为共产党的朋友,是深受感动的。"(新版《全集》卷2,第427页)

6月　在国民参政会议上发言。指出:参政会"应是广大农民喉舌与灵魂","要代表农民作政府后盾,同时要襄赞政府,效速地响应这广大民众的呼声,尽量抒展他们雄浑力量,开发他们无限宝藏,充分给以运用,让他们自动地写成中国民族自觉、民权自治、民生自享的光荣历史","参政会的召集,不但是投向敌人一颗致命的爆烈弹,而且象征着中华民族新国家奠基典礼!"(新版《全集》卷2,第145页)该发言稿发表于《国民参政论坛》1938年第2期及《新华日报》上。

同月　中共中央领导人毛泽东表示对晏阳初"以宗教家的精神努力平教运动,深致敬佩",并且希望能"有几千几万的优秀干部去参加"平教运动。(宋编《文集》,第400页)

同月　在江西地方政治讲习院开学典礼大会上作的题为《青年应献身于

(接上页)任教育部总务司长。1946年5月,任江西省政府委员兼民政厅长。后一度任正中书局总经理。1949年4月其妻和儿等乘飞机赴台失事死亡,闻讯后在上海自杀。有《一年来之四川教育》《嘉兴县政府十九年五月份政治工作报告》《海宁县十八年二月份政治工作报告》《海宁县十八年三月政治工作报告》《新生活运动与抗战》等论文。

① 何建设厅长:即何北衡(1896~1972):名恩枢。四川罗江人。早年就读于绵阳中学。1917年考入北京大学法律系,结识四川军阀刘湘的驻京代表乔毅夫、张斯可,并参加川籍学生组织诚学会。1920年经乔、张介绍进入刘湘幕,后在政、商界从事活动。1926年任巴县知事,兼川东川南团务总监会处长。北伐战争开始后,刘湘部改编为国民革命军第二十一军,为该军政治部科长。1928年,出任新设川江航务管理处副处长,半年后升处长。1929年北温泉公园建成后,任公园董事长,次年又任中国西部科学院董事。1932年任缙云山汉藏教理院护。1936年捐资在缙云山洛阳桥建筑"衡亭"一座。同年担任嘉陵江三峡乡村建设实验区设计委员会主席,接任重庆警察局长。次年接任四川省建设厅长,兼水利局长。1939年卸建设厅长职。1940年出任新设全国粮食管理局副局长。1944年,再任建设厅长。1945年任北碚图书馆理事,续兼水利局长。解放战争期间,曾为营救和掩护中共地下党人出过力。四川解放前夕,辗转至香港,拒绝逃往台湾。1950年举家回到北京。曾任水利电力部参事室参事、全国政协委员。

基层政治工作》的讲话稿发表在《平讯》第 2 卷第 33 期上。（新版《全集》卷 2，第 177 页）

7 月 13 日或略晚　收到堵述初访问延安的书面汇报——《陕、甘、宁边区考察报告》，报告两万余字。（新版《全集》卷 2，第 427 页）

7 月 15 日　对入川平教会成员提出期望。收入新版《全集》第二卷中。首先，指出这次各位到四川去，意义非常深远。因为四川已一跃而为抗战的重要后方，与各方面的关系已密切起来，新都实验县的地位已与定县相等，或者它的影响比定县还要大。新都实验县一方面离成都近，方便居住在成都的国内重要人物参观；另一方面新都有名胜古迹，能吸引人们去参观；另外，就是地域不大，人口不多，短小精悍，便于开展工作。其次，对到新都去的同志提出几点希望：一是要明确新都实验工作的重要性，继续做好新都县政实验；二是重点抓好新都县的教育与建设，特别是组织教育一定要做好，"把组织教育整套的推动起来"，"如果组织教育办得有成效，影响之大，一定不只四川一省"。希望同志们深刻领会定县精神，把新都农场搞好。最后，希望前去新都的同志，重点做好新都的建设和教育，以体现平教会精神。（新版《全集》卷 2，第 146～148 页）

7 月 25 日　以湖南省地方行政干部学校常务委员的身份在该校第二期学员训练结业典礼上致词，原以"湘行政干部学校第二期学员训练结束"为题发表在当年《平讯》第三卷第五期，后以"以廉正勇勤精神建设地方政治"为题收入新版《全集》第二卷中。首先，对这期训练班的班次、人数及学员将要分配去的地方进行了通报。其次，重点介绍该校在训练与分配上的特点：① 统一的训练，即"在整个的政策之下，统一的训练"；② 计划的训练，即"根据改革方案及实际需要动员的人数，就行政经验来确定训练方案"；③ 政治、训练、学术三方面打成一片，即"政府行政的长官就是学校的导师，也是课程的讲师，校正了通常教育与政治分离的弊病，取得政教的密切联系"；④ 学员分发组成队伍，即"学员分发时，即由当局将县长及佐治人员、督导员、乡镇长配合成队，结为一群，养成群策群力的精神。以上是本校教育方针上几个着重点"。第三，对第一期训练结业的学员分发出去后的工作情况进行了通报。最后，希望学员们今后工作更大胆一点，并且不要因同学关系而溺职，更要避免党派观念之争，务必以国家为重、职务为重，协力同心，用作战的精神，为湖南，为国家，为整个的民族生命，到广大的乡间去和贪污、黑暗、腐化作斗争，争取成功的胜利。（新版《全集》卷 2，第 149～151 页）

8 月 1 日　国民政府任命陈筑山为四川省政府秘书长，原湖南省民政厅长胡次威为四川省民政厅长。（姜编《纪略》，第 52 页）

8月4日 致信克佐时会计事务所①。全信如下："迳启者：贵所天津办事处，曾帮我会稽核过一九三五年下半年和一九三六年全年的账目。然而，由于抗战爆发，我会总办事处迁往南方，这样一来，找贵所帮我们稽核一九三七年财政年度和今年上半年账目比较困难。贵所在北方的天津办事处，已为我们稽核上半年度（即一九三六年七月到十二月）的账目，现我们请你们帮稽核下半年度（即一九三七年一月至六月）的账目，以便完成一九三六年七月至一九三七年六月的稽核。另外，还要请你们稽核本会一九三七年七月至一九三八年六月整个财政年度的账本账册。稽核一九三七年下半年财务可能需要与上半年一样的工作量，但稽核一九三七年七月至一九三八年六月相当简单，因为自本会迁往南方后，预算大大缩减了。为了便于贵所办事处的工作，我们乐意派我们的助理司库顾治方②（前几年他一直与贵所天津办事处联系事务），把所有账本送到汉口给你们稽核。现特致函请问贵所何时最为方便为我们进行稽核，以便我们好派顾先生前往。如蒙给我们确切的答复，将不胜感谢。晏阳初谨启。"（新版《全集》卷4，第554～555页）

8月5日 在平教会成员杨守纪③、解守业④两同志的追悼会上发言，题为《现代青年的模范》。收入宋恩荣主编的《全集》第二卷中。主要对杨守纪为人、才艺、工作态度和业绩及不朽的精神进行了评述，对他那舍己救人的精神赞叹不已，称赞"他的精神是永生的，不朽的"。杨守纪生前是一个很活泼的青年，技艺很多，会音乐，好活动，生龙活虎，充满乐观的情绪、蓬勃的生气，以天真的态度去对付困难、解决困难。无论对朋友、对工作，都是一贯的天真和乐观，工作踏实认真并有着自己独到的方法，他监筑的公路、监造的农场、亲自设计的精密而构造坚固、适宜实用的卫生院等等无不体现出他的工作成绩以及他为国家、为社会、为平教运动而努力、尽职的人格魅力。号召平教会的同志都像杨守纪一样有贡献，始终不变地做到真正的心口如一、心中有国家、有社会、有平教运动，不知有自己，看到危难，立刻去救。最后说明，平教运动追悼舍己为人的杨守纪和解守业同志，表现了平教运动的

---

① 克佐时会计事务所：为英国人在中国开办的会计事务所，英文名 Lowe，Bingham & Matthews，Chartered Accountants，是民国时期影响力极大的会计事务所。

② 顾治方：生平事迹未详，待考。

③ 杨守纪（？～1938）：平教会成员，在平教会事业中曾监筑公路、监造农场、设计衡山卫生院，其设计精密，构造坚固，适合实用。在衡山县师古乡社会概况调查中担任绘制地图工作。1938年因参加湖南省地方行政干部学校技术指导团巡视各县的技术辅导工作，不幸在浏阳河溺毙。

④ 解守业（？～1938）：民国时期教育家、平教会成员。内蒙古土默特旗人。北平大学农学院农业经济专业毕业。曾任衡山乡村师范学校教员。1938年因参加湖南省地方行政干部学校技术指导团巡视各县的技术辅导工作，不幸在浏阳河溺毙。撰有《中国农村经济衰落的现状说到复兴的方策》《复兴农村中合作事业在绥远的重要》等论文行世。

生命、表现了平教运动今后确能担当为国家为社会做事的精神。希望平教同仁继续杨守纪和解守业永生不朽的精神。（参见新版《全集》卷 2，第 152～155 页）

8 月 6 日　前日发言稿《在杨、解二同志追悼会上的讲话》在《平讯》第 3 卷第 3 期发表。（参见本年"8 月 5 日"条）

8 月 8 日　在平教会 1938 年度第一次大周会上发言。收入新版《全集》第二卷中。首先，通报了自己参加国民参政会的情况及几点收获。① 会中充分表现了民主精神，如讨论、质问、决议，一切会议程序，都进行得非常好；② 奠定民主政治的基础，决定设立各级民意机关，强化抗战建国的力量；③ 地方行政机构的改善，所采取的制度，与平教会在定县、湖南所试办的大部分相同；④ 妇女地位的注意，如各级民意机关都规定须有妇女参加。其次，通报了平教会在湖南、江西、四川的形势、任务及人员调动。湖南方面，将要彻底进行全省政治改革；将要进行保长训练以充实基层力量，同时进行较长期的干部训练；乡村师范的做法、课程、教育哲学观点已渐获各方面的认识，而且部分的已为教育部所采用；衡山工作具有独到之处。江西方面，军事吃紧，政治讲习院第一期结业后，已暂缓招生，院内的地方政治研究会也已改组；梁振超①同志以研究专员资格出任遂川县长，负有研究实验的使命。四川方面，主要是人事调动，即陈治民与田慰诸同志去担任新都县的建设与教育两方面工作，并由黎季纯同志前往主持教育方面的研究工作；熊佛西同志主持四川戏剧教育实验学校校务；陈行可同志被邀任四川省立第一师范学校校长；陈筑山同志出任四川省政府秘书长。最后，提出平教会的研究训练工作计划，拟将该会原有之育才院演为乡村建设学院，邀请全国乡建专家共同研究乡村教育。（参见新版《全集》卷 2，第 156～158 页）

8 月 20 日　致信 A. G. 米尔班克先生，向他介绍过去 5 个月平教运动的主要工作情况，特别是卫生工作情况。首先，介绍湖南省地方行政干部学校。"成立该校一是因目前这场战争所急需，二是为三千万湖南人民培训行政干部和技术人才，为该省进行彻底的政治改革打下基础。该校由省政府主席任校长，我任常务委员②。第一期学员共两千五百名（包括二百零二名县长和县级干部，三百零四名行政督导，三百三十九名技术督导，一千二百二十六名乡及社区干部，一百一十四名

---

①　梁振超：广东人。在平教会定县实验县任第一科科长。1938 年 9 月任江西省永丰县县长。1939 年任江西省遂川县县长，并邀音乐家黎锦晖任县政府秘书兼十三科科长。是一位政治态度很开明的民主人士，怀有"革新政治，富民强国"之大志，热诚欢迎民主人士、爱国青年到遂川工作，并且敢于容纳和重用共产党人，欢迎各文艺团体到遂川演出，使遂川成为民主进步活动中心。1939 年底因国民党顽固派及当地豪劣的排挤被迫离开遂川。1940 年在四川巴中等地与冯玉祥有较多交往。其他生平事迹待考。

②　常务委员：旧版《全集》译为"差事"。

新成立的民兵自卫团政治训练官,一百二十四名妇女工作督导),第二批学员一千五百名也于上月二十五日毕业①。这样我们就完成了对该省七十五个县地方政府机构和人事的改组,这可能是我国历史上最彻底的地方政府改组。人们觉得全湖南省充满新的精神。"其次,介绍衡山实验县与平教会卫生工作人员情况。"我们卫生工作人员分成两组,一组继续对农村卫生计划进行深入研究及进行卫生推广工作,很像我们在定县所做的那样。另一组则参加直接与战争有关的卫生活动,如红十字队和国际联盟预防流行病卫生队,另外还有好几个由我们的卫生工作人员领导的卫生队,目前正在前方服务。"特别介绍了毕业于约翰·霍普金斯大学和北京协和医学院的李方邕(Li Fangyung)②担任衡山卫生站领导的情况。第三,告知湖南省卫生厅经过很大努力,最终使张维(Chang Wei)③博士当上了卫生处处长④。这更利于衡山卫生站工作的开展。第四,介绍四川省新都实验县的平教运动情况。"该实验县仅有十四个月历史,但在政治改革、地方财政、民团、土地改革和农村卫生工作等方面取得了显著成绩。这里的农村卫生工作是模仿定县的型式,由毕业于约翰·霍普金斯大学的潘泰哲(Pan Tai-chieh)⑤博士负责。"并告知陈筑山先生被蒋介石委员长任命为四川省政府秘书长,相信"在新都实验县实施的县政建设计划(包括公共卫生)定能在该省其他地方推广。"最后,告知随信附上平教会预算概要,因急需资金,拜托尽早将当年平教会卫生计划的捐款汇来。(新版《全集》卷4,第555~557页)

8月26日 "平教总会"举行15周年纪念会。(川编《晏阳初》,第295页)

同日 当月八日在平教会1938年度第一次大周会上的发言稿以"本年度第一

---

① 此处的第一期学员2 500名与新版《全集》卷2第116页所载结业学员"2 535人"不符;同样此处第二期学员1 500人与新版《全集》卷2第149页所载结业学员"1 227人"也不符。估计此处数据因记忆不清而有误。

② 李方邕:旧版《全集》误为"李方勇"或"李方俊",新版《全集》误为"李方勇"。

③ 张维(Chang Wei,1898~1975):医学专家。旧版《全集》及新版《全集》误为"张伟"。参见"1936年5月26日"条注释。

④ 卫生处处长:旧版《全集》译为"卫生厅厅长"。

⑤ 潘泰哲(Pan Tai-chieh):生平事迹待考。据四川省《新都县卫生志》编辑组编辑的《新都县卫生志》(四川煤田地质公司制印厂1983年印本)第18页载:"新都县奉中央国民政府和四川省设计委员会的训令,为实现'苏民困''救国难''建基础'的三大施政目标,于民国二十六年(1937)改为实验县,直隶四川省政府管辖。首任实验县县长陈开泗,把农村医药卫生列为重要工作之一,确立实行三级卫生制度,并按照中央内务部颁发的《全国医院编制条例》和有关实验县的规定,于民国二十六年(1937)秋,将原'新都县人民医院'改组为甲级'新都实验县卫生院',掌理全县卫生行政。首任实验县卫生院院长为贾智钦博士,付〔副〕院长由医科大学毕业多年的周智均担任。他们就职前,由省设计委员会派赴河北省定县及京、沪等地考察卫生行政、西方医学和地方卫生组织的结构及其管理等事项。就职后,他们为了完成《县政卫生建设五年计划》,针对县内实情,按照省府核准的《新都实验县卫生组织法》,就着力于县、区、保三级卫生制度的建立。"从此段话看,当时负责卫生工作的是贾智钦博士,未提及"潘泰哲"。

次大周会"为题发表在《平讯》第 3 卷第 4 期上,以"当前的时势与任务"为题收入新版《全集》第二卷中。(新版《全集》卷 2,第 156 页)

8 月　在平教会上的周会上作题为《平教事业在抗战救国中的芹献》的报告,原载《平讯》第 4 卷第 1 期(1940 年 1 月),收入宋编《全集》第二卷中。分三个方面对平教会工作的几个重要方面进行了总结和报告。首先,报告参加国民参政会情况。作为平教代表参与国民参政会,对国民参政会的名称、目的、参会人数、讨论的问题及方式等进行了介绍。重点介绍了会中内政组讨论通过的关于地方政治机构的改善、民意机关的设立两个议案,并对参政会的重大作用进行了总结。其次,介绍平教运动推广工作。① 湖南方面:省立衡山乡村师范工作已有相当的成就;衡山实验县的工作虽在民、财、建、教各方面都有很重要很有意义很着实的成就,却缺少对外宣传,且要改进的地方还很多;第五行政督察区的工作,由孙廉泉同志主持后,提出了整个的地方政治、财政、教育、保甲等非常有价值的具体意见,并已着手筹备,其中大部分材料,都是参照衡山实验县已有的成绩;地方行政干部学校,第一、二两期训练共结业 3 700 余人,对湖南全省政治的初步改革起到了促进作用。② 江西方面:地方政治讲习院原设编审及地方政治研究两委员会合而为一,总称为江西省地方政治研究会,直隶于省政府。熊式辉主席自兼主任,霍俪白同志任书记长,选遂川县为研究区。③ 四川方面:新都实验县继续办理,其实验工作,无论在民、财、建、教、警、卫、秘书各方面的成绩都令人称赞;熊佛西同志领导抗战剧团入川后取得了好的成绩,所表现的成绩颇有可观;陈筑山同志受命为四川省政府委员兼秘书长。最后,提出平教会工作计划,计划建立一个"比定县规模更大的研究实验场所与人才训练机关",使平教运动做到"研究、训练、推广三者,真正的联为一体",实现终极目标。(新版《全集》卷 2,第 159～168 页)

9 月 16 日　在平民教育促进会总会成立 15 周年纪念会上讲话。收入新版《全集》第二卷中。首先,对平教会成立的时间、经过、负责人的推举、经费来源、分会的成立等历史进行了回顾。其次,分析了抗战建国时期平教运动能够蓬勃开展的重要原因:①"平教运动有它的核心,能团结,有计划";②"运动本身有了核心,仍不能不有其他种种的援助";③"平教运动始终没有停止过自己的工作"。最后,对平教运动今后应当努力的工作进行了说明,那就是"创立一个正式的大学或是书院、学院,不是短期的附带的训练,因为有了人才,推广才有办法"。(新版《全集》卷 2,第 169～174 页)

9 月　在湖南泸溪设置平教会办事处,协助衡山第五行政区办理保学教师训练。(川编《晏阳初》,第 295 页)

同月 继续发行《农民报》。(川编《晏阳初》,第295页)

同月 "平教总会"试制20锭人工纺纱机。(川编《晏阳初》,第295页)

同月 派人协助金陵大学经济系调查衡山乡村农业经济状况。(川编《晏阳初》,第295页)

10月10日 致S. D. 甘博。信中首先告知很久未收到来信,盼望能收到来信。其次,告知"我是一直给您寄我们的汇报信的,我希望这些信能安全地寄达您处。尽管战争,但平教运动仍一直稳定地向前发展着;由于战争,反而使我们与各省政府的合作成为可能,使得中国的社会和政治生活发生了根本的变化,这是和平时期所不可能出现的。兹随信附上关于在过去战时十二个月中,我们工作情况的简要介绍。希望这个简略的介绍,能使您对于我们平教运动在此非常艰辛但却充满希望的日子里所做的努力有个清楚而全面的了解。"第三,汇报平教会财政情况,告知特提供"(一)平教会一九三六年七月一日至十二月三十一日财政说明书。(二)平教会一九三七年一月一日至六月三十日财政说明书。(三)平教会一九三七年七月一日至一九三八年六月三十日财政说明书。(四)一九三八至一九三九年预算概略书"等参考资料。希望从预算概略书中发现中国平教会对国家的社会和政治建设产生越来越大的影响。最后,告知对中国平教会总办事处和中央实验室的任何帮助和合作都将表示感谢。(新版《全集》卷4,第557~558页)

10月23日 因何应钦面告各方情形后,知日军将进占武汉,于是和参政员李璜乘汽车取道湘西、鄂西到宜昌,转乘轮船西上四川。(吴著《晏传》,第314页)自长沙经湘西入鄂西后,建议去凭吊一下三国时代的古战场,于是以极高兴致、不畏艰难,与其十四五岁之小儿、李璜和司机等一道,由一小童带路,出当阳县城西门二十余华里赶到长坂坡,并说:"想当年赵子龙在此匹马单枪,杀进杀出,其实这块地方并不大啊。曹孟德恐怕就站在那山埂上罢。"过长坂坡来到赵云庙,凭吊赵云与张飞后,询问带路的小童是否知道当阳桥,小童回答不知。被李璜告知早被张翼德撤了。离开时,高声叫道:"张翼德请了! 再见。"于是再回大道,上车而去宜昌。(吴著《晏传》,第332~333页)

10月 平教会接受赈济会邀请,协助办理战区难民难童工作。(川编《晏阳初》,第295页)

同月 编写的《抗战丛书》增至100种。还编印抗战连环画,发行《大众抗敌歌曲》。(川编《晏阳初》,第295~296页)

11月8~10日 其领导的新都实验县由于县长陈开泗领导不善,导致附近各县暴徒3万人打砸督导区办公处、联保办公处、烧断公路桥梁,并围攻县城,致被害警长 2 人、警士 5 人、职员 2 人、保长 1 人,军队与暴徒冲突死伤者数十人。后经过四川省府出面,平息事态。陈开泗被撤职。派时任灌县县长的罗远猷①为新都县县长,处分了三位专员和九个县长,和平解决了此事。史称"新都事件"。(《记四川新都事件》,《国讯旬刊》1938 年第 190 期;新版《全集》卷 2,第 182 页)

11 月 22 日　接受黄炎培来访,告知新都事件有关情况。(参见《黄炎培日记》卷 6,第 46 页)

11 月 25 日　在家与黄炎培、陈筑山长谈,并在家宴请黄炎培、陈筑山。(参见《黄炎培日记》卷 6,第 48 页)

11 月 26 日　在平教会与黄炎培、陈筑山长谈,并一起午餐。(参见《黄炎培日记》卷 6,第 48 页)

11 月 28 日　晚,在平教会与黄炎培、李幼椿长谈。(参见《黄炎培日记》卷 6,第 48 页)

11 月 29 日　上午八时半,在平教会与黄炎培、李幼椿谈话。(参见《黄炎培日记》卷 6,第 49 页)

11 月 30 日　上午八时半,在家与黄炎培、李幼椿谈话。了解黄炎培、李幼椿所谈工作情况。未及完时,患半身不遂刚初愈的梁仲华来家拜访。(参见《黄炎培日记》卷 6,第 49 页)

11 月　组织难民教育生产巡回辅导团,分赴湘西、湘中各地。(川编《晏阳初》,第 296 页)

12 月 1 日　下午,在平教会与黄炎培、李幼椿长谈。(参见《黄炎培日记》卷 6,第 50 页)

12 月 3 日　上午,在平教会与黄炎培、李幼椿长谈。介绍平教会历史和现状,并叫陈筑山叙述平教会整个计划。话未尽意,约定次日晚上再谈。(参见《黄炎培日记》卷 6,第 50 页)

12 月 4 日　晚六时,在平教会与黄炎培、陈筑山、李幼椿续谈,共同起草对于巩固后方、支持长期抗战之意见,准备明日续商后贡献中央。十时始散。(参见《黄炎培日记》卷 6,第 51 页)

12 月 5 日　上午十时,与黄炎培、陈筑山、李幼椿续谈,共同起草文件:《巩固西南后方,注重整理川康,以支持长期抗战之意见》。并商三种进行步骤。(参见《黄炎培日记》卷 6,第 51 页)

12 月 8 日　与黄炎培、李幼椿在民生公司会谈。(参见《黄炎培日记》卷 6,第 53 页)

①　罗远猷:内江人,曾任彭县县长、灌县县长、新都县县长、内江民食供应处处长、四川粮食储运局局长等职。

12 月 9 日　八时,与黄炎培、李幼椿一道去拜访岳军,谈川局善后大问题,同席禹九夫妇、北衡①,商至十二时始散。(参见《黄炎培日记》卷 6,第 53 页)

12 月 10 日　下午四时半,在中华职业教育社与黄炎培、李幼椿、陈叔澄等一起谈论鄂联合中学男女学生遭遇惨事。(参见《黄炎培日记》卷 6,第 53 页)

12 月 16 日　上午接待黄炎培来访,告知某事发生经过。(参见《黄炎培日记》卷 6,第 55 页)

12 月 18 日　下午四时半,在民生公司与黄炎培、李幼椿续谈。晚上由卢作孚请客在重庆冠生园晚餐。(参见《黄炎培日记》卷 6,第 56 页)

12 月 19 日　下午,在民生公司与黄炎培、李幼椿续谈。讲述中国乡村建设学院计划。(参见《黄炎培日记》卷 6,第 57 页)

是年　撰写《中国乡建运动的重心》,收入新版《全集》第二卷中。首先,谈因抗日战争乡建研究和训练根据地多已丧失,形成了徒为推广而无研究的局面,亟待改变。其次,提出中国乡建运动的重心应是研究民众组训、政治改进以及乡村建设,认为要完满实现上述之理想,需设置一较永恒的、独立的、不受时潮起伏影响的宏固坚实的学术机关,"以为学问及人才之渊泉",将平民会原有农村建设育才院扩大,以乡村建设学会同志为核心,建立一乡村建设学院,"集乡建积年经验者为董事,由一学院渐滋长为教学院,潜修深造极深研成,有崭新的内容,有前进的创造,以为领导社会之先锋,屹立一革命的新兴大学"。最后,提出了办理乡村建设学院的方式及经费筹措的方式。在办理方式上,"(一) 应寓训练于工作,即学即行,即行即教;(二) 应使研训与推广轮番交替,入则守据点,以从事学修;出则作实施,以增殖经验及资料,出入互相为用",使学院更通活;经费的筹措,一方面取得政府的资助,另一方面争取获得国外华人及国际友人的捐济。(新版《全集》卷 2,第 175~176 页)

是年　制定《中国乡村建设学院学术纲领》,包括前言、三个部分共 11 条。序言为:"中华平民教育促进会以其积年致力乡村工作之经验,深信中国今日欲完成抗战建国之神圣任务,必须确认:农民大众为中国民族力量的源泉,乡村社会为中国社会结构的基础。而欲发动农民的伟大力量,必须注重民众组训,欲促进社会改造,必先致力建设乡村。而此种艰巨事业之完成,必有赖于②实际的科学研究与夫朴实人才之培养。爰联合二十③年来热心从事乡村建设的同志,创办乡村建设学

---

①　北衡: 即何北衡。
②　赖于:《论著选》第 234 页作"赖乎"。
③　《论著选》第 234 页用的阿拉伯数字。

院,期对此民族复兴大业,竭效贡献之诚,特制定学术纲领。"第一部分"根本认识"包括两条:"1. 农民教育是引发民族自力的基本工作。2. 基层建设是改造中国社会的基本工作。"第二部分"教育精神"包括三条:"1. 建树诚朴仁勇之学风,以转移社会动向,为新中国确立重心;2. 发扬光大本国固有之讲学精神,致勉于师生人格之^①感应。3. 置重实习力行,使学术与行动融合为一^②。"第三部分"工作要领"包括六条:"1. 进行现实研究,应用科学方法,以实际需要为研究对象,检讨社会事实,提供改进计划。2. 致力社会证验,表证并实验所研究的结果,以期完成实际的改造。3. 造成研训合一,以研究的结果,证验的过程为教学的内容与方法^③。4. 实现任务训练,以国家建设计划,社会实际任务为培养人才之目标^④。5. 推进联锁教学,着眼于社会上各种任务与活动之联锁关系,求得其共同的学术基础。6. 发展集体服务,注重计划的与组织的训练,俾于实际服务国家社会时,能收分工合作之效。"^⑤(《乡建院在北碚》,第18～19页)

---

① 《论著选》第234页"之"作"的"。

② 《论著选》第234页"使学术与行动融合为一"作"使学术与行动,融合为一"。

③ 《论著选》第235页"证验的过程为教学的内容与方法"作:"证验的过程,为教学的内容与方法"。

④ 《论著选》第235页"社会实际任务为培养人才之目标"作"社会实际任务,为培养人才之目标"。

⑤ 第三部分引文中序数词后出现的第一个逗号(共六处),《论著选》第235页均作空格而无逗号,如"1. 进行现实研究,应用科学方法"作"1. 进行现实研究　应用科学方法"。全文的序号,此处为阿拉伯数字的"1……6",《论著选》用汉字"一……六"。

1939 年(民国二十八年　己卯)　四十九岁

1 月　国民党召开五届五中全会,决定"溶共、防共、限共、反共"方针。

3 月　召开第三次全国教育会议。

4 月　教育部公布《民众教育馆规程》。

5 月　教育部通令"礼义廉耻"为全国各级学校共同校训。

7 月　中共中央发表《为纪念抗战两周年对时局宣言》,提出了"坚持抗战,反对投降;坚持团结,反对分裂;坚持进步,反对倒退"的三大政治主张。

8 月　国民党政府修订《战时图书杂志原稿审查办法》,进一步钳制言论自由。

9 月　教育部颁发《训育纲要》,成立训育委员会。国民政府公布《县各级组织纲要》,规定每乡(镇)设中心学校,每保设保国民学校。县政府设教育科,原教育局裁撤。

10 月　教育部公布《幼稚园规程》。

12 月　蒋介石令胡宗南部进犯陕甘宁边区,掀起第一次反共高潮。

同月　教育部修正公布《国立中学规程》。

同月　汪精卫与日本签订了卖国条约《日支新关系调整要纲》。

1 月 1 日　在平教会泸溪办事处元旦同乐会上讲话,其讲话词收入宋编《全集》第二卷中。首先,对平教会同仁撤离长沙后的情况进行了通报:"大部分已安抵泸溪,其余皆在安全地带,绝无危险",要求平教会在湘的工作继续进行,"将人力、智力完全贡献国家"。其次,将平教会在泸溪的工作和人员安排进行了布置:一是协助县府,"如社教民教工作,在材料方面,训练方面,凡足以帮助县府者,本会皆须尽力而为",要求由张品三①、

---

① 张品三(1903~?):山东临沂人,南京金陵神学院毕业,曾任江苏淮阴私立袁江中学教员,淮泗牧教会学校视导员,湖南省地方行政干部学校教授部干事,平教会干事。1939 年 12 月任中华基督教会全国总会边疆服务部(Border Service Department of Church of Christ in China)川西区教育干事,12 月,由他带领张宗南、肖兴汉(二人为华中大学毕业)、张楚望(东北大学毕业)等,由成都进入汶川、理番县(今四川省阿坝藏族羌族自治州)境内开展工作。服务对象主要是沿岷江和杂谷脑河两岸的羌族和藏族。1940 年 3 月任边疆服务部川西区副主任代主任职,同年 6 月离职。其后事迹未详。

廖盛宁①两同志负责,拟具计划,分头进行。二是出版部工作,"此在长沙时闻已有详细筹划,现仍请瞿冰森②、席征庸③、何惟志④、李润生⑤四同志根据当地情形,详细会商,另行讨论";继续印行《平讯》,"在沈海鸣⑥同志未到以前,暂请瞿冰森、关捷民⑦两同志负责,每星期出版一期"。第三,对平教会泸溪办事处的组织及人员安排作了布置,"各部处工作,应仍由各部处主管人分别负责,各部处工作同志,关于其工作及重要问题可分别向其主管人接洽",另组建泸溪办事处事务委员会,"决

---

① 廖盛宁(约 1914～约 1949):女,湖南泸溪浦市人。其父廖名缙(字笏棠)是熊希龄的湘西同乡,曾任湘西宣慰使常德筹办抚绥事宜总处处长、湖南武陵道尹、香山慈幼院副院长。1927 年父母双亡后由熊希龄资助生活和求学。1934 年毕业于北平大学女子文理学院,主动放弃优越的工作条件和出国深造的机会,追随晏阳初从河北定县辗转迁移到湖南泸溪、常德、重庆、西安、宝鸡、天水等地,从事收入微薄、生活清苦的平民教育工作。晏阳初出国后,她又转入熊芷主持下的南京儿童福利实验区工作,积劳成疾,36 岁病逝。当时在近千人的追悼大会上,数百儿童放声痛哭。撰有《浙东劳军》(1940 年 6 月 10 日《江西妇女》)、《农村妇女实施办法的研讨》(1940 年 9 月 10 日《江西妇女》)、《介绍社会部儿童福利实验区》(《妇女新运》1948 年第 4 期)等论文。

② 瞿冰森:瞿菊农弟,江苏武进人。毕业于北京法政大学。1926 年 8 月在《孤军周报》第 84 期发表《从北京到天津》一文。1929 年 1 月,与卢隐、袁子英、于赓虞在北京创立华严书店,出版卢隐、于赓虞合编的《华严》月刊,共出八期。1930 年开始在《北平晨报》社任职,1935 年负责《北平晨报》的《学园》栏目。同年以北平晨报社工作人员身份参加中华平教会,在公民教育部工作,曾编辑高级平民学校《公民课本》。1936 年参加平津新闻学会第二次会员大会,1937 年参加平津新闻学会第三次会员大会,1937 年 5 月负责北平《世界日报》第九版刊行的《报学半月刊》,任编辑之一。后成为 1939 年 10 月创刊的《成都中央日报》主笔(实际代主编职)。1942 年曾在成都宴请老舍。抗日战争胜利后接任《成都中央日报》社长。任《成都中央日报》改名的《中兴日报》发行人和编辑人。著有《农民抗战丛书》之《今日之国联》,曾给《世界日报》的《蔷薇》专刊撰稿。

③ 席征庸(1905～1990):四川蓬溪人。于 1931 年暑假离开家乡,到北平,考上了由平教会主办的、校址设在定县实验区的平民教育专科学校。一年后结业,先分到平民文学部在孙伏园的指导下见习,协助编辑平民学校的教材——千字课和平民读物,以及编辑《农民报》《平民字典》,还协助搜集供研究用的民间文学材料等,后被留用作研究生。1932 年 7 月协助孙伏园整理老艺人田三义口述的梨花大鼓词,共记录了大书三部,包括《打黄狼》《三婿上寿》《小姑贤》在内的小段十多段,共约六十多万字。见习一年后,正式参加平教会平民文学部工作,主要编辑历史演义和《农民报》。民国时期供职于编译馆。主编小学语文教材。抗日战争时期,著有《太行烈士》《抗战送粮歌》《必须唤起民众》《死守宝山城》等诗文。建国后,任国家出版总署(今人民出版社)编辑。另有《回忆定县平教会平民文学部的工作》等论文及《伟大的中华》(中华平民教育促进会1937 年版)、《弹弓老人》(与李润生合作,中华平民教育促进会 1938 年 10 月)等著作。

④ 何惟志:1940 年 1 月至 1942 年 1 月在重庆抗建通俗画刊社出版编辑《抗建通俗画刊》,为编辑之一。汪精卫公开投降日本时,曾作新闻漫画《汪精卫爱财惜命与敌携手》,报道了汪日密约出卖中国的事实。1952年人民美术出版社出版其所著的《儿童们要养成良好的卫生习惯》;1953 年人民文学出版社出版了马烽所著的由其绘画的《一架弹花机》;1957 年科学普及出版社出版了由覃正谊编、由其绘画的《避孕前后》(画册),其他生平事迹待考。

⑤ 李润生:平教会会员,1938 年时在出版部工作,中华平民教育促进会 1938 年 10 月出版由席征庸编的、由其绘画的《弹弓老人》。其他生平事迹待考。

⑥ 沈海鸣:1937 年 2 月 10 日在北平刊行的《民间》半月刊第 3 卷第 19 期上发表《词类连书的研究》。其他生平事迹待考。

⑦ 关捷民:北京人,满族。平教会会员。任平教会图书馆主任。1938 年时在平教会出版部工作。其他生平事迹待考。

定名额九人,请赵水澄①、廖盛宁、张品三、李慕亭②、席征庸、瞿冰森、王冰如③、瞿菊农(或姚石庵或谢扶雅)为委员,并指定李慕亭、张品三、瞿菊农(或姚石庵或谢扶雅)为常委,负责解决此间临时发生事件"。最后,对平教会泸溪办事处同仁的吃住问题进行了简单安排。(新版《全集》卷2,第180~181页)

2月8日　在湘西泸溪同仁会议上作"改造社会　复兴民族"的讲话,收入宋编《全集》第二卷中。主要将三个月来发生或经历的一些事情进行了介绍,并从中总结出了一些经验教训。首先,谈在战时成千上万同胞遭残杀、蹂躏、流离失所时能在一起相聚很不容易,为沈海鸣夫人在桃源去世悲悼,同时庆幸大家身体健康。其次,介绍四川新都事件及经验教训。1938年11月8日开始,成百上万的土匪攻击新都城,起初是"反对兵役",后来改为反对实验县县长办理兵役不善,要求撤换县长、取消乡村警察。省政府为使事变不扩大,另派了一个姓罗的④去接任县长,把三个专员、九个县长加以处分。从这件事,可以看出:"一种善势力的成长,一定免不了与恶势力的搏斗。……善恶两种势力的竞争,善的力量越大,所受的打击也越厉害。……平教运动的理想是改造社会从改造政治起,尤其是地方政治,才能培养民力,运用民力,使中国现代化。"其教训是:"从事于社会改造,不仅要有理想、有目标、有计划,更要有力量,否则便无法克服恶势力。这力量有四个:(一) 文化力;(二) 经济力;(三) 政治力;(四) 武力。必须四力具备,社会改造运动方能发展。"最后,介绍平教会在湖南的情况,认为工作较好。先说自己到衡阳开了三天会,会毕,同瞿菊农、谢扶雅两同志到长沙和新旧两主席⑤见面,同时仍继续讨论在衡阳所未解决的问题,决定趁张主席⑥离湘机会,请政府另聘贤能办理衡山干部学校;衡山实验县也准备作一结束,恢复为普通县,人力集中来做政治经济各方面人才的储备工作,为国家民族做一点基本功夫。然后,谈自己到泸溪的所见和所感。觉得"泸溪虽偏居湘西,却富有短小精悍的姿态",具有开展工作的良好条件,希望平教会的同志在泸溪做好教、养两方面的工作,使当地民众都得到平教会的好处,在生活上发生影响,同时获得"一套小县实施平民教育的方案"。在教育的方面:全面

---

①　赵水澄(1896~1951):字作雄,满族,北京人。早年毕业于北京大学。后在南开学校任教务主任。20世纪30年代从事民间文学研究,长期在河北定县从事扫盲工作,编著了大量平民读物。抗日战争中随平教会到长沙,任湖南抗日干部学校教育课长。20世纪40年代初任湖南省立专科师范学校校长。1945年到重庆,在北碚乡村建设学院任国文教授、教务长,直至逝世。

②　李慕亭:生平事迹待考。

③　王冰如:生平事迹待考。

④　姓罗的:即罗远猷。

⑤　新旧两主席:"新主席"即薛岳。"旧主席"即张治中。

⑥　张主席:即张治中。

开展社会式教育、学校式教育、家庭式教育;在养的方面：通过组织信用合作社、研究有价值的织布机等生产工具的方式,使民众得到好处。(新版《全集》卷 2,第 182～184 页)

2 月 13 日　在湘西泸溪布置工作。首先,进行工作分配。"在泸同仁,除一部分参加难民教育生产、人工纺织推行,及干部学校外,直接做会中工作的,约有十人左右,其中多数都是原来出版部同仁",继续办《农民报》。其次,提出在泸工作方针及人员安排。"今后泸溪工作,可仿照六年计划成例,接〔按〕工作性质,编为设计单位,将工作目的、负责人、参加人、工作进程、应有预算,一一列入,一经核定,便可按步进行"。第三,对当年泸溪工作做安排。"本年泸溪工作,有三个设计,一是平报①,由瞿冰森同志主持;一是农民②,由席征庸同志负责;一是图画,由瞿、席、何、李③诸同志负责"。最后,希望在泸同仁遵守会中一切规则,"在此工作,务要格外虚心谨慎,切忌夸张自大","不可不具化民成俗的抱负,时时省察自己的行止,检讨自己的工作,激励迈进,精益求精"。(新版《全集》卷 2,第 185 页)

2 月　平教会之单人脚踏纺织机械试制成功,与中国工业合作协会、赈济委员会、第八救济区、湖南省各合作事业委员会、湖南省农业改进所、湖南省难民救济处、新生活运动会等机关团体组织湖南省战时人工纺织生产推行委员会,推广人工纺织机的应用。(川编《晏阳初》,第 296 页)

3 月　在重庆成立中国乡村建设育才院筹备处,选定重庆近郊之北碚歇马场为院址。(川编《晏阳初》,第 296 页)

4 月 10 日　在成都金陵女子文理学院作讲演,其演讲词以"抗战建国的基本问题"为题收入宋编《全集》第二卷中。主要讲解抗战建国的基本问题。首先,指出日本发动的侵华战争是"我们民族几千年来所未有也是从来所未听到的。牺牲的巨大,不可以也不能用言语来形容",认为这一次战争也使中国人"自觉地从其中取得了宝贵的教训,与若干复兴民族的条件"。其次,指出抗战建国的基础是民众,提出了"后方重于前方""政治重于军事""民众重于军队"的观点,并详细阐述了民众与军事、与政治的密切关系:"首先是前方将士痛切地发现了一个问题,民众若与武力不能配合,武力不能发挥充分的效能,甚至有民力不能作武力的补充,反而给敌人利用的";"要抗战继续,非把民众的力量与武力配合不可";"军队是有限的,有限的武力须得无穷的民众作后备,武力才可无穷,胜利才有保障";"军事的胜利,不仅

---

① 平报：即《平讯》。
② 农民：即《农民报》。
③ 瞿、席、何、李：瞿冰森、席征庸、何惟志、李润生。

靠兵精粮足,尤其要有老百姓的帮助。如果政治黑暗,把民众与军事分离,县长、区长、保长层层欺侮老百姓,压迫老百姓,政治使老百姓怨,政治使老百姓恨,民不聊生,怨声载道,军民自然永远不会合作,军队成为孤军,胜利变为失败,所以政治不良,就谈不到军事";"我们的决胜点,不在城市,而在广大的乡村,把后方无限的人力、物力开发出来,前方才有无限的力量可以发挥";"抗战需要人力、物力。人力在哪里?在乡下,物力在哪里?还是在乡下……抗战建国的基本力量,完全寄托于民众身上。民众是抗战建国的根本,我们不能忘本,忘了本就要忘〔亡〕国"。最后,说明教育民众和办平民教育的重要性,提出"应爱护老百姓,去教育,去培养"老百姓的观点;同时,指出抗战建国还须关注"二万万人的力量——妇女大众",要"去唤醒、促进、培养她们的力量"。(新版《全集》卷2,第186~191页)

4月12日　在平教工作座谈会上作题为"湘赣川乡建工作的现状和任务"的讲话。收入宋编《全集》第二卷中。首先,重点谈湖南方面的工作情况。① 受张治中主席之托延续办理全省的干部训练班,六月以后,集中同仁精力开办平教会乡村建设学院;②"泸溪办事处对于县政府协助,对于领导社会工作均尚顺利,最近薛主席将中央军校长沙分校和干部学校合并,改称湖南省干部训练团。同仁原有工作,一部分仍继续下去";③ 衡山实验县取得了好的成绩,已将实验的成果推行于全省。"如扩并乡镇,废区设督导员、技术辅导,都已推广到湖南全省各县",这是平教会研究实验成果第一次作省单位的推广实施;衡山的人事调动是请在衡山工作的"孙伏园同志回会,在出版方面多负一些责任,衡山县长,就推荐王硕如①同志继续下去";衡山乡村师范教育第一期学生将毕业,"也就是本会师范教育实验告了一段落"。其次,谈江西方面的工作。"霍俪白同志特自江西来会,对于遂川工作,有一个详细报告,他们的工作情形,大致不错",但还须"把现有工作范围再行扩大"。最后,谈四川方面的工作应注重两方面:"(一)表证推广;(二)基本学术研究与人才培养。"在表证推广方面,应当进一步作联县的表证。例如地籍整理与土地陈报,必先训练一批人才,这批人在一县工作完毕,到第二县去工作应该更有经验,在第二县又省了训练时间与经费。警卫的实施,土匪的治剿,联县办理也比一县独办有效。另外,准备创办乡村建设学院,院址有三个可能的地方都在重庆附近,但未作最后决定。(新版《全集》卷2,第192~194页)

5月18日　在中国乡村建设学院筹备会上讲话,其讲话稿收入宋编《全集》第

---

① 王硕如:湖南人,毕业于南京中央政治大学,1939年任湖南衡山实验县县长。1941年后任兰溪实验县第一科科长兼救济院院长、师范学院(今湖南师范大学前身)公训系教授。

二卷中。对筹备中国乡村建设学院提出了四点具体意见。首先,关于学院名称问题。认为使用"乡村建设"四字更为确切。原因有三个方面:① 乡村建设是平教会20 年来所努力的工作,乡村建设已深印在一般人的脑海中了;② 用一向所沿用、所从事的"乡村建设"名字,表明平教会在继续 20 年来所努力的工作,容易使人明了;③ 因为平教会过去设有育才院,现在开办乡村建设学院,不过是育才院的扩大,并且原有中国乡村建设学会,现在组织学院,是把各方面的人才、经验汇合起来,集中努力,乡村建设也已得到全国人士的觉悟和重视。其次,关于学院与大学问题。认为"就现有的人力物力来看,还不够"办大学,"所以决定由小而大,由近及远,先办一个学院"。第三,谈学院选址问题。提出决定选在重庆北碚歇马场高坑岩。原因有四个方面:一是因为乡村建设学院是全国性的,选址重庆不带地方性;二是聘请师资、招考学生更便利;三是因为乡村建设学院不是机械地以农业等等的建设为限,工业建设仍是乡村建设工作之一,重庆是工业比较发达的地方,所以乡建学院以办在重庆附近为宜;四是因为重庆是全国政治、经济、交通的中心,北碚歇马场高坑岩离重庆有 60 公里,离歇马场三公里,交通便利,且有长宽各约十丈的瀑布,可以利用发电,有河流通北碚,运输很便利。并认为"学校的建筑以简单、适用、卫生为原则,最好能乡村化。"最后,谈组织筹备委员会、设立办事处问题。决定在重庆设一通讯处、在重庆近郊设筹备处,并确定了筹备委员及主任委员、常务委员人选。

（新版《全集》卷 2,第 195～197 页）

5 月 20 日　给布德罗①博士回信。首先,告知刚收到 1 月 24 日来信,增进了了解,并为他对中国和对平教会工作感兴趣而高兴。其次,对来信内容进行详细答复:① 关于平教会与政府合作开展的卫生活动。定县卫生实验和演示的结果"是通过与米尔班克纪念基金会的合作才得以实现的,致使中央和地方政府开始对中国农村的卫生工作产生浓厚的兴趣。广西在中国是第一个在一个省的范围内实施卫生计划的,这个计划在酝酿过程中我们共同的朋友斯丹巴②博士起了主要作用,其格局基本是效仿定县的";平教会成功地在湖南组织了第一个省卫生委员会;平教会在中华民族潜在的"皮得蒙高原"③四川为省政府组建了四川政府设计委员会(省主席任委员长,平教会的领导任副委员长,并实际负责)④,并且在设计委员会

---

① 布德罗(Boudreau):陈志潜的好朋友。
② 斯丹巴:旧版《全集》译为"斯坦珀"。
③ 皮得蒙高原:旧版《全集》译为"前山地带"。
④ 四川政府设计委员会:旧版《全集》译为"四川计划委员会(省长作主席、运动的领导作副主席、实际负责)"。

中设立了一个公共卫生科。四川省政府并给这个委员会拨款 30 万元,行政院卫生署又拨款 13 万元进行支持①。并告知布德罗博士的朋友陈志潜博士②已被任命为四川省卫生专员。② 关于全国乡村改造委员会。自从中国抗日战争爆发以来,平教运动倾其全力帮助中央和省政府复兴国家的基础行政——即地方行政、培训公务人员和动员农民以增强中国民族生存与自由的战斗力。为此要加大人才培养的力度。一方面要进行与去年相似的扩大培训;另一方面将把主要精力放在国家的根本计划上,即人才培训上,决心改组并加强乡村改造学院。③ 关于与平教会③在资金上的合作。感谢布德罗博士的慷慨,希望米尔班克纪念基金会能够维持以前每年慷慨捐助的数额。最后,请相信继续向平民教育运动提供最有益的和我们迫切需要的合作是可能的并且是值得的。(新版《全集》卷 4,第 559~563 页)

6 月 18 日　在平教会第七次乡建工作座谈会上讲话,该讲话稿以"乡建工作中'作之师'与'作之君'的关系"为题收入宋编《全集》第二卷中。主要谈"作之师"与"作之君"的关系。首先,指出研究、训练与推广,是平教会工作的三大方面,为更好地进行推广工作,组织成立推广委员会势在必行。(新版《全集》卷 2,第 198 页)其次,介绍了平教会重庆方面的情况:① 地方政治考察团团员马博庵④、赵

---

① 四川省政府并给这个委员会拨款 30 万元,行政院卫生署又拨款 13 万元进行支持:旧版《全集》译为:四川省政府并给这个委员会拨款 30 万美元,国家卫生部又拨款 13 万美元进行支持。

② 陈志潜博士:旧版《全集》译为"C. C. 陈博士"。

③ 平教会:旧版《全集》译为"平教运动"。

④ 马博庵(1899~1966):原名马文焕,又写作马博厂。江苏仪征人。我国对外关系史和国内县政、乡村经济等学术领域的知名专家、著名历史学家,社会学家、教育家。毕业于金陵大学历史系,美国哥伦比亚大学博士。回国后,历任金陵大学的历史系教授、系主任兼政治系主任、金陵大学常务委员。1938 年初在长沙湖南省地方行政干部学校任教授。1939 年春去重庆,与晏阳初合办中国乡村建设学院,任地方行政系主任。先后在湖南、重庆参与晏阳初领导的平教会活动。1939 年春,任平教会县政考察浙江团主持人,经江西到浙江考察县政。在赣停留时,又曾参加江西省地方政治研究会(由熊式辉主办,聘请学者霍俪白主持)的座谈会,对改善地方政治、训练行政干部颇有自己的看法。1940 年被教育部聘为中正大学委员会委员,后任中正大学文法学院院长、教授,中国乡村建设学会重要成员。1941 年 3 月至 1944 年 3 月任《政治知识》(旬刊)主编。1945 年 8 月被作为政务特派员派往东北行营。1947 年 2 月任内政部专门委员。1948 年与人创办中国地方建设协会,任总干事,半年该会解散。同年任江苏省立教育学院代院长和东吴大学教授等职。1949 年 3 月到广州任"中国农村复兴委员会"综合建设组组长,曾在广东、广西考察农村情况,仅 1 个月就脱离该机构,4 月回上海等待解放。同年 6 月去无锡结束在江苏教育学院的课业和事务。当年暑期他参加了苏南行署举办的教育界研究会的短期学习,秋冬学校改编,到上海,改任东吴大学法学院教授,1950 年在东吴大学参加美国留学生小组的学习。1951 年正式参加党领导的革命工作,同年秋派到香港和曼谷、日本,菲律宾等地,进行农村建设方面的考察和研究活动,1955 年回到上海。1957 年由中共上海市委统战部分配在上海历史研究所从事近代中国人民反帝反封建历史的研究工作。先后参与完成《上海小刀会起义资料汇编》《五四运动在上海资料选辑》等的编译工作。撰有《邹平实验县政的剖视》(《行政研究》第一卷第二期)、《邹平定县等地考察印象记》(《行政研究》1936 年 10 月 5 日第 1 卷第 1 期)等。

步霞①、张绍钫诸同志考察完江西、浙江、湖南、广西、贵州等十多省后,都已回到重庆,正在编制报告。② 铜梁、大竹已在采用导生传习办法,乡村建设学院将来实习工作,就要到这些专员区去做。③ 陈开泗同志升任第十一区专员问题值得各会员注意。④ 瞿菊农同志将往定番②去代理乡政学院③院长职务。⑤ 四川省卫生实验处的成立,为中国乡建学院提供了重要的实习场所。⑥ 平教会的性质是一个学术团体,是站在"作之师"的地位——研究实验,干"作之君"的工作——推广实施。(新版《全集》卷2,第200~201页)最后,谈平教会与"作之师"和"作之君"的关系。"作之师"是教育,"作之君"是政治。平教运动的工作,不仅是"作之师",也要"作之君",教育与政治要双管齐下。(新版《全集》卷2,第200~201页)

7月5日　在中国乡村建设学院筹备工作会议上作题为"把乡建学院办成一个革命性的大学"的讲话,其讲话稿收入宋编《全集》第二卷中。首先,对中国乡村建设学院筹备工作的经过和原因进行了详细介绍。"一九二九年从美国讲学归来,……当时我们深深地感觉得现代教育不适合实际需要,非办一个革命性的大学不可。但是认为研究、实验不够,即不能进行'推广'与'训练'。我们历年在定县、

---

①　赵步霞(1903~1965):名冕,字步霞。浙江嘉兴人。1920年毕业于嘉兴浙江省立第二中学,1925年毕业于南京高等师范学校,并先后获文学学士与教育学士两个学位。大学毕业后,赵冕先在开封河南省立第二中学任英文教员,继到宁波浙江省立第四中学任分部主任。1927年在南京第四中山大学(后改名中央大学,今南京大学)教育系任教。1929年3月在江苏省立教育学院任教,兼黄巷民众教育实验区总干事,又主持乡村民教运动北夏实验区。同年8月任浙江教育厅第三科科长。1931年任中国社会教育社筹备委员会负责人之一,成立后任常务理事。1931年7月仍回江苏省立教育学院,任民众教育系主任兼教授。1932年2月参加徐州民众教育宣传周,专门作"民众教育之成效""民众教育与学校教育"演讲。1933年曾任浙江大学教授。曾到浙江省湘湖师范学校演讲。1937年抗日战争爆发后,北上山东在济宁担任山东乡村工作人员训练班教务主任,次年3月因战事转至镇平,担任战时工作干训团豫农干大队长。1939年南下重庆参与筹建中国乡村建设育才院,1940年中国乡村建设育才院成立后任教授并担任教务长,担任学院奖学金审查与考核五人委员之一。其间于1939年11月参与乡村建设学会新组织建设研讨会,成为主要成员之一;次年3月中国乡村建设学会第一次理事会上担任临时书记。1941年4月经平教会推荐以美国洛氏基金会奖学金名额出国深造,入美国芝加哥大学,次年取得文艺硕士学位,又至哥伦比亚大学,于1946年5月获得教育学博士学位。同年夏受聘到怀俄明大学任教。1947年回国,应聘中央大学教授兼教育研究所主任,直到1949年7月。其间于1947年9月参加联合国教科文组织在南京召开的远东区基本教育研究会,并以中国代表团专门委员会委员名义提专题报告。新中国建立后,任教育部参事。1954年到浙江师范学院教育系任教。1958年11月,该院改名杭州大学,到外语系工作。编有《民众教育纲要》(收入《中华百科丛书》)、《民众教育》(中华书局)、《社会教育行政》(商务印书馆)等著作;论文有《工农政策下之工农教育》《我所认识的民众教育》《北夏的实验》《民族战争的发动与民族教育的方向》《训政时期民众教育方针之商榷》(载于《中华教育界》和《教育与民众》等)、《璧山实验区的导生传习》(《乡院院刊》第1卷第1期)等。

②　定番:明万历十四年(1586)置定番州,属贵阳府。清袭明制,1913年废州置定番县,即今贵州惠水县。

③　乡政学院:1937年"七七事变"后,山东济宁实验工作陷入停顿。1938年华北乡村建设协进会迁至贵州省,改名全国乡村建设协进会,何廉仍任会长,方显庭任秘书长。在贵州省政府的支持下,协进会在定番县创办该学院,并以定番县为基地继续农村建设实验。乡政学院的经费仍由洛克菲勒基金会赞助。乡政学院的工作1940年迁川后终止。

在衡山、在新都办实验县,其目的即在从研究实验之中完成了一套制度与内容,去推广,去训练。""自抗战展开,我们就不能不改变政策,把研究和实验暂时停止,从事于急要的工作。因为抗战的元素为人力与物力,但大多数的人力物力在乡村,要开发乡村的人力和物力,非训练大批的人才去发动不可","农村才是中国民族力量之所在"。其次,谈抗日战争使国内部分人士认识到为农民服务的重要性,四川省政府有乡村服务团、湖南有地方行政干部学校,这些培养人才的实践为创办乡村建设学院积累了经验。第三,阐述建国对人才的亟需促使乡村建设学院的创办。"建国是一个艰巨的工作,必须有大批人才。乡村学院就是为培育建国人才而创立"。同时,指出乡建学院的内容与精神,不与一般的大学相同,是"革命性的大学"。接着,介绍了乡建学院筹备工作的几个要点:① 筹备以 5 年为期。② 作十年的人才准备,包括学生和教授。③ 先招收研究生。每系收几个人,重质不重量,予以严格训练实习机会。最后,对学院院址、建筑、学生的实习、社会责任等进行了介绍。(新版《全集》卷 2,第 202～205 页)

7 月 29 日　与重庆同仁讨论通过《乡村建设运动共同信念初草》,共 12 条。"一、我们深信:乡村建设运动是再造中华民族必经的途径。二、我们深信:乡村建设运动为求国家建设的完成,必须以基层建设为重心。三、我们深信:乡村建设是在发动人力物力充实国防反抗侵略。四、我们深信:乡村建设运动是在实现民主政治、合作经济与社会本位的教育。五、我们深信:乡村建设运动的工作,必须政治、经济、教育各方面联锁进行。六、我们深信:乡村建设运动在使农业与工业达到合理的建设乡村和城市,泯除畸形的发展。七、我们深信:乡村建设的主力是乡村民众,我们应当加入乡村民众的队伍,发动民众自力完成建设。九、我们深信:我们必须应用科学方法创造整套的合理的乡村建设的制度和技术。十、我们深信:乡村建设运动必须以社会运动为起点,然后政治运动与社会运动同时并进。十一、我们深信:乡村建设运动,必须融合中西文化之长,适应中国民众的需要,创造新的学风,形成新的文化。十二、我们深信:全国乡村建设的同志必须大规模的联合起来,发动广大乡村的民众,完成我们的使命。"[1](《乡建院在北碚》,第 21～22 页)

7 月　协助赈济委员会等创办璧山保育院。(川编《晏阳初》,第 296 页)

同月　撤销湖南泸溪办事处。(川编《晏阳初》,第 296 页)

同月　平教会[2]迁至北碚歇马场。(川编《晏阳初》,第 296 页)

---

[1]　《乡建院在北碚》所载缺第八条。因手边未有参考资料补充,暂缺。

[2]　此为部分平教会,总会于次年秋迁来。参见 1940 年"秋"条。

同月　与平教会同仁讨论通过《中国乡村建设学院缘起及旨趣》(草纲)。包括四个部分。首先,谈"我们的根本认识"。内容为"1. 我们一句积年乡村工作之经验,深深认识中国民族的力量发源于农村,平时如此,战时更如此,农民大众是抗战中的民族英雄:在前方为浴血的健儿,在后方为生产的主力军。他们蕴蓄着无穷尽宝藏。要复兴民族,建立新国家,必须发动'民力'为枢纽。2. 中国社会结构的基础是乡村基层组织,而组织是动变的。组织应由民众自力改造生活之需要而自然演成,不是外加的或一成不变。我们要改造社会,革新政治制度,不可不自乡村社会的改造及民众生活的改进着手。3. 我们深信乡村建设是要从教育出发,农民教育是引发民众自力的根本工作。要使农民自动自觉改善环境,改造生活,而后可以完成建设。自教育经过活动组织而达到建设,是始终合一的。4. 因为人的生活是各方面联锁而不容分割,所以生活的改进与乡村建设工作亦必须联锁进行,方能有所成就,同时乡村建设有历史条件与政治经济社会条件之存在,必须使诸种条件合宜,方能推动乡村工作。"其次,谈方法,即"'动'的社会科学"。"1. 应从观察及体会民众实际生活的动态中发现社会病态之具体问题。2. 应用科学的方法检讨社会事实,提供改进计划。3. 用'社会的实验'表征所研究的结果,以期完成实际的改造。4. 以民众之自动力量与实际福利测断实验之成果。5. 更以能否普遍推动为再测断之标准。"第三,谈乡村建设的内容与程序。最后,谈乡村建设人才培养的目标与原则。"1. 以整个的国家建设计划,社会应有之人物为本学院培养人才之目标。2. 以研究的结果,证验的过程为教育的内容与方法。3. 发扬诚朴、仁勇之学风,以转移社会动向,虽向现实社会中钻入去,但决不与现实妥协。4. 针对中国乡村社会病象,养成胜任'① 医愚、② 医穷、③ 医弱、④ 医私'的技术专才,但在医疗方针之把握与运用上,又为政治家风度的通才。换言之,本院所造就之干部青年,一方面要能运用现行制度中的地位、力量、工具,他方面更要能做到实际问题的试行解决。研究、实验与改进,同时尤能辅佐民众,引发其力量,使民众本身的群中自己冒出领袖来,达到自立、自养、自治、自强的最后目的。"(《乡建院在北碚》,第20~21 页)

9 月 19 日　国民政府特命蒋介石兼理四川省政府主席,陈筑山调任省建设厅长,胡次威继任四川民政厅长。始颁布新县制,其中大多采纳"平教总会"定县、衡山、新都实验县经验与方法。指定四川及各省、各县于 1940 年 3 月 10 日起,普遍实行新县制。(姜编《纪略》,第 53 页)

10 月 7 日　与梁漱溟、黄炎培、李璜等人在聚会中提出建立联合组织的问题。其原因主要有二。一是担心"国共两党关系恶化,影响抗战前途甚大",两党之外各小党派如果零零散散，就没有力量说话，没有力量调解，"只有各小党派团结起来构成一个力量，才能牵制国共两党，不许他们打内战，而要团结合作，一致对敌。"二是看到抗战初期各抗日党派所争取到的一些民主权利受到限制或取消，国民党不仅反共，也打击各小党派，"甚至使手无寸铁的各党派的生存都受到了威胁"，因此，各小党派应联合起来，"对付来自国民党方面的威胁"。（王建朗、曾景忠著：《中国近代通史》第九卷《抗日战争(1937—1945)》，江苏人民出版社 2013 年版，第 478 页）

10 月 9 日　与黄炎培、梁漱溟、李璜等为解决国共问题继续接洽。他们决定待时机成熟时，就"预约国共两党以外之同志若干人，联名发表告全国同胞书"。告全国同胞书要点有五个方面，其中第五点为"痛切戒绝国内斗争，任何意见参商，总须在法律常轨上求解决。劝政府登用贤才，不分派别。劝各党派须倾诚合作。劝国民努力生产团结。全国人民一致忍痛茹哀，死中求活"。他们商议该宣言的联名者包括无党派、青年党、国社党、第三党、救国会、乡村建设派、职教社、大学教授，不必以参政员为限。这是中间势力首次酝酿以集体的力量对时局表示明确立场，表明中间势力在时局的演进过程中，已开始自觉地联合起来，努力成为国共之外影响时局发展的政治力量，尽管他们之间也存在着矛盾与不和谐。（王凤青著：《黄炎培与国民参政会》，社会科学文献出版社 2011 年版，第 211 页）

10 月 10 日　在平教会 1939 年第三次周会上讲话，以"四川建设的意义与计划"为题收入宋编《全集》第二卷中。首先，谈到四川的目的。到四川的目的"一方面是同王主席①谈话，明了他对于四川的抱负与治川的政策。看有哪些方面，我们一个学术团体的平教会可以做些贡献。一方面是现在的筑山同志以平教运动的立场从事于川政的协赞，对于四川的文化方面、建设方面，本会自身应取何种方向，与他作一个探讨"。其次，介绍与四川王缵绪主席谈话的内容。① 在抗战建国的时候，省政府应该做而且是能够做的，就是改造全省政治机构，使它灵活强健，合于抗战建国的需要。② 健全公务人员，使其能运用这灵活的政治机构。③ 组训民众，使 7 000 万人能共同负起抗战建国的责任。并指出建设四川的重大意义。因为"四川在整个国家的地位太重要""现在仅剩的抗战基础，人力物力都还充裕的，已

---

① 　王主席：即王缵绪(1887~1960)：四川西充人。字治易，别号屋园居士。早年入四川陆军速成学堂学习。1926 年任国民革命军第二十一军第四师师长。1935 年任国民党政府军陆军第四十四军军长。1938年任陆军第二十九集团军总司令、四川省政府代主席。1944 年后，任重庆卫戍总司令、武汉和重庆行辕副主席、西南军政长官公署副长官等职。1949 年 12 月率部向中国人民解放军投诚。成都解放后，先后任川西博物馆馆长、西南军政委员会委员、四川省人民政府参事室参事、成都市人民代表等职。后认为政府给他安排的职务太低，心中不悦，于 1956 年借治牙为名，化名张正言，与雷少成潜赴深圳，由罗湖桥偷越香港时，被边防军捕获，押赴成都入狱。1960 年病死狱中。

无几省,而四川乃是这几省最大最重要的一个",希望平教会的同志"工作无论如何困难,非迎头赶上去把四川建设起来不可"。第三,介绍新都实验县的情况。认为新都实验县成立仅一年余,"各项工作,均甚精彩。如户籍、地籍、警卫、农业推广制度,都有可观的成绩"。准备将新都工作经验推行到全川各县去。第四,介绍平教运动本身情况。"关于平教运动本身。我们一方面助成抗战建国的任务,一方面以学术立场,有本身的工作。所谓本身的学术工作,那就是研究与训练,我们决定办一个中国乡村建设学院,集合国内乡建专家,共同努力。中国乡村建设学院以中国乡建学会主要会员为院务委员,梁仲华、梁漱溟诸先生,都热烈赞助,表示凡可尽力之处,一定尽力去做。"第五,谈华北农村建设协会迁贵州后情况。"已改名农村建设协进会,并成立乡政学院于定番,乡政学院的负责人原为张鸿钧与方显庭,两先生又推林可胜先生为院长。林先生因为红十字会方面事情很多,不能负实际责任,就请陈志潜同志兼代院长职务。我和陈同志在成都会面时,他极力主张中国乡村建设学院与乡政学院合流,如此,可以把人力集中,对于整个的农村建设,将更容易有贡献。并说这事已得农村建设协进会那方面各重要人员的同意。"并希望真能成为事实,"使中国乡村建设学院的人力物力,愈益充实,为今后的抗战建国培养领袖人才。"最后,谈了四川办事处的人员安排。陈筑山担任了省府秘书长,陈行可担任了省立师范校长,因没有功夫兼顾原主任事务,由晏声鸿①以秘书名义负责办理;同时欢迎农业经济专家吴华宝②、学品优越的赵步霞、在妇女工作方面很有经验的徐幼芝③参加平教活动。(新版《全集》卷 2,第 206～209 页)

10 月 11 日　与梁漱溟、李璜等在成都平民教育会接待黄炎培,深谈时局。(许汉三编著:《黄炎培年谱》,文史资料出版社 1985 年版,第 132 页)提出筹建统一建国同志会的设想,共同为发起筹备成立统一建国同志会而积极地开展活动。(徐文生编著:《中

---

①　晏声鸿:晏阳初先生的侄儿。四川省巴中县(今属巴中市)人,黄埔军校第四期毕业。曾任西北行辕政治处主任(中将)。曾负责定县的"自卫"训练。

②　吴华宝(1909～1983):江苏吴县人。早年毕业于金陵大学农经系,1933～1935 年先后在美国康乃尔大学和伊利诺斯大学农经系深造,分别获硕士学位和研究员职称。1935 年回国后,先后任南开大学、湖北农学院等 4 所高等院校教授、农经系主任、教务长,农业推广委员会技正、所长等职。新中国成立后,历任华东农林部技正兼复旦大学教授、新疆八一农学院农经系主任兼农经教研室主任、院图书馆长、院务委员会委员等职。主要从事高等学校农经教育工作。出版专著有《中国粮食问题》等数部,代表作有《富饶的中国农业资源》(上海永祥印书馆,1951 年版)。论文有《中国之农业生产》《中国之农业合作》等。

③　徐幼芝:毕业于金陵女子大学。1919 年 11 月湖南基督教女青年会在长沙召开成立大会,被推为总干事。1924 年以长沙女青年会代表身份参加长沙国民拒毒会筹备工作。1938 年 6 月任战时儿童保育会湖南分会 12 人理事之一。1942 年在金陵女子大学任乡村服务委员会委员,住江宁县淳化镇。1944 年发表《农村妇女教育问题》《一年来我们在中和场的乡村服务工作》。1948 年中华全国大学妇女会南京分会成立,被选为 11 人的理事之一。1950 年 4 月在苏皖基督教乡村服务协会服务。南京师范学院成立以后,被调回随园任仓库管理员,将仓库管理得井井有条。其他生平事迹待考。

国民主党派革命斗争史》,西南交通大学出版社 2002 年版,第 143 页)

10 月 12 日　撰写《再谈农民抗战的意义》,收入宋编《全集》第二卷中。首先,指出这次对日作战"是全民战争,是整个的中华民族,为争民族生存而一致对敌的全面战争。"但是否真做到全民值得反思。其次,分析了进行农民教育的原因和意义,指出抗日战争"要得到最后的胜利,最重要的条件是能持久,而抗战能否持久,不单靠前方的武装同志之力,更须后方的充实","非赖整个的民族,个个都作敢死的斗士,用血肉、用精神,和敌人作坚忍持久的殊死战,才能希望博得最后的胜利。而全民族中最具坚韧性最富潜伏力,足负起长期抗战的使命的,莫过于三万万农民,所以这次战争的胜败,实在系于农民抗战的有无办法"。但"中国三万万的农民,虽然具着莫大的潜伏力,与无限的可能性,但从来没有充分地被启发、培养、组织和运用,有时还被压迫榨取,蹂躏摧残,以致本来大有可为的民众,日趋于萎靡消沉","现在真正到了最后的关头","这时候如果不把后方的农村民众,激发起来,组织起来,使他们每一个人,都能有意识有效率地去参加神圣的民族救亡战斗,黄炎的后裔就怕真个陷于万劫不复的境地了"。最后,提出进行平民教育的办法。"着手于农民抗战教育团之组织,集合一班甘愿献身农村工作的同志同道,深入民间,去提高农民的民族意识,增进农民的抗战力量,使整个农村在精神物质两方面,都能为前方将士强有力的后盾",让因战争而失学失业的、热血充溢的、有着报国之心的青年,以及一向努力农村工作的同志联合起来,以共休戚共患难的精神,携手走入广大的农民社会,"一方面为我们的爱友——农民——更尽服务的天职,一方面把这批民族复兴的基本队伍,组织起来,强化起来,以期争取抗战的最后胜利而奠定新中国的永久基础"。(新版《全集》卷 2,第 210~211 页)

11 月 10 日　致信金淑英。首先,为长时间没有对航空寄来的手稿回信表示懊悔。其次,告知在最近的一场大火中平教受到了灾难,"它烧毁了我们的总部和有价值的文件,还有地方行政系与教育系的资料以及二十来个职员的私人财产,损失总价值为 2 万元①!"第三,告知广西地方行政干部学校②主任何礼裴(音译)③遭

---

①　二万元:旧版《全集》翻译为"2 万美元"。

②　广西地方行政干部学校:应是"广西地方建设干部学校",该校前身是 1936 年 5 月成立的广西民团干部学校,1939 年 2 月结束民团训练任务后在桂林设立。校长由省政府主席兼任,下设教育长一人和总务、教导、军训三处。学生以 144 人为一中队;计第一期为六中队;第二期为四中队;第三期值敌寇侵占桂南,故仅招收两中队;第四期为省府令收学生军退伍的一部分学生,故仅为一中队;每期都自成一大队;惟第四期仅一中队,不设大队,附属于第三大队来管理。办理两年,训练乡镇长四期,结业学生 1 402 人;开办特别训练班四所,各班共办七期,当时任村街长受训的达 4 000 余人;开办甲长训练班三期,受训甲长 200 余人。

③　何礼裴(音译):生平事迹未详,待考。

到一起蓄意的暗杀,脊柱中枪,仍躺在医院内,终身会残废。第四,告知手稿很好。"我们都认为这是一份写得很好的稿子。陈先生①特别喜欢卫生这一章,而瞿先生②则喜欢有关教育的章节。经过几次与大家交换意见,我们认为,序言、导言和'除文盲、作新民'各章要重写。我们最后达成协议,孙先生③负责序言和导言部分,我来撰写'识字'一章。至于最后一章'瞻望前景'我也要做一些修改。"第五,告知冈恩等将在当月底或下月初来访,正在忙着给准备财务报告,此后将立刻着手改稿工作并以最快的方式把手稿寄回。并告知正酝酿请人撰写《中国新型的有文化的农民》。第六,告知全国各地给予平教会的信任与能够为其提供服务并使运动进一步推广提供了极好机会。① 江西省熊(式辉)主席④有一个庞大的计划,要以委员长为后盾在江西⑤办一所以委员长的名字命名的"中正大学",把它作为东南各省知识分子的中心。自己已经被推选为大学的常务委员会主席,并希望担任校长一职,但是由于几个原因而无法接受。"该校有三个学院,即艺术与管理学院、农学院和工程学院,每年的全部预算近一百万美元。"⑥② 拟将已迁至贵州省的"前中国

---

① 陈先生:陈志潜。

② 瞿先生:瞿菊农。

③ 孙先生:孙伏园。

④ 江西省熊(式辉)主席:旧版《全集》误为"广西省长 Hsiung"。

⑤ 江西:旧版《全集》误为"广西"。

⑥ 此处叙述与史实也有出入。《江西师范大学校史》载:"1936 年,蒋介石拨款一百万元作为创办这所大学的基金。'七七'事变后,这个计划一度被搁置。1939 年前后,日军对国民党战场发动大规模战略进攻,武汉、南昌、福州、广州等城市相继陷落。江西省政府迁往赣西南的泰和县,使这个县城成了东南数省的重镇之一。……熊式辉于 1939 年 5 月在重庆邀请在川的专家学者,'详慎研讨'在江西创办大学的计划,并将计划面呈蒋介石批准,蒋又增拨建校基金一百万元。8 月底,熊又邀请省内外专家学者在江西遂川聚会。出席者有邱椿、许德珩、罗隆基、王造时、雷洁琼、程时煃、李德钊、杨亮功、王有兰等数十人,并组织筹备委员会,下设校舍设备(由程时煃、杨绰菴、朱有骞、吴华宝负责)、图书仪器(由邱椿、杨绰菴、刘中藩负责)、教育计划(由马博厂、雷清琼、肖纯锦、何棣先负责)等三个专门委员会,校名定为江西省立中正大学。会议之后,各专门委员会开展了筹备工作。1940 年初,筹委会推定马博厂等三位委员到重庆,向蒋介石和教育部长陈立夫汇报了筹备情况,得到赞可。4 月,国民政府行政院通过决议,定校名为'国立中正大学'(以下简称'正大'),直属教育部领导。6 月 1 日,正大筹委会在泰和县城郊的杏岭正式成立并办公。由教育部聘请熊式辉、程时煃、邱椿、肖纯锦、罗廷光、马博厂、蔡方荫、朱有骞为筹委会正式委员,熊式辉为主任委员。原筹委会下设的三个专门委员会委员继续留任,负责具体筹备工作。这期间,修筑了杏岭至黄岗的公路,盖起了图书馆、实验室、教室、大礼堂、师生员工宿舍等共 81 栋,购置了 10 余万元的仪器和图书资料,装修了电灯、电话。与此同时,拟订学校的主要规章制度,聘定了各院系的专任教授。校长是在江西籍的知名学者中遴选的。几经商议,最后推定由著名植物学家胡先骕教授担任。经国民政府任命,胡教授于 1940 年 10 月 1 日到职,学校筹委会旋即结束。4 日,招收的第一届新生到校。31 日,正大在杏岭正式开学。为了表示对这所大学的重视,蒋介石和陈立夫发来了贺信。"(第 2~3 页)"学校组织分三处三院一部:教务处、训导处、总务处;文法学院、工学院、农学院和研究部。"(第 3 页)"学校创办初期,国民政府对它颇为重视,经费也有所照顾。蒋介石原拨的 200 万元作为学校基金存入银行,分文未动,另外每年拨给经费。如 1941 年拨给经常费 70.5 万元,临时费 60 万元,另拨给美金 2 万元用于在国外购买图书仪器。同时,江西省政府每年拨款 20 万元。"(第 3 页)可见,所设学院有出入,且所拨经费不是美元,而是法币(元)。当时法币与美元的兑换价,约为 8.21∶1。

华北农村改造协进会的乡村建设育才院"①合并到中国乡村建设学院,曾派瞿菊农博士去乡政学院做总监,合并后,以便能拥有瞿博士这样的人才。③ 为向四川的改造计划提供实际的帮助寻找一条畅通的道路而创办中国乡村建设学院。并告知各种乡村改造的团体在促使这所学院的创办,并心甘情愿地在平教运动的领导下工作,哲学家和中国乡村改造的思想家梁漱溟先生已经明确地表示同意作学院的正式教授。"我们大概需要十万美元来买地皮,第一年在建校舍方面最低限度需要三十万元,购置设施又要二十万元②。委员长对我们的学院十分热心,他向我提出的第一个问题就是:'你们的学生什么时候毕业,我要用他们。'在所有的可能性中,我们可能从他那里得到很实际的帮助。我指望从我们的美国朋友那里得到二万美元的捐款。"(新版《全集》卷4,第563~566页)最后,告知弗雷德里克·菲尔德③"打算与你联合起来制订一项计划,以便对我们的运动提供某些资金上的帮助",询问"你们的联合计划目前进展如何",并告知"不管发生了什么事情,总之④我们的学院在明年秋天一定开学。因而,你现在为帮助我们成功地创建学院所做的一切工作将使我们大家感激不尽。希望尽早得到你的回音。"(新版《全集》卷4,第566页)

11月25日 被推为乡村建设学会五人事务理事之一。(参见《黄炎培日记》卷6,第208页)

11月26日 与梁漱溟、黄炎培等在重庆聚会,商定乡村建设学会理事名额19人,已定者为杨开道、章元善、瞿菊农、孙廉泉、晏阳初、梁仲华、梁漱溟、高践四、陈筑山、江问渔、黄炎培。(李勇、张仲田编著:《统一战线大事记(抗日战争时期卷)》,群言出版社2014年版,第227页)

是年 主持的平民教育会在重庆设驻京办事处,并筹建中国乡村建设育才院,与梁漱溟、梁仲华等为董事,张群担任董事长。乡村建设派到重庆后,仍在西南各地开展乡村建设活动,但其主要精力则放在开展抗日民主活动上。(周勇主编:《重庆抗战史(1931—1945)》,重庆出版社2013年版,第208~209页)

是年 平教会从湖南迁到重庆,并成立"中国乡村建设育才院",任院长,实际上由汪德亮、瞿菊农两位先生负责。(《定县足迹》,第59页)

是年 因"平教总会"由湖南迁至四川成都,经常往来于成、渝等地,与同仁一道协助各行政督察区的实验研究工作。(姜编《纪略》,第52页)

---

① 前中国华北农村改造协进会的乡村建设育才院:旧版《全集》译为"前中国北方乡村改造委员会的乡村服务培训学院",有误;新版《全集》仍有误,应为"前中国华北乡村建设协进会的乡政学院"。

② 三十万元、二十万元:旧版《全集》均为"三十万美元、二十万美元"。

③ 弗雷德里克·菲尔德(Frederic V. Field):旧版《全集》译为"弗莱德·菲尔德"。

④ 总之:旧版《全集》翻译为"简单地说"。

是年　经先生与卢作孚的奔走联络,成立了"私立乡村建设育才院董事会"。张群任董事长,董事有蒋梦麟、翁文灏、熊式辉、张治中、吴鼎昌、陈布雷、蒋廷黻、康心如①、黄炎培、何北衡、梁漱溟、张伯苓、卢作孚、晏阳初、甘乃光、陈光甫、周作民、范旭东、梁仲华、高阳等。值得一提的是,董事会一成立,便作出了决定:"由晏阳初担任书记,卢作孚任会计,负责处理建校重大事宜。"(刘重来著:《卢作孚与民国乡村建设研究》,人民出版社 2007 年版,第 358 页;吴著《晏传》,第 320 页)

是年　邀请华西协和大学著名的社会学学者张世文到重庆北碚歇马场中国乡村建设育才院为学生做"科学的社会学"的学术演讲。(党跃武主编:《上林春讯——纪念改革开放三十年档案管理和校史工作文集》,四川大学出版社 2009 年版,第 202~203 页)

是年　担任合川华银煤矿公司董事。"合川华银煤矿公司,成立于 1939 年。该地矿区甚多,原系当地居民用土法开采,1938 年由合川团总张云毅、罗子章等发起将各土矿合并,加入新组公司之资本,定名为华银煤矿公司。资本初成立时仅30 万,1940 年增资至 150 万,重要股东为民生公司及金城银行和天府煤矿公司。该矿董事:孙越琦(天府代表)、罗子章(合川团总)、戴自牧(金城银行代表)、晏阳初(教育界)。总经理赵璧光②。"(《国民党四联总处工商调查材料》,见陈真、姚洛编:《中国近代工业史资料》第 1 辑《民族资本创办和经营的工业》,生活·读书·新知三联书店 1957 年版,第 445 页)

---

①　康心如(1890~1969):祖籍陕西城固,生于四川绵阳。名宝恕,从号行。1911 年加入同盟会,不久,去日本留学。南京临时政府成立后,在成都筹设中华民国联合会四川分会,创办《公论日报》,后往来于北京与上海之间,参与反袁(世凯)斗争。1919 年开始经商,任四川美丰银行协理。1926 年任经理。依靠刘湘支持,得以迅速发展。抗战期间,曾任重庆临时参议会议长。1949 年后,任西南军政委员会、财经委员会委员,全国工商联执委等。并参加了民建。

②　赵璧光:重庆市合川人,为合川德高望重的先生,1939 年卢作孚、李云根等筹办华银煤矿股份有限公司成立,任总经理。陶行知曾于 1939~1943 年与他交往频繁,1941 年 11 月 8 日请他为育才学校用地一事出面主持公道。其他生平事迹待考。

1940 年(民国二十九年 庚辰) 五十岁

1月 教育部公布《国立中学战区学生贷金暂行办法》。

2月 教育部修正公布《中学课程标准》,公布《特别师范科及简易师范科暂行办法》。

3月 教育部在重庆召开全国中等教育会议。教育部公布《国民教育实施纲领》《各级学校体育实施方案》。

同月 中国国民党成立三民主义青年团。

同月 中央研究院院长蔡元培在香港逝世,终年七十四岁。

同月 在日本操纵下,汪精卫伪国民政府在南京成立,汪自任代理主席。11月正式就任。

4月 教育部公布《各省(市)小学教员总登记办法大纲》《乡(镇)中心国民学校实施要则》《保国民学校设施要则》。教育部设学术审议委员会,奖励研究和著作发明。

7月 教育部公布《师范学院辅导中等教育办法》。

同月 日本成立近卫文磨内阁,公然提出"大东亚共荣圈"口号。

8月 中国国民党七中全会通过《推进侨民教育方案》,为抗战后推动侨教的具体规划。

9月 国立女子师范学院成立。

10月 延安文艺界集会纪念鲁迅逝世四周年,电请全国定十月十九日为鲁迅节。

同月 蒋介石掀起第二次反共高潮。

同月 教育部召开全国国民体育会议。设立侨民教育设计委员会。公布《大学及独立学院教员资格审查暂行规程》。订定《员生膳食费用补助办法》,后由贷金办法而演变成公费制度。

1月11日 在中国乡村建设学院璧山实验区会议上讲话,主要谈实习区的意义。该讲话发表在《平讯》第4卷第1期,收入宋编《全集》第二卷中。首先,指出实习区工作是整个乡建工作的生命线。并对定县、衡山、新都、济宁、菏泽的种种实验与创造大加肯定。其次，批评只说不做，强调实际工作是生命线。"中国人易犯的毛病，思想主张用文字写出来以后，有人读了赞赏一下就完事，文字就是工作，理想等于幻想。……希望大家永远记住：实际工作是我们的生命线。……乡村建设到今天所以有一线光明，就是因为有一班人不管有无困难，有无问题，脚踏实地的在那里干。"第三，指出创办中国乡村建设学院是乡建运动新阶段的开始，认为学院只有"打破传统教育的桎梏"，"到农民生活上做工夫"，才能解决中国问题。最后，指出，"实习区，不仅是乡建运动的生命线，同时也是乡建学院的生命线"。（新版《全集》卷 2，第 212～213 页）

1 月 12 日　晨，与章元善一起去拜访黄炎培，商中国乡村建设学会筹款，该会成立于 1933 年，与梁漱溟、梁仲华、陈筑山、江恒源、章元善、瞿菊农、杨开道、章鲁泉、孙廉泉、章鸿钧、皮达五、孙恩三及黄炎培等为主要成员。与章元善、李幼椿、黄炎培深谈个人修养问题。是夜，黄炎培为《星槟日报》和《大公报》征文，即阐述晏阳初之观点。黄炎培在《日记》中写道："经验须进以体验，Boldness 粗勇，须进以 Courage 智勇。阳初说。""经验从精心体察而来，这经验才有价值，勇敢易失之粗疏，须进以智深勇沉效用才大。与晏阳初谈及此。"（许汉三编者：《黄炎培年谱》，文史资料出版社 1985 年版，第 134 页；黄炎培著、中国社会科学院近代史研究所整理：《黄炎培日记》第 6 卷（1938.8～1940.8），华文出版社 2008 年版，第 231～232 页）

1 月 19 日　被黄炎培问讯。（黄炎培著、中国社会科学院近代史研究所整理：《黄炎培日记》第 6 卷（1938.8～1940.8），华文出版社 2008 年版，第 234 页）

2 月　与四川省主席张群（乡建学院董事长）议定成立以璧山县为中心包括巴县、江北、合川、江津、永川、綦江、铜梁、荣昌、大足 10 县及北碚管理局在内的"华西实验区"，作为乡建学院学生实习之用。在校舍未完成之前，"平教总会"迁北碚作临时会所。（姜编《纪略》，第 54 页；吴著《晏传》，第 337 页）

3 月 1 日　国民政府规定，四川全省各县实行新县制，第一年内应依照新县制完成下列工作：① 充实县政府；② 裁撤区署；③ 改组乡镇公所；完成乡镇中心小学及乡镇壮丁队；④ 依照省颁办法，甄训保长。到年底，各县行政机构调整完成。（姜编《纪略》，第 54～55 页）

3 月 20 日　致信 M. C. 鲍尔弗①博士。首先，信中告知随信附上一份正式文

---

①　M. C. 鲍尔弗（M. C. Balfour）：生平事迹未详，待考。

本,并相信通过它可全面了解过去一年中国平教运动的活动情况,以及中国乡村建设学院和活动基地的新计划。其次,告知呈交给洛克菲勒基金会的中国五年具体申请计划,希望认真考虑。① 经费:每年 15 万美元;② 进口图书:每年 5 000 美元。③ 新的"中国乡村建设学院"之基建费用。"一九三九至一九四〇年这一年,学院开始支付的费用是六十五万美元,其中购买土地二十万美元,房屋建筑三十万美元,设备十五万美元。第一年基建费用的一个项目是购买土地;另两次房屋建筑三十万美元,设备十五万美元,以后四年中这两项还将支出。我恳求基金会捐助:(一)一九三九至一九四〇年度总计为六十五万美元的基建费用中的十五万美元用于① 买购土地十万,② 购买设备五万。(二)一九四〇至一九四四年的四年中,每年十二万美元,具体规划是:建造房屋八万,购买设备四万。"最后,告知中国乡村建设运动已形成联合阵线。"随着国内主要乡村建设团体的联合,包括平朔、赤河、无锡和定县,中国乡村建设学院的组建以及随着洛克菲勒驻华医社与平民教育运动间近来已显成效的密切合作,乡村建设运动已形成了其历史上绝无仅有的联合阵线。"坚信洛克菲勒基金会将乐于鼎力相助以在中国创建一个中心机构来致力于造就中国乡村新一代的领导人。并附详细经费申请表。(新版《全集》卷 4,第 567~571 页)

4 月 20 日 好友及同道姚石庵和平教会数位同仁及其家属 21 人,乘坐"民用"号客轮在磁器口一带不幸触礁沉没,全部遇难,深受打击。对此事件曾说道:"这是平教会不可弥补的损失,是对育才院的巨大打击。一些同仁因家属遇难,情绪受到影响,学校的各项工作也因此受到影响。"(晏著《传略》,第 205 页;黄炎培著、中国社会科学院近代史研究所整理:《黄炎培日记》第 6 卷(1938.8~1940.8),华文出版社 2008 年版,第 272 页;吴著《晏传》,第 337 页)

4 月 晏阳初报送《中华平民教育会史略》及今后工作计划等致中央社会部呈。(中国第二历史档案馆编:《中华民国史档案资料汇编》第 5 辑第 2 编《教育》,江苏古籍出版社 1997 年版,第 771~790 页)

同月 根据陈筑山建议,四川省生产计划委员会正式成立。(姜编《纪略》,第 55 页)

5 月 1 日 开始训练工作,全川地方行政人员分期分别到省训练团地方干部训练班或各行政督察专员公署举办的训练班受训,借以了解新县制精神。(姜编《纪略》,第 55 页)

7 月 5 日 在重庆致信 M. C. 鲍尔弗博士。信中首先告知"尽管我们受到空袭警报的干扰和残酷无情的轰炸,但还是与中国乡村建设学院一道取得了一定的成绩。"其次,告知中国乡村建设学院虽经过波折但现已通过教育部对新学校和新机构的注册登记。"陈立夫部长和高教司司长吴俊升[①]博士了解和赏识平民教育运动的工作,并给予特别的合作和同情。"通过注册活动,"使我们和教育部成员之间得到相互理解,有助于他们更深地了解中国乡村建设运动的意义和计划。由于中国乡村建设学院现已在教育部正式注册,因此我们就可以采取措施通过四川、武汉、贵州、湖南和山西等地的主要报纸广泛宣传,引起公众注意,以利招收学生。"同时"为了增加中国乡村建设学院基建费用的资金,我也鼓励新闻机构进行报道宣传。"第三,告知就中国乡村建设学院事宜与蒋介石委员长进行了两次长谈。蒋指示说:"我们的党员总往大城市挤,寻找立足之地,而对广阔的未开化的乡村不问不闻,置之漠然! 你们立刻去创办你们的学院,尽快培养人才,中国的乡村需要他们。"接着,他又严肃认真地说:"我很荣幸能为学院捐助十万元。我愿为之多做贡献。一旦有良机,我还会捐助。诚然,我们务必要使中国乡村建设运动取得成功。"并"希望我们加速创办中国乡村建设学院,并认为这对战后中国的建设至关重要。"第四,恳请洛克菲勒基金会再次捐助 15 万美元用于中国乡村建设学院的基建费用,希望尽快将所赠捐款交来,并陈述其理由。"第一,洛克菲勒基金会给予的捐赠越早,我们就越容易获得另外的捐助。……第二,所有的物资、设备价格几乎每天以惊人的速度暴涨!"最后,"衷心希望您真正意识到我们所做的实际努力和至今取得的来之不易的成果;希望您帮助我们'渡过难关',并给予我们急需的、令人振奋的鼓舞。及时收到肯定的答复将感激不尽!"(新版《全集》卷 4,第 571～573 页)

秋[②]　将"平教总会"由四川成都迁往重庆北碚的歇马场。(《乡建院在北碚》,第 3页)在国民政府的支持下,先生为乡村建设育才院选择校址,选在重庆北碚歇马场大磨滩龙凤溪畔,当时距重庆约 60 公里,离战时新聚成的文化中心青木关也只有 20 多公里。在政府的支持下,"平教总会"在北碚歇马场买了约 500 亩土地,准备建立乡村建设学院。但在申请立案时,国民政府教育部认为"乡村建设学院"的院系设置不符合《大学法》规定,于法无据,所以不能命名为"学院"。(王超:《晏阳初与中国乡村建设学院(1940～1952)》,四川师范大学硕士论文,2013 年 5 月,第 17 页)后几经周折,得教育部部长陈立夫与高等教育司司长吴俊升特批,把校名改为"私立乡村建设育才院",学制二年,第一届先办乡村教育与农业经济两个

---

① 吴俊升,旧版《全集》音译为"吴钦森"。
② 作者认为是"冬季",误也。

专修科①。(张颖夫、田冬梅:《论晏阳初在重庆北碚对大学教育的改革及其当代价值》,《西南大学学报》2012年第1期)学校筹备工作基本就绪以后,乡建育才院随即开始面向全国范围招收学生。在四川省内,设立有北碚、成都、大竹、南充、泸县、江津六处招考点;在四川省外,设立有陕西城固、云南昆明、贵州贵阳、广西桂林、湖南衡阳五处招考点。十一处招考点均于各院校内部临时开设,以便有志乡村青年就近参加报考。乡建育才院原计划招收录取150名学生,后来因受姚石庵沉船事件的影响,加上建筑校舍工程还未完工,故不得不改变计划,只录取50名学生。这50名学生中大都具有高中毕业学历和学校、农场、平教活动等两三年工作经验,后来均编入乡村教育专修科和农业专修科,前者又分成成人教育和儿童教育两小组,后者也分成作物生产和农业经济两小组。(王超:《晏阳初与中国乡村建设学院(1940～1952)》,四川师范大学硕士论文,2013年5月,第15～16页)

10月28日② 经教育部正式备案的"私立中国乡村建设育才院"开学,任学院董事会秘书、院长。(新版《全集》卷2,第214页)在课程的设置上,教育部给了了相当大的自主权,除教育部统一规定的公共课程以外,根据平民教育、乡村改造的需要,根据中国乡村建设学院科系的设置来开设专业课程,如从1940年至1944年,列为四科共同必修的课程有:乡村建设概论、农业概论、乡村教育概论、农村经济、社会工作方法、公共卫生等。(詹一之、李国英著:《一项为和平与发展奠基工程——平民教育之父晏阳初评介》,四川教育出版社1994年版,第254页)

同日 在乡村建设育才院1940年度始业式典礼会上讲话。其讲话词发表在《平讯》第4卷第8期,收入宋编《全集》第二卷中。首先,指出创立育才院是平教会同仁20年来之夙愿。其次,指出创立育才院的意义是开发"力矿"、培养"民力",为国家社会培养大批乡建人才,为争取抗战最后胜利、建设新中国培养主力军。最后,提出育才院的目标是:"(一)劳动者的体力;(二)专门家的知能;(三)教育家的态度;(四)科学家的头脑;(五)创造者的气魄;(六)宗教家的精神。"(新版《全集》卷2,第214页)

---

① 吴著《晏传》,第324页载:"乡建育才院创办之初,开设有一个研究部和三个专修科。研究部下设有三个学系,即乡村教育系、农业经济系、农业系;三个专修科分别是乡村教育专修科、农业专修科、手工艺专修科。研究部招收甲、乙两种研究生,目的旨在培养全国需要的高级人才以致力乡村改造。甲种研究生必须是回国留学生,且有实际工作经验或者在国内已有成就的。乙种研究生必须是大学毕业,且有两三年实际工作经验的。甲种研究生录取后不用参加训练,由晏阳初亲自指导其择定研究的乡村工作项目,不时参与有关讨论会,提供奖学金及旅行考察费以资鼓励,是为中央或省政府培养乡村工作的行政及技术人员,同时也为乡建育才院或其他高级学府培养讲师以上的教学人才。乙种研究生录取后训练期一年或两年,视其研习科目而定,是为县一级政府或乡村师范学校、农村合作社培养行政和技术人才。"此与实际不符,错谬甚多。

② 川编《晏阳初》,第296页认为是"29日",误也。

11 月 15 日 致信 R. L. 威尔伯博士。首先,告知很长时间未写信,"这个动荡的时期对中国和平教会既是重要的,又是痛苦的。政府已经下定决心、鼓起勇气实行抗战建国的政策。"其次,告知一直在为中国平教事业贡献自己的力量,并把活动主要集中在国统区的根据地①四川省。"战争爆发以后,新都地区成为该省的'实验区',由设计委员会②管理。这些接触促使我们最后将平教会的总部迁到四川省,而且在一九三九年春天此举已势在必行,这也为平教会成员一到四川就可以有效地开展工作铺平了道路。"第三,告知平教会同事们参加了各种抗战活动。"例如,一些同事领导了四川省平民教育运动,他们的主要目的是调动该省教育的力量,以便在民众中扫除文盲和推广公民教育。……另一些同事参加了四川省农村服务团,动员和教育全省在校的青年促进农村地区的教育、农业、合作及公共卫生。该服务团的一个突出的成就是对前线士兵的家属开展了冬季救济运动。该省人民为这些贫困且受之无愧的家属筹集了三百多万鹰洋。还有一些同事参加了伤兵教育委员会。该会有两个目的:在伤兵中扫盲和进行公民教育,并且帮助他们(许多人已丧失了生活能力)获得新的谋生手段。当我的一些同事参加诸如此类的抗战活动时,大部分同事则投身于创立一个永久性学院的工作,以便为乡村改造运动培训技术人员和行政管理人员。"第四,告知抗日战争"使农民有了在保卫国家中发挥重要作用的机会,国家领导人才如此清醒地意识到乡村改造运动的紧迫性和重要性。蒋委员长曾多次谈到过,决定战争胜负的不是前线暂时的进退,而是开发广大农村地区无限的人力物力资源的成败。在乡村改造的实地工作中,从未像现在这样急切地需要受过培训的领导者。因此,在敌人的狂轰滥炸中,平教会于十月二十八日庆祝中国乡村建设学院③正式开学。"第五,对中国乡村建设育才院详加介绍。① 设有研究生部、本科生部和初级学院部三个部并详述了各部的职责。② 最显著的特点之一就是它强调实地观察和实践,并把其作为培养学生必不可少的组成部分。第六,告知中国平教运动实验区域得到了拓展。① 为了对县之间或地区之间存在的问题进行研究和实验,已从以县为单位进行的实验研究推进到专员区或专区,四川省政府已将南充和大足两个专区置于平教会的管辖之下,平教会的高级成员已被任命为这些专区的专员,管辖 600 万人口和总计 400 万鹰洋的预算。② 蒋介石委员长把璧山地区指定为平教会的"县"实验室。第七,告知在创办中国乡村

---

① 国统区的根据地:旧版《全集》译为"自由中国的根据地"。
② 设计委员会:旧版《全集》译为"计划委员会"。
③ 中国乡村建设学院:应译为"中国乡村建设育才院",1945 年扩建为四年制大学时,才改名"中国乡村建设学院"。旧版《全集》译为"全国乡村改造学院"仍误。

建设育才院时,得到了全国所有重要的乡村改造团体的支持。"他们的一些领导人已加入到我们的教职工队伍之中。全国乡村改造组织实行了集中合并,从而使这所学院真正发展成为全国从事乡村改造研究和进行培训的中心。我们与国家教育部的关系也很幸运。尽管教育部最近严重倾向于由政府管理教育,但教育部长却真诚地赞赏本会的工作。他表示要敦促官方承认我们的学院。同样激动人心的是本会正在得到一些省政府的支持。如广西、四川、浙江、福建、江西、湖南、贵州、西康和陕西省①政府已采取正式的行动为学院提供拨款。……最令人振奋的是蒋委员长对此异常感兴趣。"捐款 10 万鹰洋并对学院提出希望。最后,告知日本侵华战争对中国的破坏,但平教会精神永存。"这场战争已经摧毁了中国许多文化机构,它也给平教会带来了巨大的灾难。我们的二十多位同事及其家属已被炸弹炸死、炸伤,或被淹死、烧死。但平教会的精神并没有被摧垮。相反地,我们比以往任何时候都更能化悲痛为力量。我们知道,自己所承担的任务大大超出了我们的承受能力。但展现在我们面前的是一个崭新的和获得新生的中国,海内外的同情者和支持者正与日俱增,我们要继续勇往直前。"(新版《全集》卷 4,第 574～577 页)

同日 在平教会 1940 年第二次纪念周会上讲"关于奖学金的意义"。以"在第二次纪念周上的讲话"为题发表在中国乡村建设育才院的《院讯》第 3 卷第 1～4 期合刊上②。收入宋编《全集》第二卷中。首先,谈乡村建设育才院是在山河破碎、生灵涂炭的严峻时代背景下诞生的,并是想"从破坏中去求建设、求创造……这其中的意义,值得各位同学深刻地去推敲,去思索!"其次,希望学员们好好珍惜山河破碎、生灵涂炭时仍有的学习机会,刻苦用功,锻炼自己,准备将来实际参加民族战争,不要辜负劳苦农民赐予的安心求学的机会。第三,指出设置奖学金的目的不是"救贫",而是"奖学","奖学"的对象是"品学",是要奖励有志气、有才华、用苦功的人,使他们更加勤勉。并根据自己的亲身经历来说明设置奖学金不仅对获奖者进行经济上援助,更能使获奖者养成苦读奋斗的习惯和自力更生的人生观。第四,介绍了奖学金及贷学金委员会的负责人及奖学金、贷学金的类别及名额:"一、战区贷金 凡战区学生,均可享受。这是专呈教育部的,名额不定。二、非战区贷金 在非战区的学生一定也有有志气而同样感受经济困难的。这种贷金,恐为本院所特有。本期共设五名。三、自助生 为使一部分学生有参加工作的机会,同时也

---

① 西康和陕西省:旧版《全集》误译为"新疆和山西省"。
② 北京师联教育科学研究所编的《(民国)晏阳初(1893～1990)乡村平民教育思想与教育论著选读》第 4 辑第 20 卷(中国环境科学出版社、学苑音像出版社 2006 年版)以题《在乡村建设育才院第二次纪念周的讲演词》(第 200 页),并认为原载《院讯》第 2 期(1940 年 11 月)(第 203 页)。

得到经济上的帮助,特设自助生办法。本期共设八名。四、免费学额 这是为学生成绩优异免除学费而设的。本期共设五名。五、石庵奖学金 这是为纪念姚石庵先生而设的。"最后,告知为了育才院的人才培养六目标将邀请学院的先生逐一详加阐明,下周起即开始举办这样的学术报告会。(新版《全集》卷 2,第 215～218 页)

12 月 23 日 国民政府公布第二届国民参政会参政员名单,与冷遹、江恒源、褚辅成、王忱心、胡子昂、周士观、陈嘉庚、陶行知、李中襄、王造时、张澜、张君劢、黄炎培、史良、邹韬奋、张东荪、沈钧儒、吴贻芳、罗隆基、许德珩、余家菊、陈启天、刘王立明、左舜生、杨赓陶、李璜、曾琦、罗文幹、谭平山、张奚若、梁漱溟、王卓然、李世章、谢冰心同列其中。(李勇、张仲田编著:《统一战线大事记(抗日战争时期卷)》,群言出版社 2014 年版,第 265 页)

12 月 合川县三乡绅拥有了 5 万亩土地,自愿将 100 平方里的土地赠予"平教总会"。当即请学院董事会董事中企业家和中国茶叶公司采取迅速步骤,开发这一地区。(姜编《纪略》,第 55 页)

年底 经孙科介绍,搬家到重庆北碚歇马场白鹤林的"冯家大洋房"居住,与历史学家侯外庐为邻居。(侯外庐著:《韧的追求》,生活·读书·新知三联书店 1985 年版,第 107 页;智效民著:《民国旧梦》,新星出版社 2014 年版,第 85 页)

是年 在育才院《院讯》第三卷第 1～4 期合刊上发表《本院六大教育目标》,提出学院培养人才的六大目标:"第一,劳动者的体力:① 利用自然环境,爬山游泳;② 养成最低限度的卫生习惯;③ 养成健康的思想;④ 自立生产,以锻炼体魄。第二,专门家的知能:① 有一技之长;② 即学即作,即作即习;③ 理论与行动打成一片。第三,教育者的态度:① 人人都是可造人才;② 学而不厌,诲人不倦;③ 作之君,作之师。第四,科学家的头脑;① 对一切求真知;② 用科学的态度来解决一切问题。第五,创造者的气魄:① 不苟安,求进取;② 不享受,不畏难;③ 敢作敢为,耐劳任怨。第六,宗教家的精神:① 有信仰,坚定不渝;② 临大难,处之泰然;③ 重博爱,爱人如己;④ 能牺牲,舍己为人。"(旧版《全集》卷 2,第135～136 页)

是年 与梁漱溟在重庆联络黄炎培、章元善等呈文国民党中央社会部,要求重建因抗日战争终止活动的中国乡村建设学会,筹设固定会址于重庆。学会成立后,继续在重庆歇马村办平民教育;梁漱溟则与黄炎培等以乡建派和职教派团体名义,参加组建民主政团同盟工作。(中华文化通志编委会编:《中华文化通志》第 38 卷《第四典制度文化·社团志》,上海人民出版社 2010 年版,第 471 页)

1941年(民国三十年 辛巳) 五十一岁

1月 "皖南事变"发生。

同月 开始实施《第一次国民教育五年计划》,至民国三十四年止。

2月 国民党成立中央文化运动委员会,张道藩任主任委员,潘公展任副主任委员。

同月 教育部成立中等教育司及国民教育司。

5月 中共中央机关报《解放日报》创刊,秦邦宪任社长。

同月 屈原忌日。我国诗歌工作者定是日为"诗人节"。

同月 教育部公布《国立专科以上学校教授休假进修办法》《免费公费生条例》。

6月 教育部公布《教育部视导规程》《教育部视导室办事细则》《教育部设置部聘教授办法》。

7月 教育部颁布《补习学校规程》。公布《国立中等以上学校学生贷金暂行规则》。

同月 社会教育学院成立。

8月 教育部颁布《教育部设置师范学院初级部办法》。

9月 《解放日报》副刊《文艺》创刊,丁玲任主编。

同月 国民政府修正公布《国民体育法》。教育部公布《小学训育标准》。

10月 国民政府公布"中华新韵"。

12月 日军偷袭珍珠港,太平洋战争爆发。

同月 教育部公布《师范学校(科)学生实习办法》。

1月31日 致信 A. G. 米尔班克先生和布德罗博士。信中首先告知已好久没有写信通报平教运动工作情况了。其次,告知抗日战争"对中国和平教运动来说,不仅具有伟大意义,同时也有说不尽的痛苦。中央政府决心继续执行持久的抗战建国方针,平教会也继续为实现这一方针做出力所能及之贡献。在这段时间我们把平教运动的活动主要集中在四川省"。(新版《全集》卷4,第578页)第三,告知战争爆发后四川省的新都地区定为实验县,并于 1939 年春将平教会总办公处迁移到了四川。第四,平教运动人员参加多种多样的抗战活动(详情参见 1940 年 11 月 15 日"致信 R. L. 威尔伯博士"条)。第五,告知平教会通过各种努力于 1940 年 10 月 28 日热烈庆祝中国乡村建设育才院的正式开学。并详细介绍了该院的内部设置及职责和显著特点,以及全国对该学院的支持情况(参见 1940 年 11 月 15 日"致信 R. L. 威尔伯博士"条)。第六,告知中国平教运动实验区域得到了拓展(参见 11 月 15 日"致信 R. L. 威尔伯博士"条)。最后,告知"在不久的将来,我希望能给您写份关于四川这个大省卫生活动的简报,这项活动是在上面提到的陈志潜博士的领导下进行的。"(新版《全集》卷 4,第 580 页)

1 月　华北乡村改造协进会改组为全国乡村建设学会,任理事会主席兼附设的育才委员会主席。(晏著《传略》,第 202、322 页)

同月　华北乡村建设协会主办的乡村建设研究所在重庆市北碚成立,由平教会瞿菊农任所长。(川编《晏阳初》第 296 页)

同月　与国民党军委会政治部部长张治中合办士兵月刊社,主编《士兵月刊》(第一、二期定名为《士兵半月刊》,第三期后改为《士兵月刊》),对国民党全军发行。该社编辑及经费,由政治部负责;工作人员,全部由平教会调派,再由政治部的军用文职加委。于是平教会平民文学部主任孙伏园被任为同少将社长,堵述初被任为同少校编辑和秘书。受晏先生的指导,《士兵半月刊》创刊号对"皖南事变"的新闻稿没有采用国民党军方对事变所用的违背全民抗战的词语,表示了对这次事变的挑动者的抗议和受迫害的新四军的同情和声援。《士兵月刊》持续四年又八个月,编成并印发了《士兵月刊》约六十个月,即使在国民党内的一些具有反共观点的人,也曾对该刊加以赞许。如第三战区政治部主任邓文仪对军委会政治部部长张治中1941 年 12 月 18 日的签呈称:"职部所辖各级政工人员,常感读物缺乏,部队士兵尤感无精神食粮之苦。"第三战区政治部主任对军委会政治部的签呈,说:"钧部印行的《士兵月刊》材料丰富,文字通俗,甚合一般士兵阅读之用。兹请大量发给或赠寄样本翻印。"此外,第五战区政治部主任徐会之、第八战区政治部主任曾扩情对军委会政治部的签呈,也谈到了关于印刷《士兵月刊》的经费及要求尽快寄发《士兵月刊》印刷样本等问题。该刊在全面抗战这个最高原则上尽到了维护和推进的责任。(新版《全集》卷 2,第 428~429 页)

2 月 4 日　给 M. C. 鲍尔弗博士回信。首先,告知 1940 年 12 月 23 日来信刚收到。其次,告知"各省政府提供的资助为一项特别捐款基金,其利息用来发展乡建院。除四川省政府的五万元外,其他各省政府的资助款已收到。四川省的资助款没有送来的原因,是因为该省政府没有把这笔资助列入一九四一年的预算,但我们期望三月底或四月初能收到该款。"①第三,告知已收到 21 万捐款的构成及用途。"至于您信中提到的我们已收到了二十一万元资助款,即委员长十万元,平教会财务委员会十万元,经济部一万元,这是原来已定为用来发展乡村工业的专款。(江西)华洋义赈救灾总会的一万元资助,将用于修筑一条从我们校园通往公路的路,这是双方商定好的。还有财政部的二万元资助现还在商谈之中。"②第四,告知因面临货币贬值乡村育才院的建设资金和平教会工作人员的工资都面临困难,希望洛克菲勒基金会能给予额外资助。最后,感谢对平教会的鼓励。(新版《全集》卷4,第581~582页)

3月20日 致信 M. C. 鲍尔弗博士。主要汇报平教会拟定的 1940~1945 年五年间的研究院奖学金和一般奖学金的申请计划。首先,出国培训奖学金,平均每年两名。"为了在中国乡村建设学院③的基础教学和科研人员中造就一批骨干",在平教运动的在职人员中挑选,"若能提供给这些青年研究院奖学金出国深造,搞调查一两年,他们回国后将为成为理想的教员,担当起'学院'的科研和教学任务。为此,特向基金会申请资助,在一九四〇年至一九四五年这五年中平均每年两名接受研究院奖学金。"其次,国内研究奖学金,分 A 类和 B 类。"大部分在各省的乡村建设活动中肩挑重担的是我们以前 A、B 两类工作人员。无疑,这是最符合洛克菲勒基金会对华项目要求的条件的。这使我们有可能招收学员以培养乡村建设运动的中级、初级人才。通过新组成的'乡村研究院'来专门培养 C 类工作人员(刚从学院毕业的学生),而让平民教育运动仍像以前那样培养 A、B 类工作人员,这样,这个新的合作计划将会大大提高培训的效率。"其具体申请名额如下:① A 类 1940~1941 年 10 名,1941~1942 年 10 名,1942~1943 年 10 名,1943~1944 年 10 名,1944~1945 年 15 名;② B 类 1940~1941 年 20 名,1941~1942 年 25 名,1942~1943 年 30 名,1943~1944 年 40 名,1944~1945 年 50 名。第三,学生奖学金。"相当一部分有抱负的青年因战争变得贫困,有些甚至无家可归,特别是那些来自战区和日占区的学生。这些设立的学生奖学金为每人每年二百美元,主要想给那些在短训班和正规班学习的有希望却贫困的学生,但也不是绝对的。若基金会能予以提供该项奖学金,这将对这些青年人的远大前程以及'中国乡村建设学院'④的发展大为

---

① 此处翻译文字与旧版《全集》有较大不同。
② 此处翻译文字与旧版《全集》有较大不同。
③ 中国乡村建设学院:此处应译为"中国乡村建设育才院"。
④ 中国乡村建设学院:此处应译为"中国乡村建设育才院"。

神益。"其具体申请名额为① 1940～1941 年 50 名,② 1941～1942 年 80 名,③ 1942～1943 年 100 名,④ 1943～1944 年 150 名,⑤ 1944～1945 年 150 名。最后,表达希望能考虑申请并尽早答复。(新版《全集》卷 4,第 582～584 页)

4 月 2 日　致信张德常①。全信如下:"德常先生鉴:大函奉悉,知已参加边疆服务部工作,至深佩慰!嘱检寄各次参考材料,本应照办,惟爰本会自七七事变后,由河北定县辗转南移,一般资料以〔已〕多散失,刻正着手整编,一俟整编竣事,当再行奉寄也。先函布复,诸希谅察。即颂教祺!晏阳初。"(新版《全集》卷 4,第 584 页)

夏　夫人许雅丽在重庆市北碚歇马场白鹤林附近勇救一位落水的农民,得到当地民众的赞誉。(侯外庐著:《韧的追求》,生活·读书·新知三联书店 1985 年版,第 108 页)

10 月 15 日　在中国乡村建设育才院开学时举行的教职员茶会上讲话。收入宋编《全集》第二卷中。首先,谈平教会创办育才院的意义。指出建立育才院是"一方面继续充实学术上之研究,随着时代潮流、社会需要来努力改进,一方面更要把我们以往研究实验的宝贵经验、心得,传授给一班有为有志肯牺牲服务于农民的青年们,使能对改造农村、复兴国家的基本工作有所贡献"②。其次,对参加育才院工作的同仁提出三点要求:"(一) 要做。我们不仅到图书馆去,更要钻到农民生活里面去,研究、认识、解决农民本身的问题。……(二) 要教。要把本会多年辛苦经营所得的办法、方案传授给学生,要'教时不忘勤学''做时不忘研究'。要使自己的经验能系统化、科学化、学术化,再传给一班有志的青年。……(三) 要导。……要培育、锻炼、陶冶这一班学生,应该'做''教''导'并进,才能收效。"第三,谈近来的感触。① 认为自己以往的理想有点过高,应该重视实际问题的解决。② 学生很听话,能遵守校规,并且有考上中央大学仍选择育才院的。③ 育才院招收学生少是因"人力财力尚未准备充分,但绝不滥收学生,滥收学生是误人,是残害青年;待我们各种条件准备完成,再大批招收训练,我们应当确定校风来陶炼他们。"④ 对同仁们精神振作感到非常兴奋。第四,对有人担心平教会经费问题做出解释,认为

---

①　张德常:金陵大学农学院毕业生,牧师,轮作系主任。曾参加边疆服务部工作。认为生计服务为西康区之特殊事工,计划为招人垦荒,目的在造成"新村",却与西康区部主任马鸿纲在具体工作如何实施上发生分歧。1944 年 3 月之前在财政部四川烟叶示范场工作。1944～1946 年,受蒋德麒指导、与高继善负责在农林部天水水土保持实验区从事水土保持实验,任技正,在天水市南山梁家坪建立黄土区坡地径流小区试验场。最初共 19 个小区,后不断增加。1946 年后到西康服务处罗家场三一新村创办的农场,包括农林和畜牧场,1949 年又办起了碘盐实验厂,推广加碘食盐和含碘食物,以防治甲状腺肿大病症(俗称"大脖子"病)。新中国成立后,到华东农业科学研究所从事研究工作,1951 年暑期,带领华东农林部所组织的高校农学院学生参加安徽农村肥料资源及利用情况调查。与高继善合作撰有《径流冲刷小区试验三年来之初步报告》。其他生平事迹待补。

②　此处翻译文字与旧版《全集》有较大不同。

"我们的工作是能引起社会信仰的,是能继续下来的",强调工作应重质,"平教会存在到今天是因为有质。现在国内办卫生工作、办地方政治的计划之事,大半都是平教会研究的结果。"最后,强调"要负起建国的责任"。"我们在这抗战进入胜利的今天,每一个人都要以作战的精神,尽到我们的职责。要知抗战的精神是紧张的,振作的,此外还要有必死和必胜的信仰。"(新版《全集》卷2,第219~222页)

10月27日　在乡村建设育才院开学典礼会上作报告。其演讲词收入宋恩荣主编的《晏阳初全集》第二卷中。首先,谈了建立育才院的原因:中国"遭遇到空前的生死战争,江山已经失去半壁了!",原因是"我们没有注意到开发国力",没有开发占国民百分之八十以上的农民,而"要去开发他们,我们就要有人才,要训练人才,为抗战建国的工作而训练。……中国今天不是没有'财',而是没有'才'。为什么我们今天要办育才院?也就是这个道理。"其次,谈平教会二十年如一日,主要做了两件事:"一是开发内容;二是培育人才。"第三,论"人格是不能打折扣的。"希望同学们"都能乘龙上天",要有特别的风度、精神和能力,要做到"四自教育",即自习、自给、自强、自治,以此来培养自己的智识力、生产力、体力和战斗力,并要做到四力并兼。最后,鼓励同学们"要站牢自己的岗位,实实在在地努力读书"、注重人格的完全养成。(新版《全集》卷2,第223~224页)

11月1日　给陈治民回信。全信如下:"治民同志:接读十月十四日来函,欣悉种是。足下在十一区仍本平教精神,努力服务,致有圆满成绩,颇为兴奋。本院第二学期已正式开课,目前阶段,以院中人力、物力及环境设备等均尚未臻充实,不能大规模办理。本期学生人数虽不甚多,但录取各生,均经严格甄试,来院者均为矢志农村工作、有才有志之青年。俟将来各种条件具备,当扩大招收训练。以后希望有机会,时来此罄谈一切。对足下工作前途,深为关切,此后当随时交换意见,互为联络也,专复。即颂大安　晏阳初谨复。"(新版《全集》卷4,第585页)

同日　给叶德光①等回信。首先,告知"接读来函,欣悉种是。诸同志②虽在会外工作,对会中事业,仍热忱关注,遂听之下,曷胜感奋!"其次,关于建议在广西设分院事"已转告在会诸同志,对建议各点,均具同一见地。此事不仅广西一地,即江

---

　①　叶德光:毕业于燕京大学,1935年8月受中共党组织指示,到定县平教会当研究生,并与张寒晖一道协助李德仲整顿、恢复、重建中共党组织。1939年9月左右到桂林"工合"西南办事处工作,任视导员兼组织课长、"工合"训练班主任,1941年离开桂林到赣州。1947年到美国进修。解放后在文化部电影局工作。撰有《他播种的友谊种子定会开花结果》《科教片应该为工农业生产大跃进服务》《对"工合"西南办事处的片段回忆》《科学的尖兵　影坛的新花》等。

　②　除叶德光外,有维藩、孝先、建勋、若君和柳休(新版《全集》卷4,第585页)。推测为(陈)维藩、(黄)孝先、(李、陈?)建勋、(杜)若君和柳休,暂存疑。

西熊主席及湖南省政府当局,亦有同一要求。惟感目前阶段,会中人力、学力、物力均未臻健全地步,院中职员每有身兼数事,省教员也有空虚之感;再吾会办学,绝非效法陈迹,办普通之学校,而要办一有崭新学风、教风、作风之新兴学校。以现阶段客观条件,尚未具备,只得先由育才院本身作起。广西当局表示帮忙,深为感激!但基本经费仍应由自己负责,否则易受政局变动影响。此事前例甚多,可为殷鉴。次以本院成立,在教部立案期间,颇费周折,甫及一年,又拟创办分院,立案手续当更困难也。总之,成立分院为吾会不移之政策,此非需要上之问题,而为时间与步骤之问题。于目前只得稍缓设立,先努力充实大本营工作,待有成绩表现,取得政府当局、国内社会人士及国际友好之信仰后,再谋扩展大计。"第三,告知中国乡村建设学院详细情形,已另函谢扶雅同志。第四,告知该院虽在四川办学,"但已包罗十八省籍之有志青年,希望受本会精神陶炼后,成为改造农村、建设农村之领导干部。"最后,甚望时常通讯联系为盼。(新版《全集》卷 4,第 585~586 页)

12 月　将是年 10 月 27 日在乡村建设育才院开学典礼会上作的报告,以"对育才院学生的勖勉"为题发表在乡村建设育才院《院讯》第 2 卷第 1 期上。

是年底　到成都约见著名水利学者崔宗培①,希望他到中国乡村建设育才院

---

①　崔宗培(1907~1998),河南南阳人。1920 年考入天津南开中学,1926 年考入清华大学工程系。同年,参加中国共产党,曾任党支部书记。1927 年 11 月,因参加反帝反封建的爱国运动,遭拘捕,后被保释。出狱后在党组织的安排下,周转大连、上海等处。1928 年暑假后仍回清华大学学习。因党组织遭到破坏,失去组织关系。1929 年 6 月因清华大学停办工程系,转学唐山交通大学土木工程学院,1930 年毕业。1931 年到河南省开封水利专科学校任教。1934 年 8 月赴美国,入爱荷华大学研究生院水利工程系学习。1935 年和 1936 年暑假期间,作为助理工程师,先后到 T. V. A 的 Nonis 坝和 Pickuick Landing 坝工地实习。学习第一年,获得硕士学位。1937 年 6 月,在水利系主任梅维斯(Mavies)教授指导下,完成了"地下水流动"(The Movement of Ground Water)研究论文,通过答辩,被爱荷华大学授予博士学位。"七七事变"爆发后回国参加抗战,几经周折,于 1938 年 3 月到达重庆。同年,在重庆征营公路监理处工作,以勘察工程师名义,督修川鄂公路和川滇公路。1939 年转到四川省政府技术室,管理四川省水利建设计划和工程设计审批,同时兼任四川省征工事务管理处督导组长,协调征用民工单位和地方关系。1941 年兼任征工事务管理处主任,负责修建机场。1942 年到全国水利委员会工作,不久,任中国乡村建设育才院水利系主任。1943 年兼任"中国农村水力实业公司"总工程师。1945 年抗战胜利,年底到沈阳参加接收资产工作,组织技术人员翻译日本留下的有关水利资料。1947 年初成立东北水利工程总局,任总工程师,参与辽河治理规划研究、二龙山水库抢修和太子河堵口复堤等工程建设。1948 年举家到天津,参加华北水利工程总局工作,任工务处处长。1949 年 1 月,天津市解放后,任华北水利工程总局副总工程师。1949 年至 1952 年期间,兼任北洋大学教授,讲授原由张含英承担的防洪工程学课程。1953 年 3 月,调任水利部设计局副局长。1954 年调任水利部新组建的北京勘测设计院副总工程师。1956 年 9 月,重新批准加入中国共产党。1958 年初,水利部和电力部合并为水利电力部,在重新组建的水利电力部北京勘测设计院任总工程师。1960 年 10 月调水电部水利水电建设总局工作,1961 年任副局长,分工主管水利水电工程规划设计和处理有关技术问题。"文化大革命"开始不久,被迫停止工作,接受劳动改造。在 20 世纪 50 年代评定为一级工程师,曾任水利部科学技术委员会副主任,水利部技术开发基金主任,中国水利学会第一、二、三届理事会常务理事和第四届理事会名誉理事,中国水利学会农田水利委员会主任,任水利电力部技术咨询教授级高级工程师,兼任中国水利学会科技咨询服务中心主任,《中国水利百科全书》编委会副主任兼总主编,中国水利学会名誉理事,中国灌溉排水国家委员会名誉主席、前国家能源委员会能源顾问团成员。今人编有《崔宗培纪念文集》。

任教。崔宗培回忆谈话主要涉及四个问题:"第一,他谈到了我国遭受日本帝国主义侵略,半壁河山,先后沦陷。其原因主要是我国既弱又穷,以致受人欺凌侵略。因此,我们除了积极抗战外,必须奋发自强,拯救国家和民族。而救国自强的根本道路在于发展国民教育,通过教育,改造国民,即增进国民的文化知识、生产技能、身体素质和道德水平。鉴于我国绝大多数国民是在乡村,我们的教育应以平民教育为主,教育重点放在乡村。第二,他谈到了我国是以农业立国,富民强国之路在于振兴农业,要改进农民耕作技能,提高作物产量,逐步使农民富裕起来,国家也就随之富强起来。振兴我国农业,必须有大量具有农业知识和建设乡村的人才。因此,平教会于内迁之后,选在歇马场创立起乡村建设育才院,以培养乡村建设人才为中心任务。学校现阶段先设立四个系,除了教育系、农学系、社会系外,还专设水利系。因为振兴农业,水利设施是不可少的重要条件。农学系和水利系就是要培养农民的科学技术知识,提高农业生产能力,用科技知识武装农民,尽快把我国的农业生产搞上去,使农村和国家都富裕起来。第三,晏先生说:听说我已与歇乐山全国水利委员会谈妥到那里去工作,不好不去。这个问题将由他与全国水利委员会的薛笃弼主任委员协商解决,决不使我为难。至于我在抗战期间不愿教书,想做点与抗战直接有关的事情,这是每个爱国者的自我心态。但是在国难当头的形势下,要想国家大规模地开展建设,特别是水利建设是比较困难的,这是国家当前的形势所决定的。因此,他认为在这个时候,把精力用在培养人才上,更有意义。还有一点,就是我一个人能做的事毕竟是有限的,如果现在到学校里去培养出成百上千的水利技术人才、水利工程师,他们将来到各地去工作,那作用就大了,对国家的贡献也就大了。我们的国家,特别是乡村,亟需这方面的人才,这也是急国家之急,是应当考虑的。第四,他说:现在学院已经创建起来,水利系已招收一年级学生一班,有关水利系的专业课程和教师均待安排,希望我能到学院来,主持水利系的工作。我们共同把水利系、把学院办好。学校的校址在歇马场,位于歌乐山与北碚之间。校舍已建好,教室与宿舍均已齐备。地处乡间,没有城市的喧闹,环境优美,有著名的高坑崖瀑布,为重庆的风景区。"(中国水利学会、水利部水利水电规划设计总院编:《崔宗培纪念文集》,中国水利水电出版社2007年版,第230~231页)

是年 在乡村建设育才院1941年度下学期开学典礼会上作报告。发表在育才院《院讯》第二卷第1~4期合刊上。首先,主要介绍了平教会工作的几个特点:第一,平教会的研究工作是科学的。① 平教会所使用的千字课本是拿到平民学校去反复、几度改良后,才作为通用的课本。② 平教会在定县实验区的十年计划和六年计划,是经过在定县进行极详尽精细的调查后才制定的。第二,平教会的研工作,是基础性的。因为平教会的工作对象是占着中国总人口的 80％以上的、作为"邦本"的农民,并且针对中国人的毛病和所含有的危机,创造了"四大教育"（"文艺教育"以救"愚","生计教育"以救"穷","卫生教育"以救"弱","公民教育"以救"私"）和"三大方式"（学校式教育、社会式教育、家庭式教育）。第三,平教会的研究工作是创造性的、革命性的。因为"平教会的份子,包含了许多博士、学者、教授,他们都大批地跑到农村,作实际的工作者",去教育农民、启发农民,这是以前从来没有的事。第四,平教会的整个工作,是要促进农民的自觉、自动、自强、自力更生。接着,希望育才院的同学们本着"自强不息"的精神,为未完成的理想努力,并且勉励他们:"一要继续的充实和健全自己的学力;二要拿出自己的力量为抗战建国的工作努力,而且你们要去研究,要去领导。"并用顾亭林的"前日之所得,不足以自矜;后日之所成,不足以为限"警句愿"诸君继续努力"！（新版《全集》卷 2,第 225～228 页）

　　是年　与侯外庐在重庆郊外的白鹤林做邻居。但从来"不曾有一次正面相遇的机会,不曾有过一回颔首之谊"。最初两家孩子们异常高兴,但不久他们就失望了,因为晏不许两家的孩子来往,但孩子们还是偷偷地建立了友谊。据侯外庐说,他们之所以成缘悭一面的邻居,是因为对方的"生活标准、格调是远离老百姓的",其生活水准与普通老百姓是有距离,比如他家雇着两三个佣人,他在家里很少说中国话、吃中国饭等。还说:"晏阳初认为,中国之大患,不在帝国主义的政治、经济乃至文化侵略,而在国民多患'贫弱愚私'等病。"他还说,晏往往不以中国人的立场来分析中国问题,他在乡村中推行的平民教育,也不是为了老百姓的利益;他的乌托邦幻想,得到了国民党政府的优惠和美国人的赞助。（智效民著:《民国旧梦》,新星出版社 2014 年版,第 85～87 页）

1942 年(民国三十一年 壬午) 五十二岁

3 月　教育部颁《教育部训育委员会章程》。

4 月　延安整风运动开始。

同月　教育部呈准规定 9 月 9 日为体育节。

5 月　毛泽东出席延安文艺座谈会并讲话(即《在延安文艺座谈会上的讲话》)。

6 月　教育部成立国民教育辅导研究委员会。

8 月　教育部公布《修正师范学院规程》。

10 月　国民党文化运动委员会主办的《文艺先锋》在重庆创刊。创刊号上发表了张道藩的《我们所需要的文艺政策》,鼓吹文艺要表现"八德",即"忠孝仁爱,信义和平"。

同月　教育部颁布《各省国民教育辅导研究办法大纲》,并饬成立乡(镇)、县(市)、省师范校区、省(市)等 4 级国民教育研究会。

1 月 8 日　① 决定景慧学校人员:张远定[①],杨增高[②],陈昌照[③],晏学明[④],何民中[⑤],刘汝林[⑥],叶兆丰[⑦](教导主任)。② 实验区的工作步骤:由导生传习到妇女

---

① 张远定:曾在衡山乡村师范学校求学,参与衡山县师古乡社会概况调查。后到重庆中国乡村建设育才院求学。1945 年 6 月曾任思克职业学校校长。其他生平事迹未详,待考。

② 杨增高:生平事迹未详,待考。

③ 陈昌照:生平事迹未详,待考。

④ 晏学明:曾在衡山乡村师范学校求学,曾协助校长汪德亮整理《衡山县师古乡社会概况调查》,后到重庆中国乡村建设育才求学。与张远定是同学。其他生平事迹未详,待考。

⑤ 何民中:1944 年因考试成绩合格,作为国民政府社会行人员被录用。其他生平事迹未详,待考。

⑥ 刘汝林:生平事迹未详,待考。

⑦ 叶兆丰:平教会华西实验区重要成员,被任命为景慧学校教导主任。其他生平事迹未详,待考。

班,家庭改良,乡村建设。③ 分别与常得仁、田贵銮①、陈瑞泰②、鲍俊平③、田仲济④、张之光⑤等教师谈话,听取他们对学院工作的建议。④ 工作分配:(1) 保管

① 田贵銮:女。山西汾阳人。民盟盟员。早年在北京某女子学校就读,后留学美国。20 世纪 30 年代在协和医学院职工社会部工作。曾在四川参加过儿童福利工作,曾经担任过"歌乐山直属第一保育院"(又名"川一院",是战时儿童保育会的模范院)院长。新中国成立后,在北京师范大学保育系工作,为骨干教师。在思想改造运动后在和平门做幼儿园主任,后被批判。她退休前为学前教育专业副教授,退休后晚年生活比较清苦,直至去世。撰有《儿童福利在家庭》(《儿童福利通讯》,1947 年第 7 期)、《美国人的儿童福利》(《妇女文化(1946 年)》)、《中国儿童福利站的几个问题》(《儿童福利通讯》,1948 年第 15 期)、《美国芝加哥大学儿童福利人才培训》(《儿童福利通讯》,1947 年第 6 期)等。

② 陈瑞泰(1911~2001):山东潍坊人。字晓光。烟草专家、农学家、植物病理学家、教授、国务院特殊津贴专家。1934 年毕业于山东省广文中学高中部。1939 年 1 月毕业于金陵大学植物病理系,获学士学位。1939~1945 年任山东建设厅烟草改良场技佐、四川省农业改进所病虫害系技佐、金陵大学农学院助教、中国乡村建设育才院讲师、财政部四川烟叶示范场技师、金陵大学农学院讲师等职。1945 年赴美国留学 1 年。1946~1950 年任山东大学农学院农艺系教授、系主任。新中国建立后,历任山东大学农学院教授、副院长、山东农学院教授、院长、山东农业大学教授、山东农业大学校长、顾问。中国农业科学院烟草研究所所长、荣誉所长、中国烟草学会第一届副理事长、中国植物保护学会第二届常务理事、中国植物病理学会第三届理事、中国作物学会第三届理事、山东省农学会第三届副理事长、山东省科协第二届副主席、山东省植物保护学会理事长。1953 年加入中国民主同盟。1956 年加入中国共产党。是中共十二大代表、第三届全国人大代表。1954 年引进并培育出高抗黑胫病烟草品种。20 世纪 80 年代初与人合作研究,分离并鉴定出我国第一例双联病毒——烟草曲叶病病毒。主持完成了全国烟草种植区划的研究。主编有《中国烟草栽培学》《烟草种植区划》《烤烟栽培》《烟草病虫害防治》《烟草育种与良种繁育》《烟叶烘烤与分级》等。撰有《美国烟草种植概括调查》《消灭烟草黑胫病和低头黑病》等,译有《植物病理学》《烟草病毒病专辑》等。

③ 鲍俊平:生平事迹未详,待考。

④ 田仲济(1907~2002):山东潍县人。中共党员。1922 年就读于潍县文华中学。1926 年入济南商业专门学校,次年考入山东大学商学系。1929 年插班到中国公学社会科学院政治经济系四年级,1931 年毕业。任济南正谊中学教师。1938 年任教育部中小学教师第五服务团编辑组干事,主编《建国教育》。1941 年任中国乡村建设学院讲师。历任上海国立音专副教授、中央音乐学院上海分院院务委员、教授、山东师范学院教授、山东师范大学副校长、山东省高等教育自学考试指导委员会主任、山东文联主席。中国现代文学研究会顾问,中国解放区文学研究会会长。著有杂文集《微痕集》《情虚集》《发微集》《夜间相》《田仲济杂文集》,专著《文学评论集》《中国抗战文艺史》《杂文的艺术与修养》《五四新文学的精神》《田仲济序跋集》,主编《中国现代文学史》等。

⑤ 张之光(1909~):出生于山东潍县农家,考入金陵大学农学院农业专修科,假期为老师整理抄写卡片以补零用。1932 年毕业后受聘于浙江嘉兴秀州中学任植物学教师。1935 年到沪杭甬铁路嘉兴苗圃任技术员。"七七事变"后,苗圃解散,辗转湖南长沙。1938 年秋到广西桂林县农场任代理技士及长安镇第三区农场技士,在场长柳支英指导下研究黑尾叶蝉(水稻黑尾叶蝉)的防治。其间曾指导百寿乡农民用双层捕虫网捕杀竹蝗,控制了蝗群的蔓延。1940 年调至柳州砂糖厂广西农事试验场进行水稻三化螟、蔬菜蚜虫防治研究。1941 年冬受聘于四川乡村建设学院任讲师,讲授农业昆虫学,此为从事农业教学之始。为了提高教学质量,于 1944 年秋又回到在成都的金陵大学农学院植物病虫害系学习。抗战胜利后学校迁回南京,1947 年毕业,获农学学士学位。同年,又回中国乡村建设学院任教。1948 年秋由乡村建设学院送往美国留学深造。1949 年 2 月1950 年 2 月入柏克莱加利福尼亚州立大学农学院昆虫系作研究生,攻读昆虫生理学,学习昆虫生理学、害虫生物防治等课程。1949 年整个暑假在河边镇(Riverside)的加州大学害虫生物防治站实习,参加人工饲料饲养繁殖草蛉;用瓜类盾蚧虫科寄主,繁殖寄生蜂;用马铃薯发芽饲养蚜虫,繁殖澳洲瓢虫;在柑橘园内释放上述天敌昆虫防治蚧虫类。在加州大学期间,曾去斯坦福大学拜访蚧虫分类学家费雷斯(G. F. Ferris)教授。这些活动为其以后进行蚧虫类研究及害虫生物防治工作打下了基础。1950 年夏,怀着报国之心回国,到山东农学院任副教授。1952 年任植物保护系副主任、主任、教授。

喜山^①,文具印刷。(2)席骞鸿^②,煤,油,船(购买),家具。(未刊《日记》要点)

1月9日 上午,① 听取杜润民^③汇报财务工作。② 听取徐幼芝汇报妇女班的工作。③ 听取覃发秀^④、朱泽荭^⑤汇报关于导生制的工作。④ 听取萃英^⑥汇报卫生教育工作及卫生室的工作。⑤ 复陈筑山信。下午分别与叶兆丰、杜延龄^⑦(图书馆)、杨乘风^⑧、冯廷邦^⑨等人谈话。(未刊《日记》要点)

1月10日 早十一时,同菊^⑩乘作孚^⑪车赴碚讨论。① 兼善。② 恩三^⑫到民生。③ 出洋。(未刊《日记》要点)

1月上旬末或中旬初 再次协调已去歌乐山全国水利委员会报到的崔宗培到中国乡村建设育才院作教师一事。找全国水利委员会薛主任委员,希望借调崔宗培到学院工作,担任水利系主任,以为水利界培养人才,得到薛主任委员的支持。同意先借调两年,停薪留职,两年后再定。还保证,如崔宗培去之后,遇到什么困难,例如,一时买不到的仪器和聘请讲课的教师等,会尽力地帮助解决。崔宗培于当年夏天^⑬到歇马场乡村建设育才院工作至1945年抗战胜利后全国水利委员会调动他工作才离开学院。(中国水利学会、水利部水利水电规划设计总院编:《崔宗培纪念文集》,中国水利水电出版社2007年版,第231页)

---

① 喜山:未详,待考。

② 席骞鸿:曾编有《牛顿》,收入《农民文库》,由教育部民众读物编审委员会组织出版。其他事迹待考。

③ 杜润民:生平事迹未详,待考。

④ 覃发秀:曾在平教会推行导生制,1948年8月大声新闻通讯社创办,任该报发行人。撰有《下关实验儿童福利站导生传习之实验》(《儿童福利通讯》1948年第12期)。其他事迹未详。

⑤ 朱泽荭:曾在江津简易乡村师范学校任教,1936年组织师生作抗日宣传时,参与编排和演出,带领师三班男生演出队先后在白沙镇上,三口垭等地赶场中演出《放下你的鞭子》《三江好》等独幕话剧;1938年下期又组织"驴溪剧团"下乡演出。后在璧山县中国平民教育促进会来凤实验区委员会任教师,推行导生传习制。新中国成立前,一直在璧山实验区总办事处教育组服务。其他事迹未详,待考。

⑥ 萃英:平事迹未详,待考。

⑦ 杜延龄:生平事迹未详,待考。

⑧ 杨乘风:1940年在平教会新都实验县服务。1942年由晏阳初安排到四川第十专员区协助霍六丁专员专门指导平教会中国乡村建设育才院学生到第十专员区的实习工作。其他生平事迹待考。

⑨ 冯廷邦:平事迹未详,待考。

⑩ 菊:瞿菊农。

⑪ 作孚:卢作孚。

⑫ 恩三:即孙恩三。曾在山东济南创办《田家半月报》,抗战期间迁移至成都,由华北基督教农村事业促进会出版,是一份面向广大农民开展普及性教育的杂志。1939年任中华基督教会边民事工委员会基本委员,同年11月被推为中国乡村建设学会骨干成员。1940年6月任中华基督教会边疆服务部宗教事工设计委员会委员、主席,"边服部"创办伊始,《田家半月报》始终给予了极大关注。1941年任中华基督教全国协进会干事,当年夏天在青城山圆明宫举行基督教经典汉译暑期研讨会,又任基督教文社(Literature Production Program)联合执行干事之一。1942年在青城山上清宫研讨两月,正式启动翻译工作,并任中国乡村建设育才院社会专修科主任。后任齐鲁大学教务长。曾任广学会出版干事。撰有《卢作孚和他的长江船队》。译有《基督徒对儿女应有的态度》。

⑬ 夏天:7月18日还未到校。参见同年"7月18日"条。

1 月 11 日　午前,在碚继续讨论。11 时,乘孚①车返歇。

1 月 12 日　上午,① 磨滩中心学校展览。② 农科全体同学、教职员参加植树(桃树)400 株。③ 朝会演讲。④ 黄齐生②演讲。午后三时,开春季工作讨论会。赴会人:全体职员教员。(未刊《日记》要点)

1 月 13 日　午前,① 函张鸿钧、志潜③、黄孟坚④。Balfour⑤奖学金;② 与瞿菊农、汪德亮、李毅⑥、朱冲涛、吴寅木⑦、何睦波⑧、靖华⑨谈编辑、平会训练。午后,与熊(佛西)、瞿⑩、汪⑪、黄齐生等讨论会院工作总方针。(未刊《日记》要点)

1 月 14 日　与熊(佛西)、瞿、汪、黄齐生、章世元⑫等讨论学院工作。(未刊《日记》要点)

1 月 15 日　上午,① 与相关人员讨论学院课程设置及实习安排。② 安排聘请平教会旧人如扶雅⑬、博厂⑭、吴华宝、陈志潜等。聘请新人如梅贻宝、蒋

---

① 孚:卢作孚。

② 黄齐生(1879～1946):原名禄祥,字齐生,号青石,晚号石公。贵州安顺人。幼年在家乡读私塾,15 岁起当学徒,同时刻苦自学,博览群书。1898 年受聘贵阳当时最大的商店"群明社"经理。1904 年在其胞兄创办的达德学堂,主持教学,将外甥王若飞从安顺接来此校学习。辛亥革命时参与发动贵州起义,成立贵州军政府,曾被推为军政府交通部长,辞未就,继续从事教育和实业活动。1915 年底通电讨袁(世凯),发动贵州护国起义。1917 年率贵州学生赴日留学,考察文化教育事业。1919 年"五四"运动中回国,同年又率学生赴欧洲勤工俭学。并游历英、法、比、德等国,历时 3 年,积极支持留学生的革命活动,开始接触马克思主义。1923 年回国,继续主持达德学校校务,并先后任黔北视学、遵义省立三中校长。1927 年以"接近共产嫌疑、主张自由恋爱"被贵州军阀周西成通缉。1929 年初赴南京,与陶行知办晓庄师范。1931 年起先后在江苏昆山、山东邹平、河北定县从事乡村教育实验活动。其间曾往归绥(今呼和浩特)狱中探视王若飞,并予照料。1934 年后在广西、贵州任职。1937 年"七七"事变后,积极参加贵阳教育界抗日救亡活动。同年冬曾赴延安考察。抗战期间,先后在云南开蒙、四川歇马场和璧山等地从事教育和抗日宣传活动。1944 年冬偕夫人再赴延安,受到中共中央毛泽东等领导人接见。1946 年 3 月,代表延安各界飞赴重庆慰问校场口事件中受伤的爱国民主人士李公朴、郭沫若等人。1946 年 4 月 8 日与叶挺、王若飞、秦邦宪等人同回延安时,因飞机失事遇难。

③ 志潜:陈志潜。

④ 黄孟坚:生平事迹未详,待考。

⑤ Balfour:M. C. 鲍尔弗(M. C. Balfour)。

⑥ 李毅:平教会成员,在衡山师范学校任教,曾指导学生参加师古乡的农村调查。后到重庆华西实验区继续从事平民培训工作。其他生平事迹未详,待考。

⑦ 吴寅木:1939 年加入平教会新都实验区的工作。其他生平及其他事迹待考。

⑧ 何睦波:生平事迹未详,待考。

⑨ 靖华:罗靖华。

⑩ 瞿:瞿菊农。下同。

⑪ 汪:汪德亮。下同。

⑫ 章世元:四川省巴中县人。加入中华平教会后在社会式教育委员会工作,负责公民自卫训练。定县实验县成立后,曾任公安局长。

⑬ 扶雅:即谢扶雅。

⑭ 博厂:即马博厂(庵)。

旨昂①、李景汉、周先根〔庚〕、朱约庵②等。③ 决定学院研究生之人数与科目，可依据教授指导人数决定。午后二时至五时，与学院同人讨论学院工作。（未刊《日记》要点）

1月16日 午前，① 阅同人提案及建议书。② 致函雅梅③、张鸿钧、振东④、毕敏⑤、志潜⑥（复求救）、筑山⑦。③ 考虑应用重庆的政府集会提出参政会之提案。午后，讨论会：① 讨论专科训导问题。② 月考、季考？标准？统一办法。③ 招生的得失分析与今后改进的办法。④ 教职员进修等问题。（未刊《日记》要点）

1月17日 午前，召集社教同人开座谈会；午后二时至五时，讨论事务行政。（未刊《日记》要点）

1月18日 与汪德亮约谈学院事务。（未刊《日记》要点）

1月19日 午前，准备报教育部关于社会教育的提案。午后，与相关人员讨论编写平教会史。（未刊《日记》要点）

1月20日 午前，同菊⑧商"设计"：① 国民教育团，② 妇女动员。午后，讨论会：① 叶兆丰：乡建运动，学生实习。从寒假做起。② 瞿⑨介绍实际工作大纲。（未刊《日记》要点）

---

① 蒋旨昂（1911～1970）：又名蒋青立，河北丰润人。曾在杭州上小学，后又在北平汇文中学完成初中和高中学业，1930年考入燕京大学社会学与社会服务学系学习社会学。就学期间在燕大开办的清河实验区担任社会服务股股长，从事农村社会调查和社会工作。1934年出版的第8卷《社会学界》刊登了其调查报告——《卢家村》。1935年夏从燕京大学毕业，赴美国西北大学留学，主修社会学，1937年获得文科硕士学位，在游历了加拿大、英国、法国、德国、丹麦、瑞典、苏联等国后，于当年冬天回到国内。到大后方从事教学与研究。1941年，任华西大学社会学系副教授。1943年，与李安宅夫人于式玉一起被派赴西康省黑水地区进行考察，回来后写成《黑水社区政治》一书，成为其"社区政治"研究的力作。1943年，他对重庆附近两个乡进行调查，完成著作——《战时的乡村社区政治》，1946年由商务印书馆出版，获国民政府教育部学术三等奖。在担任华西大学社会学讲席的近10年时间里，努力进行具有中国特色的理论探索，除研究"社区政治"外，还有《社会工作导论》问世。1950年1月，被推为华西大学教职员联合会主席，后任教务长兼社会学系主任。1952年高校院系调整后，改行教英语，做行政工作，任总务长。曾任成都市第一届人民代表、全国第一次教育工作者代表大会代表、川西地区第一届特邀人民代表、成都市政协常委。1956年加入民盟。1957年，列席全国政协二届三次会议。"文革"中遭受迫害。

② 朱约庵：江苏无锡人，民盟盟员。1924年毕业于东吴大学，获文学学士。后留学美国，入芝加哥大学研究院肄业，后入范特弱大学，获文学硕士和哲学博士学位。回国后在社会教育学院社会事业行政系教师、朝阳大学社会学教授、复旦大学社会学系教授、中央大学社会学系教授、南京大学社会学系教授，费孝通为其弟子之一。1936年6月，由其组织了东吴大学暑期农村服务团。暑期中，服务团学生到苏州城东北里巷村，调查全村情况，绘制地图，开展公益服务。1953年2月至1970年任江苏省人民政府参事室参事。

③ 雅梅：未详，待考。

④ 振东：晏振东。

⑤ 毕敏：未详，待考。

⑥ 志潜：陈志潜。

⑦ 筑山：陈筑山。

⑧ 菊：瞿菊农。下同。

⑨ 瞿：瞿菊农。

1 月 21 日　午前,约见瞿菊农、熊佛西、章世元、刘纯嘏①等。午后,二时参观妇女班。三时参观表证农家。四时观看篮球队比赛。(未刊《日记》要点)

1 月 22 日　午前,① 与瞿菊农谈关于报教育部的社教提案。② 杜润民汇报财务工作。(未刊《日记》要点)

1 月　举办歇马场妇女教育。期间因积劳成疾,一度前往成都就医。(川编《晏阳初》,第 297 页)

3 月 8 日　在育才院 1942 年纪念周上讲话。收入宋编《全集》第二卷中。首先,主要谈校风问题:① "有些学生的品行、学业,均不合标准。为了整顿及维持本院的优良的学风,有的斥退了,有的是休学"。并谈处理这些学生时的痛心之情。② 希望在校学生在言行学识方面为即将到来的新生作出榜样,并希望学生除求知识外,还要参加有意义的活动,积极参加劳动,减少少爷、小姐的习气。其次,谈奖学金的设置情况和条件。在原有奖学金的基础上,"今年又增加了姚明儒②及矢文鲜③奖学金各两名:一为社会科而设;一为教育科而设。选择的标准有三条件:(一) 服务精神最高;(二) 学业成绩在八十分以上;(三) 体格健全。"最后,介绍自己出国的原因和使命:① 关于中国以后参加和平会议方面。在战争结束后,和平会议席上,中国要站在四万万人占全世界五分之一人数的应有地位提出科学的客观的站得住脚的主张。其出国使命是"要获得同盟国家朝野上下的同情,使他们认识中国的困苦,了解我们,同情我们。这样不但能并肩作战,并能帮助我们"。② 关于平教运动之事。平教运动英文名为:"National Mass Education Movement"。平教会的"平"字,在国内就是人格平等,平社会之不平,然后国家才能太平;在国际,就是民族平等,整个人类世界和平。其代表平教会出国演讲,是超国界的文化运动;不仅代表中国民族的立场,还代表平教会治国平天下之立场,联合英美爱好和平的民众,维持世界的和平。(新版《全集》卷 2,第 229~231 页)

3 月 9 日　在乡建育才院第二学期开学典礼上讲话。其讲话稿以"发扬传统　办好乡建育才院"为题收入宋编《全集》第二卷中。首先,再谈平教会的特点:① 平教会是科学的。一方面,平教会使用的千字课教材是通过平民学校实验而写成;另一方面,平教会在定县的十年计划和六年计划是通过详细调查定县的政治、经济、文化、卫生各方面而制定的。② 平教会所做的工作是最基础的。因为平教

---

①　刘纯嘏:生平事迹未详,待考。

②　姚明儒:当为"姚明如",晏阳初在保宁(今四川阆中)求学时的老师,生平事迹待考。参见"1925 年 3 月 10 日"条。

③　矢文鲜:当为"史文轩"。参见"1911 年夏秋之际"条注释。

会的对象是作为"邦本"的农民,为农民所做的事也是最基础的,如农民的健康问题、农业合作社问题等。③ 平教会大半工作是创造性的。"自古以来,有多少人到乡村去?我们定县有大批的博士,大批专家,大批教授,都涌到乡村去,这就是空前的作风"。如教农民识字、办农民戏剧和剧团、注重农民保健等。④ 平教会是让农民自觉、自强、自动、自主、自力更生的,并不是少数专家代他们办。其次,谈平教会的立场。"我们不是教书匠,我们是学者,我们是以研究如何发动八千万农民青年为内容的学者。……我们并不是为自己来研究,我们是为国家民族来研究。"第三,提出平教会将来的工作有三点:"(一)要继续充实和健全扩大我们的劳力;(二)培养人才……(三)我们创造出来的东西,要运用政治的力量,即有权的政府机关去推行实现。"最后,以顾亭林的话"前日之所得,不足以自矜;后日之所成,不足以为限!"提醒同学们要有理想,并且要实现理想,继续做好平教工作。(新版《全集》卷2,第233～235页)

5月8日 致信赵璧光。全信如下:"璧光吾兄惠鉴:华银山①本会土地多承兄等大力促成,至深感篆!是项土地,据闻其中一部颇适宜于烟草之种植。兹拟先作初步试验。在试验期中,指派育才院农科陈瑞泰同志趋前接洽进行,所需田地约二三亩。至如何与佃户或当地农家取得合作,俾利进行,一切均恳台从多予指导协助,至为感盼!获读通知,悉于六月卅日开第三届股东大会,弟当如期参加,或届时可邀约农业专家数人同往。至今后究应如何筹划,当再面聆教益也。专此布达,敬颂大安!弟晏阳初谨启。"(新版《全集》卷4,第587页)

5月11日 在育才院1941学年度第二学期纪念周会上讲话,其讲话稿以"战后乡建工作努力的方向"为题收入宋编《全集》第二卷中。主要讲战后乡建工作努力的方向。首先,批评国人没有预见性和计划性,指出"处在大时代的当今,这种劣根性是非去掉不可的。"其次,为中国的未来做思考。"我国抗战已有了四年,现在国际间的局势如何?中国应占一个怎样的地位?是值得我们研究的","战后应当有计划",应当争取加入世界民主大同盟,要"大家都负起责任来共同努力",指出中华平民教育促进会"要当仁不让尽其所能,为国家为人民谋幸福"。第三,提出平教会今后应努力的方向:① "实现民主政治的广义的教育"。即要"寻求实施民治的方案,教育民众,达到民治的目的。"② "培养领导民治的领袖人才。"③ "要在国内、国际造起民主政治的运动。"最后,希望育才院学生应该抱"但问耕耘,不问收获"的

---

① 华银山:即今华蓥山。因"雪积巅顶,远望如琼瑶撒地,晶玉铺山,故名华银山"。华蓥,民国时期为合川、广安、岳池三县分辖;1952年改为广安、岳池两县分辖。清代释昌言编、清代释益谦增订的《华银山志》包括其中收录的《游华银山记》均用的"华银"二字。

态度,努力推广普及平民教育,"从小做起,稳扎稳打","一个都不打折扣",牢记"富贵不能淫,贫贱不能移,威武不能屈"这三句话。(新版《全集》卷 2,第 237～239 页)

5 月　谈战后的和平问题。其讲话稿以"战后的和平问题"为题收入宋编《全集》第二卷中。首先,谈影响战后和平会议的三大力量:第一个大力量是民族主义或国家主义;第二个大力量是帝国主义,帝国主义是造成战争的因素;第三个大力量是军阀主义。指出以上三大力量都是酿成战争的因素。其次,提出消灭以上三大力量的办法一是在和平会议上解除武装,二是全世界的裁军主张。最后,希望育才院同学们"用点思想发表意见,贡献给政府,将来到和平席上提出主张与办法"。(新版《全集》卷 2,第 240～241 页)

6 月 8 日　在平教会第十五次周会上讲话。其讲话稿以"平教会的两个新气象"为题收入宋编《全集》第二卷中。首先,谈平教会到四川之后创办了平教会研究中心工作的场所——育才院,以及开展实习工作(政治、经济、文化等方面)的人员安排。霍六丁先生转到四川来,任第十专员区专员,安排田锡三[①]、李毅、吴旭东[②]、杨乘风四位先生前去协助。本月内有人接替霍六丁职务时即去四川。育才院的学生去实习,这些人就任实习指导员,霍先生任总指导员。其次,谈育才院创办工友训练班。指出,工友训练收到了很大的效果,使工友们在精神上、言语上、行为上改变了好多。最后,强调"教育要重在教化,不但要'教',而且要'化'。'化民成俗',这才是教育的最大效果。"(新版《全集》卷 2,第 242 页)

6 月　中国乡村建设育才院两年制专科生第一届毕业。一部分担任农林部垦殖工作,若干人往县单位参加乡村改造或在乡村师院、中学任教,成就最优的几位留校任助教。中国乡村建设育才院还设研究生委员会及研究部。目的在培养全国需要的高级人才以致力乡村改造。分甲乙两种:甲种研究生必须是回国留学生又具有工作经验或在国内有成就的,才是合格人选。录取后由晏院长亲自指导,就其专长选定有关乡村工作项目加以研究。乙种研究生必须是大学毕业并有二三年工

---

　　① 　田锡三:河北新乐人。1928 年 12 月在河北省新乐县木村组织平民夜校,一边教农民识字,一边宣传革命道理。1929 年加入中国共产党。曾任 1931 年 7 月成立的中共河北省新乐县县委的宣传委员,带领部分群众进行抗租、抗债、抗税斗争及拾粮、拾柴斗争,有目的、有组织地抢收地主的庄稼,分给贫雇农。1933 年 3 月曾被捕,获释后到平民教育河北定县实验区服务。1935 年在广西农村建设试办区(农林垦殖试办区)创办的柳州沙塘小学培养农林技术人员,也教小学生手工艺和医药卫生知识。同年 9 月与罗清华发表《广西国民基础教育与定县农村教育》,载《日刊》第 221～222 号合刊。后到平教会新都实验县服务,1940 年任第四科科长。1942 年由晏阳初安排到四川第十专员区协助霍六丁专员专门指导平教会中国乡村建设育才院学生到第十专员区的实习工作。其他生平事迹待考。

　　② 　吴旭东:1942 年由晏阳初安排到四川第十专员区协助霍六丁专员专门指导平教会中国乡村建设育才院学生到第十专员区的实习工作。其他生平事迹待考。

作经验。是为县政府行政或技术人员或乡村师范学校行政、或管理合作社作准备。例如,1942年秋季的甲种研究生崔仲白[①]、李湘源[②]、唐道一[③]、盛成桂[④]、胡学蘅[⑤]。由这些不同学历和经历的人前来"育才院"研究。"平教总会"除"育才院"这一中心工作外,各部门均有研究项目:如"战时社会动向""农村教育调查""中心学校实验""农村女青年社实验""乡村中学实验""乡村师范及短训教师班研究""乡村卫生保健调查""新县制及地方自治研究""行政督察专员区研究""农村妇女动员研究"等。(参见吴著《晏传》,第323～324页)

7月10日 对乡村建设育才院"同学会"讲演,对毕业即将离校的学生谈"忠""恕""忍""恒"精神的修养问题。以"关于忠恕忍恒精神的修养"为题收入宋编《全集》第二卷中。首先,对每一位同学毕业后"服务及深造的路线都有妥善的安排"感到高兴,希望同学们无论留院或出外工作,都能成功、增光。指出:一桩事情的好坏,不是用大小来评判,是要看它有没有价值。一个人有了知识还不够,精神修养方面一定要注意,一定要讲究。其次,着重指出要达到事业的成功,必须注意以下几点:① 忠。"忠实的忠。到哪个机关,即忠于哪个机关,同时不要忘记母校的精神"。② 恕。"就是对人能恕""恕以待人"。③ 忍。能受气。④ 恒。"恒就是继续不断地奋斗,奋斗到底,正如同将铁杵磨成针一样"。而要做到忠、恕、忍、恒,就必须立大志,"有大志,非忠不行,非恕不行,非忍不行,非恒不行",大志"就是将我们的生命贡献给国家。中华民族的力量在农村,你们要将解除苦力的'苦',开发苦力的'力',作你们的终生职志"。最后,要求学生们要有美国青年列逊瓦路[⑥]的精神,

---

① 崔仲白:美国爱荷华大学水利工程学博士,回国后任全国水利委员会专家。1942年秋,在晏阳初指导下为乡村建设育才院设的研究部甲种研究生,研究"农业地区小型水利工作的推广"。其他生平事迹待考。

② 李湘源:著名鱼类学专家、农林部实验鱼孵化所所长,对四川、广西鱼类甚有经验。1942年秋,在晏阳初指导下为乡村建设育才院设的研究部甲种研究生,研究"四川、广西两省鱼类养育之比较研究"。其他生平事迹待考。

③ 唐道一:江苏省立教育学院毕业,对农业经济特具兴趣,参加全国合作行政协会工作多年。1942年秋,在晏阳初指导下为乡村建设育才院设的研究部甲种研究生,研究"战时农村合作社趋向"。其他生平事迹待考。

④ 盛成桂:金陵大学园艺系毕业。1942年秋,在晏阳初指导下为乡村建设育才院设的研究部甲种研究生,研究"四川东部若干水果生长的改良方法"。1946年10月经傅焕光介绍,任南京的国父陵园管理委员会植物园园艺科技正兼植物园主任,整理废墟,重新开辟苗圃,采集标本,与国内外植物园恢复交换关系。一年之后,苦于经费拮据,工作难以展开,而于1947年2月辞职。1948年任山东大学园艺学系主任。1964年当选为江苏省第三届人大代表。"文革"结束后在江苏省植物研究所中山植物园工作。著有《植物的"驯服"》(上海科学技术出版社1979年版)、与张宇合著有《植物种质保存》(上海科学技术出版社1983年版)。其他生平事迹待考。

⑤ 胡学蘅:女,燕京大学毕业,为乡村建设育才院设的研究部甲种研究生,专门研究"农村妇女读书初阶"。其他生平事迹待考。

⑥ 列逊瓦路:美国人,生平事迹未详,待考。

救国、建国。最后,希望同学们"能时常回来,互勉互励,共同切磋","出去以后,要作大本营的代表"。(新版《全集》卷2,第243~246页)

7月15日　《日记》所记:"是日三时许,小弟①又将腿折断。休养十三个月快要返校继续书,而又遭此,实小儿及母亲②及全家之大不幸也!"(未刊《日记》要点)

7月16日　晨送小弟,母亲到车站。同瞿菊农、常得仁谈话。(未刊《日记》要点)

7月17日　① 会见应聘来乡建院社会科主持工作的孙恩三。② 与卢作孚约定一起出国。(未刊《日记》要点)

同日　下午,4时,与田仲英③、杨立吾④谈话。(未刊《日记》要点)

7月18日　记录应办之事:"1. 寄信与雅丽⑤及小弟。2. 致函北衡⑥请其催崔君⑦来院任事,房屋当准备。3. 瞿菊⑧汇报:培植今后中等教育教员人才(运用兼善为实验室)。"(未刊《日记》要点)

7月19日　午前,① 王秀斋⑨来报告其指导区状况。② 何睦波来问中心学校工作。③ 德亮⑩、仲英⑪来商量招生简章各节。④ 菊农⑫报教部呈文关添改社、水

---

① 小弟:即晏阳初三子晏福民(1928~1968),曾用名李耀民,四川巴人。1940~1946 年就读于重庆南开中学,完成初中和高中学业。1946 年 9 月考入北京大学经济系,积极参加由昆明西南联大转来北大的同学组成的沙滩合唱团,积极投入北平的抗议美军暴行运动,同沙叶、许迈扬等人筹组北京大学"大一"合唱团(一说大地合唱团)任总干事和指挥。1947 年北大"五四纪念周"中,"大一"和沙滩合唱团联合演出《黄河大合唱》,担任指挥。1948 年 3 月参加中共地下党,在 1948 年春平津学生大联欢、4~7 月反对国民党对北平、东北学生的迫害,到新华门请愿、游行示威中,带领大地合唱团和北大校内外同学高唱《团结就是力量》等革命歌曲,在斗争中发挥很大作用。与刘青华等同学一起到大学和七、八个中学进行歌咏辅导;红五月中在北大举行千人《黄河大合唱》,担任指挥;1948 年 8 月国民党政府大逮捕时到华北解放区,在泊镇(今泊头市)华北局城工部参加学运骨干学习班,后到华北联大政治部 13 班学习、工作。同年 12 月分配到河北阜平中央青委工作。1949 年 3 月任全国学联副主席,8 月作为中国大学生男子篮球队领队到布达佩斯参加世界大学生夏季运动会,9 月作为最年轻代表参加第一届全国政协会议。1950 年成立国家体委后一直在国际司工作,先后任科长、处长,兼任过党支部书记。1952 年成立国家体委后一直在国际司工作,先后任科长、处长,兼任过党支部书记。"文革"中因其父被误认为是美国特务,被隔离审查。1968 年 12 月 23 日夜,因不堪凌辱与殴打,在崇文门外被迫含冤卧轨身亡。1978 年 5 月 23 日国家体委为其平反昭雪,恢复名誉。晏阳初写日记时,晏福民正在重庆南开中学读书。以下称呼同。

② 母亲:晏阳初夫人许雅丽。以下称呼同。

③ 田仲英:生平事迹未详,待考。

④ 杨立吾:生平事迹未详,待考。

⑤ 雅丽:许雅丽。

⑥ 北衡:何北衡。

⑦ 崔君:即崔宗培。

⑧ 瞿菊:瞿菊农。

⑨ 王秀斋:平教会成员,在衡山师范学校任教,曾指导学生参加师古乡的农村调查。后到重庆华西实验区继续从事平民培训工作。1940 年前后担任璧山县来凤乡中心小学校长兼中华平民教育促进会来凤实验区委员会主任。其他生平事迹未详,待考。

⑩ 德亮:汪德亮。下同。

⑪ 仲英:田仲英。下同。

⑫ 菊农:瞿菊农。下同。

两科事。午后,到办公室,同伏园①修改呈文并致私函与陈立夫请其帮忙。呈文八时后改好。(未刊《日记》要点)

7月20日 ① 到办公室亲将呈教部各件交与菊农报至教部。② 午后3～4点同德亮研究卅一年度新旧教职员名单。③ 下午4:00～6:00,独自研究新年度预算。(未刊《日记》要点)

7月21日 ① 午前同德亮研究下聘书事。② 午后同德亮商谈下年度同人薪水调整事。六时三十分返家。(未刊《日记》要点)

7月22日 ① 为新聘教授张鸿钧等发聘书。② 与从教育部回来的瞿菊农讨论社会科和水利科的事。(未刊《日记》要点)

7月25日 为添设水利、社会两科事,同菊赴青木关教部看陈立夫先生。午后与陈立夫先生商谈有关事宜。陈望平教会对乡(村)教(育)有贡献。午后六时许,坐货车返歇马场。(未刊《日记》要点)

7月26日 午前,① 德亮来见。余报告教部经过。② 冲涛②来对新运会合作及北碚金刚碑工作请示。余告以可以金刚碑为实验研究室,歇、土两乡③为推广区,应借此机会完成导生教材。③ 仲英来报告:大明布仅买到十匹。午后致北衡一预算信,报告教部同意水利科事。(未刊《日记》要点)

7月27日 午前,① 致振东④一函,汇¥50。② 致恩三函,报告教部同意社、水立案事。③ 指定汤立吾⑤兼任办公室秘书。④ 同亮谈今后"教育系"的重大使命。午后,同张福民⑥谈话。(未刊《日记》要点)

7月28日 ① 修改英文请款书。关于薪(水)津(贴)调整事。② 午后,同孙渠⑦、张之光、冯建邦⑧谈工作。③ 许雅丽十二时由歌乐山转回。(未刊《日记》要点)

7月29日 午前,① 指定仲英为经营生产委员会主任委员,润民、立吾为委

---

① 伏园:孙伏园。
② 冲涛:朱冲涛。
③ 歇、土两乡:歇马和水土两乡。
④ 振东:晏阳初长子,当时在重庆青木关中央大学附中读书。
⑤ 汤立吾:毕业于江苏省立教育学院。生平事迹未详,待考。
⑥ 张福民:平教会会员,曾在新都实验区工作。
⑦ 孙渠(1911～1975):字惠农。山东潍县人,1935年毕业于金陵大学农学院,曾在中央农业实验所、山东省高级农业学校、广西省农管处、四川巴县乡村建设学院任职。1945～1946年、1949～1950年两度赴美国,在康乃尔大学、加州大学进修研究。1950年回国后,历任北京农业大学农学系副教授、教授、副教务长等,并兼任中国作物学会理事。长期从事耕作学的教学和研究工作,是中国耕作学科的奠基人之一。提倡"用地和养地相结合"建立合理耕作制度的学说。主编有中国第一本《耕作学》教材,论著有《耕作学原理——地力的使用与培养》《威廉士的土壤学说和发展近况》,译有《农作学》(俄文)、《土壤中磷肥的固定作用》《苏联农业科学的新贡献》《苏联土壤分类的新体系》等。
⑧ 冯建邦:生平事迹未详,待考。

员。② 致吴俊升一函,请其催促部长核准院设二科呈文,又致英文函与沈克非①,致谢帮助。午后,三时半,世元②,农家、建筑、干事长办公室干事。四时,德亮、英③、润④讨论留校生七月份津贴。(未刊《日记》要点)

7 月 30 日　① 与陈友栋⑤短谈廉泉⑥函。② 送姚元祚⑦赴□⑧(预支二百元)。(未刊《日记》要点)

7 月　在歇马场创办抗属工厂,内分机织、改良草帽、编制麦秆用具等,用以改善抗属生活,改良农村手工业。(川编《晏阳初》,第 297 页)

8 月 4 日　教部来□,经讨论(水利,社会)二科已批准。(未刊《日记》要点)

8 月 5 日　菊来谈,研究组织:① 平会委员会。② 院研究,实验部。振东自沙坪归,考试成绩不佳(数学不及格),并在经济外选历史,外文。(未刊《日记》要点)

9 月 28 日　成都:① 函谢吴□□⑨校长。② 函谢胡子昂(并问款)。③ 函谢师校校长⑩、陶主任⑪及阅卷教员。重庆:① 沈之万⑫地事。② 请款函。急办者:① 水利主任。② 住房。③ 本年度预算。④ 农场大路。⑤ 图书馆旁边路。⑥ Sun di□□⑬ vice head。(未刊《日记》要点)

9 月 29 日　上午 10:45,汪德亮汇报。① 总务,教务、圈人? 菊。② 女王医生⑭,

---

① 沈克非(1898~1972):又名沈亚贤,著名外科学家,中国科学院学部委员。浙江嵊县人。美国西徐大学医学博士,英国皇家外科学会会员。抗日战争胜利前曾任卫生署副署长。太平洋战争爆发后,随远征军赴缅甸、印度救死扶伤。1944 年作为中国首席代表,赴德黑兰参加中东医学会议。1946 年去秘鲁参加第五次国际外科学会议,同年作为我国医学界的首席代表参加联合国世界卫生组织的创建工作,是国际外科学会中国分会的负责人之一。1945 年抗战胜利后,辞去副署长职务,任上海医学院教授兼中山医学院院长、外科主任等职。1949 年后历任第二批抗美援朝志愿医疗队技术顾问团主任顾问,中国人民解放军医学科学院副院长,中山医院院长、外科主任,上海第一医学院副院长、教授等。他从事医学教学和科研工作多年,闻名中外。在外科技术上曾设计肠道无菌吻合术,首创直肠折迭术治疗直肠脱垂、大网膜腹膜后固定术治疗晚期血吸虫病等新手术,开创并发展了实验外科和神经外科。1956 年编著有《外科学》(又名《沈氏外科学》),相继再版 6 次。编著《腹部外科手术学》和《神经外科手术学》两书,并发表论文多篇。
② 世元:章世元。
③ 英:田仲英。
④ 润:杜润民。
⑤ 陈友栋:生平事迹未详,待考。
⑥ 廉泉:即孙廉泉。参见"1935 年 10 月 28 日"条注释。
⑦ 姚元祚:生平事迹未详,待考。
⑧ 未能辨认出原件此字,暂以□代替。下同。
⑨ 吴□□:未详待考。
⑩ 师校校长:未详,待考。
⑪ 陶主任:未详,待考。
⑫ 沈之万:沈鹏,四川省第三区行政督察专员,辖巴县等县。黄炎培在重庆时亦常有交往。可参见《黄炎培日记》。
⑬ 此处有两字母未甚明了,以□代替。
⑭ 女王医生:未详,待考。

院医,看男病人,不方便。(未刊《日记》要点)

9月30日 听取瞿菊农、惠农[①]、常得仁、晓光[②]等汇报各自负责的工作。(未刊《日记》要点)

9月 私立乡村建设育才院第二届学生报到入学。增添水利工程专修科和社会行政专修科,共录取50名学生;而乡村教育专修科和农业专修科依旧各招录50名学生,四科共计收录150名学生。(颖夫:《晏阳初"平民教育"理论与实践研究——基于当代中国社会转型期的视角》,西南大学博士学位论文,2009年6月,第124页)各专修科主任分别为:乡村教育专修科汪德亮,农业专修科常德〔得〕仁,水利工程专修科崔宗培,社会行政专修科孙恩三。(谭重威:《中国乡村建设学院校史简介》,四川省政协、巴中县政协文史资料研究委员会主编:《平民教育家晏阳初》,四川大学出版社1990年版,第94页)

10月1日 ① 接作孚电话(为地事吴象痴[③]有为难意)。② 致行可[④]函。(为地吴象痴事)③ 星(期)一,开学演讲。④ 介绍周内容及负责人。⑤ 辟一球场或草坪。⑥ 催编计划、预算。⑦ 各教职员所负责任,及时间表。⑧ 研究者应有季报。⑨ 对院改进意见,(人或事或□□)可每季送意见书。⑩ 每人负导、训责任,以身教。⑪ "四自教育"的目标、内容应开会磋商。⑫ 六条件,(育)才的内容。⑬ 章世元的工作问题? 不够紧张。⑭ 文书员,合作员?(未刊《日记》要点)

10月2日 午前,① 与田仲英谈预算表(应包含上年决算,本年预算比较,取消交际杂费,预备等名称)。听取田仲英报告视察干洞子机器经过。② 安排崔宗培的待遇及工作。③ 致函北衡(仪器,交通)。午后三时,① 农科会议,本年度农科政策,计划,预算。② 经济农场。工人班,特约农家的训练。院警。③ 函要改良谷子品种,双季稻,麦子,中农28。④ 生计巡回训练,二年级学生做导生。(未刊《日记》要点)

10月3日 午前,① 函北衡(仪器,交通)、作孚(耳病及青年农民农艺训练班)。② 函行可(吴象痴)。③ 准备"四自"讲演及"六德"。④ 同菊谈计划、预算(丁昌遗[⑤])。午后,开社会科课程会议。晚,致函作孚、子昂及北衡。(未刊《日记》要点)

---

① 惠农:即山东潍县人孙渠(1911~1975),字惠农。
② 晓光:即山东潍坊人陈瑞泰(1911~2001),字晓光。
③ 吴象痴:巴县人,国民党党员。1918年任南充县知事。1919年任北碚峡防司令部司令,任职不到一年。后到广安县任知事。1923年12月为綦江县知事。1931年任歇马乡乡长,曾对歇马的街道进行整治。曾参与修订1937年完稿的《巴县志》,为事务主任及审查组成员。1941年任巴县银行监察人之一。1942年9月任巴县临时参议会议长。
④ 行可:陈行可。
⑤ 丁昌遗:最迟1940年已担任重庆北碚区文星小学校长。其他生平事迹待考。

10 月 4 日　准备开学典礼演讲。（未刊《日记》要点）

10 月 5 日　开学典礼,8:00～9:00,三处主任、研究部主任、四科主任皆齐！诚盛会也。（未刊《日记》要点）

同日　对乡建育才院学生讲话,主要谈育才院的宗旨与今后的使命。首先,指出"育才院就是造就适应时代的合于社会要求的建设乡村的有用的人才。"并把人才分成了庸才、奴才、天才、中平之才四类,指出平教会所要培养的是中平之才,认为中平之才"比上不足,比下有余……只要有教育给他,可为国家所倚重的人"。其次,详细介绍育才院训练人才的六大目标：① 劳动者的体力。主张同学的运动要平常化普遍化。② 专门家的知能。要求同学们要有一技之长。③ 教育者的态度。要求同学们对待农民要有教育者的态度,去教育农民。④ 科学家的头脑。要求同学们革除马虎的撒谎的坏习气,追求真理。⑤ 创造者的气魄。要求同学们要有创新精神,戒除墨守成规、不求进步的惰性。⑥ 宗教家精神。认为坚定自己的信仰,才会使事业成功,宗教家的精神是一个事业成功者的原动力。第三,再次强调人才对于国家之重要。"同学们：从前左文襄公说过这样的一句话,'乱中国者不在盗贼,而在无人才',今天我要告诉你们：'亡中国者不在日寇,而在无人才'"（新版《全集》卷2,第247～251页）。最后,希望同学们努力求学成为人才去为抗战建国作贡献。

10 月 7 日　介绍周第三日。午前,① 农业科介绍。② 社科。③ 水利科。仲英（午后二时）：① 工友减到二十名。② 章世元（合作社主任）。③ 立吾①整理、点收。④ 会存木料。⑤ 院景。午后三时,德亮讲"四自教育"。晚,章世元（七时半至九时）,与其说合作社经理事,甚顽固,俟循循善为开导之。（未刊《日记》要点）

10 月 8 日　德亮小型学校之特点。① 致 Carter② 函之修正。② 预算。③ 发薪津。听菊报告后有三点意见：① 小学五年级学生数太少,年纪太幼,不宜于导生训练。② 帮（马帮……等）太地方性,特殊,无推广价值。③ 歇马乡与金刚碑工作之重要性比较,孰本孰末？而歇马乡运动与大学相成而不相悖。有运动无大学则空,有大学无运动则死。（未刊《日记》要点）

10 月 11 日　下午四时,与仲英、润民谈话。① 生委会经营地产房屋。② 批准五十万为资本。（未刊《日记》要点）

---

① 立吾：汤立吾或杨立吾。
② Carter：即内德·卡特（E. C. Carter）。

10月12日　周会，刘蘅静①先生讲《总理与孔子》。学院事务：① 各科处所添设"物品"应登记(金刚碑在内)。② 双季稻须同赵廉芳②通信(卢子英③)。③ 可参考中农所有研究者，吾人不研究。(未刊《日记》要点)

10月14日　午前，① 同得仁④商谈农科预算。② 同菊谈金刚碑工作，根据金刚实况以及巴县府新运会作之工作关系。应重新规定方针、计划及工作地点。③ 与宗培⑤说其薪津问题。午后，① Enoam⑥由渝返，提及 E□□□⑦已交吾会请款提出，此与我同其之了解不合，为害事也。② 晏声东⑧同恩三来院。(未刊《日记》要点)

10月15日　① 晏声东今晨返渝，寻自力更生之路。② 崔宗培薪津一千元。实验部：先定工作方针、地点，行政费运费皆可省。研究：歇马乡(巴县)通盘计划，逐步推行。导生传习，组织教育，调查分组，分队训练，分团学习，分班教学。训练：本年度女生应参加导生工作。利用巴县合作而推行。地点大磨滩、歇马庙、小湾。印刷：北碚、巴县负责。教员：巴县合作。经费：巴县。(未刊《日记》要点)

10月16日　致信 E. C. 卡特。首先，告知"谨以此个人信函解释一下平民教育运动的情况"。其次，对不久前托艾德敷⑨先生转交的有关平民教育运动的资料

---

① 刘蘅静(1902～1979)：广东番禺人。毕业于北平女子师范大学，后赴美国，入哥伦比亚大学师范学院留学。回国后，先后在广东省立女子师范及执信中学任教，并担任广东省教育会评议委员，曾出席旧中国第十二届全国教育会议。北伐战争期间，历任国民党中央党部妇女部秘书，江西省党部妇女部长，广东省党部委员，上海市党部委员，江苏省立南京女子中学校长，并出席在洛阳举行的国难会议，被选为主席团主席之一。抗日战争初期，先后任国民党军事委员会总政治部设计委员、国民党中央组织部妇女运动委员会主任委员兼私立乡村建设学院教授，中央训练团讲师、私立重庆女子农业学校校长，国民党参政会第一、二、三、四届参政员及第一、二、三、四届驻会委员，国民党第六届中央委员兼国民党中央妇女运动委员会主任委员，1946年11月当为"国大代表"。1948年当选为立法院立法委员、立法院教育文化委员会委员。新中国成立前去台湾，继任"立法委员"。著有《妇女问题文集》(妇女月刊社1947年版)，撰有《寄不出的信》。
② 赵廉芳：民国时期农业专家、博士。1933年曾被江西省主席熊式辉聘为筹设大视横农业学院7位筹备委员之一。1935年任全国经济委员会合作事业委员会委员。提出水稻育种的大区移植栽培试验法。
③ 卢子英(1905～1994)：现代实业家。1905年出生于合川县(今属重庆市)人，为卢作孚四弟。1925年秋考入黄埔军校第四期，同年加入了社会主义青年团。1926年5月，在北碚扎根。1949年，把一个土匪啸聚的地脊民贫地带，建设成了举世闻名的模范区。政绩辉煌，硕果累累，世人称颂。冯玉祥将军有诗赞云："区长卢老四，精明又要好；作孚升次长，区政难顾到，遗缺补其弟，地方都欢笑。"历任四川峡防局练大队队附、学生队队长、峡防局督练长、嘉陵江三峡乡村建设实验区区长、北碚管理局局长等。新中国成立后，先后任重庆市农业局副局长、林业局副局长和建设局副局长，民革重庆市副主任委员。
④ 得仁：常得仁。
⑤ 宗培：崔宗培。
⑥ Enoam：未详，待考。
⑦ E后有三字母难辨认，暂以□代替。
⑧ 晏声东：晏阳初之侄。
⑨ 艾德敷(Dwight W. Edwards)：旧版《全集》译为"爱德敷"。又译为"爱德华兹"。时在上海美国援华救济联合会供职。其他生平事迹未详，待考。

及向贵委员会递交的财政援助申请的背景情况加以说明。① 对日本侵华战争带来的影响加以说明。"这场战争给我们每个人都带来了艰辛和困苦。在另一重要方面,平民教育运动给了我们极大的鼓舞,证实了我们对中国农民所抱有的信念。……只要这些农民获得了机会,一个开明复兴的中国就能很快诞生。我们的农民在这五年多的战争中首当其冲,显示了他们具有无限的潜力,也表明在当前和战后我们必须把农民的福利和教育摆在重建计划的中心位置。"② 对建中国乡村建设学院的心酸及取得的成绩做说明。"平民教育运动意味着我们有了新的机会去为国家的抗战和复兴计划作出重大贡献。为了利用这一契机,尽管遇到了多么难以逾越的阻碍,尽管面临许多紧迫的问题,我们还是创建了中国乡村建设学院。学院如今已跨入第三个年头,首届初级学部学生已经毕业,教职工和研究人员(大学毕业生)在学术水准和师资力量方面不断得到加强。我们认为,我们正在更加有效地实施学院制订的方针,即两条腿走路:系统培训和注重研究。"③ 强调培训工作极为重要。"中国战后的重建任务是要把她建设成为现代化的民主国家。……民主的唯一保障是开化的人民。因此,我们必须从现在起就训练这些男女青年,以便使他们在需要之时能够响应祖国的号召。"④ 强调研究工作的重要性。"对战后重建事业具有同等重要意义的是充实完善的研究工作。这场战争暴露出中国乡村的许多根深蒂固的问题,同时又产生了许多新的问题。……花费时间去从事专门的定性研究工作,去剖析社会的新基础,这是民间组织最能胜任的工作。在中国高等教育所有的民间组织中,惟有中国乡村建设学院全力以赴地从事广泛的乡村建设工作。如果我们不能抓住这场战争带来的机会,把我们最优异的成果和积累下来的经验奉献给国家,那么,我们就是在欺骗人民,在欺骗自己的历史。"⑤ 介绍对乡建院建设的举措。"我们已经大力缩小了学校的规模和减少了学生的人数。同时,制订了学院的校风,突出强调知识和精神。今日中国最令人伤心的是年轻人毫无理想可言。在国家空前的战争的悲壮时刻,应把理想升华到前所未有的高度,这就向我们提出了挑战。然而我们相信,只要有正确的领导和发挥个人的榜样作用,一定能够造就出具有实际工作能力和献身精神的新的年轻一代。"要求学生掌握乡村建设中艰苦的筹备工作所需的方法;养成为祖国的复兴事业献身的精神;养成强健的体魄,经得住乡村恶劣环境的考验。第三,汇报中国平教运动已在过去 20 年中培养了一批人才,并且这批人才正在积极发挥骨干作用,随时可以返回到平教运动中来。最后,希望能一如既往地支持和协助中国的平教事业。(新版《全集》卷 4,第 587～590 页)

同日　撰写日记要点。包括:① 转科问题,应讨论。② 十六,十七,完成预算。③ 十七应召集全体教职员茶会。欢迎新同事;介绍与说明工作。④ 十九号演讲。三时。⑤ 与 Carter 电?⑥ 恩三九月薪津?吾人应如何努力而能够得到社会援助。⑦ 午后同润民、仲英编造预算。院本年度已达一百万令□□□□。(未刊《日记》要点)

10 月 17 日 (九时惠农①)① 农场场长(张之光)。② 农科同人工作报告,进度表。③ 蔬菜出卖?④ 肥料统买。⑤ 农科购物应预先购好。(未刊《日记》要点)

同日 (教职员茶会,三时) 欢迎新同事:三处:① 总务:茅②,通才。工人、教育、人事、管理。汤③,经济、合作、管理。② 教务:邹鸿操④,远由桂林而来。③ 训导:刘蘅静,与国(民)党有悠久历史,可因与汪先生⑤多接近,对吾院极表兴趣。四科:① 农科:盛成桂(园艺)。② 水:崔宗培。③ 社会:孙恩三。④ 教育:本院毕业同学。(未刊《日记》要点)

10 月 18 日 ① 教振东、新民⑥、小妹⑦。② 准备十九日晨课演讲。直到深夜,颇有所得。题目"识时事者为俊杰"(德国)。(未刊《日记》要点)

10 月 19 日 ① 预防证。② 致 Carter 函。③ 孙渠,张之光。④ 与润结算。⑤ 告德亮各部分周报、月报。书记通用。⑥ 致薛子良函。⑦ 社会部公文(课程)。⑧ 四川省府公文。⑨ 仲英:租地,卖小米,合作社。农场(流动金)应买之物,或全部先购,或用。(未刊《日记》要点)

---

① 惠农:即山东潍县人孙渠(1911~1975),字惠农。
② 茅:茅仲英,原名宗杰,青浦人,江苏省立教育学院第二届毕业生,曾在黄巷实验区实习,思想比较进步,工作有创新精神,大革命时是共青团员,与当时青浦的著名的共产党人高尔松、高尔柏很熟悉。1931 年任无锡丽新路工人实验区主任干事。1933 年任无锡南门民众教育实验馆馆长。曾在江苏教育学院工作。抗日战争期间曾到四川永川、璧山等地考察,最后确定淞沪纺织实验区地址,后任淞沪纺织实验区主任。后到平教会工作。解放后调北京工作。主编有《俞庆棠教育论著选》(人民教育出版社 1992 年版)、《中国近现代各派教育思想与教学方法简史》(四川教育出版社 1987 年版)。撰有《保甲制度之实验》(《教育与民众》第 6 卷第 10 期,1935 年 6 月)等。
③ 汤:汤茂如或汤立吾?
④ 邹鸿操(1910~2005),广东新会人。1937 年毕业于中山大学教育研究所,获硕士学位。1933~1934 年秋参加广州河南旧凤凰村调查,抗日战争爆发后在湖南衡山师范学校任教。后到香港岭南大学工作。1940 年秋到桂林广西教育厅研究广西国民基础教育规划,随即被任命为新创办的实验性的广西省立柳庆师范学校教导主任。1942 年秋任中国乡村建设学院副教授。1946 年任中国乡村建设学院教育学系主任。1948 年到香港南方学院任教授,同年获美国哥伦比亚大学师范学院文学硕士学位。1950 年后历任中山大学师范学院、华南师范学院教授、教育系副系主任,广东教育行政学院、广东教育学院、广东第二师范学院教授兼外语系主任。期间 1956 年 7 月至 1958 年 9 月任民盟广州市第三届委员会委员;1957 年被错划为右派;1982 年底,任广东教育学院民盟小组组长;1985 年,任广东教育学院民盟主委。主要论著《中国乡村青年训练》《中国现行教育法令研究特辑》(与马鸿述、梁鸥第合作)、《师范学校的实际问题》《英语教学法的历史发展及其现状》《各国青年训练的比较研究》《怎样掌握评分标准和总评原则》《各国青年训练》等。
⑤ 汪先生:汪德亮。
⑥ 新民:晏阳初次子。
⑦ 小妹:即晏华英,晏阳初小女。

12月4日 ① 鸿[1]，立吾＄10.50。购菜油六百斤，桐油四百斤。＄10 400。② 煤：三万斤，每斤一毛，脚力一毛八。四千斤。③ 筑路：七千余元。④ 布匹：二十五匹，＄8 750。⑤ 院景：已领＄2 000。⑥ 租谷：已收151石2斗，应收163石7斗。⑦ 田富林[2]欲去。⑧ 合作社？(未刊《日记》要点)

12月5日 菊：① 农业(展览)。② 时乡村社会事业实验站。③ 协进会四千元正，捐助。惠农：院景已办本月内栽完。立吾：开办费五万元，经常费五万元。致社部、省府二函＄100 000。富林per m, miccas[3]致送＄60＝10并立时先付＄500。(未刊《日记》要点)

12月7日 八时周会，报告星期来经过：① 参政会。② 蒋先生[4]之谈话印度经过，□尘欧美国，爱自由，真民主。③ 改进开会方式。④ 参观范旭东先生水利，黄海等化学工业。(未刊《日记》要点)

12月8日 八时开始(至十一时)，① 首次对新生(新教员)讲平教运动。② 后一时参加"学生学术研究会"。③ (午后二时)训导会议。问题：① 礼貌，到会应立正，讲完后，应立正。② 劳动。③ 早会学生演讲。④ 摇铃时间？伙食：① 管理：生自管。② 五种不同的伙食学生，有平价米者，有穷者，有富者。清洁：① 学生宿舍，厨房，茅房。② 学生肃静问题。不守规矩。③ 军训？□□ 精神并无。用导师，分组负责。(未刊《日记》要点)

12月9日 关于学生自治(以积极精神态度□之)。① 学生分队，分组自管。② 先生(四科主任及导师)分别对五至七人负责训导。③ 星期六晚(在余家)开座谈会(做人道理)。④ 每星期应有一次训导会议。⑤ 教师值日轮流。⑥ 教部训导教员新规程。⑦ 参加并鼓励学生学术研究会，帮助学生的成功，打起他们的精神。(未刊《日记》要点)

12月9日 一时三十分，与瞿[5]、汪[6]、孙[7]、常[8]、崔[9]、邹[10]、□、刘[11]、孙渠、盛[12]、

---

① 鸿：邹鸿操。
② 田富林：生平事迹未详，待考。
③ per m, miccas：未详，待考。
④ 蒋先生：蒋介石。
⑤ 瞿：瞿菊农。
⑥ 汪：汪德亮。
⑦ 孙：孙恩三。
⑧ 常：常得仁。
⑨ 崔：崔宗培。
⑩ 邹：邹鸿操。
⑪ 刘：当为"刘蘅静、刘纯嘏、刘汝林"中之一，似以前两者可能性更大，存疑待考。
⑫ 盛：盛成桂。

陈瑞泰、姜一樵①、何睦波等谈话。① 吾人应问自己：学生纪律不佳，只责学生，而我们做教师者，尽了最大努力否？宽责人，严责己。（方法如前面）。（菊农）② 治标　治本，开辟平教会的本身大业。③ 消极：除去坏学生。学生生活，米？减少组织，增加接触？可能乎？导师的任务：应有明了的规定。只负责导"做人"的责任。（未刊《日记》要点）

12月10日　听取叶兆丰汇报金刚碑工作。汪德亮汇报工作。（未刊《日记》要点）

12月11日　告菊：① 教部、学生贷金、立案二事。② 援华委会请补助教员事。姜一樵之研究。水利科请省府补助事。（未刊《日记》要点）

12月14日　在乡建育才院纪念周上讲话，其讲演词由范培正②记录，以"改造中国要从基层建设抓起"为题收入宋编《全集》第二卷中。主旨谈改造中国要从基层建设抓起。首先，简单谈了自己去嘉定③参观武汉大学后的感触，认为武汉大学虽然设备简陋、条件艰苦，但其校风非常好，"学校严格执行纪律，学生严守纪律，师生都非常合作努力，表现着蓬勃的朝气"。其次，谈定县平教工作已显露成绩及其感悟。"现在华北，尤其在河北作游击干部的青年，大都是定县人，占的比例数字很大，大约有十分之八九。""一切的事业的成功与否，不要看当时情形，也定要把眼光放大向远处看，当时的轰轰烈烈也许不久后即就消沉，或者是人存政举，人亡政息……现在定县有游击队三万人和敌人拼命，有人说这是共产党活动的结果，是因为共产党在别处也有这样的成绩。但主要是过去平民教育生了根。……一切的成就须在平时作起，然后在大难临头才有表现。教育本是很苦的工作，尤其平民教育更苦，国家没有大的报酬给我们，只要从农民身上能有进步的表现，那我们就心满意足了，所以我们要坚定信念，作此重要建国大业。"第三，重点谈改造中国要从基层建设抓起。因国家总目标是实行国家实业计划、完成地方自治，而完成地方自治非平教会大部分负责不可，"平教会深思熟虑，认为中国之广大，人口之繁多，民众生活水准之低，非把握重点不足确定中心，非着重基层不足求实效"，"平教会工作二十年如一日没有间断，我们的生计、卫生、组织等教育，都是从基层着

---

① 姜一樵：生平事迹未详，待考。
② 范培正：生平事迹未详，待考。
③ 嘉定：即今四川省乐山。两宋改嘉州为嘉定府；元代改为嘉定路；明代改为嘉定州；清雍正十二年（1734）升嘉定州为嘉定府，并在府治置乐山县，取"城西南五里有'至乐山'"为名，"乐山"之名沿用至今。1938年初，武汉发危。武汉大学第322次校务会议商议迁校事宜，决定迁至四川乐山。3月，部分教职员工与一、二、三年级学生共600余人，采用自由组合方式分批乘船溯江而上，一路栉风沐雨，几经辗转，终抵嘉州。由是武大师生日与大佛相邻，夜以三江为伴，弦歌不绝，以至八载。

手的"，乡村建设学院"也就是为培养基层干部而设"。最后，希望同学们"负起基层的责任"，遵照近来中央对学生劳动纪律的新指示，"中央近来对学生劳动纪律有新的指示，要利用课假开辟田园，建设道路、沟渠，进行种植等，于实际生活中使学生操作不假手于技工和校役，使之劳动化、纪律化。"（新版《全集》卷2，第252～254页）

同日　① 电话金署长①(问 Balfour)。② 电志潜②问 Srau③ 及车。③ 各种请书。④ 约院导师茶话。⑤ 吴子英④地事？⑥ 复沈钧儒。⑦ 复其他要函。约四时半，① 俱乐部。② 水利春季招生(专员公署代办)。③ 电灯，办法。④ 学生平价米。⑤ 李象元⑤，鱼？（未刊《日记》要点）

12月15日　(十时)水利加班。宗培：① 省府三十二年度，关于水，水利用款一万元，五千万元。(旁注)需人□□。② 今年学生□十三名，不合原合同。③ 可添学生而不比例的增加预算。④ 春季招生可得较良学生。⑤ 教员问题可以解决。（未刊《日记》要点）

12月26日　1. 准备 Bilfam⑥ 之来。① 电厂，② 大扫除，③ 导生传习，④ 田阁铭⑦。2. 水利请三十二年度补助公函。3. 核阅致各专员区书及水利办法。4. 星(期)六，晚会下星期六开。5. 分配学生与导师。星(期)日，晚约茶会。6. R.F. 报告，育才院英文报告。7. 院失药。(学生情形。彭⑧)8. 宋⑨，打报告。9. See 得仁⑩，农场小伙食。10. 孙渠。（未刊《日记》要点）

12月27日　彭若兰，星一晚，二十八，六时举行导师茶话会。（未刊《日记》要点）

12月28日　① 周会：《战后世界永久和平问题》。② 对菊、亮、恩⑪谈 Social Rehari Com⑫ 之政策，作风。（未刊《日记》要点）

---

①　金署长：金宝善博士(Dr. P. Z. King)，时任卫生署副署长。
②　志潜：即陈志潜。
③　Srau：估计是一种药，未详，待考。
④　吴子英：生平事迹未详，待考。
⑤　李象元：生平事迹未详，待考。
⑥　Bilfam：未详，待考。
⑦　田阁铭：唐山交大毕业，曾任贵州大学工学院教授，粤汉铁路管理局、广州铁路管理局工程师、段长、高级工程师、衡阳铁路工程学校教员、主任工程师，衡阳工学院、株洲大学顾问教授。
⑧　彭：彭若兰，生平事迹未详，待考。
⑨　宋：未详，待考。
⑩　See 得仁：看望常得仁。
⑪　菊、亮、恩：瞿菊农、汪得亮、孙恩三。
⑫　Social Rehari Com：未详，待考。

12月29日 分组负责：① 批阅周记。② 每两周举行分组会议一次。③ 个别谈话。④ 与学生家长联系。轮流值日，每日请导师一人。① 巡查早操。② 巡查劳动。③ 巡查自修。④ 检查学生生活。（未刊《日记》要点）

12月30日 ① 朝会。② 星（期）六茶话会。③ 月终同乐会。④ 运动。⑤ 学术研究顾问。⑥ 两星期一次导师会议。（未刊《日记》要点）

是年 对乡建育才院学生讲"识时务者为俊杰"。讲话词由程辉全记录，收入宋编《全集》第二卷中。首先，分析当时世界几个主要国家的优势："讲民主政治及宪法，只有英国最好；讲实业，只有美国最发达，动员民众的技巧，要算苏联；模仿力最强的，要算日本；利用科学武器，可以征服世界，而站在世界最前面的是德国。"其次，主要讲当时最强国家德国民族的几个特点——四干精神。① 能苦干："德国当巴黎在跳舞非常起劲的时候，在此次未挑战的前七年，已经把全国变成战时状态"；② 能巧干："德国因第一次欧战的失败，受《凡尔赛和约》的束缚，不能建立海军，只好造珍珠舰，用体育来代替军训"等；③ 能阴干："对国防有关系的发明，尤其是基本的和重要的方面，不但自己要保守秘密，而且想尽方法，使他人不能发明"。④ 能预干："德国为了要造成自给自足的德化欧洲，其计划：（一）驱逐非德国人出境；（二）整个解除全欧洲武装——把欧洲的钢铁工业，集中于波西米亚莱茵河。对欧洲的武器制造，有一定的据点，把其他非据点的，加以毁弃；（三）金融方面，设立保险公司，将民众金钱的利害，与德国的利害一致；（四）粮食方面，摧毁法波工业，使法波完全农业化"，"德国因为有四干的精神，故能冲破和约的束缚，而成为世界最强的国家"。最后，希望育才院学生"不能以小范围束缚自己，不张开眼睛来观察世界，没有真的认识与大的决心"，要有德国人的四干精神。（新版《全集》卷2，第256～258页）

是年 作题为"乡村建设运动之回顾与前瞻"的讲话，发表在《乡讯》第四卷第5期。收入宋编《全集》第二卷中。首先，谈开展平教运动的缘由：欧战时在参加服务华工的工作中，感觉到华工很辛苦，他们需要接受教育来改革命运。"从那时起，我自己就成了一个苦力的贫民的崇拜者。于是，我在法国工营中就下了一个最大的决心：愿把自己献身于苦力。……决心去为苦力服务。既认识了苦力的'苦'与苦力的'力'，所以自己的抱负即在解除苦力的'苦'，开发苦力的'力'"。其次，讲平教运动开展的时间、经过、方法。平教运动开展的时间和经过是："怀着满腔的热血与抱负，于民国九年回国"，"回来后从大处着眼，从小处着手。我曾受过苦力的陶冶与训练，所以从下层基础去着想，不好高骛远。亦曾到各方面去参观过。当时中国社会团体中力量最大的全国青年协会，它有三个特点：一、有机构：除国内外，国际上亦均有关系,各城市都有分会。二、有人才:有经验有成绩的强有力的干部在五百人以上。三、有贤能的领袖——余日章先生。那时余先生邀我加入青年会,会内有几位教育家,从事于城市教育之提倡,着重于青年教育,叫我帮助工作。……我只向他要求供我一位办事员。于是,我即又思想如何利用全国青年会的全部力量来促使工作的扩展。……在青年会开工作批评会中提出了两个计划:一个对农人,一个对工人。……结果工作计划都没有通过,只有一个美国朋友表示同情,我只得暂时忍耐,依旧为平民去工作。但工作需要工具,……所以后来用千字课,依据最常用、最实用的字,用科学的方法去编辑。这是第一步的工作。有了工具,还要从事于提倡运动,当时有长沙青年会愿做这个初倡的实验。这是一九二二年即民国十一年的事。其要点:民众大规模运动,把全城民众组织,先事演讲平民教育的重要及如何办平民教育",逐渐使"平教会在二十年前,即引起国内各方面对三万万以上民众的教育问题的注意"。第三,讲平教运动的特点。"一、注重科学的实验";"二、平教同仁把平教事业当作专业";"三、不仅教材内容方法的研究,亦不仅只是当作专业,而且要更一步的不仅只像工厂工作,而要想法贩卖到民间去"。第四,讲平教运动的影响。"(一) 全国学校,尤其小学校的教师,他们按时按步地教民众认识了自己。""(二) 各机关各团体都受了我们的影响,与我们联络。千字课在寺院、基督教会等,亦都大量的采用,发起大规模的识字运动"。"(三) 各大学内都有乡村教育的研究。""(四) 影响政府",识字运动成为政府七大运动之一。最后,谈平民教育运动背后的政治意义和教育意义。"平民教育'平'字的来源,很有意思,它是人格平等的'平',教育权力平等的'平',平社会不平的'平',平天下不平等的'平',要实行平国政治教育,不'平'则鸣,平定残杀侵略,世界才能有和'平'。当时中国南北混乱不堪,而平教工作可在那时通行无阻,与南北都有联络,工作做得很多,这是由于完全站在为人民谋福利的立场,所以能南北通行无阻,没有人攻击,也没有党派的排斥。……各地有分馆,都由总会来综合各方面,有三十二个市平教会,十八个省平教会。总会的组织有市民教育部,农民教育部,华侨教育部,士兵教育部,调查部等等"。(新版《全集》卷2,第259~263页)

是年 日本学者大久保庄太郎所撰的《近代支那の平民教育运动——以定县华北实验区为中心》发表在《东亚人文学报》第2卷第3号(1942年第12期),该文对其领导的定县平教运动进行了介绍。

是年 将家从重庆市北碚歇马场白鹤林的"冯家大洋房"搬至离白鹤林三华里左右的一处新建住所,原房由平教同仁瞿菊农入住。(侯外庐著:《韧的追求》,生活·读书·新知三联书店1985年版,第110页)

1943年(民国三十二年　癸未)　五十三岁

2月　历时五个多月的斯大林格勒保卫战以德国的惨败而结束。

3月　中共中央文委与中央组织部召集延安从事文艺工作的党员五十多人开会。凯丰、陈云、刘少奇、博古、李卓然在会上讲话,表示坚决贯彻毛泽东《在延安文艺座谈会上的讲话》的精神,号召文艺工作者到群众中去。《新华日报》以"中共中央召开文艺工作者会议"为题,首次在国统区报道了毛泽东《在延安文艺座谈会上的讲话》的消息。10月,《解放日报》全文发表毛泽东《在延安文艺座谈会上的讲话》。

同月　教育部公布《中等学校导师制纲要》《专科以上学校导师制纲要》。

同月　蒋介石出版《中国之命运》,为第三次反共高潮作思想和舆论准备。

4月　国民党政府公布《非常时期报道通讯杂志社登记管制暂行办法》。

5月　共产国际主席团为适应新的斗争形势的需要,提议解散共产国际。中共中央表示"完全同意"这项决议。

同月　教育部颁布《师范学校辅导地方教育办法》。

6月　国民党利用共产国际解散的时机,提出"解散共产党""取消陕北特区",掀起了第三次反共高潮。

同月　教育部公布《师范学校及简易师范学校课程标准》。

7月　陈铨主编的《民族文学》在重庆创刊。

同月　教育部颁布《补习学校规程》。

9月　意大利墨索里尼法西斯政府宣布投降。

10月　教育部颁《中学视导标准》《自费留学生派遣办法》。

11月　中、美、英三国首脑在开罗举行会议,并发表《开罗宣言》。

同月　教育部公布《私立学校规程》《青年节纪念日办法》。

12月　教育部公布《幼稚园设置办法》。教育部举办第1届自费留学生考试。

1月11日　中、美、英、苏代表在华盛顿商谈战后建设及赈济等问题,受外交部部长宋子文邀请拟与十余位专家前往美国组织"战后问题中国研究小组"(The

Chinese Study Group on Post-war Problem)。(吴著《晏传》,第 339 页)

1 月 13 日　① 崔①1 000、茅②1 000、常③、孙④旅费？② R. F 英文年报。③ UCR 政策,Social Rehal 计划书。④ 栽树(孙策)。⑤ 水利案(教部)。⑥ 周戎敏⑤(?)。⑦ 两专科课程报部(和立案)。(未刊《日记》要点)

1 月 16 日　与谭治中⑥、陈克⑦、郑光帼⑧、张惠云⑨、朱德增⑩、张平东⑪、王康⑫、高琇荣⑬、姚元祚⑭、李毓麟⑮、邓廷献⑯等学生分别谈话。(未刊《日记》要点)

2 月 15 日　中国乡村建设育才院出刊的《院讯》第 3 卷第 1、2、3、4 期合刊刊登其所拟定的《乡建院六大教育目标》,与 1940 年的"本年"条所载的《本院六大教育目标》内容相同,但多"序言"部分,"序言"内容为:"中国现代的问题是'才荒',育才院乃为作育人才,解救'才荒'而创设。所为'才',大约可分作四种:第一,庸才——庸庸碌碌,无足轻重。第二,奴才——成事不足,败事有余。第三,天才——

---

① 崔:崔宗培。

② 茅:茅仲英。

③ 常:常得仁。

④ 孙:孙恩三。

⑤ 周戎敏:早年事迹未详,1936～1937 年在平教会实验县定县担任农村保健行政助教。1938～940 年担任贵州省防疫站防治霍乱医师队长到各地开展工作。1942 年创办四川省乐山医院于乐山城区皇花台。1949 年人民政府接管贵州省第五医防大队时,任大队医师、高级技术人员。新中国成立后,任贵州省卫生厅防疫科副科长。1953～1965 年任贵州省卫生防疫站副站长。1953 年 3 月起增在贵阳医学院教授公共卫生学课。撰有《定县保健员的管理与成绩谈》(《民间》第 2 卷第 6 期,1935 年)。

⑥ 谭治中:生平事迹未详,待考。

⑦ 陈克:中国乡村建设学院农二甲学生。其他生平事迹未详,待考。

⑧ 郑光帼:生平事迹未详,待考。

⑨ 张惠云:生平事迹未详,待考。

⑩ 朱德增:生平事迹未详,待考。

⑪ 张平东:曾在衡山师范学校学习,1939 年 3 月参加湖南新宁县白杨乡调查,为测绘组成员之一。后到中国乡村建设育才院继续求学。其他事迹待考。

⑫ 王康(1922～　):福建福州人,九三学社成员。1947 年毕业于中国乡村建设学院农学系。曾在中国西部科学院从事农副产品加工研究。1953 年调至西南农学院任教,1987 年任教授。从事生物化学和植物生理学的教学和科研。讲授生物化学、植物生理、植物化学分析、生化实验技术、农化分析等课程。编印教材 14 种,是国内最早开设植物生物化学课的少数人之一。截止 1992 年,已培养硕士生 10 名,协同培养 6 名。发表科研论文 41 篇。1979 年获科学大会奖章和省科技成果三等奖,1978 年获农业部重大科技成果二等奖。在利用世界银行贷款、加强实验室建设中作出了成绩,获农牧渔业部 1984 年部属高等农业院校优秀教师称号。1990 年获重庆市先进工作者称号。先后获国家教委成绩显著荣誉证书及奖状等 17 种。1992 年起享受政府特殊津贴。

⑬ 高琇荣:生平事迹未详,待考。

⑭ 姚元祚:生平事迹未详,待考。

⑮ 李毓麟:生平事迹未详,待考。

⑯ 邓廷献(1918～　):四川璧山人,1944 年前后在农林部淡水鱼养殖场工作。1948 年毕业于中国乡村建设学院农学系,1953 年北京师范大学生物系进修班毕业。四川师范学院生物系副教授。1982 年 12 月至 1992 年 12 月在南充师范学院、四川师范学院(今西华师范大学)九三学社支社(支部)任主任,曾为南充市九三学社负责人之一。编著、合编有《农业基础》《农业基础知识》《作物学》等教材。

有一分才气,而又肯流九十九分血汗。第四,人才——不取巧,肯实事求是。育才院作育人才而不作育天才,然而有人才就必然可以产生天才的。每个人才都必须具有六个条件,我们就以这六个条件训练本院的学生,这就是我们教育的六大目标。"(《乡建院在北碚》,第16页,参见"1940年'本年'"条)

3月初　将育才院院务交由瞿菊农代理。自重庆启程赴美。(吴著《晏传》,第339页)

3月6日　给金宝善博士①写信,希望金博士寄来治疗疟疾病的药物并感谢金博士对乡村建设育才院的支持。"我院现有师生员工四百多人……疟疾病流行季节将至,而我们却一粒奎宁药丸都没有,故请给我们寄六千粒来,越早越好。……非常感谢您过去对我院的支持和帮助,我院全体师生员工都不会忘记的。谢谢您的再次合作"。(新版《全集》卷4,第591页)

3月　经昆明,飞越驼峰到印度,会晤加尔各答大学教授,谈及中国平教乡村改造,知印度农民正需定县教育方法。旋飞往埃及,游览金字塔等古迹,继续起航,后平安抵达华盛顿,以中国国防物质采购处做日常集会和办公地点(吴著《晏传》,第339页)。

5月11日　"哥白尼逝世400周年全美纪念委员会"(The Copernicus Quadri-centennial National Committee)表彰委员会主席安吉尔(Dr. James R. Angell)②致信,邀请其参加同年5月24日的表彰大会。邀请函称:"在哥白尼那个时代,他是革命者,并取得具有革命性意义的成就;在我们的时代,在我们的同辈人中,也有少数出类拔萃的人,他们在处理问题的思想和方法上已作出或正在作出独具革命性意义的贡献。为发扬这种精神,并促成会议的成功,许多杰出的教育家和科学家将出席,从而使会议产生更深远的影响。这项纪念哥白尼逝世四百周年计划的最高荣誉是为一些当代革命性伟人赠授荣誉表彰。全美纪念委员会决定成立一个代表不同学科和学术团体的特别表彰委员会,让其成员推选我们时代里具有哥白尼的革命精神,并为时代作出革命性贡献的人。在最近召开的会议上,表彰委员会全体成员一致认为您就是具有这种实际贡献的人,推选您为这些杰出伟人中的一员,并委托我,代表委员会的全体成员将此决定告知您,恳请您亲自出席纪念大会并接受这一荣誉。"(新版《全集》卷2,第436页)

5月13日　收到中国驻美大使馆转来"哥白尼逝世400周年全美纪念委员会"(The Copernicus Quadri-centennial National Committee)表彰委员会主席安吉尔

---

① 金宝善博士(Dr. P. Z. King):时任卫生署副署长。

② 安吉尔(Dr. James R. Angell):"哥白尼逝世400周年全美纪念委员会"(The Copernicus Quadri-centennial National Committee)表彰委员会主席。著名心理学家,曾任哥伦比亚大学校长、哈佛大学校长。参见"1928年6月20日"条注释。

博士来信。

5 月 24 日 在哥白尼逝世 400 周年全美纪念大会上,科希丘什科基金(Kosciuszko Foundation)会①因"将繁难的汉字简化易读,用书本知识开启千万不识字人的心智,用科学的方法指导农民发展生产",与爱因斯坦、杜威、福特、莱特、劳伦斯、华特·迪斯尼(Walt Disney)、斯坦利、斯可尔斯奇等被膺选为"现代世界最具革命性贡献的十大伟人"②。并在大会上接受表扬状,成为唯一一位获此殊荣的亚洲人。表扬状称:"杰出的发明者:将中国的几千文字简化容易读,使书本上的知识开放给以前万千不识字的人民,又是伟大的人民的领导者:应用科学方法,肥沃他们的田土,增加他们的辛劳果实。"会后应东西方协会主席赛珍珠之邀作演讲,又在纽约市国际学会向中国留学生讲演,其内容包括中国人如何抵抗日本侵略、平教乡建与战后建设和世界和平的关系。(川编《晏阳初》,第 297 页)

7 月 5 日 与几位美国人士在赛珍珠女士(Pearl S. Buck)的宾州寓所讨论中美关系陷入困境的原因。(川编《晏阳初》,第 297 页;宋编《文集》,第 342 页;吴著《晏传》,第 344 页)

7 月 入纽约哥伦比亚大学附属医院做全身详细检查,没有发现任何疾病,获健康证明。(宋编《文集》,第 342 页)

同月 着手与美国作家 J. P. McEvoy③合作撰写《免于愚昧无知的自由——平民教育实用手册》。(川编《晏阳初》,第 297 页;宋编《文集》,第 342 页)

9 月 18 日 将在 7 月 5 日讨论基础上撰成的"在美国工作计划"文件以及自己

① 科希丘什科基金(Kosciuszko Foundation)会:美国一个民间组织。成立于 1925 年,该基金会的主要职能是通过教育、科学和文化的交流加深波兰和美国的关系。

② 署名"逍遥自在的博客"载:科希丘什科基金当时评选的是"Modern Pioneer Scientists"(现代先驱科学家)。但中国国内几乎所有的介绍都说是"现代最具革命性贡献的世界伟人"(吴著《晏传》,第 339~341 页),或"对世界文明贡献较大的 10 人"。这就明显言过其实。姑且不论晏阳初在科学上有没有伟大的贡献而列为"科学家"之最著名者之一,但就除晏阳初之外的另九位科学家的生平事迹中均未提及获得过"现代最具革命性贡献的世界伟人"这一殊荣看,这个殊荣是不存在的,是有的学者故意夸大所致(逍遥自在的博客 http://blog.sina.com.cn/xiaoyaozizai1949)。本年谱撰者认为,即便吴著《晏传》的夸大也不是晏阳初本人所为,同时这不能否认晏阳初对世界所作出的伟大贡献,更何况当时确有"哥白尼逝世 400 周年全美纪念委员会"(The Copemicus Quadri-centennial National Committee)表彰委员会并按程序进行推荐和给予了表彰。

③ J. P. McEvoy(1897~1958):美国作家,其事迹被 20 世纪 20~30 年代十分流行的杂志如《利伯蒂》(Liberty)、《星期六晚邮报》(The Saturday Evening Post)和《世界主义者》(The Cosmopolitan)所报道。甚至有的还被编成电影,如由 W. C. 菲尔德斯主演(W. C. Fields)《礼物》(It's a Gift,1934)。也写有一些剧本如《陶工》(The Potters,1923)给齐格菲尔德(Ziegfeld Follies)歌舞剧,也写了一些小说,包括《阳光女孩》(Show Girl,1928)和《好莱坞女孩》(Hollywood Girl,1929)。这两部小说后来都由爱丽丝·怀特(Alice White)主演的电影《阳光女孩》(Show Girl,1928)和《在好莱坞的阳光女孩》(Show Girl in Hollywood,1930)。他还是以《阳光女孩》为基础为最知名的流行报纸创作漫画《迪克西·杜根》(由约翰·H. 斯特利波尔插图)的作家。1919 年出版了前期创作集《生活的碰撞》(Slams of Life)。在 20 世纪 40 年代和 50 年代,他是美国《读者文摘》(The Reader's Digest)的定期撰稿人。

的意见送宋子文考虑。(吴著《晏传》,第345页)

9月22日 参加"战论问题中国研究小组"在华盛顿的讨论会,将"在美国工作计划"文件主要内容作了说明。计划分三部分:(一)少数通晓中美两国文化、政治、社会情势,又为美国各界领袖熟悉的中国最高知识分子,与美国政府及企业界领袖分别洽谈,在友好自由气氛中说明中国真相;(二)多数中国知识分子到各学校、工会、妇女会、男人团体等演讲,主旨以适应对方兴趣的中国事物作通俗而幽默的解说。这批演讲人应自知本身即中国的"样品",故必须诚实乐观引人悦目,借使美国人信任他们;(三)美国各地华人社区也应加以组织,分担这一计划的部分工作。(吴著《晏传》,第344页)

9月24日 成立中美文化关系委员会。此后,应邀赴12所大学讲演。(川编《晏阳初》,第297页)

9月28日 在华盛顿特区致信宋子文,谈及进行下列计划:① 选择有成就的留学生参加"平教总会"的研究与训练工作;② 为"平教总会"高、初级人员去美国大学研究、进修安排所需奖学金;③ 为乡村建设学院邀请专家担任优秀教师。(吴著《晏传》,第346页及388页注⑩)

11月 与美国作家 J. P. McEvoy 合作撰写《免于愚昧无知的自由——平民教育实用手册》的提纲由 J. P. McEvoy 撰写成《中国教师的特使:晏阳初》在美《读者文摘》当年第11期上刊载。(川编《晏阳初》,第297页;吴著《晏传》,第343页)文章主要简述中国"平教总会"的工作、成就及被膺选为"现代世界最具革命性贡献的世界十大伟人"之一的情况。在结语中引用晏阳初在美国的讲话:"全球三分之二的人都陷于苦力阶段","没有任何一国能超越其民众而强盛起来,只有这许多大众——世界上最丰富的尚未开发资源,经过教育而发展,且受教育而参加他们自己的建设工作,否则将没有和平可言","平民教育将造就每一个人成完全的人,那时他就是任何其他人的兄弟!""这样,我们不只能拥有'四大自由',还有第五自由;比较其他四项都显得伟大。没有它,我们如何能有四大自由?这就是免于愚昧无知的自由。"(参见吴著《晏传》,第343页)

是年 与麦克沃伊合撰的论文《中国的特别的教师》载《读者文摘》当年第11期(J. P. McEvoy & James Yen. "China's Teacher Extraordinary". *The Reader's Digest*, November, 1943, pp. 2～8. Condensed from *Freedom from Ignorance — A Practical Manual for Mass Education* by Y. C. James Yen and J. P. McEvoy.)。该文是与麦克沃伊合著的《免于愚昧无知的自由:平民教育实用手册》一书的概要。

1944 年(民国三十三年 甲申) 五十四岁

1 月　毛泽东看平剧《逼上梁山》以后,给杨绍萱、齐燕铭写信,对该剧改编演出的成功给予热情支持。

同月　教育部公布《小学教员检定办法》。

3 月　国民政府公布《国民学校法》,原《小学法》废止。

4 月　国民政府修正公布《著作权法》和《省政府组织法》,后者规定省教育厅为省政府组织之一,其厅长为省府委员,由行政院提请国民政府任命。

6 月　教育部公布《中等学校导师制实施办法》《边疆学生待遇办法》。公布《学校教职员抚恤条例》《学校教职员退休条例》。

7 月　国民政府公布《强迫入学条例》。教育部颁发《中学及师范学校教员检定办法》《学校卫生设施标准》。

8 月　蒋介石号召知识青年从军,第 1 期目标 10 万人。

9 月　教育部修正公布文、理、法、师范 4 学院,分院共同必须科目表,正式将三民主义及伦理学列入。教育部公布《专科以上学校导师制实施办法》。

10 月　国民政府公布《补习学校法》。行政院公布《全国师范学校学生公费待遇实施办法》。

11 月　中共中央派周恩来赴重庆,与国民党商讨建立民主联合政府的具体步骤,被蒋介石无理拒绝。

同月　汪精卫死于日本名古屋,由陈公博代理伪国民政府主席。

12 月　教育部公布《国外留学办法》。

1 月 19 日　应古巴哈瓦那大学校长的邀请,自美国赴古巴首都哈瓦那。(川编《晏阳初》,第 298 页)

2 月 6 日　在古巴哈瓦那大学作题为"平民教育与中国的抗战及民族建设①"(Mass Education and China's War of Resistance and National Reconstruction)的

---

① 平民教育与中国的抗战及国家建设:旧版《全集》译为"平民教育与中国的抗战及民族建设"。

讲话。首先,表达能受邀到哈瓦那大学访问感到非常高兴。其次,重点介绍中国平民教育运动的意义、任务、目的、实验基地、主要参与者及平民教育采用的方法等。指出:"平民教育运动最深远的意义,并不在于到今天有多少平民被教会识字,而在于发明一个实用的和有效的扫盲体系,而且国家开始认识到扫盲的紧迫性并下决心去完成扫盲工作";而平民教育的目的则是"能够以必要的知识和技术武装他们,以健康的精神习染他们,从而改变他们自己的生活以及建设他们自己的家园";其"社会实验室"就是定县;最初的参与者则是"在旧中国的正规学校里受过教育,而且其中大多数在海外留过学,分别受到教育的、政治的、经济的、公共卫生以及农业方面的专业训练。他们中的大多数人是教授,三位是大学校长,其余的人则是从政府部门或从大学辞职的行政人员";平教运动采用的方法是:先对平民进行识字教育,即建立起若干适应乡村需要的实验学校,实验学校成功之后,又建立"示范学校",将最有效的方法向乡村平民示范,让他们目睹了这些方法的实用性后,劝导他们办自己的"平民学校",进而组织自己的"同学会""平民图书馆""读书会"等;同时,还必须将识字和文化教育,与改进经济的工作有机地结合起来,对农民进行技术培训以改善其生活;然后,还要建立一个在人民的经济收入允许的范围内的最低限度的医疗和保健系统,以及改革县政。第三,谈平民教育的成果。即平民教育由县推广到了省,更重要的是受过教育的人民"从战争的废墟之中,从战争的悲剧和痛苦之中新生了!……数以百万计的人民在前线、在后方,被召唤起来去战斗,为了祖国的自由、独立而战斗!"。最后,指出中国人民和古巴人民一样热爱和平与自由,具有坚忍不拔的精神,一定会赢得抗日战争的胜利,并把这场战争变成追求"世界民主与和平为目的的变革运动"。(新版《全集》卷2,第264~276页)

2月中旬 中国驻古巴大使李迪俊①举行酒会,被介绍给与会各界领袖相晤;继在哈瓦那大学及其他教育团体演讲,叙述中国平教乡建工作,强调其对世界和平前景的重要关系。(川编《晏阳初》,第298页)

---

① 李迪俊(1901~?):字涤镜,湖北黄梅人。1915年考入清华学校癸亥级,1920年与梁实秋、翟桓、顾毓瑗、齐学启等组织小说研究社。1923年毕业赴美留学,1925年获威斯康辛大学文学学士,旋为芝加哥大学、哈佛大学研究院研究员。留学期间曾组织兄弟会。回国后任中央政治学校、中央大学兼职教授。1930年至国民政府外交部工作,1932年任外交部秘书,1933年任外交部情报司司长,后任《尚时事月报》主任编辑。1939年5月任驻古巴全权公使,1942年1月兼驻哥伦比亚、委内瑞拉全权公使,1943年7月兼驻多米尼加全权公使。1947年后任驻土耳其、巴西大使。著有《英国选举比例运动史》《孙中山先生政治学说》。有诗作见于《清华周刊》。

3 月 21 日　与古巴哈瓦那著名人士约翰逊(Dr. Theodore Johnson)①、巴提斯塔(Dr. Batista)②、彭佐·寇(Dr. Pedro Cue)③以及 McEvoy④ 和 Hedges⑤ 等商讨在古巴推行平民教育问题。一致认为古巴的大多数人同中国人一样需要平民教育,赞成在离哈瓦那较近、有代表性的地方作表证中心,并指出必须一开始就从基层着手,必须由人民自己的人去领导做他们自己需要做的事。(川编《晏阳初》,第 298 页)尤其指陈:古巴有一较优条件,即具备相当丰富的技术人才,以及集中的财富与坚实的经营地区。如推行平民教育,十年以内,古巴全国建设完成,即为全球最富庶最快乐地方。(吴著《晏传》,第 350 页)

4 月 2 日　再度与古巴人士会商推行平民教育社会建设机构的名称、工作、经费、人员等问题,协助完成主要计划后飞回纽约。此次古巴之行引起拉美各国关注,多米尼加共和国专为发行介绍其事迹的小册子。自己也认为古巴之行能将中国平教经验传布于海外,是实现了多年的心愿,希望能够出现一个"古巴人的定县。"(川编《晏阳初》,第 298 页)

4 月 20 日　致函鼓励约翰逊⑥说:"古巴居重要战略地位,如果这一平民教育会建设计划推行成功,将对拉丁美洲各国发生巨大影响。"(川编《晏阳初》,第 298 页)

4 月 29 日　开始办理"平民教育运动中美委员会"(American Chinese Committee of the Mass Education Movement)的注册手续。(川编《晏阳初》,第 298 页)

4 月　飞往纽约。(宋编《人民》第 378 页)

5 月 12 日　纽约州政府正式核准"平民教育运动中美委员会",被推为该委员会理事之一。应约担任此一组织之理事计 9 人,其中中国籍 3 人(与锑矿商李国钦⑦、前驻美大使施肇基一并应约)、美国籍 6 人,其中有"东西协会"

---

①　约翰逊(Dr. Theodore Johnson):西奥多·约翰逊博士,生平事迹未详,待考。
②　巴提斯塔(Dr. Batista):西奥多·约翰逊博士,生平事迹未详,待考。
③　彭佐·寇(Dr. Pedro Cue):生平事迹未详,待考。
④　McEvoy:美国作家 J. P. McEvoy(1897～1958)。
⑤　Hedges:生平事迹未详,待考。
⑥　约翰逊:古巴哈瓦那著名人士西奥多·约翰逊博士(Dr. Theodore Johnson)。
⑦　李国钦(1892～1961):矿冶专家。字炳麟。湖南长沙人。湖南高等工业学校毕业,后入英国皇家矿业学校,获矿冶工程师学位。1914 年回国,即后成立裕厚采钨公司。历任湖南矿务局秘书、会办,江华锡矿及常宁水口山矿经理。1914 年被推为华昌矿务公司副董事长兼驻美国纽约总办事处经理。后任该公司董事长兼总经理,美国中华协会董事兼副会长。美国纽约律师俱乐部、旧藩俱乐部、五金交易所、矿冶工程师学会会员。第一次世界大战期间,即从事开采钨矿。二战期间加入美国国籍。曾协助美国及加拿大政府采办钨砂等战略物资。同时对数学亦有研究。曾以中文撰写代数、三角、微积分等教科书。1943 年与王宠佑合著英文《钨》(Tungsten)一书。在美出版后被列为美国化学学会专著第 94 种。

（East and West Association）主席赛珍珠（Pearl S. Buck）、通用电器公司总裁史瓦浦①和其他几名教授、作家。（川编《晏阳初》，第298页；詹编《文集》，第445页；宋编《文集》，第342页）

5月31日　平民教育运动中美委员会举行理事会首次会议，宣告正式成立。并计划开展宣传中国的平民教育与乡村改造、募捐五百万美元等活动。（川编《晏阳初》，第298～299页；姜编《纪略》，第60页）

6月初　与赛珍珠女士一道面见中国驻美大使魏道明②，制订帮助美国人认识中国的计划，以促进中美文化关系。讨论协助美国人认识中国。（宋编《文集》第342页）

6月11～12日　在美国宾夕法尼亚州都柏林接受美国女作家赛珍珠访谈。访谈详情见孙修福、孙雨露译的《赛珍珠访晏阳初谈话录节译》，载《民国档案》2012年第4期，第54～57页。旧版《全集》和新版《全集》均未收录。归纳起来，主要：① 回答了在法国就萌发了平民教育思想及当时的考虑情况。当时主要考虑仅仅为了扫盲，还没有考虑整个社会建设，因此回到中国后的最初三四年里，其工作主要还是出于扫盲的考虑，并没有想到关于社会建设的相关规划。② 回答了平民是否想继续学习更多的知识问题。当平民脱盲后还想继续学习更多的知识，尤其是选择了定县做实验，才意识到更加完善教育的必要性，也就是最全面、最大意义上的教育。③ 回答了平民教育的推广与普及问题。选择定县实验时就一直考虑的

---

①　史瓦浦（Gerard Swope，1872～1957）：美国电子产品大商人。出生于美国密苏里州圣路易斯。1895年毕业于曼彻斯特工学院。与玛丽·戴顿·希尔结婚。他是赫伯特·贝亚德·斯沃普（Herbert Bayard Swope）的兄弟，是亨丽埃塔·斯沃普（Henrietta Swope）和好莱坞和生活杂志摄影师，娶了女演员多萝西·麦奎尔（Dorothy McGuire）的约翰·斯沃普（John Swope）的父亲。1922～1939年担任通用电气公司总经理，1942～1944年再次担任。在此期间，扩大公司的产品定位，并向消费者提供家电消费信贷服务。二战期间被《财富》杂志形容为"普鲁士式的独裁者"。在其专断下，公司处于一种"悖论般成功的混乱"之中：一旦某人的创意得到其认可，便立即获得执行此事的授权，以及相应的头衔。虽然无法实施系统性管理，但公司在创新上仍保持了高度的活力，在大萧条的1930年代，它成功地将年销售额由2亿美元提升至近10亿美元。1943年任命拉尔夫·科迪纳尔任总裁助理，找出了公司中管理及组织结构的问题，于是将决策的权责下放到离问题最近的人。1933年担任美国商务部商业顾问委员会主席、罗斯福政府国家复兴局工业咨询委员会（NRA）委员、商务部广告和规划局成员、煤炭咨询委员会主席、国家劳动部委员。1934年担任总统经济安全顾问委员会委员。1937～1938年任社会保障咨询委员会成员。1942年任财政部部长助理，并负责为外国救灾呼吁的预算研究，因此而获得胡佛奖章（The Hoover Medal）。1957年在纽约去世。2005年，《福布斯杂志》将其列为有史以来最有影响力的第二十位商人。

②　魏道明（1898～1979）：字伯聪，江西德化人。早年留学法国，获巴黎大学法学博士学位。1926年回国，在上海从事律师事务。1927年任司法部主席秘书、司法部次长、代理部长兼建议委员会常务委员。1928年任司法行政部部长。1930年任南京特别市市长。1935年任《时事新报》《大陆报》《大晚报》总经理。抗日战争爆发后，任行政院秘书长。1941年任驻法国大使。1942年任驻美国大使。抗日战争胜利后，任立法院副院长。1947年任台湾省政府首任主席。后赴南美洲和美国等地进行考察。1954年赴台。1963年任台湾当局"驻日大使"。1966年任"外交部"部长，1971年辞职，转出任"总统府"资政，后移民至巴西。

是整个国家教育的普及,而不是仅仅为了某一地区,而是为了科学深入研究整个问题才选择了定县地区,但目的是整个国家。并回答了选择定县的原因是想用自己的教育方法和内容解决文盲问题,进而传授必要的知识和技能,以便改善民众生活,重建国家;改变学者一直脱离老百姓生活的状况,必须到人民中间去,发现农民存在的问题并加以解决。④ 回答了选择北方而不是南方做实验的原因。当时是因为自己在北方,平教会的总部在北京,选择是偶然的,并没有觉得北方的条件比较好,或者北方的人民比较好。当时老百姓并不盼着自己去,只有少数乡绅欢迎,他们是志同道合的人。不过在工作中还是遇到了乡绅各种各样的反对,不过那时工作已经卓有成效了。⑤ 回答了一批留学回国的年青人到定县所做的第一件事情。是做了一些探索性的工作,从 1926 年开始。在这之前,先是调查了河北的一些地区,选择了一个有 20 多个县的地区,还有北京市郊区和其他 20 个县,创办了人民学校。详细谈了办示范学校的艰难历程及具体做法,所办学校教平民两个月就能够识字、写字。让其他人来观摩,通过观摩,其他人就用村里比较富裕的人捐赠的钱来开办自己的学校,叫做人民学校,由村民自己负责,学员实行免费教育。平教会有的时候还提供书。平教会在每个县开设两到三个示范学校,由平教会支持费用,提供人员,以便起示范作用,带动其他人办学。示范学校先自己教,然后找到对平教会教学法感兴趣的人,训练他们,即训练那些没有经验的人,再由这些受过训练的人去做示范,并用有一流受过训练的人做研究,农业土地也好,公共卫生也好,公民教育也好,都必须注意这一点。⑥ 回答了自己领导的平教会所做研究的特殊性。其"研究"不是一般意义上的研究,即在一个封闭环境里坐着研究,而是动态的、充满活力的做实际工作,差不多就是"人的实验",真正做人群的实验,不是在实验室做研究,不是坐在安乐椅里设计工作计划,而是要走到人民中间去,要了解人民的问题,向人民学习,找出他们的问题是什么,如何才能解决这些问题。这是一种新的研究,是进行社会研究的重要方法和步骤。是实用型的研究,而且还要不断地改进和修正。⑦ 回答了在建立了人民学校之后,被吸引去了定县的原因。在定县有一些志同道合的人。他们或多或少理解平教会为什么去那里、想要做什么,同时因为在各县实验的人民学校结果出来后,发现最好的结果就在定县。⑧ 回答了怎么判断定县能够更加理解平教会。是因为那里有个梅先生。⑨ 回答"定县并非真的是一个典型的县,只是因为已经有一个人在那里开辟了道路"。"可以这么说。但定县也是一个典型的县,有几个原因:那里的人总的来说比较穷,但不是最穷。您知道,当时他们在种棉花,不过在华北的不少地区都种棉花,这很普遍。从农业来说定县具有典型性,这是另外一个原因。定县有 40 万人口,我们也非常看中这一点。我们认为这是我们进行研究一个很好的研究体。如果人口太少,只有 10 万或 20 万不合适;如果太多,我们认为也不合适,所以这也是一个原因。还有,定县离北京不太远,也不太近,远近正好。正是这些原因,我们才选择了定县。"(参见孙修福、孙雨露译:《赛珍珠访晏阳初谈话录节译》,《民国档案》2012 年第 4 期,第 54~57 页)

7 月 在美国《生活》杂志七月号发表《中国战后是否民主?》。首先,指陈要真正透视这一问题,必须用长远观点,也就是要看过去的史实。因为民主不只是政治制度的一问题,最重要的还是人民的态度、精神、传统、习惯与实用的哲学,这些形成世代绵延相传的"民主"或"不民主"的生活方式,也安排了个人尊严的最高价值与否的位置。其次,谈中国四千年的历史是包含民主的许多要素的深厚根基;如果没有这些,中国何能生存四千年! 这些民主要素产生坚固的个人主义,且从不容忍法西斯主义。第三,以中国经史诸子百家的事实和名言来告诉美国的读者:中国大众是和民主要素的泥土一起生长,由于中国文官考试制度已有二千年历史,任何人不论贫富,只要努力读书,都有参加考试的平等机会。一旦合格,就可循序升进任职至最高级文官。由此阐述中国能够建设强大的民主。最后,指出世人都是民主的爱好者;但民主的实现有赖于长期不断的艰苦战斗,中国将自己建成为伟大的现代民主的中国。(川编《晏阳初》,第 299 页;吴著《晏传》,第 346~347 页)

8 月初 应《读者文稿》创办兼发行人华莱士①邀往其总公司,再度与社会名流会晤。以被日军封锁的中国缺乏读物,议定美方编印中国版 15 000 份赠送中国人。(川编《晏阳初》,第 299 页;吴著《晏传》,第 348 页;宋编《文集》第 342~343 页)

11 月 21 日 在美国的一次新闻发布会上作题为"*Excerpts from Speech of Dr. Y. C. James Yen for Press Release*"的讲话,其讲话摘录以"平民教育与世界和平"为题收入宋编《全集》第二卷中。主要谈平民教育与世界和平的关系。首先,指出:"一个民族的强弱,取决于其民众的素质。中国人民的素质和潜力在平民教育运动中得到发掘和发现"。其次,倡导受过教育的人去帮助未受教育的人,让他们受教育和脱贫。"现在,世界上还有四分之三的人处在温饱不保②,无法享受教育的状态之中。这就意味着,这个世界四分之三的基础还不健全,而只要这种情形

---

① 华莱士(Dewitt Wallace):出生于牧师之家。家境贫寒,是一位苦学生,当时在每周礼拜日的祷告都是由牧师来讲解,一年有 50 多礼拜,都要讲不同的题目,很感材料之不易得,就创办一种杂志,专门为每礼拜日的讲稿拟一内容,将这杂志给牧师们看,使他们感到方便不少。在 1921 年,他把各方面的好杂志中的好文章摘出,编著出版成畅销杂志《读者文摘》(*The Reader's Digest*),1940 年销行到 1 000 万份以上,有多个国文字的版本,成为当时世界上销量最大的杂志。该杂志曾对中国平教会工作加以介绍。
② 温饱不保:旧版《全集》译为"终日不得温饱"。

继续下去,我们就不能建立一个健康、幸福的世界。而我们要建立起一个和平民主的新世界,此刻的主要任务必定是发动起那受过教育的四分之一人去改变那另外四分之三的人被'埋没'的状况"。第三,论创造健康、和平世界的基础是掌握民族的核心力量,关键是教育青年。"通过对那被埋没了的四分之三人口中的青年进行教育,使他们成为国家振兴的先锋时,我们才掌握了每个民族的核心力量。到那时,也只有到那时,我们才是为创造一个健康、和平的世界打下了一个坚实的基础。"最后,论和平思想教育的重要。"在教育人们重新建设他们的个人生活时,我们的全部教育必须灌以和平的思想,只有和平的世界,才能让人们更健康、更快活地生活。"（新版《全集》卷 2,第 277～279 页）

是年　致信中国乡村建设育才院全体师生,该信收入旧版《全集》第三卷和新版《全集》第四卷中。信中首先谈与诸位话别一年十分牵挂、平教会和育才院工作进展情形及诸位生活状况。其次,告知在本学年即将结束、一部分应届毕业同学行将毕业离院而因在美任务未了、不能返院参加毕业会而深感无限憾歉。第三,阐述不能提早回国之原因,"为加强中美间战时及战后合作应尽量与美方政界领袖及朝野人士取得接触,借为祖国尽一分力量,是以不克提早回国。再则,在战争期中,来美不易,希望能在留美期内,以最大努力,对本会本院打一坚强基础,在人员经费各方面作一百年大计安排,此不能即行返国之另一原因。"第四,谈抗日战争给中国民众的教训与机会。"此次战争,使中国民众受到最大教训,同时亦给予中华民族以难得之争取解放机会,中国人民在七年抗战期中,充分表现其力量之伟大,这种教训和发挥力量之机会,在平时实无法获得。但欲民众力量发挥尽致,使中国早得胜利与自由,其最主要问题,依然是我二十年来所主张,必须有领导民众之优秀干部。这些领袖人员不但要有专门知识,尤须具有为民众服务精神与热忱,贡献一切,牺牲一切,来担当教育民众,改进民众生活的任务。"第五,谈战后国际关系及国人应有的态度。"我相信英美盟邦,不独在战时,即在战后,对中国建设工作定当合作协助。如欧美最近发明之机器,最新出产之飞机,以及各项科学技术人才均可帮忙中国,中国亦可向其学习模仿。这些外来援助虽甚重要,然欲使国家建设基础巩固,尤在于一般民众教育水准之提高及广大人民之艰苦努力,国家前途始有厚望。然能否达其目的,仍视民众领导者之健全与否以为断。"第六,谈民众领袖干部培养的重要性及中国乡村育才院的工作定位。"民众领袖干部的培养,实与国家建设密切相关,但'十年树木,百年树人',亦非简而易举之事。根据以上所谈,可知歇马场工作有其时代之重要性,目前虽系小型学校,然若干事业均系由小作起,经不断之努力始得发扬光大。当前阶段,不必计较'量'之多寡,而所注意者确为'质'的改进。

学校之将来,不但要看教职员,尤其要看一般青年学生,以这般青年之努力成就及其品格来评定学校之价值。我在美一定为我院研究训练之充实、经费之筹募,尽最大之努力。相信留在歇马场诸位,同样能尽诸位应尽之力量。"第七,告知曾受古巴哈法诺大学①之邀作有关平教运动讲演,结果引起古巴各界领袖对中国平教会多年所主张的"四大教育"计划及以"四大教育"为基础的社会建设工作重要性与价值的兴趣,古巴拟举办类似中国定县的实验,如成功,可望对南美洲有所贡献。最后,阐述平教运动在国内外都有重要性,希望毕业同学为实现学院所倡导的平教崇高理想而不懈努力。"平教运动不独在国内,即在国外亦有其重要性。平教运动在战后,一定可得到国际间之响应,并可获得欧美经济及技术之合作帮助。诸同学毕业之后,望能为实现创立本院之伟大崇高理想,来贡献自己从事全国民众教育与生活之改进的力量。尤其重要的是要注重农村,因中国的力量在农村,在广大农民大众。……谨祝诸同志、同学健康努力,诸位毕业同学前途无量!"（新版《全集》卷4,第592~594页）

是年 接受 Syracuse University（雪城大学）所赠荣誉法学博士学位。（吴著《晏传》,第359页）

---

① 哈法诺大学:今译"哈瓦那大学"。

1945 年(民国三十四年　乙酉)　五十五岁

1 月　蒋介石发表广播讲话,主张召开"国民大会",反对建立联合政府,坚持一党专政。

4 月　美国总统罗斯福逝世,杜鲁门继任总统。

同月　中国共产党第七次全国代表大会在延安举行。毛泽东作《论联合政府》的报告。

同月　联合国成立大会在美国的旧金山举行。

同月　国民政府公布《教育部教育研究委员会组织条例》。

5 月　教育部公布《国民学校教师进修大纲》。

同月　德国法西斯签署无条件投降书。

8 月　日本宣布无条件投降。

同月　中共中央发表《对于目前时局的宣言》,提出和平、民主、团结三大口号。

9 月　日本侵华军队向我国投降,仪式在南京举行,由何应钦受降。

同月　国民党政府宣布自十月一日起废止新闻、杂志的审查制度。

同月　教育部在重庆召开全国教育善后复员会议,准备教育复员。

10 月　国民政府公布《教育部训育委员会组织条例》。

11 月　重庆《新民报》晚刊发表毛泽东的词《沁园春·雪》,引起强烈社会反响。

同月　教育部公布《国民学校教员检定办法》。台湾省教育处组织教师甄选委员会,甄选中等学校及国民学校教员。

1 月 4 日　接到新任代理行政院长兼外长宋子文密电:"平民教育与地方自治,是开创民主政府的第一优先。盼立即回国负责主持政府支持的计划。并候明教。"回电表示因故不能应命。(宋编《文集》,第 343 页)

1 月 13 日　在 1944～1945 年度第七届歌剧夺魁汇演广播节目中作题为"中国与世界和平"的演讲。该次演讲是在纽约都市大戏院,通过蓝色广播网①播放。首先,向听众提出如何去赢得与保卫和平。其次,讨论世界上最有价值为何? 指出:"世界上最有价值的是什么? 是金银吗? 不是! 世界上最有价值的是人民。因此,所谓更美好的世界的真正含义即我们想要有更好的人民。早在三千年前,中国的祖先就训诫我们:'民为邦本,本固邦宁'。近二十年来,平民教育运动已试图把这种思想应用于中国。"第三,讲中国平民教育所要解决的问题及包含的内容。指出平民教育主要解决中国人民所面临的愚、贫、弱、私。而为了解决这些问题,"我们制定了一个把社会与政治建设联系在一起的方案,由四种教育构成。"① 文艺教育。文艺教育包括一个简化的汉语系统,即所谓的"基础汉语",一个普通文盲学习 96 小时,即可学会。② 生计教育。即通过推广农业科学、合作与农村工业来提高人民的经济水平。③ 卫生教育。即创建公共卫生保健制度,每人花一角钱就可得到最低限度的医药治疗和健康保健。④ 公民教育。公民教育的目的是培养现代的政治民主。第四,论愚、贫、弱、私决不是中国独具的特色。他指出,"南美、非洲、印度和许多东南亚的国家都存在着类似的情况。事实上,世界上有四分之三的人口处于愚昧、营养不良、住宅简陋、疾病缠身的境地","四分之三的人口是孱弱的,即使全世界的男女一再疾呼'和平、和平',也不会有和平。"第五,指出依靠世界人民大众的智慧和意志才能赢得和平,提出"不仅要为和平而组织世界,更要为和平而教育世界。和平要永恒,就得奠基于民众之上。"第六,提出要提高世界四分之三人口的生活水平的观点。实现的条件包括:① 明智地用 25 年去建设更加美好的世界;② 有钱;③ 有献身精神。认为"不论何种种族肤色,或何种信仰,全人类都有权享受起码的教育、生活条件、健康保健和自治。人类的基本生

---

① 蓝色广播网(NBC-Blue):为成立于 1926 年的美国全国广播公司(NBC)的子企业,它与"红色广播网(NBC-Red)"共同构成美国全国广播公司。在此之前,1923 年,美国电话电报公司的 WEAF 电台(建立于 1922 年)连接了几家广播电台联合播出节目,形成了最早的广播网;1919 年 10 月,为了与美国马可尼公司竞争,美国电话电报公司、通用电气公司和西屋电气公司联合成立了美国无线电公司(Radio Corporation of America,简称 RCA),收购了马可尼公司的全部资产和专利,它以自己的 WJZ 电台(建立于 1925 年)为核心组织了广播网。美国电话电报公司的 WEAF 广播网与美国无线电公司的 WJZ 广播网建立后,形成了竞争的态势。在这样的情况下,美国电话电报公司使用行业垄断的手段,使 WJZ 电台再也无法使用电话线路进行采访和传送。这一垄断行为受到有关方面的注意。1926 年,美国商务部依照反垄断法,要求美国电话电报公司退出经营。而美国电话电报公司也出于专门经营它的电话电报业务等原因的考虑,于是将它的 WEAF 电台出售给了美国无线电公司。它当时提出的条件是要求美国无线电公司放弃原本独立进行的长距离线路系统建设,从而专门租用美国电话电报公司的线路网。这样,美国无线电公司就拥有了两个广播网。一个是自己原有的较小的以 WJZ 电台为核心的广播网,一个是较大的以 WEAF 电台为核心的广播网。1926 年 9 月,它为了经营这两个广播网,只好成立专门的全国广播公司。由于全国广播公司的工程师为了便于区别,在全国电台覆盖区的地图上分别用红色标出 WEAF 广播网的电台区,用蓝色标出 WJZ 广播网的电台区,因此,它们又分别被称为红色网和蓝色网。1943 年 5 月,蓝色网被以 800 万美元卖给爱德华·诺布尔,经发展,于1945 年 6 月成为美国广播公司(ABC),随之改变呼号为 WABC。旧版《全集》卷 2 第 200 页注释将"蓝色广播网"英文附注为"WJZ"而不是"NBC-Blue",其实"NBC-Blue"就是 WJZ 广播网,名异实同。

活水平是普遍相同的。因此在一个国家研究的基本原则和方法,也可以应用于其他具有类似基本问题的国家。"最后,呼吁"整个世界共同合作",完成提高世界四分之三人口生活水平的重任。(新版《全集》卷 2,第 280～283 页)

1 月 18 日　致信宋子文博士。信中首先向其祝贺担任行政院院长职务以及美国对此就中国时局充满了信心与更高的期望。其次,希望在其担任国家领导职务之后在平民教育和地方自治方面获得更大的进步。第三,阐述自己对平民教育和地方自治的六点看法。① 扫除文盲。认为民国成立已逾三十年,全国至少仍有百分之七十人民是文盲,实在是一耻辱。从此必须努力消除文盲。② 主张"通过实施适用于全国的改造和培训计划,使识字运动更上一层楼。"③ 必须重视六千万青年文盲,应立即加以教育,以便成为中国民主与改造的先锋。④ 关于自治。"自治,不是一种恩赐,而是一种获取的成就。自治,不是政府的一种恩赐,而是民众的一种成就。……自治是民众参与社会和经济改造的结果,在地方和全国都是这样。"⑤ 强调社会与经济改造的"四个要素"必须同时进行。"① 通过发挥'平民学校''平民文学'、图书馆、展览、期刊、报刊、戏剧、电影、广播的作用解决平民教育问题。② 通过发展农业科技、手工业、工业和合作社解决平民生计问题。③ 通过实施最基本的健康保健和医疗解决平民健康问题。④ 通过振兴基层组织并培养民众参与政治解决平民自治问题。"其保障条件是:"① 在社会与经济改造的各个重要领域中,我们必须拥有受过良好训练、具有献身精神的工作者。② 在规划和培训方面,我们必须拥有经验丰富的、素质高的领导者。③ 我们的政府必须支持这个计划。在执行上述计划中,我们可以参与两方面的工作,即制定全国的和地方的计划、在社会和经济改造的主要领域培训技术人才。"第四,谈乡村建设育才院的目标、存在的主要问题及应对策略。"乡村建设学院①,旨在培训从事平民教育、农业、水利工程和社会管理的男女青年。然而,由于资金不足,学院的规模十分有限。我一直希望,我们能够扩充和完善学院的基础,以便配备充足的人员和设备,进行一流的研究和培训。……为了有效地进行培训,重要的问题是筹集'教育资金'、招聘高素质的人员、保证配备基本的设备。"并告知已经建立平民教育运动美中委员会可以帮助解决这三个问题。最后,告知暂时不能回国并祝其事业成功。(新版《全集》卷 4,第 595～597 页)

1 月 19 日　收到纽约蓝色广播网(WJZ)电台第七届歌剧夺魁汇演广播节目主

---

①　乡村建设学院:应译为"乡村建设育才院"。

持人约瑟夫·R. 特鲁其代尔夫人①的夸奖信。全信如下："尊敬的晏博士：贝尔蒙特夫人和我都非常感谢上星期您在'歌剧夺魁汇演'广播节目中露面。您的演讲引起了极大的兴趣。我认为这是我们这个季节所得到的最直率明了的演讲之一。有许多听众来索取演讲稿。认识您非常荣幸，由衷地希望再次幸会。"（新版《全集》卷 2，第 283 页）

2 月初 经宋子文夫人张乐怡②介绍，在纽约拜访罗斯福总统夫人 Anna Eleanor Roosevelt③，畅谈一小时。受到罗斯福夫人的赞赏。后不久，罗斯福夫人应允担任平民教育运动中美委员会理事，尽力支持赞助工作。（吴著《晏传》，第 357、644 页）

2 月 15 日 获 Temple University（坦普尔大学）授予的荣誉法学博士学位。该校社会学系主任 J. Stewart Burgess④ 教授向校长提陈的表扬状称："晏和一群优秀的专家献身这项工作，居住农村里，运用这新的媒介方法，表证出平民经组织后，不仅消除文盲，并且革新农业生产方法，使乡村工业复苏；又改善卫生保健，以

---

① 约瑟夫·R. 特鲁其代尔夫人：美国广播电台节目主持人，生平事迹未详，待考。

② 张乐怡（1907～1988）：女，出生于庐山牯岭。为闻名九江的建筑企业老板张谋之的女儿。自幼聪明伶俐，入上海中西女中，20 世纪 20 年代初毕业于金陵大学。毕业后回到九江庐山，参与张氏家族企业的管理。1928 年秋，与宋子文结婚。1949 年随丈夫离穗赴港，嗣后定居纽约曼哈顿。1988 年在纽约病逝，终年 79 岁。生有三个女儿，长女琼颐，嫁与冯颜达；次女曼颐，嫁与余经鹏；小女瑞颐，嫁与杨成竹。三女均定居美国。

③ Anna Eleanor Roosevelt：即安娜·埃莉诺·罗斯福（1884～1962），美国第 32 任总统富兰克林·德拉诺·罗斯福的妻子，同时也是杰出的社会活动家、政治家、外交家和作家。1905 年与富兰克林结婚。1912 年，第一次参加了民主党全国代表大会，对政治有了进一步的认识。1920 年，参加丈夫竞选副总统的活动，并成为其政治上的代言人。参加了民主党州委员会妇女部的工作，于 1922 年春天发表了第一个政治性演讲。1924 年，作为民主党妇女部的负责人参加了艾尔弗雷德·史密斯竞选纽约州州长的活动。1928 年，丈夫在其帮助下当选为纽约州州长。1932 年，富兰克林·罗斯福当选为美国第 32 任总统，由此成为美国第一夫人。为此，为美国妇女的平等权利奋斗、在丈夫第三次竞选中积极发挥作用、为妇女的利益四处奔波、捍卫并支持妇女进入工厂劳动、致力于消除军队中的种族歧视。1945 年 12 月，杜鲁门总统任命她担任美国驻联合国代表团团长和联合国人权委员会主席，主导起草了联合国的"世界人权宣言"。随后曾到印度、日本、摩洛哥等许多国家友好访问。作为有色人种国际联盟组织成员，反对歧视黑人，支持有色人种。还帮助成立了有自由民主人士参加的"美国民主行动"组织。1952 年和 1956 年，积极支持民主党总统候选人阿德莱·史蒂文森竞选。1957 年，到苏联与赫鲁晓夫会谈并探讨了资本主义和社会主义的价值观。1960 年 9 月，到华沙参加了在那里举行的第 15 届联合国下属机构世界大会，并访问克拉科夫、会见了波兰外交部长亚当·拉帕奇。1961 年再次担任美国驻联合国代表团团长，还被任命为和平团体的负责人和妇女权利委员会主席。

④ J. Stewart Burgess：约翰·斯图尔德·布济时（1883～1949），美籍社会学家。出身于传教士家庭，1905 年自美国普林斯顿大学哲学系毕业，与日本人斯黛拉·费什·步济时（Stella Fisher Burgess，1881～1974）结婚，随后在日本教英文两年，之后到纽约协和神学院主攻教堂历史与宗教哲学，同时在哥伦比亚大学社会学系学习。在哥伦比亚大学师从社会学大师孛迁史。随后对中国人的生活感兴趣，在哥伦比亚大学社会学系的硕士论文便是有关纽约华人的业余生活。1909 年受普林斯顿大学驻华同学会的委派来到中国，在北平基督教青年会工作。随后组织参与对中国社会的调查。自 1918 年开始同时在燕京大学文理学院和神学院任教。在其主持下北平基督教男女青年会与燕京大学合作建立社会学系，任主任，广泛进行社会调查工作。由于经营管理甚佳，到 1926 年回美国时，燕大社会学系已颇具规模。回美国后，曾任坦普尔大学社会学系主任。所著有英文版的《中国的社会工作的意义》（1925）和《北京的行会》（The Guilds of Beijing，Columbia University Press，1928）等。

达成有效率的地方政府。由这些在教育上及社会改造的伟大成就论：晏阳初实在是一具信仰、富想象的英勇学者，也是他的万千同胞心智与精神的解放者。"（吴著《晏传》，第360页）

3月　与美国著名女作家赛珍珠（Pearl S. Buck）长谈。告诉这位关心中国平民教育运动的女作家："在中国华北地区的所有游击队中，定县的游击队是极其厉害的。政府曾派人到北方作过调查，其中有一人回来告诉我们说，定县那些小伙子是真能干呀！他们不仅打游击，而且同时在搞本地区的建设，还在邻县领头干。在定县的472个村子中，敌人只能占领21个，而且都在铁路沿线上。敌人根本不敢向铁路线的两边渗透、蚕食，其余的村子由两位人民选举出来的县长领导着，铁路东边那位县长曾任过平民学校教师，西边那位是平民学校的毕业生。"（时间、崔屹平主编：《记忆〈东方时空〉倾情奉献二十余位名人最精彩的一年》，华艺出版社2001年版，第40页）随即赛珍珠撰成《告语人民》（*Tell the People*）一书，她在书的扉页上用整篇的位置写下了"献给定县人民"六个大字以铭记"为了广大人民，他们愉快地投身于平民教育事业"。她以优美的文字、畅通的语言，热情讴歌了平教会的工作，讴歌勤劳朴实的定县人民。采用两人对话的方式，叙述25年来献身中国平民教育乡村建设工作的经过。赛珍珠在该书序言中指出："现在世界上有四分之三的人受着腐败政治的压迫，愚昧无知，食不果腹，时刻受到疾病的威胁。因此，首先应为他们着想：怎样使他们受教育？怎样使他们健康？怎样使他们吃得饱、有知识、能自治？在这些有关计划未付诸实施前，空谈和平是毫无意义的。这本书就是一个建设性计划的记录，这个计划已作为试验实施了25年。该计划受过自觉的检验，它所面对的问题也正是当今世界的问题。这是一个中国人为中国创造并实施的计划。""25年前，晏阳初和他的朋友看到自己国家的问题：四分之三的人是文盲，人人受疾病的威胁和腐败政府的压迫。他们给自己提出一个问题，即如何在一代人的时间里改变这种状况？他们决定用自己的行动来回答这一问题。然而，在这项工作完成之前，战争就爆发了，但是，试验毕竟开始了。全盘计划不仅准备在中国实施，而且要推广到世界各地。这种计划对于美国南部、中南美洲的某些地方：古巴、波多黎各，甚至印度、东南亚、非洲以及凡是受着饥饿、愚昧与暴政压迫的人民，都是非常有价值的。""我要提醒人们，无论是个人还是政府，假如在内心里不能和这些中国青年一样地相信一般平民应当有充足的食物、健康、生计和值得信赖的政府，他就不可能实现这种计划。尊重平民乃是实现任何和平计划的先决条件。今天有一个绝大的危险，那就是在许多大人物的思想里，都把这个先决条件抛到脑后去了。在西方各国尤其是这样。他们的善意和智慧，我们是承认的。但他们在制定世界计划时的依据,只是他们主观认定的所谓人民的需要。实际上,他们根本没有认真探索人民究竟缺乏的是什么。一个强加于人民的计划,即使其出发点是为了人民的利益,也会由于满足不了其真正需要而宣告失败。即使是从人民利益出发了,强加于人也只会推迟和平的希望。倘若人民仍处于愚昧无知的状态,其追求与自身利益适得其反,那就需要教育和引导,但决不是强加于人!""在这本小册子里,叙述了一些中国知识分子,由于被本国一般平民的优秀品质所感动,乃下定决心去同人民一起生活,了解他们的缺陷和需要,从而研究如何制定一种计划,使之完善并付诸实施。当前,全世界需要这样一种计划,我认为这种计划对于人类和平来说是必不可少的。"(宋编《人民》,第282~283页)

4月28日 致信 M. 菲尔德①先生。信中首先告知访问芝加哥后遇见了比普·希尔②并告诉他发现了某种真正同源的精神。其次,告知回到纽约读到大作《自由至高无尚》后的感想,觉得"我们是共同为新的自由而战——为摆脱愚昧而战的出征者。……令我感触最深的是您的许多思想与中国平民教育运动的基本概念有着显著的相似性。"并详述在民主、社会改造方面的相似思想。强调"世界上有一半自由人,有一半为奴隶;有四分之一的人有好吃好穿,受良好的教育;而另外四分之三的人挨饿、少衣、不识字,这种状况不能再继续下去了。只要这种状况存在,我们就不能指望民主与和平。世界上所有的人都应该享有最基本的教育、生活、健康和自治的保障,而且我们应该理所当然地让少数民族了解,所有这些权利的实现必须达到普遍的基本水准。"③第三,商讨在中国建立一家平民出版社④并阐述其目的。"其目的如下:(一)通过出版《平民文学》,唤起中国民众的'施展才智的意识'。(二)保持和发展中国社会民主哲学的宝贵遗产,引进和实行西方政治民主

---

① M. 菲尔德(Marshall Field,1893~1956):又译作"M. 斐尔德""马歇尔·菲尔德""马歇尔·斐尔德",也称"马歇尔·斐尔德第三"。美国菲尔德基金会创立者。美国投资银行家、出版商、赛马主人及增值专家、慈善家,继承了马歇尔百货商店的财富和领先的金融支持,建立了一个绍尔·阿林斯工业区基金董事会。出生于芝加哥,主要在英格兰成长,并在那里的伊顿学院和牛津大学接受教育。1917年在第一次世界大战中,加入伊利诺斯第一骑兵和第122野战炮兵在法国服务。1925年建立了一个房地产公司。战争结束后退役回到芝加哥,先在一公司做债券推销员,积累经验后自己开办投资企业,后与纽约信托公司董事联合创办了马歇尔·菲尔德-查尔斯·F. 哥罗尔-皮尔斯·C. 沃德联合银行投资公司。1926年离开该公司自己创业。1943年时从祖父的地产获得大量收益并继承了1917年去世的兄弟亨利·菲尔德等家族的剩余财产。还创办了芝加哥《太阳报》(后发展为《太阳时报》)和《旅行》,后者在1946年时已拥有了350万读者。1944年还收购了西蒙出版公司、舒斯特出版公司及口袋书出版公司。在马球等方面的投资也获利颇丰。

② 比肖普·希尔:这里翻译有误(见旧版《全集》卷3,第634页;新版《全集》卷4,第598页),原文应是"Bishop Sheil",即巴纳德·詹姆士·希尔(Bernard James Sheil,1888~1969),这里"Bishop"不是名,而是职衔"主教",应按意译为"希尔主教",而不应按音译为"比肖普·希尔"。

③ 本段引文旧版《全集》在部分词语、语言方式和标点与新版《全集》有别。

④ 平民出版社:旧版《全集》译为"人民出版社"。

思想的精华,以此奠定现代民主中国的基础。(三) 通过传播有关生计的基本知识,如农业科学、现代工业、公共健康与卫生方面的基本常识提高民众的经济水准和生产能力,以此开辟中国的富裕之路。(四) 通过赋予孔子光照千秋的思想'四海之内皆兄弟',以新的内容和精神,培养'公民'意识,确立国家独立意识,发展具有全球意识的中国。(五) 在民众经济条件允许的情况下发行上述所有基本读物(杂志和报刊)。这个计划应该现在就及时实施,因为从某种意义上说,战争已经很快地使我们变成了新民。"①并告知已经在创建平民文学方面积累了一些经验,并强调编写读物的人必须研究民众的生活,学会运用他们易懂的语言编写读物,深入乡村去体验生活,最好先发行试用本,以便研究民众的反应。第四,告知还计划恢复《农民旬刊》,采用改进的大开本,扩大发行量,出版《平民》日报,以逐步建立"平民文学",出版"平民学校"教科书。最后,征求"是否愿意帮助建立拟议中的为千百万民众新的教育服务的人民出版社②"并告知"预计五月前两周在芝加哥。如果能有机会面谈这个脑子中比较粗略的计划纲要,我将非常高兴。"(新版《全集》卷 4,第 598～601 页)

同日　将平民印书局计划送致斐尔德。(吴著《晏传》,第 370 页)

4 月　会见好莱坞著名华裔摄影师黄宗霑,商筹创建平民电影厂计划。(宋编《文集》,第 343 页)

5 月 9 日　与斐尔德③在纽约市作进一步商讨。说明"平教总会"一贯的独立立场,以及出版自由、纸张缺乏、人才培养诸问题,澄清斐尔德疑问后,再提出"印书局"大概预算:购置机器等设备费约 20 万美元,筹备费内含训练"经营书局""操作机器""编辑技术"等项人员等费用,一年约 5 万美元,开办后每年经常费约 10 万美元。斐尔德旋电话告知所属出版公司主持人为会晤提供细节。(吴著《晏传》,第 370 页)

5 月 17 日　受"中美委员会"理事会主席史瓦浦(Gerard Swope)所邀与斐尔德一起共进午餐。谈到"平民印书局"计划,斐尔德再三说"我们两人对于这一计划都有兴趣"。史瓦浦极力赞成。斐尔德即很爽快地说:斐尔德基金会或将同意给予设立印书局的财力支持。(吴著《晏传》,第 370 页)

5 月 30 日　致信 G. 斯沃普先生。信中首先告知"根据您的建议,我向您提交一份关于中国平民教育运动的要点纲要"(新版《全集》卷 4,第 601 页)其次,详述《纲要》要点内容,包括:① 该运动的起源;② "示范县"定县和四大教育的基本计划;

---

①　旧版《全集》在"社会民主""政治民主思想""经济条件""新民"4 个词下有下划线,且序号为阿拉伯数字。

②　平民出版社:旧版全集译为"人民出版社"。

③　斐尔德:即马歇尔·菲尔德。下同。

③ 部分成果;④ 全国范围的扩展;⑤ 经历战火的定县;⑥ 中国实现工业化和称为民主国家的基础。⑦ 需要紧急财政资助。最后,告知中国政府已拍两份电报催尽快回国以担任中国平民教育和地方自治政府的国家项目负责人,但更愿意作为一个"筹集美元"的人来帮助政府。"由于这个计划对于中国战后的重建①具有根本的重要性,我应该早日回到重庆。所以,您和我们的委员会成员如果能够加速实现我们的财政目标,那么我将十分感谢。"(新版《全集》卷4,第602~606页)

8月 中国乡村建设育才院扩充更名为"中国乡村建设学院",由初级学院升格为独立学院。设社会学、乡村教育、农学、农田水利四个系,修业年限4年,并且经教育部同意,批准学院设立本科学士学位授予点,四个学系的学生如能按时顺利完成学业,在毕业时均可被授予本科学士学位;修业年限则由乡建育才院时期的两年扩展延长为四年;学院四个学系的设置,完全体现着晏阳初在定县实验时期针对民众所患"愚、贫、弱、私"的四大病症来推行四大教育的思想和宗旨,即以前用文艺教育治愚、生计教育治贫、卫生教育治弱、公民教育治私,转变为现在以乡村教育系培养文艺教育人才治愚、农学系和农田水利系培养生计教育人才治贫、社会学系培养组织教育人才与地方行政单位干部治私;但由于经费和师资力量的限制,原计划在适当时期增设公共卫生学系培养卫生教育人才治弱,还未来得及实现。固四个学系间互相配合,互相促进:社会学系采取实地走访,深入中国农村社会去发现问题、去认识问题,并提出解决的办法,以达到统领农村建设的目的,为农村建设工作开其端:农学系、农田水利学系针对农业生产的问题,传授农作物培植与繁育技术,兴修水利工程以满足农田庄稼灌溉及民众生活用水的需求,为农村建设工作致其用;乡村教育系组织教育农民进行文化学习,开展大大小小的农村识字扫盲活动,并研究如何推广适用的科学技术,为农村建设工作总其成。四系分流归宗,分工合作,全部教学坚持理论与实际紧密结合的重要指导原则,采用问题与方法结合一体的重要授课手段,最终共同实现农村改造与国家建设的宏远目标。(张颖夫、田冬梅:《论晏阳初在重庆北碚对大学教育的改革及其当代价值》,《西南大学学报》2012年第1期;王超:《晏阳初与中国乡村建设学院(1940~1952)》,四川师范大学硕士论文,2013年5月,第17~18页)中国乡村建设学院的成立,使中国首次有了专门为农村培养从事实际建设人才的四年制高等学府,"中国乡村建设学院的成立是中国教育史上学术的新纪元"。(川编《晏阳初》,第299页;《思想研究》,第29页)

同月 与国民党军委会政治部部长张治中合办的士兵月刊社被解散,《士兵月

---

① 重建:旧版《全集》译为"改造"。

刊》停刊。(新版《全集》卷 2,第 428 页)

10 月 4 日 致 J. 洛克菲勒先生。信中首先告知"由于远东战争已经结束,中国现在可以集中力量完成政治统一和社会经济改造的重要任务。"其次,告知希望在未来十年内达到扫除文盲的目标。第三,谈平民教育运动的成绩和将来的奋斗目标。"在一九二三年至一九二九年,平民教育运动教会了一千万中国人识字;从一九三〇年以来,国民政府采用我们的方法,教会了四千七百多万人识字。仅仅教会三亿五千万人识字是不够的,我们还必须为他们提供能够看懂的读物,……并帮助他们不仅成为对中国有用的公民,而且成为对世界有用的公民。"第四,讨论成立"平民出版社①"一事。"我们创办平民出版社的目的是出版'大众文库'。我们如果成功,确实可以开发四分之一人口的脑力。'平民出版社'的目标是:(一)唤醒民众的'理性意识'。(二)发掘中国社会民主的宝贵遗产,汲取西方政治民主的精华,以奠定现代民主中国的基础。(三)为大众提供有关农业科学、公共卫生、小型工业和合作社等方面的简易读物,以帮助他们提高生活水准。(四)赋予孔子'四海之内皆兄弟'的思想以新的内容,培养'公民'和独立国家的意识。(五)整理书籍、杂志这样的简易读物,编制成大众买得起的材料。"认为战争的结束是实施这个计划的好机遇,平民教育运动在平民文学的编辑方面积累了近 20 年的经验也可用在办平民出版社方面。并对平民出版社的计划做了陈述"(一)恢复并改进出版《农民》周刊,并扩大发行量。(二)出版'平民文学'的袖珍书籍。(三)出版'平民学校'教科书。(四)在三年内开始出版《平民日报》。"并告知随寄一份"平民出版社"五年内的详细计划。第五,告知几个月前在芝加哥时曾与马歇尔·菲尔德讨论过"平民出版社"的问题,他同意为该社捐资 35 万美元,用于支付所有的机器和设备;今后五年出版社需要经营费 16 万美元,每年还需要 8 万美元运行费。征求是否愿意在五年内每年提供 8 万美元的补贴②。第六,告知自己的行程安排,希望能前去拜访。"预计十月二十三日以前,我在纽约,然后去西海岸。如果您愿意,我非常乐意在您方便的时候拜访您。"最后,附平民出版社未来五年的业务及所需经费表。(新版《全集》卷 4,第 606~609 页)

11 月初 前往洛杉矶演讲访问。事先约会好莱坞著名华籍摄影师黄宗霑(James Wong Howe)晤聚。两人促膝畅谈,一致认定电影片不仅是教育民众、训练技术人员有力的工具,也将大大加快中国现代化的速度,在十年清除三万万文盲

---

① 平民出版社:旧版《全集》译为"人民出版社"。
② 此处的"35 万美元""16 万美元""8 万美元"和"8 万美元":旧版《全集》误译为"35 万元""16 万元""8 万元"和"8 万元"。

计划中,必然扮演最重要角色。并且将缩短中国人了解世界各方面进展情况的时间。原计划中国现代化需要五十年,由于这一电影片的流行,可能只要三十年就达到目的。并向黄说明:为实现平民电影厂计划,足够应用的器材设备与适当人才是必要的,基于黄在好莱坞的卓越成就与地位,为加速中国的现代化,企盼黄贡献时间与精力来协助设立这一电影厂。(吴著《晏传》,第 372 页)

11 月 5 日 致信 M. 菲尔德。首先,告知在纽约办公室进行的交谈感到非常高兴,促使进一步了解菲尔德对平民出版社①的一些想法。其次,就交谈中提出的"开办平民出版社是否有被某些政治集团或军事集团没收的危险""平民出版社会不会受到国民党的影响,成为它的宣传机构"以及"现在正是中国倒退②的时候吗"等三个问题做阐述。第三,谈平民出版社对中国及世界的重要性。"在经历了百年耻辱和八年毁灭性的战争之后,中国的命运最终取决于中国人民。平民出版社,以及平民教育运动制定的社会经济计划对于决定这一命运至关重要。而且,这也会影响到把中国视为老师和领袖的亚洲人。因此,菲尔德先生,您帮助我们创办平民出版社不仅是对一家出版社的支持,也是对国内其他出版社的支持。您在用有力的手和自由之心协助建造一个自由和民主的中国,同时也在建造一个自由和民主的亚洲。"第四,告知已准备了一份 50 页的材料和一份附件说明供参考,以便更多地了解中国平民教育的有关情况。最后,告知有问题询问将坦诚地尽一切可能答复。(新版《全集》卷 4,第 610～613 页)

11 月上中旬 自纽约前往洛杉矶。(川编《晏阳初》,第 299 页)

11 月 13 日 抵旧金山。(川编《晏阳初》,第 299 页)

11 月 19 日 旧金山市参事会议全体投票一致通过 5071 号决议案,被公认为旧金山市荣誉公民。致敬状指出:晏阳初是经东西各权威人士公认的真正哲学家与人道主义者。历史将以最高地位记载晏对中国的贡献。(川编《晏阳初》,第 299 页)

11 月 25 日 致黄宗霑。信中首先告知最近访问西海岸的成果之一是有幸结下私交,同时探讨了为中国建立"平民电影厂③"的问题。其次,重申所谈要点以便加深印象。①"电影的特殊功效在于,它不仅是教育平民和培养技术人才的有力手段,而且还可以大大加快中国的现代化。正如您知道的那样,到目前为止,我们已经教了六千万人,在未来十年内我们还将教三亿多人。为此,电影起着决定性的作用。"②"现实是,除了大众文艺外,还缺乏受过培训的现代技术人才。电影确实

---

① 平民出版社:旧版《全集》译为"人民出版社"。下多处均同。
② 倒退:旧版《全集》译为"后退"。
③ 平民电影厂:旧版《全集》译为"人民电影公司",下同。

有助于缩短培训的周期并使中国赶上世界其他国家。我们实现中国的现代化有可能只用一代人的时间，而不是五十年。"③ "随着教育的迅速普及和经济的改善，中国不仅有可能采用电影手段，为真正民主的政府奠定坚实的基础，而且确实可以提高平民的购买力。毫无疑问，中国是美国产品和电影业的最大市场。"第三，谈成立电影公司的条件及所请求的帮助。"实施'平民电影厂'的计划，我们需要在两个方面努力：一是要有充足的设备，二是要有能力①的人才。……我提出的明确要求有两点：① 帮助平民教育运动为'平民电影厂'获取最起码的设备。② 帮助培训能干的人才。由于您很熟悉设备的性能和人才的要求②，我把所有的事情都交给您办。"最后，邀请黄宗霑担任中国平民教育促进会直观教育科③的名誉主任。（新版《全集》卷 4，第 614～615 页）

　　是年　所提出的使"人民免于愚昧无知的自由"（"第五项自由"）被联合国文教组织（UNESCO）④采纳并作为联合国文教组织倡导的基本教育计划，"免于愚昧无知的自由"被认为是人类的言论自由、信仰自由、经济自由和安全自由"四项自由"的基础。（吴著《晏传》，第 343 页）

　　是年　在菲律宾国际乡村改造学院上演讲：《中国平民教育运动的总结》。原题为 *The Chinese Mass Education Movement，A Summary*，收入宋编《全集》第二卷中。该《总结》内容包括三个部分。第一部分，谈中国的未来。指出："中国的问题，是如何使民族古老文化与西方的优秀文化相结合，建立一个民主的国家"，而"占全国人口的百分之八十"的"中国农民无论是作为前方的战士，或作为后方的生产者，还是作为战争的集财人，都被证明是国家之本"，但这百分之八十以上的中国人却是文盲和缺衣少食，要改变他们的现状就必须提高他们的素质，除扫除文盲外，还必须学习一些有关公共卫生和现代农业的基本知识，使"他们必须首先成为自己社团中的一名合格成员，然后再成为自己国家和世界的一名合格成员"，而"以此为奋斗目标的巨大力量之一，就是中国平民教育运动"。第二部分，讲平民教育运动。包括四个方面：① 平民教育运动的发展。首先，谈平民教育运动的缘起。由于在第一次世界大战中接触了被送往法国帮助同盟国的中国劳工，不仅认识到平民迫切需要教育，而且认识到他们蕴藏有巨大的未开发出来的潜能，"正是由于

---

　　① 能力：旧版《全集》译为"能干"。
　　② 要求：旧版《全集》译为"规格"。
　　③ 直观教育科：旧版《全集》译为"视像教育部"。
　　④ 联合国文教组织（UNESCO）：也称"联合国教科文组织"，全名为"United Nations Educational Scientific and Cultural Organization"。中文简称"联教组织"，英文简称 UNESCO。为联合国的一个专业性组织。